FILOSOFIA DO DIREITO

O GEN | Grupo Editorial Nacional – maior plataforma editorial brasileira no segmento científico, técnico e profissional – publica conteúdos nas áreas de concursos, ciências jurídicas, humanas, exatas, da saúde e sociais aplicadas, além de prover serviços direcionados à educação continuada.

As editoras que integram o GEN, das mais respeitadas no mercado editorial, construíram catálogos inigualáveis, com obras decisivas para a formação acadêmica e o aperfeiçoamento de várias gerações de profissionais e estudantes, tendo se tornado sinônimo de qualidade e seriedade.

A missão do GEN e dos núcleos de conteúdo que o compõem é prover a melhor informação científica e distribuí-la de maneira flexível e conveniente, a preços justos, gerando benefícios e servindo a autores, docentes, livreiros, funcionários, colaboradores e acionistas.

Nosso comportamento ético incondicional e nossa responsabilidade social e ambiental são reforçados pela natureza educacional de nossa atividade e dão sustentabilidade ao crescimento contínuo e à rentabilidade do grupo.

ALYSSON
LEANDRO
MASCARO

FILOSOFIA DO DIREITO

11ª edição revista e atualizada

gen | atlas

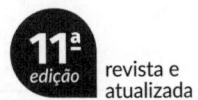

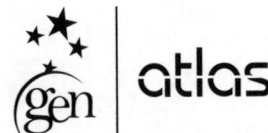

- O autor deste livro e a editora empenharam seus melhores esforços para assegurar que as informações e os procedimentos apresentados no texto estejam em acordo com os padrões aceitos à época da publicação, e todos os dados foram atualizados pelo autor até a data de fechamento do livro. Entretanto, tendo em conta a evolução das ciências, as atualizações legislativas, as mudanças regulamentares governamentais e o constante fluxo de novas informações sobre os temas que constam do livro, recomendamos enfaticamente que os leitores consultem sempre outras fontes fidedignas, de modo a se certificarem de que as informações contidas no texto estão corretas e de que não houve alterações nas recomendações ou na legislação regulamentadora.

- Fechamento desta edição: *23.07.2024*

- O Autor e a editora se empenharam para citar adequadamente e dar o devido crédito a todos os detentores de direitos autorais de qualquer material utilizado neste livro, dispondo-se a possíveis acertos posteriores caso, inadvertida e involuntariamente, a identificação de algum deles tenha sido omitida.

- **Atendimento ao cliente: (11) 5080-0751 | faleconosco@grupogen.com.br**

- Direitos exclusivos para a língua portuguesa
  Copyright © 2024 by
  Editora Atlas Ltda.
  Uma editora integrante do GEN | Grupo Editorial Nacional
  Travessa do Ouvidor, 11 – Térreo e 6º andar
  Rio de Janeiro – RJ – 20040-040
  www.grupogen.com.br

- Reservados todos os direitos. É proibida a duplicação ou reprodução deste volume, no todo ou em parte, em quaisquer formas ou por quaisquer meios (eletrônico, mecânico, gravação, fotocópia, distribuição pela Internet ou outros), sem permissão, por escrito, da Editora Atlas Ltda.

- Capa: Aurélio Corrêa

- **CIP-BRASIL. CATALOGAÇÃO NA PUBLICAÇÃO**
  SINDICATO NACIONAL DOS EDITORES DE LIVROS, RJ

M362f
11. ed.

    Mascaro, Alysson Leandro
        Filosofia do direito / Alysson Leandro Mascaro. - 11. ed. - Barueri [SP] : Atlas, 2024.
        560 p. ; 24 cm.

    Inclui bibliografia
    ISBN 978-65-5977-659-7

        1. Direito - Filosofia. I. Título.

24-92946
                      CDU: 340.12

Gabriela Faray Ferreira Lopes - Bibliotecária - CRB-7/6643

SOBRE O AUTOR

Alysson Leandro Mascaro é Professor da Faculdade de Direito da Universidade de São Paulo (USP), o tradicional Largo São Francisco. Doutor e Livre-Docente em Filosofia e Teoria Geral do Direito pela USP, onde se graduou e desenvolveu sua carreira acadêmica. Fundador e professor emérito de várias faculdades. Advogado e parecerista em São Paulo.

Além desta obra, é autor dos livros *Introdução ao Estudo do Direito*, *Sociologia do Direito* e *Filosofia do Direito e filosofia política*: a justiça é possível, publicados pelo GEN | Atlas. Por outras editoras, é autor de *Estado e forma política*, *Crise e golpe*, *Crítica do Fascismo*, *Sociologia do Brasil*, *Crítica da legalidade e do direito brasileiro*, *Utopia e direito* e *Althusser e o materialismo aleatório*. Autor, ainda, de grande número de artigos, ensaios e pesquisas no Brasil, além de obras traduzidas e publicadas em vários países, como *Estado y forma política*.

NOTA

Empreendi escrever esta *Filosofia do Direito* motivado por alguns objetivos. O primeiro deles, contribuir para o avanço do conhecimento sistemático e profundo da disciplina filosofia do direito, na medida em que é tratada, quase sempre, de maneira rasa e superficial, tanto pelo jurista quanto pelo filósofo. O segundo deles, construir uma perspectiva didática do seu entendimento, tendo em vista, ressalvando-se as exceções, a dificuldade atual do seu aprendizado pelo aluno, pelo jurista e pelo leitor em geral.

Por fim, e mais importante, a orientação para a visão avançada e crítica sobre o direito, a sociedade e a justiça. Trata-se de um passo decisivo: a filosofia do direito é historicamente calcada no conservadorismo e, além disso, a reprodução das explorações estruturais presentes tem sido contada, confortavelmente, como ordem jurídica justa. Assim sendo, é necessário e premente caminhar, de maneira decidida e original, em busca de uma perspectiva jusfilosófica profunda, crítica e transformadora.

*****

Este livro ora publicado também passa a incorporar, com algumas mudanças, a obra *Introdução à Filosofia do Direito: dos modernos aos contemporâneos*, cujas sucessivas reimpressões e reedições, desde seu lançamento em 2002, e a sua adoção como manual por muitas faculdades e estudiosos da disciplina por todo o Brasil e mesmo no exterior, animaram-me a dar corpo a esta obra didático-sistemática da filosofia do direito.

São Paulo, 2009.

O Autor

SUMÁRIO

1 Sobre a Filosofia 1
   A filosofia como tradição 1
   A filosofia como práxis 4

2 Sobre a Filosofia do Direito 9
   A especificidade da filosofia do direito 9
      Filosofia do direito e filosofia 9
      Filosofia do direito e direito 11
   Um pensamento de juristas ou de filósofos? 12
   A expressão máxima da verdade do direito 13

3 Sobre a História da Filosofia do Direito 17
   A filosofia do direito pré-contemporânea 18
      Das filosofias do direito antiga e medieval 19
      A filosofia do direito moderna 21
   A filosofia do direito contemporânea 22
   Filosofias do justo e filosofias do direito 23

4 A Filosofia do Direito Grega 27
   Os pré-socráticos 30
   Sócrates 35
      Sócrates e os sofistas 35
      O direito em Sócrates 39
   Platão 44
      O mundo das ideias 47
      Política, direito e justiça em Platão 49

5 A Filosofia do Direito de Aristóteles 59
   A justiça e suas espécies 60
      Justiça universal e particular 60
      Justiça distributiva 62
      Justiça corretiva 63

Reciprocidade.. 64
Do âmbito da justiça 65
Agentes e pacientes da justiça 68
A equidade 71
A prudência 73
O pensamento político aristotélico 75
A política 76
A escravidão 78
Os tipos de governo 79

6 A Filosofia do Direito Medieval 83
Dos antigos aos medievais 83
O Epicurismo 84
O Estoicismo 85
O Cristianismo 88
Paulo de Tarso 91
Santo Agostinho 94
A justiça em Agostinho 95
O poder e a obediência 96
São Tomás de Aquino 97
Fé e razão 99
O tratado das leis 100
O tratado da justiça 104
Dos medievais aos modernos 105
Guilherme de Ockham 106
Reforma e Contrarreforma 109

7 A Filosofia do Direito Moderna – I 115
Renascimento, Absolutismo, Iluminismo 115
Capitalismo e modernidade 122
O individualismo 125
A questão do conhecimento 127
A filosofia política moderna 133
A filosofia do direito moderna 137

8 A Filosofia do Direito Moderna – II 145
Hobbes 145
O contrato social em Hobbes 146
O direito natural hobbesiano 149
Locke 154
O contrato social em Locke 155
O direito natural em Locke 159

	Rousseau	164
	O estado de natureza em Rousseau	167
	O contrato social em Rousseau	173
	O direito natural em Rousseau	179
9	**A Filosofia do Direito de Kant**	**185**
	O pensamento filosófico kantiano	185
	A razão pura	187
	A razão prática	192
	Boa vontade e dever	192
	O imperativo categórico	194
	O direito em Kant	197
	Direito e moralidade	197
	O contratualismo kantiano	201
	O direito privado e o direito público	203
	O direito das gentes e o direito cosmopolita	206
	Direito, história e paz perpétua	208
10	**A Filosofia do Direito de Hegel**	**211**
	A identidade entre o real e o racional	212
	A dialética hegeliana	215
	A filosofia do direito	219
	Direito abstrato, moralidade e eticidade	222
	Estado e sociedade civil	226
	Hegel e o jusnaturalismo	230
	Hegel e a Escola Histórica	233
11	**A Filosofia do Direito de Marx**	**237**
	As obras iniciais	238
	A filosofia da práxis	240
	Ideia e revolução	240
	Filosofia e práxis	243
	Materialismo histórico	244
	Materialismo dialético	246
	A alienação	249
	As estruturas sociais	250
	A lógica do capital	252
	Estado e política em Marx	254
	O direito em Marx	259
	O pensamento de Engels	267
	O Estado em Engels	267
	O direito em Engels	269

12 Os Três Caminhos da Filosofia do Direito Contemporânea 273
Três caminhos jusfilosóficos específicos 274
    O juspositivismo 275
    As filosofias do direito não juspositivistas 276
    O marxismo 278
Horizontes filosóficos contemporâneos 279

13 As Filosofias do Direito Juspositivistas 281
Correntes dos pensamentos juspositivistas 282
Os juspositivismos ecléticos 283
Reale 284
    A tridimensionalidade 285
    A ontognoseologia 290
    Experiência e conjectura 293
Os juspositivismos estritos 295
Kelsen 297
    A pureza do direito 297
    A teoria geral do direito 303
Os juspositivismos éticos 311
Habermas 313
    O agir comunicativo 314
    O direito e a democracia em Habermas 319

14 As Filosofias do Direito Não Juspositivistas 325
Correntes do pensamento jurídico não juspositivista 327
Heidegger 328
    O Ser-aí 329
    A compreensão existencial 332
    O sentido do ser 334
    O autêntico e o inautêntico 336
    A técnica 339
    A política 341
    O direito 345
Gadamer 347
    O direito em Gadamer 353
    As possibilidades jurídico-políticas da compreensão existencial .. 357
Schmitt 359
    O decisionismo jurídico e a exceção 360
    O conceito do político 365

A teologia política	370
Decisionismo e existencialismo	373
Foucault	376
Arqueologia do saber e genealogia do poder	376
A microfísica do poder	378
O poder disciplinador	381
O sujeito e o biopoder	386

15 As Filosofias do Direito Críticas 389

A filosofia do direito do marxismo	391
Marxismo, direito e revolução	393
Lênin	394
O Estado em Lênin	395
O direito em Lênin	401
Stutchka	405
Pachukanis	410
O marxismo ocidental	420
Gramsci	421
A hegemonia em Gramsci	422
Bloco histórico; guerra de movimento e de posição; o partido	431
A filosofia do direito marxista italiana	435
A Escola de Frankfurt	440
Razão técnica e razão crítica	443
Marxismo e psicanálise	451
Bloch	463
Messianismo e totalidade	463
A utopia concreta	465
Dignidade humana	468
A ontologia jurídica da utopia	471
Energias para o justo	473
Lukács	475
História e consciência de classe	476
A ontologia do ser social	485
Althusser	491
A ciência marxista e o corte epistemológico	492
Humanismo e dialética	495
Totalidade e sobredeterminação	499
Ideologia e direito	503
O novo marxismo	512
Derivacionismo	514

Alternativismos políticos 517
Nova crítica do valor 520
Tangentes do novo marxismo e pós-marxismos 523

Bibliografia 529

1
SOBRE A FILOSOFIA

Perguntar sobre a filosofia do direito é, antes de tudo, perguntar sobre a própria *filosofia*, para apenas depois tratar daquilo que lhe seja especificamente *jurídico*. Mas o que pode ser considerado por filosofia? Qualquer pensamento que surja inesperadamente, parecendo ser diferente do senso comum, já pode ser chamado de filosófico? Mas e se esse pensamento, na verdade, for tão somente uma divagação rasa e superficial sobre as coisas do próprio senso comum? É necessário, para pensar filosoficamente, acompanhar toda a tradição filosófica já estabelecida, ou alguém pode começar a filosofar sem ter nenhum lastro com a tradição? A filosofia é uma verdade eterna ou histórica? Vem de Deus ou dos homens? Os filósofos sempre responderam a essas perguntas de muitos modos distintos, o que torna esse objeto específico – a filosofia, como pensamento sistemático, radical e pleno – uma região geograficamente muito variável do conhecimento humano.

A FILOSOFIA COMO TRADIÇÃO

É preciso que se faça, antes de um mergulho na própria teia do saber filosófico, uma espécie de história ou de sociologia da filosofia. Na realidade social quotidiana, o que se toma atualmente por filosofia? Alguns poderiam chamar por filosofia aquilo que considerassem o mais alto dos saberes humanos. Mas um líder espiritual oriental, por exemplo, que dissesse aos seus liderados que atingiu o ápice da sabedoria, não seria por nós classificado como um filósofo, e sim como um religioso. Há um certo setor dos conhecimentos, e um certo modo de abordagem desses conhecimentos, que reputamos por filosofia. Essa reputação não é dada, intrinsecamente, apenas pelo mérito do que é pensado, mas, sim, pela opinião comum dos que formam essa mesma reputação.

A filosofia é identificada, contemporaneamente, como uma tradição consolidada de pensamentos, temas, ideias, métodos, indagações e conclusões. Além disso, é uma disciplina universitária, estabelecida e especificada em relação aos demais ramos do conhecimento. A depender do modo como se trata a questão da sociedade, se lidamos com estatísticas, análises de movimentos empíricos concretos, costuma-se dizer que estamos fazendo sociologia. Se nos perquirimos sobre o sentido da sociedade, costuma-se dizer então que estamos fazendo filosofia. Assim, a filosofia é identificada a partir de uma série específica de percepções a respeito da própria razão.

No mundo ocidental moderno, tal conjunto de abordagens racionais que constituem a filosofia forma uma espécie de cânone. Estruturado a partir do pensamento dos filósofos, esse cânone alberga a reflexão que se lhe relaciona. Hegel é tido pela tradição como um filósofo, e as suas abordagens ou a visão de um pensador a partir de Hegel são consideradas filosóficas. A noção sobre o que é filosofia e quem são os filósofos é bastante problemática e sem critérios claros, assentada fundamentalmente na tradição. Kant e Marx estão no rol de filósofos, mas muitos resistiriam a considerar o Marquês de Sade, na França do século XVIII, por exemplo, como um filósofo. Um pesquisador do pensamento de Sade, muitas vezes, passa por estudioso da literatura e não da filosofia. Mas, ao contrário, não se diz que um pesquisador de Marx estuda sua literatura, e sim sua filosofia.

Se hoje a filosofia é uma disciplina universitária estabelecida a partir de um eixo acadêmico, isso nem sempre foi assim. Os tempos históricos passados decantaram a filosofia tendo em vista outras referências. A Igreja, nos tempos medievais, reescreveu a importância e a trajetória dos filósofos a partir da sua afinidade com o pensamento religioso cristão. Esse cânone é variável historicamente, dependendo das circunstâncias culturais, ideológicas, políticas, sociais e de classe de cada período.

Assim, a princípio, ironicamente, a filosofia é o que se chama por tal. Tal é a miséria da filosofia e também a sua plena virtude de constância, o seu profundo arraigamento sistemático e sua tradição. A filosofia ocupa estantes específicas das livrarias e bibliotecas, é uma disciplina oferecida em cursos universitários, forma bacharéis e licenciados e movimenta um círculo de debates e preocupações em torno do seu eixo de reflexões. Essa produção em série da filosofia ocidental contemporânea é também sua perdição: vaiando e aplaudindo, ela quase sempre se movimenta freneticamente em torno de si mesma.

Graças a essa constância de girar em torno de si mesma e de sua tradição, a filosofia se torna, fundamentalmente, a história da filosofia. Os pensamentos filosóficos são estudados a partir do seu eixo canônico. Platão, Aristóteles, Tomás, Descartes, Rousseau, por exemplo, são considerados como alguns dos momentos culminantes da filosofia. Retomar sempre essa história da filosofia é o próprio modo por excelência de penetrar no círculo de debates filosóficos.

Assim sendo, muito mais do que os temas, é a história da filosofia que constitui o afazer quotidiano do estudo filosófico. Eis sua grandeza e sua miséria. Um lavrador sem terra e miserável pode conhecer a vida e a realidade do campo. Pode mesmo vivenciar na pele as injustiças e a exploração que são a estrutura política da economia capitalista, que não lhe dá a terra para lavrar. O lavrador vive e conhece um problema político concreto. Mas não é esse lavrador considerado um filósofo político. Costuma-se chamar por filósofo político quem muitas vezes nunca viu na sua realidade concreta uma injustiça social, como o tenha visto um lavrador, mas que lê a questão da distribuição da terra a partir de Aristóteles ou Rousseau, por exemplo. Um jurista, a princípio, não é considerado filósofo do direito apenas por ser jurista ou por lidar quotidianamente com as injustiças. É o atrito do direito com a tradição da história da filosofia que constitui a filosofia do direito.

Uma grande reflexão sincera sobre a justiça feita por Rui Barbosa, o importante e experimentado jurista brasileiro, não é considerada filosofia do direito. Mas, peculiar e ironicamente, um pensamento lateral de um grande filósofo a respeito do justo entra nessa tradição. Uma frase do filósofo grego Anaximandro que contém uma preocupação vaga com o justo foi objeto de muitos mais comentários jusfilosóficos que a experiência prática de um jurista que labutou nos fóruns por toda uma vida, mas que não sistematizou a partir da tradição filosófica essa sua experiência.

A história da filosofia, como sendo a condutora maior do estabelecimento da tradição filosófica, exige um método de leitura muito próximo do texto do filósofo. O profundo entendimento do pensamento do grande filósofo da história a partir do seu texto é o labor do filósofo contemporâneo. Pode-se chamar a esse método de analítico, porque quebra o todo e se fixa, adstrito, a um texto filosófico apenas. Pode-se chamar também a esse método de estrutural, porque é a lógica interna de um pensador, sua estrutura, que deve ser perquirida pela filosofia.

Como tradição e mesmo como disciplina universitária, a filosofia ganha profundidade, porque conhece a fundo a sua própria história. As grandes ideias, resenhadas e sistematizadas, impedem que constantemente aquele que trabalhe com a filosofia tenha a tentação de inventar a roda. Isto é, o conhecimento da história da filosofia facilita a bagagem filosófica na medida em que desnuda a amplitude do conhecimento filosófico e se abre às suas minúcias. Sobre teologia, ninguém mais se aventura a pensar sobre Deus a partir do nada. Ganha-se muito ao ler todos os grandes pensamentos historicamente estabelecidos a respeito da questão do divino. Do desbastar dessas ideias, é possível então um movimento de ganho de reflexão que seja superior.

Assim sendo, aquilo que é a perdição da filosofia, o seu olhar interno e sistemático ao texto filosófico e à sua leitura apenas enquanto história da filosofia, é o seu mais profundo lastro de seriedade para com o próprio saber. Um engenheiro não busca, a partir apenas das regras elementares da matemática do ensino primário, construir um avião. Mas um engenheiro que mergulhou no conhecimento de ponta já estabelecido da área da aviação pode fazer um avião ainda melhor que os já existentes. Da mesma forma, o bom filósofo é o que extrai da história da filosofia o rigor e a profundidade necessários ao seu próprio pensamento.

Ocorre, no entanto, que uma sistematização do pensamento filosófico será sempre um olhar externo a tantos pensamentos que guardam, internamente, uma lógica muito peculiar e que, portanto, não podem ser tomados em comparação, perfilhados um ao lado do outro. Quando se diz que Platão e Aristóteles são filósofos, é até possível que entendamos que eles estejam em um mesmo contexto de posicionamento político, cultural, de ideias. Suas diferenças se dão a partir de um mesmo pano de fundo, na pólis grega. Mas como comparar Aristóteles e Marx? Como é possível estabelecer relações entre Santo Agostinho e Foucault, como se ambos fossem contribuintes a princípio intercambiáveis para esse rol de comparações?

A história da filosofia consagra um rol que não se pode dizer que seja, a princípio, comparável. O mesmo se dá com o grande campo da cultura chamado religião. Costumamos comparar as religiões e classificá-las. Enciclopedicamente, expõe-se a visão religiosa dos povos originários do Brasil no mesmo catálogo em que constam o islamismo e o protestantismo. Mas que mundos distintos e incomparáveis são os dessas visões! Não são todas um mesmo fenômeno, com um núcleo igual e variações que lhes façam então a diferença. Somente em termos de enciclopédia e de comparação didática podem ser tomadas por um elenco, como se constituíssem um rol.

Pode-se até dizer, com grande licença, que um católico e um protestante são algo em negação um ao outro. Vindos do mesmo tronco, diferenciam-se a partir de certas questões. Mas um católico, ao se sentir católico e olhar o mundo, não tem uma percepção que se possa, por similitudes e diferenças, comparar com a de um velho pajé tupi. O sentir do pajé é muito específico, e seu mundo é um mundo total, não em comparação. Assim também um católico, assim também um espírita. O mesmo se dá com as filosofias, ao serem estabelecidas lado a lado a partir desse rol que é a tradição da história da filosofia. Ao se medir como comparação, ganha-se em sistematização, em profundidade no conhecimento de cada grande pensamento filosófico, mas, na medida em que as grandes vertentes filosóficas não existem umas pelas outras, mas por si, perde-se o pulsar vivo de cada filosofia.

Um grande conhecedor do catolicismo não é necessariamente um católico. Um grande conhecedor do pensamento de Foucault pode ser até mesmo um homem conservador simplesmente às voltas com a leitura e a sistematização do pensamento de um filósofo que era progressista e radical em várias questões. Um grande conhecedor do marxismo pode não ser necessariamente um marxista ou um revolucionário. No entanto, em todos esses casos, em assim sendo, estabelece-se a grandeza e os limites da filosofia enquanto uma tradição a ser apenas estudada: chega-se ao fundo do texto e das ideias, esquadrinham-se todas as diferenças e comparações, mas não se a vive.

A FILOSOFIA COMO PRÁXIS

Há uma dupla estrutura na filosofia: é uma tradição sistematizada, cujo rol de pensamentos é a sua própria história, mas, ao mesmo tempo, a filosofia é a extração mais radical e profunda do pensamento humano a respeito de si e do mundo. A filosofia é uma estrutura tradicional e até mesmo universitária de conhecimento, mas, acima de tudo, é um vigoroso pensamento haurido das entranhas das próprias condições do mundo e a elas orientado.

A filosofia não é só a somatória do pensamento já estabelecido do mundo sobre si mesmo. A filosofia pode ser um extrato distinto do todo da tradição do pensamento. Em muitos momentos, ela chega a ser até mesmo o contrário do pensamento estabelecido. Quando a maioria da tradição filosófica considera o direito positivo do Estado como aquilo que é justo, uma outra filosofia pode superar tal posição média e apontar para outro sentido de justiça. Assim sendo, a filosofia não é só o resultado médio do pensamento posto sob forma sistematizada. A filosofia é um *enfrentamento* do pensamento e da realidade.

Considerar a filosofia como um abrir-se ao mundo, no sentido de confirmá-lo, negá-lo ou superá-lo, é tornar a inserir o pensamento no todo histórico e social, do qual ele é provisoriamente tirado para que seja sistematizado e aprofundado. A filosofia se diferencia do senso comum porque ela, enquanto história da filosofia, é um estudo profundo e estruturado da melhor tradição do próprio pensamento. Mas é para a realidade histórica que ela deve se voltar, porque mesmo o pensamento histórico sistematizado é social e histórico, atendendo a determinados fins e implicando ao seu modo a realidade.

A filosofia é uma forma de *práxis*, e nisso Karl Marx fincou a divisa mais alta dos horizontes do pensamento filosófico. Ninguém se põe a estudar e a sistematizar o pensamento como modo neutro de catalogar o conhecimento. Não se estudam nem se produzem as filosofias como alguém que colecione borboletas apenas por lazer. Há um nexo necessário entre o pensar e a realidade. Até mesmo os gostos e as ênfases da filosofia revelam posições políticas concretas. Em tempos capitalistas liberais exacerbados, Kant é um campeão do pensamento médio. Nietzsche e Carl Schmitt são do gosto de tempos ditatoriais e fascistas. Marx e mesmo Foucault são historicamente patrimônios dos explorados e dos dominados e, por isso, são vistos com parcimônia pelos burgueses e conservadores. A filosofia fala em patamar distinto do senso comum do mundo, mas fala o mundo.

Não se julga uma filosofia apenas pelos seus reclames na realidade; esse é um princípio fundamental da tradição denominada filosofia. Não é pelos liberais que se julga Kant, nem pelos nazistas que se julga Schmitt. Porém, ao mesmo tempo, o pensamento filosófico não se revela como um mero rol de opções de pensamento, como se fosse um mostruário de loja à disposição dos clientes para o consumo. As filosofias implicam a realidade, conservando-a ou a transformando. Por isso, embora o estudo aprofundado do texto filosófico exija o estruturalismo do entendimento da ideia, que se fecha na página escrita e se lhe afasta o mundo, o mergulho filosófico exige também a sua posterior reinserção no todo do mundo. É o atrito da filosofia com a realidade que alimenta, de maneira superior, tanto a filosofia quanto a realidade.

A filosofia surge contemporaneamente quase sempre como um produto de pensadores universitários, que dialogam – concordando ou discordando – com um cânone referencial estabelecido. No entanto, os grandes métodos filosóficos nem sempre assim se desenvolveram. Por muitas vezes, um pensamento que violentamente se insurja contra o estabelecido em filosofia sequer é considerado uma filosofia pelos profissionais da área. Porém, com o passar do tempo, a impregnação de tal pensamento na sociedade, na política, na visão de mundo das classes sociais, leva a filosofia a incorporar tal modo de pensar como uma visão de mundo apta a se inscrever no rol das filosofias. O que não foi considerado em um determinado tempo digno da tradição passa a sê-lo por exigências muitas vezes da história, e não só do gosto dos professores de filosofia.

Com Marx dá-se, exemplarmente, tal situação. O marxismo não é apenas mais uma das visões filosóficas, tomado em um elenco de contrastes e concordâncias. O marxismo é mesmo totalmente distinto das demais filosofias estabelecidas, por ser um pensamento orientado ao entendimento crítico da sociedade existente, em busca de sua transformação. Trata-se de um pensamento orientado à ação revolucionária. Porém, embora pensamento que brota e se orienta pela concretude das relações sociais e pela práxis, não se pode dizer que o marxismo não seja filosofia. Pelo contrário, muitos podem mesmo considerá-lo como a mais plena ou radical filosofia. E, por conta disso, Marx está, ainda que muito peculiar e distinto dos demais, no rol dos grandes filósofos.

Nietzsche e Heidegger, invertendo o rumo da modernidade, são bastante distintos da racionalidade burguesa, mas são também filósofos, na medida em que geram o novo no pensamento. A filosofia não é apenas a elaboração que se referencie a partir do já dado. Ela é também o novo que abala totalmente o senso filosófico estabelecido, ainda que haja posteriormente a incorporação do novo pelo cânone filosófico da tradição.

As mais importantes construções da filosofia, aliás, não são os comentários de textos e ideias já dados que perfazem a disciplina chamada filosofia, mas sim aquelas ideias e compreensões originais que rompem com o dado ou estabelecido. Nesse sentido, a filosofia é a vida filosófica em ato, plena e vital, no dizer de um nietzschiano ou heideggeriano, ou crítica e transformadora, no dizer de um marxista.

Pode-se dizer que a vida filosófica é radical, porque se alimenta da busca pela raiz mais profunda da compreensão das estruturas dos fenômenos sociais e humanos. Em tempos conservadores, nos quais os saídos das universidades se valem de seus diplomas apenas para conquistar posições no mercado profissional, certamente a filosofia é utilizada como um afazer conservador, como comentário de ideias ou como esclarecimento da totalidade do que já é dado. Os filósofos conservadores ganham primazia em tal circunstância, porque suas ideias servem para legitimar a sociedade estabelecida. Mas a grande filosofia é diferente disso: ela não é a máxima explicação do já dado, ela vai além do dado. Por isso, a grande filosofia é crítica.

Para superar a estrutura da situação do mundo e das suas injustiças, nada se ganha com a manutenção do senso comum ou das filosofias estabelecidas pela tradição. A saída do senso comum exige o confronto das filosofias. Após isso, a filosofia volta novamente ao mundo, para desbastá-lo concretamente e também se desbastar, tendo em vista que a prova da filosofia é a própria realidade. Por vias distintas, só são grandes as filosofias que se encontram com o mundo, moldando-se reciprocamente. Sendo conservadoras, essas filosofias são a máxima totalização do já dado. Sendo críticas e libertárias, conseguem ser o seu novo limite último e extremo.

Se entendida como fronteira última de seu tempo, a filosofia se torna, então, esclarecimento em perspectiva de todo o mundo e, de modo concomitante, enfrentamento do mundo e dos seus próprios limites. Nesse momento, em vez de um catálogo de conhecimentos universitários, a filosofia se torna vigorosa ferramenta de transformação histórica e social. Assim sendo, ela contribui para a luta social na medida de sua irresignação com os limites do dado. Marx, ao anunciar, na *Tese XI sobre Feuerbach*, que a função da filosofia não era apenas a de interpretar o mundo, mas transformá-lo, dava esse passo decisivo na superação das limitações filosóficas. Por isso Sartre, no século XX, já insistia, em palavras clássicas, que Marx havia proposto a função mais alta da filosofia, a de crítica transformadora, revelando o horizonte-limite dos tempos presentes.

Ernst Bloch, um dos maiores filósofos da Idade Contemporânea, observava o pensamento filosófico conservador e alienado e a ele reputava um cansaço teórico que o fazia enxergar apenas o que é, sem as forças e energias de incômodo que pudessem agir pela transformação. Isso porque, para Bloch, a grande filosofia é o apontar para aquilo que *ainda não é*. O estudo profundo da realidade deve apontar aquilo que não é o dado, mas que pode ser, e os caminhos revolucionários para essa transformação. Justamente o mais alto da filosofia, o que rompe os limites do já dado historicamente, é o apontar da *possibilidade*.

Sócrates, patrono da filosofia, falava de modo distinto de seu tempo. Incômodo, propunha outros horizontes aos atenienses. Mas nem todo falar filosófico que retesa e se insurge contra seu tempo é necessariamente libertário. Pode, não sendo transformador, muitas vezes ser reacionário, e portanto pior que o já dado. O distinto pode ser o novo, mas pode ser, em alguns casos, o que já foi e agora não é mais dado, ou até mesmo apenas um aparente distinto. Ocorre que a maioria dos filósofos confirma seus tempos, e, ao contrário de Sócrates, que foi morto, tais filósofos médios foram e são pagos pelos poderosos. No entanto, estar na fronteira da transformação do mundo é estar na superação da verdade consolidada, contra aquilo que é, e também contra o que não é e que já foi ou seria ainda pior. Portanto, a grande filosofia está numa angustiante situação em face do próprio mundo e de sua história total. Aquele que concorda plenamente com o mundo não é um filósofo original. Antes, pode ser um bom sistematizador ou narrador das situações dadas. O grande filósofo aponta para o que ainda não é, para o que não é dado, mas, como possibilidade, já se avista a partir do hoje.

A filosofia, quando não só uma coleção de ideias filosóficas bem comentadas, é o vigoroso pensamento que enfrenta originalmente o mundo. Mas a filosofia tem um limite em face do mundo e, por seu lado, também o mundo tem um limite em face da filosofia. Há uma dialética de desconhecimentos recíprocos entre o mundo e a filosofia. O mundo – seu poder, sua reprodução e sua estrutura – é maior que o pensamento sobre o mundo, por isso a filosofia, ainda que aponte mais além, não consegue, por si só, levar o mundo aos seus novos horizontes. De outro lado, o mundo é menor que a filosofia, na medida em que o mundo se reproduz de certos modos, mas seus modos não são todos inexoráveis. A filosofia, assim sendo, ao estudar o mundo e sua estrutura, pode apontar o novo. A filosofia é maior que o mundo pelo apontar da possibilidade. Se se considera por ciência o pensamento da confirmação mais severa e próxima possível da realidade do mundo, a filosofia é então um pensamento que não apenas confirma o mundo, e, em relação à ciência, nisso está a fraqueza e, acima de tudo, a grandeza da filosofia.

Não se há de considerar, por sua vez, que a filosofia seja a panaceia de salvação do mundo. Se a filosofia ilumina o entendimento, isso se deve porque, enquanto ciência maior que as ciências, ela enxerga todos os nexos do que é e também se insurge contra isso, e a tensão desse insurgir é que vibra, na realidade do mundo, a possibilidade. A filosofia não é já a superação do dado, é um acorde que só é possibilitado a partir de determinadas situações do mundo e que nele e a partir dele fará sua verdadeira prova. Assim sendo, o original do pensamento está em ver, no próprio mundo, o que o mundo ainda não é. Essa é a humildade maior que é também a grandeza maior da filosofia: seu lastro no próprio mundo inclusive para negá-lo e para apontar as novas possibilidades.

É um fantasioso, um idealista vulgar ou metafísico aquele que trabalha com o que o mundo em sua realidade não é, e ver fantasiosamente é ver pior. Mas ver exatamente tal qual é, é ver medíocre – ainda que doutamente, responsável e lucrativamente medíocre –, e isso é o que faz o homem da razão média, o jurista ou o filósofo médios. Ver o que é, e do que é o que ainda não é e poderá ser, eis o mais alto do vigor filosófico, porque o que ainda não é já passa então a ser visto pelo filósofo e poderá ser feito na realidade do mundo, a partir dos revolucionários da ação.

2

SOBRE A FILOSOFIA DO DIREITO

A filosofia, ao mesmo tempo em que é uma sistematização do pensamento, é um enfrentamento do próprio pensamento e do mundo. Tudo isso pode se aplicar a objetos específicos da própria filosofia, como o direito. E, assim sendo, a filosofia do direito nada mais é que a filosofia geral com um tema específico de análise, o direito.

A filosofia do direito, sendo *objeto* da filosofia, não é, de modo algum, um *método*. Assim sendo, não se pode dizer que haja a filosofia aristotélica, a maquiavélica, a hegeliana e a dos juristas. Pelo contrário, o direito, sendo um tema, equipara-se ao rol de outros temas. Pode-se dizer então da filosofia política, da filosofia da religião, da filosofia da economia, da filosofia da estética e da filosofia do direito.

A visão filosófica marxista pode tratar tanto da política, da economia, da estética, quanto do direito. Ao se dizer então de uma filosofia do direito marxista, isso se refere a um tema específico, o direito, a partir de um dos grandes métodos filosóficos estabelecidos, o marxismo. A filosofia do direito não se opõe à filosofia agostiniana, nem a filosofia política se opõe à filosofia althusseriana. Agostinho e Althusser são autores de métodos filosóficos; a política e o direito são temas.

Sendo a filosofia do direito a própria filosofia geral com um objeto específico, a indagação que se põe preliminarmente diz respeito à própria localização do que seja jurídico, já que é isso que dá identidade à filosofia do direito.

A ESPECIFICIDADE DA FILOSOFIA DO DIREITO

Para que na multiplicidade do pensamento se identifique a filosofia do direito, exige-se uma dupla especificidade: ela é um ramo específico da filosofia geral e o máximo pensamento possível sobre o próprio direito. Distinguir a filosofia do direito tanto da filosofia geral quanto do pensamento jurídico comum é a tarefa inicial da sua identificação.

Filosofia do direito e filosofia

A filosofia do direito, enquanto tema específico da filosofia geral, é-lhe indistinta quanto aos métodos e seus grandes horizontes. Um kantiano enxerga a religião, a sociedade, a política e o direito a partir de uma perspectiva geral que é o próprio kantismo. O mesmo a um tomista ou a um marxista. Sendo ainda filosofia, a filosofia do direito não é estranha à estrutura geral do pensamento filosófico, configurando-se apenas como o aprofundamento de uma temática específica.

Por conta disso, o problema inicial da filosofia do direito está na especificidade do que se possa considerar por direito. A depender dos juristas, essa questão historicamente não se resolve de modo uníssono. Para alguns, o fenômeno jurídico se circunscreve às normas estatais. Para outros, as apreciações sobre o justo também entram na composição do direito. Da parte da vida jurídica, essa não é uma resposta pronta.

Mas também a filosofia do direito não se limita à resposta do jurista sobre o próprio direito, na medida em que se estende para além da compreensão média do operador do direito sobre si próprio e sua atividade. Assim, a filosofia do direito pode desvendar conexões íntimas entre o direito e a política, o direito e a moral, o direito e o capitalismo, que escapam da visão mediana do jurista.

Tais limites sobre o que é o jurídico da filosofia do direito são ainda variáveis a depender da visão filosófica que se adote para essa compreensão. Um kantiano trabalha com uma certa relação entre direito e moral, mas o foucaultiano trabalha essa relação de outro modo. Por essa razão, não se pode encerrar o jurídico da filosofia do direito em limites estreitos que não permitam dar conta da variedade de apreciação sobre tal fenômeno. Mas também não se pode perder de vista alguma referência mínima de diálogo entre as tantas apreciações sobre o que é direito, sob pena de se findar a possibilidade de uma mirada relacional e comparativa.

Assim sendo, em se tratando de um objeto histórico variável socialmente e variável também a depender da visão filosófica, haverá sempre conexões entre a filosofia do direito com outros objetos específicos da própria filosofia que lhe sejam próximos e cujas fronteiras sejam porosas. A filosofia do direito dialoga diretamente com a filosofia política, na medida em que, na maior parte da história, política, direito e Estado guardaram íntima proximidade. Mas também se há de descobrir alguma ligação entre o direito e a ética, na medida da apreciação do justo enquanto virtude.

Na prática, o fenômeno jurídico se espraia sobre inúmeros fenômenos, alguns mais proximamente, outros mais distantes, mas sempre com possíveis conexões. Pode-se dizer que a filosofia do direito é irmã da filosofia política, é certo, mas, embora lhe seja mais distante, quem há de dizer que seja totalmente estranha à filosofia da estética? Não há alheamento do fenômeno jurídico em relação a nenhum outro fenômeno histórico e social, e por isso também a filosofia do direito é a totalidade da filosofia, apenas contando com um eixo especificado.

Por tal razão, em muitos momentos a filosofia do direito deve se socorrer de outros objetos específicos da filosofia para sua compreensão e mesmo para sua diferenciação, se for o caso. Se no passado grego clássico o direito era considerado uma manifestação política por excelência, a sua compreensão só pode ser dada em conjunto com as questões da filosofia política clássica. Mas há de se lembrar que o direito era parte da *paideia*, da educação grega. Assim sendo, há até nexos entre uma filosofia do direito e uma lata filosofia da educação.

Filosofia do direito e direito

De outro lado, além de ser um objeto específico da filosofia geral, lastreado em seus métodos, a filosofia do direito deve ser especificada em relação ao próprio pensamento jurídico. É certo que não se chama o arrazoado de uma petição inicial por filosofia do direito. Os argumentos de um juiz ao prolatar uma sentença em geral são técnico-normativos, não jusfilosóficos. Mas há um campo do conhecimento técnico-jurídico que não é eminentemente casual, vinculado aos casos em disputa nos fóruns. Quando alguém transcende a análise de uma norma jurídica específica do Código de Processo Civil e se pergunta sobre o que são as normas jurídicas em geral, está dando um salto de generalização de suas reflexões. A partir de que grau esse salto consegue já se situar naquilo que se possa chamar de filosofia do direito?

Durante grande parte da história, com a indistinção do direito em relação à política, à ética, à moral e à religião, os discursos mais amplos sobre o direito, que não era ainda eminentemente técnico, eram tidos por filosofia do direito. No entanto, com o capitalismo, a contar da modernidade, o direito adquire uma especificidade técnica. Ele passa a ser considerado a partir do conjunto das normas jurídicas estatais. A partir desse período, conseguiu-se construir uma espécie de pensamento que, não sendo estreitamente ligado a fatos ou normas ou casos isolados, mas sim tratando das normas, situações e técnicas jurídicas de modo mais geral, ainda assim está adstrito ao mundo técnico-normativo. Costuma-se chamar a essa espécie de alto pensamento jurídico por teoria geral do direito.

A teoria geral do direito, que na verdade não é teoria geral de todo o fenômeno jurídico, mas sim das técnicas jurídicas estatais capitalistas consolidadas a partir da modernidade, pode de modo mais exato ser denominada por teoria geral das técnicas jurídicas, ou mesmo teoria geral da tecnologia jurídica. Esse pensamento não é casual nem eminentemente ligado a uma experiência técnica específica. Ele já consegue ser geral, na medida da generalização das técnicas jurídicas no capitalismo moderno e contemporâneo.[1]

No entanto, ainda assim, a teoria geral do direito não salta um grau qualitativo distinto da própria lógica interna do afazer jurídico quotidiano. É verdade que a discussão sobre o conceito de ordenamento jurídico e a questão da teoria geral da relação jurídica são maiores do que a pergunta sobre o prazo para a interposição de um recurso no processo penal, mas ainda assim não logram alcançar a reflexão mais alta sobre o próprio direito em relação ao todo da história e da sociedade.

A filosofia do direito é um pensamento ainda mais alto e mais vigoroso que a teoria geral do direito. Enquanto a teoria geral do direito, a partir da multiplicidade das normas, indaga-se sobre o que é uma norma jurídica estatal, a filosofia do direito indaga a respeito da legitimidade do Estado em ditar normas. De certo modo, a teoria geral do direito para nos limites internos da construção jurídica técnica. Mas a filosofia do direito pega o todo do direito nas mãos.

Há uma fronteira muito tênue entre a teoria geral do direito e a filosofia do direito. Hans Kelsen, o mais importante teórico geral – dito cientista – do direito do século XX,

---

[1] Remeto à leitura do meu livro *Introdução ao estudo do direito*. 9. ed. São Paulo, Atlas, 2024.

é um pensador de rigorosa construção metodológica filosófica. Suas reflexões são teoria geral do direito e filosofia do direito, portanto, de um grande jurista e de um grande filósofo ao mesmo tempo. Torna-se muito difícil distinguir os momentos em que fala o teórico geral do direito dos momentos em que fala o filósofo. O mesmo se pode dizer, por exemplo, de dois outros gênios ao mesmo tempo da filosofia e do direito do século XX, Evguiéni Pachukanis e Carl Schmitt.

É verdade que os assuntos do direito, ao serem tratados pela teoria geral do direito, abeiram-se daquilo que possa ser a filosofia do direito. No entanto, enquanto aumento quantitativo e generalização do labor técnico e empírico do jurista, estão ainda adstritos ao campo dessa teoria geral. Enquanto salto qualitativo, na superação do encerramento técnico e na relação com o todo histórico e social, inicia-se então a filosofia do direito. Trata-se de uma distinção bastante variável e difícil, que em geral é tomada pelo jurista como uma divisão de tarefas enciclopédica. Um assunto como o da norma jurídica é tomado, quase sempre, como assunto de teoria geral do direito – sendo ensinado, pois, na disciplina universitária da *Introdução ao estudo do direito*. A reflexão sobre o justo, por sua vez, se a deixa reservada à disciplina universitária chamada por *Filosofia do direito*. Mas não se podem estudar as duas questões como isoladas e alheias entre si, academicamente bem instaladas em duas disciplinas específicas e insulares. Na verdade, a filosofia do direito, em retrospecto, é a própria alimentação geral da teoria geral do direito e dos ramos do direito em específico.

Da mesma maneira que é fluida a fronteira entre a filosofia do direito e os outros objetos filosóficos específicos, é fluida a fronteira entre a filosofia do direito e o pensamento geral produzido pelos juristas sobre suas próprias técnicas. Nesse entrecruzamento do pensamento jurídico e do pensamento filosófico levanta-se a filosofia do direito.

UM PENSAMENTO DE JURISTAS OU DE FILÓSOFOS?

Sendo um objeto específico da filosofia, a filosofia do direito é uma disciplina de filósofos. Mas se dá com a filosofia do direito o mesmo que ocorre com as filosofias de objeto bastante específico. Em geral, o filósofo de formação ampla não se ocupa das questões da filosofia da música, da filosofia da educação, e muito dificilmente da filosofia da religião. O artista filósofo é que se ocupa da filosofia da música, o religioso filósofo em geral é que se ocupa da filosofia da religião e o educador filósofo é quase sempre o que cuida da filosofia da educação. O mesmo ocorre com a filosofia do direito. No mais das vezes, é o jurista filósofo que se ocupa da filosofia do direito.

Quase sempre o filósofo generalista desconhece o direito. E o jurista, por sua vez, nunca se conformou em ser apenas um prático jurídico sem vislumbrar as razões maiores e últimas de sua atividade. Por isso, em várias ocasiões, a filosofia do direito acaba sendo um produto de juristas filósofos.

O pensamento jurídico que transcende o nível de uma mera constatação técnica quotidiana, e portanto alcance o porte da teoria geral do direito, é sempre um pensamento de juristas, na medida em que é o jurista o operador do direito e o conhecedor de suas engrenagens. Mas, para que o jurista possa alcançar uma reflexão mais alta sobre o próprio direito, necessita do ferramental filosófico, que não é o mesmo da racionalidade jurídica técnica.

A filosofia do direito, assim, alimenta uma dúplice exigência: o conhecimento profundo do direito e o conhecimento profundo da filosofia. Desde a Idade Moderna, mas em especial a partir do século XIX, o direito tornou-se um ramo muito especializado e aprofundado do conhecimento. Por isso, às pessoas de formação geral, mesmo de boa formação universitária em outras áreas, escapa uma noção suficiente do direito. Nas faculdades, o graduado em filosofia quase nunca recebe formação jurídica. Daí que a dúplice exigência da filosofia do direito acaba sendo estreitada pela especificidade do conhecimento jurídico. Um filósofo geral lê a filosofia do direito pelos olhos de um leigo, ou em geral pelos olhos de filósofo político que em geral é, mas um jurista que alcança a filosofia lê a filosofia do direito plenamente.

Na realidade contemporânea, no entanto, a atividade jurídica e o pensamento conservador e positivista afastam do jurista uma formação profunda e ampla de filosofia. Em primeiro lugar, devido ao conservadorismo do jurista, homem em geral a serviço das elites, que não querem nenhuma contestação ao dado. Em segundo lugar, devido ao rebaixamento universitário que carreia o jurista à sobrecarga do mero conhecimento de técnicas, somando informações sem perfazer, em conjunto, sua formação. E, além disso, também pela estrutura mesquinha do afazer do jurista na sociedade capitalista, premido entre a atividade extenuante de seu ganha-pão que não lhe permite galgar um pensamento mais alto do que o exigido para o quotidiano e a alma contabilista que enxerga o conhecimento como lucro e não como plenitude para situar-se no mundo e transformá-lo.

Se a filosofia do direito acaba sendo produto do jurista filósofo, isso não se deve a um pretenso fato de que seu caráter jurídico fosse um pensar em separado. O separado é o objeto, mas o método de pensar é o geral, estabelecido na história da filosofia e em suas possibilidades. O jurista filósofo, ao fazer filosofia do direito, é filósofo.

Alguns objetos específicos da filosofia, por serem mais amplos, são mais dados ao conhecimento geral. A política, por espraiada social e historicamente a todos, acaba sendo tábua mínima do filósofo, que então é também filósofo político. A religião, como fenômeno muito recorrente aos indivíduos, também abre espaço mais facilmente à filosofia da religião. Já, em se tratando do direito, o encaminhamento a uma filosofia do direito é mais difícil. O filósofo não se ocupa, ou não vê importância, ou desconhece o direito. E, ironicamente, por sua vez, o jurista também ou não se ocupa ou não vê importância ou desconhece a filosofia. Daí a abundância de juristas e o especialíssimo número de filósofos do direito.

A EXPRESSÃO MÁXIMA DA VERDADE DO DIREITO

A filosofia do direito exercita o papel de verdade máxima sobre o próprio direito. No afazer quotidiano do processualista, considera-se que a sentença é válida se prolatada por tribunal competente. Diz-se, então, que a competência formal dá legitimidade ao mando jurisprudencial. Mas é justamente uma argumentação jusfilosófica sobre o que é legitimidade que revestirá com tal chancela de legítima a própria sentença judicial.

Nesse ponto, a filosofia do direito parece ser pouco distinta da própria teoria geral do direito. Ao sistematizar o todo do pensamento jurídico, a filosofia do direito esclarece o que é dado. Mas o direito não é dado apenas no seu aspecto interno, no seu afazer de juristas. Ele se manifesta socialmente, de modo histórico, a partir de determinadas estruturas e relações sociais.

Por isso, a filosofia do direito, ao abarcar o todo do fenômeno jurídico, deve necessariamente se debruçar sobre a relação do direito com a economia, com o capitalismo, com a política, com a cultura, as religiões, as classes sociais. Ela não é só a expressão máxima do afazer do jurista – tarefa que se costuma delegar à teoria geral do direito –, mas, sim, expressão máxima do próprio direito enquanto verdade social.

Os fios escondidos do direito muitas vezes o determinam mais que suas camadas visíveis aos olhos do jurista. Sabemos que as normas jurídicas são estatais, mas por que há Estado? Por que são as normas jurídicas que protegem o capital? O afazer do jurista e sua totalização das técnicas não alcançam tal nível. Mas tais perguntas respondem muito mais sobre a verdade do direito do que a somatória do conhecimento parcial que não vislumbra a totalidade das relações sociais do direito.

Por essa razão, a filosofia do direito se ocupa das relações sociais que são constituintes e constituídas pelo direito, e isso envolve também o campo da apreciação do direito enquanto manifestação do justo e do injusto na sociedade. O jurista positivista, no seu afazer quotidiano, afasta de suas reflexões a ocupação com o justo. Mas o justo é uma espécie de sombra do próprio direito, que o acompanha inexoravelmente, ainda que das formas mais distorcidas possíveis. De modo geral, o justo é a legitimação filosófica e ética do jurídico. Ocupar-se do justo, portanto, é uma espécie de tensão máxima à qual há de se conduzir a filosofia do direito.

A filosofia do direito tomada no seu sentido conservador é tão somente a explicação e a sistematização do dado e reiterado como jurídico. Mas a filosofia do direito como original, como arrancar da verdade da entranha do direito, é maior: ela se ocupa da relação do fenômeno jurídico com a totalidade da sociedade, e não somente com a totalidade interna das técnicas jurídicas. Acima de tudo, sendo uma provocação ao direito e ao mundo, a filosofia do direito aponta as razões estruturais e o caráter injusto ou justo do direito e do próprio mundo.

Dos mais altos interesses filosóficos do direito estão a relação estrutural do direito com o todo histórico e social e a preocupação com as apreciações do justo e do injusto.

A pensar nos vários temas da filosofia, nos seus múltiplos ramos, como no caso da filosofia do direito, há um alto papel geral, que é o posicionamento político em face do mundo, do conhecimento, dos tempos e da estrutura da sociedade, mas há também um alto papel específico que se lhe acresce. Um jurista é um homem do senso comum, que age com diligência técnica mas reproduz um horizonte conservador. Um filósofo do direito que se limite a colecionar as várias visões sobre o direito é um pensador do direito, mas um homem ilustrado e ainda conformado aos limites do próprio tempo. O filósofo do direito pleno é aquele que, de posse do conhecimento filosófico, amplia os horizontes de seu tempo. Virulento contra as injustiças, aponta para o justo que ainda não existe.

Em geral, na história do pensamento jurídico, o justo foi sempre tomado como uma preocupação legitimadora e conservadora. Nos tempos medievais e modernos, o justo era a manutenção do já dado, não importando qual fosse esse dado, porque, para os medievais, Deus o queria, e, para os modernos, a ordem exigia a conservação do já existente. Mas o arrancar da verdade última do direito e do todo social exige uma postulação crítica sobre o justo. O justo, como aquilo que não é, faz por revelar as estruturas do injusto nas sociedades existentes. A exploração capitalista, a distribuição desigual das riquezas, a indignidade, a tortura e a perseguição são exemplos daquilo que pode passar até hoje por direito, mas que se deve rejeitar com virulência. O jurista médio enxerga em tudo isso norma, e portanto não se inquieta com tais situações. O filósofo do direito, arrancando o máximo de verdade do direito e da sociedade, aponta a sua tamanha injustiça.

O pensar o direito em termos radicais exige o pensar a própria sociedade e a história em termos radicais, até porque as mazelas e estruturas de exploração são conexas. O vigor de pensar e apontar o injusto e o justo faz da filosofia do direito a razão que vai além. Nesse momento, o maior pensamento jurídico não é só uma explicação profunda do direito, é o enfrentamento do direito e da sociedade, porque somente por meio da transformação o que é injusto poderá resultar em alguma forma de justo. Enquanto disciplina universitária, a filosofia do direito é pacata e ilustrada. Enquanto verdade máxima do direito, ela é a grandeza do enfrentamento.

Extraída do fundo do pensamento original e radical, crítico e transformador, a filosofia do direito é verdade jurídica maior que o próprio direito.

3

SOBRE A HISTÓRIA DA FILOSOFIA DO DIREITO

Enquanto estudo sistemático, a filosofia do direito desemboca, necessariamente, numa *história* da filosofia do direito, por duas razões fundamentais. A primeira delas é que o estudo histórico da filosofia enrijece a disciplina, em seu conhecimento, para os fins didáticos e de aprendizado. Ao invés de se perguntar sobre a justiça como uma ideia vaga e geral, pergunta-se sobre a justiça no pensamento dos medievais e no pensamento de Kant, por exemplo, o que dará muito mais lastro ao pensamento. O rigor estrutural da história da filosofia do direito permite a solidez do aprofundamento das ideias e mesmo dos posteriores contrastes entre tais ideias.

Além disso, a compreensão da filosofia do direito é a compreensão de sua história por conta da multiplicidade de visões sobre o direito e o justo, que não é devida apenas ao caráter insular de cada filósofo do direito, mas, principalmente, pelo fato de que, sendo um objeto histórico-social variável, o direito não é o mesmo em todos os tempos históricos. Assim, a um tipo de direito pré-capitalista, variável e ocasional, corresponde também uma filosofia do direito e do justo de tipo casual. A um direito capitalista, rigidamente normativo, corresponde o juspositivismo.

Só se pode iniciar o estudo da filosofia do direito como *história da filosofia do direito* porque o pensamento jurídico não é um todo de posições que tenha sido sempre rigidamente demarcado, sem variações. Pelo contrário, na história, o direito é múltiplo, como múltiplos são seus pensamentos filosóficos. De tudo isso resulta uma duplicidade de causas da filosofia do direito enquanto história: houve vários pensamentos sobre o direito e o justo na história e também houve vários direitos e justos na história social concreta.

Essa duplicidade histórica não quer dizer, no entanto, que a filosofia do direito se esgota em sua sistematização histórica. Esta vem a ser o alicerce a partir do qual se levanta a grande filosofia do direito como pensar original do direito e da justiça. Na verdade, a história da filosofia do direito referencia os mais importantes quadrantes do que se pensa sobre o direito e a justiça, para evitar que o iniciante na filosofia do direito se ponha a reinventar, em nível baixo, os problemas e os caminhos já há muito trilhados. O estudo da filosofia do direito começa como história da filosofia do direito, mas não se esgota em tal, porque arranca do ser histórico e social suas possibilidades ainda não dadas. A história da filosofia do direito confirma o pensamento jurídico que é, mas a filosofia do direito vai ainda mais adiante do que é como tal, pois pode ser crítica.

Assim sendo, o recurso à história da filosofia do direito é sistemático e didático, na busca de conhecer profundamente cada pensamento jusfilosófico. Mas, a princípio, essa demarcação didática da história da filosofia do direito sempre padece do mal de realizar agrupamentos e comparações entre pensamentos que são específicos. Cada filósofo do direito é uma filosofia do direito. Contudo, mesmo sendo verdadeira a ocorrência de tal especificidade, ela se dá nas circunstâncias concretas, sociais, culturais, políticas e econômicas nos tempos históricos, pelos quais há a possibilidade de se vislumbrar então um panorama de pensamentos dialeticamente ligados à sua história.

Tomado nesse sentido amplo, pode-se falar de duas grandes manifestações de filosofia do direito. Uma que, desde o passado longínquo, a partir do surgimento de um mínimo pensamento filosófico sistematizado, até chegar à Idade Moderna, assentou-se sobre a base de uma reflexão concomitante e indistinta sobre a apreciação do jurídico e do justo, porque o fenômeno jurídico ainda não se apresentava por meio de seu caráter especificamente técnico. Nas idades Antiga, Medieval e mesmo em boa parte da Idade Moderna, não há um direito como objeto específico e instância particular do todo social. Há uma apreciação do direito muito próxima da religião, da ética, da moral, e por isso uma certa indistinção entre todos esses fenômenos. Já na Idade Contemporânea, com a especificidade plena do direito no quadro da sociedade capitalista, pode-se então vislumbrar também uma específica filosofia do direito como sua decorrência.

A FILOSOFIA DO DIREITO PRÉ-CONTEMPORÂNEA

O capitalismo dá especificidade ao direito, e, por conta disso, pode-se dizer que somente a partir daí há uma filosofia do direito como tal. Nas etapas históricas prévias, uma certa indistinção fenomênica do direito em relação à moral, à religião, à ética e à cultura, por exemplo, resulta também numa filosofia do direito muito vaga, pois próxima dessas mesmas esferas.

Mas mesmo durante a Idade Moderna, quando o capitalismo já se assentava socialmente, não necessariamente a filosofia do direito incorporou de imediato a sua especificidade prático-teórica. A burguesia, como classe ascendente em luta contra o Absolutismo decadente, de início também construiu uma filosofia do direito não específica. Contra uma forma de direito natural religioso absolutista, a burguesia lançou mão de um direito natural individual e racionalista. Até o final da modernidade, lastreado ou em Deus ou em uma razão burguesa universalista, o direito não era explicado pelo direito, carecendo pois de uma filosofia do direito concreta. Isso porque, na verdade, até o final da modernidade, o direito não era o direito tecnificado pelas normas jurídicas estatais.

A filosofia do direito pré-contemporânea é muito vasta, e em geral corresponde a formas específicas de relação do direito e da apreciação do justo com o todo da vida social. Havendo três grandes modos de produção nessa história do direito pré-contemporânea, há também três grandes níveis gerais de reflexão jusfilosófica: uma filosofia do direito antiga, eminentemente greco-romana, que corresponde às formas superiores da organização do modo de produção escravagista; uma filosofia do direito medieval, eminentemente cristã, que corresponde ao modo de produção feudal; uma filosofia do direito moderna, construída no embate entre uma lógica religiosa-absolutista e uma perspectiva burguesa racionalista, e que, ao seu final, antecipou o arcabouço do direito positivo contemporâneo.

Das filosofias do direito antiga e medieval

O pensamento jusfilosófico antigo é muito vasto. Suas manifestações superiores, em Roma e em especial na Grécia ao tempo clássico, correspondem a duas das sociedades mais desenvolvidas e universalistas do passado. A *escravidão*, como lógica estruturante dessas sociedades, está presente no arcabouço de suas filosofias do direito. A apreciação sobre o justo sempre exclui a maior parte da sociedade de seu julgamento. Os escravos estão fora do contexto de aplicação das medidas do justo. No caso grego, a justiça é virtude que se distribui somente entre os cidadãos, os senhores e homens livres.

Mas tal circunstância há de se revelar também a causa da excepcional qualidade da filosofia do direito antiga em face das jusfilosofias medieval e moderna. A escravidão não é ato acabado, cristalizado pela repetição e pela conservação. Tratando-se da brutalidade da força, do engenho das guerras, os povos desfilam épocas de senhorio e de jugo. A própria Bíblia, narrando a história do povo hebreu, dá demonstrações de seu senhorio em face dos filisteus, na terra prometida, e de seu cativeiro no Egito.

A escravidão, sendo dinâmica, produz um sistema de apreciação do justo também dinâmico ao seu modo. O acaso e o incidental estão muito presentes no quotidiano dos povos escravagistas. Não é o direito que preside aquilo que se possua ou não. É a força bruta, o engenho e a arte da exploração de escravos e outros povos. Assim também se dá com a questão da justiça. Em sociedades escravagistas menos exuberantes, a justiça é mitológica, condicionada ao acaso dos deuses, como na própria Bíblia, em que Deus elege um povo como favorito, fazendo-lhe promessas. Em sociedades mais dominadoras e menos fechadas a outras culturas, como no caso da Grécia e de Roma, tal acaso da condição senhorial, que não está baseado na repetição nem no direito, também se revela na sua manifestação teórica mais alta, que é a equidade.

Para Aristóteles, o mais alto pensador do direito e do justo do passado, é pela prudência que se revela o justo. Em cada caso concreto, a partir de cada circunstância específica, o geral é adaptado. O justo se revela, assim, como virtude casualística, que não é repetível por mera operacionalização técnica impessoal. Também a condição senhorial, de exploração de escravos, é irrepetível, não técnica.

Mas é tal engenhosidade do senhorio escravagista do passado que permite sua inconstância, seu caráter ocasional, casualístico, e, por isso, sua maleabilidade, flexibilidade, com menor apego ao direito como dogma. Para Aristóteles, direito natural é tomado no sentido literal, de observação da natureza, e, portanto, não é mero compilado e conservado de normas nem é cerebrino. É aberto ao novo, como a própria natureza das coisas o exige. A justiça, assentada sobre a brutalidade da força, exclui os fracos, escravos e explorados de sua apreciação, e, para os senhores, ela é flexível. Essa virtuose de relações de equidade entre os senhores é o próprio direito romano, que parece tão belo aos olhos modernos porque se esquece que, fundamentalmente, ele excluiu de início a causa de sua riqueza – a escravidão –, sem fazê-la ser apreciada pelo próprio direito. O direito romano parece bom e de bom senso porque ele só é visto na bela equidade entre os superiores; a origem escravagista da sociedade está escondida da ciência do direito.

Já a filosofia do direito medieval padece dos males do *feudalismo*. Sua base de extensão social é maior que o escravagismo: as apreciações do justo e do injusto falam tanto ao senhor quanto ao servo. Mas falam de um modo distinto que o do passado. Na Grécia e em Roma, há um arranjo que se possa chamar incipientemente por jurídico, entre os senhores, e nenhum direito entre senhores e escravos. No feudalismo, há alguma pequena dose de direito para todos, o que, na prática, se revela nenhum direito para todos. O que o medieval chamará por direito é apenas tangencialmente jurídico. No mais das vezes, são as regras religiosas e morais travestidas por jurídicas.

Peculiar e ironicamente, o feudalismo é mais fraterno que o escravagismo no que tange à filosofia do direito porque, ao contrário de ter reservado os prazeres do justo apenas aos senhores de escravo, estendeu a desgraça da injustiça terrena a todos, reservando aos justos um céu onde se dá o apogeu de sua universalidade cristã.

O feudalismo, assentando-se na repetição do senhorio e na tradição, não é incerto e ocasional como o escravagismo. É previsível, conservador, e por isso o justo e o injusto são tomados como fixos, rijos, imutáveis. Não se trata necessariamente, no pensamento jurídico medieval, de considerar que o mundo seja justo. É até possível chamá-lo por injusto, como o faz boa parte do pensamento cristão, mas proclamando-se sempre ser impossível a justiça na Terra, e sim somente em Deus. Por isso, não sendo histórico--sociais, os marcos referenciais do direito e do justo na Idade Média não são flexíveis; antes, são plenamente estáticos e conservadores.

A equidade aristotélica, que foi o ápice do pensamento jusfilosófico antigo, não se repete no mundo medieval. O justo será tido por divino, imposto e não construído socialmente. Não tem o caráter engenhoso e prudencial do modelo greco-romano, mas sim o caráter canônico de conjunto de normas eternas. Sai de cena a política antiga, entra em cena o teológico medieval.

Nesse sentido, a filosofia do direito medieval é, de todas, a mais conservadora. O justo não é construto humano. É recebido de fora para dentro, como produto acabado e imposto da determinação divina. Também o feudalismo é mais imóvel em termos de mudança de classe e de posições de exploração que o escravagismo.

O espanto que até hoje nos dá Sócrates na filosofia antiga e Jesus na moral antiga revela--se pelo fato de que ambos são antigos, e não medievais (embora tenha sido a Idade Média que os tenha apropriado fortemente, de modo muito parcial, como símbolos da razão e da moral). Na equidade, traduzida como ação do justo e do amor, mas esparramada a todos, e não só aos senhores e aos ricos, é que se revela o choque de Sócrates e de Jesus com o seu tempo. Não são como os pregadores da moral medieval, tal como os cristãos o fizeram a partir de um catálogo rígido de normas; antes, são os alargadores máximos da feliz virtude da justiça flexível e equitativa que os antigos davam a poucos, e jamais gostariam de ver alargada. Sendo a virtude de justiça antiga uma ação entre poucos, Sócrates e Jesus são, a princípio, a explosão em busca da plenitude dessa mesma virtude antiga.

A filosofia do direito moderna

A modernidade se revela, na filosofia do direito, pelo embate entre duas correntes específicas de pensamento, uma haurida da tradição e outra nova. O Absolutismo é a adaptação da velha visão jurídica teológica medieval, equipada pioneiramente para dar conta do surgimento do Estado moderno. A primeira doutrina por excelência do capitalismo nascente valeu-se, portanto, dos velhos elementos jusfilosóficos teológicos. Mas o Absolutismo é eivado dos vícios dos estamentos antigos, a nobreza e o clero. A burguesia, como classe nova e ascendente, não dominando o Estado, lança-se à construção de uma filosofia de combate, extremamente racionalista, o Iluminismo.

As duas faces do pensamento jurídico moderno não são extraídas diretamente da realidade. Ambas são metafísicas, legitimadas por elementos ideais, cada qual ao seu modo. Para uma, o direito e o justo são hauridos da determinação divina. Para outra, o direito e o justo são produtos de uma razão universal dos indivíduos, que é sempre razão burguesa.

A filosofia do direito burguesa, o Iluminismo, é quem prepara o terreno para a forma de pensar contemporânea do direito. Seus conteúdos são praticamente os mesmos da jusfilosofia contemporânea; no entanto, muito distintos são seus pressupostos e seus mecanismos. As ferramentas do direito contemporâneo já estavam postas no direito moderno, porque a base sobre a qual ambas se assentam é a mesma, o capitalismo e o Estado. Assim sendo, sujeito de direito, dever, direito subjetivo, capacidade, institutos fundamentais ao capitalismo, surgem desde que esse próprio modo de produção surge. Mas a modernidade explica-os a partir de dois modos distintos: os direitos subjetivos são privilégios divinos, no caso dos absolutistas, ou são princípios da razão universal, no caso dos burgueses. Dois modos profundamente metafísicos de tratar dos interesses concretos.

Por tal razão, a filosofia do direito moderna ou é um novo ou uma radicalização e transformação das tendências medievais, mas nunca um chamamento ao pensamento antigo. A prudência e a equidade, explicitadas superiormente por Aristóteles, são as inimigas da filosofia do direito moderna. Isso porque, seja reclamando os privilégios divinos, seja reclamando os direitos universais da razão burguesa, o justo passa a ser considerado um rol inflexível, nada ocasional. Da mesma maneira que o feudalismo é assentado na continuidade da posse da terra, o capitalismo é assentado sobre uma repetição contínua, não da posse tradicional, mas sim da exploração mercantil e produtiva impessoal, feita máquina. O modelo jusfilosófico antigo é abominável aos modernos não pela sua posição quanto à exploração, que até lhe poderia ser favorável (porque era o modelo de legitimação do escravagismo); é abominável porque pressupõe a flexibilidade e o acaso, e o capitalismo só se assenta na lógica inflexível da exploração, tecnificada.

A filosofia do direito antiga pressupunha o direito como arte, como manifestação dessa ocasional superioridade da condição senhorial. A filosofia do direito moderna, como sua antípoda plena, pressupõe o direito como técnica, como manifestação da garantia que, se espera, o direito dê universalmente ao capital.

A FILOSOFIA DO DIREITO CONTEMPORÂNEA

Na Idade Contemporânea, o direito se apresenta, socialmente, como uma instância específica e estruturalmente necessária na reprodução do capital. Ligado diretamente ao Estado, o direito é reduzido à sua manifestação técnico-normativa. Nasce daí sua separação da moral, da ética, da religião, dos costumes. O atendimento à lógica fria da circulação mercantil é a origem da tecnicidade jurídica.

Se as filosofias do direito antiga, medieval e moderna, de alguma forma, estavam ligadas à indistinção do direito de outros fenômenos – tanto assim que, nos antigos, o justo e o jurídico são virtudes espraiadas, nos medievais são teológicas e canônicas e nos modernos advêm de uma razão metafísica –, nos tempos contemporâneos a compreensão é distinta. Nas filosofias do direito pré-contemporâneas, há uma espécie de petição de princípio do direito e do justo que surge de fora da história social. A persistência, nessas jusfilosofias, das mais variadas formas de direito natural, é prova dessa indistinção do fenômeno jurídico. Mas, na contemporaneidade, o direito ocupa um espaço específico e privilegiado no todo social, no qual se o poderá localizar e, em geral, confinar. Por causa disso, ele aparentemente se desgarra dos demais fenômenos sociais. Não é a teoria jurídica que se tornou ímpar; é a necessidade social do capitalismo que singularizou o próprio direito em face da moral e dos costumes.

Assim sendo, a filosofia do direito contemporânea fala de um direito específico, e, portanto, fala do que é. Ao contrário das tradições jusnaturalistas, que falavam em geral do que deve ser, a contemporaneidade inaugura, com excelência, a filosofia do direito positivo. O juspositivismo passa a ser a tábua rasa do pensamento jurídico, como em todo o passado o foram os tantos jusnaturalismos. O juspositivismo é o patamar a partir do qual se constrói filosoficamente o problema do direito e do justo desde o século XIX.

Sem retroceder ao nível dos jusnaturalismos, a filosofia do direito contemporânea ou reitera a imediata visão juspositivista ou avança, então, em busca da sua superação. Pode-se dizer, assim, que o juspositivismo é a primeira verdade jurídica contemporânea, mas a mais limitada e mascarada dessas verdades. Circunscrevendo o fenômeno jurídico aos limites técnico-normativos estatais – como o propõe Hans Kelsen, que a isso denomina ciência do direito –, o juspositivismo fala uma verdade que é uma mentira: é verdade que o direito atualmente é reduzido à técnica normativa, mas não é verdade que as razões do direito sejam limitadas somente ao mundo normativo-estatal.

O juspositivismo fala uma verdade reducionista do direito. Como e por que o direito se tornou positivo, essas são perguntas evitadas pelo juspositivista. Com um problema ainda maior que isso: o direito não se revela apenas nos limites do normativismo estatal. Se o direito é positivo, ele não o é todo e automaticamente assim, nem isso se deve à lógica ou à natureza das coisas. Por isso, o juspositivismo é uma filosofia do direito reducionista: segrega o fenômeno jurídico em uma perspectiva parcial.

Se o juspositivismo é a mais larga estrada por onde trilha a filosofia do direito contemporânea, não é a única nem a melhor. Outras vertentes, extraídas da filosofia existencial e decisionista, falam do direito uma verdade mais profunda do que a meramente juspositivista. A se tomarem as lições de Carl Schmitt, o direito fala mais de si quando nega a norma do que quando a segue. O poder é que se revela a verdade do direito na sua entranha mais funda. O direito não tomado pelo ângulo do dever-ser, mas pelo ângulo do ser, é a sua verdade existencial.

Mas, ainda assim, uma perspectiva existencial-decisionista revela um limite, na medida em que o direito é uma manifestação do que é, mas não se ocupa do porquê desse ser. Que o direito não seja apenas a figura caricata proposta pelo juspositivismo é uma verdade; mas apreender a sua manifestação histórico-social mais profunda é que será o ápice do seu entendimento. Por essa razão, a mais importante vertente de pensamento jusfilosófico é o marxismo. Com o marxismo, o direito é entendido pelo todo social, e não por si próprio.

O marxismo consegue chegar às entranhas da relação do direito com a sociedade, desnudando a sua origem última e o seu imo mais verdadeiro, o *capitalismo*. O direito, como se dá no mundo contemporâneo, é uma manifestação necessária da própria circulação mercantil capitalista, conforme Marx expõe em *O capital* e Pachukanis revela no mais alto pensamento jurídico do século XX. Sua lógica e sua justiça terminam por ser a própria lógica e justiça do capital. Tal fato é o mais importante da compreensão do direito contemporâneo, e, ao ser evitado pelas demais filosofias do direito, torna-as, em comparação com o marxismo, débeis e incompletas. O marxismo é duplamente o horizonte mais amplo da filosofia do direito: tanto na extração da verdade do direito quanto na projeção dos horizontes revolucionários futuros de justiça.

Poder-se-ia dizer que tanto o juspositivismo quanto a visão existencial e o marxismo exprimem o direito no que é, porque desde a mais básica dessas vertentes, a juspositivista, o direito não é mais contado como uma metafísica, pois já ao se fixar no direito posto ele começa a se apresentar ao menos como uma parte de sua realidade. Mas, se assim o for, consideraremos que um pedaço desconectado do todo seja uma verdade parcial, o que é uma afronta à verdade. Juspositivismo, existencialismo e marxismo não são apenas três degraus, do mais baixo ao mais alto, da filosofia do direito. No pensamento dos juspositivistas, o direito é uma figura reducionista, e, reduzida, é uma deformação que não é, então, o próprio fenômeno jurídico. No pensamento existencial-decisionista, ele já se apresenta como uma realidade, apenas ainda não plena, porque já não mais juspositivista mas ainda desconectada do elemento que lhe dá a maior razão de ser, o capital. No pensamento marxista, então, ele se apresenta e se entende como plena realidade.

FILOSOFIAS DO JUSTO E FILOSOFIAS DO DIREITO

Pelo fato de tratarem do direito como um fenômeno indistinto de outros, as filosofias do direito antiga, medieval e moderna têm dificuldade em serem apenas filosofias do direito. São também, necessariamente, filosofias do justo. Isso porque, não se podendo denominar uma técnica específica nem uma instância singularizada do todo por direito, a sua apreciação é tanto de direito quanto de justiça e, em geral, mais de justiça do que de direito.

Já na Idade Contemporânea, as posições se invertem. Ao se localizar na sociedade e na história um específico fenômeno jurídico, o pensamento jurídico passa a ser um pensamento técnico, apenas de direito positivo e, portanto, despreocupado com o justo. Por essa razão se diz que, a partir do século XIX, tem início um pensamento dito de teoria geral do direito, que é a mais alta especulação dos juristas dentro do direito positivo. A relação do direito com o todo histórico-social e a discussão sobre o justo do direito, consideradas de mais alto nível e repercussão, passam a ser confinadas na filosofia do direito, mas então ela é extirpada do quotidiano do pensamento do jurista.

Por isso, nas idades Antiga, Medieval e Moderna, há filosofia do direito, mas não há teoria geral do direito, porque não há direito especificado, e então a teoria do direito é sempre também uma teoria sobre o justo. Já na Idade Contemporânea, com a especificidade do direito que lhe é dada pelo capitalismo, há uma teoria geral do direito, e então o jurista vira as costas ao pensamento sobre o justo para se confinar em seu pensamento sobre o direito dito estrito, ou seja, o positivo. A filosofia do direito, que sempre foi cara ao jurista pré-contemporâneo, porque era também o seu afazer artesanal, passa a ser a inimiga do jurista reducionista contemporâneo, porque ela desconfia dos limites do direito positivo.

Mas a filosofia do direito contemporânea é ao mesmo tempo uma filosofia da justiça e uma filosofia do direito. Isso porque o velho vício social de legitimação do direito pelo justo prossegue de maneira quase atávica no discurso e no pensamento jurídico contemporâneo. O juspositivista não se conforma em ser apenas científico ou cinicamente reducionista. Ele também quer enxergar virtudes nas normas positivas estatais, e, portanto, encanta o seu mundo de normas técnicas com preocupações sobre o bom, o conveniente, o apropriado, o seguro, o controlável formalmente, o mais correto – ou seja, volta, por suas vias normativas, ao justo.

Também as perspectivas mais avançadas da compreensão do direito na jusfilosofia contemporânea produzem uma filosofia do justo, cuja medida de profundidade é parelha com a compreensão do próprio direito. Uma visão existencial sobre o direito é uma pergunta sobre o ser do direito e do justo. O marxismo, ao desnudar as entranhas do direito no todo social e histórico, revela sua face e, portanto, possibilita a mais límpida reflexão sobre o injusto do capitalismo e o justo no socialismo. Ao expandir os horizontes da práxis para a revolução, o marxismo aponta um justo que não se pensava até então, e portanto chega ao ápice da totalização possível do presente sobre o justo.

A pergunta sobre a extensão geográfica do objeto direito na filosofia do direito não é formal: é histórica. No passado, como o direito é inespecífico, também a filosofia do direito o é, resultando daí o seu pendor maior para o justo que para o jurídico. No presente, como o direito é singularizado no todo das sociedades capitalistas, então se pode dizer que haja uma filosofia do direito, mas esta, que em geral recorre ao argumento do justo como sua legitimidade – ou, ao menos na prática, o jurista, o ensino jurídico e o aparato das instituições jurídicas recorrem ao justo como seu argumento de autoridade e afirmação –, é umbilicalmente ligada a uma filosofia do justo, que lhe é a melhor máscara, no caso do conservadorismo juspositivista, ou o melhor descortinar da superação do que é, no caso das perspectivas críticas.

Assim sendo, no passado a filosofia era do direito e do justo pela indistinção do direito no todo dessas sociedades, e, no presente, é do direito e do justo porque o direito e o jurista, na prática, continuam a chamar a si as valorações de justiça. As mazelas jurídicas e as abomináveis ou luminosas compreensões sobre o justo e o injusto são expressão das sociedades historicamente estruturadas, seus interesses e contradições. Enredada nessa teia que não é somente teórica, é histórico-social, a filosofia do direito revela-se numa história que acompanha a própria história do direito e do justo na concretude das sociedades e dos tempos.

4
A FILOSOFIA DO DIREITO GREGA

Entre os antigos gregos, deu-se a primeira grande sistematização do pensamento filosófico. A contribuição de tal alvorada da filosofia se destacou também para as questões do direito e da justiça. Durante muitos séculos – e mesmo milênios – aquilo que foi o senso comum do pensamento jurídico ocidental foi consolidado a partir de uma visão geral de mundo que foi a dos romanos, que, por sua vez, hauriram-na diretamente da filosofia do direito grega.

É certo que se considera como o apogeu dessa forma de pensar dos gregos a filosofia dos clássicos: Sócrates, Platão e Aristóteles. Para o direito, em especial, os dois últimos são os mais altos pensadores dos tempos passados. Mas tal pensamento não surgiu repentinamente. Num processo histórico, muito ligado às próprias circunstâncias sociais, econômicas, políticas e culturais, foi-se consolidando um acúmulo de conhecimentos e caminhos que se poderiam denominar, por fim, de filosóficos.

Já desde o tempo atribuído a Homero (século IX a.C.) o pensamento grego se confronta ou com a cristalização de sua mitologia ou com a sua explicação em bases racionais. A antiga visão grega sobre os mitos a respeito do justo, que era religiosa, com o tempo vai se transformando.[1] Nos séculos posteriores, surgem aqueles que, de maneira clara, rompem com as velhas explicações de mundo e partem a um entendimento das coisas tendo por fundamento alguma racionalidade. Tais novos pensadores, como Tales de Mileto, Anaximandro, Heráclito e Parmênides, já não mais se limitam a recontar a tradição, mas, sim, buscam entender o mundo em novos padrões.

O começo dessa trajetória filosófica se deu a partir de uma preocupação com a *cosmologia*, isto é, com o estudo das origens das coisas do mundo e do próprio mundo. Nessa especulação inicial, muito ligada à *physis*, à natureza, buscava-se entender a relação do homem com os deuses, o funcionamento do mundo, o ciclo da vida, fazendo, além da filosofia, uma perquirição muito próxima daquilo que hoje classificaríamos como ciência.

---

[1] "Na vida dos gregos esta concepção uniforme de justiça, desde o início, não era válida e somente veio a surgir na consciência jurídica mais tarde. [...] Nos tempos mais antigos, o direito no seu todo procedia de origem divina." SOLON, Ari Marcelo. *Direito e tradição: o legado grego, romano e bíblico*. Rio de Janeiro, Elsevier, 2009, p. 76.

A cosmologia já é uma reflexão que se aproxima, de algum modo, do pensamento filosófico. Ela supera as antigas narrativas mitológicas, cujo arcabouço se dava por meio da teogonia ou da cosmogonia. *Gonia* vem de *gênesis*, origem. No nível da teogonia, a preocupação mitológica estava vinculada à origem do mundo a partir dos deuses, dos atos que instauram e criam as coisas. Na cosmogonia, trata-se ainda dessa mesma preocupação, vinculada à origem das coisas, às relações harmoniosas ou explosivas entre os deuses, das quais se gera o mundo.

A cosmologia, pelo contrário, não é somente uma reflexão sobre os mitos de origem do mundo, mas, sim, uma tentativa de compreensão da própria realidade enquanto existente. Busca, assim sendo, os princípios, as bases, uma identidade que explique o que há. A busca de um *logos*, portanto, é seu fundamento.

O *logos*, como base da explicação racional, já se revela no pensamento cosmológico. Enquanto discurso, *logos* é tomado como a narrativa que alcança a realidade das coisas. Enquanto pensamento, *logos* é a própria razão como o verdadeiro. Trata-se de um discurso sobre as coisas que se podem provar, que têm continuidade, e, portanto, não são fruto do acaso, mas de uma regra, de um princípio, que guardam uma constância, e poderão ser objeto de uma investigação lógica. Essa ocupação com o *logos* do mundo já é a própria filosofia nascente.

Assim trata Aloysio Ferraz Pereira:

> Nesta primeira etapa de seu pensamento reflexivo, os gregos conceberam natureza e lei, *fusis* e nomos, em uma unidade essencial. [...] Incriada, comum e igual em todos os entes, inclusive os deuses, a ordem do mundo chama-se Um, Logos, Cosmos, *Fusis*, *Nomos*. Como se pode ver, nesta época a razão abre já um seguro caminho no meio do mito.[2]

A *physis*, natureza do mundo e do cosmo, para os gregos, não se explica – ao contrário da visão judaico-cristã – pela criação a partir do nada. Para os gregos, não há uma criação do mundo surgida de um deus que o faça sem que antes houvesse algo. Há, na visão grega, um ciclo de nascimento e perecimento, uma persistência de elementos que se arranjam e desarranjam, ou seja, há um constante processo no mundo, denominado por eles de *devir*. Esse fluxo de arranjo e desarranjo das coisas é contínuo. O *devir*, assim, não é um processo linear que surge do zero, cria o mundo e depois o destrói totalmente. Essa narrativa, de um deus que fez o mundo, o manteve e o destruirá em apocalipse, é judaico-cristã. O *devir* grego é uma espécie de história em *circular*, ou ao menos em espiral. O mundo e as coisas, em harmonia ou em conflito, se rearranjam continuamente.

Os gregos principiam a reflexão filosófica pela cosmologia, mas isso não quer dizer que sua preocupação fosse limitada às coisas da natureza, sem se ocupar das questões sociais. Pelo contrário, o pensar cosmológico está atrelado a uma compreensão do homem no mundo. A própria reflexão cosmológica só foi possível a partir de uma certa condição existente especialmente na pólis grega. A cidade-Estado, com suas

---

[2] PEREIRA, Aloysio Ferraz. *História da filosofia do direito*: das origens a Aristóteles. São Paulo, Revista dos Tribunais, 1980, p. 21.

características políticas específicas, sua riqueza haurida do comércio e da escravidão, e, em alguns casos, com sua organização democrática, possibilitou a própria reflexão filosófica.

Para os gregos, o homem não é considerado como algo diferente do mundo. Ele está mergulhado indissociavelmente no mundo. Assim, a cosmologia não é uma reflexão somente da natureza física, mas é também uma preocupação sobre os arranjos e princípios políticos e sociais dos homens. O homem, por sua vez, não é tomado, como na tradição cristã, como uma unidade isolada do todo da pólis, e que poderia, portanto, ser entendido como categoria distinta, individualizada. O homem somente se compreende enquanto parte do todo social e político, que, por sua vez, está mergulhado e imbricado no todo da natureza.[3]

Dentre todas as questões iniciais que formam o quadro dos assuntos da nascente filosofia grega, pode-se dizer que o direito exerce um papel fundamental. A origem do *nomos*, da lei que rege a pólis, é uma discussão candente que marca as posições no debate político grego. Ao contrário da filosofia medieval cristã, que nasce limitada pelos quadrantes dos assuntos da religião, a filosofia grega nasce marcada pelos assuntos da política e do direito.

Desde o tempo das narrativas de Homero,[4] a coesão da pólis grega tinha por base as normas que determinavam os arranjos sociais que lhe subjaziam. A lei, nos tempos antigos dos gregos, era expressa pela simbologia de *Themis*. Na mitologia grega, *Themis* correspondia à divindade que, por meio da força e da batalha, dá a norma que funda a ordem. Em tempos mais recentes da história dos gregos, outro termo se levanta em oposição a *Themis*. Trata-se de *Dike*. Também se referindo a direito, às normas e à justiça, *Dike* é um símbolo, tal qual *Themis*, haurido da mitologia e da religião grega, mas sua expressão revela um outro uso: não se apoia na norma tanto como força e autoridade, mas sim com uma ênfase maior sobre o justo.

---

[3] "A consciência de poesia, de mito, de política, de educação e culto que reinava no século VI a.C., prende-se a este sentido humano da tragédia. O pensamento dos primeiros pensadores gregos questiona-lhe o humanismo, buscando restituir o mistério da tragédia originária. Trágico é o jogo de Dionísio na identidade universal das diferenças. A tragédia não é uma condição simplesmente humana. É o ser da própria realidade. A totalidade do real, o espaço-tempo de todas as coisas, não é apenas o reino aberto das diferenças, onde tudo se distingue de tudo, onde cada coisa é somente ela mesma, por não ser nenhuma das outras, onde os seres são indivíduos, por se definirem em estruturas diferenciais. A totalidade do real é também o reino misterioso da identidade, onde cada coisa não é somente ela mesma, por ser todas as outras, onde os indivíduos não são definíveis, por serem universais, onde tudo é uno." CARNEIRO LEÃO, Emmanuel. "Introdução". *Os pensadores originários*: Anaximandro, Parmênides, Heráclito. Bragança Paulista, São Francisco, 2005, p. 11.

[4] "Em Homero já os deuses se personalizam e especializam na divisão do trabalho. Humanizados, são mais compreensíveis e compreensivos, isto é, mais facilmente propiciados. Mas o destino paira sobre eles. Era ainda 'o tempo em que os deuses caminhavam sobre a terra'; e ora conduziam favoravelmente os homens, ora lhes estendiam ciladas ou frustravam suas empresas. Na visão de Homero, como na de Hesíodo, a origem das leis humanas é atribuída aos deuses e, secundariamente, a semideuses e heróis. Assistimos nesses poemas à passagem de uma representação mágica da natureza e das leis sociais a outra de caráter religioso." PEREIRA, *História da filosofia do direito*, op. cit., p. 18.

As lutas entre as classes sociais na história dos gregos e dos atenienses revelam a mudança dos conceitos jurídicos, mesmo ainda no nível de um primeiro esboço de filosofia, no caso da mitologia jurídica. Werner Jaeger expõe:

> Enquanto *themis* refere-se principalmente à autoridade do direito, à sua legalidade e à validade, *dike* significa o cumprimento da justiça. Assim se compreende que a palavra *dike* se tenha convertido necessariamente em grito de combate de uma época em que se batia pela consecução do direito uma classe que até então o recebera apenas como *themis*, quer dizer, como lei autoritária. O apelo à *dike* tornou-se de dia para dia mais frequente, mais apaixonado e mais premente.[5]

Tal importância da legalidade entre os gregos não se apaga na nascente filosofia posterior. Pelo contrário, a reflexão sobre o justo e a norma se agudiza. Os primeiros filósofos que começam a abandonar de modo mais sensível a mitologia, como Heráclito de Éfeso, nem por isso deixam de tratar da importância do justo para a pólis. É conhecido, dentro de tantos aforismas heraclitianos, aquele que exprime que "o povo deve lutar pela lei em processo, como pelas muralhas".[6]

OS PRÉ-SOCRÁTICOS

Costuma-se dar a alcunha de pré-socráticos ao conjunto de pensadores que viveram nos séculos anteriores a Sócrates, espalhados pelo mundo grego. Trata-se de um rótulo problemático, na medida em que muitos filósofos que são classificados por pré-socráticos vivem ainda no próprio tempo de Sócrates. Além disso, denominá-los por um nome genérico esconde a especificidade de cada um dos seus pensamentos. O uso do termo *pré-socrático* justifica-se, pois, apenas como recurso didático.

A tradição da história da filosofia reputa a Tales de Mileto a posição de primeiro filósofo dessa sequência dos pré-socráticos, no século VI a.C. Após Tales, uma ampla gama de pensadores se destaca. É costume dividi-los em escolas, quase sempre tendo por base um critério geográfico, de acordo com a região na qual viveram. Nos tempos antigos, o mundo de cultura grega se esparramava, para além do território onde hoje é a Grécia moderna, também na Ásia Menor e no sul da Itália.

Na Ásia Menor, desenvolveu-se a *Escola Jônica*, com o próprio Tales de Mileto como seu pioneiro, além de Anaximandro de Mileto, Anaxímenes de Mileto e Heráclito de Éfeso. Na Magna Grécia (hoje, o sul da Itália), está a *Escola Pitagórica*, cujo maior representante é Pitágoras de Samos. Outra corrente de pensadores também situada na Magna Grécia, a *Escola Eleata*, teve como principal pensador Parmênides de Eleia, e, além dele, Xenófanes de Colofão e Zenão de Eleia. Uma quarta corrente de pré-socráticos, sem se valer do critério geográfico, reúne pensadores variados, como os *atomistas* Leucipo de Abdera, Demócrito de Abdera, Empédocles de Agrigento e Anaxágoras de Clazómena.

---

[5] JAEGER, Werner. *Paideia. A formação do homem grego*. São Paulo, Martins Fontes, 1995, p. 135.
[6] HERÁCLITO, *Fragmentos*. Rio de Janeiro, Tempo Brasileiro, 1980, p. 75.

A divisão dos pré-socráticos em escolas é variável e sua distinção não é metodologicamente rígida. Para o campo da filosofia do direito, dentre todos os pré-socráticos, alcançam uma posição de destaque Anaximandro, por ter sido o pioneiro de um apontamento sobre o justo, e, especialmente, Heráclito e Parmênides.

Anaximandro de Mileto (610?-545? a.C.) foi discípulo de Tales, tendo-se destacado pelos seus inventos e pela sua argúcia no campo da ciência, em especial na astronomia. Enquanto a velha tradição da mitologia grega considerava a cosmologia como tendo por base o ar, a água, a terra ou o fogo, em Anaximandro tal compreensão alcançava um novo patamar: a *physis* se originava do *ápeiron*, algo infinito, ilimitado, que, sem forma, dá origem a todas as coisas. Rompendo com as velhas tradições, pode-se dizer que Anaximandro dá início à própria filosofia.

Do conjunto da obra de Anaximandro – dezenas de livros –, quase tudo se perdeu. A frase que restou, e que por muitos é considerada o primeiro fragmento filosófico da história, trata de uma consideração sobre a justiça do mundo. O *ápeiron* é o princípio da origem e do perecimento das coisas, e a injustiça a medida de cada coisa. Tal é a frase de Anaximandro, numa de suas possíveis traduções:

> De onde as coisas têm seu nascimento, para lá também devem afundar-se na perdição, segundo a necessidade; pois elas devem expiar e ser julgadas pela sua injustiça, segundo a ordem do tempo.[7]

A consideração sobre a justiça e a injustiça das coisas, em Anaximandro, é prejudicada pela ausência de outros textos seus que possam contextualizar suas próprias ideias. O *ápeiron* é considerado um princípio dos seres, ilimitado. Se o *ápeiron* é um princípio eterno, fora do tempo, as coisas, que têm geração e corrupção, são temporais. Há um pagamento necessário das injustiças das coisas quando de sua corrupção. Se as coisas pagam sua injustiça só por serem coisas ou se por especificidades de sua trajetória como coisas, essa é uma reflexão prejudicada por falta de textos que a detalhem.

De *Heráclito de Éfeso*, de tempos mais recentes na história dos pré-socráticos (540?--480? a.C.), ao contrário de Anaximandro, grande parte de seus fragmentos chegou até os dias atuais. Muitos consideram Heráclito como o mais importante filósofo pré-socrático. Escrevendo por aforismos, em linguagem difícil, era também conhecido pela alcunha de *O obscuro*.

Heráclito é um filósofo excêntrico, que desprezava as massas e suas crendices. Em sua cosmologia, fundava no fogo a base da natureza. Por tal razão, o universo tinha por padrão a mudança. O *fogo* procedia a uma constante transformação de todas as coisas.[8]

---

[7] ANAXIMANDRO, "Frase". In: PEREIRA, Aloysio Ferraz. *Textos de filosofia geral e de filosofia do direito*. São Paulo, Revista dos Tribunais, 1980, p. 3.

[8] "Ora, para Heráclito, o Sol – constantemente associado à Dike (Justiça), e até a Nêmesis – permanece como emblema de toda 'justiça' e de toda 'medida', e o Tempo forma, graças a ele, que é *sempre novo*, um 'pseudo-*continuum*'." LEGRAND, Gérard. *Os pré-socráticos*. Rio de Janeiro, Zahar, 1991, p. 75.

O mundo, o mesmo em todos, nenhum dos deuses e nenhum dos homens o fez, mas sempre foi, é e será, fogo sempre vivo, acendendo segundo a medida e segundo a medida apagando.

[...]

Pelo fogo tudo se troca e por tudo, o fogo; como pelo ouro, as mercadorias e pelas mercadorias, o ouro.[9]

O tema da *mudança* é o mais importante elemento trazido por Heráclito à filosofia. No seu famoso fragmento, "No mesmo rio entramos e não entramos; somos e não somos", "não se pode entrar duas vezes no mesmo rio",[10] há a dimensão do *devir*, do fluxo infinito do mundo. A noção de que tudo flui quer dizer que há uma constante criação e perecimento das coisas. O quente se torna frio e o frio, quente. A criança se torna velho. O dia anoitece.

A noção de *devir*, em Heráclito, não é a de qualquer fluxo: trata-se da luta dos contrários. Há uma constante entre os opostos. Ao contrário dos que buscariam ver, na filosofia, a compreensão das noções estáveis, eternas, Heráclito aponta para o conflituoso, antitético, mutável e tenso. Dirá: "O contrário em tensão é convergente; da divergência dos contrários, a mais bela harmonia", "Conjunções: completo e incompleto (convergente e divergente, concórdia e discórdia, e de todas as coisas, um e de um, todas as coisas)".[11]

Para Heráclito, justamente essa tensão entre os opostos, o conflito do *devir* das coisas, é a causa da justiça do mundo. "Não compreendem como concorda o que de si difere; harmonia de movimentos contrários, como do arco e da lira",[12] diz um fragmento seu. O devir das coisas em conflito se dá por meio das "medidas": "O sol não ultrapassará as medidas; se o fizer, as Eríneas, ajudantes de Dike, o encontrarão".[13] Há uma constância da transformação dos opostos. O dia vira noite; a noite vira dia.

Se uma velha tradição da filosofia busca compreender a justiça como o estável, o inabalável, eterno, Heráclito lança-se a uma nova visão: a justiça é o conflito, é a discórdia. "Se há necessidade é a guerra, que reúne, e a justiça, que desune, e tudo, que se fizer pela desunião, é também necessidade."[14] Justamente no fluxo da luta está o justo. Diz Marilena Chaui:

> Contra a tradição dos poemas de Homero e contra a posição de Anaximandro, nas quais a discórdia e a guerra são injustiça enquanto a concórdia e a paz são justiça, Heráclito afirma que "a guerra é a comunidade", isto é, a guerra é o que põe as coisas juntas para formar um mundo em comum, e, portanto, a luta dos contrários é harmonia e justiça.[15]

---

[9] Heráclito, *Fragmentos*, op. cit., p. 65 e 111.
[10] Ibid., p. 81 e 113.
[11] Ibid., p. 49.
[12] Ibid., p. 83.
[13] Ibid., p. 115.
[14] Ibid., p. 103.
[15] Chaui, Marilena. *Introdução à história da filosofia*. São Paulo, Companhia das Letras, 2005, v. 1, p. 82.

Heráclito disse: "Eu me busco a mim mesmo", "É dado a todos os homens conhecer-se a si mesmo e pensar",[16] numa espécie de busca antropológica que será divisa, posteriormente, de Sócrates e de outros. Para Heráclito, o conhecimento é uma procura daquilo que se esconde. "A harmonia invisível é mais forte do que a visível",[17] diz outro de seus fragmentos. Justamente por isso, há um nível profundo do justo que não está nas aparências estáveis das situações do mundo: "Para o Deus, tudo é belo e bom e justo. Os homens, porém, tomam umas coisas por injustas, outras por justas".[18]

Ao lado de Heráclito, outro importante momento da filosofia pré-socrática se estabelece com *Parmênides de Eleia* (540 a.C.–?). De cronologia incerta, Platão chega mesmo a pô-lo em contato com Sócrates em um de seus diálogos. Parmênides foi legislador de seu povo, notabilizado ao seu tempo pela justiça das leis que legara.

O texto fundamental da filosofia de Parmênides tem a forma de um poema, *Da natureza*. Esse poema é dividido em dois blocos, o caminho da verdade (*alétheia*) e o caminho da opinião (*dóxa*). A deusa o conduz ao caminho da verdade. Assim se expressa Parmênides:

> E a deusa acolheu-me de bom grado, mão na mão
> direita tomando, e com estas palavras se me dirigiu:
> "Ó jovem, acompanhante de aurigas imortais,
> tu que chegas até nós transportado pelos corcéis,
> Salve! Não foi um mau destino que te induziu a viajar
> por este caminho – tão fora do trilho dos homens –,
> mas o Direito e a Justiça. Terás, pois, de tudo aprender:
> o coração inabalável da realidade fidedigna
> e as crenças dos mortais, em que não há confiança genuína."[19]

A verdade aparece, para Parmênides, como a razão, como aquilo que é. A opinião está ligada ao mundo sensorial, relacionada àquilo que se vê, e que portanto muda. Logo de início, a perspectiva de Parmênides é diferente da de Heráclito. A mudança, para este, é a constituinte de todas as coisas. Para Parmênides, no entanto, o que é é único, não se muda.

Costuma-se identificar, em Parmênides, o iniciador da trajetória da lógica. Em seu poema, estão apontados o princípio da identidade – o que é, é – e o princípio da não contradição – o que é não pode não ser. Parmênides, por meio de seu poema, vai mais longe. Somente o que é é pensável e dizível. O que não é não se pode pensar e dizer. Assim sendo, uma espécie de ontologia – uma reflexão sobre o ser – acompanha sua lógica.

> Vamos, vou dizer-te – e tu escuta e fixa o relato que ouviste –
> um que é, que não é para não ser,

---

[16] Heráclito, *Fragmentos*, op. cit., p. 119 e 131.
[17] Ibid., p. 85.
[18] Ibid., p. 121.
[19] Parmênides, *Da natureza*. São Paulo, Loyola, 2002, p. 14.

> é caminho de confiança (pois acompanha a realidade);
> o outro que não é, que tem de não ser,
> esse te indico ser caminho em tudo ignoto,
> pois não poderás conhecer o não ser, não é possível,
> nem indicá-lo...
> [...]
> pois o mesmo é pensar e ser.
> [...]
> É necessário que o ser, o dizer e o pensar sejam; pois podem ser,
> enquanto o nada não é: nisto te indico que reflitas.[20]

O estabelecimento dos parâmetros de identificação do ser como uno, pleno, não divisível, acarreta, no pensamento de Parmênides, a noção de que a mudança, a transformação e a oposição interna na própria coisa são opiniões desprovidas de realidade e razão. Assim, Heráclito, que insistia no conflito, representa um polo oposto daquele parmenidiano. A estabilidade do ser é sua marca característica. Poder-se-ia, no extremo – embora com as ressalvas devidas –, ver em Parmênides um pendor ao conservadorismo em sua visão de mundo, na medida em que toma o ser como estabilidade. Para Heráclito, o ser é mudança.

Os caminhos pré-socráticos apresentam questões particulares no que diz respeito a uma reflexão sobre a justiça. Para Anaximandro, há uma espécie de *devir* que faz com que as coisas sejam julgadas pela sua injustiça. Tal condição justa é um atributo das próprias coisas do mundo. Para Parmênides, a justiça, muito mais do que algo nas coisas, é uma necessidade lógica, um conceito.

Mas, enquanto o *logos* (o ser, o pensamento, a fala) de Parmênides é um conceito, uma visão lógica sobre as coisas, para Heráclito o *logos* é, além de tudo isso, uma ação.[21] As coisas mudam, os contrários se ligam, o conflito se põe como base de todas as coisas. Poder-se-ia dizer que o *logos* de Heráclito é menos sagrado que o de Parmênides, na medida em que está mergulhado na ação, na interação dos homens com as coisas e com o mundo. Para Parmênides, a via da verdade, que lhe foi revelada divinamente, é uma forma de ver o mundo afastada de todas as opiniões contraditórias que as pessoas tenham na sua interação quotidiana com a própria realidade. Já para Heráclito, o homem, fazendo parte do mundo, está atravessado pelo conflito, pela mudança, pela transformação. Por

---

[20] Ibid., p. 14-15.

[21] "O *logos* de Heráclito não é o pensamento conceitual de Parmênides, cuja lógica puramente analítica exclui a representação figurada de uma intimidade espiritual sem limites. O *logos* de Heráclito é um conhecimento de onde nascem, ao mesmo tempo, 'a palavra e a ação'. [...] Na concepção de mundo de Anaximandro, a geração e destruição das coisas é concebida como o governo compensador de uma justiça eterna, ou melhor, como uma luta das coisas pela justiça perante o tribunal do tempo, onde cada um deve dar aos outros a paga das suas injustiças e *pleonexias*. Em Heráclito essa luta torna-se pura e simplesmente o 'pai de todas as coisas'. A *dike* só aparece na luta. [...]. A liberdade filosófica a que se eleva o pensamento de Heráclito permanece fiel à essência do homem grego vinculado à *polis*, o qual se sente membro de uma 'comunidade' universal e submetido a ela." JAEGER, *Paideia. A formação do homem grego*, op. cit., p. 225, 227-228.

isso, Heráclito recomenda o conhecimento de si mesmo, não como forma de se afastar do mundo, mas porque o homem é parte do mundo.

SÓCRATES

Por muitos considerado a figura simbólica mais alta da filosofia – porque pelas ideias e pela verdade morreu –, Sócrates (470-399 a.C.) desenvolveu seu pensamento no tempo de apogeu da vida cultural e social dos gregos. Atenas vivia, na fase em que surgiu Sócrates, a época que foi chamada de *Século de Péricles*. Os atenienses haviam vencido a guerra contra os persas. Seu comércio abundante, seu desenvolvido artesanato e suas artes, sua cultura, seu cosmopolitismo, e, principalmente, seu arranjo político excepcional – a *democracia* – possibilitaram a Atenas a dianteira do pensamento filosófico.

Se os filósofos pré-socráticos surgiram e produziram seu pensamento nas colônias gregas, Atenas, ao tempo de Péricles, conseguiu por fim ser a sede inquestionável da filosofia entre os gregos. O grupo de Sócrates e seus discípulos – o mais famoso deles Platão, e também seu posterior e renomado aluno Aristóteles – marcou tal tempo. No entanto, o socratismo não foi uma corrente solitária da filosofia ateniense àquele tempo. Pelo contrário, se estabeleciam também, em tal período, os pensadores ditos *sofistas*. É justamente contra eles, seus contemporâneos, que Sócrates se levanta filosoficamente.

Sócrates e os sofistas

Os sofistas foram os grandes artífices da construção da prática democrática ateniense. Os cidadãos da pólis ateniense não eram em número quantitativamente elevado, já que excluídos de tal condição estavam as mulheres, as crianças, os velhos, os escravos, os estrangeiros. Por isso, aqueles proprietários e homens livres que reuniam a condição de cidadania agiam em deliberação coletiva e direta para resolver os problemas e questões pertinentes à pólis. Assim sendo, ao contrário da nossa contemporânea democracia representativa, na qual os cidadãos escolhem os líderes que deliberarão em seu nome, e após isso não mais se sentem obrigados a partilhar os destinos da sociedade, em Atenas os cidadãos discutiam diretamente, em praça pública, e seu interesse somente se fazia garantido por meio de sua própria expressão verbal.

Nesse contexto, os sofistas exercem um papel ímpar. Eram mestres da retórica, ensinando a boa construção dos argumentos aos cidadãos. Não tinham um apreço intrínseco a tal ou qual ideia, mas, antes, ensinavam a expor bem qualquer ideia. Seus préstimos eram fundamentais ao cidadão ateniense. A boa retórica era o instrumento necessário para a melhor persuasão dos concidadãos. Ensinando a argumentar, os sofistas formavam a elite política ateniense.

Sócrates se recusa a considerar os sofistas filósofos, justamente pelo desamor destes aos conceitos e ideias, na medida em que possibilitavam a venda das próprias ideias. Tal moralidade socrática, que considera a filosofia como o amor ao saber, e, portanto, orienta a busca filosófica em direção dos conceitos estáveis, desprovidos das ambiguidades e dos floreios das argumentações, foi sempre muito apreciada pela filosofia medieval e moderna, o que fez de Sócrates o paladino da filosofia em contraposição aos sofistas, vendilhões da verdade. No entanto, desde o século XIX, o papel dos sofistas vem sendo reavaliado, atenuando-se o caráter negativo que se lhe emprestou historicamente.

Ao contrário da velha tradição pré-socrática, que buscava entender a natureza das coisas, portanto sua *physis*, os sofistas creditavam a verdade, a moralidade, a religião, a justiça e os conceitos políticos e sociais ao consenso, a uma *convenção* entre os homens. Era da persuasão que se formava a verdade. Ela não estava inscrita na natureza, na medida em que até os juízos sobre a natureza são humanos. Assim sendo, os sofistas encaminharam a filosofia a uma apreciação direta das questões sociais e políticas enquanto questões humanas, culturais, construídas de modo aberto e não dogmático.

Os mais importantes sofistas foram homens do mundo grego, mas não eram cidadãos de Atenas. Protágoras de Abdera e Górgias de Leontini foram seus mais importantes pensadores. Vindos do mundo jônico e da Magna Grécia, estavam embebidos da sabedoria dos pré-socráticos, que também não eram atenienses. Péricles foi o grande incentivador da presença dos sofistas em Atenas. Protágoras, em especial, era tido em alta conta por Péricles, que seguia seus ensinamentos.[22] Os sofistas sofreram restrições dos aristocratas atenienses, na medida em que, ensinando argumentações, possibilitavam aos demais cidadãos uma participação convincente e decisiva nas deliberações. Ao mesmo tempo, foram vistos com reprovação pelos socráticos, que os recriminavam por vender argumentos.

Mestres da retórica e da argumentação prática, para os casos concretos, os sofistas pouco escreveram, e os seus livros se perderam. Conhece-se seu pensamento, quase sempre, por meio de seus detratores. Platão e Aristóteles afastam-se explicitamente, em suas obras, do pensamento e do raciocínio dos sofistas.

Um dos mais famosos sofistas, Protágoras de Abdera, segundo Platão e a tradição, teria ensinado ser o homem a medida de todas as coisas. A verdade, para Protágoras, não deveria ser uma escavação da natureza, enquanto um dado objetivo e alheio ao homem e à pólis. Pelo contrário, a verdade era uma construção humana. Nesse ponto, paradoxalmente, residiu a grande humildade dos sofistas, que se julgavam falíveis em suas opiniões, e justamente por isso abertos perenemente à possibilidade do entendimento das opiniões contrárias.

O papel de vendilhões do saber passa a ser muito matizado quando se observa que os sofistas contribuíram para trazer as discussões sobre os destinos do homem nas mãos do próprio homem, alicerçando, com a sua retórica, as bases da democracia ateniense. A argumentação enquanto técnica ensinada ao cidadão fez consolidar a possibilidade de articulação efetiva da democracia.

---

[22] "Podemos agora concluir que não somente a situação geral em Atenas, mas também o franco encorajamento de Péricles é que trouxeram tantos sofistas a Atenas. A sua vinda não foi provocada simplesmente por algo de fora mas, antes, por um desenvolvimento interno à história de Atenas. Eles faziam parte do movimento que estava produzindo a Nova Atenas de Péricles, e era como tal que foram, ao mesmo tempo, bem-vindos e atacados. Eles atraíam o entusiasmo e o ódio que regularmente advêm àqueles que estão profundamente envolvidos num processo de fundamental mudança social." KERFERD, G. B. *O movimento sofista*. São Paulo, Loyola, 2003, p. 43.

O eixo central do argumento dos sofistas, no que diz respeito ao direito, versa sobre a dicotomia entre *nomos* e *physis*. De um lado, a *norma*, tida como uma construção histórica, uma convenção humana, e, de outro lado, a *natureza*, como âncora e medida de todas as coisas. As velhas classes aristocráticas atenienses, apegadas à noção de perene pertencimento à terra, às noções de sangue, predispunham-se a um entendimento do justo como sendo *physis*. Por sua vez, as classes democráticas propugnavam a justiça como uma convenção, podendo, portanto, ser alterada.

Protágoras foi decisivo no sentido de apontar para a justiça como uma convenção. Ela não está inscrita na natureza, na medida em que são os homens que atribuem significados justos ou injustos às coisas e situações. Sobre isso diz G. B. Kerferd:

> Isso significa que a natureza, por si só, era considerada, por Protágoras, insuficiente – é condição necessária, para a manutenção de comunidades efetivas, que fossem acrescentadas, ao equipamento inato do homem, as indispensáveis virtudes políticas. E na explicação e interpretação adicional que se segue ao mito, fica claro que a justiça de que Protágoras está falando consiste nos *nomina* da comunidade. Em outras palavras, Protágoras produziu uma defesa fundamental de *nomos* em relação a *physis*, dizendo que *nomos* é condição necessária para a manutenção das sociedades humanas.[23]

Mas Sócrates, por sua vez, opunha-se frontalmente tanto ao estilo de pensamento dos sofistas – na medida em que não vendia argumentos – quanto também ao horizonte filosófico por eles proposto. Para Sócrates, a verdade e o justo não se reduzem ao nível das convenções. Não são mera estipulação variável, de acordo com as opiniões ou com a maioria. Por sua vez, também a mera apreciação do justo como uma *physis* calcada nas tradições, sem melhor investigação filosófica, era rejeitada por Sócrates.

Para Sócrates, era preciso buscar o *fundamento* das ideias e dos conceitos. A atividade primeira do filósofo é a indagação sobre o que é, no sentido do esclarecimento e da iluminação em direção do verdadeiro. Ao contrário do sofista, que afasta a verdade porque a considera uma convenção, e, portanto, trabalha com *as* verdades, Sócrates busca *a* verdade.

O que configura o pensar socrático é justamente esse *processo* de busca. Não é Sócrates um professor que dá respostas aos seus alunos. Antes, é um perquiridor, que se indaga, reflete, pondera, faz volteios pelos caminhos da verdade. Sócrates adota como divisa fundamental de sua filosofia a célebre frase "só sei que nada sei", o que dá demonstrações de que seu pensamento não se constrói consolidando verdades estabelecidas, mas, antes, procurando-as, numa espécie de negatividade da razão, que vem a demolir as certezas socialmente assentadas.[24] O processo de procura torna-se fundamental. Daí,

---

[23] Ibid., p. 214.

[24] "A arte negativa de Sócrates, como aquela do seu pai talhador de pedras, vai pouco a pouco destruindo as imagens falsas e informes e lançando o movimento em direção do desvelamento da ideia em si e por si de virtude. O movimento inicial desse movimento do negativo é exatamente esse engendramento da dúvida (em grego, *a-poria*, ou seja, 'ausência de passagem'). A dúvida é

para Sócrates, mais importante que a própria conclusão sobre a verdade, é o *método* utilizado em todo esse processo.

O método socrático da indagação é justamente a busca por extrair, no seio da multidão das opiniões e concepções divergentes, a essência da ideia e da verdade. As contradições das pessoas com as quais Sócrates dialoga dá mostras da importância não do floreio entre argumentos – porque a vitória de um sofista em um argumento nunca é a vitória da verdade, mas do mais forte retoricamente – e, sim, do processo de desbastar as falsas impressões para que se possa surgir, do fundo das múltiplas opiniões, o uno da ideia e da verdade.

No oráculo de Delfos, inscrevia-se a divisa "conhece-te a ti mesmo". Sócrates a toma como lema. Dissipando os preconceitos, as visões deturpadas e ligeiras, o homem há de chegar à verdade. Essa espécie de iluminação da alma é a pedagogia socrática e é também o sentido de sua filosofia enquanto prática de demonstração da ignorância de cada qual e de sua necessidade de reflexão mais profunda e menos convencional.

É justamente no entorno da busca pela verdade, entendida por Sócrates não como convenção, mas como objeto específico e passível de ser definido dialeticamente, que se situa sua reflexão sobre direito. Sócrates é, ao mesmo tempo, aquele que rompe com a visão mitológico-religiosa e com a visão sofista sobre o justo.

Na história de Atenas, o surgimento da democracia envolvia também uma reflexão filosófica e um posicionamento político específico sobre a importância da lei. Mas, já no tempo de Péricles, a ideia de que a legalidade se assentava sobre as velhas bases da religião e dos mitos havia entrado em decadência: os sofistas, contra os quais argumentava Sócrates, levantavam, contra a ideia de uma correspondência da lei com os desígnios dos deuses, a ideia de seu caráter meramente convencional, humano.

Tal era o dilema da questão jurídica em Sócrates: as velhas tradições, que sustentaram a cidade e que lhe deram a unidade e a coesão até o presente, eram devotadas a uma espécie de direito religioso, haurido da mitologia de *Themis* e *Dike*. Já as novas perspectivas filosóficas se assentavam sobre o caráter meramente convencional das normas e, portanto, sobre a sua construção humana, ocasional. Sócrates recusa tanto uma quanto outra visão sobre o direito.[25]

---

o movimento negativo que irrompe no choque contraditório das múltiplas imagens. Paralisa a certeza existente e mostra à consciência de um indivíduo que ele não pode mais conduzir o navio da sua vida através daquela mesma rota. A dúvida, *aporia*, ausência de passagem, coloca o indivíduo diante do nada do seu caminho, do nada dos fins da vida. Dessa forma Sócrates obrigava os atenienses a repensarem as suas imagens de belo e de bom, de justo e de injusto, de vida feliz, de ideal de cidade. Assim como desde sua juventude abalara as próprias certezas, sempre repetindo que apenas sabia que não sabia, abalava também as certezas de todos, pobres ou ricos, homens livres ou escravos, artesãos, políticos, prostitutas, sofistas ou juízes. Todos diante de Sócrates eram obrigados a repensar os seus fins." BENOIT, Hector. *Sócrates*: o nascimento da razão negativa. São Paulo, Moderna, 1996, p. 12.

[25] "O Estado jurídico fora considerado, desde os tempos mais remotos, uma grande conquista. Dike era uma rainha poderosa. Ninguém podia mexer impunemente com os fundamentos da

Pela primeira visão, tradicional, o direito exprimia um mundo intermediado pela religião. Sócrates se insurge contra tal perspectiva, na medida em que sua pergunta não se orienta sobre o revelado, mas sobre o conhecido. Sua inquirição é racional. O justo e o jurídico não são objeto das velhas tradições. Inclusive, ao quebrar em seus adversários de diálogo suas antigas convicções, nada mais faz Sócrates do que abalar os velhos entendimentos sobre o direito.

Mas, de outro lado, Sócrates também não resvala pelo caráter meramente convencional da lei e da justiça. Nos diálogos de Platão, Sócrates persiste em considerar que o justo não é uma imposição de alguns contra outros, nem da maioria, nem do mais forte. Portanto, a democracia, só pelo simples ato de vontade da maioria, não faz a boa lei nem faz o justo. A busca de Sócrates é a de extrair o conceito do justo por meio da *razão*.

O direito em Sócrates

De dois modos se pode alcançar o pensamento jurídico de Sócrates. Pelas suas ideias, em alguns dos diálogos propostos especialmente por Platão, e pela sua própria história pessoal de vida, na medida em que foi condenado pelos atenienses, defendeu-se por conta própria e, condenado, não fugiu nem comutou sua pena com multas. Por isso, sua execução também lança reflexões sobre sua própria perspectiva de filosofia do direito.

No que diz respeito à vida de Sócrates, há muitos relatos tratando de eventuais assuntos jurídicos e de falas sobre o justo. O mais importante biógrafo da filosofia antiga, Diógenes Laércio, assim se reporta a Sócrates:

> Frequentemente sua conversa nessas indagações tendia para a veemência, e então seus interlocutores golpeavam-no com os punhos ou lhe arrancavam os cabelos; na maior parte dos casos Sócrates era desprezado e ridicularizado, mas tolerava todos esses abusos pacientemente. Incidentes desse tipo chegaram a tal ponto que certa vez, suportando com a calma habitual os pontapés que recebera de alguém, a uma pessoa que manifestou admiração por sua atitude o filósofo respondeu: "Se eu recebesse coices de um asno levá-lo-ia por acaso aos tribunais?" [...] Quando sua mulher lhe disse: "Morrerás injustamente", o filósofo retrucou: "Querias que eu morresse justamente?" [...] Pouco antes de Sócrates beber a cicuta Apolôdoros ofereceu-lhe um belo manto, para vesti-lo

---

sua ordem sagrada. É no direito divino que o direito terreno tem as suas raízes. Esta concepção era geral entre os gregos. Nada muda nela com a transformação da antiga forma autoritária do Estado no novo Estado jurídico, fundado na ordem da razão. A divindade ganha as características humanas da razão e da justiça. Mas, agora como sempre, a autoridade da nova lei baseia-se na sua concordância com a ordem divina ou, como diz o novo pensamento filosófico, na sua concordância com a natureza. A natureza é para ele a síntese de tudo o que é divino. Impera nela a mesma Lei, a mesma Dike, que se considera a mais alta norma do mundo humano. Tal foi a origem da ideia do cosmos. No decorrer do séc. V, porém, volta a mudar esta imagem do mundo. Já em Heráclito o cosmos surge como a incessante luta dos contrários. *O conflito é o pai de todas as coisas*. Mas em breve nada mais restará senão a luta: o mundo aparecerá como o produto acidental do choque e da violência no jogo mecânico das forças. [...] Na época dos sofistas, a velha e a nova concepção estão intimamente entrelaçadas." JAEGER, *Paideia. A formação do homem grego*, op. cit., p. 376.

na hora da morte. "Por que", disse ele, "meu próprio manto foi bastante bom para ser usado em vida, mas não na morte?" [...] A alguém que falou: "Não achas que tal pessoa te injuria?" Sócrates respondeu: "Não, pois essas coisas não me atingem".[26]

A mais importante fonte a respeito do pensamento de Sócrates sobre o direito e o justo está em Platão. Em alguns de seus diálogos, Platão se dedica especialmente a narrar os momentos da condenação e da execução de Sócrates. Comovido pela trajetória final de seu mestre, ao qual grande injustiça acomete, o discípulo transcreve e desenvolve uma série de diálogos em torno da reflexão sobre o direito e o justo. São quatro os mais importantes textos platônicos ligados a esse assunto: *Eutífron*, a *Apologia de Sócrates*, *Críton* e *Fédon*.

Esses quatro diálogos escritos por Platão compõem a narrativa de uma sequência de fatos. No *Eutífron*, Sócrates caminha em direção ao tribunal, na ocasião de seu julgamento, e encontra Eutífron, que por sua vez também estava envolvido em uma questão judicial. Por meio do diálogo com Eutífron, Sócrates reflete a respeito da ligação do justo com a moral e a religião.

> Sócrates – Era uma coisa semelhante a esta que eu queria dizer-te há um momento, foi por isto que perguntei se onde está a justiça, também está a piedade, ou o que dá na mesma, se tudo que é piedoso é justo, pode haver algo que sendo justo, não seja totalmente piedoso. Consideraríamos então a piedade como uma parte da justiça. Estamos de acordo quanto a isto ou desejarias manifestar-te de outra forma?
>
> Eutífron – Não, uma vez que me parece estares dizendo coisas corretas.[27]

A *Apologia de Sócrates* é um dos momentos mais importantes de sua reflexão jurídica. Levado ao tribunal, antes do julgamento, Sócrates se defende e inclusive dialoga diretamente com seu acusador, Meleto. Sócrates não busca se valer de subterfúgios para escapar à condenação. Antes, busca esclarecer, por meio do diálogo, as acusações que lhe são imputadas, de corromper os jovens com novas ideias e de trazer novos deuses ao culto dos atenienses. Sua argumentação vai ao fundamento do que se acusa e sobre sua relação com os juízes e as leis de Atenas:

> Mas excetuando, ó cidadãos, o bom nome da cidade, não me parece justo influir sobre os juízes e com súplicas escapar da condenação, mas sim instruí-los e persuadi-los. Uma vez que o juiz não está neste lugar para fazer graça ao justo, mas para julgar o justo, nem jurou que concederá graça a quem lhe paga, mas que fará justiça segundo as leis. E então não é preciso que vos habituemos a violar o juramento, nem que vos habitueis a isso, não faremos coisas boas e pias, nem vós, nem nós. Não desejais então, ó cidadãos de Atenas, que eu cometa diante de vós atos que julgo desonestos, injustos e ímpios e muito menos eu, eu que sou acusado por Meleto, aqui presente, de impiedade.[28]

---

[26] LAÊRTIOS, Diôgenes. *Vidas e doutrinas dos filósofos ilustres*. Brasília, Ed. UnB, 1987, p. 53 e 56.
[27] PLATÃO, *Diálogos. Eutífron, Apologia de Sócrates, Críton, Fédon*. Curitiba, Hemus, 2002, p. 27.
[28] Ibid., p. 69.

Após o veredicto de sua condenação à morte, o texto da *Apologia* escrito por Platão ainda narra o comentário de Sócrates, feito ainda no próprio tribunal, sobre a pena que lhe foi imputada e sobre os juízes que lhe foram a favor e contra.

O *Críton* (ou *Critão*) é o diálogo mais importante de Sócrates a respeito do justo. Após ser condenado, Sócrates é então levado à prisão, onde esperará sua execução. No entanto, somente seria morto quando retornasse um navio dos atenienses que levara oferendas a um oráculo. Nesse intervalo, vários discípulos acorreram, na tentativa de salvar Sócrates da morte. Críton, um discípulo de Sócrates rico e bem relacionado, estabelece diálogo com o mestre buscando convencê-lo a fugir, ou a exilar-se, ou a subornar os juízes e os soldados. Sócrates rejeita todos os favorecimentos.

Para Críton, seria vergonhoso que, em podendo salvá-lo, seus amigos nada fizessem em seu favor. Por essa razão, pedia que Sócrates fugisse, tendo em vista a opinião das pessoas:

> Sócrates – Continua, pois, atento: se ao seguir a opinião dos ignorantes destruíssemos aquilo que apenas por um regime saudável se conserva e que pelo mau regime se destrói, poderemos viver depois da destruição do primeiro? E, diga-me, não é este nosso corpo?
>
> Críton – Sem dúvida, nosso corpo.
>
> Sócrates – E podemos viver com um corpo corrompido ou destruído?
>
> Críton – Seguramente não.
>
> Sócrates – E poderemos viver depois da corrupção daquilo que apenas pela justiça vive em nós e do que a injustiça destrói? Ou julgamos menos nobre que o corpo, essa parte de nós mesmos, qualquer que seja, a que se refira à justiça e à injustiça?
>
> Críton – De modo algum.
>
> Sócrates – E, não é a mais preciosa?
>
> Críton – Muito mais.
>
> Sócrates – Portanto, querido Críton, não devemos nos preocupar com aquilo que o povo venha a dizer, mas sim pelo que venha a dizer o único que conhece o justo e o injusto e este único juiz é a verdade. Donde poderás concluir que estabeleceste princípios falsos quando disseste inicialmente que deveríamos fazer caso da opinião do povo acerca do justo, o bom, o digno e seus opostos.[29]

O ponto nevrálgico da questão jurídica, no *Críton*, está no respeito às leis da cidade, na medida de uma honra necessária do cidadão à pólis. No diálogo, Sócrates fala a Críton o que as leis, hipoteticamente, diriam a ele, caso fugisse:

> Sócrates – Vejamos se assim o entendes melhor. Se chegado o momento de nossa fuga, ou como o queres chamar, nossa saída, as leis da pólis, apresentando-se a nós, nos dissessem: "– Sócrates, o que vais fazer?" Levar teu projeto a cabo não implica em destruir-nos completamente, uma vez que de ti dependem, para nós, as leis da pólis e a todo o Estado? Acreditas que um Estado pode subsistir quando as sentenças legais nele não têm força e, o que é mais grave, quando os indivíduos as desprezam e destroem? [...]

---

[29] Ibid., p. 89.

E então, depois de dever-nos o nascimento, o sustento e a educação terás o atrevimento de sustentar que não és nosso filho e servidor, da mesma forma que teus pais? E sendo dessa forma, acreditas por acaso teres os mesmos direitos que nós, de modo que te seja lícito devolver tudo que te faremos sofrer? Esse direito que não podes ter relativamente a um pai, ou a um encarregado, para devolver-lhe mal por mal, afronta por afronta e golpe por golpe, pensas tê-lo relativamente à tua pátria e contra suas leis? E se tratássemos de te fazer perder, acreditando ser justa tua perda, em estando prevenido, tratarias de perder-nos, bem como à tua pátria? Chamarias a isto justiça, tu que fazes profissão de praticar a virtude?[30]

Em todo o *Críton*, concluindo a sequência dos diálogos que envolviam a condenação de Sócrates, Platão narra a determinação socrática em fazer do cumprimento de sua sentença um dever moral, na medida do respeito à pólis. Por fim, após o *Críton*, o diálogo *Fédon* trata dos momentos finais de Sócrates e de sua execução, tomando veneno. Neste último diálogo, Sócrates reflete sobre a morte e a alma.

Perpassa por toda a discussão socrática no *Eutífron*, na *Apologia* e no *Críton*, um respeito às instituições jurídicas e à pólis, como testemunho de um vínculo necessário a ligar o destino jurídico individual e a organização política do todo. Ocorre que o vínculo entre indivíduo e pólis, para Sócrates e Platão, é haurido de fontes muito distintas daquelas tradicionalmente pensadas pelos filósofos e juristas modernos. Para estes, o indivíduo se liga à pólis porque contratou viver em sociedade – trata-se da teoria moderna do contrato social. Para Sócrates e Platão, no entanto, por mais diversas sejam as generalidades de suas explicações da ligação do homem à sociedade, o caráter político da natureza humana é seu ponto comum de interpretação. Leo Strauss, com alguma provocação, assim aponta:

> Numa passagem do *Crito* de Platão, Sócrates é apresentado como alguém que deriva o seu dever de obediência à cidade de Atenas e às suas leis de um contrato tácito. Para compreender esse passo, é preciso compará-lo com um passo paralelo na *República*. Na *República* o dever de obediência do filósofo para com a cidade não decorre de contrato algum. A razão é evidente. A cidade da *República* é a melhor cidade, a cidade conforme à natureza. Mas a cidade de Atenas, uma democracia, era do ponto de vista de Platão uma cidade imperfeitíssima. Só a lealdade para com uma comunidade inferior pode decorrer de um contrato, porque um homem honesto cumpre as suas promessas com todos, independentemente do valor daquele a quem se fez a promessa.[31]

Por não ter fugido à condenação, uma leitura superficial dos textos referentes ao direito em Sócrates poderia até mesmo levar à acusação de um certo pioneirismo juspositivista. No entanto, o pensamento socrático não é, de modo algum, precursor do juspositivismo. Sócrates não se submete às leis por reconhecer seu acerto. Tampouco considera a sua sentença justa. Sua proposta, ao não fugir da execução, não se encaminha pela justeza do direito positivo. Sua visão é muito mais moral e filosófica: acima do direito positivo há um justo, que pode ser compreendido pela razão, e aceitar o justo é um dever.

---

[30] Ibid., p. 92.
[31] STRAUSS, Leo. *Direito natural e história*. Lisboa, Edições 70, 2009, p. 102.

No *Eutífron*, como este argumenta que os deuses também teriam em alguns casos opiniões divergentes sobre o que é justo, Sócrates redargui:

> Eutífron – Creio, entretanto, Sócrates, que acerca disto não exista nenhum desacordo entre os deuses que chegue ao ponto de afastar o fato de que deva ser castigado aquele que matou alguém injustamente.
>
> Sócrates – Como? E quanto aos homens, Eutífron, não ouviste, por acaso, como se discute que aquele que matou injustamente ou cometeu uma ação injusta deva ser castigado?
>
> Eutífron – Claro, e é o que não deixam de discutir em todos os lugares e diante dos tribunais. Mostram-se, destarte, incrivelmente injustos, mas fazem e dizem, finalmente, todo o necessário para escapar ao castigo.
>
> Sócrates – [Eles] Convêm então, Eutífron, nas injustiças, mas, contudo, pretendem que não sejam castigados?
>
> Eutífron – Pelo menos não atuam doutra forma.
>
> Sócrates – Não cumprem, portanto, neste caso, tudo o que fazem e dizem. Porque, segundo creio, não se atrevem a manter, nem o discutem, que devam escapar ao perigo se cometem alguma ação injusta. Não é assim?
>
> Eutífron – Dizes a verdade.
>
> Sócrates – Não discutem, de modo algum, que o culpado deva ser castigado, mas que, se produz uma discussão, centram-na na questão de quem é o culpado, o que fez e quando.
>
> Eutífron – É assim.
>
> Sócrates – A mesma coisa acontece com os deuses, se é que eles, segundo afirmas, também estão em desacordo acerca do justo e do injusto, e alguns pretendem que os outros cometam injustiças e estes, que não. Com o que comprovas, admirável amigo, que nenhum dos deuses e dos homens se atreve a sustentar que não se deva castigar a injustiça.
>
> Eutífron – Sim, é verdade o que dizes, Sócrates, pelo menos no fundamental.
>
> Sócrates – Os que discutem, sejam homens ou deuses, supondo-se que discutam, apenas dissentem, Eutífron, acerca de cada caso em particular. Sua opinião difere relativamente a um determinado ato, pois alguns afirmam que esse ato é justo e outros que é injusto. Não é?
>
> Eutífron – Com efeito.[32]

A condenação de Sócrates, sendo injusta, revelaria aos atenienses com clareza o justo, por contraste. Da injustiça do seu caso concreto não decorreria, como os sofistas poderiam imaginar, a inexistência de marcos racionais do justo. Para Sócrates, eles existem, e seu exemplo serviria para demonstrar a injustiça. O fato de Sócrates não ter fugido não quer representar uma admiração aos mecanismos de aplicação imediata das normas jurídicas. Pelo contrário, Sócrates declara a injustiça da pena que contra ele se impõe. Contra a ausência de rigidez moral e de alcance da verdade dos cidadãos atenienses é que ele se opõe, e sua submissão à sentença é, na verdade, uma ação

---

[32] PLATÃO, *Diálogos. Eutífron, Apologia de Sócrates, Críton, Fédon*, op. cit., p. 20.

política de abalo e incômodo. Na própria *Apologia*, ao final, Sócrates declara aos que julgaram pela sua condenação:

> Mas a vós que me condenastes quero fazer uma predição, e dizer aquilo que acontecerá depois. Estou agora naquele limite em que os homens fazem mais facilmente predições, quando estão para morrer. Eu digo, ó cidadãos, que me haveis matado, que uma vingança recairá sobre vós, logo depois de minha morte, muito mais grave do que a que realizaste matando-me. Fizestes isso, hoje, na esperança de liberação, só prestar contas de vossas vidas e em lugar disso, obtereis precisamente o contrário, eu vo-lo predigo. Não apenas eu, mas muito vos pedirão contas todos aqueles que se relacionaram comigo e não percebestes. E serão tanto mais obstinados quanto mais jovens são, e tanto mais quanto mais os desdenhardes. Pois se pensais, matando homens, impedir a alguém que vos cause vergonha pelo vosso viver não reto, pensais mal. Não, este não é o modo de se libertar daqueles, e de fato não é possível, nem belo, mas há um outro modo, facílimo e belíssimo, não tirar a palavra de ninguém, mas simplesmente cuidar de ser sempre mais virtuoso e melhor. Este é meu vaticínio, a vós que me haveis condenado; e convosco terminei.[33]

Distanciando-se dos sofistas, para quem a verdade era um produto volátil, humano, meramente convencionado como tal, e afastando-se também dos que imaginavam o justo uma repetição da tradição revelada pelos deuses, Sócrates situa a virtude, a razão e a verdade como sendo critérios do justo. Uma leitura conservadora, juspositivista, diria que Sócrates não fugiu da condenação por devoção à ordem jurídica estabelecida. Uma leitura mais crítica, no entanto, diz que Sócrates separa a apreciação moral do justo da sua mera afirmação jurídica. Nesse sentido, diz Paulo Bonavides:

> A irremediável consequência espiritual do exemplo de Sócrates, por mais que se diga o contrário, implica evidentemente o rompimento da férrea coesão do Estado-cidade. [...] Há por consequência em Sócrates um jusnaturalismo que, buscando a essência do direito na razão partilhada pelo homem com Deus, passa a opugnar a comunidade e seu irracionalismo, e torna possível, embora o filósofo expressamente não o admita, a revolta do indivíduo contra o Estado, no momento em que este lhe falta com a observância de preceitos invioláveis, esculpidos na consciência humana pela mão da liberdade. A nenhum corpo político cabe o direito de vulnerá-los. Apenas Sócrates não legitimou o deliberado emprego da resistência.[34]

Apoiado na razão, Sócrates empreendeu bem mais do que um pretenso elogio ao direito de Atenas, do qual na verdade foi voraz crítico: fez uma filosofia do direito.

PLATÃO

Platão (428-347 a.C.) é a primeira grande expressão genial da história da filosofia. Seu legado escrito, constituído em geral sob a forma dos chamados *Diálogos*, preservou-se

---

[33] Ibid., p. 76.
[34] BONAVIDES, Paulo. *Teoria do Estado*. São Paulo, Malheiros, 2008, p. 447.

em sua maioria até os dias atuais. Preocupado com as questões últimas e mais profundas da filosofia, Platão é responsável por um grande sistema de pensamento que deixou indeléveis marcas na visão de mundo ocidental, desde seu tempo até hoje. Pode-se dizer mesmo que uma espécie de metafísica das ideias como sendo o senso comum médio da filosofia principiou com Platão.

O mais importante aluno de Sócrates, Platão descendia de família nobre e aristocrática de Atenas. Seus parentes inclusive foram responsáveis pelo governo ateniense em tempos que lhe foram imediatamente anteriores. Desde jovem Platão acompanhou os passos do ensino de Sócrates, tendo vivenciado proximamente seu julgamento e execução, guardando desse fato profundas implicações para seu posterior pensamento filosófico, político e jurídico.

Talhado desde o berço familiar para a política, Platão renunciou, a princípio, à atuação na liderança política, situação reforçada pela perseguição ateniense a Sócrates e seus discípulos, o que lhe fez ter como ocupação inicial, mais do que agir, compreender os fundamentos da política e da justiça. Somente em etapa posterior, já com seu sistema filosófico fundado, Platão dedicou-se à prática política, sugerindo leis para Atenas e Siracusa, por exemplo. Em muitas dessas ocasiões, logrou grande insucesso pessoal, sofrendo inclusive prisões.

O próprio Platão narra sua trajetória numa carta aos amigos e parentes de Dion de Siracusa, a assim chamada, pela tradição, *Carta VII*:

> Outrora na minha juventude experimentei o que tantos jovens experimentaram. Tinha o projeto de, no dia em que pudesse dispor de mim próprio, imediatamente intervir na política. Ora vejamos como então se me apresentara a situação dos negócios da cidade: [...] trinta constituíram a autoridade superior com poder absoluto. Vários de entre eles sendo ou meus parentes, ou conhecidos [...]. Ora, vi aqueles homens em pouco tempo fazerem lamentar os tempos da antiga ordem, como uma idade de ouro. Entre outros, ao meu querido e velho amigo Sócrates, que não me canso de proclamar como o homem mais justo do seu tempo, [...] cidadãos poderosos conduzem aos tribunais este mesmo Sócrates, nosso amigo, e fizeram-lhe uma acusação das mais graves, que de forma alguma ele merecia. [...] Fui então irresistivelmente conduzido a louvar a verdadeira filosofia e a proclamar que somente à sua luz se pode reconhecer onde está a justiça na vida pública e privada.[35]

Em Atenas, após as perseguições e o exílio devidos à condenação de Sócrates e a sorte que recaiu sobre seus discípulos, Platão leciona naquela que fundou e que seria a primeira grande escola de filosofia do passado, a *Academia*. Dentre os melhores jovens filósofos que formou, esteve Aristóteles, seu mais brilhante discípulo.

O pensamento de Platão é vasto, utilizando-se dos diálogos como meio de exposição de seu pensamento. No geral, os diálogos relatam conversas que têm por principal interlocutor Sócrates, travando palestras com inúmeros personagens. A história da filo-

---

[35] PLATÃO, *Cartas*. Lisboa, Editorial Estampa, 2002, p. 48.

sofia dedicou-se, sempre com muita controvérsia, a saber da veracidade de tais diálogos. É possível que, em vários casos, tenha mesmo Sócrates desenvolvido tais ideias. Mas, também, é certo que, principalmente nos diálogos escritos em sua maturidade, Platão utiliza Sócrates muito mais como mote para o desenvolvimento de suas próprias ideias do que propriamente como personagem de quem se relate fielmente seus fatos havidos.

O modo pelo qual a história da filosofia absorveu os ensinos de Platão é muito variável. A depender das demandas filosóficas, culturais, políticas e sociais de cada época, certas ênfases são dadas a um ou outro aspecto da obra platônica. O mundo cristão medieval o lia a partir de premissas que lhe fossem similares, quase teológicas. A modernidade, por sua vez, quis enxergar em Platão um precursor do idealismo racionalista. Também se poderia dizer que, em termos de filosofia do direito, os tempos históricos foram responsáveis por várias nuances na leitura de Platão.[36]

A importância dos diálogos de Platão é muito grande na filosofia. Além disso, têm uma estrutura muito específica. Os diálogos platônicos não são tratados de filosofia do modo como se conhece na sua forma moderna, de ensaio ou monografia. A estrutura dos diálogos é espiralada e não linear, com reviravoltas, mudanças de cadência e abertura de ideias que revelam uma construção filosófica em ato. O desenrolar dos diálogos se presta a constituir, no leitor e naquele que o acompanha, uma espécie de formação moral e intelectual da verdade e das ideias. Diz Victor Goldschmidt:

> O diálogo quer formar de preferência a informar. [...] Longe de ser uma descrição dogmática, o diálogo é a ilustração viva de um método que investiga e que, com frequência, se investiga. Em sua composição, o diálogo articula-se segundo a progressão deste método e compartilha seu movimento.[37]

Fundamental na leitura dos diálogos é, justamente, o entendimento de seu método, de sua estrutura. Platão apresenta uma lógica de ideias que deve ser captada nas entranhas dos muitos desenvolvimentos dos diálogos. Logo de início, ressalta-se a *dialética* como meio de apreensão da verdade. É a partir da dialética que o método platônico se constrói.

---

[36] "Assim, a obra de Platão é o conjunto formado pelos escritos de Platão e pelos escritos de seus leitores, o conjunto de seus textos e dos textos de seus intérpretes. O platonismo não está apenas nos textos de Platão, nem está apenas no texto de um de seus intérpretes, mas nos textos de Platão e de todos os seus intérpretes. A obra platônica são os escritos de Platão, motivados pelas questões teóricas e práticas de seu tempo, e a posteridade filosófica que seus escritos tiveram a força para suscitar. Se há diferentes interpretações e, no entanto, todos os leitores se consideram intérpretes do verdadeiro Platão, é porque cada um deles, em seu tempo e nos problemas que enfrenta, encontra no escrito platônico o tema ou a questão que está discutindo e interpretando. A teoria do conhecimento, a ética, a política, a física, a teologia, a linguagem, a imortalidade da alma, a metafísica, a psicologia, tudo isso foi tratado por Platão de uma determinada maneira e é isso que os intérpretes retomam sem cessar." CHAUI, *Introdução à história da filosofia*, op. cit., v. 1, p. 224.

[37] GOLDSCHMIDT, Victor. *Os diálogos de Platão. Estrutura e método dialético*. São Paulo, Loyola, 2002, p. 3.

O mundo das ideias

Em textos como *A República*, a obra maior do sistema platônico, e na sua famosa *Carta VII*, explicita-se a construção do método dialético em Platão. Para ele, é impossível fixar a razão nos limites da apreensão sensível das coisas. A realidade é contingente, falha, limitada. É preciso, pois, fazer um movimento de busca de uma realidade suprassensível, que alcance o nível das Ideias (*eîdos*). Platão, portanto, distingue o mundo das realidades sensíveis daquele nos quais as Ideias se assentam.

A dialética é o método que permite sair do mundo sensível e alcançar as ideias. Enquanto atrito de percepções, fatos, opiniões e diálogos, a dialética supera o nível das imagens e das definições dos dados sensíveis. Ao contrário dos sofistas, que dialogavam para que no limite as partes chegassem a um acordo, a uma concessão, a um meio-termo entre duas opiniões, na dialética platônica trata-se do atrito de entendimentos para que, ao final, numa espécie de salto, chegue-se à verdade.[38]

O contraste com os sofistas – que dialogavam para facilitar as convenções, o mero consenso – serve para explicitar que a busca platônica é pela essência, por aquilo que paire soberano por sobre as falsas opiniões, o Bem. A essência não está contingente aos fatos, a cada fenômeno que se vê, mas, sim, impõe-se como Forma, no geral. Não é a compreensão de cada objeto da realidade que exprime sua verdade. É a compreensão da essência, da Ideia suprema, que levará ao verdadeiro. A posterior aplicação da Ideia na realidade constitui-se na ciência, uma ciência perfeita, porque de conclusões extraídas a partir do princípio essencial.[39]

---

[38] "A dialética é o movimento que permite à alma, subindo de hipótese em hipótese, chegar ao não hipotético, isto é, ao não condicionado por outra coisa, ao que é verdadeiro em si e por si mesmo, à ideia como princípio de realidade e de conhecimento. Pela força do diálogo, diz Platão, o raciocínio puro toma as hipóteses como tais e não como se fossem princípios, isto é, toma as hipóteses como pontos de apoio para elevar-se gradualmente ao não hipotético, aos princípios puros. Aqui, o pensamento alcança exclusivamente naturezas essenciais, formas inteligíveis, indo de umas a outras sem nunca recorrer ao raciocínio hipotético, nem recair na opinião ou no simulacro. A *noésis* é a intuição ou visão intelectual de uma ideia ou de relações entre ideias; é o contato direto e imediato da inteligência com o inteligível. A *epistéme* é o conhecimento adquirido por meio dos atos de intuição intelectual ou das várias *noésis*. Nela, o pensamento, contemplando diretamente as formas ou ideias, conhece a causa ou a razão dos próprios conhecimentos, pois alcança seus princípios." CHAUI, *Introdução à história da filosofia*, op. cit., v. 1, p. 253.

[39] Na *Carta VII*, Platão busca resumir sua dialética: "Distinguem-se em todos os seres três elementos que permitem a aquisição da ciência: a própria ciência é o quarto; é necessário colocar em quinto lugar o objeto verdadeiramente real e conhecível. O primeiro elemento é o nome; o segundo, a definição; o terceiro, a imagem; o quarto, a ciência." PLATÃO, *Cartas*, op. cit., p. 74. Mas Victor Goldschmidt, confrontando a *Carta VII* com a *República*, expõe o trajeto da dialética platônica: "O movimento dialético passará, portanto, pelos seguintes níveis: Imagem; Definição; Essência; Ciência. São estes os degraus do método dialético que permite estabelecer a confrontação das duas passagens da *Carta VII* e da *República*. [...] Comparemos este plano aos cinco elementos enumerados na *Carta VII*. Ele não dá lugar nem ao nome nem à ciência (como quarto modo de conhecimento), assim como não o dá à opinião verdadeira. De fato, nenhum desses elementos está ausente do movimento dialético, mas nenhum funda uma etapa especial." GOLDSCHMIDT, *Os diálogos de Platão*, op. cit., p. 10.

Há um símbolo marcante para tratar das Ideias em Platão. É o conhecido *Mito da caverna*, exposto no Livro VII da *República*. Na narrativa dada a Platão a tal mito, havia presos agrilhoados que, de dentro de uma caverna e de costas à luminosidade do exterior, observavam a movimentação da realidade externa e, a partir das sombras dos objetos e seres que estavam no exterior da caverna, faziam juízo a seu respeito, sobre sua forma, sua aparência, seu tamanho. Na verdade, no entanto, viam apenas as sombras desses seres projetadas no interior da caverna. Em uma certa ocasião, libertando-se dos grilhões que os prendiam, um daqueles que se situavam na caverna sobe ao alto, e tal subida é difícil, já que o corpo até então agrilhoado não está acostumado ao movimento. Ao chegar ao exterior, cega-se, num primeiro momento, com a luz solar que brilhava. Mas, após se acostumar a enxergar sob a claridade da luz, passa a compreender que as sombras que via projetadas na caverna, na verdade, eram imagens distorcidas. A verdade não estava naquilo que suas percepções corrompidas viam a partir das sombras. A luminosidade do ser só brilhou quando da libertação das imagens e dos conceitos imperfeitos.

No mito proposto pela boca de Sócrates na *República*, há ainda a incompreensão daqueles que, de dentro da caverna, ouvem daquele que subiu, em sua volta, o relato da verdade do mundo exterior. Suas imagens distorcidas que sempre viram não correspondem ao relato tido por fantasioso e absurdo do homem que se libertou. A luz que brilhou e possibilitou que o liberto da caverna visse a plena verdade não é bem aceita pelos seus, que passam a persegui-lo e o matam, numa simbologia muito forte, a respeito do próprio destino que os atenienses deram a Sócrates.[40] Neste sentido, o apontamento platônico nas palavras socráticas:

> Sócrates – Agora, meu caro Glauco, é preciso aplicar, ponto por ponto, esta imagem ao que dissemos atrás e comparar o mundo que nos cerca com a vida da prisão na caverna, e a luz do fogo que a ilumina com a força do Sol. Quanto à subida à região superior e à contemplação dos seus objetos, se a considerares como a ascensão da alma para a mansão inteligível, não te enganarás quanto à minha ideia, visto que também tu desejas conhecê-la. Só Deus sabe se ela é verdadeira. Quanto a mim, a minha opinião é esta: no mundo inteligível, a ideia do bem é a última a ser apreendida, e com dificuldade, mas não se pode apreendê-la sem concluir que ela é a causa de tudo o que de reto e belo existe em todas as coisas; no mundo visível, ela engendrou a luz e o soberano da luz; no mundo inteligível, é ela que é soberana e dispensa a verdade e a inteligência; e é preciso vê-la para se comportar com sabedoria na vida particular e na vida pública.[41]

Tal é o idealismo platônico, que separa a realidade sensível da plenitude das essências, estas como conceitos plenos. A realidade sensível é uma corrupção das plenas Ideias. Nos diálogos, o método dialético alcança a plenitude da essência, por meio de

---

[40] "Essa trajetória proposta para o filósofo é também, em certo sentido, a própria trajetória percorrida até aqui por Sócrates: primeiro a penosa ascensão individual até as ideias, depois o descenso até os cativos, os jovens atenienses fascinados pelas imagens sensíveis e, finalmente, a tentativa de ascender com estes, em comum, para uma nova morada, a cidade projetada aqui em A República." BENOIT, op. cit., p. 75.

[41] PLATÃO, *A República*. São Paulo, Nova Cultural, 1997, p. 228.

uma condução firme e segura dos mestres, como é o caso de Sócrates, que demonstra o limite das opiniões comuns e leva a outro patamar de entendimento filosófico.

> Sócrates – Portanto, o método dialético é o único que se eleva, destruindo as hipóteses, até o próprio princípio para estabelecer com solidez as suas conclusões, e que realmente afasta, pouco a pouco, o olhar da alma da lama grosseira em que está mergulhado e o eleva para a região superior, usando como auxiliares para esta conversão as artes que enumeramos.[42]

Mas há outras formas por excelência, para Platão, de alcance das ideias. Valendo-se de outros mitos, como o *Mito de Er*, ainda na própria *República*, Platão insiste que a alma, antes de habitar no mundo terreno, morava no mundo das ideias. Em tal mundo as realidades eram das ideias plenas. Ao encarnar em corpos terrenos, ao beber da água do rio do esquecimento, a alma olvida grande parte do esplendor das essências ideais, junto das quais já habitou.[43] Se se dá nessa passagem o esquecimento, então Platão aponta também como método para apreensão das ideias a *reminiscência*, ou seja, a recordação da vida anterior. O mais sábio é aquele que menos dessa água bebeu, ou seja, aquele que mais se lembra da vida passada.

Seja por meio da reminiscência, seja por meio do diálogo, valendo-se do método dialético de superar a aparência para buscar a essência, aquele que alcança a plena ideia é o sábio, o filósofo. Se ele alcança o Bem supremo, é ele quem deverá dar luzes, leis e governo aos demais. Começa, a partir daí, a filosofia política e jurídica de Platão.

Política, direito e justiça em Platão

Na sua obra máxima, *A República*, Platão expõe o primeiro importante sistema de reflexão sobre o direito e o justo da história da filosofia. Sobre o próprio direito, ainda, há um outro grande tratado platônico, *As leis*, que foi o último escrito de sua vida, e também a sua obra mais extensa. Além disso, questões jurídicas e sobre o justo encontram-se presentes em muitos outros diálogos, como, por exemplo, em *O político*.

A concepção platônica sobre o justo é muito peculiar e especial. Difere totalmente da visão que o jurista moderno tenha sobre o direito. Para o pensamento de Platão, torna-se muito difícil dissociar direito de justiça, o que é reforçado pelo fato de que a mesma palavra, *díkaion*, é utilizada de maneira intercambiável no texto platônico para essas duas ideias.

Para Platão, de um modo surpreendente ao olhar moderno – acostumado, de maneira juspositivista, ao direito como técnica normativa –, é possível até mesmo considerar que uma lei injusta não seja direito, conforme assevera em *As leis*. O direito injusto não

---

[42] Ibid., p. 247.
[43] "Ao anoitecer, acamparam nas margens do rio Ameles, cuja água nenhum vaso pode conter. Cada alma é obrigada a beber uma certa quantidade dessa água, mas as que não usam de prudência bebem mais do que deviam. Ao beberem, perdem a memória de tudo." PLATÃO, *A República*, op. cit., p. 352.

é direito. Por isso, há um desenvolvimento de uma teoria jurídica platônica que busca compreender o direito a partir de quadrantes maiores, lastreado na política e na virtude. O próprio processo dialético de descoberta do direito é amplo e pleno, não se limitando simplesmente ao dado normativo. Em *As leis*, escreve Platão:

> Clínias – E não seria, estrangeiro, o parecer que expressamos já há muito tempo atrás o acertado? Dissemos que todas nossas leis devem sempre visar um único objetivo, o qual, segundo nosso consenso, é denominado *virtude* com absoluta propriedade.[44]

No pensamento filosófico de Platão, não se pode considerar que o conhecimento do direito seja, simplesmente, uma apreensão empírica dos fatos jurídicos ou das normas jurídicas. Platão não é um juspositivista. Pelo contrário, o juspositivismo, que descuida de outras questões que não a mera lei, matou Sócrates. Assim sendo, não é do afazer quotidiano dos que se ocupam da lei que se pode extrair o justo e o direito.

Levantando-se contra a democracia de Atenas, sua própria pólis – que se ocupava dos trâmites das normas mas não de sua essência nem de sua justeza –, Platão considera que a assembleia democrática, ao fazer as leis, o faz tal qual uma mesma assembleia de cidadãos buscando, por maioria de votos, fazer prescrições médicas a um doente. O sofista, que argumentava para conseguir a aprovação de uma lei do interesse daquele que lhe pagava, ou mesmo que atuava numa função próxima à do moderno advogado, sofre uma censura fundamental por parte de Platão, pelo seu debate que não se fixa em torno do justo, mas apenas nos quadrantes do convencimento da maioria.[45]

Por isso, se se quiser pensar no direito e no alcance do justo, devido à inabilidade e à falta de conhecimento filosófico e dialético do povo, dever-se-á afastar a busca do justo do debate sofista e descompromissado, levando-a, necessariamente, ao caminho de seu encontro na ideia, sendo que o filósofo, o sábio ao qual a ideia se revela na alma, é aquele que pode alcançar o justo. Diz Jaeger:

> Para o discípulo de Sócrates, já não pode significar a mera obediência às leis do Estado, a legalidade que tinha sido outrora o baluarte protetor do Estado jurídico, perante

---

[44] PLATÃO, *As leis*. Bauru, Edipro, 1999, p. 502.

[45] Platão chega mesmo a se opor, de algum modo, à atividade da advocacia enquanto argumentação descompromissada da verdade e do justo. Assim diz em *As Leis*. "Embora haja muitas coisas belas na vida humana, ainda assim à maioria delas adere uma espécie de cancro que as envenena e corrompe. Ninguém negaria que a justiça entre os seres humanos é uma coisa bela e foi ela que civilizou todos os assuntos humanos. E se a justiça é bela, como negar que a profissão de advogá-la também não o é? Mas estas belas coisas estão perdendo a boa reputação devido a uma espécie de arte nociva, que se disfarçando sob um belo nome sustenta, em primeiro lugar, que há um instrumento para se lidar com os processos, e ademais, que é esse instrumento o capaz de [...] obter a vitória num processo, a despeito dos argumentos envolvidos serem justos ou injustos; e sustenta também que essa própria arte e os argumentos que dela procedem constituem uma dádiva oferecida a qualquer pessoa que dê dinheiro em troca. Essa arte – quer seja realmente uma arte ou um ardil artificioso aprendido pela experiência e prática regular – não deverá, jamais, se possível, surgir no nosso Estado." Ibid., p. 470.

um mundo de poderes feudais anárquicos ou revolucionários. O conceito platônico da justiça situa-se acima de todas as normas humanas e remonta até a sua origem na própria alma. É na mais íntima natureza desta que deve ter o seu fundamento aquilo que o filósofo denomina justo.[46]

No sentido vulgar e comum, o direito se esparrama pelos fatos e pelas opiniões das pessoas na sociedade. Em *A República*, logo em sua entrada, no livro I, Platão expõe, pela boca de Sócrates, as mais variadas opiniões comuns a respeito da justiça, como a de Polemarco e a de Trasímaco, o sofista, que imagina que a justiça é o proveito que se dá ao mais forte. Platão faz Sócrates rejeitar todas essas opiniões.

A primeira das refutações de Sócrates se dá quanto às ideias de Céfalo, pai de Polemarco. Homem rico e bom, de responsabilidade e sabedoria apreciadas por muitos – reconhecidas inclusive pelo próprio Sócrates –, Céfalo expõe uma noção de justiça como cumprimento dos deveres em face dos outros e das coisas. Aquele que cumpre com suas obrigações seria justo. Sócrates, no entanto, mesmo reconhecendo em tal visão uma ponderação valiosa, refuta-a, rejeitando, então, um caráter do justo como mero cumprimento obrigacional, num sentido de pagamento comercial ou de uma desincumbência retilínea da verdade. Céfalo, fabricante de armas, não poderia ser considerado justo apenas por entregar a alguém o que fosse seu.[47] Restituir uma arma a quem não tivesse condições mentais para portá-la seria uma injustiça contra a própria sociedade.

> Sócrates – As tuas são palavras maravilhosas, ó Céfalo. Mas essa virtude de justiça resume-se em proferir a verdade e em restituir o que se tomou de alguém, ou podemos dizer que às vezes é correto e outras vezes incorreto fazer tais coisas? Vê este exemplo: se alguém, em perfeito juízo, entregasse armas a um amigo, e depois, havendo se tornado insano, as exigisse de volta, todos julgariam que o amigo não lhe as deveria restituir, nem mesmo concordariam em dizer toda a verdade a um homem enlouquecido.
>
> Céfalo – Estou de acordo.
>
> Sócrates – Como vês, justiça não significa ser sincero e devolver o que se tomou.[48]

---

[46] JAEGER, *Paideia. A formação do homem grego*, op. cit., p. 756.

[47] "Ora, nenhum homem sensato (*sophroun*) veria justiça no ato de falar a verdade ou devolver armas a alguém que repentinamente enlouqueceu. Céfalo, o armeiro, que não se apega a seu produto – mas agora sabemos que deveria se apegar mais, pensar mais, discorrer mais a respeito dele – é obrigado a concordar. Seu produto – *érgon* – pode tê-lo tornado o mais rico dos metecos, mas visto que ele não leva em consideração aquele ou aqueles a quem fornece seu produto, não poderá agir com justiça. [...] Será que hoje os nossos filósofos sabem que no Prólogo da *República* a definição da justiça já tomou impulso, e que na prática a figura do venerando Céfalo já nos traz, numa intromissão-relâmpago, o contraexemplo do produtor-demiurgo que não se importa com seu próprio produto, na pessoa de um *plutocrata-democrata-timocrata-amante dos discursos-falso* – e ainda assim, espantosamente, uma personagem aparentemente tradicionalista e cumpridora de seus deveres rituais – e que se constituirá no tipo humano condenado pelas definições subsequentes?". WATANABE, Lygia. "Sobre o envolvimento histórico do Livro I da *República* de Platão". In: BENOIT, Hector; FUNARI, Pedro Paulo (Org.). *Ética e política no mundo antigo*. Campinas, IFCH/Unicamp, 2001, p. 285 e 288.

[48] PLATÃO, A República, op. cit., p. 9.

Trata-se, da parte de Sócrates, de um rompimento bastante precoce em face de uma visão do justo adstrita às partes ou às coisas, ou mesmo mercantil, para postular uma análise das implicações sociais – e, portanto, totais – dos atos e de suas distribuições justas. De algum modo, dentre outros, Aristóteles também retomará tal visão posteriormente.

Buscando superar suas definições vulgares e, posteriormente, intentando alcançar sua essência, o direito deve ser buscado pelo sábio, pelo filósofo, que, se o alcança ao nível das ideias, deverá então legislar. Ainda em *A República*, a conversa de Sócrates com Glauco – irmão de Platão – encaminha-se no sentido de alcançarem o princípio e o modelo da justiça. A ideia do justo é o cumprimento, por parte de cada qual e de todos, dos afazeres que ligam cada um ao todo da pólis. A justa adequação à sociedade será, pois, a chave da essência do justo para Platão em *A República*.[49]

A visão moderna sobre o direito tem muita dificuldade em entender o tipo de visão jusfilosófica proposta por Platão. Para a modernidade, até hoje, costuma-se considerar por justiça ou uma virtude pessoal ou um procedimento automático e vazio de vinculação às leis estatais. Platão, nesse sentido, é revolucionário: a boa adequação à boa sociedade é a essência do justo.

A questão do justo, assim sendo, desloca-se, em Platão, do plano do indivíduo para o plano da pólis. Será a pólis justa a medida dos homens justos, e não o contrário. Isso quer dizer, havendo distorções graves na sociedade, não se há de dizer que os afazeres jurídicos individuais possam lhes ser considerados alheios. A justiça, para Platão, é necessariamente justiça social. Assim sendo, em *A República*, Livro IV, expressa:

> Sócrates – [...] Agora, completemos esta investigação que, conforme pensávamos, nos devia permitir divisar mais facilmente a justiça do homem, se tentássemos primeiro descobri-la em algum modelo mais amplo que a contivesse. Pareceu-nos que esse indivíduo era a cidade; por isso, fundamos uma tão perfeita quanto possível, sabendo muito bem que a justiça se encontraria numa cidade bem governada. Vamos transladar agora para o indivíduo o que encontramos na cidade e, se concluirmos que a justiça é isso, tanto melhor. Contudo, se descobrirmos que a justiça é outra coisa no indivíduo, voltaremos a atenção para a cidade. Pode ser que, comparando estas concepções e pondo-as em contato uma com a outra, façamos brotar a justiça como o fogo de uma pederneira; em seguida, quando ela se tiver tornado evidente, fixá-la-emos em nossas almas.
>
> Glauco – É o que se denomina proceder com método. É assim que é preciso agir.
>
> Sócrates – Quando duas coisas, uma maior, outra menor, possuem o mesmo nome, são elas diferentes, enquanto possuem o mesmo nome, ou semelhantes?
>
> Glauco – Semelhantes.

---

[49] "Platão apresenta a ideia de justiça na *República* como o projeto de sociedade e de homem. Esse projeto caracteriza-se por estar constantemente em formulação e reformulação, ou seja, num eterno devir. Portanto, não é possível descrevê-lo pronto e acabado, mas apenas apontar as condições de sua elaboração, que são a virtude da justiça como consciência." NOVAES, Roberto Vasconcelos. *O filósofo e o tirano*: por uma teoria da justiça em Platão. Belo Horizonte, Del Rey, 2006, p. 293.

Sócrates – Assim sendo, o homem justo, enquanto justo, não será diferente da cidade justa, mas semelhante a ela.[50]

Na visão moderna do direito, a ideia de Platão é profundamente rechaçada. Hoje, cada homem, pagando seus impostos, não roubando e não matando, considera-se justo, e, ainda assim, a sociedade em que vivem os homens é injusta. Comparando, é como se cada homem fosse um determinado legume, um tomate, que, ao ser somado aos demais e ensacado, formassem, todos os tomates, um saco de cenouras. Trata-se de um absurdo, advindo do individualismo dos tempos modernos. Para a modernidade, todos os homens se avaliam individualmente por justos e a sociedade é injusta. Platão, desde o início, supera tal dilema: não há homem justo numa sociedade injusta, porque a medida da justiça é social.

Para tal justiça social, uma série de realizações há de se constituir. A busca das aptidões mais apropriadas a cada qual dentro da sociedade remete a filosofia de Platão à preocupação com a *educação*. É por meio da *paideia*, da educação, que se há de descobrir as variadas classes sociais, dos artesãos, dos guerreiros e mesmo dos filósofos, às quais correspondem as virtudes da moderação, da coragem e da sabedoria. A possibilidade de uma igual educação a princípio a todos é que demonstrará as melhores aptidões de alguns em relação aos demais.

Sócrates – Agora, pois, vê se tenho razão. O princípio que estabelecemos de início, ao fundarmos a cidade, e que devia ser sempre observado, esse princípio ou uma das suas formas é, creio, a justiça. Nós estabelecemos, e repetimo-lo muitas vezes, que cada um deve ocupar-se na cidade apenas de uma tarefa, aquela para a qual é mais apto por natureza.

Glauco – Foi o que estabelecemos.

Sócrates – Mais ainda: que a justiça consiste em fazer o seu próprio trabalho e não interferir no dos outros. Muitos disseram isto e nós próprios o dissemos muitas vezes.

Glauco – Efetivamente, dissemos.

Sócrates – Assim, esse princípio que ordena a cada um que desempenhe a sua função própria poderia ser, de certo modo, a justiça. Sabes o que me leva a pensar assim?

Glauco – Dize-o.

Sócrates – Parece-me que, na cidade, o complemento das virtudes que examinamos, moderação, coragem e sabedoria, é esse elemento que deu a todas o poder de nascerem e, após o nascimento, as preserva na medida em que está presente. Ora, dissemos que a justiça seria o complemento das virtudes procuradas, se descobríssemos as outras três.[51]

Mas, para que se alcance esse nível de igualdade efetiva de oportunidades a todos, é preciso que se estruture um arranjo econômico e social distinto daquele havido ao seu tempo. Para Platão, é preciso, no plano mais alto da justiça, fazer perecer, em certas circunstâncias, institutos como os da família unicelular e da propriedade privada que se

---

50 PLATÃO, *A República*, op. cit., p. 134.
51 Ibid., p. 131.

legue como sucessão aos filhos, pois que dissolvem a igualdade de condições e o vínculo maior entre todos na sociedade. As variadas experiências de Platão na pólis de Siracusa, quando convidado para lá legislar, dão dimensão dessa tentativa de transformar as bases dos arranjos sociais. Tal comunismo platônico é sua tentativa radical de estruturar o justo a partir dos alicerces concretos da sociedade, e não simplesmente no nível das normas ou das vontades individuais.[52]

Assim sendo, o justo, para Platão, não se reduz à lei justa, mas sim se verifica na sociedade justa, não na forma, mas sim no conteúdo, no substancial. Isso quer dizer que o homem justo não é simplesmente um técnico das normas, mas um economista, um político, um homem de ação social. O jurista só o será se for um homem plenamente político, ou então os seus afazeres jurídicos não serão direito nem ele será verdadeiramente jurista.

Mas há um papel específico reservado às legislações e ao legislador no todo do pensamento sobre o direito e o justo em Platão. O descobrir do justo há de se configurar em boas legislações, e, por isso, Platão se põe a investigar aquele que pode conhecer a ideia do justo e tornar-se legislador da sociedade.[53]

Para Platão, não é do debate entre os homens na pólis que se extrai o justo. A aparência, a imagem banalizada, o comentário e o estudo sobre os fatos não levam ao justo. Seu mestre, Sócrates, que foi o homem mais sábio e justo de Atenas, exatamente em razão de uma argumentação forense na democracia, foi morto. A democracia não é o modelo perfeito para a apreensão do justo. Pela educação é que há de se revelar o sábio, o filósofo. Esse é o homem justo, e, portanto, é ele que deverá se tornar legislador. Em *A República*, Livro V, assim exprime Platão:

> Sócrates – Nós julgamos conseguir provar que, com uma única mudança, as cidades atuais seriam completamente transformadas; é certo que esta mudança é importante e difícil, mas é possível.
>
> Glauco – Qual é?

---

[52] "A *politeia* reproduz, na escala social, a composição do ser humano. A ordem no macrocosmo político decorre da harmonia de cada cidadão. Ao contrário, a desordem social corrompe o microcosmo que o compõe. Portanto, não há virtude individual que se não projete no meio social. Nem condição coletiva que se não interiorize no homem. Não há direito que não se confunda com a moral e a política. Sob o ângulo da filosofia jurídica já aí se encontram os elementos de uma teoria do conhecimento do justo." PEREIRA, *História da filosofia do direito*, op. cit., p. 53.

[53] "Na falta do *filósofo-rei*, que com sua inteligência organizaria a cidade valendo-se de aplicações do direito natural, a cidade deve-se valer da *lei*, do *nómos*. Mas, não de qualquer lei, porque Platão [...] é um adversário do convencionalismo. Para ele, a lei não é lei simplesmente pelo fato de ter sido *posta* por quem está no poder, mas, por ser justa, isto é, por provir da inteligência de quem *conhece o justo*, o *direito natural*. Assim, se os filósofos não exercem *diretamente* o poder, devem contribuir, com base no conhecimento que detêm, na elaboração das leis positivas. A cidade, assim, será organizada pela *lei feita com base no conhecimento do justo*. Imitando o direito natural, o filósofo conduzirá, por meio das leis que ajuda a redigir, a sua cidade à ordem, unidade e harmonia." LACERDA, Bruno Amaro. *Direito natural em Platão*: as origens gregas da teoria jusnaturalista. Curitiba, Juruá, 2009, p. 202.

Sócrates – Eis-me chegado ao que nós comparávamos à onda mais alta: mas preciso dizê-lo, mesmo que isso, como uma onda viva, me cubra de ridículo e vergonha. Presta atenção no que vou dizer.

Glauco – Fala.

Sócrates – Enquanto os filósofos não forem reis nas cidades, ou aqueles que hoje denominamos reis e soberanos não forem verdadeiramente e seriamente filósofos, enquanto o poder político e a filosofia não convergirem num mesmo indivíduo, enquanto os muitos caracteres que atualmente perseguem um ou outro destes objetivos de modo exclusivo não forem impedidos de agir assim, não terão fim, meu caro Glauco, os males das cidades, nem, conforme julgo, os do gênero humano, e jamais a cidade que nós descrevemos será edificada. Eis o que eu hesitava há muito em dizer, prevendo quanto estas palavras chocariam o senso comum. De fato, é difícil conceber que não haja felicidade possível de outra maneira, para o Estado e para os cidadãos.[54]

Que o filósofo seja rei, que o rei seja filósofo, nisso reside uma fórmula surpreendente para um filho de Atenas que viveu o milagre da experiência democrática. Mas tal ideia se revela, no sistema platônico, uma decorrência necessária de suas amarras gerais. A leitura que os tempos históricos fizeram de Platão reconheceu nele um totalitário, cuja proposta de um governo do melhor é, na verdade, um modelo acabado de ditadura. De fato, a leitura de Platão presta-se a tal assunção do sábio sobre os demais. Mas, mitigando a leitura totalitária, é também fundamental lembrar que, para Platão, a medida do justo está na pólis. Assim sendo, não é o soberano legislador o momento mais institucionalizante da filosofia platônica. É a sua sabedoria – ou seja, a sua justiça concretizada na justa pólis, que lhe é espelho – a âncora do poder. O governante não sábio, que torna uma sociedade injusta ou a conserva como tal, não deve permanecer no poder.

Na *Carta VII*, Platão trata explicitamente da recusa do filósofo ao governante não sábio:

> O conselheiro de um homem doente, se esse doente segue um mau regime, não tem como primeira obrigação obrigá-lo a modificar o seu gênero de vida? Se o doente quiser obedecer, nesse caso dar-lhe-á novas prescrições. Se recusa, acho eu que é dever de um homem reto e de um verdadeiro médico não se prestar mais a novas consultas. Aquele que se resigna, considero-o, ao contrário, como um fraco e um curandeiro. O mesmo se passa com um Estado que tenha à cabeça um ou vários chefes. Se governado normalmente é bem guiado e necessita de um conselho sobre qualquer ponto útil, será razoável que se lho dê. Se, pelo contrário, se trata de Estados que se afastam completamente de uma justa legislação e se recusam mesmo a segui-la, mas ordenam ao seu conselheiro político que ponha de lado a constituição e nada mude, sob ameaça de pena de morte, tornando-se pelas suas instruções o servidor de vontades e caprichos, ao mostrar-lhes os caminhos mais cômodos e mais fáceis, o homem que a tal se presta, considero-o eu um fraco; em contrapartida, aquele que a isso se recusa é, para mim, um homem corajoso.[55]

---

[54] PLATÃO, *A República*, op. cit., p. 180.
[55] PLATÃO, *Cartas*, op. cit., p. 57.

No limite, a filosofia política de Platão vaga diretamente do extremo do autoritarismo do sábio ao outro extremo da desobediência civil em face do não sábio. Nesse sentido, expõe Michel Villey:

> Mais vale a justiça *viva* e perfeita do filósofo-rei, dotado de poderes absolutos. É essa a tese da *República*, mas encontraremos a mesma doutrina em *O Político*. Platão chega até a fazer a apologia da ilegalidade – do golpe de Estado contra as leis – praticada pelo ditador (supondo-se que este seja um filósofo); talvez tenha pensado aqui em defender seu amigo Díon, que assassinara o tirano de sua cidade, Siracusa, contra as leis daquela cidade.[56]

Tal é o modelo ideal de política, direito e justiça proposto por Platão em *A República*. Sua confrontação com as práticas e os costumes sociais sempre foi muito grande. Na fase de sua velhice, no seu último livro, *As leis*, Platão mitiga de algum modo suas posições. Reconhecendo a dificuldade real de que, na prática, o filósofo venha a se tornar rei, e que haja além disso uma sucessão de reis filósofos, e tendo mesmo enfrentado perseguições graves por conta de sua legislação revolucionária e radical, Platão propõe um certo resgate da experiência jurídica e normativa.[57] Nesta sua última obra, Platão concede à verificação dos costumes das pólis uma potencial fonte de criação de normas. Nesse caso, os juízes hão de se tornar, então, escravos das leis, já que elas podem exprimir o justo.

No concerto da obra platônica, opondo-se ferozmente às amarras da normatização democrática, porque os homens em conjunto não têm, por deliberação, o alcance das ideias e do justo, Platão acaba por sair do extremo da quebra das amarras jurídicas para uma forma peculiar de positivismo jurídico, já que o dizer do justo vincula os que a ele não têm alcance imediato. O rei-filósofo ou o juiz ao qual se atribui o poder de julgar conforme a ideia e o justo normatizados acabam por conformar um pernicioso juspositivismo da autoridade jurídica que não pode macular o mando normativo superior. Trata Villey:

> É digno de nota que Platão, tendo partido de tão alto, acabe terminando, no fim das contas, numa espécie de positivismo jurídico bastante grosseiro. É este, com efeito, o defeito dessa doutrina ambiciosa demais, ideal demais. Por ter mirado alto demais, acaba caindo muito abaixo. O direito deveria emanar apenas do filósofo; como não há

---

[56] VILLEY, Michel. *A formação do pensamento jurídico moderno*. São Paulo, Martins Fontes, 2005, p. 34.

[57] "O fato de a última das obras de Platão sobre o Estado ter por título *Leis* e regular legislativamente todos os pormenores da vida dos cidadãos já indica uma mudança de critério. E esta mudança traduz-se igualmente na maior importância que agora se concede à experiência. [...] Na *República* eram a teoria das ideias e a ideia do Bem que ocupavam o lugar central. Nas *Leis*, só de passagem se menciona no fim a ideia do Bem, que se exige como conteúdo da cultura do governante; e o problema da estruturação desta educação suprema, que na *República* era o verdadeiro polo da atenção do autor e ocupava o maior espaço, cede nas *Leis* o posto ao problema da formação de uma vasta camada de homens, o que implica o problema da formação complementar." JAEGER, *Paideia. A formação do homem grego*, op. cit., p. 1297.

filósofo ou, se o filósofo existe, ele não está no governo, entrega-se o direito à ditadura do príncipe.[58]

Em *As leis*, talvez seja possível verificar uma espécie de direito natural em Platão, o que poderia antecipar, em alguma coisa, aquele que será estruturado por seu discípulo maior, Aristóteles. Nessa obra, Platão rebaixa as exigências ideais propostas em *A República*. Ao invés do rei-filósofo que preside a legislação e seu julgamento, entra em cena o corpo de legisladores e magistrados que, recrutados pela educação dentre os virtuosos e superiores da pólis, estão preparados para entender a natureza da lei e a sua relação com a divindade. Em *As leis*, uma espécie de caráter religioso do direito toma um maior relevo.

> O ateniense – Bem, de todas as formas detentoras de valor deveremos dizer que aqueles que pretendem ser verdadeiros guardiões das leis devem conhecer efetivamente a verdadeira natureza delas, além de serem capazes tanto de expô-la pelo discurso quanto agir em conformidade com ela em suas ações, julgando boas e más ações de acordo com sua verdadeira natureza?
>
> Clínias – Certamente.
>
> O ateniense – E uma das mais belas coisas não é a doutrina relativa aos deuses que expomos, no tocante a conhecer se existem e que poder manifestamente possuem, na medida da capacidade que um ser humano detém de apreender tais matérias, de maneira que, enquanto se deveria perdoar a massa de cidadãos se estes se limitarem a cumprir a letra da lei, teríamos que excluir dos cargos aqueles que são elegíveis para guardiões das leis, a menos que se empenhassem em atinar com todas as provas que há acerca da existência dos deuses? Tal exclusão do cargo consiste em recusar sempre escolher como guardião da lei, ou enumerar entre aqueles que são aprovados por excelência, alguém que não seja simultaneamente divino e laboriosamente instruído nas coisas divinas.[59]

Se é só em seu último livro – e mesmo assim de maneira não total, já que enviesada pelo pronunciado sentido religioso de sua obra – que a observação da natureza das coisas entra em alguma conta para a elaboração do justo para Platão, em *A República*, que é sua obra de maturidade mas não de velhice, e no conjunto geral de sua obra, para as questões da política, do direito e da justiça, Platão é o filósofo do justo ideal.

Se o apontar à justiça como horizonte político faz de Platão um filósofo do direito revolucionário, sua legitimação do Estado e do soberano como os responsáveis pelo destino de toda a sociedade revela seu corte de classe e sua filosofia política de dominação. A originalidade de Platão, sua singularidade no todo do pensamento jurídico e seu incômodo para a filosofia do direito prosseguem ainda hoje.

---

[58] VILLEY, *A formação do pensamento jurídico moderno*, op. cit., p. 37.
[59] PLATÃO, *As leis*, op. cit., p. 507.

5
A FILOSOFIA DO DIREITO DE ARISTÓTELES

Aristóteles representa o apogeu do pensamento filosófico grego, e o mesmo se pode dizer para a filosofia do direito. Após sua morte, durante toda a Antiguidade e a Idade Média, suas reflexões jusfilosóficas foram tidas como o mais alto patamar de ideias sobre o direito e o justo já construídas.

Discípulo de Platão, Aristóteles (384-322 a.C.) estava também envolvido no ambiente filosófico que ensejou o socratismo e o platonismo, ainda que a seu modo. A acentuada tendência platônica a uma construção filosófica ideal passa a ser amenizada no pensamento de Aristóteles, na medida em que a *experiência* é elemento fundamental de sua reflexão. Filho de médico, desde a infância em contato com a empiria dos casos clínicos, Aristóteles construiu sua filosofia tendo por base as realidades que se apresentavam ao seu estudo.

Naquilo que tange à construção direta de uma filosofia política e do direito revolucionária, que viesse a transformar a realidade, Aristóteles é mais prudente que seu mestre Platão. Este era filho de Atenas, de velhas tradições políticas familiares. Aristóteles era estrangeiro em Atenas, portanto com participação muito limitada na vida política. De fato, ao contrário de Platão, que analisava a situação social do seu tempo e estabelecia planos de transformação da realidade, Aristóteles consolida as opiniões, as possibilidades, os fatos e as situações da realidade, mas sem tomar partido maior dos caminhos de mudança ou de alteração do já dado. Aristóteles, mais ponderado e de maior contato com a realidade do que Platão, é menos visionário que seu mestre.

No Liceu, sua própria escola filosófica, Aristóteles desenvolveu sua pesquisa por várias áreas do conhecimento. Após o período discente na Academia de Platão e após a experiência de ter sido o professor de Alexandre, o Grande, na Macedônia, sua terra natal, Aristóteles, na sua volta a Atenas, organizou, no Liceu, uma série de reflexões em vários campos do saber. Tal conhecimento, que alcançou várias áreas, consolidou-se de modo bastante sistemático. Aristóteles é mesmo considerado o maior *sistematizador* de toda a filosofia em sua história, pelo caráter estruturado e lógico de seu pensamento. Não só na filosofia geral Aristóteles brilhou. Na lógica, naquilo que hoje denominamos por ciências, como a própria biologia, botânica, zoologia, nas questões relacionadas a todos os campos das ciências humanas, política, sociologia, ética, Aristóteles representou o que houve de melhor no pensamento clássico. Assim expõe Eduardo Bittar:

> O sistema aristotélico é o sistema de um naturalista, isto por se movimentarem, em seu interior, as cadeias discursivas, todas as premissas e todos os silogismos, em torno de alguns *principia* constantes em sua *theoría*, bem como por descolarem-se, sobre uma base heuristicamente constituída, toda a argumentação e toda a mensagem conceptual contidas nas obras do *Corpus*. Não obstante detectarem-se termos, expressões, trechos e passagens inteiras em total desconexão com a conjuntura geral de suas manifestações intelectuais, ou mesmo em contradição com as próprias palavras do texto em que se inserem, parece haver uma dimensão pré-textual, ou ainda, subliminar, que está a atestar o "naturalismo" aristotélico. Seja pela *intentio auctoris*, seja pela literalidade das expressões, pode-se dessumir uma plataforma de valores básicos sobre a qual se desenvolveram demonstrações de cunho metafísico, físico, ético... que, no entanto, não deixam de guardar, apesar de constituírem ramos autônomos do saber, íntima relação e coerência com as demais perspectivas teóricas exploradas pelo pensamento de Aristóteles.[1]

O mesmo grande impacto se deu com a reflexão jurídica. Aristóteles é o maior pensador das questões do direito e da justiça já havido até seu tempo, e durante muitos tempos posteriores assim foi considerado. Participou também – ainda que de modo mais discreto que Platão – da política e da confecção de muitas legislações em muitas pólis. Aristóteles, após o estudo sistemático de mais de uma centena de constituições conhecidas ao seu tempo, escreveu um projeto de constituição para Atenas. Sua grande reflexão sobre o direito está contida na obra *Ética a Nicômaco* (que leva o nome de seu filho, a quem dedica a obra). Nesse texto, que é talvez a maior expressão do pensamento jurídico em todo o passado, as questões sobre o direito e o justo estão concentradas no seu Livro V.

Além da *Ética a Nicômaco*, Aristóteles trata das questões jurídicas em outra obra de grande relevância, *A política*. Em outra obra, a *Retórica*, sua preocupação alcança também o direito, na medida em que se refere à argumentação jurídica. Mas em várias outras obras, desde a sua juventude até sua maturidade, Aristóteles também trata incidentalmente do direito.

A JUSTIÇA E SUAS ESPÉCIES

A grande excepcionalidade da filosofia do direito de Aristóteles se revela pela sua sistematização filosófica da justiça. As partes iniciais do Livro V da *Ética a Nicômaco* estão voltadas a essa questão. Logo de início, Aristóteles separa dois grandes campos de compreensão sobre a justiça. Ela pode ser tomada no sentido *universal* e no sentido *particular*.

Justiça universal e particular

Na sua perspectiva *universal*, a justiça é tomada num sentido lato. Ela tanto é uma manifestação geral da virtude quanto uma apropriação do justo à lei que, no geral, é

---

[1] BITTAR, Eduardo C. B. *Curso de filosofia aristotélica*: leitura e interpretação do pensamento aristotélico. Barueri, Manole, 2003, p. 136.

tida por justa. O respeito à lei é a característica desse justo que é tomado no sentido lato. Para Aristóteles, diferentemente dos modernos, a lei, produzida na pólis a partir de um princípio ético, é diretamente relacionada ao justo, mas não por conta de sua forma (ou seja, não é justa somente porque é formalmente válida), e sim em razão de seu conteúdo. Para Aristóteles, uma má lei não é lei. Sendo a lei somente a lei justa, a justiça tomada no seu sentido universal não deixa de ser, também, o cumprimento da lei.

Ainda enquanto justiça universal, a justiça é a virtude que está em todas as demais virtudes. A caridade ou a paciência, por exemplo, e todas as virtudes demandam um conteúdo específico que as tipifica. Diz-se que a caridade se tipifica num ato de dar. Mas aquele que dá ao poderoso, por medo de ser violentado, e não dá ao necessitado, por lhe ser superior em poder, não é caridoso, porque ao mero ato de dar deve se acrescer a justiça do ato. O paciente com o chefe e impaciente com o subordinado também não tem essa virtude da paciência, na medida em que esta presume o seu agir com justiça. A caridade não é uma virtude em si própria sem que se lhe acresça a virtude da justiça. O mesmo com a paciência. Mas alguém pode ser justamente caridoso e impaciente. A caridade presume justiça, a paciência presume justiça, mas a caridade não presume paciência. A justiça está em todas as demais virtudes, e por isso é a única virtude universal.

Mas, ao mesmo tempo em que é virtude universal, configurando todas as demais, ela é também uma virtude em si mesma. Somente ela tem um conteúdo específico que não demanda em acréscimo outra virtude. Estudar o que vem a ser a justiça em si é tomá-la então no seu sentido *particular*. Aristóteles dirá que, tradicionalmente, por justiça, em sua apreensão específica e estrita, considera-se a ação de dar a cada um o que é seu, sendo essa a regra de ouro sobre o justo. A justiça, assim, compreende uma ação de distribuição, que demanda uma qualidade de estabelecer o que é de cada qual.

Tal ideia de justiça particular será um dos momentos culminantes da reflexão aristotélica sobre o justo. Aristóteles chama a atenção para duas grandes manifestações da justiça tomada no seu sentido estrito: *justiça distributiva* e *justiça corretiva*, que se subdivide em voluntária e involuntária. O próprio Aristóteles as expõe na *Ética a Nicômaco*:

> Uma das espécies de justiça em sentido estrito e do que é justo na acepção que lhe corresponde é a que se manifesta na distribuição de funções elevadas de governo, ou de dinheiro, ou das outras coisas que devem ser divididas entre os cidadãos que compartilham dos benefícios outorgados pela constituição da cidade, pois em tais coisas uma pessoa pode ter uma participação desigual ou igual à de outra pessoa; a outra espécie é a que desempenha uma função corretiva nas relações entre as pessoas. Esta última se subdivide em duas: algumas relações são voluntárias e outras são involuntárias; são voluntárias a venda, a compra, o empréstimo a juros, o penhor, o empréstimo sem juros, o depósito e a locação (estas relações são chamadas voluntárias porque sua origem é voluntária); das involuntárias, algumas são sub-reptícias (como o furto, o adultério, o envenenamento, o lenocínio, o desvio de escravos, o assassínio traiçoeiro, o falso testemunho), e outras são violentas, como o assalto, a prisão, o homicídio, o roubo, a mutilação, a injúria e o ultraje.[2]

---

[2] ARISTÓTELES, *Ética a Nicômacos*. Brasília, Ed. UnB, 1999, p. 95.

Além da justiça distributiva e da justiça corretiva, há um caso especial na justiça particular: a *reciprocidade*. Embora não diretamente elencada ao lado das duas subespécies anteriores, ela não se confunde com nenhuma das duas, constituindo, pois, uma previsão especial, à parte. Pode-se, então, entender graficamente o quadro da justiça em Aristóteles da seguinte forma:

- justiça universal
- justiça particular
  - distributiva
  - corretiva
  - reciprocidade (caso especial)

Justiça distributiva

Para Aristóteles, a justiça distributiva trata da distribuição de riquezas, benefícios e honrarias. Apresenta-se como a mais alta ocupação da justiça, e também a mais sensível. A distribuição compreende sempre dois sujeitos em relação aos quais se avalia a justa distribuição dos bens, e dois bens, que serão divididos entre tais pessoas. Assim sendo, a distribuição compreende uma espécie de função matemática tal qual uma regra de três, uma proporção geométrica.

A justa distribuição, para Aristóteles, é um justo meio-termo entre duas pessoas e duas coisas. O critério fundamental para tal distribuição justa é o *mérito*. A justiça distributiva utiliza como parâmetro o dar a cada um de acordo com seu mérito, ainda que Aristóteles reconheça que o critério do mérito possa ser variável. Para o democrata, dirá, o mérito presume a condição livre; para o oligarca, o critério do mérito é a nobreza de nascimento.

A justiça da distribuição dos bens e honras, de acordo com o mérito, é uma proporção. A proporcionalidade caracteriza o justo, e a sua falta é o injusto. Assim dirá Aristóteles sobre a justiça distributiva:

> O justo, portanto, pressupõe no mínimo quatro elementos, pois as pessoas para as quais ele é de fato justo são duas, e as coisas nas quais ele se manifesta – os objetos distribuídos – são também duas. [...] O justo, então, é uma espécie do gênero "proporcional" (a proporcionalidade não é uma propriedade apenas das quantidades numéricas, e sim da quantidade em geral). Com efeito, a proporção é uma igualdade de razões, envolvendo no mínimo quatro elementos [...]; o justo envolve também quatro elementos no mínimo, e a razão entre um par de elementos é igual à razão existente entre o outro par, pois há uma distinção equivalente entre as pessoas e as coisas.[3]

Vislumbremos e entendamos por meio de exemplos a justiça distributiva. Um professor, quando aplica uma prova a uma turma de alunos, será considerado justo em sua correção quando distribuir notas de acordo com uma proporção, tendo por vista o mérito. De uma prova com cinco questões valendo cada qual dois pontos, o aluno que

---

[3] Ibid., p. 96.

acerta quatro questões merece a nota oito. O aluno que acerta duas questões merece a nota quatro. Qualquer outra nota diferente dessa para cada um desses alunos rompe com a proporção entre seus méritos e suas notas, e, portanto, a distribuição meritória de notas demonstra a justiça do professor.

Também na distribuição dos bens se poderia vislumbrar a justiça distributiva. Se se considera que o trabalhador que produz 10 x por mês ganhe 20 y, dir-se-á que o trabalhador que produzir 11 x por mês deverá ganhar, por tal produção, 22 y. De acordo com o mérito de cada qual, a proporção perfaz o justo. Também na distribuição dos cargos e das funções isso se revela. Ao cargo de presidente da república correspondem certas honrarias, poderes e incumbências. Ao cargo de vereador correspondem outras honrarias, poderes e incumbências. Poder-se-ia demonstrar tal justiça distributiva, graficamente, do seguinte modo:

cinco questões corretas = Nota 10

três questões corretas = Nota 6

Em comparação à justiça corretiva, a justiça distributiva é mais complexa, porque envolve o arranjo dos bens e dos poderes na pólis. A proporção que busca construir envolve dar, aumentar, diminuir, portanto, uma ação distributiva que invade a esfera de alguns para manter o mérito e a proporção na relação com os demais.

Justiça corretiva

A justiça *corretiva* – também chamada de *diortótica* –, por sua vez, é bem menos complexa que a distributiva. Trata-se de uma proporção aritmética, no dizer de Aristóteles. Ao contrário da distribuição das honrarias, bens e cargos de acordo com o mérito, nessa vertente a justiça é tratada como uma reparação do quinhão que foi, voluntária ou involuntariamente, subtraído de alguém por outrem. Por isso as questões de ordem penal são tratadas como justiça corretiva, na medida daquilo que representou a perda e o ganho. No caso penal, mais do que a pena, a justiça corretiva trata da reparação civil dos danos causados pelo crime. Também no caso das transações entre sujeitos privados a justiça corretiva se apresenta. Os contratos, a troca, a compra-e-venda, e mesmo a responsabilidade civil, podem ser pensados a partir da justiça corretiva. À perda de alguém corresponde uma correção equivalente.

Assim sendo, a justiça corretiva é uma proporção aritmética, porque se trata apenas da devolução daquilo que foi acrescido a alguém. A justiça distributiva, em comparação, é mais complexa, por se tratar de uma proporção geométrica. Se na justiça distributiva, há uma proporção entre pessoas e coisas, na justiça corretiva há apenas uma proporção entre coisas, porque as pessoas são tomadas formalmente como iguais:

> Com efeito, é irrelevante se uma pessoa boa lesa uma pessoa má, ou se uma pessoa má lesa uma pessoa boa, ou se é uma pessoa boa ou má que comete adultério; a lei contempla somente o aspecto distintivo da justiça, e trata as partes como iguais, perguntando somente se uma das partes cometeu e a outra sofreu a injustiça, e se uma infligiu e a

outra sofreu um dano. Sendo portanto esta espécie de injustiça uma desigualdade, o juiz tenta restabelecer a igualdade.[4]

As duas espécies de justiça foram, posteriormente, incorporadas à noção comum do jurista como sendo a lógica do direito público e do direito privado. A distribuição das riquezas, dos bens, dos cargos e do mérito seriam próprias do direito público; as questões do cumprimento contratual, ou do seu ressarcimento, ou mesmo da retribuição penal, envolveriam um cálculo entre particulares.[5]

Reciprocidade

Aristóteles, no entanto, chama a atenção para uma outra forma de justiça, que ele não enquadra nem na justiça distributiva nem na corretiva, e que denomina *reciprocidade*. A sua aplicação mais importante se dá no caso da produção. As trocas entre um sapateiro, um pedreiro, um médico e um fazendeiro, para serem consideradas justas, devem alcançar uma certa reciprocidade. Não se pode imaginar que a produção de um sapato valha o mesmo que a construção de uma casa, ou que a colheita de um quilo de determinada planta equivalha a uma certa cirurgia. Aristóteles, para isso, aponta que o dinheiro faz o papel de uma equivalência universal entre produtos e serviços. Ele possibilita a reciprocidade entre tais elementos.

> Tem de haver então um padrão, e este deve ser convencionado mediante acordo (por isto ele se chama dinheiro); é ele que torna todas as coisas comensuráveis, já que todas as coisas podem ser medidas pelo dinheiro. Seja A uma casa, B dez minas e C um leito. O termo A vale a metade de B, se a casa vale cinco minas (ou seja, se ela é igual a cinco minas); o leito (C) vale um décimo de B; vê-se claramente, então, quantos leitos equivalem a uma casa (ou seja, cinco). É evidente que as permutas se efetuavam desta maneira antes de existir o dinheiro, pois é indiferente permutarmos uma casa por cinco leitos ou pelo equivalente em dinheiro aos cinco leitos.[6]

Tal forma de justiça, muito sensível, porque não diretamente atrelada a bens ou a correções, mas à produção, é a ligação mais profunda já feita até então, na filosofia do direito, entre direito e economia. Aristóteles desponta, assim, como um crítico da justiça

---

[4] Ibid., p. 97.

[5] "A divisão a que chegara o estudo de Aristóteles entre dois tipos de aplicação da justiça – justiça distributiva e justiça comutativa –, decorrentes de métodos diferentes, era de grande fecundidade. Alguns autores veem nela a fonte da futura distinção entre direito público e direito privado. Caso se aceite que o estado e o direito público são competentes para realizar o primeiro trabalho, isto é, a distribuição dos patrimônios, pode-se constituir em seguida uma ciência autônoma para regular as comutações: seria o direito privado, que a ciência dos jurisconsultos teria desenvolvido a partir do princípio de igualdade simples, ou aritmética. De fato, os juristas romanos exploraram metodicamente este último princípio (teoria do enriquecimento sem causa; *mutuum*; preço justo; *damnum injuria datum*; *condictiones sine causa*)." VILLEY, Michel. *A formação do pensamento jurídico moderno*. São Paulo, Martins Fontes, 2005, p. 43.

[6] ARISTÓTELES, *Ética a Nicômacos*, op. cit., p. 101.

meramente formal ou matemática, na medida em que é na realidade concreta da produção e da circulação dos bens e serviços que se estabelece o padrão da reciprocidade.

Do âmbito da justiça

Na leitura das justiças distributiva e corretiva, poder-se-ia acreditar que a visão aristotélica da justiça, como meio-termo, como justa proporção, se faria a partir de padrões matemáticos, na medida das proporções aritmética e geométrica. No entanto, nas questões de maior fundo, Aristóteles se encaminha para uma compreensão *política* do justo. A reciprocidade revela tal atrelamento do direito à produção, à economia, a uma certa construção dos afazeres na pólis. Por isso, ao final das contas, somente um mergulho nas condições sociais concretas há de revelar o justo para o pensamento aristotélico.

Isso se torna mais explícito quando Aristóteles trata do âmbito de aplicação dos tipos de justiça. O justo se trata enquanto proporção matemática entre aqueles relativamente iguais. No entanto, entre os desiguais, não se há de dizer de justiça. Tal posição revela ao mesmo tempo o conservadorismo aristotélico e, por avesso, a sua potencial utilização crítica. Para Aristóteles, somente há de se falar da distribuição pelo mérito entre aqueles que possam ser considerados minimamente semelhantes. Entre dessemelhantes, os critérios de proporção aritmética e geométrica resultam em injustiça. Diz Aristóteles:

> Não devemos esquecer, porém, que o assunto de nossa investigação é ao mesmo tempo o justo no sentido irrestrito e o justo em sentido político. Este último se apresenta entre as pessoas que vivem juntas com o objetivo de assegurar a autossuficiência do grupo – pessoas livres e proporcionalmente ou aritmeticamente iguais. Logo, entre pessoas que não se enquadram nesta condição não há justiça política, e sim a justiça em um sentido especial e por analogia. [...]
>
> A justiça do senhor para com o escravo e a do pai para com o filho não são iguais à justiça política, embora se lhe assemelhem; na realidade, não pode haver injustiça no sentido irrestrito em relação a coisas que nos pertencem, mas os escravos de um homem, e seus filhos até uma certa idade em que se tornam independentes, são por assim dizer partes deste homem, e ninguém faz mal a si mesmo (por esta razão uma pessoa não pode ser injusta em relação a si mesma). Logo, não há justiça ou injustiça no sentido político em tais relações.[7]

Como exemplo, um professor, ao aplicar a mesma prova à mesma turma, e ao apurar as notas de acordo com o mérito, em proporção geométrica, é considerado justo. Mas se ele aplica a mesma prova a alunos universitários e a alunos do pré-primário, ainda que se valha da proporção geométrica – dando nota alta ao universitário e zero ao analfabeto –, sua nota não pode ser considerada justa, porque um aluno ainda não alfabetizado não pode ser medido, pelo mérito, em comparação a um universitário. Não se pode auferir o mérito de um universitário em comparação a alunos primários. A justiça, enquanto proporção, somente se dá entre os semelhantes.

---

[7] Ibid., p. 102.

Aristóteles, com isso, afasta os escravos, os filhos, as mulheres, do âmbito de aplicação do justo. São do lar, submissos ao senhor, ao pai de família, e portanto não estão na arena dos iguais. A justiça se mede, para Aristóteles, entre os cidadãos da pólis. Entre tais há de se falar na honra, no mérito, na justa distribuição.

Tal posição aristotélica é altamente conservadora. Com isso, afasta da comparação justamente a maioria da população grega de seu tempo. O justo é somente uma medida da elite, dos cidadãos, dos poderosos. Mas, afastando-se a aplicação que fazia ao seu tempo, a ideia aristotélica revela, por via reversa, um grande *potencial crítico*. Entre os desiguais, a justiça não é matemática. Não se pode aferir por mérito. Assim sendo, Aristóteles dá margem a construir, a toda a maioria da sociedade, uma outra manifestação de justiça, ativa e transformadora, que limite os excessos e que abrande as carências, a fim de que, posteriormente, em uma situação de mínima igualdade, se faça valer uma régua de justiça de tipo matemático.

Se a justiça se dá entre os iguais na pólis, havendo desiguais, pode-se pensar, com Aristóteles e contra Aristóteles, na revolução como forma de justiça, corrigindo os extremos e consolidando uma sociedade de equilíbrio na distribuição de riquezas e situações meritórias. O próprio Aristóteles deixa clara a necessidade da correção dos extremos:

> A justiça é a observância do meio-termo, mas não de maneira idêntica à observância de outras formas de excelência moral, e sim porque ela se relaciona com o meio-termo, enquanto a injustiça se relaciona com os extremos. E a justiça é a qualidade que nos permite dizer que uma pessoa está predisposta a fazer, por sua própria escolha, aquilo que é justo, e, quando se trata de repartir alguma coisa entre si mesma e outra pessoa, ou entre duas pessoas, está disposta a não dar demais a si mesma e muito pouco à outra pessoa daquilo que é desejável, e muito pouco a si mesma e demais à outra pessoa daquilo que é nocivo, e sim dar a cada pessoa o que é proporcionalmente igual, agindo de maneira idêntica em relação a duas outras pessoas. A justiça, por outro lado, está relacionada identicamente com o injusto, que é excesso e falta, contrário à proporcionalidade, do útil ou do nocivo. Por esta razão a injustiça é excesso e falta, no sentido de que ela leva ao excesso e à falta – no caso da própria pessoa, excesso do que é útil por natureza e falta do que é nocivo, enquanto no caso de outras pessoas, embora o resultado global seja semelhante ao do caso da própria pessoa, a proporcionalidade pode ser violada em uma direção ou na outra. No ato injusto, ter muito pouco é ser tratado injustamente, e ter demais é agir injustamente.[8]

O quadro da justiça, para Aristóteles, é haurido das proporções, da virtude do mérito e do meio-termo, mas tem por pressuposto, para sua consecução, a própria concretude, social e econômica, da pólis. Assim, para Aristóteles, o justo é imediatamente matemático e meritório, mas, mediatamente, é político.

Pode-se fazer uma leitura de maneira mais profunda do pensamento de Aristóteles sobre a justiça, reconhecendo que há uma condição social de justiça para que sejam aplicados os tipos específicos de justiça (distributiva, corretiva e o caso especial da reci-

---

[8] Ibid., p. 101.

procidade). Somente entre semelhantes é possível aplicar tais tipos específicos de justo. A situação de justiça que dá condição a auferir o justo, portanto, tem que afastar os extremos. Tais extremos são econômicos, políticos, culturais, sociais. Somente no meio-termo da situação social será possível, então, uma justiça específica de meio-termo. É possível, assim, pensar nas condições sociais para o justo, em Aristóteles, representadas pelo gráfico:

[–] *carência* (————— *meio-termo* —————) *excesso* [+]

Assim sendo, somente se pode pensar em justiça num espaço sem carência e sem excesso. Mas, para Aristóteles, esse espaço não é fixo. É social, histórico, variável. Exemplifiquemos. Se alguém, às margens do Rio Amazonas, delibera por fazer em seu quintal um chafariz, não faz um ato injusto, porque a água que usa em abundância não representa a carência a alguém. O arco do meio-termo da distribuição da água na Amazônia é largo. Mas, no deserto do Saara, se um homem delibera por fazer um chafariz, a água que utiliza para tal fim é um excesso, na medida em que há carência de tal produto aos demais. O arco do meio-termo da distribuição da água no Saara é estreito.

O justo, para Aristóteles, não é uma medida fixa, do tipo x de água para cada ser humano, em qualquer lugar, a qualquer tempo. É uma medida econômica, histórica, social e política. Quando descobrirem meios hábeis de canalizar e distribuir a água do Amazonas para o deserto, então a alta gastança de água na beira desse rio será injusta. Para Aristóteles, a justiça é uma manifestação da economia.

Claro está que Aristóteles, mesmo tendo sido o que mais a fundo chegou ao entendimento econômico do justo no passado, não alcançou uma compreensão avançada e crítica da relação entre justiça e economia. Na verdade, tendo mesmo atingido uma reflexão sobre o dinheiro enquanto referencial universal da produção, Aristóteles estava limitado, na sua visão econômica, às próprias circunstâncias do modo de produção escravagista, na medida em que, diferentemente do capitalismo, o escravagismo não universalizara o trabalho assalariado e o capital e, portanto, não tinha meios de fazer uma crítica profunda de todas as relações sociais subjacentes.

Karl Marx, em sua obra máxima, *O capital*, percebeu a genialidade de Aristóteles ao atrelar uma visão do direito e da justiça à economia, mas, ao mesmo tempo, apontou para as suas dificuldades, na medida em que o trabalho antigo não era assalariado, e o trabalhador não se prestava à medida de sua produção e seus ganhos, pois não se apresentava como uma mercadoria tal qual outras para um mercado. O trabalho escravo impunha uma compreensão ainda parcial do regime geral de trocas e valores que somente o capitalismo permitiu entender. Diz Marx sobre Aristóteles:

> As [...] propriedades da forma de equivalente ficam ainda mais compreensíveis, se voltarmos ao grande pesquisador que primeiro analisou a forma do valor, além de muitas formas do pensamento, da sociedade e da natureza: Aristóteles. [...]
> O próprio Aristóteles nos diz, assim, o que o impede de prosseguir na análise: a ausência do conceito de valor. Que é o igual, a substância comum que a casa representa perante a cama na expressão do valor da cama? Tal coisa "não pode, em verdade, existir", diz Aristóteles. Por quê? A casa representa, perante a cama, uma coisa que a iguala à cama, desde que represente o que é realmente igual em ambas: o trabalho humano.

Aristóteles, porém, não podia descobrir, partindo da forma do valor, que todos os trabalhos são expressos, na forma dos valores das mercadorias, como um só e mesmo trabalho humano, como trabalho de igual qualidade. É que a sociedade grega repousava sobre a escravatura, tendo por fundamento a desigualdade dos homens e de suas forças de trabalho. Ao adquirir a ideia da igualdade humana a consistência de uma convicção popular é que se pode decifrar o segredo da expressão do valor, a igualdade e a equivalência de todos os trabalhos, por que são e enquanto são trabalho humano em geral. E mais, essa descoberta só é possível numa sociedade em que a forma mercadoria é a forma geral do produto do trabalho, e, em consequência, a relação dos homens entre si como possuidores de mercadorias é a relação social dominante. O gênio de Aristóteles resplandece justamente na sua descoberta da relação de igualdade existente na expressão do valor das mercadorias. Somente as limitações históricas da sociedade em que viveu impediram-no de descobrir em que consistia, "verdadeiramente", essa relação de igualdade.[9]

Sobre a relação do justo com a economia em Aristóteles, expõe Tercio Sampaio Ferraz Júnior:

A análise do filósofo revela, assim, sua insuficiência básica: a ausência de um conceito de valor. Aristóteles não vê, nas mercadorias, algo como o trabalho humano que possa ser a *substância comum* entre elas. Isso para ele é impossível *realmente* (por natureza). Por quê? Porque a sociedade em que vivia o filósofo, além de basear-se no trabalho escravo, tendo, assim, por base, a desigualdade dos homens e de seu poder de trabalho, não adquirira ainda a noção universal da igualdade humana, o que é possível apenas às sociedades em que as relações dominantes entre os homens é a dos donos de mercadorias. Aristóteles, não tendo possibilidade de alcançar a noção de valor/trabalho, não podia estabelecer uma diferença entre valor de uso e valor de troca. Isso não diminui o brilhantismo de seu gênio, que lhe permitiu descobrir, na expressão do valor das mercadorias, uma relação de igualdade. Apenas as condições da sociedade de seu tempo impediram-no de ir ao que estava na base da própria igualdade.[10]

Assim sendo, ainda que limitado à esfera do modo de produção escravagista, a compreensão do justo de Aristóteles beira, em grande parte, a apreensão universal da distribuição dos bens e trabalhos, sua proporção, mas faltou-lhe uma generalização crítica que só o capitalismo permitiria empreender. É Marx quem, na contemporaneidade, alcança o âmago da justiça e da injustiça enquanto proporções no todo social. Aristóteles teve que confiná-la apenas aos cidadãos, livres e iguais entre si, e dependentes do trabalho escravo, cuja produção de riqueza não entra em conta em seu cenário sobre o justo.

AGENTES E PACIENTES DA JUSTIÇA

Para Aristóteles, a justiça é uma *ação*. Não se trata de uma virtude contemplativa. A justiça não se revela em um mero conhecimento sobre o justo. Acima de tudo, o justo

---

[9] MARX, Karl. *O capital*. Rio de Janeiro, Civilização Brasileira, 2008, Livro I, v. 1, p. 81.
[10] FERRAZ JR., Tercio Sampaio. *Estudos de filosofia do direito*. São Paulo, Atlas, 2002, p. 195.

é um agir, tal qual todas as demais virtudes. No entanto, esse agir não é simplesmente o produzir de um fato. Considera-se justo o ato que é feito *deliberadamente* com tal finalidade, e injusto, do mesmo modo, o que é realizado com tal vontade.

> A excelência moral [virtude] se relaciona com as emoções e ações, e somente as emoções e ações voluntárias são louvadas e censuradas, enquanto as involuntárias são perdoadas, e às vezes inspiram piedade; logo, a distinção entre o voluntário e o involuntário parece necessária aos estudiosos da natureza da excelência moral, e será útil também aos legisladores com vistas à atribuição de honrarias e à aplicação de punições.[11]

A justiça, assim sendo, é uma virtude que se revela não apenas pela sua potencialidade, mas sim pela sua concretude, pela sua ação. Um juiz que conheça o justo e não o aplica ao caso concreto não é justo. Justo é o seu julgamento que determina que seja dado ao credor o que lhe é devido. Tal disposição para o justo é o que faz com que a justiça não seja um rol de verdades preestabelecidas, mas uma constante realização *prudencial*, no caso concreto. Nesse sentido, trata Jeannette Antonios Maman:

> A noção de justiça no pensamento grego, em Platão e Aristóteles, é definida brevemente na "regra de ouro": *o seu a cada um*, que passa para o direito romano com Ulpiano: "*Iustitia est constans er perpetua voluntas ius suum cuique tribuendi*". Daí deriva ser injustiça não dar a cada um o seu, ou seja, na base da injustiça encontra-se a privação no patrimônio, nas coisas corpóreas ou incorpóreas, nos bens ou na pessoa de outrem; portanto, tudo muito concreto, não há abstração na referência do "seu".[12]

O justo, para Aristóteles, não é uma medida contemplativa, mas concreta, e tal ação, por sua vez, não pode ser acidental, mas sim deliberada. Não se considera justo um juiz que, por um acaso, após uma noite de jogatinas, e bêbado, decidiu uma pena condenatória a um réu que, foi-se ver posteriormente, era de fato culpado. O acaso da sua ação justa não foi acompanhado de um ato voluntário que objetivasse a justiça. Por isso, não é o mero fato, mas o fato e sua intenção, que configuram o agir justo.

Não basta, assim, para a apreciação de um ato justo, que ele exista por acaso. Aristóteles chama a atenção para o seu caráter voluntário, sistematizando-o:

> Sendo os atos justos e injustos aqueles que descrevemos, uma pessoa age injustamente ou justamente sempre que pratica tais atos voluntariamente; quando os pratica involuntariamente, ela não age injustamente ou justamente, a não ser de maneira acidental. O que determina se um ato é ou não é um ato de injustiça (ou de justiça) é sua voluntariedade ou involuntariedade; quando ele é voluntário, o agente é censurado, e somente neste caso se trata de um ato de injustiça, de tal forma que haverá atos que são injustos mas não chegam a ser atos de injustiça se a voluntariedade também não estiver presente. Considero voluntária, como já foi dito antes, qualquer ação cuja prática depende do

---

[11] ARISTÓTELES, *Ética a Nicômacos*, op. cit., p. 49.
[12] MAMAN, Jeannette Antonios. *Fenomenologia existencial do direito*. São Paulo, Quartier Latin, 2003, p. 73.

agente e que é praticada conscientemente, ou seja, sem que o agente ignore quem é a pessoa afetada por sua ação, qual é o instrumento usado e qual é o fim a ser atingido (por exemplo, quem ela está golpeando, com que objeto e para que fim); além disso, nenhuma destas ações deve ser praticada acidentalmente ou sob compulsão.[13]

Para Aristóteles, a coação e a ignorância não configuram a intenção de agir com justiça ou injustiça. O desconhecimento ou as forças externas ao sujeito que pratica o ato, ainda que levem a resultados que possam ser apreciáveis objetivamente como justos ou não, por razão acidental, não constituem atos de justiça, exatamente por carência de ânimo para tal fim. Alberto Alonso Muñoz expõe, sobre Aristóteles:

> Uma ação é voluntária, de toda forma, ao menos se o princípio da ação está no agente e se ele não age ignorando. Mas a condição básica para que o agente possa agir diferentemente e ser, portanto, responsável por sua ação, é que possua já plenamente desenvolvida a faculdade de deliberar. [...] Uma ação voluntária, agora introduzindo as demais condições, é aquela que resulta, a partir de um estímulo, da natureza própria do agente naquele momento que pode vir a ser mudada, sem que esta fosse contradita por uma causalidade que anula estas condições ou por uma falha no sistema de informações do agente.[14]

Por via reversa, do mesmo modo que a apreciação do justo e do injusto se revelam a partir da intenção do agente, Aristóteles se pergunta a respeito do paciente da justiça e da injustiça. Aquele que é injustiçado assim o é porque os atos que geram tal situação foram feitos contra sua vontade. Se o paciente da injustiça tivesse o ânimo de ser injustiçado, a situação resultante seria injusta, mas não se poderia dizer da ação que foi realizada como uma injustiça.

Além disso, para Aristóteles, aquele que, distribuindo para si e para outro, dá injustamente mais ao outro do que para si, é magnânimo, mas seu ato não deixa de ser injusto, ainda que revestido dessa galhardia.

Aristóteles ainda se pergunta, quanto aos agentes ou pacientes da justiça, se alguém pode ser injusto consigo mesmo. A sua resposta é negativa. A justiça ou injustiça são relações com o outro, e não consigo mesmo. Porque, de fato, Aristóteles dirá, não se pode roubar a si próprio, nem cometer ou sofrer adultério mantendo relações sexuais com a própria esposa. Somente em sentido lato e figurado pode-se dizer que os apetites, paixões e fraquezas de um homem o fizeram cometer uma injustiça contra si mesmo.

> Com efeito, a justiça é a forma perfeita de excelência moral [virtude] porque ela é a prática efetiva da excelência moral perfeita. Ela é perfeita porque as pessoas que possuem o sentimento de justiça podem praticá-la não somente em relação a si mesmas como também em relação ao próximo.[15]

---

[13] ARISTÓTELES, *Ética a Nicômacos*, op. cit., p. 104.
[14] MUÑOZ, Alberto Alonso. *Liberdade e causalidade*: ação, responsabilidade e metafísica em Aristóteles. São Paulo, Discurso Editorial, 2002, p. 144 e 413.
[15] ARISTÓTELES, *Ética a Nicômacos*, op. cit., p. 93.

Para Aristóteles, pois, a justiça é bem para o outro, e não para si próprio, marcando o caráter *político* – e não individualista, como o será nos filósofos do direito modernos – do justo.

A EQUIDADE

A reflexão aristotélica sobre a justiça culmina, no Livro V da *Ética a Nicômaco*, com a exaltação da equidade. Para Aristóteles, acima da justiça da lei, há a justiça do caso, do bom julgamento de cada caso concreto, e a essa adaptação do geral ao específico dá ele o nome de *equidade*.

O sentido aristotélico de respeito às leis é diferente de seu uso moderno. O pensamento jurídico moderno e contemporâneo constitui-se num modelo exacerbado de juspositivismo. A lei posta pelo Estado deve ser obedecida, sem maiores discussões. Para Aristóteles, o sentido da lei é outro. Na estrutura política dos gregos, e em especial dos atenienses, a lei era a manifestação básica da unificação da vontade dos cidadãos, que, ao tempo da democracia, deliberavam coletivamente, e de maneira direta, em razão de suas intenções concretas.

Por isso, para Aristóteles, a lei é boa. Segui-la é fazer concretizar o interesse de todos, da pólis. Desrespeitá-la é fazer com que o interesse particular desarranje a organização política. Aristóteles reconhece que, no sentido geral, a lei é justa. No entanto, há uma manifestação de justiça ainda mais alta que a lei, a própria equidade.

Dirá Aristóteles que a equidade, sendo justa, não é distinta da própria lei, sendo esta justa também. Não perfazem duas espécies de justiça opostas, mas, pelo contrário, são complementares. O equitativo é justo não como negação da justiça da lei, mas sim como corretivo da justiça legal. Sendo a lei uma previsão ampla, que alcança uma série de fatos e hipóteses, a lei só pode tratar desses casos num nível amplo. Mas há as especificidades de cada caso concreto. Nessa casuística, que em geral não consegue ser previamente regulada, dada a generalidade da lei, a equidade faz um papel de corrigir a omissão, estendendo o justo até as minúcias.

Aristóteles compara o ofício do juiz, na equidade, àquele de quem julga conforme a *Régua de Lesbos*. Nessa ilha do mundo grego, os construtores se valiam de uma régua flexível, que se adaptava à forma das pedras, sem ser rígida. Também a equidade demanda do jurista uma flexibilidade. Não pode ser o homem justo um mero cumpridor cego das normas, sem atentar para as especificidades de cada caso concreto. Assim Aristóteles se refere sobre a equidade:

> Agora podemos ver claramente a natureza do equitativo, e perceber que ele é justo e melhor que uma simples espécie de justiça. É igualmente óbvio, diante disto, o que vem a ser uma pessoa equitativa; quem escolhe e pratica atos equitativos e não se atém intransigentemente aos seus direitos, mas se contenta com receber menos do que lhe caberia, embora a lei esteja do seu lado, é uma pessoa equitativa, e esta disposição é a equidade, que é uma espécie de justiça e não uma disposição da alma diferente.[16]

---

[16] Ibid., p. 110.

Na filosofia do direito de Aristóteles, a justiça, sendo coroada com a equidade, revela-se um humilde artesanato que abandona a pretensão a uma universalidade objetiva e fria. A teoria do justo de Aristóteles não é uma compilação acabada de verdades. Seu pensamento tateia sobre as hipóteses, tem idas e vindas, e acaba por reconhecer no justo uma humildade que há de penetrar no oculto de cada situação. Ao contrário do pensamento jurídico moderno, que é orgulhosamente juspositivista, crente na absoluta necessidade e justiça da norma positiva estatal, a justiça em Aristóteles é humana, e deve se dobrar para compreender a fundo cada situação na qual é chamada a dar seu julgamento.

A reflexão sobre as leis e a equidade conduz à questão do *direito natural* em Aristóteles. Ao contrário das postulações medievais e modernas – que se valem da expressão para designar outros conceitos, muito distintos daqueles clássicos –, para Aristóteles o direito natural não é uma ideia universal, formalizada, nem é um catálogo do justo e do injusto. Na própria raiz da palavra, o direito natural é a apreensão da *natureza das coisas*. O auscultar da natureza revela o justo, isto é, aquilo que lhe é mais apropriado. Cada caso, cada pessoa, cada circunstância, revelam-se a partir de si próprios e de sua natureza própria. Por isso, mais alto que a lei, é a equidade que coroa a justiça para Aristóteles.

Diz Aloysio Ferraz Pereira:

> Esse direito é natural porque deriva da *natureza* complexa de Aristóteles, que se não reduz ao determinismo, à quantidade e à causalidade mecânica, próprios do sentido que adquiriu a partir de Descartes. Nessa *natureza* o direito, que deriva dela, tem um conteúdo material, uma forma inteligível e um fim a que se refere, além de uma causa eficiente. É um direito vivo, que, por isso mesmo, não sobreviveu à por assim dizer natureza morta da era cartesiana, em que ainda vivemos. E aquele fim se nos oferece na natureza mesma; de resto, desde sempre se nos mostrou através simplesmente da observação. Esta aliás não se faz como um registro passivo. [...]
>
> A teoria do direito natural pode ser definida como um *método experimental*. Antecipa-se ao direito comparado e à sociologia. Sujeito às coordenadas de tempo e espaço, adapta-se às circunstâncias de cada grupo social politicamente organizado. Mas, com a ajuda do direito natural, nunca se descobrirá nem se há de jamais elaborar um código de leis imutáveis e definitivas.[17]

Também ao contrário dos medievais e dos modernos, para os quais as suas concepções de direito natural são *contra* as leis positivas, a concepção jusnaturalista de Aristóteles não vê oposição entre esses dois conceitos. O direito natural *complementa* o direito positivo.[18] Isso porque a natureza, para Aristóteles, não é de uma categoria

---

[17] PEREIRA, *História da filosofia do direito*, op. cit., p. 81.

[18] "A distinção que faz Aristóteles [entre o direito natural e o direito positivo] é, segundo toda verossimilhança, uma distinção, no interior do direito positivo, entre aquilo que é natural e aquilo que é legal, isto é, puramente convencional. Talvez então não tenha cabimento examinar aqui a maneira pela qual o filósofo concebia as relações entre o direito positivo e alguma norma natural de direito, nem de por isso supor, como o faz a interpretação comum, de origem tomista, que Aristóteles considerava o direito positivo ou as leis positivas uma particularização necessária do direito natural ou da lei natural. Essa suposição dificilmente pode extrair um argumento daquilo

distinta daquela da vida social. As leis positivas são históricas, variáveis, mutáveis, mas assim também o é a natureza. Numa constante mímesis (imitação) de deus, que é perfeito e não se move, a natureza se move para se parecer com tal perfeição. Assim sendo, a própria justiça natural é mutável, flexível, e nisso não é distinta da lei positiva, apenas lhe é complementar num nível superior. O direito natural aristotélico não é um catálogo estabelecido de determinações do agir.[19] A régua de Lesbos, como adaptação ao justo, revela que o direito natural de Aristóteles não é um rol de normas, mas sim um agir artesanal, do qual se pode mesmo dizer, artístico. A definição dos romanos do direito como arte do justo reflete de modo sintético e poderoso o modo de pensar de Aristóteles.

A PRUDÊNCIA

O pensamento aristotélico é constituído a partir de um duplo enfrentamento. A ciência, para Aristóteles, é uma demonstração cabal, silogística, em relação à qual não cabe refutação. Mas a pesquisa sobre as questões concretas, como a pesquisa do justo, não se faz a partir de um procedimento formalista, fechado.[20] É o olhar à realidade que forma a pesquisa, a reflexão, a comparação e a posterior extração das possibilidades. Não uma abstração, mas uma mirada ao concreto é o método por excelência de Aristóteles para a compreensão do direito e do justo. Diz Oswaldo Porchat Pereira:

> Com efeito, ao contrário do que poderíamos esperar, não é sob a forma de rígidas cadeias de silogismos demonstrativos, deduzindo rigorosamente suas conclusões a

---

que o filósofo afirma em outro lugar sobre uma lei natural não escrita, comum a todos os homens, e ela parece conduzir definitivamente a um impasse. Se, pois, como se imagina, Aristóteles assimilava aqui o direito ou o justo natural a uma lei não escrita qualquer, que o direito positivo particulariza, como ele poderia sustentar que essa lei varia como o direito positivo?. BODÉÜS, Richard. "Os fundamentos naturais do direito e a filosofia aristotélica". In: ZINGANO, Marco (Org.). *Sobre a ética nicomaqueia de Aristóteles*: textos selecionados. São Paulo, Odysseus, 2010, p. 343.

[19] "A Ética objetiva e realista de Aristóteles não estabelece normas abstratas para o Homem como acontece nas Éticas subjetivas modernas. Pelo contrário, a cerebração de Aristóteles capta *katà physin* o sentido da Justiça e da Equidade, mas, antes estuda analiticamente o modo exaustivo, o significado do justo, e analisa as situações do justo no homem." ARAÚJO, Wandyck Nóbrega de. *Fundamentos aristotélicos do direito natural*. Porto Alegre, Sergio Fabris, 1988, p. 72.

[20] "Aristóteles demonstrou aqui sua genialidade ímpar. Em primeiro lugar, era preciso determinar o que é um bom argumento. Aristóteles dividiu essa questão em duas: o que é um argumento válido e o que é um argumento cientificamente válido. Para a primeira pergunta, deu como resposta sua teoria silogística, o primeiro estudo da Lógica e das inferências formais. [...] Um argumento científico segue a estrutura inferencial válida, mas tem também premissas verdadeiras. Ora, sendo válido e construído com premissas verdadeiras, a conclusão não pode ser falsa. Porém, como se assegurar da cientificidade do argumento? Para responder a esse problema, Aristóteles novamente dividiu a questão em duas partes. Em primeiro lugar, é preciso saber o que é a explicação científica. Explicar cientificamente algo, para Aristóteles, consiste em dar a causa do objeto. Um silogismo científico tem premissas adequadas à coisa na medida em que elas revelam a sua conexão de causalidade. Isso leva a uma teoria geral das causas. Em segundo lugar, um silogismo científico precisa de garantias sobre a verdade de suas premissas. Isso leva, por sua vez, a uma investigação sobre a natureza da verdade." ZINGANO, Marcos. *Platão e Aristóteles*: o fascínio da filosofia. São Paulo, Odysseus, 2005, p. 87 e 89.

partir de princípios assumidos no ponto de partida como verdades indubitáveis e por si mesmas conhecíveis, que se apresentam ao leitor as mais importantes obras em que o filósofo desenvolve sua doutrina: a *Física*, os *Tratados Do Céu, Da Geração e Perecimento* e *Da Alma*, a *Metafísica*, a *Ética Nicomaqueia* etc. Mas já sabemos que tal fato em nada representa uma contradição ou ambiguidade qualquer da doutrina, nem uma oposição, que se poderia pretender natural, entre a teoria ideal da ciência e sua prática efetiva: trata-se, simplesmente, como desde há muito vimos, da distinção, estabelecida e proclamada pelo filósofo, entre ciência e pesquisa, entre o saber alcançado e definitivamente estabelecido e o saber em constituição. [...] O que Aristóteles sempre – ou quase sempre – nos expõe são os meandros de sua investigação em marcha, o lento tatear do trabalho preliminar de pesquisa que antecede à aquisição de cada uma daquelas premissas e que, por isso mesmo, prepara a emergência das condições de possibilidade do silogismo demonstrativo.[21]

A mirada à realidade, na filosofia de Aristóteles, se revela então como a manifestação por excelência para a compreensão do direito e da ética. O justo não pode ser pensado como uma sistematização de ideias abstratas, extraídas de uma mente calculante que ignore a realidade. Tal forma de pensar o justo foi típica dos modernos, mas não dos clássicos.

Para Aristóteles, a justiça se manifesta e se completa com a *prudência*. A *phronêsis*, que se pode traduzir por prudência, é um conceito que se verifica em muitas obras do pensamento aristotélico, mas que apresenta um tratamento específico na própria *Ética a Nicômaco*. A prudência é uma virtude prática. Não se trata do cumprimento do dever pelo próprio dever, como será o caso, na modernidade, com Kant, para quem o imperativo do dever se apresenta como categórico, sem possibilidade de flexibilização. Para Aristóteles, a virtude da prudência atenta para a possibilidade de sua concretização, para suas implicações, para a sua prática em face da realidade que se lhe apresenta.

A prudência, para Aristóteles, melhor se vê não como uma definição abstrata, mas a partir do próprio agir dos homens prudentes. Tal virtude – que os teólogos medievais passarão a considerar uma virtude cardial, ao lado da coragem, da temperança e da própria justiça – se revela como uma consecução em vista das circunstâncias. Assim, não é uma virtude absoluta, inflexível, mas está, sim, no mesmo contexto da própria equidade, na medida da flexibilidade da sua mirada dos casos concretos e das situações específicas. Embora a prudência seja distinta da arte – porque tem em vista a ação –, estão ambas num campo similar, que contrasta com o da técnica, da ciência, que trata de relações necessárias.

A prudência, menos do que tratar do necessário, trata do possível, do provável. Ao invés de se firmar na absoluta e sistemática lógica da razão, a prudência trata do razoável. O sentido da prudência, assim sendo, é o de uma certa humildade em face da realidade e das circunstâncias. Sobre a prudência em Aristóteles, diz Pierre Aubenque:

> Parte-se do uso comum, constata-se que é chamado *phronimos* o homem capaz de deliberação; lembra-se que só se delibera sobre o contingente, enquanto a ciência diz

---

[21] PEREIRA, Oswaldo Porchat. *Ciência e dialética em Aristóteles*. São Paulo, Ed. Unesp, 2001, p. 374.

respeito ao necessário, portanto a prudência não é ciência. A prudência seria então arte? Não, pois a prudência visa à ação, e a arte à produção, logo, a prudência não é arte. Se, pois, a prudência não é nem ciência nem arte, resta que seja uma *disposição* (o que a distingue da ciência) *prática* (o que a distingue da arte). Mas isso provaria, no máximo, que ela é uma *virtude*. Para distingui-la de outras virtudes, em particular das virtudes morais, é preciso acrescentar outra diferença específica: enquanto a virtude moral é uma disposição (prática) que concerne à escolha, a prudência é uma disposição prática que concerne à *regra* da escolha. Não se trata da retidão da ação, mas da correção do critério.[22]

A atividade jurídica, para Aristóteles, revela-se como uma espécie de busca humilde e artesanal do justo. A prudência é uma virtude do bom, em oposição ao excelente ou absolutamente correto. A equidade, que é melhor que a inflexibilidade da lei, é-lhe semelhante em termos de renúncia à frieza da plena sistematização e da objetividade, e também semelhante em termos de virtude que tem vista as circunstâncias, e, portanto, a boa justeza ao caso. Por isso, o direito se tece a partir de referências não plenamente exatas. Aristóteles não vê nisso um desmerecimento do agir jurídico ou da virtude da justiça, mas, sim, apenas uma sua especificidade. Sobre tal, continua Aubenque:

> A metafísica nos ensina, malgrado ela mesma, que o mundo sublunar é contingente, isto é, inacabado. Mas os limites da metafísica são o começo da ética. Se tudo fosse claro, nada haveria a fazer, e resta a fazer o que não se pode saber. No entanto, não se faria nada se não se soubesse, de algum modo, o que é preciso fazer. A meio caminho de um saber absoluto, que tornaria a ação inútil, e de uma percepção caótica, que tornaria a ação impossível, a *prudência* aristotélica representa – ao mesmo tempo que a reserva, *verecundia*, do saber – a possibilidade e o risco da ação humana. Ela é a primeira e última palavra deste humanismo trágico que convida o homem a desejar todo o possível, mas somente o possível, e deixar o resto aos deuses.[23]

Justamente porque não se trata de um sistema dedutivo, necessário e formalmente fechado, para Aristóteles o agir do jurista é contingente, dependente do melhor que o homem puder oferecer, o que só vem a ressaltar sua virtude.

O PENSAMENTO POLÍTICO ARISTOTÉLICO

As reflexões filosóficas de Aristóteles sobre o direito e o justo, contidas fundamentalmente na *Ética a Nicômaco*, complementam-se com suas reflexões políticas, tratadas em sua obra *A política*.[24] Para Aristóteles, o fundamento último do justo é

---

[22] AUBENQUE, Pierre. *A prudência em Aristóteles*. São Paulo, Discurso Editorial, 2003, p. 61.

[23] Ibid., p. 281.

[24] "Far-se-ia mister uma análise apropriada para determinar com maior precisão o *lócus* teórico-científico da *Política* aristotélica. No tratado homônimo, não encontramos nenhuma reflexão metodológica especial, certamente porque o início da *Ética nicomaqueia* é pensado como a introdução metodológica geral à totalidade da *Política*. A parte final da *Ética nicomaqueia*, que serve

político, na medida em que a ação dos homens em sociedade é que dá o fundamento do mérito e da igualdade. O tratado da proporcionalidade, sistematizado na *Ética a Nicômaco*, dá as ferramentas para a manipulação do justo, mas não o critério substancial e último do mérito. É a vontade política que reduz ou aumenta desigualdades, é a ação política que mantém níveis variados de distribuição de riquezas em uma determinada sociedade.

Para Aristóteles, toda sua compreensão a respeito do justo tem por alicerce a perquirição a respeito das razões de ser da própria sociedade, do Estado, daquilo que entre os gregos levava o nome de pólis. Essa unidade política, social, econômica, cultural e afetiva é que dá sentido a toda a reflexão ética e sobre o justo de Aristóteles.

A política

Para buscar entender o pensamento aristotélico sobre a política, a sociedade ou aquilo que se possa chamar, no sentido vago, de Estado, é preciso ter em conta que a sua visão é profundamente distinta daquela que é incorporada no pensamento moderno e contemporâneo. Para nós, o Estado é considerado uma entidade à parte da sociedade. Há uma tensão entre os interesses do Estado (chamados por nós, de maneira estrita, de interesses políticos) e os interesses da sociedade. Para Aristóteles, não há oposição entre a organização política (estatal) e a própria vida social. São uma mesma situação. O mundo grego não conhecia um elemento estatal que fosse distinto da vida social de seus cidadãos. A pólis, como cidade, era ao mesmo tempo aquilo que chamamos modernamente por sociedade e também aquilo que denominamos Estado.

Também não se pode vislumbrar, no pensamento aristotélico, a recorrente divisão moderna e contemporânea entre o interesse individual e o interesse político ou social. Para nós, há uma oposição entre o indivíduo e o todo. Para Aristóteles, há uma relação complementar entre tais elementos. É pela harmonia que se relaciona o indivíduo com o todo social.

Assim sendo, a vida social, para Aristóteles, não tem por razão simplesmente ser um agrupamento quantitativo que sirva a socorrer os indivíduos em suas necessidades. A vida social tem uma razão mais profunda, que é a própria felicidade da comunidade. As sociedades visam a um certo bem, que não é só o bem de cada indivíduo particularizado. Ao contrário dos modernos, que dizem que a vida social existe somente para o benefício de cada indivíduo, Aristóteles dirá que a comunidade existe para o benefício social. Assim, em *A política*:

> Assim, o homem é um animal cívico [político], mais social do que as abelhas e os outros animais que vivem juntos. [...] O Estado, ou sociedade política, é até mesmo o primeiro objetivo a que se propôs a natureza. O todo existe necessariamente antes da parte. As sociedades domésticas e os indivíduos não são senão as partes integrantes da Cidade,

---

de transição para a *Política*, retoma essa temática de forma patente." GADAMER, Hans-Georg. *A ideia do bem entre Platão e Aristóteles*. São Paulo, Martins Fontes, 2009, p. 163.

todos subordinados ao corpo inteiro, todas distintas por seus poderes e suas funções, e todas inúteis quando desarticuladas, semelhantes às mãos e aos pés que, uma vez separados do corpo, só conservam o nome e a aparência, sem a realidade, como uma mão de pedra. O mesmo ocorre com os membros da Cidade: nenhum pode bastar-se a si mesmo. Aquele que não precisa dos outros homens, ou que não pode resolver-se a ficar com eles, ou é um deus, ou um bruto. Assim, a inclinação natural leva os homens a este gênero de sociedade.[25]

O homem, para Aristóteles, não é um ser voltado ao seu interesse individual. É um animal político, *zoon politikon*. Somente se é um deus – ou seja, que se baste a si mesmo –, ou um bruto, é que não se volta ao bem de ser em sociedade. A finalidade em comum liga os indivíduos em comunidade. Há uma espécie de afecção geral de viver em comum que dá sentido à sociedade. Trata-se da noção aristotélica de amizade (*philia*). A amizade, o bem querer recíproco, é tanto fundamental nas relações intersubjetivas quanto na estruturação da vida social. Aristóteles chega mesmo a fazer uma relação direta entre a amizade e a política, e entre a amizade e a justiça:

> A amizade parece também manter as cidades unidas, e parece que os legisladores se preocupam mais com ela do que com a justiça; efetivamente, a concórdia parece assemelhar-se à amizade, e eles procuram assegurá-la mais que tudo, ao mesmo tempo que repelem tanto quanto possível o facciosismo, que é a inimizade nas cidades. Quando as pessoas são amigas não têm necessidade de justiça, enquanto mesmo quando são justas elas necessitam da amizade; considera-se que a mais autêntica forma de justiça é uma disposição amistosa.[26]

Há circunstâncias peculiares a cada sociedade, razões acidentais de ser, como o ânimo comercial, guerreiro etc. E, além disso, há algumas circunstâncias que são fundamentais à vida social, como a amizade e a própria justiça, na medida em que a justiça é uma virtude política, bem para o outro. Assim, Eduardo Bittar e Guilherme de Almeida:

> A amizade, tanto quanto o justo, se perfazem em comunidade, se realizam e se praticam com o outro; a noção de alteridade é precipuamente formativa da essência do significado de amizade, e o mesmo ocorre com o justo. Ao se mencionar amizade, pressupõe-se o outro; ao se mencionar justiça, pressupõe-se também o outro. Daí que o outro participa de toda forma de comunidade à qual o homem possa pertencer, quais, a dos familiares, a dos companheiros de navegação, a dos companheiros de armas. Para cada forma de comunidade, uma forma diferente de amizade, bem como, até por decorrência do tipo diverso de relação de confiança e interesse, uma forma diferente de justiça. A amizade, na mesma medida da justiça, varia conforme o tipo de comunidade à qual pertença o homem.[27]

---

[25] ARISTÓTELES, *A política*. São Paulo, Martins Fontes, 2000, p. 5.
[26] ARISTÓTELES, *Ética a Nicômacos*, op. cit., p. 153.
[27] BITTAR, Eduardo C. B.; ALMEIDA, Guilherme Assis de. *Curso de filosofia do direito*. São Paulo, Atlas, 2009, p. 154.

Para Aristóteles, a vida social envolve essencialmente um sentimento de pertença em comum. Diferentemente dos modernos, que fazem do indivíduo atomizado o eixo da sociedade, Aristóteles faz da sociedade o eixo do indivíduo.

A escravidão

Além da pergunta sobre a forma da igualdade – feita na *Ética a Nicômaco*, ao tratar das várias espécies de justiça –, Aristóteles se pergunta sobre o conteúdo dessa igualdade. Nas sociedades gregas, e em específico em Atenas, iguais eram apenas os cidadãos. Uma série de outras classes, grupos, gêneros e estamentos estava fora dessa igualdade. As justiças distributiva, corretiva e a reciprocidade são medidas que valem somente entre os cidadãos. Levanta-se assim, logo de início, o problema de pensar a justiça entre os cidadãos e os não cidadãos. No modo de produção escravagista, o abismo social existente entre os gregos conduz, necessariamente, à apreciação da relação da escravidão com a justiça.

No pensamento aristotélico, o espaço da justiça se perfaz entre os cidadãos. Isso não quer dizer que não haja relações chamadas de justas, num sentido mais lato, entre os cidadãos e os não cidadãos. É que, na verdade, sendo pessoas desiguais, estabelecem-se entre elas relações de outro tipo, como a proteção, a subordinação, o mando. Aristóteles não alija o escravo de tratamentos que se possam chamar dignos. Mas toda forma de relação entre senhor e escravo é considerada privada, não envolvida no espaço público no qual se consolida a política e o justo.

As relações domésticas, entre os gregos, são tanto as do lar, do marido para com a mulher, do pai para com os filhos, como do senhor para com o escravo. Aristóteles dá nome a elas de poder marital, poder paternal e poder despótico. Sobre o despotismo do senhor para com o escravo, distingue duas formas: a servidão natural e a convencional, haurida da lei ou da tradição de fazer da presa de guerra um escravo, ainda que originalmente tal pessoa tenha sido livre.

Aristóteles considera natural que o escravo que nasceu sob tal condição assim se mantenha, e pondera inconclusivamente quanto àquele que foi tornado escravo pela dívida ou pela guerra:

> Numa palavra, é naturalmente escravo aquele que tem tão pouca alma e poucos meios que resolve depender de outrem. Tais são os que só têm instinto, vale dizer, que percebem muito bem a razão nos outros, mas que não fazem por si mesmos uso dela. Toda a diferença entre eles e os animais é que estes não participam de modo algum da razão, nem mesmo têm o sentimento dela e só obedecem a suas sensações. Ademais, o uso dos escravos e dos animais é mais ou menos o mesmo e tiram-se deles os mesmos serviços para as necessidades da vida.
>
> [...] O que convém ao todo convém também à parte; o que convém à alma convém igualmente ao corpo. Ora, o escravo faz, por assim dizer, parte de seu senhor: embora separado na existência, é como um membro anexado a seu corpo. Ambos têm o mesmo interesse e nada impede que estejam ligados pelo sentimento da amizade, quando foi a conveniência natural que os reuniu.

As coisas são diferentes quando eles só estão reunidos pelo rigor da lei ou pela violência dos homens.[28]

A teoria da escravidão de Aristóteles é abominável e absurda para a atualidade. Ao seu tempo, estava coadunada à sua perspectiva filosófica que mais se inclinava a explicar sua situação do que, propriamente, pensar para transformá-la. Certamente é menos entusiasta da escravidão que seus contemporâneos, não entoa cânticos em busca de uma sociedade escravocrata, pensa que possa haver entre o senhor e o escravo relações de amizade, mas considera a escravidão natural, e, portanto, em tal tema, não conseguiu romper os limites do próprio mundo de modo de produção escravagista em que vivia.[29]

Os tipos de governo

A reflexão aristotélica sobre o justo se completa com a questão dos tipos de governo. Já que a justiça se perfaz socialmente, na ação política, e não é um mero resultado de uma medida cerebrina, como entender os arranjos que formam o governo das sociedades?

Para Aristóteles, embora seja uma sociedade de modo similar ao mando do senhor sobre os filhos, a mulher e os escravos, a política se faz entre os iguais. Assim sendo, não se pode imaginar que, entre tais iguais, haja interesses particulares que se sobreponham a todos os demais. O governo é bom, para Aristóteles, quando ele busca a felicidade comum dos cidadãos. Isso não quer dizer que todos devam, necessariamente, mandar ao mesmo tempo. Há aptidões para o governo que não são comuns a todos, e há sociedades que se arranjam segundo variados modos e propósitos. Por isso, o governo que é bom a todos não necessariamente é aquele cuja soberania é partilhada por todos. O bom governo, antes de ser necessariamente o que é governado por todos, é o que alcança, como resultado, a felicidade de todos.

Valendo-se dos critérios da finalidade do poder político e do número de governantes, Aristóteles sistematiza os possíveis tipos de governo, suas virtudes e seus defeitos. No que tange à extensão do governante, isto é, o seu tamanho ou número, Aristóteles vislumbra três possíveis extensões: o governo de um, o governo de alguns ou o governo da maioria. No que tange ao objetivo do poder político, ele pode ser pensado como o interesse próprio desse grupo (o interesse de um, o interesse dos poucos ou o interesse dessa maioria) ou o interesse de todos.

---

[28] ARISTÓTELES, *A política*, op. cit., p. 13 e 16.

[29] Francis Wolff, tratando do tema da escravidão em Aristóteles, chama a atenção para possíveis leituras filosóficas críticas do assunto, como a kantiana e a marxista, e expõe algumas opiniões contemporâneas diretamente ligadas a leituras do texto de Aristóteles: "Assim, ao rejeitar as críticas, mas também as defesas habituais da escravatura, Aristóteles acaba por defender uma forma de escravatura que vai na contracorrente das práticas e das instituições do seu tempo. A opinião de Goldschmidt une-se à do historiador E. Barker, que observa: 'A doutrina de Aristóteles pode nos parecer uma defesa da escravatura: é muito possível que ela tenha surpreendido seus contemporâneos por ser também um ataque.'" WOLFF, Francis. *Aristóteles e a política*. São Paulo, Discurso Editorial, 1999, p. 101.

Sendo duas as possíveis finalidades do poder (ou para seu grupo ou para todos) e sendo três as possíveis extensões do poder (um, poucos ou a maioria), resulta, daí, um quadro de seis possíveis tipos de governo.

Exercício do poder	Um só	Alguns	A maioria
No interesse de todos	Monarquia	Aristocracia	República
No interesse próprio	Tirania	Oligarquia	Democracia

Sobre os tipos de governo, assim exprime Aristóteles:

> O governo é o exercício do poder supremo do Estado. Este poder só poderia estar ou nas mãos de um só, ou da minoria, ou da maioria das pessoas. Quando o monarca, a minoria ou a maioria não buscam, uns ou outros, senão a felicidade geral, o governo é necessariamente justo. Mas, se ele visa ao interesse particular do príncipe ou dos outros chefes, há um desvio. O interesse deve ser comum a todos ou, se não o for, não são mais cidadãos.
>
> Chamamos *monarquia* o Estado em que o governo que visa a este interesse comum pertence a um só; *aristocracia*, aquele em que ele é confiado a mais de um, denominação tomada ou do fato de que as poucas pessoas a que o governo é confiado são escolhidas entre as mais honestas, ou de que elas só têm em vista o maior bem do Estado e de seus membros; *república*, aquele em que a multidão governa para a utilidade pública; este nome também é comum a todos os Estados.
>
> [...] Estas três formas podem degenerar: a monarquia em *tirania*; a aristocracia em *oligarquia*; a república em *democracia*. A tirania não é, de fato, senão a monarquia voltada para a utilidade do monarca; a oligarquia, para a utilidade dos ricos; a democracia, para a utilidade dos pobres. Nenhuma das três se ocupa do interesse público.[30]

Desses seis possíveis tipos de governo, três são virtuosos e três são decaídos. O governo virtuoso é o que almeja ao interesse de todos, e não só do grupo soberano. Por isso, para Aristóteles, mais importante do que o número dos que governam ou a sua extensão, está a finalidade dos diferentes tipos de governo. Os governos que se voltam meramente ao interesse daquela extensão que detém o poder são pervertidos.

Em face da tradição moderna e contemporânea, também a tipologia aristotélica sobre os governos causa muita estranheza. Sua posição a respeito da democracia e seu estereótipo se choca contra grande parte do melhor da tradição moderna e contemporânea. A recusa em fazer um juízo de mérito sobre a extensão em si do poder soberano, e só fazê-lo no que tange à *finalidade*, é estranha à modernidade, para a qual os polos se invertem. Nas organizações políticas estatais típicas do capitalismo, a *forma* tem mais valor que a finalidade. Assim sendo, para os modernos, a democracia passa a ser boa porque todos votam, ainda que ela seja em proveito da minoria detentora do poder econômico. Na

---

[30] ARISTÓTELES, *A política*, op. cit., p. 105.

modernidade, a preocupação sobre a extensão do poder governante chama mais a atenção do jurista, do político e do cidadão do que a sua finalidade e os objetivos que persegue.

Na sociedade escravagista do passado, na qual a extensão do poder era uma situação já limitada a uma minoria, Aristóteles não conseguiu vislumbrar atenção especial ao aspecto extensivo do poder (de novo excluindo mulheres e escravos, por exemplo). Mas, ao mesmo tempo, a concretude da finalidade do bem de todos é o contraste da filosofia do direito antiga às falsas preocupações formais e quantitativas do poder político moderno e contemporâneo.[31]

---

[31] "A finalidade é pois o verdadeiro *motor* do livro [*A Política*]. É ela, em particular, que leva Aristóteles às suas soluções originais diante dos problemas políticos tradicionais. [...] Assim, a *justiça* dos diferentes regimes depende menos da maneira pela qual o poder é distribuído nele que do fim com vistas ao qual ele é exercido (o interesse geral). É também o princípio de finalidade que explica a defesa muito insólita da soberania popular que se desenha ao longo dessas páginas. Tudo acontece de fato como se, ao arrepio das argumentações 'aristocrata' e 'democrata', Aristóteles esboçasse uma apologia 'aristocrática' da 'democracia': em vez de pretender (como os democratas) que é melhor que o povo governe, ele mostra que o povo governa melhor. [...] Nesta medida, a política aristotélica é 'democrata', bem como o pensamento da democracia aristotélica, independentemente daquilo que o próprio Aristóteles (o aluno de Platão e o mestre de Alexandre) pudesse pensar a respeito." WOLFF, *Aristóteles e a política*, op. cit., p. 149.

6
A FILOSOFIA DO DIREITO MEDIEVAL

O pensamento jusfilosófico grego, ao final do século de Péricles, encontrou uma sociedade e uma cultura já em decadência. Ainda ao tempo de Aristóteles, a democracia ateniense desmoronava e as invasões da Macedônia, por meio de Alexandre, que havia sido seu aluno, e de outros povos, logo em seguida, fizeram por dissolver – e esparramar pelo mundo ocidental e oriental próximo – a cultura grega. O grande celeiro de aclimatação posterior da filosofia do direito grega foi Roma. De fato, nos séculos que se seguem a Aristóteles, a sociedade romana vive seu esplendor, e a construção do direito romano toma vulto. Após a filosofia dos clássicos – Sócrates, Platão e Aristóteles –, o período filosófico que se segue, por representar a divulgação do pensamento grego em outros povos e culturas, como a romana, leva o nome de *helenismo*.

Pode-se dizer que o helenismo ainda guarda referenciais que dialogam com o pensamento dos clássicos, por mais específicas sejam suas posições. E, por isso, também o direito romano é constituído numa relação próxima com o pensamento dos gregos. Havendo, pois, alguma linha de continuidade entre a filosofia grega e o direito romano, o grande período de novidade e ruptura, em termos de filosofia do direito, não é aquele que se segue aos clássicos gregos, na medida em que do século IV a. C. até o final da Idade Antiga o horizonte jurídico e filosófico permanece sob as mesmas bases. Será apenas o *cristianismo*, ao final da Idade Antiga e início da Idade Medieval, que alterará grandemente o pensamento filosófico e jurídico.

DOS ANTIGOS AOS MEDIEVAIS

Várias filosofias brotam no contexto filosófico grego no período pós-clássico. Dentre os movimentos de maior peso, o *epicurismo* e o *estoicismo* são os que mais se destacam. Tomados pela história como visões filosóficas opostas, têm contribuições específicas ao pensamento jurídico. No mundo romano, no entanto, com uma grande tendência ao ecletismo, o epicurismo e o estoicismo foram incorporados de maneira assistemática, conforme as necessidades políticas, culturais e mesmo retóricas dos mais importantes líderes e pensadores romanos. Cícero, o grande orador, retórico e jurista romano, embora com grande inclinação estoica, também incorporou ao seu pensamento posições do epicurismo.

Mais do que escolas de filosofia no sentido dos clássicos, nos quais a razão, com grande primazia, se somava às virtudes para a felicidade humana, o epicurismo e o estoicismo aumentam o pendor pelo posicionamento *moral* do saber filosófico. Em suas vertentes extremas, quase se posicionam como pensamento religioso. A noção de um guia prático às condutas virtuosas e felizes dos homens marca a tônica dessas visões filosóficas.

O Epicurismo

O epicurismo, uma longa escola que durante séculos, no mundo grego e romano, disputou a primazia do pensamento intelectual, tem sua origem lastreada nas ideias de Epicuro de Samos (341-270 a.C.). Sua orientação maior está na busca do prazer, entendido não como uma ação positiva no sentido da mundanidade – bebidas, mulheres, gozo e alegria –, mas sim na sua acepção de *negação*: ausência de perturbação e de dor. Se se deve guiar filosoficamente em busca desse prazer, que representa a verdadeira felicidade, dever-se-á desbastar, daquilo que é necessário pela natureza ou pela ética, o inútil. O prazer, nesse sentido, afastando-se dos sofrimentos, é tanto do corpo quanto da alma.[1] Diz Epicuro:

> Consideremos também que, dentre os desejos, há os que são naturais e os que são inúteis; dentre os naturais, há uns que são necessários e outros, apenas naturais; dentre os necessários, há alguns que são fundamentais para a felicidade, outros, para o bem-estar corporal, outros, ainda, para a própria vida. E o conhecimento seguro dos desejos leva a direcionar toda escolha e toda recusa para a saúde do corpo e para a serenidade do espírito, visto que esta é a finalidade da vida feliz: em razão desse fim praticamos todas as nossas ações, para nos afastarmos da dor e do medo.
>
> Uma vez que tenhamos atingido esse estado, toda a tempestade da alma se aplaca, e o ser vivo, não tendo que ir em busca de algo que lhe falta, nem procurar outra coisa a não ser o bem da alma e do corpo, estará satisfeito. De fato, só sentimos necessidade do prazer quando sofremos pela sua ausência; ao contrário, quando não sofremos, essa necessidade não se faz sentir.[2]

Em Epicuro, é possível vislumbrar uma noção de justiça que se funda na ideia de que há o interesse de uma vida plena e prazerosa dos indivíduos que conduz a que não se dominem reciprocamente. Daí que a política se constrói no objetivo de uma utilidade comum. Como a busca da felicidade e do prazer envolve o afugentar dos danos, seja para si ou seja para outrem, o justo é agir em conformidade com o bem do outro, numa espécie de princípio de solidariedade. Asseverará Epicuro em suas máximas:

---

[1] "Incorreríamos por isso em grave contrassenso (largamente cometido, desde a Antiguidade, por críticos simplistas ou facciosos) se da tese de que todos os prazeres são corpóreos (para o atomismo *tudo é corpóreo*, salvo o vazio) inferíssemos uma atitude de culto desenfreado a todo e qualquer gozo carnal. Basta considerar que a dor, que é o negativo do prazer (como o prazer é o negativo da dor), é tão corpórea e, portanto, está tão presente na vida quanto o prazer. A sabedoria ética consiste exatamente em adotar um modo de vida que nos habitue a buscar os prazeres mais consistentes e a enfrentar o sofrimento com imperturbável serenidade." MORAES, João Quartim de. *Epicuro*: as luzes da ética. São Paulo, Moderna, 1998, p. 68.

[2] EPICURO, *Carta sobre a felicidade (a Meneceu)*. São Paulo, Ed. Unesp, 1997, p. 35.

XXXI – O justo segundo a natureza é a regra do interesse que temos em não nos prejudicarmos nem sermos prejudicados mutuamente.

XXXII – Em relação àqueles, dentre os viventes, que não puderem concluir pactos para não se prejudicarem pessoalmente nem serem prejudicados mutuamente, nada há que seja justo ou injusto. Isto também vale para os povos que não puderam ou não quiseram concluir os pactos para não se prejudicarem nem serem prejudicados mutuamente.

XXXIII – Nunca houve justiça em si, mas nas relações recíprocas, quaisquer que sejam seu âmbito e as condições do tempo, uma espécie de pacto a fim de não prejudicar nem ser prejudicado.[3]

Não há, para Epicuro, a noção de que o justo seja algo determinável, e, daí, compreendido pela natureza ou pela razão. O justo é apenas uma convenção dos homens. Não há injustiça como um mal em si. Ocorre que os homens, devendo se afastar daquilo que lhes causa sofrimento, ao cometerem injustiças, podem ser descobertos, perseguidos e castigados.

XXXIV – A injustiça não é em si um mal; este reside no temor de não escapar àqueles que têm por função castigar os culpados.

XXXV – Não é possível que aquele que comete, às escondidas, algo contra o acordo de não se prejudicar nem ser prejudicado mutuamente possa ter a certeza de que não será descoberto, mesmo se, no momento, puder escapar mil vezes, pois, até o final de sua vida, não terá certeza de não ser descoberto.[4]

Assim sendo, em busca do prazer, que é afastar o sofrimento, deve-se agir pelo justo, já que o injusto pode gerar a punição. O justo é uma convenção, e nesse sentido o epicurismo navega contra a tradição já estabelecida dos clássicos – Sócrates, Platão e Aristóteles – e mesmo contra a tradição do estoicismo, que lhe é contemporâneo.

O Estoicismo

Para o direito romano, o estoicismo representou uma influência ainda muito mais alta que o epicurismo. O fundador dessa escola foi Zenão de Citium (336-264 a.C.). Por ensinar em Atenas sob o Pórtico Pintado (*Stoa poikíle*), a sua corrente de pensamento leva o nome de estoicismo. No mundo romano, durante muito tempo o estoicismo foi incorporado, temperado por outras escolas de pensamento, como manifestação comum da sua intelectualidade. Além de Marco Túlio Cícero (106-43 a.C.), que lhe empresta maior notoriedade, Epicteto, Sêneca e mesmo o imperador Marco Aurélio eram de algum modo estoicos.

Na construção filosófica dos estoicos há uma tendência acentuada por orientar a razão a um uso prático. Tal razão, que há de guiar as atitudes do homem à harmonia, desdobra-se em um liame muito próximo à natureza. A universalidade da razão corresponde à universalidade da natureza e mesmo da condição humana. Baseando-se

---

[3] EPICURO, *Máximas fundamentais*. Campinas, IFCH/Unicamp, 2006, p. 39.
[4] Ibid., p. 44.

na conformidade das ações à natureza, os estoicos distinguem-se, então, dos epicuristas, para os quais a razão é uma convenção. Aponta, nesse sentido, Miguel Reale:

> Os estoicos, em verdade, repudiam o relativismo utilitário de Epicuro e proclamam que a *justiça* não nasce da conclusão de um acordo entre os homens, não resulta de um pacto entre homens desejosos de não se prejudicarem mutuamente, mas é, ao contrário, *anterior às leis positivas*. A justiça apresentam-na como virtude que nos dirige segundo a razão natural, no sentido de uma vida segundo a natureza. A distinção entre justo e injusto é anterior e superior aos variáveis e múltiplos dispositivos da lei escrita, ou, como disse Cícero, consubstanciando ensinamentos estoicos, *ubi non este justitia, ibi non poteste esse jus*.
>
> Sábio é aquele que vive segundo a natureza, disposto a obedecer heroicamente às suas leis. Essas leis são iguais para todos e podem ser concebidas por todos os homens como seres racionais.[5]

Para os estoicos, saber se guiar bem, pelo uso da razão, é conhecer a natureza e seus desígnios – seu destino – e consolidar o cumprimento dos deveres como hábito. O dever como hábito gera a virtude. Para isso, é preciso afastar as paixões que desviam a alma do dever. Daí a ideia de que o estoico habitua-se a vencer os prazeres e futilidades que afastam da virtude. Assim expressa Cícero, em *Dos deveres*:

> A elevação de alma que se percebe nos perigos e trabalhos, quando se afasta da justiça e propugna, não pela manutenção do bem comum, mas por sua própria comodidade, é viciosa. Isso nem é próprio da virtude como trai uma ferocidade que repele todos os sentimentos humanos. Os estoicos definem muito bem a coragem ao afirmar ser ela a virtude que luta pela equidade. Não merece, pois, louvor quem haja alcançado fama de bravura por meios insidiosos e fraudulentos: nada que desdiz da justiça pode ser honesto. [...] Uma alma corajosa e grande distingue-se principalmente por duas características. Uma delas é o desprezo dos bens exteriores, quando tenha sido persuadida de que nada, a não ser o honesto e decoroso, convém ao homem admirar ou perseguir. Não deve ceder a ninguém, a nenhuma tribulação, nem sequer à Fortuna. A outra consiste em praticar, mesmo com o ânimo afetado do modo que mencionei acima, ações grandiosas e sobretudo úteis, como também, veementemente, tarefas árduas, trabalhosas e arriscadas que interessem à vida.[6]

O estoicismo é bastante aproveitado para a formulação do pensamento jurídico romano e para a filosofia do direito. Há uma razão que se estende universalmente, e que orienta os deveres e as ações também para todos os indivíduos. Essa razão está em conformidade com a condição humana e com a natureza, já que estas são universais também. Se o homem é universal e se universal é a razão que o deve guiar, o justo não tem fronteiras. Todos os povos e nações, se se guiarem pelo justo e pela razão, hão de seguir as mesmas regras, o mesmo direito da natureza e da razão. Diz Cícero:

---

[5] REALE, Miguel. *Horizontes do direito e da história*. São Paulo, Saraiva, 2000, p. 42.
[6] CÍCERO, Marco Túlio. *Dos deveres*. São Paulo, Martins Fontes, 1999, p. 33.

A razão reta, conforme à natureza, gravada em todos os corações, imutável, eterna, cuja voz ensina e prescreve o bem, afasta do mal que proíbe e, ora com seus mandados, ora com suas proibições, jamais se dirige inutilmente aos bons, nem fica impotente ante os maus. Essa lei não pode ser contestada, nem derrogada em parte, nem anulada; não podemos ser isentos de seu cumprimento pelo povo nem pelo Senado; não há que procurar para ela outro comentador nem intérprete; não é uma lei em Roma e outra em Atenas, uma antes e outra depois, mas una, sempiterna e imutável, entre todos os povos e em todos os tempos; uno será sempre o seu imperador e mestre, que é Deus, seu inventor, sancionador e publicador, não podendo o homem desconhecê-la sem renegar-se a si mesmo, sem despojar-se do seu caráter humano e sem atrair sobre si a mais cruel expiação, embora tenha conseguido evitar todos os outros suplícios.[7]

Tal visão de direito natural dos estoicos, muito pronunciada em Cícero, embora esteja num ambiente intelectual que se comunica com o pensamento filosófico aristotélico, não lhe é idêntica. O direito natural de Aristóteles se fundamenta na observação da natureza, como fonte das possibilidades do justo, que versa sobre a distribuição. No pensamento Aristotélico, o justo é prudencial: a equidade é a construção do justo em cada caso, adaptando-se às circunstâncias específicas. Para Cícero, o direito natural é uma razão universal, e, por isso, comporta, ao contrário de Aristóteles, a sua anunciação tal qual um rol de normas válidas a todos, em todo o universo. Sendo um catálogo de deveres e ações, o justo para Cícero aproxima-se grandemente da moral. Para Aristóteles, o campo do justo é distinto do campo moral, já que o justo trata de proporções, de distribuições. Mais do que um campo da prudência e da equidade, da adaptação a cada caso concreto, o direito natural ciceroniano é considerado uma *reta razão*. Trata Cícero:

E que pode haver, não direito no homem, mas em todo o céu e na terra, de mais sublime que a razão, a qual, quando cresce e se aperfeiçoa denomina-se acertadamente de sabedoria? E se nada há de superior à razão e que esta é encontrada no homem e em Deus, resulta, então, que a razão é o vínculo da primeira associação que se estabelece entre o homem e deus. E aqueles que possuem a razão em comum, também participam da *reta razão*: sendo essa a Lei, a Lei é outro vínculo existente entre os homens e os deuses. Os que possuem a Lei em comum também participam em comum do Direito, e os que compartilham da mesma Lei e do mesmo direito devem ser tidos como membros da mesma sociedade. E isso é mais evidente quando obedecem às mesmas autoridades e se submetem ao mesmo poder; submetem-se à existente ordem celestial, à vontade divina e à potestade de Deus Onipotente. Logo, devemos reconhecer que nosso universo é uma comunidade única, constituída pelos deuses e pelos homens.[8]

Sendo os homens dirigidos pela mesma razão, são todos cidadãos do mundo. Não poderia haver espaço a idiossincrasias jurídicas nacionais. O direito justo é cosmopolita, pois é o mesmo a todos. Tampouco se pode pensar que, de acordo com a natureza, seja racional a escravidão. Não há escravidão natural, ela não é justa, e ela se deve apenas à maldade dos homens.

---

7   Cícero, Marco Túlio. *Da República*. Bauru, Edipro, 1995, p. 75.
8   Cícero, Marco Túlio. *Tratado das leis*. Caxias do Sul, Educs, 2004, p. 49.

Os preceitos filosóficos dos gregos – do período clássico ou do período helenista, com o epicurismo e o estoicismo – formam o arcabouço de grande parte da prática jurídica romana. As definições de direito que se leem no *Digesto* revelam um pendor ao pensamento jusfilosófico grego. Certo está que os romanos, práticos e não teoréticos no seu direito, lidam com a filosofia grega de modo eclético: valem-se das definições para fins específicos, sem grande rigor, sem buscar levar as posições às últimas consequências e sem alterar as grandes estruturas sociais de seu tempo. As injustiças do sistema escravagista, por exemplo, podem ter sido atenuadas em alguns momentos em razão de uma inspiração jusfilosófica como a estoica, mas nunca frontalmente atacadas. Nesse sentido, em se pensando em Platão, por exemplo, os gregos, a partir da filosofia do direito, se insurgiram muito mais contra as injustiças do que os romanos.

O CRISTIANISMO

O quadro do pensamento jurídico e filosófico greco-romano só vai mudar, substancialmente, com a entrada em cena, no final da Idade Antiga, do *cristianismo*. Carreando uma visão de mundo totalmente peculiar e estranha à greco-romana, o cristianismo principia sua visão sobre o direito e a justiça a partir de bases muito distintas daquelas da tradição filosófica.

O fundamento do cristianismo é a vida e o exemplo de Jesus Cristo. Como não deixou obra escrita, nem tampouco se dedicou a uma sistematização de seu pensamento, não se pode querer enxergar, em Jesus, um filósofo. A filosofia que se faz em torno de Jesus é dos cristãos. Por isso, há variadas manifestações de pensamento que se arrogam a condição de cristãs. Desde o início de sua constituição enquanto movimento de massas, o cristianismo apresentou uma variedade de interpretações e de visões de mundo.

Já nos primeiros séculos da era cristã, o cristianismo enfrentou candentes debates que forjaram, posteriormente, a sua constituição enquanto doutrina estabilizada. A crescente penetração do cristianismo no mundo romano, que estava até então embebido da filosofia grega, levou, necessariamente, à comparação entre a visão de mundo cristão e o pensamento dos filósofos gregos. As profundas diferenças entre tais visões não impediram que, com o passar dos séculos, houvesse uma tentativa de adaptação e confluência entre si. Assim, diz Etienne Gilson:

> Essa denúncia da sabedoria grega não era, porém, uma condenação da razão. Subordinado à fé, o conhecimento natural não está excluído. Muito ao contrário, num texto que será citado sem cessar na Idade Média (*Romanos*, 1, 18-21) e de que o próprio Descartes se prevalecerá para legitimar sua empresa metafísica, são Paulo afirma que os homens têm de Deus um conhecimento natural suficiente para justificar a severidade deste para com eles [...]. Sem dúvida, o que são Paulo quer provar aqui é que os pagãos são indesculpáveis, mas estabelece, em virtude desse princípio, que a razão pode conhecer a existência de Deus, seu eterno poder e ainda outros produtos que ele não nomeia, pela inteligência, a partir do espetáculo das obras de Deus. A tese não era nova, pois encontramo-la explicitamente afirmada no livro da Sabedoria (13, 5-9), mas, graças a são Paulo, ela vai impor a todo filósofo cristão o dever de

admitir que é possível, para a razão humana, adquirir certo conhecimento de Deus a partir do mundo exterior.[9]

Conforme os séculos cristãos avançam, a filosofia grega, ainda viva no mundo romano, começa a ser utilizada pelo cristianismo como substrato de apoio para a afirmação da própria religião cristã. Mas, aqui, não se trata de um diálogo, e sim de uma subordinação da filosofia à religião. O cristianismo se constitui, a princípio, não como um pensamento filosófico, mas como uma visão de mundo religiosa, que pode encontrar na filosofia um apoio. Mas, para o cristianismo nascente, a filosofia somente seria legítima nos limites da verdade da religião.

Logo se anuncia, pois, uma diferença fundamental entre o cristianismo e a filosofia grega: para esta, a verdade deve ser buscada livremente. O amor ao saber leva o filósofo a especular sobre tudo, podendo refletir a partir de qualquer ângulo sobre qualquer questão. Já para o cristianismo há uma verdade revelada, oriunda de Deus e de seus enviados – sendo Jesus Cristo o enviado maior – e que, portanto, não comporta crítica nem indagação. Havendo a verdade revelada, à filosofia e à razão só resta a função de servirem de apoio ao anunciado e que é objeto de fé religiosa.

Para o mundo greco-romano, acostumado aos grandes debates filosóficos já há séculos, a entrada em cena do cristianismo pareceu um empobrecimento enorme da qualidade da reflexão racional. Passavam a desfilar, a partir daí, limites ao pensamento, crenças, dogmas, verdades preestabelecidas. A fé começou a ser considerada mais importante que a razão. Mesmo assim, o cristianismo, desde sua origem, nunca ignorou uma certa legitimação de seu pensamento na própria filosofia. Paulo de Tarso, segundo a narrativa dos *Atos dos Apóstolos*, quando presente em Atenas, falou aos atenienses a respeito da similitude da visão de mundo cristã com a visão filosófica grega. O movimento cristão para a verdade da fé se pretendeu, de alguma maneira, similar ao movimento grego, tomado como uma missão filosófica em busca da razão. Nesse sentido, diz Werner Jaeger:

> Foi a missão cristã primitiva que obrigou os missionários ou apóstolos a empregar formas gregas de literaturas e discurso, ao dirigirem-se aos judeus helenizados, para quem se viraram primeiro e que encontraram em todas as grandes cidades do mundo mediterrâneo. Isto tornou-se ainda mais necessário quando Paulo abordou os gentios e começou a fazer conversos entre eles. Esta mesma atividade protréptica constituía um traço característico da filosofia grega nos tempos helenísticos. As diversas escolas tentavam angariar seguidores pronunciando discursos protrépticos, nos quais recomendavam o seu conhecimento filosófico ou *dogma* como a única via para a felicidade. Começamos por encontrar este tipo de eloquência no ensinamento dos sofistas gregos e de Sócrates, quando este surge nos diálogos de Platão. Até o termo *conversão* emana de Platão, pois adotar uma filosofia significava sobretudo uma mudança de vida. Ainda que a sua aceitação tivesse uma motivação diferente, o *kerygma* cristão falava da ignorância dos homens e prometia dar-lhes um conhecimento melhor e, como todas as filosofias, reportava-se a um mestre e professor, que possuía e revelava a verdade. A situação

---

[9] GILSON, Etienne. *A filosofia na Idade Média*. São Paulo, Martins Fontes, 1998, p. XIX.

paralela dos filósofos gregos e dos missionários cristãos levou estes últimos a tirar partido dela. O Deus dos filósofos também era diferente dos deuses do Olimpo pagão tradicional, e os sistemas filosóficos da época helenística eram para os seus seguidores uma espécie de abrigo espiritual. Os missionários cristãos seguiram as pegadas deles e, a crer nos relatos que se encontram nos *Atos dos Apóstolos*, iam por vezes buscar os seus argumentos aos seus predecessores, em especial quando se dirigiam a um público grego culto. Esse foi o momento decisivo no encontro entre Gregos e Cristãos. O futuro do Cristianismo como religião mundial dependeu dele.[10]

Mas, ao contrário da filosofia grega, que se abria a um leque de possibilidades de compreensão da vida e do mundo que ia até mesmo ao extremo do agir e da recusa da sociedade injusta – como no caso de Platão –, o pensamento cristão foi se consolidando com grande dose de *conservadorismo* em relação ao agir no mundo. A fé, e não a razão, passa a ser a base da visão de mundo do cristão. Por isso, o abandono do indivíduo ao desígnio dito divino é maior que o ímpeto de transformar o mundo.

Por começar da fé, da crença no revelado, e não na realidade, a nascente filosofia cristã será essencialmente metafísica, isto é, construída a partir de elementos que não são extraídos da vida histórica e social. A crença na verdade que vem de uma esfera extra-humana tira a possibilidade de que o pensamento se constitua a partir da realidade, esvaziando o problema social e a ação no mundo.

O cristianismo promove um grande deslocamento do eixo da racionalidade ocidental. Ainda de algum modo vinculado à tradição hebraica, o cristianismo parte de pressupostos muito distintos dos greco-romanos. O Deus aristotélico é perfeito, estável e não interfere no mundo. O Deus judaico-cristão, também reputado perfeito, é construído, no entanto, a partir de atributos humanos: interfere na realidade do mundo, julga, persegue, faz alianças, salva e condena.

Mas, em uma relação mais direta, o cristianismo se diferenciava também do hebraísmo. Enquanto este cria numa relação privilegiada do povo judeu com Deus, o cristianismo era universalista: todos eram filhos de Deus, e todos podiam receber as benesses do pai. Mas, ao mesmo tempo, o cristianismo ainda era próximo da visão hebraica: seus primeiros seguidores eram hebreus e Paulo de Tarso, cuja liderança se destacou na implementação do movimento cristão desde os primeiros anos após a morte de Jesus, guardou grandes visões de mundo hebraicas ao lado de outras que negavam o judaísmo.

Assim sendo, para os primeiros pensadores do cristianismo, o quadro dogmático da religião ainda era um campo aberto. Conforme as disputas teológicas vão-se acumulando e refinando, e conforme o movimento cristão vai-se institucionalizando em torno de igrejas, e a Igreja Católica, séculos depois, se instala enquanto intermediadora oficial da religião, começa a ganhar corpo um conjunto dogmático e religioso cristão que gera, por decorrência, uma filosofia também cristã.

Esse movimento ocorre conforme avançam os primeiros séculos da era cristã. Até o final da Idade Antiga, no século V, a institucionalização e a dogmatização religiosa do

---

[10] JAEGER, Werner. *Cristianismo primitivo e Paideia grega*. Lisboa, Edições 70, 1991, p. 23.

cristianismo já estão completas. Tal período que vai da morte de Jesus até o início da Idade Média leva o nome, na nascente filosofia cristã, de *patrística*, por ser, essencialmente, constituída pela reflexão, em geral apologética, realizada pelos padres da Igreja.[11]

Na fase da patrística, o mundo romano encontra seu perecimento e sua derrocada. E, por sua vez, o cristianismo, de movimento perseguido, passa, em poucos séculos, ao centro do poder no mundo mediterrâneo e ocidental, ganhando destaque central, inclusive, em Roma. Ao final da Idade Antiga e no início da Idade Média, sucumbe também a ordem econômico-produtivo-social antiga, do modo de produção escravagista, e começa a consolidação do modo de produção feudal, cuja lógica estrutural é bem distinta e peculiar. Paradoxalmente, o pensamento cristão que se forma nos séculos posteriores à morte de Cristo vai tendo muito mais proximidade e diálogo com a nascente ordem feudal do que propriamente com o mundo escravagista do tempo de Jesus.

Em termos de pensamento político e jurídico, muito mais do que qualquer palavra ou ensinamento de Jesus, é Paulo de Tarso que dominará a visão de mundo nos séculos cristãos. Pode-se dizer que, na verdade, o cristianismo, nos seus assuntos políticos ou jurídicos, mais do que *cristão*, é *paulino*.

Paulo de Tarso

De modo indireto, Paulo de Tarso (ou São Paulo, na tradição católica) será o primeiro responsável por toda a filosofia do direito cristã do final da Idade Antiga e de toda a Idade Média, mantendo-se o eco de tal pensamento pelos tempos posteriores. No que tange ao direito e à política, Paulo de Tarso é mais hebreu do que propriamente cristão. Confirma as visões de mundo do Antigo Testamento sobre o poder na Terra.

Sua afirmação mais importante sobre o poder se encontra na *Epístola aos romanos*. Nela, Paulo reconhece a justiça a partir de uma visão distinta daquela da filosofia grega. O homem justo não é o que age com justiça, e sim aquele que está sob a graça de Deus. A fé e a palavra de Deus estão acima da lei humana e dos atos. Diz Paulo na carta:

> Pois não me envergonho do evangelho, porque é o poder de Deus para a salvação de todo aquele que crê, primeiro do judeu e também do grego; visto que a justiça de Deus se revela no evangelho, de fé em fé, como está escrito: o justo viverá por fé.
>
> [...] Mas agora, sem lei, se manifestou a justiça de Deus testemunhada pela lei e pelos profetas; justiça de Deus mediante a fé em Jesus Cristo, para todos (e sobre todos) os que creem; porque não há distinção, pois todos pecaram e carecem da glória de

---

[11] "Chama-se literatura patrística, em sentido lato, ao conjunto das obras cristãs que datam da idade dos Padres da Igreja; mas nem todas têm como autores Padres da Igreja, e esse título mesmo não é rigorosamente preciso. Num primeiro sentido, ele designa todos os escritores eclesiásticos antigos, mortos na fé cristã e na comunhão da Igreja; em sentido estrito, um Padre (ou Pai) da Igreja deve apresentar quatro características: ortodoxia doutrinal, santidade de vida, aprovação da Igreja, relativa antiguidade (até fins do século III aproximadamente)." GILSON, *A filosofia na Idade Média*, op. cit., p. XXI.

Deus, sendo justificados gratuitamente, por sua graça, mediante a redenção que há em Cristo Jesus.[12]

E, ainda de modo mais importante para a política e para o direito, na *Epístola aos Romanos* explicita-se a ideia que o poder é oriundo de Deus, e que não está originalmente nas mãos dos homens, em sociedade, a discussão sobre o mando, o governo, o justo e o injusto. Para Paulo de Tarso, a autoridade superior deve ser reconhecida por todo homem, que lhe deve obediência:

> Todo homem esteja sujeito às autoridades superiores; porque não há autoridade que não proceda de Deus; e as autoridades que existem foram por ele instituídas.
>
> De modo que aquele que se opõe à autoridade resiste à ordenação de Deus; e os que resistem trarão sobre si mesmos condenação.[13]

Paulo de Tarso, assim sendo, instaura, para o cristianismo, a noção da submissão à autoridade, o que ocasionará, para o direito medieval, um efeito altamente conservador. Não se trata mais de discutir o bom governo, a justa ação do soberano, aquilo que é melhor ou pior para a sociedade. Ao contrário de Aristóteles, para quem o bom regime de governo é aquele que faz o bem a todos, para Paulo de Tarso não há que se pensar em um agir político buscando o justo. A submissão aos poderosos, escolhidos por Deus, é o sinal dessa nova justiça.[14]

A partir de Paulo de Tarso, a total genuflexão dos poderes do mundo a Deus representa uma insólita decorrência – que em nada pode-se considerar necessária – das possibilidades de interpretação dos atos e palavras do próprio Jesus. Nesse sentido, diz Fábio Konder Comparato:

> O chamado Apóstolo dos Gentios foi, de fato, o verdadeiro criador do cristianismo, enquanto corpo de doutrina religiosa. [...] Para Paulo, a Nova Aliança divina é fundada na graça, ou seja, no puro favor de Deus, dirigido a todo aquele cuja vida é justificada pela fé, não pelo cumprimento dos deveres da Lei. Introduzindo em matéria religiosa

---

[12] PAULO, "Epístola de Paulo aos Romanos". *Bíblia Sagrada*. São Paulo, Sociedade Bíblica do Brasil, 1993, p. 180 e 182, (Rm 1, 16-17), (Rm 3, 21-24).

[13] Ibid., p. 192. (Rm 13, 1-2).

[14] O teólogo Karl Barth denomina a ideia paulina de submissão à autoridade, em razão da vontade divina, de *possibilidade negativa*: "Se optarmos pela obediência então estamos, evidentemente, aceitando a legalidade da ordem vigente; se optarmos pela rejeição então claramente escolhemos a revolução. O importante, porém, é que nossa opção seja feita como demonstração para a honra de Deus. [...] Aqui estamos tratando da grande possibilidade negativa! Grande porque esta demonstração não se refere apenas a determinados atos e atitudes de nosso próximo mas diz respeito ao comportamento dentro da coletividade com relação à pluralidade dos indivíduos que, por sua vez, tem também a configuração de totalidade. A possibilidade é negativa porque o motivo e o sentido dessa demonstração, verdadeiramente, não estão na ideia de que o 'Estado tenha de ser, necessariamente, admitido entre as forças moralizadoras' (Juelicher) ou então, na pressuposição de que 'todo poder público é exaltado pela sua origem divina' (Wernle) mas está no ataque desferido ao próprio indivíduo, isto é, à sua 'cogitação pelas coisas que estão no alto' (12,16), na sua petulância de Prometeu." BARTH, Karl. *Carta aos romanos*. São Paulo, Novo Século, 2002, p. 735.

o mesmo princípio hermenêutico assentado pelos jurisconsultos do direito romano clássico, Paulo sustentou que a fé em Jesus Cristo tornou os homens aptos a serem "ministros de uma Aliança nova, não da letra, e sim do Espírito, pois a letra mata, mas o Espírito comunica a vida". [...]

São Paulo retoma, no início do capítulo 13 da Epístola aos Romanos, a questão da obediência à autoridade política, mas já agora no contexto do mundo pagão, e precisamente para os fiéis que viviam na capital do império. A sua resposta vai além do que se contém nos escritos evangélicos, cuja composição, aliás, é posterior ao ministério paulino. [...]

Escusa dizer que, confrontado à inquisição farisaica dentro da Palestina ocupada, Jesus jamais cometeria a blasfêmia de dizer que o poder de César vinha de Deus, e que todo aquele que se revoltasse contra a dominação romana estaria se opondo à ordem estabelecida por Deus! Tampouco se pode inferir da resposta sutil, por ele dada aos fariseus que procuravam confundi-lo diante do povo, que os judeus, em sua própria terra, deveriam pagar impostos ao ocupante por dever de consciência e não por temor das sanções.[15]

Com o pensamento de Paulo de Tarso, fundamenta-se o deslocamento entre a visão greco-romana do poder, que é entendida como construção política do homem, e a visão cristã que, diretamente tributária da hebraica, localiza em Deus a origem do poder. Em termos sociais, há de se dar, a partir daí, uma plena desmobilização da ação política. No mundo grego e romano, as mazelas, vícios, qualidades e virtudes do poder deviam-se à ação humana. Portanto, o horizonte da filosofia era o da ação, o do agir virtuoso, transformando a situação injusta em justa. Para os cristãos, a vida política perde holofotes, e a espera dos desígnios extra-humanos passa ao plano principal. Afastando a ação, o conservadorismo político se inicia, na medida em que ao poder resta, acima de tudo, a contemplação. Sobre isso comenta Roger Garaudy:

> O que caracteriza o que deveríamos chamar de "paulinismo político" é o comportamento social decorrente de sua teologia, com um Deus superior e exterior decidindo, de fora e do "alto", poderes e titulares, e um homem aceitando essa legitimação divina dos poderes estabelecidos e a eles se submetendo.
>
> Essa vontade de manter a ordem social tal como é não procede da iminência da irrupção do Reino, mas do fato desse Reino ser outorgado por um Deus onipotente.
>
> [...] Paulo é adepto dessa tradição. Na epístola aos Romanos, a expressão mais completa de sua teologia, o princípio fundamental é francamente proclamado. [...] Sem a menor dúvida, esse é o fundamento de toda a teologia da dominação. Dessa santificação da autoridade procede uma prática de resignação e de submissão.[16]

A partir de Paulo de Tarso, toda a filosofia cristã que se construirá na Idade Média já está eivada do conservadorismo do poder terreno, encerrando-se, assim, as eventuais possibilidades transformadoras que se deixavam abrir na filosofia do direito antiga. Será com Santo Agostinho que tal visão de mundo ganhará definitivos contornos filosóficos.

---

[15] COMPARATO, Fábio Konder. *Ética*: direito, moral e religião no mundo moderno. São Paulo, Companhia das Letras, 2006, p. 76, 79-80.

[16] GARAUDY, Roger. *Deus é necessário?* Rio de Janeiro, Zahar, 1995, p. 46.

SANTO AGOSTINHO

No final da Idade Antiga, com a Igreja Católica já em plena institucionalização, a patrística enfrentava, por meio de seus debates teológicos, ao mesmo tempo as objeções feitas a partir do pensamento filosófico greco-romano e as heresias religiosas. O mais importante pensador desse período é Santo Agostinho. A reflexão de Agostinho é ao mesmo tempo uma defesa da ortodoxia religiosa e uma afirmação de uma filosofia cristã, que se põe em diálogo com a tradição clássica. Seu pensamento marca o caminho filosófico da Igreja para todos os séculos seguintes.

A obra de Santo Agostinho é marcada por uma ligação direta à sua experiência pessoal. As suas *Confissões* atestam a conexão entre sua vida e seu pensamento. Sua obra mais importante, *A cidade de Deus*, também não deixa de exprimir sua condição prática de bispo da Igreja e responsável pela consolidação teológica e filosófica do cristianismo.

Agostinho (354-430 d.C.) nasceu no norte da África, onde atualmente se situa a Argélia. De origem pobre, cresceu sob a cultura romana, tendo sido, na península itálica, professor de retórica. Nessa ocasião, tomou contato com a obra de Cícero e, logo em seguida, de Platão e dos neoplatônicos. A marca do platonismo é muito forte no pensamento agostiniano. As leituras dos comentadores posteriores de Platão, como Plotino, são a via pela qual Agostinho absorve a filosofia clássica grega.

Converte-se ao cristianismo aos 28 anos de idade. A partir de então, Agostinho se dedicará à defesa da teologia cristã e à construção de um diálogo com a filosofia. Torna-se bispo de Hipona e divide suas tarefas entre aquelas próprias do ofício religioso e as intelectuais.

Santo Agostinho, em termos de teologia, é um rígido defensor da ortodoxia da Igreja. Seus ataques ao maniqueísmo, ao cisma dos donatistas e, em especial, às doutrinas do monge Pelágio confirmam uma leitura estrita da Bíblia e uma ligação muito próxima aos interesses da Igreja romana. Pelágio defendia uma doutrina moral que ressaltava as virtudes e ações boas do homem como forma de salvação. Agostinho, por sua vez, afasta as virtudes do centro do debate teológico, para pôr em evidência a graça divina. É a graça de Deus, e não a virtude dos homens, que leva à salvação.

Assim sendo, Agostinho dá força à visão de mundo cristã, que se opõe à velha filosofia greco-romana. Não é pela virtude dos atos que se mede a justiça, e sim pela fé em Deus e pela consequente graça de Deus para com os salvos. O esvaziamento da ação política se completa com Agostinho: ao homem cabe a submissão a Deus.

O pensamento agostiniano é composto de várias facetas, o que se reforça pelo fato de que seus escritos não são sistemáticos. Suas obras são de ocasião, insurgindo-se contra determinadas leituras teológicas, em razão de acontecimentos políticos, buscando um caráter pastoral e doutrinal na maioria das vezes. Suas *Confissões* são guiadas por um tom marcadamente subjetivo. *A cidade de Deus*, por sua vez, também tem em vista a derrocada de Roma, após sua invasão pelos bárbaros, e a situação de Roma leva Agostinho a refletir sobre a vida terrena em comparação à vida em Deus.

Também o direito não é compreendido de maneira única no pensamento de Agostinho, na medida em que as suas reflexões no campo jurídico são incidentais. No que se refere à moral, campo ao qual aproxima a questão da justiça, do mesmo modo o pensamento agostiniano não é uníssono.

A justiça em Agostinho

Na sua principal obra, *A cidade de Deus*, Agostinho estabelece uma distinção entre a cidade humana, eivada dos vícios, instabilidades e injustiças próprios dos homens, que são pecadores a partir do pecado original de Adão e Eva, e a cidade de Deus, que se estabelece na vida pós-morte, junto aos santos e salvos, e cujos laivos chegam à Terra por intermédio daqueles que Deus ungiu.

Por conta dessa distinção, na Terra, sua ordem, seus arranjos sociais, sua lei e seus julgamentos são injustos, na medida da falibilidade e do pecado dos homens. Em Deus reside a justiça. A chave para o justo passa a ser, então, a fé, a justiça não dos atos, mas do íntimo do crente.

Nas *Confissões*, no seu Livro III, são célebres as explicações de Agostinho a respeito dessa nova justiça, distinta da clássica, pois pautada pela fé:

> Ignorava a verdadeira justiça interior que não julga pelo costume mas pela lei retíssima de Deus Onipotente. Segundo ela formam-se os costumes das nações e dos tempos, consoante as nações e os tempos, permanecendo ela sempre a mesma em toda a parte, sem se distinguir na essência ou nas modalidades, em qualquer lugar. À face desta lei foram justos Abraão, Isaac, Jacó, Moisés, Davi e todos os que Deus louvou por sua própria boca.[17]

A justiça, para Santo Agostinho, não se vê no costume, isto é, nas ações do homem na Terra. Vê-se na lei de Deus. E, assim sendo, não é mensurável pelos atos, mas apenas pela boca de Deus. É somente assim que se sabe que Abraão e Davi foram justos. Para Agostinho, ao contrário da tradição jurídica clássica, não é possível mensurar os atos justos. Chega-se mesmo a considerar uma presunção a busca do justo pelas próprias atitudes do homem. O justo é uma graça divina.

> Está escrito: *o justo vive da fé*, porque, como ainda não vemos nosso bem, é preciso que o busquemos pela fé. O próprio bem-viver não o obtemos com nossas próprias forças, se quem nos deu a fé, que nos leva a crer em nossa debilidade, não nos auxilia a crer em nossa debilidade, não nos auxilia a crer e a suplicar. Com estranha vaidade, fizeram a felicidade depender de si mesmos aqueles que julgaram encontrar-se nesta vida o fim dos bens e dos males e, assim, radicaram o soberano bem no corpo ou na alma, ou nos dois juntos.[18]

Também Agostinho opera um afastamento da tradição clássica ao tratar da justiça agora como lei retíssima e eterna. Sendo expressão divina, a lei é imutável, e seus conteúdos de justiça e injustiça são os mesmos para todos os povos e tempos.

---

[17] Santo Agostinho, *Confissões*. Petrópolis, Vozes, 2001, p. 67.
[18] Santo Agostinho, *A cidade de Deus*. Petrópolis, Vozes, 2001, Parte II, p. 388.

Porventura a justiça é desigual e mutável? Não. Os tempos a que ela preside é que não correm a par, pois são tempos. [...] Não reparava que a justiça, a que os homens retos e santos se sujeitaram, formava nos seus preceitos um todo muito mais belo e sublime. Não varia na sua parte essencial, nem distribui e determina, para as diversas épocas, tudo simultaneamente, mas o que é próprio de cada uma delas.[19]

Inaugura-se, com Agostinho, uma outra visão daquilo que se possa chamar por direito natural. Para os gregos, o direito natural era a busca da natureza das coisas, flexível, histórica, social, de cada caso. Para a tradição medieval, o direito natural – se é que assim se pode chamá-lo na visão agostiniana – é um rol de regras inflexíveis, não naturais no sentido de que não se veem na natureza nem na sociedade, mas que são oriundas do desígnio divino. Nem com a tradição estoica a visão agostiniana sobre a justiça se parece. Para Cícero, a lei natural era a mesma porque a natureza do homem é a mesma, e a razão assim também. Para Agostinho, não é a razão que alcança o justo, nem a natureza do homem, mas o desígnio de Deus, que é insondável em suas razões.

O poder e a obediência

Sendo a justiça uma expressão divina e os homens pecadores, as ações do homem, na Terra, são injustas. O mesmo se pode então pensar sobre as leis humanas. Por extensão, os poderes humanos são defeituosos. Isso levaria a uma insubordinação à ordem terrena, mas será justamente o contrário que proporá Agostinho.

É verdade que se deva reconhecer a injustiça e a provisoriedade do mando terreno. A autoridade é injusta, porque é falível. No entanto, Agostinho, muito próximo do pensamento de Paulo de Tarso, reconhece que a autoridade assim o é por conta dos desígnios de Deus, restando então ao homem, temente a Deus, submissão aos poderes terrenos.

Assim sendo, os homens, ainda que compreendendo que as leis humanas, por sua falibilidade, são injustas, devem a elas se submeter. As instituições são injustas, mas o seu poder, ainda assim, deve ser respeitado. Tratando dos juízes, que, humanamente, podem errar, porque a plena justiça nos julgamentos seria só divina, mesmo de tal modo Agostinho manda que julguem, para manter a ordem, pois a sociedade não pode prescindir de tal autoridade. Ainda que injustamente o tribunal se valha da tortura para arrancar a verdade do réu, a tortura é uma miséria e uma barbaridade, mas o julgamento é necessário para a manutenção da ordem social:

> Que dizer dos juízes que os homens fazem dos homens, atividade que já não pode faltar nas cidades, por mais em paz que estejam? Já pensamos alguma vez em quais, quão miseráveis e quão dolorosos são? [...] Nessas trevas da vida civil, juiz que seja sábio se sentará ou não no tribunal? Sentar-se-á, sem dúvida, porque a isso o constrange e obriga a sociedade humana, a qual ele considera crime abandonar. [...] O juiz sábio não se julga culpado de tantos pecados e de tão enormes males, porque não os pratica com vontade perversa, mas por invencível ignorância, e, como a isso o força a sociedade

---

[19] Santo Agostinho, *Confissões*, op. cit., p. 67-68.

humana, também por ofício se vê obrigado a praticá-los. No caso há, por conseguinte, miséria do homem e não malignidade do juiz.[20]

Só não se revela mais reacionária a posição de Agostinho porque sua aceitação da autoridade terrena é ambígua: não é por causa de alguma consideração de que os mandos são justos ou as leis impostas por autoridades pretensamente boas que elas devam ser seguidas. É simplesmente porque Deus constituiu as autoridades como tais, ainda que seus poderes determinem injustiças. Trata-se de uma resignação ao poder que reconhece sua injustiça, mas que a aceita por conta de uma vontade divina insondável. Continua Agostinho:

> Se é lícito ao rei da cidade a que preside dar uma ordem que antes dele jamais alguém, nem sequer ele mesmo, prescreveu, e se o obedecer-lhe não vai contra os princípios sociais da cidade, antes é contrário a eles o desobedecer-lhe – pois a obediência aos reis é um pacto geral da sociedade humana – com quanto maior razão se deve obedecer, sem hesitações, às ordens de Deus, Rei efetivo de toda a criação?
>
> De fato, assim como nos poderes que existem na sociedade humana o maior se impõe ao menor, para que este lhe preste obediência, assim Deus domina a todos.[21]

Assim sendo, a escravidão e a servidão, na prática imediata, encontram-se respaldadas e legitimadas por Agostinho. Pela vontade de Deus, os homens têm certa posição na sociedade, e os mais altos devem mandar, e os subordinados devem se submeter.

Tal visão conservadora, impondo o respeito à ordem acima da preocupação com a justiça dos julgamentos, das distribuições e das ações, já faz de Agostinho um grande antecipador do modo de pensar moderno. Nesse sentido, assim pronuncia Michel Villey:

> Eis o motivo por que santo Agostinho, depois de ter negado sua justiça, ensina firmemente o respeito às leis da cidade terrena. Note-se que esses motivos são de um novo tipo, despercebidos pelas doutrinas clássicas do direito natural; que eles nos transportam, como destacaram alguns intérpretes, para o clima do positivismo jurídico. Ordem pública, segurança, poder do fato, respeito à história, serão os polos do pensamento jurídico *moderno*. Ao menos uma parte da doutrina da *Cidade de Deus* viria a ter, no longo prazo, o destino de conduzir ao positivismo jurídico da época moderna, que finca, por meio dos escritos de santo Agostinho, suas raízes no cristianismo.[22]

A filosofia do direito cristã medieval, assim, finca-se num exacerbado conservadorismo, de legitimação das injustiças terrenas em razão de uma insondável vontade divina.

SÃO TOMÁS DE AQUINO

No início da Idade Média, o pensamento de Santo Agostinho tornou-se doutrina imediata e oficial da Igreja para o que tange às questões de teologia e filosofia. Sua

---

[20] SANTO AGOSTINHO, *A cidade de Deus*, op. cit., p. 394.
[21] SANTO AGOSTINHO, *Confissões*, op. cit., p. 69.
[22] VILLEY, *A formação do pensamento jurídico moderno*, op. cit., p. 93.

proeminência foi inabalável até a parte final da Idade Média. Não houve filosofia que rivalizasse com a agostiniana em prestígio no mundo cristão medieval.

As bases para o agostinianismo estavam assentadas. Os ecos filosóficos do passado eram apenas os platônicos, ou neoplatônicos, e se ajustavam às ideias de Agostinho. Os debates medievais, durante muito tempo, ignoraram fontes filosóficas distintas. No entanto, nos séculos finais da Idade Média, o contato da Europa cristã com outras filosofias foi decisivo para uma mudança de pensamento.

Enquanto a cristandade guardava da filosofia do passado grego e romano apenas as fontes diretamente ligadas à teologia, o pensamento clássico continuava sendo lido e comentado em outras regiões. Aristóteles foi traduzido pelos sírios e, posteriormente, pelos árabes e judeus. O florescimento cultural árabe-judaico, aos tempos medievais cristãos, era notável. O seu conhecimento das matemáticas, da astronomia, das ciências, em muito era superior ao cristão. Todo esse ambiente compôs, além disso, também uma acurada visão jusfilosófica, como no caso de Maimônides, num diálogo próximo com os clássicos e Aristóteles. Nesse sentido, diz Odir Züge Junior:

> No século VIII em diante, os teólogos judeus e muçulmanos debruçar-se-ão sobre a obra aristotélica. Não esqueçamos que são homens que *participam do governo* (direta ou indiretamente) que possuem acesso a essas obras. E mais, estão sujeitos a este ou aquele governo, possuem interesses com este ou aquele governo. Os pensadores judeus estão menos presos a estas questões políticas, mas ao mesmo modo que os pensadores muçulmanos, *combaterão as linhas místicas*.
>
> Temos que lembrar que, para o místico, de certo modo, a revelação continua a ocorrer, e esta se dá de modo individual. Ora, isto pode ser extremamente contrário ao poder existente, seja ele autocrático ou não.
>
> Os filósofos muçulmanos e judeus, ao se defrontarem com Aristóteles, acharão justificativas "racionais" para uma série de posicionamentos, e mais, poderão desenvolver, à sombra de suas religiões, linhas de pensamento extremamente sofisticadas. No campo do direito, por exemplo, poderão abrir espaço para uma legislação posterior àquela legislação revelada, como vemos na obra de Maimônides.[23]

Com a proximidade árabe e judaica dos cristãos, a partir da invasão moura na península ibérica ou com as cruzadas, por exemplo, a teologia cristã enfrenta a sua mais importante crise até então. A redescoberta de Aristóteles, por meio das leituras árabe-judaicas, demonstra uma incapacidade do pensamento cristão em lidar em nível de igualdade com a melhor filosofia da época.

Por uma fase, a tentativa da Igreja foi a de perseguir e de rejeitar o aristotelismo. No entanto, ao tempo de São Tomás de Aquino (1225-1274 d.C.), então definitivamente pôs-se a Igreja a dialogar com o pensamento de Aristóteles. Será São Tomás o responsável pela grande síntese da teologia católica com o aristotelismo.

---

[23] Züge Jr., Odir. *Judaísmo e Islamismo*: a injunção das tradições religiosas com a prática socio-jurídica. Dissertação de Mestrado. São Paulo, FD-USP, 2004, p. 47.

A mais notável obra de São Tomás é a *Suma teológica*. Nesse livro, resume-se o extrato mais importante das preocupações filosóficas e teológicas da Idade Média. Sua envergadura é muito grande, lembrando também, nesse sentido, a amplitude da própria investigação aristotélica.

O trabalho de São Tomás de Aquino alia, à exegese atenta das obras de Aristóteles, uma ligação direta à teologia ortodoxa. Além disso, no que tange ao método, Tomás é um expoente da *escolástica*. Tal escola de filosofia e teologia, no mundo medieval, representou um método particular de leitura, compreensão e exposição dos textos sagrados e das obras que gozavam de reputação e autoridade. Tomás de Aquino se vale dessa grande tradição passada como meio de argumentação.[24]

Já nos séculos XI e XII, despontavam na Europa as universidades, com uma disciplina de leitura e comentário da Bíblia e de autores prestigiados, como Pedro Lombardo, que forjava as técnicas dos futuros mestres. Várias manifestações intelectuais decorreram dessas técnicas da escolástica. O respeito ao texto impunha a *lectio*, leitura atenta dos textos. Após isso, a *disputatio*, ou seja, o debate entre ideias, as *quaestio*, questões postas à discussão. Também na escolástica era importante a *praedicatio*, na forma de pregação e sermões. Na parte final da Idade Média, esses procedimentos escolásticos deram surgimento às obras de suma, isto é, de síntese do pensamento, dentre as quais a de São Tomás é a mais importante.

Fé e razão

Num ambiente intelectual dominado pelo agostinianismo, Tomás de Aquino representou uma grande novidade intelectual. Para Agostinho, a fé é o meio fundamental de acesso à virtude e ao justo. Num contexto filosófico neoplatônico, somado à visão hebraica do pecado original, a Terra era o ambiente da corrupção dos valores e atos do homem, e a plenitude da virtude somente era posta em Deus.

Tomás de Aquino, tendo em vista a tradição aristotélica das virtudes como atos do homem para com os outros, dá um passo em direção à atenuação da dicotomia entre fé e razão, consolidada já há muito no pensamento cristão. Se para Agostinho a razão era um substrato menor no concerto da salvação, sempre ofuscado pela fé e pela graça, para Tomás os atos e a razão passam a ter papel relevante.

Agostinho não deixava margem à ação política e social dos homens, na medida em que lia o pecado original com tintas muito carregadas. Para ele, o homem, pecador por natureza, estava eivado de um vício mortal. Tomás de Aquino, reabilitando os atos, considera o pecado original não uma morte, mas sim uma doença, da qual se pode con-

---

[24] "Por mais profundo que seja nosso entendimento do método, há muito a ser adquirido da comparação de S. Tomás com S. Agostinho e de Aristóteles e Platão. É importante marcar suas diferenças e o efeito que estas têm sobre os métodos de exposição e argumento usados por eles. As similaridades com Aristóteles são sempre as mais evidentes. A estrutura do artigo, mesmo sob os principais termos técnicos da argumentação, frequentemente corresponde fielmente ao vocabulário técnico de Aristóteles." BIRD, Otto. *Como ler um artigo da Suma*. Campinas, IFCH/Unicamp, 2005, p. 33.

seguir cura. Assim sendo, os homens não estão necessariamente condenados a produzir injustiça na vida terrena. Podem, ainda que decaídos pelo pecado original de Adão e Eva, se soerguer tanto pela graça quanto pelos atos bons e justos. Trata-se de uma debilidade, e não de uma condenação fatal:

> Como foi dito, o bem da natureza que diminui pelo pecado é a inclinação natural à virtude. Esta inclinação convém ao homem pelo fato de ele ser racional. É isso que lhe permite agir segundo a razão, e isso é agir segundo a virtude. Ora, o pecado não pode tirar completamente do homem que seja racional, porque já não seria capaz de pecado. Por conseguinte, não é possível que o predito bem da natureza seja tirado totalmente.[25]

Assim sendo, Tomás de Aquino, embora não retorne plenamente à filosofia das virtudes do mundo antigo, atenua grandemente o afastamento teológico em relação às ações do homem na sociedade. Enquanto Santo Agostinho enfatiza a fé e a graça como fontes da salvação, Tomás de Aquino, ainda que as mantendo, chama ao seu lado os atos.

Para Agostinho, em se considerando uma dicotomia invencível entre a vida em Deus e a vida humana, com virtudes de um lado e vícios de outro, não havia espaço para que se pensasse a justiça como um agir do homem para com os demais. Além disso, a justiça divina era tida como um preceito da graça, revelada e alcançada apenas pela fé. No pensamento agostiniano, fé e razão estão numa relação ou de confronto ou de grande subordinação da segunda à primeira. Para Tomás, por outro lado, vislumbra-se já, a partir da relação complementar entre fé e razão, o espaço a uma racionalidade da justiça na própria ação dos homens para com os demais.

O tratado das leis

Em termos jurídicos, também Tomás de Aquino atenua os preceitos agostinianos. Em Agostinho, distinguiam-se a justiça em Deus e a injustiça nos homens – numa vaga relação com o mundo das ideias e o mundo sensível de uma leitura platônica. Há, assim sendo, para Agostinho, duas instâncias opostas nas quais a apreciação do justo e do injusto se dão: Deus e os homens. Embora não maniqueísta, Agostinho é dual quanto ao justo.

Tomás de Aquino refina o pensamento agostiniano e o da tradição cristã medieval, trazendo-os mais próximos de Aristóteles e da base filosófica greco-romana. Sem abandonar o pressuposto da graça e da fé, Tomás insiste no fato de que há a possibilidade de o homem descobrir, na natureza, atos, comportamentos e medidas justos. Tais apreciações da natureza são mensuráveis pelo homem, mas se devem indiretamente a Deus. Assim, além dos mandamentos divinos obtidos por meio da revelação e da fé, há um espaço das leis naturais, que são divinas porque a natureza é criação de Deus, mas são passíveis do conhecimento humano.

---

[25] TOMÁS DE AQUINO, *Suma teológica*. São Paulo, Loyola, 2005, v. IV, p. 461.

No quadro da *Suma teológica*, São Tomás de Aquino dedica aos assuntos da filosofia do direito duas grandes partes: o tratado das *leis* (I Seção da II Parte, Questões 90 a 108) e o tratado da *justiça* (II Seção da II Parte, Questões 57 a 80). Na primeira, dá-se a discussão sobre as específicas leis, aqui entendidas não apenas no sentido jurídico, mas, essencialmente, moral e teológico – lei eterna, lei divina, lei natural e lei positiva. Na segunda parte, então tratando especificamente do direito – que é o objeto da justiça –, Tomás de Aquino chega à questão do direito natural. Ao tratar das leis, abrem-se os três grandes painéis: lei divina, natural e humana.

A lei, para São Tomás, é uma regra e uma medida dos atos humanos. É um princípio que orienta o homem e a natureza, e, por orientar, é passível de compreensão pela razão humana. No pensamento tomista, somente se considera lei aquela ordenação que visa ao bem comum. Diferentemente dos modernos, para os quais basta a validade formal estatal para que uma lei seja assim considerada, e em consonância com o pensamento dos clássicos, em Tomás de Aquino uma lei que não é voltada ao bem comum não é lei:

> Portanto, é necessário que, dado que a lei se nomeia maximamente segundo a ordenação ao bem comum, qualquer outro preceito sobre uma obra particular não tenha razão de lei a não ser segundo a ordenação ao bem comum. E assim toda lei ordena-se ao bem comum.[26]

Tratando das leis de Deus, Tomás de Aquino expõe a respeito da *lei eterna*, que é a razão divina, transcendente, que governa o mundo, e da *lei divina*, que é a regra de Deus anunciada aos homens por meio da revelação. A lei eterna é praticamente ininteligível ao homem, na medida em que é da razão divina, e o homem é a ela subordinado. A lei divina é um mandamento revelado ao homem, que o alcança por meio da fé. Tomados de longe, a lei eterna e a lei divina podem ser compreendidas num bloco, na medida em que ambas se distinguem das leis naturais e das leis humanas.

> Portanto, assim como a razão da divina sabedoria, enquanto por ela foram todas as coisas criadas, tem razão de arte ou exemplar ou ideia, assim também a razão da divina sabedoria ao mover todas as coisas para o devido fim, obtém a razão de lei. E segundo isso, a lei eterna nada é senão a razão da divina sabedoria, segundo é diretiva de todos os atos e movimentos.[27]

A lei divina se manifesta como direcionamento moral e jurídico aos homens, e sua diretiva é dada por Deus no *Antigo Testamento* e no *Novo Testamento*. Para Tomás de Aquino, houve necessidade de que normas específicas fossem dadas por Deus aos hebreus, e há uma norma nova revelada por Deus aos homens, por meio de Cristo, que confirma em outro patamar a velha lei. A caridade, nos Evangelhos, enuncia um princípio de lei que orientará a moral e a religião. A nova lei não se opõe à velha. Para Tomás de Aquino, o fato de haver leis divinas dirigidas aos hebreus se deve à necessidade da criança de ter

---

[26] Ibid., p. 524.
[27] Ibid., p. 547.

um professor ou um tutor. Na sua fase adulta, está livre dos ditames do tutor, mas não opera de modo contrário do previsto na lei anterior.[28]

Ao lado desse bloco das leis eternas e divinas, inalcançáveis pela razão humana, há uma lei que se comunica com os homens a partir da própria existência natural destes. É a lei natural. Ela se verifica na natureza, que é obra de Deus, mas que é inteligível à razão humana. A lei natural é divina pela sua origem, mas passível de compreensão pelo homem.

> Por isso, como todas as coisas que estão sujeitas à providência divina, são reguladas e medidas pela lei eterna, como se evidencia do que foi dito, é manifesto que todas participam, de algum modo, da lei eterna, enquanto por impressão dessa têm inclinações para os atos e fins próprios. Entre as demais, a criatura racional está sujeita à providência divina de um modo mais excelente, enquanto a mesma se torna participante da providência, provendo a si mesma e aos outros. Portanto, nela mesma é participada a razão eterna, por meio da qual tem a inclinação natural ao devido ato e fim. E tal participação da lei eterna na criatura racional se chama lei natural. [...] Daí se evidencia que a lei natural nada mais é que a participação da lei eterna na criatura racional.[29]

A lei natural é considerada, para São Tomás, como uma participação da lei eterna na criatura racional. Se ela é dada pela razão, mensurável pela natureza, a lei natural não é conhecida apenas pelos crentes. Qualquer ser humano, pela sua participação na natureza, dela pode extrair a lei natural. Ela também fala aos pagãos, e é então por meio dessa lei natural que o que não conhece a fé pode agir no sentido de sua salvação.

A lei natural, por se encerrar na natureza, atinge tanto aos homens quanto aos animais. Nestes, a inclinação à lei natural advém do instinto. Nos homens, na sua parte animal, também o instinto inclina à lei natural. Mas, além disso, há nos homens uma inclinação racional à lei natural. Por isso ela é superiormente alcançada pela razão, e o homem se posiciona em relação à lei natural a partir de sua liberdade, porque não só pelo instinto se volta a ela.

Luis Alberto de Boni expõe a questão do conhecimento da lei natural em Tomás de Aquino:

> Quanto ao modo como o homem chega ao conhecimento da lei natural, assemelha-se àquele pelo qual chega ao conhecimento dos primeiros princípios da razão especulativa. Não se trata de um conhecimento infuso, no sentido de inato, ou de dado ao homem por uma graça especial – algo que contraria toda a teoria tomasiana do conhecimento –,

---

[28] "Deve-se dizer, pois, segundo o primeiro modo, que a lei nova não é diferente da lei antiga, porque ambas têm um só fim, a saber, que os homens se sujeitem a Deus; só há um Deus, do Novo e do Antigo Testamento, segundo a Carta aos Romanos: 'Um só Deus é que justifica a circuncisão pela fé, e o prepúcio mediante a fé'. – De outro modo, a lei nova é diferente da antiga. Porque a lei antiga é como pedagogo de crianças, como diz o Apóstolo, e a lei nova é a lei da perfeição, porque é a lei da caridade, da qual fala o Apóstolo, que é 'vínculo da perfeição'." Ibid., p. 809.

[29] Ibid., p. 531.

nem de um conhecimento dedutivo, o qual, a partir de umas verdades conhecidas, vai descobrindo outras. Trata-se de princípios evidentes, cuja retidão a inteligência percebe de modo imediato. Assim como a razão especulativa apreende de forma imediata que o todo é maior que a parte, ou que uma coisa não pode ser e não ser ao mesmo tempo e sob o mesmo aspecto, assim também a razão prática apreende que se deve fazer o bem e evitar o mal. Este é o enunciado supremo da lei natural.[30]

Ao contrário do que o senso muito conservador poderia entender, para Tomás de Aquino – e diferentemente de Agostinho – a lei natural pode mudar. Sendo a natureza voltada ao fim da plenitude de Deus, seu criador, essa própria natureza não está inerte. Há novos tempos, novas situações, novas demandas, e, por isso, o direito natural deve se adaptar, em grande parte acrescendo previsões novas às já consolidadas. Quanto aos seus preceitos primeiros, a natureza não muda. Quanto aos seus preceitos secundários, para Tomás de Aquino ela muda. A leitura teológica dos tomistas conservadores, posteriormente, interpretou a lei natural como um rol de regras preestabelecidas. O próprio Tomás de Aquino, na lembrança de Aristóteles, é mais flexível nesse ponto:

> Pode-se entender que a lei natural muda, de dois modos. De um modo, por algo que se lhe acrescenta. E dessa maneira nada proíbe que a lei natural seja mudada: muitas coisas, com efeito, foram acrescentadas à lei natural, úteis para a vida humana, tanto pela lei divina, quanto também pelas leis humanas.
>
> De outro modo, entende-se a mudança da lei natural a modo de subtração, a saber, de modo que deixe de ser lei natural algo que antes fora segundo a lei natural. E assim quanto aos primeiros princípios da lei da natureza, a lei da natureza é totalmente imutável. Quanto, porém, aos preceitos segundos, que dizemos ser como que conclusões próprias próximas dos primeiros princípios, assim a lei natural não muda sem que na maioria das vezes seja sempre reto o que a lei natural contém. Pode, contudo, mudar em algo particular, e em poucos casos, em razão de algumas causas especiais que impedem a observância de tais preceitos, como acima foi dito.[31]

Além disso, Tomás de Aquino compreende, no quadro das leis, a lei humana, positiva. Ela não é, necessariamente, algo injusto e corruptível, como o foi na visão agostiniana. O homem, embebido da fé e da razão da lei natural, pode confeccionar leis racionais, que portanto auxiliarão no bem comum, na paz e na virtude.

São Tomás de Aquino, assim sendo, postula um quadro das leis partindo de três grandes quadrantes, e não mais de dois, como o fez Santo Agostinho, que tratava apenas das leis de Deus, justas, e dos homens, injustas. Para Tomás, há três grandes tipos de leis. As leis criadas por Deus são de dois tipos: *eternas/divinas* e *naturais*. As primeiras são objeto de fé, reveladas e sabidas por meio da graça. A razão não as alcança plenamente. Mas as leis naturais são leis passíveis da descoberta racional pelos homens. Além disso, há as leis humanas, *positivas*, que, podendo se orientar pelas leis naturais

---

[30] DE BONI, Luis Alberto. *De Abelardo a Lutero*: estudos sobre filosofia prática na Idade Média. Porto Alegre, EDIPUCRS, 2003, p. 95.
[31] TOMÁS DE AQUINO, *Suma teológica*, op. cit., v. IV, p. 569.

e pela revelação, não hão mais de ser consideradas necessariamente injustas, como era a previsão agostiniana.[32]

O tratado da justiça

Ao lado das leis, há a questão da justiça, cujo objeto específico é o direito. Tomás de Aquino segue em linhas gerais, a esse respeito, o pensamento de Aristóteles na *Ética a Nicômaco*. A justiça será por ele considerada o bem do outro, e sua manifestação específica é distributiva e retributiva. Nesse ponto, Tomás de Aquino ressalta o caráter casual e não taxativo do direito natural. Não é um direito cerebrino nem extraído diretamente da teologia. É aprendiz da natureza. O justo natural, que deveria ser por excelência o método do jurista, é a observação do que é da natureza, dele concluindo objetivamente as consequências, ou então lhe extraindo as melhores conveniências:

> Como se disse, o direito ou o justo natural é o que, por natureza, é ajustado ou proporcional a outrem. Ora, isso se pode dar de duas maneiras: primeiro, segundo a consideração absoluta da coisa em si mesma. Assim, o macho, por natureza, está adaptado à fêmea para dela gerar filhos; e o pai, ao filho, para que o nutra. – Segundo, algo é naturalmente adaptado a outrem, não segundo a razão absoluta da coisa em si, mas tendo em conta as suas consequências: por exemplo, a propriedade privada. Com efeito, a considerar tal campo de maneira absoluta, nada tem que o faça pertencer a um indivíduo mais do que a outro. Porém, considerado sob o ângulo da oportunidade de cultivá-lo ou de seu uso pacífico, tem certa conveniência que seja de um e não de outro, como o Filósofo o põe em evidência.[33]

Em pleno século XIII, Tomás de Aquino mantém, com o resgate de Aristóteles, a sua ideia de direito natural como distribuição do justo entre os iguais.[34] Por isso, também São Tomás considera o escravo e a família sob o poder do senhor, pela razão aristotélica de que é vantajoso ao escravo, às mulheres e aos filhos serem governados pelo mais sábio, o senhor, constituindo, nesses casos, um tipo especial da justiça. E, ao final da Idade Média, às portas da modernidade, resgata foros de justiça natural à propriedade privada, ainda

---

[32] "Esmagada sob a majestade das leis divinas eternas, a Idade Média agostiniana tendia a prescindir da lei humana; reverenciava a lei da Escritura promulgada de uma vez por todas, a tradição, os costumes; Graciano não atribuía lugar algum a uma função criadora do legislador. Ao contrário, porque a doutrina clássica do justo natural concebe este último como *incompleto*, em si mesmo *informe* e *mutante*, são Tomás restaura a lei." VILLEY, *A formação do pensamento jurídico moderno*, op. cit., p. 152.

[33] TOMÁS DE AQUINO, *Suma teológica*. São Paulo, Loyola, 2005, v. VI, p. 50.

[34] "*Ius* para Santo Tomás é o direito (*rectum*) de um modo especial. O correto, aquilo que convém quando se fala das outras virtudes (aquilo que é correto na obra das outras virtudes), refere-se ao próprio sujeito da virtude. No entanto, diz ele, aquilo que é reto por justiça requer uma comparação – referência – ao outro. [...] Por isso mesmo, o *ius* (aquilo para que tende a obra da justiça) só pode ser o produto da ação que corresponde à igualdade." LOPES, José Reinaldo de Lima. *As palavras e a lei*. São Paulo, Ed. 34, 2004, p. 92.

que sempre de maneira moderada e comedida.[35] Tal qual a servidão não pode ultrapassar os limites do reconhecimento do servo como um cristão, para São Tomás a propriedade privada é legitimada, mas não a usura.

Embora seja lido pelos teólogos e juristas da Igreja como um rol de mandamentos divinos, o direito natural de São Tomás é aristotélico, na medida do espaço à ação justa, conforme a natureza. Trata-se de uma doutrina jurídica da ação justa, mas, certamente, de um comedimento em face do já dado, das inclinações, da tradição. O direito natural de Tomás de Aquino revela um progresso em face do agostinianismo, mas ainda assim é uma visão jurídica fundamentalmente conservadora. Sobre o direito natural tomista trata Villey:

> No fundo, esse método é muito *simples*: parte da observação dos costumes, das "inclinações" espontâneas supostas naturalmente boas, mas tenta discernir, entre os costumes ainda naturais, os *desvios*, passíveis de reconhecimento pelo resultado infeliz, pelo seu fracasso, por deixarem de servir a essa ordem, a essa ligação racional dos atos aos fins que percebemos, ao contrário, em outros exemplos. É um método de bom senso, ao qual talvez só prestemos um desserviço se tentarmos analisá-lo de maneira absoluta. Manejado por são Tomás, conduz a resultados substanciais. Não deixa de ter utilidade compreender bem os perigos que o incesto, o divórcio representam para a criança e a sociedade. É certo que essas verdades carecem de sal e de novidade; e que não são nem um pouco originais as soluções de são Tomás no que concerne à propriedade privada, à venda, à hierarquia, à servidão ou ao melhor regime político. Em geral, elas retomam as conclusões de Aristóteles, de Cícero ou do direito romano. Tinham pelo menos o valor de serem ditas na época de são Tomás – assim, os resultados da ciência pagã eram restituídos aos juristas europeus, junto com a filosofia da qual eram a aplicação.[36]

O pensamento tomista abre espaço à razão e aos atos justos, sob a égide de um direito natural, ainda que mantenha, coroando o sistema do direito e do justo, o mando divino. Por isso, em termos de filosofia do direito, o tomismo é uma abertura em relação ao agostinianismo, na medida em que permite ao homem, novamente, conhecer a medida do justo. Mas é uma abertura parcial, porque mantém o sistema jusfilosófico sob a égide teológica. Numa posição mais alta que a razão ainda está a fé, ainda que a fé não negue nem se oponha à razão, já que esta é serva daquela.

DOS MEDIEVAIS AOS MODERNOS

O pensamento de São Tomás de Aquino representou uma grande mudança no sistema teológico e filosófico até então consolidado na cristandade, que há séculos era

---

[35] "Teoricamente, os bens exteriores são de todos. Praticamente, para que deles se tenha melhor cuidado e melhor proveito, pode haver propriedade particular, desde que não agrida o direito natural primitivo, desde que seja bem administrada, que não exceda as necessidades de quem a recebe e desde que a posse jamais seja definitiva." MIGOT, Aldo Francisco. *A propriedade*: natureza e conflito em Tomás de Aquino. Caxias do Sul, Educs, 2003, p. 85.

[36] VILLEY, *A formação do pensamento jurídico moderno*, op. cit., p. 146.

agostiniano. Houve um forte debate intelectual a respeito das posições tomistas. Vários teólogos e pensadores da Igreja tomaram partido de suas ideias, mas muitos outros insistiram nas visões agostinianas, reafirmando-as.

De fato, para Santo Agostinho, no que tange ao direito e à justiça, há uma desconfiança muito grande na capacidade do homem em realizar o justo. A sociedade é vista pelos olhos de sua falibilidade, pela marca indelével do pecado original. Assim sendo, numa visão extremada, toda a justiça se encerra em Deus. Já para São Tomás de Aquino, é possível um agir justo na Terra, na medida da inclinação da natureza, que é obra de Deus, sem contrariar os preceitos da revelação. O pensamento tomista é mais moderado que o agostiniano, admitindo, pois, o trabalho da justiça na vida social.[37]

No tempo logo após Tomás de Aquino, por razões variadas, no seio da própria Igreja destacou-se um movimento de reação ao seu pensamento. O maior abalo contra o tomismo foi empreendido pela Reforma Protestante, que gerou, por consequência, um movimento de defesa e revide, a Contrarreforma. Mas, antes disso, um grupo de pensadores se destacou no sentido de se afastar do tomismo e do aristotelismo, resgatando, de algum modo, a inspiração agostiniana e antecipando, ainda que involuntariamente, o protestantismo. Trata-se do *nominalismo*, que teve por principal representante Guilherme de Ockham.

Guilherme de Ockham

O pensamento do inglês Guilherme de Ockham (1285-1350) é bastante peculiar dentro da trajetória da filosofia medieval. Ockham era franciscano, descendente intelectual de uma estirpe que passava por outro importante pensador da época, Duns Escoto. A ordem franciscana, fundada por São Francisco, apregoava a pobreza como guia de sua conduta. Os membros da ordem não possuíam bens materiais.

Ocorre que o franciscanismo, inspirado nos lemas virtuosos de seu fundador, com o passar do tempo enfrentou importantes problemas jurídicos. Vários bens foram doados à ordem. Seus membros utilizavam prédios nos quais habitavam. Vestiam-se e comiam. Como regular esse uso, na medida em que os franciscanos rejeitavam a possibilidade da sua propriedade?

A história da Ordem Franciscana foi sempre de muita dificuldade na relação com o Vaticano. A solução a que se chegou, com o crescimento da riqueza da ordem, após a morte de São Francisco, foi a de dar aos franciscanos apenas o uso dos bens que lhe

---

[37] "Para um católico fervoroso como era o Angélico, uma desvinculação entre as duas esferas, natural e sobrenatural, não se colocava. Mas é certo que, ao conferir um elevado grau de autonomia ao mundo natural, Tomás de Aquino preparava bases firmes e sólidas sobre as quais seus sucessores, estes sim, o fariam. De todo modo, estavam dadas as condições conceituais que permitiriam conceber o mundo natural – do qual faziam parte a *polis* e os assuntos políticos – independentemente da existência de um Deus criador. E tanto a sua noção de lei quanto a de justiça serviam para organizar esse orbe no qual os homens estavam naturalmente inseridos. O brilho dos modernos, sem dúvida, deveu muito, neste ponto, aos pensadores medievais." KRITSCH, Raquel. *Soberania*: a construção de um conceito. São Paulo, Humanitas, 2002, p. 333.

eram necessários, enquanto que a propriedade pertenceria à própria Igreja, controlada pelos papas. Tal solução não foi pacífica, tendo o Papa João XXII revogado o contrato feito entre a Igreja e os franciscanos, forçando-os a abdicarem do voto de pobreza para tornarem-se proprietários daquilo para o qual pleiteavam apenas o uso. Foi no seio de tais polêmicas que se deu o pensamento e a ação política de Ockham, defensor de sua ordem.

Contra o papa, a cúpula dos franciscanos – perseguida, sendo vários de seus líderes presos – passou a se valer do apoio do imperador Luis da Baviera. Este, por sua vez, estava em conflito aberto com a Igreja por conta da insistência do papa em subordinar o poder imperial e secular ao seu poder. Ockham refugia-se em Munique, na corte, sob a proteção do imperador. Sua obra política se volta contra o papa, afirmando que o poder imperial independe da determinação da Igreja. Com isso, Ockham abre portas à legitimação do poder secular, antecipando a modernidade. Na sua polêmica obra *Oito questões sobre o poder do Papa*, dirá Ockham:

> Mas, talvez, alguém diga que o papa, e não outrem, é o juiz supremo de todos os cristãos, logo também o é do imperador, se for cristão. Entretanto, esta assertiva pode ser refutada de várias maneiras. Uma delas é afirmando que o papa não é juiz de todos os cristãos, a não ser na esfera espiritual, à qual concerne o seu poder. Por isso, se mediante a autoridade papal, salvo um caso de necessidade e de utilidade, que é equiparável à necessidade, for promulgada alguma sentença relativa à esfera temporal ou a algo secular, com base no próprio direito, tal sentença é nula, pelo fato de ter sido proferida por um juiz incompetente para tanto, pois em tal esfera o papa não é o juiz, nem é de sua alçada fazer isso.[38]

No que tange ao aspecto jurídico, Ockham defende uma estrita subordinação às normas, em detrimento de uma apreciação da natureza das coisas. Os contratos se estabeleceriam não por conta da justiça de seu resultado, mas sim porque emanam de contratantes que se obrigam ao vínculo empenhado. Do mesmo modo, no plano teológico, Ockham defende, contra o tomismo, que não se segue a lei de Deus porque ela seja boa, racional ou tenha implicações valiosas, mas sim porque se deve aceitar a determinação normativa imposta pela divindade. Ockham, muito pioneiramente e por vias insólitas, está antecipando o moderno *juspositivismo*.

No plano filosófico, a implicação do pensamento de Ockham é ainda maior. Ockham é um dos mais importantes defensores de um movimento filosófico chamado *nominalismo*. Tal corrente se opõe à tradição aristotélica e tomista, que se poderia chamar realista. Para Aristóteles, a natureza das coisas revela muito mais do que a própria coisa em si. Quando se observa um ser humano, sabe-se que ele teve um pai e uma mãe. Há uma noção de filiação que é intrínseca à natureza de um ser humano. Há um homem concreto, e ele pertence a uma universalidade, a dos filhos.

Os nominalistas chamam a esses conjuntos de atributos e relações que se dão à natureza por "universais", daí terem empreendido a "querela dos universais". Ockham,

---

[38] OCKHAM, Guilherme de. *Oito questões sobre o poder do Papa*. Porto Alegre, EDIPUCRS, 2002, p. 119.

nominalista, revolta-se em considerar a natureza dotada de atributos que não lhe são próprios. Um indivíduo, para Ockham, é apenas um indivíduo, e não se somam ao conhecimento desse dado específico outros atributos como filiação, paternidade, humanidade, que são atributos universais e não específicos daquele ser. Por isso, para os nominalistas, filiação não é um conceito que se vê intrinsecamente na natureza das coisas em si: é só um nome, que denota uma certa relação.

Assim sendo, os valores, os atributos espirituais, as propriedades relacionais, passam a ser consideradas, pelo nominalismo, como excessos filosóficos. Eles não têm "realidade" própria, ao contrário do que apregoavam Tomás de Aquino e Aristóteles, que, pautados na natureza das coisas, insistiam em um certo realismo das noções metafísicas (daí sua visão filosófica ser chamada de "metafísica realista"). Para a tradição tomista-aristotélica, havia uma realidade num conceito universal como o de filiação. Ao contrário, os nominalistas exprimem a vontade de extirpar, dos atributos do ser, tudo aquilo que lhe seja não contingente. Vem daí o conceito da "navalha de Ockham". Assim diz Alessandro Ghisalberti:

> Da concepção do conceito como signo e do modo de entender a distinção real e a de razão surge claramente à luz o antirrealismo de fundo de Ockham, que nega a existência de qualquer fundamento do universal enquanto tal na natureza das coisas. [...]
> Contra esta visão da doutrina sobre a relação, Ockham separa-se da interpretação de Aristóteles dada por Tomás de Aquino, o qual defendeu a tese da realidade da relação, distinta da substância e da causa que a produziu.[39]

A análise dos seres e das coisas existentes revela então, para Ockham, não uma série de relações, qualidades e conjuntos que se lhes possa atribuir, mas apenas a própria coisa em si. O indivíduo não é um indivíduo com mais uma série de atributos relacionais, como a filiação. É só um indivíduo. O eixo do mundo, ao invés da relação entre as coisas e os indivíduos, passa a se situar apenas na própria individualidade, como unidade do ser.

O resultado da filosofia nominalista de Ockham é esvaziar a natureza como medida do direito e do justo, como o era nos gregos e em Tomás de Aquino. Ao tratar das coisas em si, resta para a análise de Ockham apenas o indivíduo, dado concretamente. Sua filosofia antecipa, grandemente, o individualismo, que vai se gestando já a seu tempo com o nascente capitalismo. Trata Villey:

> O nominalismo também viria a invadir o direito. [...] Habitua a pensar todas as coisas a partir do *indivíduo*: o indivíduo (não mais a relação entre vários indivíduos) torna-se o centro de interesse da ciência do direito; o esforço da ciência jurídica tenderá doravante a descrever as qualidades jurídicas do indivíduo, a extensão de suas faculdades, de seus *direitos individuais*. E, quanto às normas jurídicas, não podendo mais extraí-las da própria ordem que antes se acredita ler na Natureza, será preciso buscar sua origem exclusivamente nas vontades políticas dos indivíduos: o *positivismo* jurídico é filho do nominalismo.[40]

---

[39] GHISALBERTI, Alessandro. *Guilherme de Ockham*. Porto Alegre, EDIPUCRS, 1997, p. 90 e 128.
[40] VILLEY, *A formação do pensamento jurídico moderno*, op. cit., p. 233.

Não sendo possível ver atributos ou relações na própria natureza das coisas (tais atributos ou relações são meros nomes), não sendo possível, pois, medir a justiça das relações e das situações, Ockham põe-se pioneiramente a sepultar o direito natural clássico e a instituir, como única via possível ao direito e à justiça, a autoridade da norma. Reelaborando algumas premissas de Paulo e Agostinho, antecipa em alguns pontos a Reforma Protestante – Lutero partilhava de algumas de suas premissas – e estabelece um elo longínquo com o juspositivismo contemporâneo.

Reforma e Contrarreforma

Ainda os tempos do final da Idade Média e do início da Idade Moderna continuarão a confrontar as posições jurídico-filosóficas de Agostinho e de Tomás, principalmente com os desdobramentos filosóficos da *Reforma Protestante*, em especial a partir do século XVI. Por várias causas imediatas, grande parte da cristandade europeia rompe com o catolicismo. Mas, em termos de fundamentos filosóficos, passa a ocorrer uma polarização, valendo-se de duas visões filosóficas já estabelecidas: o protestantismo, mais radical na fé e na salvação pela graça, alia-se de imediato à visão de mundo agostiniana, e o catolicismo, posteriormente, finca-se nas posições tomistas. Embora Agostinho tenha sido durante quase um milênio o filósofo e teólogo maior da Igreja Católica, e ainda que muitos grupos religiosos católicos arroguem a si o agostinianismo mesmo após Tomás de Aquino – como foi o caso dos franciscanos, com Guilherme de Ockham –, a Igreja, por intermédio de sucessivos papas, afirmará, teólogica e filosoficamente, o tomismo.

Em Martinho Lutero e em João Calvino é explícita a radical filiação ao agostinianismo, contrastando, pois, com a moderação católica tomista. A fé e a graça são os eixos principais da afirmação dos reformadores. A Igreja, para os protestantes, perdia-se numa grande complacência com os atos humanos, para com os poderosos, para com o mundo terreno – ao que se acrescem os vícios imediatamente combatidos, como a indulgência e a corrupção do clero. Assim sendo, era preciso restaurar a noção de fé e graça, como fundamentos da salvação.

Em Lutero, que era monge formado na tradição agostiniana, é pela fé, muito mais que pelos atos, que o homem se justifica. O pensamento de Lutero, voltado à prática da consolidação da Reforma, abomina a possibilidade de o homem salvar-se em razão de seus atos. Sendo assim, a fé, guiada pela palavra da Bíblia, é a forma por excelência do justo. Diz Lutero:

> Perguntas, porém, por que razão acontece que somente a fé justifica e, sem obras, oferece um tesouro de tantos bens, visto que nas Escrituras nos são prescritas tantas obras, cerimônias e leis. Respondo: Antes de mais nada é preciso ter em mente o que já foi dito: só a fé, sem as obras, justifica, liberta e salva.[41]

As decorrências políticas e jurídicas da reforma luterana são um retorno profundo a Agostinho e Paulo de Tarso. A *Epístola aos romanos* resgata sua proeminência na

---

[41] LUTERO, "Sobre a liberdade cristã". In: DE BONI, Luis Alberto (Org.). *Escritos seletos de Martinho Lutero, Tomás Müntzer e João Calvino*. Petrópolis, Vozes, 2000, p. 50.

apreciação sobre os poderes na Terra. A autoridade, para Lutero, deve ser respeitada, não porque seja boa, mas porque toda autoridade exprime uma investidura divina. Assim também com o direito. A autoridade jurídica deve ser praticada, legitimada em Deus.

> Em primeiro lugar temos que fundamentar bem o direito e a espada secular para que ninguém duvide que ela existe no mundo por vontade e ordenação de Deus. [...] Agora continuas perguntando se também os oficiais da justiça, carrascos, juízes e advogados e os que são dessa área podem ser cristãos e estar em estado de graça. Resposta: Se a autoridade e a espada são serviços de Deus, como mostrado acima, deve ser para que possa usar a espada. Pois é necessário que haja alguém que prenda os maus, os acuse, degole e mate, e proteja os bons, os inocentes, defenda e salve. Portanto, se não o fazem para seus próprios fins, mas somente ajudam a executar o direito e a autoridade, para que os maus sejam coercidos, não correm perigo e podem exercer o cargo como qualquer outra pessoa exerce um ofício para ganhar o pão.[42]

Contra os camponeses que, ao seu tempo, pediram sua ajuda em favor da luta contra a exploração dos seus senhores, Lutero nega tal apoio e reafirma a condição senhorial como um dado incontestável. Ao seu tempo, um outro líder da Reforma Protestante, Thomas Müntzer, apoiava as lutas dos camponeses contra as injustiças terrenas, e Lutero se insurgiu veementemente contra Müntzer e contra os camponeses, a favor dos senhores, negando legitimidade à distribuição dos bens aos necessitados:

> Esses camponeses colocam sobre si três pecados horríveis contra Deus e os homens, pelo que merecem multiplamente a morte do corpo e da alma. O primeiro, é que juraram à sua autoridade fidelidade e respeito, bem como submissão e obediência, como Deus o ordena. [...] O segundo pecado é por causarem tumulto, roubarem e saquearem criminosamente conventos e castelos, que não lhes pertencem, já merecem duplamente a morte de corpo e alma. De fato, um homem revoltoso, do qual se pode provar sua culpa, já se encontra sob a proscrição de Deus e do imperador, de modo que quem primeiro o puder e quiser estrangular, age bem e corretamente, pois sobre um rebelde notório qualquer pessoa é ambas as coisas: juiz e executor. [...] Também de nada adianta aos camponeses alegarem que conforme Gn 1 e 2 todas as coisas teriam sido criadas livres e comuns e que todos somos batizados igualmente. [...] Pois o batismo não liberta corpo e bens, porém as almas. O Evangelho também não torna comuns os bens, exceto para aqueles que o querem fazer espontaneamente a partir de si mesmos, como o fizeram os apóstolos e discípulos.[43]

Em João Calvino, que tinha inclusive estudos jurídicos e cujo pensamento teológico é bastante mais filosófico e estruturado sistematicamente que o de Lutero, vislumbra-se uma máxima perspectivação a respeito da proeminência da graça e não dos atos, a *predestinação*. Tanto não são os atos que identificam o justo que, em linhas gerais, já

---

[42] LUTERO, "Da autoridade secular". In: DE BONI, op. cit., p. 85 e 100.
[43] LUTERO, "Contra as hordas salteadoras e assassinas dos camponeses". In: DE BONI, op. cit., p. 167.

há um plano geral de Deus para cada indivíduo, e na graça divina é que se dá a salvação. Em termos jusfilosóficos, pode-se perceber, na posição de Calvino, uma reafirmação do agostinianismo. Também em termos jurídicos Calvino reforça a submissão à autoridade e o direito constituído.

> É verdade que a lei proíbe matar; também, ao contrário, para que os homicidas não fiquem sem castigo, Deus, supremo legislador, põe a espada na mão de seus ministros, para que a usem contra os homicidas. Certamente não é próprio dos fiéis afligir nem causar dano; porém, tampouco é afligir e causar dano castigar, como Deus manda, àqueles que afligem os fiéis. Oxalá tivéssemos sempre em mente que tudo isso é feito por mandado e autoridade de Deus, e não pela temeridade dos homens; e se a autoridade de Deus é o fundamento, nunca se perderá o seu caminho, a não ser que se ponha freio à justiça de Deus, para que não castigue a perversidade. Ora, se nos é lícito atribuir leis a Deus, por que caluniaremos os seus ministros?[44]

Analisando a relação entre liberdade e política nas *Institutas* de Calvino, diz Antonio Gouvêa Mendonça:

> Calvino afirma que a liberdade cristã consiste em três partes. A primeira refere-se à libertação do cristão em relação a toda lei, porque ela não o justifica em nada e, por consequência, em relação a todo cerimonial e, principalmente, ao cumprimento da lei pelas obras. Isto é, ninguém é justificado pelos seus atos. A segunda consiste em que as consciências obedeçam à lei, não por obrigação, mas, libertos do jugo dela, obedeçam por si mesmos a vontade de Deus. Ilação possível desse ponto de vista de Calvino é que a lei de Deus é uma lei natural (talvez trazida de Agostinho) e que pode ser obedecida sem coerção e constrangimento por todos os seres humanos. Se as leis humanas são justas porque provêm da vontade de Deus, a obediência a elas é causa de liberdade. A terceira parte consiste em que a liberdade cristã, diante de Deus, não obriga a consciência do cristão a praticar coisas terrenas e secundárias (*adiáforai*), impedindo-o de obedecer alegre e livremente à vontade de Deus. Para o pensamento político moderno, o conceito teológico de liberdade como um dos fundamentos da Reforma tornou-se fundamental.[45]

De algum modo, pelas vias transversas, o agostinianismo encampado pela Reforma Protestante termina por ser a ponte mais importante entre a visão de mundo medieval e o capitalismo nascente. A rejeição do mundo, em favor da graça de Deus, é também um abandono do agir tendo por preocupação a justiça divina. Por isso, muito mais do que os atos justos na Terra, é a fé que orienta a salvação para o Céu. A pobreza ou a riqueza terrenas não serão objeto de ataque político, mas, sim, muito mais de aceitação, na medida em que representam diretamente uma vontade divina. E, para algumas teologias, a riqueza terrena representará um sinal da graça de Deus.

---

[44] CALVINO, "Poder civil". In: DE BONI, op. cit., p. 249.
[45] MENDONÇA, Antonio Gouvêa. "Teologia e política – um tronco e duas raízes". *Ciências da religião*: história e sociedade. São Paulo, Mackenzie, 2003, nº 1, p. 55.

Não havendo um espaço privilegiado para o agir justo na própria sociedade, então as leis e as autoridades não serão objeto de críticas ou contestações, a não ser que impeçam a fé ou o agir individual, privado, conforme os preceitos religiosos. Como decorrência dessa visão, o mundo teológico agostiniano-reformado submete-se à autoridade do poder terreno e da lei positiva, não porque seja intrinsecamente justa, mas sim porque a vida interior da fé e da graça independe da eventual corrupção e da injustiça das leis c dos poderes terrenos. Do agostinianismo jurídico, pelas vias mais transversas, chega-se ao pensamento jurídico moderno, juspositivista, que afirma a estrutura social do capitalismo.

De outro lado, em termos institucionais, políticos e intelectuais, à Reforma se segue a Contrarreforma da Igreja Católica. A afirmação da salvação pela fé e pelos atos passa a ser característica da teologia católica. O tomismo, em termos filosóficos e jurídicos, é sua marca distintiva.

Toda a construção jurídica da Contrarreforma vai no sentido da afirmação de um direito natural que independe da graça e da fé. Francisco Suarez, Francisco de Vitória e Bartolomé de Las Casas são expoentes dessa forma de filosofia. Para tais pensadores, que se confrontavam com a expansão colonial ibérica, os povos americanos, indígenas, que não conheciam a palavra sagrada, ainda assim tinham direitos naturais, naquela categoria especial que Tomás de Aquino, reafirmando Cícero e o direito romano, considerava como sendo o *direito das gentes*. Não se tratava do direito natural em sentido estrito, na medida em que não se media como distribuição entre iguais, mas entre gentes, povos, que também partilhavam da condição de natureza. Aos índios faltava a fé, mas havia a potencialidade da inclinação à natureza.

O próprio Francisco de Vitória, enfrentando as objeções à extensão do direito das gentes aos índios, aos quais o explorador espanhol não quis respeitar o domínio da própria terra, assim expõe:

> Santo Tomás afirma que a fé não tira o direito natural nem humano; ora, o domínio é de direito natural ou de direito humano; logo, os domínios não se perdem por falta de fé. [...] Disso se deduz claramente que não é lícito despojar os sarracenos, nem os judeus, nem qualquer um dos infiéis, dos bens que possuem, só pelo fato de serem infiéis. Fazê-lo é furto ou rapina, como se fosse feito aos cristãos. [...]
> Não é tampouco por causa da demência que os índios deixam de ser verdadeiros donos. Prova-se porque, na realidade, não são dementes, mas a seu modo têm uso da razão. Está claro, porque têm uma certa ordem em suas coisas, possuem cidades estabelecidas ordenadamente, levam uma vida matrimonial claramente constituída, possuem magistrados, senhores, leis, artesãos, mercadores, todas coisas que requerem o uso da razão. Possuem também uma espécie de religião, não erram em coisas que são evidentes para os outros, o que é indício de uso da razão. Além do mais, nem Deus nem a natureza falham nas coisas necessárias para a maior parte das espécies. Ora, o mais importante no homem é a razão, que seria um poder inútil se não se concretizasse em ato. [...] Por conseguinte, de tudo o que foi exposto, fica bem claro, sem dar lugar a dúvidas, que os índios são pública e privadamente tão donos como os cristãos, e que os cristãos, a esse título, não poderiam despojar, nem a seus príncipes nem aos particulares, de suas posses, como se não fossem verdadeiros donos. Seria iníquo negar a eles, que nunca cometeram nenhuma injúria contra nós, o que não negamos nem aos sarracenos nem

aos judeus, inimigos perpétuos da religião cristã, a quem não negamos que tenham verdadeiro domínio de suas coisas se, eventualmente, não tiverem ocupado terras de cristãos.[46]

Além de fazer ressaltar um direito aos povos em geral, de certo modo, a afirmação do direito das gentes pela Contrarreforma consolida, na entrada da modernidade, o próprio direito internacional. Há um direito, das gentes, que não depende da nacionalidade para que seja respeitado.

A Reforma Protestante e a Contrarreforma Católica, indiretamente, abrem portas às questões jurídicas que serão típicas da modernidade, embora baseadas numa ordem de reflexão eminentemente teológica, como replicação e extensão que eram da filosofia medieval. Enquanto a Idade Média ainda adentra a Idade Moderna com os ecos da teologia, o Renascimento irromperá uma outra forma de modernidade, nova, lastreada na razão, e que, por fim, sobrepujará o debate teológico. O Renascimento, e posteriormente o Iluminismo, fecharão definitivamente as páginas e os ecos do pensamento jurídico medieval.

---

[46] VITÓRIA, Francisco de. *Os índios e o direito da guerra*. Ijuí, Unijuí, 2006, p. 49-50 e 56.

7
A FILOSOFIA DO DIREITO MODERNA – I

A filosofia do direito da Idade Moderna se estende por períodos históricos cruciais, dos séculos XV ao XVIII, muito distintos entre si. Não se pode tratar todo esse período como tendo as mesmas características jusfilosóficas. Ao menos três grandes movimentos de filosofia política e filosofia do direito são ali identificados: o *Renascimento*, nos seus tempos iniciais, o *Absolutismo*, que se forma a partir do século XVI, e o *Iluminismo*, que tem seu início no século XVII e seu esplendor no século XVIII.

Por filosofia moderna, muitas vezes, costuma-se denominar apenas a sua última e mais marcante filosofia, a iluminista, mas isso de modo impróprio, porque o Renascimento e o Absolutismo também são da Idade Moderna, com a diferença de terem sido gestados na fase inicial da modernidade, à vista de outros pressupostos. E, deve-se ainda lembrar, mesmo no período histórico da Idade Moderna convive, também, o espectro da filosofia do direito medieval, de cunho teológico, desdobrado nas lutas da Reforma e da Contrarreforma. Quanto à teologia medieval, o Absolutismo, de alguma maneira, é seu sucessor, e o Iluminismo seu antípoda. Tais filosofias se põem em embate, a primeira em decadência e a segunda em ascendência.

RENASCIMENTO, ABSOLUTISMO, ILUMINISMO

O final da Idade Média marca, para a filosofia e para a filosofia do direito, uma dupla frente de reflexões. De um lado, o debate teológico, que dominou o mundo medieval europeu, ainda prospera. Católicos e protestantes, com o movimento da Contrarreforma e da Reforma, mantêm o problema filosófico e jurídico nos limites da teologia. De outro lado, no entanto, uma liberdade crescente em face da teologia, somada ao resgate do pensamento clássico grego e romano, dá surgimento a uma filosofia muito distinta, o Renascimento.

Chama-se renascentista a esse movimento por conta da inspiração buscada junto aos clássicos, que, parecendo terem sido mortos pelos medievais, renasciam então pelas mãos dos novos pensadores. Em termos filosóficos, o Renascimento representou um deslocamento do eixo dos fundamentos teóricos, de Deus para o homem. Por tal razão, costuma-se denominar tal movimento também por *Humanismo*.

Trazer os problemas filosóficos para o eixo do próprio homem representou, na filosofia política, abdicar da tradição que imaginava a sorte política como sendo uma emanação da vontade divina. Desde Paulo de Tarso, com a *Epístola aos romanos*, cria-se que o poder humano era dado pela vontade divina. O Renascimento apontará para caminho distinto: o poder pertence aos homens, ao seu engenho, astúcia e capacidade.[1]

Já desde o século XIII despontam, na filosofia e mesmo na teologia, ações e reflexões que preparam o ambiente para o Renascimento. Pode-se dizer que, teologicamente, movimentos como o do franciscanismo incomodam parcialmente o poder da Igreja. Filosoficamente, destacam-se pensadores como Dante Alighieri (1265-1321), que, além de suas obras literárias como a *Divina Comédia*, trabalha com temas políticos e jurídicos em livros como *Da Monarquia*, no qual aponta para uma primazia do poder dos monarcas sobre o poder dos papas. O renascentismo começa sendo um parcial deslocamento da tradição medieval até, no século XV, chegar a ter uma característica própria, encerrando, estética e filosoficamente, o momento medieval anterior.

Um dos núcleos filosóficos principais da filosofia do Renascimento é aquele a que se chama Humanismo. Nesse movimento, não se trata de negar a teologia, mas de marcar a centralidade do ser humano na reflexão filosófica. Renascimento e humanismo não representam ruptura ou abolição da dinâmica teológica e religiosa medieval, mas sim uma majoração do campo do humano contra o que era explicado na conta do divino. Francisco Petrarca, no século XIV, é o primeiro de uma corrente que, com variadas posições, será vista em pensadores simbólicos como Giovanni Pico Della Mirandola e Erasmo de Rotterdam.

Em Pico Della Mirandola (1463-1494), torna-se patente e exemplar o movimento filosófico renascentista de buscar nas fontes antigas uma nova base para o tempo em que viviam (daí o renascer que lhe dá o nome). Não se trata apenas de buscar na antiguidade apenas a filosofia, mas também as velhas bases teológicas que fundamentavam a religião. Assim sendo, faz-se um deslocamento conservador – a volta ao antigo – para um movimento progressista – romper com o plano teológico medieval. Para Mirandola, que partilha na Itália renascentista de um círculo de pensadores neoplatônicos,[2] o objetivo da filosofia é o de fazer uma concórdia de pensadores, pensamentos e visões teológicas múltiplas, que poderiam ser aplainados de suas especificidades em favor de uma base comum que há a toda a verdade. No seu conhecido *Discurso sobre a dignidade do ho-*

---

[1] "O homem está para o universo, o eu está para o mundo assim como o contido está para o continente. [...] Todos esses predicados que a divindade reivindica para si são atribuídos agora, em igual medida, à alma humana. Também a alma, ao ser tomada como sujeito do conhecimento, contém a realidade objetiva, em vez de ser por ela contida. A primazia da alma perante todas as demais coisas firma-se com total segurança e de uma vez por todas. O eu está à altura do cosmos, pois encontra em si mesmo os princípios a partir dos quais pode conhecê-lo em sua infinitude." CASSIRER, Ernst. *Indivíduo e cosmos na filosofia do Renascimento*. São Paulo, Martins Fontes, 2001, p. 308-309.

[2] "Giovanni Pico Della Mirandola foi o jovem prodígio entre os filósofos da Renascença italiana e uma figura-chave, junto com Cusano, Bessarion e Ficino, na restauração da metafísica platônica, embora ele não fosse um neoplatonista devoto como Ficino, mas, na verdade, um aristotélico por seu treinamento e, de muitas maneiras, um eclético por convicção". ALLEN, Michael J. B. "O Dia do Nascimento de Vênus". In DOUGHERTY, M. V. (org.). *Pico Della Mirandola*. São Paulo, Madras, 2011, p. 99.

mem, assim dirá sobre o reavivar dos fundamentos antigos e a concórdia dos pensadores opostos uns aos outros:

> Nós que somos carne e que temos o gosto das coisas terrenas, aproximemo-nos dos antigos Padres, os quais nos podem oferecer um seguro e rico testemunho de tais coisas, a eles familiares e congênitas. (...) Por tais motivos, eu, insatisfeito por ter trazido, além das doutrinas comuns, muitos assuntos da antiga teologia de Hermes Trimegisto, muitas das teorias dos Caldeus e de Pitágoras, muitos dos escondidos mistérios dos Hebreus, também propus à discussão muitíssimos assuntos concernentes ao mundo natural e divino, encontrados e meditados por mim. Antes de tudo o mais, propus o acordo entre Platão e Aristóteles, por muitos já antes considerado possível, mas por ninguém suficientemente provado.[3]

Desidério Erasmo, ou Erasmo de Rotterdam (1466-1536), teve também uma projeção exemplar na filosofia do renascimento. Saído de uma região não tão central da renascença, a Holanda, circulou por vários espaços europeus e granjeou alta reputação intelectual no período. Teve formação religiosa agostiniana, mas abandonou a vida monástica. Disputado e reclamado por protestantes e católicos, não toma partido cabal de nenhum dos lados, embora parcialmente concorde com posições de cada uma de tais visões religiosas. Seu livro mais popular, *Elogio da loucura*, de modo satírico, põe na fala da loucura uma crítica mordaz à teologia e aos poderes de seu tempo. Buscando depurar a religião, reavivando-a com fundamentos teológicos e filosóficos que aproximam Cristo de uma leitura humanista, Erasmo castiga o fausto, a riqueza e a mundanidade do ambiente religioso.[4]

Nicolau Maquiavel (1469-1527) é um dos nomes mais expressivos dessa nova visão filosófica. Nascido em Florença, ao tempo do apogeu comercial das cidades italianas, ocupou cargos públicos e se dedicou às reflexões sobre a política. Seu livro *O príncipe*, dedicado a Lourenço de Médici, é composto de conselhos aos governantes. Rompendo com a visão tradicional medieval de que o poder e o governo eram dádivas divinas, Maquiavel insiste na ação do político como fonte diretriz do governo. Para Maquiavel, é verdade que o destino – *fortuna* – influencie a vida social, mas isso não nega o espaço da ação política. Não é um desígnio divino, mas sim a *virtù* do agente político – suas qualidades, capacidades e empreendimentos – que determina o encaminhamento da sociedade. Diz Maquiavel:

> Não ignoro como muitos foram e são de opinião que as coisas do mundo são governadas pelo destino e por Deus, que os homens, com sua prudência, não podem corrigi-lo, de modo que não possuem, assim, nenhum remédio. Por isso, podem julgar que é melhor não se preocupar muito com as coisas, mas deixar-se governar pelo destino. Esta

---

[3] MIRANDOLA, Giovanni Pico Della. *Discurso sobre a dignidade do homem*. Lisboa, Edições 70, 2019, pp. 65 e 97.

[4] "Para não dar continuidade a citações, que são infinitas, e para resumir em poucas palavras, direi que a religião cristã parece ter verdadeiro parentesco com certo tipo de loucura, ao passo que sua relação com a sabedoria é a menor possível". ERASMO DE ROTTERDAM. *Elogio da loucura*. São Paulo, Hedra, 2013, p. 172.

opinião é a mais aceita em nossos tempos, pelas grandes modificações das coisas, que foram vistas e se veem fora de qualquer conjetura humana. Pensando nisso, algumas vezes, em certas coisas, inclinei-me à opinião deles. Não obstante, para que nosso livre arbítrio não seja em vão, creio poder ser verdade que o destino seja árbitro de metade de nossas ações, mas que nos deixe governar a outra metade, ou quase. [...]

Restringindo-me, porém, mais ao particular, digo que se vê hoje este príncipe próspero e amanhã arruinado, sem ter-lhe visto mudar a natureza ou qualquer qualidade. Creio que isso provém, primeiro, das razões que foram longamente discutidas antes, isto é, que o príncipe que se apoia completamente na sorte, arruína-se, conforme esta varia; creio ainda que seja feliz aquele que adapta seu modo de proceder às condições dos tempos e, igualmente, seja infeliz aquele que com seu procedimento não se adapta aos tempos.[5]

Maquiavel desloca o eixo da filosofia política do campo da destinação divina para o campo da ação humana. O adjetivo "maquiavélico", imputado pela Igreja a tudo aquilo que lhe seja contrário ou ruim, na verdade revela o preconceito para com uma visão de mundo realista, como foi o caso da renascentista, que não se pauta por uma metafísica teológica.[6]

Além disso, o Renascimento, não se valendo das categorias teológicas então consolidadas, busca sua inspiração filosófica – e também política e jurídica – na tradição greco-romana. Também Maquiavel, no seu livro *Discursos sobre a primeira década de Tito Lívio*, põe-se a resgatar, na experiência política e jurídica romana, subsídios para a reflexão moderna:

> Vejo que nos litígios civis que surgem entre cidadãos, ou nas doenças nas quais os homens incorrem, sempre se pode recorrer a julgamentos ou remédios que pelos antigos foram proferidos ou ordenados: porque as leis civis nada mais são que sentenças proferidas pelos antigos jurisconsultos, sentenças que, ordenadas, ensinam nossos jurisconsultos a julgar. E a medicina ainda não vai além das experiências feitas pelos antigos médicos, que servem de fundamento aos juízos dos médicos do presente. No entanto, na ordenação das repúblicas, na manutenção dos estados, no governo dos reinos, na ordenação das milícias, na condução da guerra, no julgamento dos súditos, na

---

[5] MAQUIAVEL. *O príncipe*. São Paulo, Revista dos Tribunais, 2008, p. 177 e 179.

[6] "Toda *forma de pensar* está articulada em um campo conjuntural. Tal campo *marca as condições de produção* da obra. Nessa inserção, ela se vê objetivamente condenada a reinscrições e releituras que falam/calam sobre sua voz/ação. A tarefa da forma de pensar anterior é apropriar-se a seu modo do discurso novo. Assim quando se encontra a obra nova, radical, inovadora – no conteúdo e/ou na forma –, essa 'leitura' pelo discurso antigo, essa 'inscrição do novo no velho', esse fazer o novo tornar-se inaudível, é o *índice de eficácia* da nova teoria. Na obra de Maquiavel tal problema é central: dado que o seu discurso privilegia a política e localiza o homem no centro dessa atividade, dado que essa teoria corta com uma tradição que retira do homem a participação política e a deshistoriciza, naturaliza, a sua crítica passa a ser uma infração a essa naturalidade. Dado, enfim, que na sua obra a ética, e em especial a ética religiosa, é destronada como elemento de explicação do real, essa obra 'tem que' ser imoral, antinatural 'para os que se interessarem': Maquiavel é maquiavélico! Eis tudo." DIAS, Edmundo Fernandes. *O eterno fascínio do florentino*: para uma leitura de Maquiavel. Campinas, IFCH/Unicamp, 1999, p. 61.

ampliação dos impérios, não se vê príncipe ou república que recorra aos exemplos dos antigos. [...] Desejando, pois, afastar os homens desse erro, julguei necessário escrever, acerca de todos os livros de Tito Lívio que não nos foram tolhidos pelos malefícios dos tempos, aquilo que, do que sei das coisas antigas e modernas, julgar necessário ao maior entendimento deles, para que aqueles que lerem estes meus comentários possam retirar deles mais facilmente a utilidade pela qual se deve procurar o conhecimento das histórias.[7]

Assim sendo, Maquiavel, resgatando a tradição clássica e trazendo a filosofia para o campo da política, procede a um deslocamento do campo teológico, até então presente de maneira incontrastável na forma de entender as questões jurídico-políticas. É certo que sua tentativa de aconselhar o governante a manter a ordem e o poder lança germes para a futura tradição absolutista, mas seu propósito, pelo contrário, ainda está no contexto do humanismo e do renascimento. A ordem social e o bom governo são seus horizontes; mas os meios, ao invés de teológicos, são humanamente realistas.

Diferentemente da tradição renascentista, pensadores como Jean Bodin, ao teorizarem ainda no século XVI sobre o Estado, abrem margem a uma reflexão que levará rapidamente a filosofia do direito moderna às portas do Absolutismo,[8] fechando os portais do Renascimento e transformando o diálogo filosófico com o padrão medieval.[9]

O Absolutismo representa uma solução político-jurídica original lastreada em uma longa trajetória de apoio filosófico. A noção de que o poder humano é derivado do poder divino volta à carga. Tal teoria, na Idade Média, serviu como respaldo do poder do senhor feudal. Agora, servirá ao poder dos reis. Ao contrário dos renascentistas, para quem a preocupação era com a explicação humana e social do poder, o Absolutismo parte de uma teoria da legitimação do poder real por meio teológico. O monarca soberano, por essa teoria, tem dois corpos, um secular, humano, e outro teológico, divino.

Ernst Kantorowicz aponta como na Inglaterra da Idade Moderna, por exemplo, o Absolutismo se firmava juridicamente numa teoria dos dois corpos do Rei, reelaborando os fundamentos jurídicos e políticos medievais:

---

[7] MAQUIAVEL. *Discursos sobre a primeira década de Tito Lívio*. São Paulo, Martins Fontes, 2007, p. 6-7.

[8] "Abandonando a posição constitucionalista que adotara ao escrever seu *Método para a fácil compreensão da história*, Bodin revela-se, nos *Seis livros*, um defensor praticamente irredutível do absolutismo, exigindo que sejam proscritas todas as teorias que defendiam a resistência e se aceite, como único meio para restaurar a unidade e a paz política, uma monarquia forte." SKINNER, Quentin. *As fundações do pensamento político moderno*. São Paulo, Companhia das Letras, 2000, p. 556.

[9] "Maquiavel é um homem inteiramente de seu tempo e sua ciência política representa a filosofia da época que tende à organização das monarquias nacionais absolutas, a forma política que permite e facilita um novo desenvolvimento das forças produtivas burguesas. [...] Bodin funda a ciência política na França num terreno muito mais avançado e complexo do que aquele oferecido pela Itália a Maquiavel. [...] Com Bodin, tende-se a desenvolver a monarquia absoluta." GRAMSCI, Antonio. *Cadernos do cárcere*. Rio de Janeiro, Civilização Brasileira, 2000, v. 3, p. 30-31.

O princípio dos juristas da era Tudor, entretanto, definitivamente se agarrava à linguagem paulina e seu desenvolvimento ulterior: a passagem do *corpus Christi* paulino para o *corpus ecclesiae mysticum* medieval, e daí para o *corpus reipublicae mysticum* que era igualado ao *corpus morale et politicum* da república, até que, finalmente (ainda que confundido pela noção de *Dignitas*), surgiu o *slogan* dizendo que todo abade era "um corpo místico" ou um "corpo político" e que, consequentemente, o rei também era, ou tinha, um corpo político que "nunca morria". Não obstante, portanto, certas similaridades com conceitos pagãos desvinculados, os *dois corpos do rei* constituem uma ramificação do pensamento teológico cristão e, consequentemente, permanecem como marco da teologia política cristã.[10]

O Absolutismo, lastreado numa teoria do poder divino, dá margem, justamente, a neutralizar as próprias disputas teológicas havidas no seio dos Estados nacionais que surgiam. As disputas entre católicos e protestantes pela influência junto ao poder dos reis desloca o problema teológico do campo da argumentação ou da justificativa moral de cada ato, regulamento ou norma para um campo distinto: o Rei estava acima dos reclames morais, na medida em que seu poder era advindo de Deus de modo absoluto. Assim sendo, o monarca não se justificava pela moralidade de cada um de seus atos, mas sim por uma espécie de competência originária de poder que lhe era dada por Deus. O Absolutismo se afirma então, teologicamente, como uma espécie de contrato de procuração ou mandato realizado entre Deus, o outorgante, e o Rei, o outorgado, com delegação total de poderes de um a outro. Mesmo no embate entre católicos e protestantes, em ambos os casos o poder divino dos Reis estava sempre resguardado, acima das especificidades das moralidades. Com isso, o Absolutismo, lastreado o mais possível na teologia, começou no entanto a afastá-la do próprio Estado. O Rei adquiria seu poder de Deus, mas, justamente por ser absoluto, não administrava limitado a preceitos morais. Assim diz Quentin Skinner:

> Por fim, a aceitação da ideia moderna de Estado pressupõe que se reconheça que a sociedade política existe unicamente para fins políticos. Seria impossível aceitar essa perspectiva secularizada enquanto se supôs que todos os governantes temporais tivessem o dever de zelar por um governo leal a Deus e pacífico. Os reformadores do século XVI concordavam plenamente com seus adversários católicos nesse aspecto: todos insistiram em que um dos principais objetivos do governo deveria ser o de preservar a "verdadeira religião" e a Igreja de Cristo. Como vimos, isso significa, por sua vez, que as convulsões religiosas da Reforma deram uma contribuição paradoxal, e no entanto vital, para cristalizar-se o conceito moderno e secularizado de Estado. Isso porque, assim que os defensores de credos religiosos rivais se mostraram dispostos a travar entre si um combate de morte, começou a evidenciar-se, aos olhos de diversos teóricos da linha *politique*, que, para se ter alguma perspectiva de obter a paz cívica, os poderes do Estado teriam que ser desvinculados do dever de defender uma determinada fé. Quando Bodin afirmou, nos *Seis livros da república*, que para todo príncipe deveria

---

[10] KANTOROWICZ, Ernst H. *Os dois corpos do rei*: um estudo sobre teologia política medieval. São Paulo, Companhia das Letras, 1998, p. 305.

ser óbvio que as "guerras travadas por questões religiosas" na verdade não eram "fundamentadas em assuntos diretamente concernentes ao Estado", ouvimos pela primeira vez a voz genuína do moderno teórico do Estado.[11]

O Absolutismo, reforçando o poder do soberano dos Estados nascentes com base em doutrinas teológicas, procede a um deslocamento da filosofia do direito do campo da moral política prática para o campo da fundamentação moral do poder. A discussão sobre a moral e a justiça da filosofia do direito se desloca do conteúdo para a forma (o que antecipa, inclusive, a posterior vitória do juspositivismo na Idade Contemporânea). Assim sendo, o Estado moderno se impõe como fundamento do que se possa chamar por jurídico e por justo.

No entanto, toda essa etapa absolutista da filosofia moderna terá um contraponto posterior com os movimentos filosóficos dos séculos XVII e XVIII, com Locke na Inglaterra, Voltaire, Rousseau e Montesquieu na França e Kant na Alemanha, dentre outros. Trata-se do *Iluminismo*. Tal qual o Renascimento e o Absolutismo, o Iluminismo não é um movimento unificado, de pensadores que tenham tido sempre premissas comuns. São, todos, grandes modos abertos de pensar determinados problemas. O Iluminismo é composto por pensadores que, muitas vezes, debatiam entre si sobre pontos fundamentais, mas apresenta como identidade a busca de se fundar na *razão*. Seu inimigo, o Absolutismo, extraía o poder do soberano de Deus, portanto, de um procedimento formal teológico. O Iluminismo, creditando tal visão às trevas da fé, insistirá nas luzes da razão, e daí a origem de seu nome.

A razão, para os iluministas, não era apenas uma possibilidade de interpretação do mundo, com tanta dignidade quanto a fé. Pelo contrário, sendo universal e imutável, a razão se sobrepunha a todas as idiossincrasias das crenças e dos costumes. Desse modo, Ernst Cassirer:

> O século XVIII está impregnado de fé na unidade e imutabilidade da razão. A razão é uma e idêntica para todo o indivíduo pensante, para toda a nação, toda a época, toda a cultura. De todas as variações dos dogmas religiosos, das máximas e convicções morais, das ideias e dos julgamentos teóricos, destaca-se um conteúdo firme e imutável, consistente, e sua unidade e sua consistência são justamente a expressão da essência própria da razão.[12]

Assim, em termos de filosofia política e filosofia do direito, se a Idade Moderna viu surgir, ainda no século XVI, uma filosofia teológica absolutista, acabará ao seu final por ser radicalmente antiabsolutista. Daí as cruciais diferenças até mesmo entre pensadores quase contemporâneos como os ingleses Hobbes, absolutista, e Locke, iluminista.

Mas, em que pesem tamanhas divergências entre as filosofias nascidas na modernidade, algumas características comuns podem ser vistas no desenrolar de todo esse longo

---

[11] SKINNER, *As fundações do pensamento político moderno*, op. cit., p. 620.
[12] CASSIRER, Ernst. *A filosofia do iluminismo*. Campinas, Ed. Unicamp, 1997, p. 23.

período. A base econômico-social na qual se desenvolvem os pensamentos filosóficos e jurídicos desse tempo é a do surgimento e da consolidação do *capitalismo*. O *Estado*, que começa a ser exaltado nos primeiros pensadores e depois limitado por outros, é uma típica instância social nascida de causas íntimas com o capitalismo. O *individualismo*, que implica uma reflexão específica sobre as relações da sociedade e do Estado com o interesse privado burguês, é também produto de uma época que se assenta no arrojo individual em busca do lucro, na propriedade individual, privada, nos alicerces enfim de todo um sistema produtivo até hoje presente em nossa realidade. Só é possível compreender a filosofia do direito moderna tendo por pano de fundo a própria estruturação do modo de produção capitalista.

CAPITALISMO E MODERNIDADE

O capitalismo enseja conhecimentos novos e novas perspectivas filosóficas até mesmo nas ciências físicas e naturais, pois bem dominar a natureza é aproveitá-la aos fins do capital. Nas ciências humanas, da mesma forma, trata-se de dominar a sociedade de outras formas e de acordo com interesses novos. Constitui-se então um grande corpo filosófico e de filosofia do direito que, até hoje, no mundo capitalista, é o esteio vulgar do pensamento, dos valores, das normas jurídicas e da ação social.

A ruptura do feudalismo enseja novas demandas sociais e perspectivas filosóficas diversas das medievais. O mundo estático, típico da economia feudal, dá lugar à dinâmica das relações de troca, ao comércio, ao contato entre povos, à aventura. As grandes navegações abrem novas perspectivas e conhecimentos. Nesse mundo novo, as relações sociais tornam-se mais complexas.

O capitalismo, surgido que foi numa base mercantil, faz do comércio sua primeira razão fundamental. Os Estados, rompendo com o segregacionismo dos feudos, unificam territórios e possibilitam com isso maior envergadura comercial. A própria associação dos Estados às burguesias – o mercantilismo, por exemplo – dá mostras da umbilical relação entre o Estado e o capitalismo.

A teoria filosófica de início da Idade Moderna atenta para esses imperativos novos. As tradicionais explicações medievais do poder divino e humano cedem lugar, como no caso de Maquiavel, a uma compreensão que busca ser realista na análise do papel e da ação do governante. Deixam de existir as meras afirmações da teologia para, em seu lugar, assumirem vez os princípios da *política*. É no espaço político que a burguesia moderna vai conquistando suas liberdades e as possibilidades negociais. Daí que, como é o espaço político por excelência o espaço da disputa burguesa na Idade Moderna, a teoria do *Estado* começa a tomar corpo nesse período.

De início, para o fortalecimento do Estado, o Absolutismo foi do interesse burguês. As necessidades econômicas, políticas e sociais que levaram ao Absolutismo eram claras: a atividade burguesa clamava por unidades territoriais maiores que os burgos, que eram até então apenas interstícios entre os feudos. Os estados nacionais, para sua unificação, demandavam um soberano forte, que impusesse regras gerais e desse origem a uma ordem centralizada. O paradoxo do Absolutismo foi que, no início, ele foi útil tanto à nobreza

– descendente do interesse feudal e agora centralizada na figura do monarca – quanto à burguesia. Nesse sentido, aponta Perry Anderson:

> O paradoxo aparente do absolutismo na Europa ocidental era que ele representava fundamentalmente um aparelho para a proteção da propriedade e dos privilégios aristocráticos, embora, ao mesmo tempo, os meios através dos quais tal proteção era promovida pudessem *simultaneamente* assegurar os interesses básicos das classes mercantis e manufatureiras emergentes. O Estado absolutista [...] cumpriu certas funções parciais na *acumulação primitiva* necessária ao triunfo ulterior do próprio modo capitalista de produção. As razões que lhe permitiram desempenhar este papel "dual" residem na natureza específica do capital mercantil ou manufatureiro: já que nenhum deles assentava na produção de massa característica da indústria mecanizada propriamente dita, não exigiam, por si, uma ruptura radical com a ordem agrária feudal que ainda englobava a ampla maioria da população (o futuro mercado de trabalho e de consumo do capitalismo industrial). Em outros termos, podiam desenvolver-se dentro dos limites estabelecidos no quadro do feudalismo reorganizado. [...]
>
> Era um Estado fundamentado na supremacia social da aristocracia e confinado aos imperativos da propriedade fundiária. A nobreza podia confiar o poder à monarquia e permitir o enriquecimento da burguesia: as massas estariam ainda à sua mercê. Nunca ocorreu nenhuma derrogação "política" da classe nobre no Estado absolutista. O seu caráter feudal acabava constantemente por frustrar ou falsificar as suas promessas ao capital. [...] O domínio do Estado absolutista era o da nobreza feudal, na época de transição para o capitalismo. O seu fim assinalaria a crise do poder de sua classe: o advento das revoluções burguesas e a emergência do Estado capitalista.[13]

Se no início o Absolutismo foi interessante à classe burguesa, no entanto, com a consolidação do regime absolutista, ela percebe a sua inadaptação a essa lógica: os *privilégios* dados pelo monarca aos nobres contrapunham-se às necessidades burguesas. Por isso, contra as teorias legitimadoras do poder do Estado – Maquiavel, Bodin, Hobbes – inicia-se a reflexão sobre a liberdade individual burguesa, sobre a liberdade no comércio, o que se soma à possibilidade de uma crença individual diversa da crença da maioria (problema que se exponenciara com o protestantismo).[14] Essa perspectiva, de reflexão sobre as possibilidades do *indivíduo* em face do *Estado*, engendra toda uma tradição a respeito dos *direitos* (surgindo assim a noção moderna de *direito subjetivo*), abrindo-se campo para as reflexões filosóficas modernas especificamente do direito.

As liberdades burguesas e a constante luta burguesa contra os privilégios absolutistas farão com que a modernidade iluminista ressalte, em termos teóricos, os direitos indivi-

---

[13] ANDERSON, Perry. *Linhagens do Estado absolutista*. São Paulo, Brasiliense, 2004, p. 39-41.

[14] Ari Solon trata sobre Jellinek, para quem os direitos humanos tiveram origem mais religiosa que filosófica: "A seita propriamente dita [...] deve exigir a não intervenção do poder político e a 'liberdade de consciência' por motivos especificamente religiosos. No solo da seita consequente, cresce, portanto, um 'direito' dos dominados, considerado imprescritível e isto significa: de cada um dos dominados, contra o poder político, hierocrático, patriarcal ou outro poder qualquer." SOLON, Ari Marcelo. *Direito e tradição*: o legado grego, romano e bíblico. Rio de Janeiro, Elsevier, 2009, p. 65.

duais. A noção de direitos subjetivos – fundamental ao desenvolvimento do capitalismo – conduz a uma reflexão sobre os limites do Estado, de seus poderes, de seu governo.

Johannes Althusius (1557-1638), um dos primeiros teóricos modernos a se lançar contra o Absolutismo, já no início do século XVII afirmava que o poder do Estado não se deve pensar como ilimitado e absoluto nas mãos do monarca. A soberania é do povo reunido, não do rei. Althusius era de formação religiosa, calvinista, mas separava a instância teológica da instância política, provendo reflexões a respeito dos limites do poder estatal, no que se destacava em face dos demais pensadores de seu tempo, ainda então muito ligados à legitimação do Absolutismo:

> Atribuí os chamados direitos de soberania não ao magistrado supremo, mas à comunidade ou associação universal. Muitos juristas e cientistas políticos sustentam que eles são apropriados apenas ao príncipe e ao magistrado supremo, pois caso sejam assegurados e comunicados ao povo ou à comunidade eles perecem e deixam de existir. Só uns poucos e eu afirmamos o contrário, isto é, que tais direitos são próprios do corpo da associação universal, pelo fato de conferirem espírito, alma e coração a ela. E esse corpo fenece, como mencionei, se os direitos forem retirados. Reconheço no príncipe o administrador, o supervisor e o governador dos direitos de soberania. Mas o proprietário e usufrutuário da soberania não pode ser diferente do povo total, associado num corpo simbiótico constituído de muitas associações menores. [...]
> Quem permitiria que em tal estado perfeito se concedesse ao rei esse pleníssimo poder de mandar chamado de absoluto? Já dissemos que o poder absoluto é tirânico.[15]

Na Idade Moderna, com o capitalismo, abrem-se as grandes matrizes do pensamento filosófico que acompanham até hoje o discurso comum da filosofia do direito: individualismo, direitos subjetivos, limitação do Estado pelo direito, universalidade dos direitos, antiabsolutismo, contratualismo. Essas noções jusfilosóficas, surgidas das realidades sociais capitalistas de então, constituem um arcabouço comum que se poderia chamar de pensamento filosófico moderno, iluminista.

Os princípios teóricos da modernidade, muitos deles sustentados e propagandeados pelo movimento iluminista, vieram ao encontro das transformações políticas – substanciais – verificadas na Idade Moderna. O Absolutismo, justificado pelo direito divino, estabelecendo uma diferença entre estamentos sociais – nobreza, clero e povo –, impedia o avanço capitalista, na medida em que a burguesia, sendo juridicamente parte do povo, não participava dos privilégios da nobreza.

As revoluções liberais – a começar da inglesa, passando pela independência dos EUA e principalmente pela Revolução Francesa – alteraram o estatuto político, social, econômico e jurídico ocidental. O Iluminismo, apregoando a liberdade, a igualdade entre os homens e direitos naturais, servirá de arma de combate contra o absolutismo. A filosofia do direito moderna iluminista é a exata medida da necessidade das revoluções liberais, burguesas. Os direitos naturais são os direitos necessários à burguesia, que rompem com os privilégios e fazem com que haja uma só régua para antigos nobres, burgueses e povo.

---

[15] ALTHUSIUS, Johannes. *Política*. Rio de Janeiro, Topbooks, s/d, p. 100 e 361.

A filosofia iluminista é claramente antiabsolutista: reclamando a *universalidade* de certos *direitos subjetivos*, rejeita os privilégios, o *status quo*, o estamento, as divisões que davam base ao Antigo Regime. A igualdade de todos os indivíduos perante a lei e a ampla liberdade de negócios, fundamentos da atividade capitalista, passam a ser bandeiras da luta jusfilosófica burguesa.

A filosofia do direito moderna, em seu início, no século XVI, com o Absolutismo, faz o elogio do Estado, tendo em vista a unificação da sociedade e dos territórios que se tornam então mercados, dando esteio às atividades burguesas. Mas, logo em seguida, a burguesia, com o Iluminismo, fará a crítica do Estado tomado em sua forma absolutista, tendo em vista o combate aos privilégios. A limitação do Estado passa a ser o corolário final da filosofia do direito, no século XVIII. Para a burguesia, o Estado deve estar subordinado ao interesse individual, e não o indivíduo jungido absolutamente pelo Estado.

O individualismo

O paradigma que se vai formando no pensamento filosófico iluminista é muito interligado à realidade política, econômica e jurídica do capitalismo moderno. O *individualismo* é um dos mais arraigados e fundamentais conceitos filosóficos da época moderna. Por que são os modernos iluministas individualistas, e em que medida se pode compreender esse individualismo?

O paradigma que acompanhou o pensamento clássico é baseado nas virtudes políticas. O homem, para os gregos, é pleno quando é cidadão. A vida e os paradigmas da ação virtuosa são plenamente sociais, políticos, não individuais. O homem virtuoso é o bom cidadão, é aquele que participa ativamente na pólis. A virtude da justiça, segundo Aristóteles, é bem para o outro, exerce-se na sociedade. Já com o cristianismo inverte-se esse padrão. A filosofia medieval cristã dará ênfase na virtude individual, da criatura ligada ao criador, com sua fé. O fenômeno da salvação é tido por individual. Ora, a fé, sendo uma manifestação pessoal, fará com que a perspectiva de mundo – para a filosofia e para a prática – seja dada com caracteres também individuais. Não importa, aos medievais, salvar o mundo, que é corrompido, e sim a conquista individual do mundo eterno.

Essa tradição individualista é acompanhada pelos modernos, mas por outras razões, e construindo outras explicações. Buscando compreender o mundo não pela fé, mas racionalmente, entenderão os modernos que não há, conforme apregoavam os medievais, a ideia de que o soberano seja portador de poderes divinos, constituindo assim os súditos pela vontade emanada de início de Deus. Politicamente, os modernos apresentarão outras explicações. As teorias contratualistas, desenvolvidas na modernidade, postularão a ideia de que há no início da vida social apenas homens, não procuradores de Deus e súditos, e esses homens são iguais em natureza.

Afirmando o indivíduo – e não Deus – como a origem do fenômeno político, postularão os modernos iluministas um novo paradigma filosófico: é em função do indivíduo e de seus interesses e direitos fundamentais – entre os quais, asseverarão os iluministas, o de propriedade privada – que deve ser posto o Estado, e as leis morais e jurídicas pensadas racionalmente pelo homem devem atender a esse individualismo originário, de igualdade formal entre todos, e em atenção à liberdade individual.

O paradigma individualista, por seu turno, não implica apenas uma postulação filosófica quanto à explicação das origens da sociedade. O individualismo é um programa político da burguesia para a atuação na sociedade do seu tempo. A ideia dos direitos subjetivos está ligada, fundamentalmente, à consolidação das bases do sistema capitalista que está em formação e florescimento. É da estrutura da economia capitalista a acumulação privada e a concorrência entre indivíduos juridicamente livres e iguais, sem que se deixe verificar os nexos de classe existentes em tal relação. A negociação e a possibilidade de acúmulo de capitais somente são feitas tendo por base uma determinada liberdade individual garantida pelo direito.

O individualismo da filosofia política moderna iluminista se vê na defesa intransigente da *propriedade privada*. A acumulação dos bens é legitimada como direito do indivíduo, e dele contra todos, *erga omnes*. A riqueza não é compartilhada por todos. Há um direito de apropriação por alguns contra todos os demais. Individualismo e capitalismo, em filosofia e em filosofia do direito, são fenômenos interligados.

O estudioso C. B. Macpherson chama à filosofia moderna burguesa de teoria política do *individualismo possessivo*, e enxerga em Thomas Hobbes e John Locke dois dos seus grandes propositores, sendo que Locke, em específico, apresenta a propriedade privada como a grande razão de ser da união dos homens em sociedade, deixando clara a conexão entre o capitalismo e a filosofia individualista moderna. Macpherson resume as características da filosofia política e jurídica moderna individualista:

> As suposições compreendidas pelo individualismo possessivo podem ser resumidas nas sete proposições seguintes:
>
> (i) O que confere aos seres o atributo de humanos é a liberdade de dependência da vontade alheia.
>
> (ii) A liberdade da dependência alheia significa liberdade de quaisquer relações com outros, menos as relações em que os indivíduos entram voluntariamente visando a seu próprio proveito.
>
> (iii) O indivíduo é essencialmente o proprietário de sua própria pessoa e de suas próprias capacidades, pelas quais ele não deve nada à sociedade.
>
> (iv) Se bem que o indivíduo não possa alienar a totalidade de sua propriedade de sua própria pessoa, ele pode alienar sua capacidade de trabalho.
>
> (v) A sociedade humana consiste de uma série de relações de mercado.
>
> (vi) Já que a liberdade das vontades dos outros é o que torna humano o indivíduo, a liberdade de cada indivíduo só pode ser legitimamente limitada pelos deveres e normas necessários para garantir a mesma liberdade aos outros.
>
> (vii) A sociedade política é um artifício humano para a proteção da propriedade individual da própria pessoa e dos próprios bens, e (portanto), para a manutenção das relações ordeiras de trocas entre os indivíduos, considerados como proprietários de si mesmos.[16]

---

[16] MACPHERSON, C. B. *A teoria política do individualismo possessivo*. Rio de Janeiro, Paz e Terra, 1979, p. 275-276.

Individualista e dando escoamento às necessidades capitalistas, a filosofia moderna iluminista institui problemas que só foram típicos de seu tempo. A *filosofia política* e suas características peculiares (em especial o *contratualismo*), a *filosofia do direito* (principalmente o tema do *direito natural racionalista*) e a questão do *conhecimento* (seus métodos de apreensão: *empirismo* e *racionalismo*) constituem três grandes objetos de análise da filosofia moderna.

A QUESTÃO DO CONHECIMENTO

Se a marca que identifica a filosofia medieval é o império da *fé*, a marca da filosofia moderna é certamente a preocupação com a *razão*. Ocorre que a fé não se funda, a princípio, sobre alicerces filosóficos, mas a razão, para ser considerada como tal, necessita deitar e estabelecer seus parâmetros teóricos. Por isso, os modernos se põem a pensar sobre o próprio *conhecimento*.[17]

A teoria do conhecimento é um problema criado fundamentalmente pelos modernos. Entre os filósofos gregos, a questão da razão se apresentava de outra maneira. O conhecimento, para os pré-socráticos, era uma apreensão ampla e livre do mundo, sem as limitações de algum método prévio. A verdade não era um produto controlado pela filosofia: chegava aos campos que hoje são da ciência, da poesia, da arte. Fisicistas que eram, os pré-socráticos tratavam de conhecer o *cosmos*. Já para o próprio Sócrates, pai do pensamento clássico, a verdade não é ensinada: não se trata de conhecer o mundo previamente, por meio meramente cerebrino, mas sim de iluminar a alma. Para Aristóteles, ressalta-se a busca de entender a *natureza* mesma das coisas. O ato de conhecer não se separa daquilo que está sendo conhecido.

Por sua vez, para os medievais, toda especulação e o conhecimento centravam-se, antes de tudo, na questão da fé. Santo Agostinho, que influenciou os séculos da filosofia cristã, subordinava o conhecimento à crença. São Tomás de Aquino, aristotelizando a filosofia cristã, abriu campo sistemático para o conhecimento racional, mas salvaguardava, ainda e acima, a fé. Daí o contraste representado pelos modernos: rejeitam tanto o conhecimento subordinado pela fé quanto o conhecimento antigo, clássico, que se baseava nas próprias coisas, no acontecer da natureza.

O conhecimento, para os modernos, não se situa nem na própria interação do conhecedor com o conhecido – a natureza – nem no campo da fé. Centrando sua problemática no *indivíduo*, os modernos apresentam o problema específico do conhecimento a partir do *sujeito*. Além disso, não podem recair em um problema contrário. Se o conhecimento reside no sujeito, não se pode considerar que cada um tenha uma verdade. Todos os sujeitos devem ser capazes de conhecer a razão do mesmo modo. A razão, além de estar centrada no sujeito, apresenta mais uma exigência para os modernos: precisa ser *universal*.

---

[17] "Um dos traços característicos da filosofia do século XVIII é a estreita relação, poderíamos dizer até o vínculo indissolúvel que existe, no âmbito do pensamento, entre o *problema da natureza* e o *problema do conhecimento*." CASSIRER, *A filosofia do iluminismo*, op. cit., p. 135.

Sobre a questão do conhecimento, à pergunta "como conhecemos?", os filósofos modernos levantaram duas respostas: a do *empirismo* e a do *racionalismo*. Não são correntes estanques. Não há um só empirismo nem um só racionalismo. Há várias filosofias empiristas e várias racionalistas. Deve-se tomá-las como modelos gerais, que em alguns casos até mesmo se entrosam ou, em outros, muito se estranham.

Os antigos perguntavam a respeito da compreensão do mundo que se lhes apresentava. Os modernos se perguntam, primeiro, não sobre as coisas, mas sim sobre o sujeito que as conhece. Da natureza para os antigos, o pêndulo passa, para os modernos, ao campo subjetivo. Por isso, as duas respostas da teoria do conhecimento, empirismo e racionalismo, sempre formulam métodos que se centralizam no indivíduo, o *sujeito do conhecimento*.

Para os racionalistas, o conhecimento se faria por métodos ou categorias racionais que todo sujeito, por si próprio, formularia por meio do mero uso de sua razão – Descartes é o pioneiro nessa busca. Para os empiristas, o conhecimento advém da experiência originada na percepção concreta das coisas e dos fatos – e Hume é um radical e destacado exemplo de filósofo empirista. Tratam, ambas as correntes, do modo pelo qual o *sujeito* pode conhecer. Nesse sentido, voltando-se ao sujeito do conhecimento, erige-se filosoficamente a preocupação e a afirmação do *indivíduo* – o sujeito do conhecimento, sujeito de direitos – que reforça o quadro do individualismo moderno, muito apropriado à visão burguesa de mundo.

Ao se perguntar a respeito do conhecimento das coisas – sobre as próprias estruturas do conhecimento – os modernos estavam se indagando a respeito do *método* para a determinação da verdade. Ora, aquilo que é aparente, enganador, circunstancial, o conhecimento eventual, restrito, nada disso pode ser garantia de verdade. Para que se descubra, pois, a verdade, seria necessário que se conhecessem os verdadeiros métodos para sua apreensão. Os filósofos modernos não querem que a verdade seja uma descoberta casual. Pelo contrário, querem determinar, por meio de parâmetros, o que se pode chamar por verdade ou razão. Postulando que a verdade não se apresenta como dado prévio internamente ao homem que conhece, mas na própria experiência, na percepção, deu-se a resposta *empirista*. Demonstrando que, muito mais que ter experiências sobre as coisas externas ao homem, é dentro dele que residem as matrizes do conhecimento para a apreensão posterior dos fenômenos, assim se deram as respostas inatistas e *racionalistas*.

O francês René Descartes (1596-1650) é o grande modelo da filosofia racionalista. Com Descartes e os racionalistas levanta-se a preocupação com a questão da determinação dos paradigmas com base nos quais se possa afirmar uma verdade. O *Discurso sobre o método* é a demonstração da preocupação para com o método – o sistema ideal a partir do qual o conhecimento é possível sob a chancela da razão – antes que propriamente com as coisas que com esse método serão conhecidas. No exemplo da matemática, o plano cartesiano é uma estrutura prévia na qual se dá a possibilidade de localização espacial de qualquer objeto com base em dado referencial ideal. Ora, esse plano cartesiano, em matemática, é exemplar da forma pela qual os modernos racionalistas procediam com a questão filosófica do conhecimento: a investigação dos padrões, dos planos, das referências prévias, sem os quais não se localiza o objeto, e também sem os quais não há nem se pode considerar racional o conhecimento. O método, os paradigmas, os sistemas, as categorias, são todos construções que partem não das coisas em si, da experiência das coisas, mas sim que estão na própria idealidade humana. São construções racionais para perfazerem um conhecimento. Ao encaminhar-se para um conhecimento não centrado no objeto, o racionalismo albergar-se-á no mundo do sujeito. Daí uma célebre passagem de Descartes no *Discurso sobre o método*:

> Assim, sabendo que os nossos sentidos às vezes nos enganam, quis supor que não havia nada que correspondesse exatamente ao que nos fazem imaginar. Como há homens que se iludem em seus raciocínios e incorrem em paralogismos, mesmo quando se trata da mais simples noção de geometria, e julgando-me também eu tão sujeito a erros como os demais, repeli como falsas todas as razões que antes tomara por demonstrações. Finalmente, considerando que os mesmos pensamentos que temos quando acordados podem ocorrer-nos quando dormimos, sem que haja então um só verdadeiro, decidi-me a fingir que todas as coisas que outrora me entraram na mente não eram mais verdadeiras do que as ilusões dos meus sonhos. Mas, logo depois, observei que, enquanto pretendia assim considerar tudo como falso, era forçoso que eu, ao pensar, fosse alguma coisa. Notei, então, que a verdade *penso, logo existo* era tão sólida e tão certa que nem mesmo as mais extravagantes suposições dos céticos poderiam abalá-la. E, assim julgando, conclui que não deveria ter escrúpulo em aceitá-la como o primeiro princípio da filosofia que buscava.[18]

A constituição do conhecimento, para os modernos racionalistas e idealistas, direcionaria a preocupação filosófica para a busca da verdade, estável, eterna e universal, racional, porque advinda de métodos, sistemas e categorias racionais. Para Descartes, todos teriam a aptidão de bem julgar e de conhecer o verdadeiro do falso. Por isso, então, seria possível a universalidade do conhecimento:

> O bom senso é a coisa mais bem dividida do mundo, pois cada qual julga estar tão bem dotado dele que mesmo os mais difíceis de contentar-se em outras coisas não costumam desejá-lo mais do que possuem. E, a esse respeito, não é verossímil que todos se enganem; isso prova, ao contrário, que o poder de bem julgar e distinguir o verdadeiro do falso, isto é, o que se chama o bom senso ou a razão, é naturalmente igual em todos os homens.[19]

Os empiristas, por outro lado, desenvolveram, na questão do conhecimento, a reflexão filosófica centrada na *percepção* mesma das coisas antes que nas categorias que dariam sentido a essa percepção. Em vez de métodos ideais, prévios, cerebrinos, o homem sente, percebe, experimenta, vivencia, e assim o faz por meio de tudo o que há na realidade – as coisas, as sensações, toda possível experiência. Sem as coisas, os fatos, o mundo, não há categorias que, por si só, venham a fazer o conhecimento. Para os empiristas, o método só vem depois da experiência, e não antes. O conhecimento se faz das

---

[18] DESCARTES, René. *Discurso sobre o método*. São Paulo, Edipro, 1996, p. 37.
[19] Ibid., p. 13.

coisas reais, sentidas, experienciadas, não de ideias sobre as coisas – como propugnam os racionalistas –, mas das coisas e da experiência em si.

O inglês David Hume (1711-1776) é um dos mais radicais filósofos empiristas. Assim diz sobre o conhecimento no *Tratado da natureza humana*, dando primazia às impressões e às sensações em detrimento das ideias:

> As percepções da mente humana se reduzem a dois gêneros distintos, que chamarei de IMPRESSÕES e IDEIAS. A diferença entre estas consiste no grau de força e vividez com que atingem a mente e penetram em nosso pensamento ou consciência. As percepções que entram com mais força e violência podem ser chamadas de *impressões*; sob esse termo incluo todas as nossas sensações, paixões e emoções, em sua primeira aparição à alma. Denomino *ideias* as pálidas imagens dessas impressões no pensamento e no raciocínio, como, por exemplo, todas as percepções despertadas pelo presente discurso, excetuando-se apenas as que derivam da visão e do tato, e excetuando-se igualmente o prazer ou o desprazer imediatos que esse mesmo discurso possa vir a ocasionar. [...]
>
> Contentar-nos-emos aqui em estabelecer nossa proposição geral: que *todas as nossas ideias simples, em sua primeira aparição, derivam de impressões simples, que lhes correspondem e que elas representam com exatidão*. [...] Descubro, pela experiência constante, que as impressões simples sempre antecedem suas ideias correspondentes, nunca aparecendo na ordem inversa. Para dar a uma criança uma ideia do escarlate ou do laranja, do doce ou do amargo, apresento-lhe os objetos, ou, em outras palavras, transmito-lhe essas impressões; mas nunca faria o absurdo de tentar produzir as impressões excitando as ideias.[20]

Dado que o conhecimento advém da experiência, e não de ideias inatas ou de esquemas do raciocínio, Hume afastará a possibilidade de que o justo seja uma ideia absoluta. Para ele, se somente a experiência é fonte do conhecimento, o atributo de justiça é, então, meramente artificial:

> Temos que admitir que o sentido de justiça e injustiça não deriva da natureza, surgindo antes artificialmente, embora necessariamente, da educação e das convenções humanas. [...] Para que ninguém se sinta ofendido, devo aqui observar que, quando nego que a justiça seja uma virtude natural, estou empregando a palavra *natural* como significando exclusivamente o oposto de *artificial*. [...] Embora as regras da justiça sejam *artificiais*, não são *arbitrárias*. [...]
>
> Eis aqui, portanto, uma proposição que, acredito, pode ser tida como certa: *a justiça tira sua origem exclusivamente do egoísmo e da generosidade restrita dos homens, em conjunto com a escassez das provisões que a natureza ofereceu para suas necessidades*. [...] Podemos concluir do mesmo princípio que o sentido da justiça não se funda na razão, isto é, na descoberta de certas conexões e relações de ideias, eternas, imutáveis e universalmente obrigatórias.[21]

---

[20] HUME, David. *Tratado da natureza humana*. São Paulo, Ed. Unesp, 2009, p. 25, 28-29.
[21] Ibid., p. 523-524 e 536.

O que representa a questão do conhecimento, racionalista ou empirista, para a filosofia do direito? A busca essencial, na filosofia do direito burguesa moderna, era a da afirmação de direitos naturais, que, à semelhança das leis matemáticas ou físicas, fossem também leis *universais*. Ora, a universalidade do conhecimento somente poderá ser garantida com uma certeza metodológica. O conhecimento não pode ser casual, relativo: é preciso distinguir a forma pela qual se conhece. Conhecendo de maneira universal, será possível então dizer que determinadas normas, orientações ou julgamentos são ou não racionais. O justo não pode estar no arbítrio da própria vontade, ao bel-prazer. Se assim o fosse, burgueses considerariam o justo de um modo, e não burgueses de outro. Mas, exatamente porque a classe burguesa quer universalizar o seu próprio interesse e seu próprio modo de se relacionar com a sociedade e o mundo, é preciso que haja um método universal para que se conheça ou se chancele a razão.

A dificuldade de se postular a razão na filosofia moderna reside no fato de que a sede do conhecimento está no indivíduo, mas todo indivíduo deve ter os mesmos padrões de aferição da razão. O conhecimento tem que ser postulado, pela filosofia burguesa moderna, como *individual* e *universal*. Por isso, está de fora das filosofias modernas a possibilidade do conhecimento se assentar sobre uma base *social*. Os indivíduos não aprendem a razão uns com os outros. Se assim o fosse, a própria sociedade permitiria uma variedade de opiniões, julgamentos, e, portanto, de razões. Isso acarretaria o fato de que seriam possíveis vários julgamentos a respeito do justo, o que inviabilizaria o projeto jurídico moderno de assentar o conhecimento apenas na base das normas que interessavam à burguesia. O conhecimento que se adquire com os demais, em sociedade, é cultura. A filosofia moderna, no entanto, abomina a cultura como fonte da razão. O conhecimento deve se fundar em esquemas universais, que se originam ou que estejam disponíveis aos indivíduos, isoladamente; um a um, mas a todos.[22] A conjugação da dupla exigência das teorias do conhecimento modernas – individual e universal –, partindo de uma exclusão prévia – da instância social –, torna a questão do conhecimento de difícil solução.

Os empiristas, ao advogarem a experiência como método do conhecimento, fundam-se sobre a fruição de percepções que pudessem ser comuns ou universais, pelas quais se pudesse então concluir por sua conveniência, razoabilidade, utilidade ou adaptação à natureza humana. Mas o grande problema que subjaz ao empirismo é a chegada a um conceito universal apenas com base em experiências particulares. Como é possível que duas pessoas, tendo experiências iguais, concluam as mesmas coisas das mesmas experiências? De que modo é possível universalizar um conhecimento empírico que, em sua base, é individual? O empirismo foi muito atacado como fonte de um conhecimento universal.

Ao contrário do empirismo, o racionalismo enfrenta a questão por outras vias. A busca de métodos com base nos quais a verdade seja concluída – praticamente por via dedutiva,

---

[22] "De antemão, o esclarecimento [Iluminismo] só reconhece como ser e acontecer o que se deixa captar pela unidade. Seu ideal é o sistema do qual se pode deduzir toda e cada coisa. Não é nisso que sua versão racionalista se distingue da versão empirista. Embora as diferentes escolas interpretassem de maneira diferente os axiomas, a estrutura da ciência unitária era sempre a mesma." ADORNO e HORKHEIMER, *Dialética do esclarecimento*. Rio de Janeiro, Zahar, 1985, p. 22.

nesse caso – também não consegue resolver as necessidades fundamentais de uma filosofia do direito moderna: de que maneira podem ser conhecidas idealmente, por todos, as leis universais do direito, a justiça, as normas de direito natural? Como é possível que duas pessoas afirmem, valendo-se apenas de referências racionais de cada qual, que tal princípio é justo de maneira absoluta? A multiplicidade de referências a respeito da justiça demonstraria a dificuldade de um conhecimento universal extraído apenas de esquemas da razão.

A questão do conhecimento, crucial para os modernos na demonstração de um *direito subjetivo universal*, teve ainda repercussões no mundo da prática e da técnica jurídica. Ao propugnar um conhecimento centrado em categorias e métodos previamente estabelecidos, a filosofia racionalista busca uma verdade que não se encontra no mundo da experiência, e sim previamente aos fatos, pensada, de maneira ideal, cerebrina. Essa visão racionalista, ao ser derivada para a filosofia do direito, dirá que o conhecimento jurídico também não se daria, fundamentalmente, por meio de experiências ou vivências da realidade, mas se dá por princípios, normas ou categorias que podem ser apreendidas previamente, racionalmente, pelos indivíduos. O racionalismo dá mais ênfase às normas impostas pela razão que aos fatos e os costumes. Pelo contrário, a resposta empirista, ao enfatizar a questão da percepção, das experiências da realidade, excluirá a possibilidade de conhecimento prévio do direito, transplantando a indagação jusfilosófica para a própria realidade vivida e experimentada no direito, para os fatos, o costume. O empirismo dá mais valor ao já conhecido pela experiência do que às novidades da lei.

O empirismo, em geral, foi um movimento filosófico característico da Inglaterra, dos países nórdicos e dos países do mundo de cultura anglo-saxônica. Essa peculiaridade, geográfica, encontra-se em exato paralelismo com o sistema de direito que nesses países, desde o final da Idade Média e início da Idade Moderna, foi-se consolidando: a *common law*. Esse sistema, de direito costumeiro, que tem por operacionalidade a existência dos precedentes, que observa o *costume* dos tribunais e dos indivíduos como forma de normatização, tem laços históricos com os próprios métodos empíricos do conhecimento, que não se detêm em construções teóricas, ideais, prévias, mas na experiência retirada da realidade. Até os dias atuais, a filosofia de tais países tem características predominantemente empíricas, que redundam, num braço contemporâneo, na filosofia analítica, e, noutro, na pragmática, e seus sistemas de direito são até hoje de *common law*.

Já o racionalismo, por seu turno, é uma perspectiva filosófica adotada por toda a Europa continental e por todos os países que receberam sua influência – a exemplo do Brasil. A Alemanha, mas também a França, a Itália, Portugal e outros, são países que vivenciam uma filosofia de paradigma racionalista, e, no plano jurídico, o sistema de direito que se consolidou há séculos é aquele que, em oposição à denominação *common law*, denominou-se *civil law*, ou direito legal. Esse direito, que trabalha por meio da instrumentalização de *normas* previamente criadas e estabelecidas, e que não tem nos costumes grande fonte de regulação jurídica, está de acordo com a perspectiva de apreensão racional, prévia, metódica, da verdade normativa a ser imposta. Assim, nos países de tradição racionalista, o direito recebeu grandes codificações, desbravadoras da conduta jurídica, muitas vezes inovadoras, que perfazem um sistema racional jurídico antes que propriamente um estudo das formas de comportamento jurídico já existentes.

Sobre a consolidação de um pensamento jurídico sistemático, a partir da disputa de empirismo e racionalismo, diz Mario Losano:

> O pensamento sistemático não é senão um dos meios com que se conduz a luta entre as duas correntes de pensamento, que há muito se entrelaçam e se contrapõem na filosofia: o materialismo e o idealismo. [...] No século XVIII o debate passou da parte interna do sistema (ou seja, da relação entre suas partes) aos princípios primeiros dos quais ele se origina. Mas a noção de sistema já está tão consolidada que até mesmo seus críticos falam dela, embora aceitem o sistema fundado sobre a observação empírica e rejeitem aquele fundado sobre a abstração.[23]

Na filosofia do direito, os liames entre empirismo e *common law*, de um lado, e entre idealismo e *civil law*, de outro, são historicamente muito nítidos, e, pode-se mesmo dizer, praticamente geográficos. No entanto, acima dessas próprias diferenças, há uma identidade fundamental entre ambos os métodos, que reside no fato de que, seja pela experiência ou por ideias, as duas famílias de filosofias do conhecimento modernas concluem do mesmo modo: sempre pela justiça universal e inflexível do interesse burguês.[24]

A FILOSOFIA POLÍTICA MODERNA

O período moderno foi dos mais férteis para o desenvolvimento da ação política em solo europeu, e também para a filosofia política. Rompendo com o sistema feudal, o mundo moderno conheceu pela primeira vez o Estado, da forma como o tomamos hoje. O fortalecimento do poder do monarca, a organização que em torno do governante se fez, o redimensionamento da relação entre fé e poder, a posição do indivíduo em face do governante, todas essas questões ensejaram uma nova modalidade de pensamento filosófico. O homem não estava mais localizado em feudos, tampouco prestava reverência só à Igreja. Agora se submetia fundamentalmente à autoridade do rei, e a filosofia deu nova explicação ao modo pelo qual ele existia e se relacionava, seus valores e sua conduta, para si mesmo e para os outros, e a quem e para que se submetia. Na base de todo esse processo histórico, o modo de organização das relações produtivas não era mais feudal, não se baseava mais em estruturas primitivas. Havia um desenvolvimento de uma classe burguesa, das cidades, comerciando, fazendo circular bens, manufaturando. Desenvolvia--se o mercantilismo, nascia, pois, o capitalismo.

---

[23] LOSANO, Mario G. *Sistema e estrutura no direito*. São Paulo, Martins Fontes, 2008, v. 1, p. 109 e 196.

[24] "Na Inglaterra como na França, embora as vias utilizadas para descobrir as regras de direito tenham sido diferentes, existiu sempre uma mesma concepção de base do direito: o direito é, antes de tudo, razão, *lex est aliquid rationis*. Esta concepção pôde parecer repudiada no continente europeu, no século XIX, com o triunfo das doutrinas do positivismo legislativo, quando se confundiu direito e lei. Manifesta-se, atualmente, uma clara tendência para a retomar. Ela continua bem viva na Inglaterra, onde o direito, ainda hoje, surge como uma obra de razão e distinto da lei." DAVID, René. *Os grandes sistemas do direito contemporâneo*. São Paulo, Martins Fontes, 1996, p. 355.

O Absolutismo logo se assentou como a organização política dos Estados nascentes da Idade Moderna. Mas, justamente contra a visão absolutista, alguns pontos devem ser vistos como fundamentais na filosofia política dos iluministas, entre os quais a ideia do *contratualismo*, que leva ao contraste entre os conceitos de *sociedade civil* e de *Estado*. A modernidade procede à secularização da esfera política medieval. No passado clássico, o fundamento da política era a natureza. Ao tempo medieval – e se arrastando ainda pelo Absolutismo –, as explicações filosóficas sobre o poder eram atribuídas à legitimação divina. Com a modernidade burguesa, outros paradigmas passam a se apresentar. Diz Celso Lafer:

> O jusnaturalismo moderno [...] foi elaborado durante os séculos XVII e XVIII e buscou responder ao deslocamento do objeto de pensamento, da natureza para o homem, que caracteriza a modernidade. Na procura desta resposta, a vigência cultural deste paradigma, que entende que "o direito natural ou da razão é a fonte de todo o direito", foi sendo gradualmente desenvolvida e paradoxalmente corroída pelos processos históricos que caracterizaram a experiência jurídica a partir do aparecimento do Estado moderno no século XVI. Entre estes processos que marcaram a dissolução da unidade espiritual da *Respublica Christiana* medieval, cabe mencionar os da *secularização, sistematização, positivação* e *historicização* do Direito.[25]

Quando os modernos tratam a respeito das origens da vida social, perguntam-se sobre os fundamentos que fazem com que a vida em sociedade deva ser respeitada, indagam-se sobre que espécie de ordem social é melhor, quem a governa, a quais interesses atenderá a sociedade, e, no fundo, se os homens quiseram viver em sociedade ou não, se tal condição se lhes foi imposta, se a vida social é natural, se é racional, e como a vida em sociedade deve ser regulada.

Os gregos, e em especial Aristóteles, durante muitos séculos foram os responsáveis pelas explicações filosóficas mais tradicionais e recorrentes sobre a sociedade e o Estado. Aristóteles, o mais importante filósofo grego nesse tema, observava a sociedade e o Estado como uma família ampliada. As famílias, núcleos originários de convivência, se somadas, constituíam vilas, e estas, cidades, e estas, províncias, e estas, Estados. Era a ideia da sociedade como resultado da natureza humana, do homem como ser *naturalmente político*. Essa visão, orgânica, do Estado como família ampliada ou da família como o Estado reduzido, imperou até a entrada na modernidade. Os primeiros filósofos a mudarem o paradigma de explicação da sociedade e do Estado foram os modernos.

É característica do pensamento moderno a consideração de que, antes que uma ampliação dos laços familiares e grupais, a sociedade seria, no fundo, a reunião de indivíduos que se apresentavam, inicialmente, como isolados. Percebe-se então, rapidamente, a diferença fundamental entre esses dois métodos filosóficos. De um lado, em Aristóteles, como é a sociedade uma ampliação sucessiva de vínculos que na base são familiares, a característica inicial e necessária dessa formação é também social. A família, ou a união de homem e mulher, como alguns chegam a detectar como origem primeira da série que

---

[25] LAFER, Celso. *A reconstrução dos direitos humanos*: um diálogo com o pensamento de Hannah Arendt. São Paulo, Companhia das Letras, 1988, p. 37.

levará à sociedade, é sempre uma ordem social, nunca de indivíduos isolados em si mesmos. Já para os modernos, a sociedade é apenas uma união de indivíduos. Essa posição, individualista, tem por pressuposto a ficção de que, em princípio, havia seres humanos que viviam isolados, e que, em um momento posterior, passam a viver em sociedade. Essa teoria, para os filósofos modernos, é a teoria do *contrato social*.

O que Aristóteles chamara de natureza humana, a natureza social do homem, o *zoon politikon*, os modernos inverterão, dizendo que, na verdade, a natureza humana é individual e a sociedade surge por *contrato*, ou seja, por mera deliberação de vontade, sendo, nesse caso, a vida social um acidente, e não necessária. A filosofia moderna erigirá, como base natural e necessária do homem, uma natureza individual.

Norberto Bobbio exprime as várias diferenças dos contratualistas modernos para com o pensamento antigo, aristotélico:

> Comparando entre si as características diferenciadoras dos dois modelos, emergem com nitidez algumas das grandes alternativas que caracterizam o longo caminho da reflexão política até Hegel: (a) concepção racionalista ou histórico-sociológica da origem do Estado; (b) o Estado como antítese ou como complemento do homem natural; (c) concepção individualista e atomizante e concepção social e orgânica do Estado; (d) teoria contratualista ou naturalista do fundamento do poder estatal; (e) teoria da legitimação através do consenso ou através da força das coisas. Essas alternativas referem-se aos problemas da origem (a), da natureza (b), da estrutura (c), do fundamento (d), da legitimidade (e) daquele sumo poder que é o poder político em relação a todas as outras formas de poder do homem sobre o homem.[26]

A condição primeira dos indivíduos na história, antes da vida social, na qual os homens são livres, os modernos a denominam *estado de natureza*. Por várias razões, dizem os modernos, os homens deixam de viver em estado natural e passam a viver em sociedade. Três grandes filósofos marcaram a explicação do contrato social. Para Hobbes, por exemplo, a vida em natureza não possibilita ao homem a convivência pacífica. Há a guerra de todos contra todos. A sociedade civil, e o Estado que lhe advém, garantem a ordem não havida no estado de natureza. Para Locke, a sociedade permite uma ordem racional de convívio, e o objetivo desta é a liberdade e a garantia da propriedade privada. Para Rousseau – cuja filosofia contratualista tem mais etapas que a de Locke e Hobbes –, o homem, em estado de natureza, é bom. Passa a viver em sociedade, e esta surge com a propriedade. A propriedade, por sua vez, engendra a corrupção dos homens, a violência. Somente um contrato social, baseado na razão, pode, num momento posterior, estabelecer um homem diferente, com valores transformados, racionais.

Na filosofia política moderna, separam-se as instâncias do indivíduo (estado de natureza), da sociedade civil e do Estado, este chamado também de sociedade política, em diferença de uma sociedade civil que não fosse dotada de instituições políticas. As variadas teorias do contratualismo separam instâncias sociais que formavam um bloco

---

[26] BOBBIO, Norberto; BOVERO, Michelangelo. *Sociedade e estado na filosofia política moderna*. São Paulo, Brasiliense, 1991, p. 44.

único na filosofia política antiga, postulando ainda um sentido na sucessão dessas instâncias: indivíduo (estado de natureza) > sociedade civil > Estado. Na filosofia política antiga, aristotélica, não se vê a divisão do indivíduo e do Estado em relação ao todo social.

Estando os homens em estado natural, lá encontram liberdade sem controles, mas tal liberdade é pouco apreciada, segundo o pensamento filosófico dos modernos, porque não há garantia de seu exercício racional e nem de salvaguarda dos direitos naturais. Por isso, como meio de instituir uma ordem capaz de garantir seus interesses e direitos, os indivíduos, dando vazão à sua vontade livre, dispõem-se a viver em sociedade. Como tal vida social é artificial, gerada que foi por um contrato e não por um dado natural, impõe-se um respeito mútuo às regras acordadas. Não se pode, então, viver sob a independência total do estado natural, onde cada indivíduo era seu soberano. É preciso que haja uma instância política que unifique as vontades individuais. Assim dirá Althusius: "O direito do reino, ou direito de soberania, não pertence aos membros individuais, mas a todos os membros em conjunto e a todo o corpo associado do reino."[27]

Para a filosofia política moderna iluminista, o poder político não pode se assentar no acaso, nem nos costumes, nem na tradição nem em pretensões de delegação divina, como era o caso no Absolutismo. Somente a vontade dos indivíduos pode gerar o poder político legítimo. O conhecido filósofo francês Denis Diderot, num popular texto publicado na *Enciclopédia*, por ele organizada, trata do contrato social e da autoridade política:

> Nenhum homem recebeu da natureza o direito de comandar os outros. A liberdade é um presente do céu, e cada indivíduo da mesma espécie tem o direito de desfrutá-la assim como desfruta da razão. Se a natureza estabeleceu alguma *autoridade* é o poder paterno; mas o poder paterno tem seus limites, e no estado de natureza ele findaria tão logo os filhos estivessem em condição de conduzir-se. Qualquer outra *autoridade* provém de uma outra origem que não a da natureza. Que se examine bem, e far-se-á sempre remontar a sua procedência a uma dessas duas fontes: ou à força e à violência daquele que dela se apoderou, ou ao consentimento daqueles que se lhe submeteram por um contrato feito ou suposto entre eles e aquele a quem deferiram a *autoridade*. [...]
> O poder que vem do consentimento dos povos supõe necessariamente condições que tornam seu uso legítimo, útil à sociedade, vantajoso para a república, e que o fixam e o restringem em seus limites. [...] O verdadeiro e legítimo poder tem pois necessariamente limites.[28]

Na maioria dos filósofos modernos as teorias do contrato social, embora cheias de matizes próprios, têm um fundo comum: a sociedade civil é um momento superior em relação ao convívio originário, de natureza. A união em sociedade, para a maioria dos pensadores da modernidade, advém da razão e do consenso. Para alguns filósofos modernos, como Hobbes, o Estado é uma última instância que, quando estabelecida, passa a ser considerada distinta e contrastante dos indivíduos que deram formação ao contrato social. Mas, para outros, como Espinosa e Rousseau, não se trata de pensar o Estado como uma instância oposta aos indivíduos, que se apresentasse estranha aos

---

[27] ALTHUSIUS, *Política*, op. cit., p. 179.
[28] DIDEROT, *Obras I. Filosofia e política*. São Paulo, Perspectiva, 2000, p. 255-256.

súditos, mas sim como uma espécie de junção do indivíduo com o todo por meio do contrato social.[29] Nesse sentido, diz Espinosa:

> Em democracia, com efeito, ninguém transfere o seu direito natural para outrem a ponto de este nunca mais precisar de o consultar; transfere-o, sim, para a maioria do todo social, de que ele próprio faz parte e, nessa medida, todos continuam iguais, tal como acontecia anteriormente no estado de natureza. [...]
>
> Porém, apesar de concebermos assim o direito e o poder do Estado de maneira bastante ampla, jamais ele será tão grande que aqueles que o detêm possam fazer absolutamente tudo o que quiserem, conforme creio já ter mostrado com suficiente clareza.[30]

Em Espinosa, o contrato social se revela como uma teoria que, ao privilegiar a união, se encaminha para a democracia, afastando-se da ideia de um Estado absolutista. Assim, diz Marilena Chaui:

> Podemos observar que, no *Teológico-político*, Espinosa não aceita a ideia do pacto como transferência total do direito natural ou da potência individual a um outro: o pacto é descrito como um acordo mútuo em que cada indivíduo concorda em que o direito natural de cada um a todas as coisas seja exercido coletivamente e não mais seja determinado pelo apetite de cada um e sim pela potência da vontade de todos em conjunto. Essa descrição, por seu turno, é inseparável de dois aspectos de grande relevância: por um lado, o fato de Espinosa considerar a democracia o mais natural dos regimes políticos, e cronologicamente o primeiro, indica que o pacto pressupõe uma transferência do direito natural individual para a coletividade inteira, de maneira "que todos permanecem iguais como antes no estado de Natureza".[31]

As teorias do contrato social, que fundamentam a teoria política moderna, são também um espelho das teorias do direito natural, que se constituem como base da filosofia do direito moderna iluminista. Como os homens são, em natureza, iguais, o contrato social é estabelecido a partir de parâmetros iguais. Todos os homens, assim, possuem os mesmos princípios que devem ser resguardados na vida política, porque, quando se associaram contratualmente, valia cada qual o mesmo que o outro. Começa a nascer daí a ideia dos direitos naturais do homem, que é a tônica da filosofia política e jurídica dos modernos.

A FILOSOFIA DO DIREITO MODERNA

A filosofia do direito moderna iluminista tem por tema mais importante a postulação de um *direito natural da razão*. Para tal empreendimento, valer-se-á das perspectivas

---

[29] "O que, quando muito, distingue Spinoza de Hobbes é que, enquanto para Hobbes o pacto de união pode ser configurado como um contrato em favor de um terceiro (como diria um jurista), para Spinoza – que nisso antecipa claramente Rousseau e o conceito tipicamente rousseauniano da liberdade política como autonomia – o próprio pacto de união prevê a transferência do poder natural de cada um para a coletividade da qual cada um é parte." BOBBIO, *Sociedade e estado na filosofia política moderna*, op. cit., p. 69.

[30] ESPINOSA, Baruch de. *Tratado teológico-político*. São Paulo, Martins Fontes, 2003, p. 242 e 252.

[31] CHAUI, Marilena. *Política em Espinosa*. São Paulo, Companhia das Letras, 2003, p. 165.

do individualismo e do contratualismo que eram próprias da filosofia política de então, tendo ainda por base teórica os métodos do conhecimento racionalistas ou empiristas.

O problema do jusnaturalismo moderno começa já pela nomenclatura: *direito natural*, para os modernos, tem um sentido bastante diverso daquele empregado pela tradição. Nos gregos – tendo no seu ápice Aristóteles –, a noção de direito natural era tomada noutro sentido, o de busca de natureza das coisas. Quando Aristóteles fala sobre o direito natural, aplica a essa categoria muito mais o sentido de próprio à natureza das coisas que propriamente o de um direito cerebrino, pensado, originado da razão. Tanto assim que o pensamento aristotélico insiste na prudência e na equidade, em vez de uma pura razão especulativa. Tomás de Aquino, entre os medievais, aristotelizando a filosofia cristã, inscreverá o direito natural entre as leis divinas dadas ao conhecimento racional humano. Se, por um lado, há quase certo fisicismo com Aristóteles, por outro há grande carga teológica no jusnaturalismo tomista.

Ocorre, no entanto, que o chamado direito natural moderno se diferencia tanto do sentido antigo quanto do medieval. Os modernos, dando a si mesmos o encargo da razão, construirão outro método de direito natural, que se reputa racional, daí ser também chamado por *jusracionalismo*.

Samuel Pufendorf (1632-1694) é um dos primeiros teóricos do moderno direito natural. Em seu pensamento, o direito natural não exprime a natureza como uma medida nas próprias coisas, nem como uma noção prévia, dada pela divindade aos homens, mas sim como um processo que é originado, fundamentalmente, da razão. Assim define Pufendorf o direito natural:

> Embora se costume dizer que temos o conhecimento desse direito pela própria *natureza*, isso não deve então ser entendido como se fossem implantadas, nas mentes dos homens apenas *recém-nascidos*, noções claras e distintas concernentes ao que deve ser *feito* ou *evitado*. Mas diz-se então que a Natureza nos ensina, em parte porque o conhecimento desse direito pode ser atingido com a ajuda da *luz da razão*; e em parte porque seus pontos mais gerais e úteis são tão *simples* e *claros* que à primeira vista forçam a aquiescência e cravam tamanha raiz nas mentes dos homens, que nada pode erradicá-los depois; jamais permitindo que homens perversos se esforcem ao ponto de embotar a farpa e insensibilizar-se contra os ferrões de sua *consciência*.[32]

Jeannette Antonios Maman expõe a diferença entre o jusnaturalismo moderno – o jusracionalismo – e o jusnaturalismo clássico:

> O *suum cuique*, em Aristóteles e no Direito Romano, não se funda sobre o conceito de direito subjetivo, que é estritamente moderno, mas sobre a distribuição justa dos bens, riquezas e ônus da sociedade – é o direito natural como método "experimental", método que conduz ao encontro das soluções justas, adequadas e úteis, baseado nas virtudes da justiça e da prudência, esta disposição *sui generis* entre a ciência e a arte, que tem muito desta e bastante da filosofia, sem deixar de participar da ciência. [...]

---

[32] PUFENDORF, Samuel. *Os deveres do homem e do cidadão de acordo com as leis do direito natural*. Rio de Janeiro, Topbooks, 2007, p. 98.

A noção de direito dos antigos é pouco sentida entre os de hoje; basta ver que, com a modernidade, o que se põe como direito natural são as regras ideais que se podem conhecer através da razão e devem governar a conduta humana.[33]

Em quais pontos podem-se resumir os princípios filosóficos jusnaturais dos modernos? Em especial, na ideia de um direito saído da *razão*, e não da fé nem do costume ou da natureza das coisas – rejeitando com isso desde a tradição aristotélica até o tomismo –, na ideia de uma base individual que é origem e fim desse direito natural – pois essa é a necessidade da filosofia política da época, que atendia à dinâmica política e econômica burguesa –, na ideia de que o direito natural tem caráter universal e eterno,[34] na imperiosidade de sua ordenação posterior pelos Estados racionais.

Tais princípios – muito embora as nuances entre cada pensador – geram um corpo comum de pensamento que, em seguida, será a base a partir da qual a burguesia, ao ascender ao poder por meio das revoluções liberais, criará as codificações de direito privado. O direito à propriedade privada, um dos pilares do direito natural moderno, não é pensado de modo a ser flexibilizado. A burguesia necessita de regras inquebrantáveis. Além disso, se o direito natural dos antigos era uma apreensão flexível de cada coisa, que exigia uma régua também flexível, o direito natural moderno, ao contrário, é considerado um rol de determinações inflexíveis, invariáveis.

Montesquieu, em *O espírito das leis*, destaca o caráter universal e constante da lei natural:

> As leis, em seu significado mais extenso, são as relações necessárias que derivam da natureza das coisas; e, neste sentido, todos os seres têm suas leis; a Divindade possui suas leis, o mundo material possui suas leis, as inteligências superiores ao homem possuem suas leis, os animais possuem suas leis, o homem possui suas leis. [...]
>
> Como observamos que o mundo, formado pelo movimento da matéria e privado de inteligência, ainda subsiste, é necessário que seus movimentos possuam leis invariáveis; e se pudéssemos imaginar um mundo diferente deste ele possuiria regras constantes ou seria destruído. [...] Estas regras consistem numa relação constantemente estabelecida. Entre um corpo movido e outro corpo movido, é segundo as relações da massa e da velocidade que todos os movimentos são recebidos, aumentados, diminuídos, perdidos; cada diversidade é *uniformidade*, cada mudança é *constância*. [...]
>
> O homem, enquanto ser físico, é, assim como os outros corpos, governado por leis invariáveis. Como ser inteligente, viola incessantemente as leis que Deus estabeleceu e transforma aquelas que ele mesmo estabeleceu. [...] As leis da natureza [são] assim chamadas porque derivam unicamente da constituição de nosso ser. Para bem conhecê-

---

[33] MAMAN, Jeannette Antonios. *Fenomenologia existencial do direito*. São Paulo, Quartier Latin, 2003, p. 73 e 94.

[34] "A filosofia do Iluminismo vinculou-se primeiro, sem reservas, a esse 'apriorismo' do direito, à ideia de que devem existir normas jurídicas absoluta e universalmente obrigatórias e imutáveis. A investigação empírica e a doutrina empirista não fazem nenhuma exceção nesse ponto. A esse respeito, as opiniões de Voltaire e Diderot não diferem das de Grotius e Montesquieu." CASSIRER, *A filosofia do iluminismo*, op. cit., p. 327.

-las, deve-se considerar um homem antes do estabelecimento das sociedades. As leis da natureza serão aquelas que receberia em tal estado.[35]

Os modernos iluministas se preocupam com a questão do direito natural buscando proceder, nesse tema, tal como os cientistas com as leis da natureza, como a Física, ou então como a Matemática – todas ciências com leis estáveis. Em vez de preceitos apoiados nos argumentos teológicos ou de autoridade, o método racional para sua determinação.[36] Assim procedendo, partindo da hipótese do homem em natureza individual, de sua teórica condição originária – de igualdade e de liberdade –, os modernos foram construindo uma escola de direito natural que era, fundamentalmente, de um direito civil de moldes próprios à burguesia, desenvolvendo-se posteriormente ainda um direito público que contivesse em si a lógica contratualista e noções antiabsolutistas para garantia dos direitos fundamentais dos indivíduos. Assim diz Tercio Sampaio Ferraz Júnior:

> O rompimento com a prudência antiga é claro. Enquanto esta se voltava para a formação do caráter, tendo, na teoria jurídica, um sentido mais pedagógico, a sistemática moderna terá um sentido mais técnico, preocupando-se com a feitura de obras e o domínio virtuoso (Maquiavel) de tarefas objetivadas (por exemplo, como fundar e garantir, juridicamente, a paz entre os povos). A teoria jurídica jusnaturalista, assim, constrói uma relação entre a teoria e a práxis, segundo o modelo da mecânica clássica. A reconstrução racional do direito é uma espécie de física geral da socialização. Assim, a teoria fornece, pelo conhecimento das essencialidades da natureza humana (no "estado de natureza"), as implicações institucionais a partir das quais é possível uma expectativa controlável das reações humanas e a instauração de uma convivência ordenada. No entanto, [...] o direito reconstruído racionalmente não reproduz a experiência concreta do direito na sociedade, criando uma distância entre a teoria e a práxis.[37]

O individualismo é uma das características relevantes do direito natural moderno e se revela, principalmente, na conformação deste ao conceito de *direito subjetivo*, correlato da formação histórica do *sujeito de direito*. Para Aristóteles, o direito natural era uma justa apreensão de uma situação. Para os modernos, o direito natural é um direito

---

[35] MONTESQUIEU. *O espírito das leis*. São Paulo, Martins Fontes, 2000, p. 11-13.

[36] "O direito natural sustenta como tese suprema a existência de um direito que sobreleva todo poder humano ou divino e que é dele independente. O conteúdo da ideia do direito como tal não tem sua fonte no domínio do poder e da vontade mas no da razão pura. Nenhum ato de autoridade pode mudar ou retirar seja o que for ao que essa razão concebe como 'existente', ao que é dado em sua pura essência. A lei, em seu sentido primeiro e originário, no sentido de *lex naturalis*, jamais se resolve numa soma de atos arbitrários. Ela não é a totalidade do que foi ordenado e estatuído: é o 'estatuante' originário, *ordo ordinan e não ordo ordinatus*. [...] Ao decretar as leis positivas, o legislador conserva os olhos fixados numa norma de validade universal, exemplar, coerciva para a sua própria vontade e para todas as outras. É nesse sentido que se deve entender a célebre frase de Grotius de que todas as teses do direito natural conservariam sua validade mesmo admitindo que não exista nenhum Deus ou que a própria divindade não tivesse a menor preocupação com as coisas humanas." CASSIRER, *A filosofia do iluminismo*, op. cit., p. 322.

[37] FERRAZ JR., Tercio Sampaio. *Introdução ao estudo do direito*. São Paulo, Atlas, 2001, p. 71.

do sujeito. Sua inscrição reside numa razão que está no indivíduo, e não nas coisas nem na sociedade. O direito natural, ao contrário das virtudes antigas, não é uma medida que se faça na sociedade, mas sim um interesse pessoal que deve ser legitimado. Toda a estrutura do direito natural moderno aproveita-se a benefício dos interesses individuais, burgueses, do exercício das possibilidades de comércio e lucro. Por isso, ao afirmarem, por exemplo, a propriedade privada como um dos direitos naturais e fundamentais do homem, dirão os modernos que esse é um direito do indivíduo, e como direito subjetivo se põe contra todos (*erga omnes*). O caráter do direito natural moderno é ser individual, colocando-se de antemão contra o Estado e contra a sociedade, e não um resultante destes.

Por essa razão mesma, os modernos iluministas dirão que os direitos naturais não se originam de uma vontade social, nem de uma medida comum da sociedade em seus produtos, benefícios, esforços e necessidades, como era o caso na filosofia aristotélica, na qual o direito natural atendia à natureza mesma do homem, sendo essa natureza política. Para os modernos, os direitos naturais são direitos que delimitam o interesse do indivíduo. Como são dados antes da sociedade civil e do Estado, não são dependentes destes. O Estado apenas os declara e os positiva juridicamente, mas não os constitui como tais. Por isso, na teoria moderna, haverá Estados que se opõem aos direitos naturais – Estados injustos e de leis irracionais para os iluministas –, mas a existência dos direitos naturais não depende da justeza ou da razão do Estado, e sim do mero exercício da razão individual. Pufendorf ressalta a diferença entre as leis naturais e as leis humanas:

> Se considerarmos as leis como tendo uma consequência necessária e universal para com a humanidade, elas então são distinguidas em *naturais* e *positivas*. As *leis naturais* são aquelas tão de acordo com a *natureza* sociável *do homem, que* uma sociedade honesta e pacífica *não poderia se manter entre a humanidade sem elas*, donde que *isto* pode ser buscado, e seu conhecimento adquirido pela luz daquela *razão*, que nasce com todos os homens, e por uma consideração da *natureza humana* em geral. *Leis positivas são aquelas que não se originam da condição comum* da natureza humana, *mas somente do bel-prazer do* legislador: isto, igualmente, deveria ter suas fundações na *razão*, e seu fim deveria ser alguma *vantagem* para os homens ou a sociedade para os quais elas são destinadas.[38]

Nem a vontade do Estado nem os clamores e as injustiças sociais afetam o rol de normas do direito natural moderno. Sendo produto da razão individual, suas determinações não são flexibilizadas pelas condições sociais. A sociedade não é a origem ou a medida dos direitos subjetivos. Se assim se desse, abririam os modernos margem à contestação do próprio capitalismo, cujos princípios individualistas estavam buscando consolidar sob a denominação de direitos naturais. Se esses direitos fossem construídos socialmente, e pela sociedade se medissem, as necessidades e as carências sociais ditariam o justo, e com isso o acúmulo de capitais, a propriedade privada, egoísta e contra todos, a liberdade total de negócios, a igualdade que não enxerga pobreza nem riqueza, todos

---

[38] PUFENDORF, *Os deveres do homem e do cidadão de acordo com as leis do direito natural*, op. cit., p. 89.

esses que são considerados princípios de direito natural para a filosofia burguesa moderna poderiam ser relativizados ou refutados em benefício de uma justiça social. Não era o caso na filosofia do direito moderna, que buscava a legitimação de uma estrutura social capitalista e, portanto, individualista.

No que tange ao combate ao passado teológico, o jusnaturalismo moderno, sendo tipicamente um jusracionalismo, presume-se apenas um direito de resultantes racionais, ao contrário dos medievais e absolutistas, que imaginavam a estabilidade de certos direitos porque seriam leis divinas. O exercício da razão não está, para a filosofia moderna, em homens privilegiados, em autoridades (e não está, pois, no soberano absolutista). A razão, para os modernos, é um dom a todos distribuído, e a possibilidade de se conhecerem as leis naturais é igualmente dada à razão de todos. Na medida em que se afasta o arbítrio de um monarca, o Iluminismo também afasta a perseguição às ideias contrárias ao detentor do poder estatal. Voltaire, embora a insistência em afirmar os princípios universais do direito natural, contra o absolutismo, decretava a imperiosidade da *tolerância*:

> O direito natural é aquele que a natureza indica a todos os homens. Educastes vosso filho, ele vos deve respeito como a seu pai, reconhecimento como a seu benfeitor. Tendes direito aos frutos da terra que cultivastes com vossas mãos. Fizestes e recebestes uma promessa, ela deve ser cumprida.
>
> Em todos os casos, o direito humano só pode se fundar nesse direito de natureza; e o grande princípio, o princípio universal de ambos, é, em toda a terra: "Não faças o que não gostarias que te fizessem." Ora, não se percebe como, de acordo com esse princípio, um homem poderia dizer a outro: "Acredita no que eu acredito e no que não podes acreditar, ou morrerás." É o que dizem em Portugal, na Espanha, em Goa. Atualmente limitam-se a dizer, em alguns países: "Crê, ou te abomino; crê, ou te farei todo o mal que puder; monstro, não tens minha religião, logo não tens religião alguma: cumpre que sejas odiado por teus vizinhos, tua cidade, tua província."
>
> [...] O direito da intolerância é, pois, absurdo e bárbaro, é o direito dos tigres, e bem mais horrível, pois os tigres só atacam para comer, enquanto nós exterminamo-nos por parágrafos.[39]

A tolerância, no pensamento jusfilosófico moderno, é corolário de uma construção econômica, política e social fundada no indivíduo como elemento privilegiado da interação social. Diz Vicente de Paulo Barretto:

> Na chamada *Idade da Razão*, os pensadores iluministas chegaram à ruptura final entre razão e fé, ao atribuir um papel privilegiado à liberdade de consciência, como direito básico do indivíduo diante do Estado e das igrejas. A afirmação da liberdade de consciência, em face do absolutismo, constituiu uma das etapas da afirmação do conjunto de liberdades e direitos, que serviriam como o núcleo ideológico do estado constitucional liberal. Voltaire tinha mesmo adiantado a hipótese de que a tolerância pressupunha uma certa ordem de troca, aproximando, assim, a ideia de um direito

---

[39] VOLTAIRE, *Tratado sobre a tolerância*. São Paulo, Martins Fontes, 2000, p. 33.

moral – o direito de crença e de manifestação de opinião – e de um sistema econômico, fundado na propriedade individual.[40]

Embora fundada sob o eixo do interesse individual, a tolerância em face do que seja distinto é uma das marcas que logo demonstram os impasses do jusnaturalismo moderno. Há uma tensão irresoluta entre a tolerância e o direito à distinção, o que leva à dificuldade de se fincar uma razão jurídica que se pretenda universal.

Afirmar a *universalidade* do conhecimento racional dos direitos naturais remete à insolúvel questão dos métodos do conhecimento: empirismo e racionalismo têm dificuldades em sustentar uma teoria apta a demonstrar conceitos universais. Ao mesmo tempo, a necessidade de construir uma noção de direitos não relativos é muito clara para a filosofia do direito moderna: se os direitos fossem flexíveis, circunstanciais, variáveis culturalmente, corria-se risco, pois as normas do Absolutismo também poderiam arrogar--se certa legitimidade. Se houvesse uma pluralidade de legislações legítimas, haveria pluralidade de razões, e nenhum critério pelo qual se pudesse dizer que as normas do Absolutismo devessem ser abolidas. Mas o movimento histórico da burguesia na Idade Moderna busca o exato contrário: é preciso dizer da existência racional de um só direito, o chamado direito natural, consoante o qual se possa julgar o Absolutismo e dele dizer-se injusto, porque irracional.

Para tanto, a busca moderna é a da *certeza racional* de certos direitos. A liberdade, alavanca das possibilidades negociais burguesas, deverá ser dita um direito natural do homem, sendo que as normas absolutistas que a cerceiam devem ser proscritas. A igualdade perante a lei, fundamento da mercancia burguesa, deverá ser elevada à condição de direito natural, e o privilégio posto à margem da história jurídica moderna. A propriedade privada e a segurança das relações jurídicas devem ser declaradas direitos universais. Todo o movimento social burguês na Idade Moderna quer a estabilidade e a universalidade das leis. Dos primeiros iluministas até Kant, a história não entra como elemento processual na determinação da razão jurídica iluminista. Por isso, é preciso insistir numa razão universal que declare os direitos naturais para além de um certo momento histórico apenas. Assim, diz Simone Goyard-Fabre:

> O problema filosófico do direito político moderno é assim o de sua fundamentabilidade universal trascendental. Como o universalismo dos princípios do direito se opõe ao relativismo histórico-cultural, só se pode julgar a validade de suas regras à luz da idealidade pura desses princípios. Disso resulta que a evolução legislativa e jurisprudencial que é necessária para se adaptar aos costumes não deve ser obra dos "vitoriosos do momento", que está sempre exposta a um desvio empírico-pragmático – o que significa que a história não poderia ser, com o risco de provocar um incontrolável processo contínuo, a instância dominante do direito político.[41]

---

40 BARRETTO, Vicente de Paulo. "Tolerância". *Dicionário de filosofia do direito*. São Leopoldo e Rio de Janeiro, Ed. Unisinos e Renovar, 2006, p. 821.

41 GOYARD-FABRE, Simone. *Os princípios filosóficos do direito político moderno*. São Paulo, Martins Fontes, 1999, p. 499.

A filosofia moderna se relaciona com a filosofia do direito por meio de duas implicações: de um lado, a filosofia como método do conhecimento, alicerçando-se fundamentalmente na razão, fará com que a filosofia do direito também abandone os antigos corolários romanísticos ou as definições aristotélico-tomistas e passe a estabelecer fontes novas para os princípios e normas de direito, dando forma individual, laica, cerebrina, universalista e a-histórica ao modelo de direito que se formava. De outro lado, a filosofia política – de cunho liberal, individualista e burguês, centrada no sujeito apartado do objeto e no indivíduo apartado da natureza e da sociedade – redundará numa filosofia do direito também de matriz burguesa liberal, afirmadora dos direitos subjetivos da liberdade negocial e da igualdade formal (isonomia), os dois principais alicerces teóricos nos quais se funda o direito da passagem da época moderna para a contemporânea.

O combate à visão de mundo teológica e absolutista fez da filosofia do direito moderna iluminista uma filosofia progressista em face do passado. Ao mesmo tempo, seu individualismo formalmente universalista e seu caráter burguês dela fizeram uma filosofia conservadora em face do futuro.

8

A FILOSOFIA DO DIREITO MODERNA – II

O pensamento jusfilosófico moderno, no movimento que se dá do Absolutismo ao Iluminismo, foi produzido por uma série de pensadores de grande vulto. O último e marcante deles foi Kant. Mas Hobbes, Locke e Rousseau, que influenciaram decisivamente os seus tempos no que tange à política e às lutas sociais, são também três pensadores muito distintos no que diz respeito aos horizontes postulados, ainda que sejam todos defensores da ideia de contrato social. Ocorre que cada um desses filósofos desenha o contrato social de um modo específico, para proveitos políticos também específicos.[1]

Hobbes é o mais vigoroso defensor teórico do Absolutismo que seu tempo viu produzir, justamente porque assim o faz já liberto da tradição teológica que fundamentava o poder do soberano num direito divino. Hobbes é absolutista mas já com uma visão filosófica moderna, racional. Locke, por sua vez, é o mais destacado pensador dos interesses da burguesia ascendente na Europa. Seu pensamento, que dá as bases ao liberalismo, é totalmente aproveitado pela lógica burguesa.

Rousseau, de todos o mais importante e mais comprometido com as questões sociais, é aquele que consegue fazer a tensão mais profunda na própria filosofia política e do direito moderna. Rousseau é quem vai mais a fundo, em seu próprio tempo, no desvendamento crítico da democracia e da própria verdade social moderna. Em grande medida, será Rousseau o elo histórico que liga a modernidade à filosofia crítica contemporânea.

HOBBES

Thomas Hobbes (1588-1679) representa o grande marco teórico do Absolutismo, ao mesmo tempo em que, insolitamente, lança sementes para a construção liberal burguesa em curso.[2] Sua filosofia é um dos pontos altos da modernidade justamente por seu caráter original e peculiar.

---

[1] "Não é diversa a conclusão a que podemos chegar quando examinamos [...] a ideologia política expressa em cada autor: conservadora (Hobbes), liberal (Spinoza, Locke e Kant), revolucionária (Rousseau)." BOBBIO, Norberto; BOVERO, Michelangelo. *Sociedade e Estado na filosofia política moderna*. São Paulo, Brasiliense, 1991, p. 87.

[2] "Toda a argumentação de Hobbes apoiava não só a sociedade capitalista, cujas exigências ele ao menos compreendia parcialmente, como também, mais especificamente (porém não mais cons-

Inglês, Hobbes viveu em tempos de turbulência da política de seu país. A realeza inglesa enfrentou momentos de ataques e restauração. Hobbes, no entanto, morreu antes dos tempos da revolução liberal inglesa. Sua obra trata tanto de assuntos de filosofia do conhecimento quanto de teologia e de política. Os dois livros mais destacados de Hobbes são *Do cidadão*, de 1642, e o *Leviatã – ou matéria, forma e poder de um Estado eclesiástico e civil*, de 1651. São esses dois livros também os mais relevantes para a filosofia do direito hobbesiana.

No que tange à sua filosofia geral, Hobbes é um defensor do empirismo, sendo um destacado continuador da corrente inglesa da filosofia do conhecimento. Hobbes toma partido do legado de Francis Bacon, de quem foi próximo, contra as investidas racionalistas de Descartes, a quem, inclusive, conheceu pessoalmente, e contra quem polemizou. Sua noção peculiar do empirismo busca compreender a razão a partir de uma espécie de mecânica do movimento dos corpos. O espaço e o movimento são bases de sua filosofia do conhecimento que influenciam, posteriormente, a sua própria filosofia do direito.

O contrato social em Hobbes

Hobbes constrói sua filosofia política em franca oposição à tradição filosófica estabelecida, que remonta a Aristóteles. Nos tempos modernos, Hobbes é justamente um dos primeiros a se insurgir violentamente contra o pensamento político aristotélico.

Se o fundamento do pensamento político de Aristóteles era o de considerar o homem um ser social, *zoon politikon*, e, portanto, por natureza tendente a um viver em conjunto com os demais homens, Hobbes inicia sua filosofia política de um ponto exatamente contrário: o indivíduo é a base de seu pensamento. Contra Aristóteles, Hobbes dirá que não é natural que cada homem tenha por fim a associação com outros homens. Se assim o é, a vida social se revela aos homens artificialmente. Somente um contrato, um pacto, enseja que os homens, que vivem em função de seus interesses pessoais, passem a viver em conjunto. Assim Hobbes se opõe a Aristóteles:

> A maior parte daqueles que escreveram alguma coisa a propósito das repúblicas ou supõe, ou nos pede ou requer que acreditemos que o homem é uma criatura que nasce apta para a sociedade. Os gregos chamam-no *zoon politikon*; e sobre este alicerce eles erigem a doutrina da sociedade civil como se, para se preservar a paz e o governo da humanidade, nada mais fosse necessário do que os homens concordarem em firmar certas convenções e condições em comum, que eles próprios chamariam, então, leis. Axioma este que, embora acolhido pela maior parte, é contudo sem dúvida falso – um erro que procede de considerarmos a natureza humana muito superficialmente.[3]

---

cientemente), aquela fase inicial da ascensão capitalista, isto é, o período da acumulação primária de capital, a qual já estava em curso por tempo suficiente para que ele pudesse tomar consciência dela." MACPHERSON, C. B. *Ascensão e queda da justiça econômica e outros ensaios*. Rio de Janeiro, Paz e Terra, 1991, p. 178.

[3] HOBBES, Thomas. *Do cidadão*. São Paulo, Martins Fontes, 2002, p. 25.

No entanto, o ânimo que leva os homens a realizarem um pacto para viverem em sociedade não é devido à boa vontade dos indivíduos. Não há um pendor bom que leve os homens a se desenvolverem melhor estando em conjunto. Contra Aristóteles, Hobbes dirá que a inclinação dos homens está voltada para a satisfação de seus próprios interesses.[4] Como a vida solitária gera preocupações, fragilidades e medo, porque não é possível sempre se defender sozinho de todos, então, por causa desse medo, os homens se associam, para que seja mais difícil a sua destruição por outrem.

> Devemos portanto concluir que a origem de todas as grandes e duradouras sociedades não provém da boa vontade recíproca que os homens tivessem uns para com os outros, mas do medo recíproco que uns tinham dos outros.[5]

Para Hobbes, a igualdade humana se revela na condição de medo recíproco por conta da fragilidade de todos. Um é mais forte, mas o mais fraco pode se valer de astúcia contra o forte. Por isso, em sendo todos temerosos em relação a todos, todos buscam se defender conforme os meios que encontrem. Disso resulta, peculiarmente, uma espécie de primeiro direito natural de todos os homens, que é prévio à própria associação: o direito à preservação.

> Mas, como é vão alguém ter direito ao fim se lhe for negado o direito aos meios que sejam necessários, decorre que, tendo todo homem direito a se preservar, deve também ser-lhe reconhecido o direito de utilizar todos os meios, e praticar todas as ações, sem as quais ele não possa preservar-se.[6]

Vivendo para a satisfação de suas vontades e para o resguardo de seus medos, os homens estariam em conflito permanente. O estado de natureza, assim sendo, é um estado bélico. A conhecida frase de Hobbes aqui então se revela: "não haverá como negar que o estado natural dos homens, antes de ingressarem na vida social, não passava de guerra, e esta não ser uma guerra qualquer, mas uma guerra de todos contra todos".[7] Ela vai a par da outra conhecida frase sua, de que "o homem é lobo do homem".[8]

---

[4] "A crítica hobbesiana à teoria política tradicional opera por meio da substituição do princípio do *zoon politikon* pelo princípio do benefício próprio, que afirma que a natureza humana conduz, em primeiro lugar, à procura do que o homem considera bom para si mesmo, sendo todo o resto desejado no interesse desse fim, inclusive a comunidade política. [...] Segundo Hobbes, o axioma sobre o qual se erige a doutrina da sociedade civil tradicional (*o homem é um animal político*) é falso porque deriva de uma consideração superficial e equivocada da natureza humana." FRATESCHI, Yara. *A física da política*: Hobbes contra Aristóteles. Campinas, Ed. Unicamp, 2008, p. 28 e 32.

[5] HOBBES, *Do cidadão*, op. cit., p. 28.

[6] Ibid., p. 31.

[7] Ibid., p. 33.

[8] "Para ser imparcial, ambos os ditos são certos – de que o homem é um deus para o homem, e que o homem é lobo do homem." Ibid., p. 3.

Porque o estado de natureza é uma guerra de todos contra todos, a associação entre os homens se apresenta como um meio de resguardar a vida e os direitos de cada um. A discórdia da condição natural se dá em razão da competição, da desconfiança e da glória. A paz, resultante do contrato social, não se origina, portanto, de um pendor para a vida social, mas sim por conta do medo.

A associação entre os homens, assim, leva a uma renúncia de seus plenos poderes em favor da paz. Com isso, não se reserva, e portanto se transfere, um direito de todos a todas as coisas. Tal transferência acarreta o dever de se buscar, firmemente, a paz social. Ocorre que as pessoas não agem com constância ou suficiência para alcançarem uma paz duradoura. Há discórdia, e, por isso, é necessário mais que um pacto: é preciso transferir todo o poder a um homem ou uma assembleia, de tal modo que seja feita então uma só vontade e ela seja a vontade única, levando à paz e à segurança.

São clássicas as palavras do *Leviatã* nesse sentido:

> A única maneira de instituir um tal poder comum, capaz de os defender das invasões dos estrangeiros e dos danos uns dos outros, garantindo-lhes assim uma segurança suficiente para que, mediante o seu próprio labor e graças aos frutos da terra, possam alimentar-se e viver satisfeitos, é conferir toda a sua força e poder a um homem, ou a uma assembleia de homens, que possa reduzir todas as suas vontades, por pluralidade de votos, a uma só vontade. Isso equivale a dizer: designar um homem ou uma assembleia de homens como portador de suas pessoas, admitindo-se e reconhecendo-se cada um como autor de todos os atos que aquele que assim é portador de sua pessoa possa praticar ou levar a praticar, em tudo o que disser respeito à paz e à segurança comuns; todos submetendo desse modo as suas vontades à vontade dele, e as suas decisões à sua decisão. Isto é mais do que consentimento ou concórdia, é uma verdadeira unidade de todos eles, numa só e mesma pessoa, realizada por um pacto de cada homem com todos os homens [...]. Feito isso, à multidão assim unida numa só pessoa chama-se *República*, em latim *Civitas*. É esta a geração daquele grande Leviatã, ou antes (para falar em termos mais reverentes), daquele *Deus mortal*, ao qual devemos, abaixo do *Deus imortal*, a nossa paz e defesa.[9]

Assim sendo, um pacto social, apenas resguardado na vontade comum dos contratantes, não teria, para Hobbes, o condão de unificar as vontades nem de fornecer a paz e a segurança. É preciso transferir as vontades subjetivas ao Estado, que, como vontade única, age em todos os casos como se seus atos fossem os atos dos indivíduos.[10]

A postura política hobbesiana é muito peculiar e original. Em sua obra, o soberano, como vontade única acima da sociedade, é o representante mais cristalino do regime absolutista vigente ao seu tempo. Hobbes assim desponta como um dos mais importantes

---

[9] Hobbes, Thomas. *Leviatã*. São Paulo, Martins Fontes, 2008, p. 147.

[10] "Tal pacto é ao mesmo tempo um pacto de sociedade e um pacto de submissão, já que os contratantes são os indivíduos singulares entre si e não o *populus*, por um lado, e o futuro *princeps*, por outro, um pacto de submissão na medida em que aquilo que os indivíduos acordam entre si é a instituição de um poder comum ao qual decidem se submeter." Bobbio; Bovero, *Sociedade e Estado na filosofia política moderna*, op. cit., p. 66.

teóricos do Absolutismo. No entanto, ao mesmo tempo, a origem do poder absoluto não é divina. Toda a tradição absolutista hauria a fonte do poder dos reis de um mandato divino. Por procuração, o poder terreno era representante do poder divino. Nesse ponto, Hobbes inova. O poder absoluto é extraído de um contrato social. Os indivíduos, que vivem em natureza uma situação de medo e conflito, submetem-se voluntariamente ao poder do Estado. Diz Renato Janine Ribeiro:

> Hobbes libera a vontade tanto do indivíduo quanto do soberano. Todo poder só pode fundar-se na submissão. Antes de fazer-se súdito, um homem é sujeito, definido por uma autonomia menos moral que emocional. Individualismo tão irrestrito não contradiz, porém, o absolutismo – porque nada limita, tampouco, a vontade do soberano. A lei positiva não está subordinada à divina ou à natural – controles medievais; liberando o direito do indivíduo, Hobbes também solta a lei que o governante edita, fundado no seu direito natural. O soberano é o indivíduo cujo direito pleno às coisas e corpos se ampara, *de facto*, na força que lhe é emprestada pelos súditos. [...] Hobbes revela-se, mais que absolutista, teórico da soberania e, antes disso, radical individualista.[11]

Trata-se de uma grande inovação na filosofia política moderna. Hobbes se configura, de tal modo, como um filósofo de transição dentro da modernidade: não é antiabsolutista, como serão posteriormente os iluministas, mas não é mais um teórico político de fundamentos teológicos, como o são tradicionalmente os absolutistas. O contrato social é um instrumento teórico típico dos iluministas, que buscam fundar uma ordem burguesa contra o poder ilimitado dos reis. Hobbes é absolutista, mas com ferramentas inovadoras e similares às depois utilizadas pelos iluministas.

O direito natural hobbesiano

Do mesmo modo que Hobbes é muito insólito e original no que se refere à sua filosofia política – é absolutista e contratualista –, é-o também no que diz respeito ao direito natural. Para Hobbes, a mais alta expressão da justiça está no cumprimento das determinações do soberano, na medida em que os homens alienaram seus interesses pessoais àquele que lhes dá em troca a segurança e a paz. Mas, ao mesmo tempo, essa submissão ao poder estatal não nega o fato de que haja uma lei da natureza, que se expressa pela razão, e que, justamente pelas insuficiências dos homens em concretizá-la em estado de natureza, é suplantada pela lei civil do soberano. Se Hobbes peculiarmente é um absolutista e contratualista, é também uma espécie de jusnaturalista que tem por justo o direito estatal.

Tanto em *Do cidadão* quanto no *Leviatã*, Hobbes afirma a existência de leis que precedem a vida sob pacto social, as leis naturais. Assim definirá, em *O cidadão*:

> Portanto, a verdadeira razão é uma lei certa, que (já que faz parte da natureza humana, tanto quanto qualquer outra faculdade ou afecção da mente) também é denominada

---

[11] RIBEIRO, Renato Janine. *Ao leitor sem medo*: Hobbes escrevendo contra seu tempo. Belo Horizonte, UFMG, 1999, p. 177.

natural. Por conseguinte, assim defino a lei da natureza: é o ditame da reta razão no tocante àquelas coisas que, na medida de nossas capacidades, devemos fazer, ou omitir, a fim de assegurar a conservação da vida e das partes de nosso corpo.[12]

Hobbes chega mesmo a dizer, no *Leviatã*, que as leis naturais são imutáveis e eternas:

> As leis da natureza são imutáveis e eternas, pois a injustiça, a ingratidão, a arrogância, o orgulho, a iniquidade, a acepção de pessoas etc. jamais podem ser tornados legítimos. Pois nunca poderá ocorrer que a guerra preserve a vida e a paz a destrua. [...] Ora, a ciência da virtude e do vício é a filosofia moral, portanto a verdadeira doutrina das leis de natureza é a verdadeira filosofia moral.[13]

Afirmando a existência de leis naturais, passíveis de extração pela reta razão, Hobbes também situará o eixo de tais leis no direito à autopreservação. Ao contrário da tradição filosófica anterior e posterior, que, por mais variável, sempre enxerga um substrato de dignidade e honradez aos chamados direitos naturais, Hobbes opera no sentido de fundar o direito natural apenas no interesse imediato do homem à sua preservação. Diz Yara Frateschi:

> Hobbes define o direito de natureza como a liberdade que os homens possuem de fazer tudo o que julgarem necessário para a preservação da própria vida. Note-se que o direito de natureza é um fato da natureza: é tendência humana natural persistir na vida, e os homens agem *naturalmente* para preservá-la e para evitar a morte.[14]

Assim sendo, não é por um alto valor altruístico que se funda o direito natural: é pelo impulso necessário no homem de defesa de si próprio. É de um pendor individualista que se constrói o eixo do direito natural. O direito natural hobbesiano nada tem de natural no seu sentido de apreensão do todo da natureza e de suas leis. O que se possa chamar por natural no máximo está ligado a um pendor da natureza individual.

O individualismo, como lastro do interesse capitalista que está surgindo, bem como uma apreensão sobre o conceito de natureza diferente da tradição aristotélica, marcam o jusnaturalismo de Hobbes. Assim diz Michel Villey:

> O direito em Hobbes assim como em Aristóteles é inferido da natureza. Mas a concepção hobbesiana do estado de natureza, que inverte a noção de natureza de Aristóteles, em nenhum lugar expressa melhor que em Hobbes a oposição entre a ideia moderna de direito subjetivo e o direito da tradição clássica. [...] Para Aristóteles e sua linhagem, o direito era uma coisa, um objeto; a parte que corresponde a cada um. [...] No sistema de Hobbes é o contrário, porque, em seu estado de natureza não há justiça distributiva ou comutativa que a natureza nos prescreva. Hobbes infere o direito do sujeito; no seu sistema, o direito não é mais uma coisa distribuída ao sujeito, mas seu *atributo* essencial,

---

[12] Hobbes, *Do cidadão*, op. cit., p. 38.
[13] Hobbes, *Leviatã*, op. cit., p. 136.
[14] Frateschi, *A física da política*: Hobbes contra Aristóteles, op. cit., p. 156.

uma *qualidade* do sujeito. [...] Tudo isso desaparece em Hobbes: já não há o *meu* e o *teu* segundo a natureza. No topo da ordem jurídica, só uma e única regra, a que proíbe violar os pactos. Mas essa própria regra deriva do direito natural do indivíduo. É este o novo rochedo sobre o qual Hobbes constrói sua política.

[...] No entanto, essa lei natural não é uma lei *jurídica*. Embora *funde* a relação que vincula os súditos ao soberano, é impossível extrair dela alguma das relações que deverão ser instituídas entre cidadãos. Dela não se deduz nenhuma regra de direito *objetivo*. Ela é exclusivamente *moral*.[15]

Nesse sentido, também peculiarmente, é da cruenta constatação de um estado natural do homem que Hobbes extrai um direito natural da razão. O direito do homem à sua preservação resulta da razão mas, além disso, é uma condição humana concreta. Por direito natural, os homens podem se defender, mas, mesmo que não lhes fosse permitido, fariam-no do mesmo modo. Pode-se ver uma espécie muito insólita de fusão de dever-ser e ser na base da construção do direito natural hobbesiano. Por isso, a lei fundamental da natureza, que manda buscar e seguir a paz, é imediatamente acompanhada por um direito natural fundamental, procurar todos os meios de defesa própria em caso de ausência de paz. Diz Hobbes:

> O direito de natureza, a que os autores geralmente chamam *Jus Naturale*, é a liberdade que cada homem possui de usar o seu próprio poder, da maneira que quiser, para a preservação da sua própria natureza, ou seja, da sua vida; e consequentemente de fazer tudo aquilo que o seu próprio julgamento e razão lhe indiquem como meios mais adequados a esse fim. [...]
>
> É um preceito ou regra geral da razão: *Que todo homem deve se esforçar pela paz, na medida em que tenha esperança de a conseguir, e caso não a consiga pode procurar e usar todas as ajudas e vantagens da guerra*. A primeira parte desta regra encerra a primeira e fundamental lei de natureza, isto é, *procurar a paz, e segui-la*. A segunda encerra a súmula do direito de natureza, isto é, *por todos os meios que pudermos, defendermo-nos a nós mesmos*.[16]

Da lei fundamental que ordena o esforço à paz desdobram-se também, segundo Hobbes, outras leis naturais. A segunda delas é a de que, ao renunciarem ao seu direito a todas as coisas, os homens contentem-se com a renúncia, tendo em vista que os outros homens também renunciaram às suas pretensões universais. No *Leviatã*, Hobbes estabelece uma longa série de outras leis naturais: que todos cumpram o pacto de paz que celebraram; que seja observada a gratidão entre os homens; que haja sociabilidade entre si; perdão às ofensas em caso de arrependimento; que não haja vingança; que não se declare desprezo; que não haja orgulho; que os direitos não sejam apenas para si; que os juízes tratem a ambas as partes equitativamente; que as coisas que não podem ser divididas sejam usadas em comum, ou que sejam sorteadas ou dadas ao primeiro possuidor; que os que medeiam a paz tenham salvo-conduto; que sejam levadas à árbi-

---

[15] VILLEY, Michel. *A formação do pensamento jurídico moderno*. São Paulo, Martins Fontes, 2005, p. 698-699, 705 e 735.

[16] HOBBES, *Leviatã*, op. cit., p. 112-113.

tro as disputas; que ninguém arbitre em seu próprio favor; que o juiz não seja parcial; que o juiz ouça terceiros quando as partes não elucidarem a questão. A lista seria longa: Hobbes chega mesmo a apontar, se se a quisesse alongar, a proibição de embriaguez, por exemplo, mas se limita aos preceitos referidos.

Os preceitos da lei natural têm em vista a preservação do indivíduo e a busca da paz. São, para Hobbes, ditames da reta razão. No entanto, o homem em natureza não age segundo a razão, e sim de acordo com os seus interesses e pendores pessoais. Mesmo que se quisesse voluntariamente agir nesse sentido, não haveria meios de garantir que todos os demais também assim agissem. As leis naturais, para Hobbes, obrigam *in foro interno*, isto é, para a própria pessoa, sua vontade e consciência, mas não *in foro externo*, ou seja, na convivência concreta dos homens em sociedade.[17]

Por causa da inclinação do homem às suas paixões, não há de se esperar que a razão – que é a lei natural – venha a imperar. Por isso, para Hobbes, apesar das leis da natureza, é necessário um poder que mantenha a segurança. Resulta daí, para ele, a necessidade de que as leis naturais sejam concretizadas por meio do soberano, no Estado.

> Porque as leis de natureza (como a *justiça*, a *equidade*, a *modéstia*, a *piedade*, ou em resumo, *fazer aos outros o que queremos que nos façam*) por si mesmas, na ausência do temor de algum poder que as faça ser respeitadas, são contrárias às nossas paixões naturais, as quais nos fazem tender para a parcialidade, o orgulho, a vingança e coisas semelhantes. E os pactos sem a espada não passam de palavras, sem força para dar segurança a ninguém. Portanto, apesar das leis de natureza (que cada um respeita quando tem vontade de as respeitar e quando o poder fazer com segurança), se não for instituído um poder suficientemente grande para a nossa segurança, cada um confiará, e poderá legitimamente confiar, apenas na sua própria força e capacidade, como proteção contra todos os outros.[18]

O soberano, cujo poder absoluto é haurido do pacto social, não está submisso às leis naturais. Seu poder é absoluto, e nada resta nos indivíduos que pactuaram viver em sociedade que possa se opor à determinação do soberano. Dirá Hobbes:

> Como esta grande autoridade é indivisível e inseparavelmente anexada à soberania, há pouco fundamento para a opinião dos que afirmam que os reis soberanos, embora sejam *singulis majores*, ou seja, tenham maior poder do que qualquer dos seus súditos, são *universus minores*, isto é, têm menos poder do que eles juntos. [...] Do mesmo modo que o poder, também a honra do soberano deve ser maior do que a de qualquer um, ou a de todos os seus súditos.[19]

---

[17] "As leis da natureza obrigam *in foro interno*, quer dizer, tornam impositivo o desejo de que sejam cumpridas; mas *in foro externo*, isto é, tornando impositivo o desejo de as colocar em prática, nem sempre obrigam." Ibid., p. 136.

[18] Ibid., p. 143.

[19] Ibid., p. 156-157.

No esquema hobbesiano, a justiça e a injustiça se levantam a partir do Estado, da determinação do soberano. Sua autoridade é a justiça, e justo ao súdito é se submeter às leis civis, e não às leis naturais. Súdito, nesse caso, porque não é mais um indivíduo em guerra com todos os demais indivíduos em estado de natureza. Para o Absolutismo, concretizava-se uma teoria racional. Para o capitalismo crescente, fundava-se uma doutrina da ordem estatal.[20]

Há, no entanto, no pensamento de Hobbes, uma grande exceção à submissão total ao soberano: o direito de se valer dos meios necessários para preservar a própria vida. O direito de autodefesa constitui a possibilidade de desobediência civil no pensamento hobbesiano. O indivíduo, mesmo que proibido pelo Estado de se valer dos meios necessários à preservação de sua vida, não seguiria tais determinações. Ao alienar o seu poder individual ao soberano, no contrato social, o indivíduo jamais renuncia ao direito de autodefesa. O principal direito natural proposto por Hobbes, que é o de autopreservação, não é alienável, e um pacto que o queira alienar é nulo. Hobbes é expresso nesse sentido:

> Um pacto em que eu me comprometa a não me defender da força pela força é sempre nulo. Porque (conforme mostrei) ninguém pode transferir ou renunciar ao seu direito de evitar a morte, os ferimentos ou o cárcere (o que é o único fim da renúncia ao direito), e portanto a promessa de não resistir à força não transfere nenhum direito em pacto algum, nem é obrigatória.[21]

Essa impossibilidade de renunciar ao direito natural de autodefesa acarreta uma liberdade inalienável em face do soberano:

> Mostrei que os pactos no sentido de cada um se abster de defender o seu próprio corpo são nulos. Portanto, se o soberano ordenar a alguém (mesmo que justamente condenado) que se mate, se fira ou se mutile a si mesmo, ou que não resista aos que o atacarem, ou que se abstenha de usar os alimentos, o ar, os medicamentos, ou qualquer outra coisa sem a qual não poderá viver, esse alguém tem a liberdade de desobedecer.[22]

O direito à autodefesa não quer dizer, no pensamento de Hobbes, que o soberano não tenha o poder de determinar a execução do cidadão. O soberano é absoluto, e seu poder não se contesta, em nenhuma decisão. Mas o indivíduo tem o direito de preservar a própria vida, sabendo dos riscos que corre nessa empreitada. Trata-se de um caso único e peculiar no qual algum direito natural se impõe contra o direito positivo. Não serve como mostra de que Hobbes fosse um propugnador do jusnaturalismo, opondo-se ao direito positivo. Trata-se do contrário, justamente porque é uma exceção. Mas, ao mesmo

---

[20] "O paradoxo do individualismo de Hobbes, que começa com indivíduos racionais iguais e demonstra que estes devem se submeter integralmente a um poder exterior a eles mesmos, é um paradoxo não da sua teoria, mas da sociedade de mercado." MACPHERSON, C. B. *A teoria política do individualismo possessivo*. Rio de Janeiro, Paz e Terra, 1979, p. 115.

[21] HOBBES, *Leviatã*, op. cit., p. 121.

[22] Ibid., p. 185.

tempo, mostra o radicalismo de uma solução ao mesmo tempo altamente individualista e plenamente absolutista na filosofia do direito moderna.

Para Hobbes, a razão não obriga os indivíduos. Misturada às paixões, é um cálculo, podendo falhar. Não há esperança de que o indivíduo possa ser educado pela razão, fazendo com que o direito natural fosse trabalhado ao nível da boa vontade, justamente pela natureza e pelas paixões humanas, tendentes ao estado de guerra de todos contra todos.[23] Por isso, de maneira muito peculiar, é verdade que o pensamento jurídico hobbesiano afirma o direito natural, mas para depois dissolvê-lo sob a égide do poder absoluto do soberano. O Absolutismo encontra, então, a sua grande teoria filosófica não teológica. As armas jusracionais com que o Absolutismo se afirma em Hobbes, no entanto, serão no futuro o germe daquilo que o destruirá.

LOCKE

John Locke (1632-1704) é o mais destacado pensador da filosofia burguesa moderna, em ascensão na Inglaterra de seu tempo. Locke esteve envolvido de modo próximo com a Revolução Gloriosa, de 1688, que pôs fim ao Absolutismo e declarou, em 1689, o *Bill of Rights* inglês.

No mesmo ano de 1689 saem publicados, na Inglaterra, seus dois principais livros, os chamados *Dois tratados sobre o governo*: o *Primeiro* e o *Segundo tratado sobre o governo civil*. Algumas outras obras de vulto se destacam ainda no seu pensamento, como a *Carta sobre a tolerância* e o *Ensaio sobre o entendimento humano*.

No que diz respeito à sua filosofia geral, Locke é um dos mais destacados pensadores do empirismo. Insurge-se contra os inatistas, que argumentavam que o conhecimento partia de ideias já dadas, inatas. Para Locke, não se encontram em todos os indivíduos as mesmas ideias universais inatas. Por isso, o conhecimento se faz, no indivíduo, a partir de uma *tabula rasa*. No pensamento de Locke, é a experiência sensível que leva ao conhecimento.[24]

---

[23] "Na sua oposição ao 'utopismo' dos clássicos, Hobbes estava interessado numa ordem social cuja realização fosse provável e mesmo certa. A garantia da sua realização poderia parecer que estava já presente no fato de a ordem social sã se basear na mais poderosa de todas as paixões, e, por isso, na força mais poderosa do homem. Mas se o medo da morte violenta é realmente a força mais poderosa no homem, então seria de se esperar que a existência da ordem social desejada fosse constante, ou quase constante, porque resultaria de uma necessidade natural, resultaria da ordem natural. Hobbes supera esta dificuldade pressupondo que os homens na sua estupidez entravam a ordem natural. Normalmente, a ordem social justa não se estabelece por uma necessidade natural porque o homem a ignora. A 'mão invisível' permanece ineficaz se não for sustentada pelo *Leviatã* ou, se se preferir, pela *Riqueza das Nações*." STRAUSS, Leo. *Direito natural e história*. Lisboa, Ed. 70, 2009, p. 172.

[24] "A crítica de Locke à estrutura intelectual da época [...] apresenta a questão central, da qual ocupar-se-á, com detalhes, no desenvolvimento de sua obra sobre o *Entendimento Humano*, qual seja, a crítica ao dogmatismo, às ideias inatas, àqueles, enfim, que se dizem portadores da verdade, sem se deixarem revisar pela própria experiência dos fatos e da vida em geral. Assumindo e elaborando posturas críticas, como a acima citada, além de refutar posições *metafísico-dogmáticas*, ele constrói, também com detalhes, uma nova teoria do conhecimento, em que os fatos – e somente a partir deles

Tal postura, no campo da filosofia do conhecimento, será a mesma para o campo da filosofia política e da filosofia do direito. Não há poder inato, que venha de Deus. O poder é uma construção humana. Locke articula, assim, uma teoria do contrato social como um vigoroso pensamento contra o Absolutismo, que se sustentava justamente na fundamentação divina do poder.

O contrato social em Locke

Das duas obras sobre o governo, o *Primeiro tratado sobre o governo civil* é dedicado à refutação das teses absolutistas que estavam explicitadas no livro *O patriarca*, de Robert Filmer, um dos mais populares defensores teóricos do Absolutismo à época. A obra de Filmer sustentava, de modo quase absurdo para uma perspectiva racional, que o poder absoluto dos monarcas advinha, por sucessão, de Adão. Os reis seriam descendentes sanguíneos diretos de Adão e Eva. Locke desmonta tal tese ao afirmar que Adão, por si só, não possui nenhum direito divino, e, se o tivesse, não se pode dizer que o tenha transmitido por sucessão aos seus filhos e, se o tivesse transmitido, é impossível saber e comprovar, no mundo atual, qual é a sucessão dessa linhagem.

> Tendo todas essas premissas sido, como me parece, claramente demonstradas, é impossível que os soberanos ora existentes sobre a Terra devam haurir algum benefício ou derivar que seja a menor sombra de autoridade daquilo que é considerado a fonte de todo o poder, o *domínio particular e a jurisdição paterna de Adão*.[25]

O *Segundo tratado sobre o governo civil* começa justamente com um balanço a respeito das teses levantadas contra Filmer e contra o poder absoluto dos reis por linhagem divina. Para Locke, o poder político não pode ser mensurado como se fosse passado de pai para filho. Não são iguais o poder do pai sobre o filho, o poder do marido sobre a mulher, do amo sobre seu servidor e o poder político de um magistrado sobre seus súditos. Com isso, Locke desmonta a tradição político-jurídica aristotélica que considerava o Estado uma família ampliada, sem fazer distinção de natureza entre o poder do pai e o poder do governante.

Para Locke, o poder político tem uma característica específica que o difere dos demais poderes, como o paterno. É o contrato social que dá base ao poder político. A sociedade civil se levanta a partir de um pacto entre os indivíduos, que, antes de tal acordo, viviam sob a situação de natureza. O fundamento da vida em sociedade civil é, portanto, o consentimento dos próprios cidadãos:

> Sendo todos os homens, como já foi dito, naturalmente livres, iguais e independentes, ninguém pode ser privado dessa condição nem colocado sob o poder político

---

é que pode trabalhar a razão – constituem-se em fonte primária, primeira e essencial para todo o conhecimento." GHIGGI, Gumercindo; OLIVEIRA, Avelino da Rosa. *O conceito de disciplina em John Locke*: o liberalismo e os pressupostos da educação burguesa. Porto Alegre, EDPUCRS, 1995, p. 17.

[25] LOCKE, John. *Dois tratados sobre o governo*. São Paulo, Martins Fontes, 2005, p. 380.

de outrem sem o seu próprio *consentimento*. A única maneira pela qual uma pessoa qualquer pode abdicar de sua liberdade natural e *revestir-se dos elos da sociedade civil* é concordando com outros homens em juntar-se e unir-se em uma comunidade, para viverem confortável, segura e pacificamente uns com os outros, num gozo seguro de suas propriedades e com maior segurança contra aqueles que dela não fazem parte.[26]

Assim sendo, Locke apresenta uma filosofia política em algum nível similar à de Hobbes, e radicalmente distinta da de Aristóteles. A passagem do estado de natureza para o estado civil por meio do contrato o torna próximo do pensamento hobbesiano, na medida em que ambos negam que os indivíduos sejam sociais por natureza, como afirmava Aristóteles. No entanto, ao contrário de Hobbes, para quem o estado natural era de guerra de todos contra todos, em Locke o estado de natureza é pacífico, pois o homem, mesmo nessa condição, tem meios de compreensão da lei natural. O homem não tem, no pensamento de Locke, uma inclinação de natureza a ser lobo do homem.

No *Segundo tratado*, Locke insiste em diferenciar sua visão a respeito do estado de natureza daquela que seria a de Hobbes. Os homens, em estado natural, são iguais e desfrutam da liberdade. Sendo livres e iguais, não são, no entanto, necessariamente irrefreáveis no uso dessa liberdade. Para Locke, a liberdade natural não impede que possam os indivíduos viver com algum respeito nessa condição. A liberdade é possível em natureza por conta da lei natural, que nela existe. A guerra, que é o resultado do desrespeito a essa lei natural, é apenas uma possibilidade do estado de natureza, não sua constante apresentação. Mas, justamente porque é uma possibilidade, e essa possibilidade pode se concretizar e via de regra se concretiza, por isso então os indivíduos resolvem viver em sociedade, para que haja uma estabilidade no governo de seus interesses. Mas a situação de guerra é um risco que não existirá apenas em natureza. Também sob governo é possível que haja desrespeito aos direitos naturais, o que exigirá a defesa de tais direitos. Por isso, não há em Locke, como há em Hobbes, uma associação necessária entre estado de natureza e guerra. É possível a paz no estado de natureza e o estado de guerra é possível tanto na vida em natureza como também na vida política.

Dirá Locke, destacando que sua teoria sobre o estado de natureza não é igual àquela de molde hobbesiano, de guerra de todos contra todos:

> Eis aí a clara *diferença entre o estado de natureza e o estado de guerra*, os quais, por mais que alguns homens os tenham confundido, tão distante estão um do outro quanto um estado de paz, boa vontade, assistência mútua e preservação está de um estado de inimizade, malignidade, violência e destruição mútua. Quando homens vivem juntos segundo a razão e sem um superior comum sobre a Terra com autoridade para julgar entre eles, manifesta-se propriamente o estado de natureza. Mas a força, ou um propósito declarado de força sobre a pessoa de outrem, quando não haja um superior comum sobre a Terra ao qual apelar em busca de assistência, constitui o *estado de guerra*. [...] *A ausência de um juiz comum dotado de autoridade coloca todos os homens em estado*

---

[26] Ibid., p. 468.

de natureza; a força sem direito sobre a pessoa de um homem causa o estado de guerra, havendo ou não um juiz comum.[27]

Este estado potencial de guerra que se verifica na vida em natureza não encontra, apenas com a força individual, meios suficientes para findar. Justamente para cessar tal estado de guerra é que os homens se unem em sociedade, constituindo um poder para governá-los e juízes para dirimir suas questões. Há inconvenientes na vida natural, por conta da falta de proteção da propriedade. Locke situa a propriedade de modo amplo, como a vida, a liberdade e os bens. Sem um governo, a propriedade não está resguardada. Buscando tal proteção, então, os indivíduos estabelecem o contrato social:

> Se o homem no estado de natureza é livre como se disse, se é senhor absoluto de sua própria pessoa e suas próprias posses, igual ao mais eminente dos homens e a ninguém submetido, por que haveria ele de se desfazer dessa liberdade? Por que haveria de renunciar a esse império e submeter-se ao domínio e ao controle de qualquer outro poder? A resposta evidente é a de que, embora tivesse tal direito no estado de natureza, o exercício do mesmo é bastante incerto e está constantemente exposto à violação por parte dos outros, pois que sendo todos reis na mesma proporção que ele, cada homem um igual seu, e por não serem eles, em sua maioria, estritos observadores da equidade e da justiça, o usufruto que lhe cabe da propriedade é bastante incerto e inseguro. Tais circunstâncias o fazem querer abdicar dessa condição, a qual, conquanto livre, é repleta de temores e de perigos constantes. E não é sem razão que ele procura e almeja unir-se em sociedade com outros que já se encontram reunidos ou projetam unir-se para a *mútua* conservação de suas vidas, liberdade e bens, aos quais atribuo o termo genérico de *propriedade*.[28]

A finalidade precípua do contrato social é, para o pensamento de Locke, a garantia da propriedade privada. São célebres suas palavras nesse sentido, no *Segundo tratado*: "O fim maior e principal para os homens unirem-se em sociedades políticas e submeterem-se a um governo é, portanto, a *conservação de sua propriedade*".[29]

Em Locke, o contrato social dá origem a um corpo político que legisla, julga e sustenta, por meio da força, a comunidade.[30] O Estado não surge como um negador dos direitos naturais. Antes, é um continuador desses direitos, garantindo-os. O mais importante direito que leva ao contrato, o direito à propriedade privada, mantém-se. Apenas o direito à justiça por conta própria é retirado dos indivíduos, situando-o agora

---

[27] Ibid., p. 397.

[28] Ibid., p. 494.

[29] Ibid., p. 495.

[30] "Aqueles que estão unidos em um corpo único e têm uma lei estabelecida comum e uma judicatura à qual apelar, com autoridade para decidir sobre as controvérsias entre eles e punir os infratores, *estão em sociedade civil* uns com os outros. Aqueles, porém, que não têm em comum uma tal possibilidade de apelo, explico-me, na Terra, vivem ainda em estado de natureza, sendo cada qual, onde não houver outro, juiz por si mesmo e executor – o que, como antes demonstrei, constitui o perfeito *estado de natureza*." Ibid., p. 458.

nas mãos do Estado. Os demais direitos naturais permanecem em continuidade do estado de natureza para o social.[31]

Para Locke, a renúncia, na passagem do estado de natureza para a sociedade civil, só se dá no que tange ao direito à preservação de si por conta própria, que se acompanha também da renúncia ao poder de castigar:

> Ao primeiro *poder*, ou seja, o de *fazer tudo quanto considere adequado para a preservação de si* e do resto da humanidade, ele *renuncia* para que seja regulado por leis elaboradas pela sociedade. [...] *Em segundo lugar, renuncia* por completo ao *poder de castigar* e empenha sua força natural (que anteriormente poderia empregar na execução da lei da natureza, mediante sua autoridade individual, conforme julgasse conveniente) para assistir o poder executivo da sociedade, segundo a lei desta o exija.[32]

Assim sendo, a passagem do estado de natureza para a sociedade civil em Locke não representa uma transformação da liberdade em submissão, como o era no pensamento de Hobbes. Não há um salto qualitativo na forma de organização dos homens: o contrato social em Locke mantém a liberdade natural, apenas a sustenta em outro grau, agora político e não mais individual. Em Locke, a associação não é uma alteração nos horizontes da vida humana de natureza. O sentido das leis naturais persiste o mesmo. Como o contrato social, busca-se, na verdade, consolidar os direitos já existentes no estado de natureza, agora pela via social e institucional. Dirá Bobbio nesse sentido:

> Na concepção de Locke, a transferência dos direitos naturais é parcialíssima. O que falta ao estado de natureza para ser um estado perfeito é, sobretudo, a presença de um juiz imparcial, ou seja, de uma pessoa que possa julgar sobre a razão e o erro sem ser parte envolvida. Ingressando no estado civil, os indivíduos renunciam substancialmente a um único direito, ao direito de fazer justiça por si mesmos, e conservam todos os outros, *in primis* o direito de propriedade, que já nasce perfeito no estado de natureza, pois não depende do reconhecimento de outros mas unicamente de um ato pessoal e natural, como é o caso do trabalho.[33]

O contrato social dá ensejo à formação da sociedade civil – que Locke denomina também de sociedade política, sem distinção – e esta gerará, por escolha da comunidade, uma determinada forma de governo. Locke, seguindo ainda a velha classificação de Aristóteles, trata da monarquia, da oligarquia e da democracia. Em todas essas formas, o governo deve buscar a conservação da propriedade. Contudo, tomando partido de uma

---

[31] "A teoria política de Locke é um monumento levantado às leis naturais que presidem à formação das principais instituições, regulamentando a vida do homem, e das quais as leis positivas não passam de um reflexo. [...] O princípio e o fim do bom governo residem, portanto, no respeito às leis naturais. Em consequência, o fim último da filosofia política é descobrir a essência das leis naturais e, então, estabelecer, com base nessas leis, as condições e os limites do poder político." BOBBIO, Norberto. *Locke e o direito natural*. Brasília, Ed. UnB, 1997, p. 151.
[32] LOCKE, *Dois tratados sobre o governo*, op. cit., p. 498.
[33] BOBBIO; BOVERO, *Sociedade e estado na filosofia política moderna*, op. cit., p. 73.

visão de política bastante oposta à de Hobbes, Locke dirá que a monarquia absoluta não se coaduna com os propósitos da sociedade civil:

> Fica, portanto, evidente que a *monarquia absoluta*, que alguns consideram o único governo no mundo, é de fato *incompatível com a sociedade civil*, e portanto não pode ser, de modo algum, uma forma de governo civil.[34]

Locke também estabelece uma distinção entre os poderes na sociedade política, destacando três: o legislativo, o executivo e o federativo – este, um poder encarregado das relações exteriores. Para Locke, no balanço entre tais poderes, o poder legislativo, escolhido pela maioria, tem um poder supremo em relação aos demais: "Em todos os casos, enquanto subsistir o governo, o legislativo é o poder supremo. Pois o que pode legislar para outrem deve por força ser-lhe superior."[35]

A divisão de poderes, no pensamento político de Locke, é fundamental como modo de evitar a concentração de poderes nas mãos de um apenas. Ao contrário de Hobbes – para quem o Leviatã tinha por fundamento a força de apenas um, e portanto dava esteio ao Absolutismo –, Locke considera que um governo com poderes distribuídos tem a possibilidade de melhor garantir os direitos naturais dos indivíduos, conformando, portanto, uma teoria política liberal-burguesa.

O direito natural em Locke

Em algumas de suas obras de juventude, antes da escrita dos dois tratados, Locke dedicou-se ao tema do direito natural, encaminhando-se para a perspectiva comum do jusnaturalismo moderno, que se afasta do modelo aristotélico. Em oito *Ensaios sobre a lei de natureza*, escritos entre 1663 e 1664, Locke afirma existir uma lei da natureza, passível de ser conhecida por todos e que obriga a todos os homens.[36]

Contudo, Locke não se baseia num direito natural advindo de uma razão inata. Para ele, a lei de natureza não está inscrita nas mentes dos homens. Pelo contrário, bem ao molde empirista, afirma o direito natural como um conhecimento alcançável somente por meio da experiência dos sentidos:

> Considerando, como já se mostrou noutra parte, que essa lei de natureza não é tradição, nem certo princípio moral interno escrito em nossas mentes pela natureza, nada resta que permita defini-la, a não ser a razão e a percepção dos sentidos. De fato, apenas

---

[34] LOCKE, *Dois tratados sobre o governo*, op. cit., p. 380.
[35] Ibid., p. 519.
[36] "O tema mais interessante dos ensaios é o que diz respeito ao conhecimento da lei natural. Ele é desenvolvido em uma seção crítica, na qual Locke refuta três modos habituais de fundamentar a cognoscibilidade da lei natural: (1) mediante a afirmação das *ideias inatas* (terceiro ensaio e parte do segundo); (2) o argumento da *tradição* (segundo ensaio) e do *consenso* (quinto ensaio); em uma parte construtiva, com a qual indica o único caminho pelo qual se pode adquirir o conhecimento da lei natural, que é por meio dos *sentidos* (quarto ensaio)." BOBBIO, *Locke e o direito natural*, op. cit., p. 151.

essas duas faculdades parecem ensinar e educar as mentes dos homens, providenciando aquilo que é característico da lei de natureza, a saber: que sejam passíveis de ser trazidas à mente e conhecidas como se fossem examinadas coisas que, do contrário, permaneceriam inteiramente desconhecidas e ocultas na escuridão. [...]

Ao contrário, toma-se razão aqui como a faculdade discursiva da mente, que avança de coisas conhecidas a coisas desconhecidas, e argumenta de uma coisa a outra de acordo com uma ordem definida e fixa de proposições. É essa a razão por meio da qual a humanidade chega ao conhecimento da lei natural. No entanto, as fundações sobre as quais repousa, em toda a sua integridade, esse conhecimento que a razão constrói e alça tão alto quanto o céu, são os objetos da experiência sensorial; pois os sentidos fornecem essencialmente a matéria inteira do discurso, e também sua matéria principal, introduzindo-a nos profundos recessos da mente.[37]

Locke é um dos destacados defensores do direito natural, que assume, em sua perspectiva, uma faceta muito distinta daquela da visão clássica, aristotélica.

Para Aristóteles, o direito natural é advindo da própria condição social humana. Mas Locke, separando um estado de natureza individual de um estado civil social, identifica o direito natural não com a sociedade, mas sim com o estado de natureza individual, pois a lei natural, como diretriz para a conduta humana, aí já se apresenta. No *Segundo tratado*, assim diz:

> O *estado de natureza* tem para governá-lo uma lei da natureza, que a todos obriga; e a razão, em que essa lei consiste, ensina a todos aqueles que a consultem que, sendo todos iguais e independentes, ninguém deveria prejudicar a outrem em sua vida, saúde, liberdade ou posses. [...]
>
> E para que todos os homens sejam impedidos de invadir direitos alheios e de prejudicar uns aos outros, e para que seja observada a lei da natureza, que quer a paz e a *conservação de toda a humanidade*, a responsabilidade pela *execução* da lei da natureza é, nesse sentido, depositada nas mãos de cada homem, pelo que cada um tem o direito de punir os transgressores da dita lei em tal grau que impeça sua violação. Pois a *lei da natureza* seria vã, como todas as demais que dizem respeito ao homem neste mundo, se não houvesse alguém que tivesse, no estado de natureza, um *poder para executar* essa lei e, com isso, preservar os inocentes e conter os transgressores.[38]

Assim sendo, a lei natural busca a preservação de si mesmo e da humanidade e, no estado de natureza, todos os indivíduos são executores da lei natural, na medida em que ainda não há um Estado que possa se arrogar nesse papel. Há, portanto, o direito de punir por conta própria os infratores da lei natural. Mas a passagem do estado natural para a sociedade civil não é, para Locke, uma negação da lei natural. Tal direito se mantém ainda quando a sociedade civil for instituída por meio de contrato.

O grande direito natural que se levanta já no estado de natureza é o direito de propriedade. O eixo da filosofia do direito de Locke é a afirmação do direito natural como

---

[37] LOCKE, John. *Ensaios políticos*. São Paulo, Martins Fontes, 2007, p. 124-125.
[38] LOCKE, *Dois tratados sobre o governo*, op. cit., p. 384.

direito de garantia da propriedade individual. Nisso, Locke dá um passo decisivo em direção ao liberalismo burguês, na comparação com Hobbes. Para este, a propriedade surge apenas a partir da sociedade civil. Em estado natural, todas as coisas são de todos. Para Hobbes, portanto, é o Estado que garante ou não a propriedade. Já para Locke, a propriedade está entranhada como direito natural do indivíduo; vem antes do Estado. Contra ela o Estado não tem poder, devendo respeitá-la. A noção de propriedade em Locke agrada muito mais à burguesia e à visão de mundo liberal do que a visão hobbesiana, que fazia a propriedade privada ser dependente da vontade do Estado.

A propriedade privada é a razão de ser do contrato social e é o eixo central e problemático da filosofia de Locke. Nesse ponto, avulta sua teoria econômica burguesa liberal. Não é a sociedade que cria a instituição da propriedade privada; ela já se apresenta como direito a partir do próprio indivíduo, na medida em que cada qual possui, por natureza, a si próprio e ao seu trabalho. As coisas da natureza são comuns, mas dirá Locke que, com o trabalho, o objeto trabalhado torna-se de propriedade daquele que trabalhou.

> Embora a Terra e todas as criaturas inferiores sejam comuns a todos os homens, cada homem tem uma *propriedade* em sua própria *pessoa*. A esta ninguém tem direito algum além dele mesmo. O *trabalho* de seu corpo e a *obra* de suas mãos, pode-se dizer, são propriamente dele. Qualquer coisa que ele então retire do estado com que a natureza a proveu e deixou, mistura-a ele com o seu trabalho e junta-lhe algo que é seu, transformando-a em sua *propriedade*.[39]

Assim sendo, na teoria de Locke, o fruto colhido por meio do trabalho faz com que haja a propriedade do trabalhador sobre ele. A terra trabalhada, no entanto, é coletiva. Para Locke, foi dada por Deus a todos. O que faz com que, então, ela seja de propriedade de alguém? A terra se torna individual apenas pelo resultado do trabalho. A partir daí, o que era coletivo passa a ser privado, em razão do que se empreendeu nessa terra com a aragem, a plantação, a melhoria e o cultivo dos produtos.

Ocorre, no entanto, que, numa situação inicial de natureza, sendo a propriedade o resultado do trabalho, cada qual apropria a quantidade de terra que seu esforço permite. O uso é que dá a sua medida de justiça. Na teoria de Locke, há terra em abundância para todos, como se todo o mundo fosse a América de seu tempo, de terras livres. Mas se verifica, em sociedade, uma distribuição desigual da posse da terra, que não atenta apenas aos limites daquilo que é usado pelas mãos do trabalhador. O fato de haver grandes extensões de terra nas mãos de poucos seria ilegítimo na teoria de Locke?

Sua resposta, extremamente burguesa e liberal, é não. A desigualdade da propriedade da terra e dos bens se justifica porque, com o surgimento do dinheiro, a proporção da terra para o uso do trabalhador se altera. Para Locke, o dinheiro é uma conveniência entre os homens, cuja referência para a medida dos bens se dá por consenso. Com o dinheiro, passa a ser possível a dissociação da propriedade em relação ao seu uso pelo trabalhador.

---

[39] Ibid., p. 407.

Na teoria lockeana, a propriedade de bens em quantidade maior que aquela que se presta ao uso seria, em estado natural, uma injustiça. Um homem que tivesse muitas frutas, e não conseguisse comê-las todas, fazendo-as perecer sem utilização, estaria numa situação injusta, pois a propriedade está ligada ao uso. Ocorre que, com o dinheiro, passa-se a acumular algo imperecível, como o ouro ou a prata. Com isso, é possível comprar terras, vendê-las, ou mesmo prevenir-se com bens que possam ser vendáveis posteriormente. Assim, com o dinheiro, ter mais comida que aquela que se pode comer não é mais injusto: pode-se vendê-las posteriormente. Se não fosse o dinheiro, a medida da propriedade ainda seria a medida do uso da terra.

> Uma coisa ouso afirmar: que a mesma *regra de propriedade* segundo a qual cada homem deve ter tanto quanto possa usar estaria ainda em vigor no mundo, sem prejuízo para ninguém, conquanto há terra bastante no mundo para o dobro dos habitantes, se a *invenção do dinheiro* e o acordo tácito dos homens no sentido de lhe acordar um valor não houvesse introduzido (por consenso) posses maiores e um direito a estas.[40]

A propriedade passa a ser mensurada por coisas duradouras, como o ouro e a prata, e não mais em função de coisas perecíveis, como a comida que fosse extraída pelo trabalho nessa própria terra. Isso permite que a propriedade seja não só conseguida pelo trabalho na terra, mas também comprada. A instituição do dinheiro leva, necessariamente, à distribuição desigual da riqueza entre os homens. Locke entoa palavras de legitimação desse modo muito peculiar de explicar a desigualdade da riqueza entre os homens:

> Como, porém, o ouro e a prata, por terem pouca utilidade para a vida humana em comparação com o alimento, as vestimentas e o transporte, derivam o seu *valor* apenas do consentimento dos homens, enquanto o trabalho ainda dá em grande parte sua *medida*, vê-se claramente que os homens concordaram com a posse desigual e desproporcional da terra, tendo encontrado, por um consentimento tácito e voluntário, um modo pelo qual alguém pode possuir com justiça mais terra que aquela cujos produtos possa usar, recebendo em troca do excedente ouro e prata que podem ser guardados sem prejuízo de quem quer que seja, uma vez que tais metais não se deterioram nem apodrecem nas mãos de quem os possui.[41]

Assim sendo, a teoria lockeana do direito natural à propriedade, mascarando a propriedade e o acúmulo de capitais com argumentos de fundamento no trabalho, é uma visão liberal diretamente ligada ao interesse burguês. Para Locke, a propriedade advinda do trabalho, limitada, se transforma em propriedade também advinda da acumulação de dinheiro, ilimitada. Com o dinheiro, como a propriedade não está mais ligada agora ao trabalho nem limitada ao seu uso, a acumulação é possível e os conflitos em razão da propriedade, por não terem mais em vista a relação direta com o trabalho e o uso, explodem.[42]

---

[40] Ibid., p. 416.
[41] Ibid., p. 428.
[42] Em Locke, a propriedade fica legitimamente desvinculada do trabalho em razão do dinheiro e também por conta da herança, que erige como um dos direitos fundamentais naturais, no exato

A propriedade permitida a partir da instituição do dinheiro há de levar os homens necessariamente à vida em Estado, para que haja juízes e regras fixas para o arbitramento das controvérsias sobre a própria propriedade privada. Tanto assim que a própria vida política, após o contrato social, ainda tem por meta principal resguardar o direito natural originário à propriedade. O governante que atenta contra a propriedade torna-se ilegal e tirano, pondo-se em estado de guerra contra a sociedade. Há um legítimo direito de resistência em tal caso. Locke é explícito nesse sentido:

> O *poder supremo não pode tomar* de homem algum nenhuma parte de sua *propriedade* sem o seu próprio consentimento. Pois sendo a preservação da propriedade o fim do governo e a razão por que os homens entram em sociedade, isso pressupõe e necessariamente exige que o povo *tenha propriedade*, sem o que será forçoso supor que todos percam, ao entrarem em sociedade, aquilo que constituía o objetivo pelo qual nela ingressaram – um absurdo por demais flagrante para ser admitido por qualquer um. Portanto, dado que *os homens em sociedade possuem propriedade*, têm eles sobre os bens que, com base na lei da comunidade, lhes pertencem, um direito tal que a ninguém cabe o direito de tolher seus haveres, ou partes destes, sem o seu próprio consentimento.[43]

O desrespeito à propriedade privada torna o governo tirânico, enseja um estado de guerra, o que devolve a sociedade à condição de natureza, razão pela qual então a força se levanta como meio de resolução do problema, a fim de garantir o direito natural à propriedade. Assim se explica o direito de resistência no pensamento de Locke: o seu mais alto fundamento está justamente na garantia absoluta do direito à propriedade privada.

> Todo aquele que usa de *força sem direito*, assim como todos aqueles que o fazem na sociedade contra a lei, coloca-se em *estado de guerra* com aqueles contra os quais a usar e, em tal estado, todos os antigos vínculos são rompidos, todos os demais direitos cessam e cada qual tem o direito de defender-se e de *resistir ao agressor*.[44]

A máscara dos direitos naturais como fundamento da dignidade humana, ao invés de apontar para uma causa fraterna ou social, como tenta demonstrar sua tenra aparência, tem em Locke a sua mais cristalina fonte de origem e limite: o direito natural moderno é o direito à propriedade privada, como interesse maior da classe burguesa. Nesse sentido, C. B. Macpherson:

> O núcleo do individualismo de Locke é a afirmativa de que todo homem é naturalmente o único proprietário de sua própria pessoa e de suas próprias capacidades – proprietário absoluto, no sentido de que não deve nada à sociedade por isso – e principalmente

---

interesse da burguesia: "Todo homem nasce com um duplo direito: *em primeiro lugar, o direito à liberdade de sua pessoa*, sobre a qual ninguém mais tem nenhum poder, cabendo a ele dispor de si mesmo como quiser. Em *segundo lugar, um direito*, acima de qualquer outro homem, a *herdar*, com seus irmãos, os bens de seu pai." Ibid., p. 554.

[43] Ibid., p. 509.
[44] Ibid., p. 588.

proprietário absoluto de sua capacidade de trabalho. Todo homem tem, portanto, liberdade para alienar sua própria capacidade de trabalho. O postulado individualista é o postulado pelo qual Locke transforma a massa dos indivíduos iguais (licitamente) em duas classes com direitos muito diferentes, os que têm propriedade e os que não têm. Uma vez que todas as terras estejam ocupadas, o direito fundamental de não ser sujeito à jurisdição de outrem é tão desigual entre proprietários e não proprietários, que difere em espécie, não em grau: os que não têm propriedades são, reconhece Locke, dependentes, para seu próprio sustento, dos que têm propriedades, e são incapazes de alterar suas próprias contingências. A igualdade inicial de direitos naturais, que consistia em indivíduo nenhum ter jurisdição sobre outrem, não pode perdurar depois da diferenciação de propriedades.[45]

Ao contrário de Hobbes, cuja teoria do contrato social é construída em benefício do Absolutismo, Locke constrói sua filosofia do direito e política em favor da burguesia em ascensão, justificando a revolução liberal burguesa na Inglaterra, e, depois, servindo à luta burguesa nos Estados Unidos da América, na França e em boa parte da Europa do século XVIII.

ROUSSEAU

O mais popular, avançado e crítico dos filósofos modernos, Jean-Jacques Rousseau (1712-1778), foi também objeto de grande polêmica e admiração. Os mais importantes revolucionários franceses, como Robespierre, estimavam-no e fizeram de suas ideias lemas para as fases avançadas da Revolução. Ao mesmo tempo, a burguesia, a igreja e o pensamento conservador o têm como um dos seus grandes incômodos.[46]

A vida de Rousseau é notável e excepcional. Ao seu final, ele próprio escreveu suas *Confissões*, dando detalhes e fazendo análises de sua biografia. Nasceu em Genebra, uma república protestante, e sua mãe morreu no parto. Seu pai, relojoeiro, teve dificuldades financeiras e a condição de vida do lar decaiu logo na primeira infância de Rousseau. Muito apegado ao pai, sofreu com o seu afastamento logo após um desentendimento com uma autoridade da cidade. Para que não fosse preso, o pai de Rousseau abandonou-o e fugiu de Genebra.

Criado por familiares, aprende ofícios manuais sem muito sucesso. Numa das ocasiões em que se afastou da cidade, foi proibido de retornar à noite. Dessa época, decide abandonar os seus e peregrinar. Saindo de Genebra, passando por fome e necessidades, se encanta pela Sra. de Warens, e, por sua influência, abjura o protestantismo e converte-se ao catolicismo. Viajou pela Europa, chegando a Paris em 1742. À época, já desenvolvia

---

[45] MACPHERSON, *A teoria política do individualismo possessivo*, op. cit., p. 242.

[46] Conforme as palavras contundentes de Leo Strauss, a partir de um ângulo reacionário: "A primeira crise da modernidade ocorreu no pensamento de Jean-Jacques Rousseau. [...] Em Rousseau, foi a própria paixão que tomou a iniciativa e se revoltou; usurpando o lugar da razão e negando indignada o seu passado libertino, a paixão começou a pronunciar julgamentos sobre as vilanias da razão, com a severidade característica da virtude de um Catão. As pedras ígneas com que a erupção rousseauniana cobrira o mundo ocidental, depois de terem arrefecido e depois de terem sido polidas, foram usadas nas estruturas imponentes que os grandes pensadores do final do século XVIII e do início do século XIX edificaram." STRAUSS, *Direito natural e história*, op. cit., p. 215.

seu pendor para a música. Teve muitas mulheres. Casa posteriormente com Thérèse, com quem teve cinco filhos, todos entregues a orfanatos em razão de suas privações econômicas. Liga-se ao grupo dos intelectuais franceses que lideravam o movimento iluminista, sendo muito próximo de Diderot e dos enciclopedistas.

Em razão de um concurso promovido pela Academia de Dijon, escreve o *Discurso sobre as ciências e as artes*, obtendo o primeiro lugar. Tal obra lhe dá fama e repercussão. Em seguida, escreve o *Discurso sobre a origem e os fundamentos da desigualdade entre os homens*, obra polêmica que lhe consagra. Voltando a Genebra, reconverte-se ao protestantismo. Nos anos posteriores, escreve *A nova Heloísa*, os seus importantes livros *O contrato social* e *Emílio* e também as *Cartas escritas da montanha*, dentre outros. Famoso, admirado e contestado, sua vida pessoal é bastante atribulada. Há rupturas com muitos de seus amigos e companheiros, como o próprio Diderot e também Voltaire, chega a refugiar-se na Escócia junto a David Hume e cada vez mais as perseguições políticas e religiosas se somam. Na parte final de sua vida, passou a imaginar que até mesmo seus amigos se enredavam em complôs para persegui-lo. Alguns anos após morrer, os revolucionários franceses, em 1794, enterraram seus restos mortais no Panteão, ao lado de Voltaire.

O pensamento de Rousseau é muito original em comparação com os demais filósofos modernos do Iluminismo. Era comum aos iluministas uma exaltação da razão contra as trevas da fé religiosa. Rousseau, em face desse quadro, não toma parte do obscurantismo religioso, mas também não toma parte de um pleno racionalismo.

Para Rousseau, a civilização não poderia ser considerada o apogeu da vida humana, em oposição a uma vida natural primitiva. Pelo contrário, a civilização era culpada da degeneração da moral do homem natural. Em sociedade, o comportamento humano se altera, buscando ganhos e vantagens pessoais. A polidez, a educação e a etiqueta escondem o interesse pessoal por detrás da relação com os outros. Em sociedade, dá-se importância ao luxo, criam-se necessidades artificiais e os homens passam a ser escravos de tais caprichos. Aquilo que se pretende civilizado é uma máscara dos baixos interesses dos homens.

A crítica de Rousseau à filosofia e à razão está explicitada no *Discurso sobre as ciências e as artes*. Escreveu-o em função de um prêmio. A pergunta a que respondeu com tal discurso era a de saber se as ciências e as artes poderiam contribuir para o aperfeiçoamento dos costumes. A resposta comum aos intelectuais de sua época seria sim. Mas Rousseau respondeu que não: espantou seu tempo ao investir violentamente na quebra da certeza no progresso e na valorização do conhecimento e das belas artes que eram próprias do Iluminismo.

> Eis como o luxo, a dissolução e a escravidão foram em todos os tempos o castigo dos orgulhosos esforços que fizemos para sair da feliz ignorância em que nos pusera a sabedoria eterna. [...] Povos, sabei pois, de uma vez por todas, que a natureza quis preservar-vos da ciência, como a mãe arranca uma arma perigosa das mãos do filho; que todos os segredos que ela vos oculta são outros tantos males de que vos resguarda e que a dificuldade que encontrais em vos instruir não é o menor de seus benefícios.[47]

---

[47] ROUSSEAU, Jean-Jacques. "Discurso sobre as ciências e as artes". *Discurso sobre a origem e os fundamentos da desigualdade entre os homens*. São Paulo, Martins Fontes, 2005, p. 22.

Com a crítica à ciência e às artes, a proposta de Rousseau não era, contudo, a de fazer os homens voltarem ao estado natural, abandonando a civilização. Voltaire, em uma carta, acusou-o ironicamente disso, distorcendo suas ideias. O propósito de Rousseau era o de apontar as mazelas humanas em sociedade justamente para corrigi-las, forjando outra civilização.

A educação é o corolário mais importante do pensamento de Rousseau. Inconformado com a frieza do pensamento meramente especulativo e filosófico, investe numa reflexão que seja capaz de transformar o homem. Sua importante obra *Emílio, ou, da Educação* é a concretização desse intento. Trata-se de um romance filosófico. Nele, o jovem Emílio é conduzido em seu processo pedagógico de tal modo que se afastasse das mazelas da sociedade e pudesse, portanto, desenvolver seus potenciais.

Tanto no *Emílio* quanto no *Discurso sobre as ciências e as artes* revela-se o essencial do método rousseauniano. Uma de suas maiores originalidades está em buscar o homem em sua totalidade, na sua verdadeira interação com a natureza. Nisso está uma espécie de romantismo original de Rousseau. O homem não é apenas razão, é também e mais ainda sentimento. O ser humano, em sua verdade profunda, no contato profundo com a natureza, mais do que pensar, sente. Dirá Rousseau no *Emílio*:

> Não são os filósofos que melhor conhecem os homens; eles só os veem através dos preconceitos da filosofia. [...] O que seria preciso, então, para bem observar os homens? Um grande interesse por conhecê-los, uma grande imparcialidade para julgá-los, um coração suficientemente sensível para compreender todas as paixões humanas e suficientemente calmo para não experimentá-las. [...]
>
> Para nós, existir é sentir; nossa sensibilidade é incontestavelmente anterior à nossa inteligência, e tivemos sentimentos antes de ter ideias.[48]

O excepcional do método de Rousseau está em reivindicar um papel fundamental aos sentimentos, não se limitando portanto à razão. Além disso, também, em fazer da natureza não simplesmente um dado a ser estudado mecanicamente pelo filósofo, como o faziam os demais iluministas. Pelo contrário, a natureza e o homem estão mergulhados um no outro. Desvendar as conexões mais profundas, tanto da razão quanto do sentimento, foi o itinerário empreendido por Rousseau.

> Oh, virtude! Ciência sublime das almas simples, serão necessários tantas labutas e tanto aparato para conhecer-te? Teus princípios não estão gravados em todos os corações? E não basta, para aprender tuas leis, voltar-se para si mesmo e escutar a voz da consciência no silêncio das paixões? Eis a verdadeira filosofia, saibamos contentar-nos com ela; e, sem invejar a glória desses homens célebres que se imortalizam na república das letras, tratemos de instituir entre eles e nós essa gloriosa distinção que outrora se observava entre dois grandes povos: uma sabia dizer bem, e o outro, bem fazer.[49]

---

[48] ROUSSEAU, Jean-Jacques. *Emílio, ou, da educação*. São Paulo, Martins Fontes, 2004, p. 338-339 e 410.

[49] ROUSSEAU, "Discurso sobre as ciências e as artes", op. cit., p. 40.

A constatação de Rousseau de que o homem, ganhando em inteligência e em sociabilidade, não necessariamente melhora – a civilização, pelo contrário, dissimula e torna o homem egoísta –, leva-o a pensar nas causas da vida em civilização e do seu perecimento. Não busca a volta a um idílico estado natural. Antes, seu projeto é o de entender a natureza humana para saber se ainda há solução para consertar a própria civilização, dado o grau de degeneração a que ela e os homens chegaram.

O estado de natureza em Rousseau

No *Discurso sobre a origem e os fundamentos da desigualdade entre os homens*, que é o seu segundo discurso escrito em função de concurso, Rousseau procederá à mais profunda reflexão sobre o estado de natureza dentre os filósofos modernos. A linha de distinção que Rousseau estabelece em relação aos demais contratualistas está no fato de que, em geral, estes buscaram o homem natural com as lentes da própria condição humana presente. Rousseau critica os contratualistas anteriores a ele por não conseguirem chegar, em suas investigações, aos estágios naturais ainda mais primitivos. Por causa disso, suas teorias sempre situam o homem natural com alguns atributos que são já da civilização. O problema dos contratualistas, para Rousseau, é o de não ter conseguido escapar de atribuir vícios da própria civilização ao estado de natureza.

Como toda projeção do homem presente para o passado carrega consigo os preconceitos, o modo de ser e a visão de mundo atual, Rousseau considera que não se trata de montar um painel do estado de natureza com base nos fatos recolhidos no presente. Assim sendo, Rousseau não fará uma "antropologia" do estado de natureza. Pelo contrário, trabalhará no plano das hipóteses, num nível argumentativo.[50] Não é empiricamente que se constata o estado de natureza, porque toda empiria estaria viciada com a visão de mundo da constatação presente. Ele próprio trata de seu método, no início do *Discurso*:

> Os filósofos que examinaram os fundamentos da sociedade sentiram todos a necessidade de remontar ao estado de natureza, mas nenhum deles o atingiu. [...] Todos, falando incessantemente de necessidade, de avidez, de opressão, de desejos e de orgulho, transportaram para o estado de natureza ideias que haviam tirado da sociedade: falavam do homem selvagem e descreviam o homem civil. [...]
>
> Comecemos, pois, por descartar os fatos, pois eles não se prendem à questão. Não se devem tomar as pesquisas que se podem realizar sobre esse assunto por verdades históricas, mas somente por raciocínios hipotéticos e condicionais, mais apropriados para esclarecer a natureza das coisas do que para lhes mostrar a verdadeira origem, e semelhantes aos que fazem, todos os dias, os nossos físicos sobre a formação do mundo.[51]

---

50 "Como o estado de natureza não é um fato concreto, nem ele nem o homem aí inserido podem ser analisados como tais; trata-se de uma suposição metodológica, didática, mas não de uma existência concreta no tempo e no espaço." PISSARRA, Maria Constança Peres. *Rousseau*: a política como exercício pedagógico. São Paulo, Moderna, 2002, p. 50.

51 ROUSSEAU, Jean-Jacques. *Discurso sobre a origem e os fundamentos da desigualdade entre os homens*. São Paulo, Martins Fontes, 2005, p. 160-161.

A fim de tratar do estado de natureza, Rousseau começa por defini-la sem os vícios da civilização. O homem em natureza não se vale dos engenhos, não necessitando de ferramentas ou técnicas, nem da palavra, nem da residência, nem da guerra, nem do vínculo com os seus semelhantes. Trata-se de uma diferença substancial em relação à vida em sociedade, porque não apresenta vícios nem necessidades artificiais criadas em civilização.

Rousseau inicia o *Discurso* estabelecendo uma distinção entre duas ordens de desigualdades entre os homens: aquelas que são naturais e físicas, isto é, estabelecidas pela natureza – diferenças de idade, saúde, corpos e qualidades do espírito e da alma –, e aquelas que são morais e políticas, quer dizer, as que são meramente convencionais e não naturais, originárias do consentimento humano – a riqueza, a reverência, o poder e a obediência são desse tipo. Das desigualdades morais ou políticas é que tratará Rousseau.

Para a investigação do estado de natureza, Rousseau, na base de comparações, trata da diferença dos homens para com os animais e, além disso, trata também dos aspectos metafísicos e morais do homem. A identificação do estado natural se faz tanto por oposição à civilização, definindo-se a partir de categorias contrárias a determinadas condições desta, como também por características próprias do homem natural. A mais destacada delas é a liberdade. O homem, em natureza, não está adstrito aos demais, nem às leis ou convenções de outrem. Se alguém lhe impede de se deitar sob a fronde de uma árvore, o homem procura outra. É certo que o homem está limitado na sua relação com a natureza, na dependência que tem em relação àquilo que pode perceber dos recursos naturais. Mas, em relação a outros homens, o homem natural é livre. Dirá Rousseau:

> Considerei até agora apenas o homem físico; tratemos de olhá-lo agora pelo lado metafísico e moral.
>
> Vejo em todo animal somente uma máquina engenhosa, a quem a natureza deu sentidos para funcionar sozinha e para garantir-se, até certo ponto, contra tudo quanto tende a destruí-la ou a desarranjá-la. Percebo precisamente as mesmas coisas na máquina humana, com a diferença de que a natureza faz tudo sozinha nas operações do animal, ao passo que o homem concorre para as suas na qualidade de agente livre. Um escolhe ou rejeita por instinto e o outro, por um ato de liberdade; é por isso que o animal não pode afastar-se da regra que lhe é prescrita, mesmo quando lhe for vantajoso fazê-lo, e o homem afasta-se dela amiúde para seu prejuízo.[52]

Além da liberdade, uma das mais importantes características do homem natural é a sua perfectibilidade. A possibilidade de se aperfeiçoar é o que distingue os homens dos animais. Estes, em razão do instinto, logo com pouco tempo de vida já chegam ao limite do que podem ser. O homem, no entanto, com sua liberdade, pode ir além, aperfeiçoando-se. Ele pode alçar-se para mais do que seus instintos naturais. Ironicamente, para Rousseau, é justamente essa liberdade que permite ao homem o aperfeiçoamento que também possibilita o seu rebaixamento a um nível pior que o dos animais, na medida em que o fato de não estar adstrito ao instinto, por ser livre, pode também conduzi-lo

---

[52] Ibid., p. 172.

à infelicidade. Além disso, são características do homem natural o amor próprio – que conduz à sua luta pela conservação – e também uma piedade inata – na medida em que as dificuldades da vida natural fazem com que o observador se identifique com o sofredor.

O próprio Rousseau faz um balanço da primitiva condição humana, sob estado de natureza:

> Concluamos que, errando pelas florestas, sem engenho, sem a palavra, sem domicílio, sem guerra e sem vínculos, sem a menor necessidade de seus semelhantes, assim como sem nenhum desejo de prejudicá-los, talvez até sem jamais reconhecer algum deles individualmente, o homem selvagem, sujeito a poucas paixões e bastando-se a si mesmo, tinha apenas os sentimentos e as luzes próprias desse estado, sentia apenas suas verdadeiras necessidades, só olhava o que acreditava ter interesse de ver e sua inteligência não fazia mais progressos do que sua vaidade.[53]

Essa é a dialética rousseauniana quanto ao estado de natureza: o homem selvagem não se projeta para além de suas necessidades, bastando-se a si mesmo, mas, ao mesmo tempo, a limitação e a dificuldade de tal condição natural se apresentam. Continua Rousseau:

> Se porventura fazia alguma descoberta, não podia comunicá-la, pois nem sequer os filhos reconhecia. A arte perecia com o inventor; não havia educação nem progresso, as gerações se multiplicavam inutilmente e, partindo cada uma sempre do mesmo ponto, os séculos escoavam-se em toda a grosseria das primeiras épocas, a espécie já estava velha e o homem continuava a ser sempre criança.[54]

Tal postura rousseauniana a respeito da condição do homem em natureza difere muito da hobbesiana. O próprio Rousseau, no *Discurso*, afirma o contraste de suas posições em relação às de Hobbes: não é possível transferir os vícios que são do estado de civilização para o estado natural. O homem não é naturalmente mau. Em estado de natureza, não é pelo fato de que haja uma ausência da ideia de bondade que o homem será constituído por uma condição má. A ignorância leva o homem à calma das paixões.[55]

Assim sendo, o homem natural, para Rousseau, é muito mais um bom selvagem do que propriamente o lobo do próprio homem, como afirmava o pensamento de Hobbes. A desigualdade que reina entre os homens, nesse momento, não se apresenta na sua relação social nem na moral. Assim diz Luiz Roberto Salinas Fortes:

> Eis, pois, traçado o retrato por inteiro do homem natural. Vivendo ociosamente e espalhado pela vastidão do planeta, cada indivíduo terá com outro da mesma espécie

---

[53] Ibid., p. 197.
[54] Ibid., p. 197.
[55] "Hobbes não viu que a mesma causa que impede os selvagens de usar da razão, como pretendem nossos jurisconsultos, impede-os ao mesmo tempo de abusar de suas faculdades, como ele mesmo pretende; de sorte que se poderia dizer que os selvagens não são maus justamente por não saberem o que é serem bons, pois não é nem o desenvolvimento das luzes, nem o freio da lei, mas a calma das paixões e a ignorância dos vícios que os impedem de proceder mal." Ibid., p. 189.

contatos raros e passageiros. Não há como falar em sociedade ou associação entre esta multiplicidade dispersa de existências solitárias. Não há, também, como falar em desigualdade, já que todos, vivendo sob condições praticamente idênticas, não têm nem mesmo possibilidade de desenvolver aquelas diferenças – de forças, de habilidade, de idade – que seriam de fato *naturais*, mas só poderão se exercer depois de abandonada a inércia dessa condição primitiva.[56]

Ocorre que a condição originária do homem, de bom selvagem, não é estática. Com o passar do tempo, a calma das paixões se transforma. Os interesses individualistas despontam e o estado natural, antes pacífico e sereno, transforma-se. Rousseau ainda está tratando do estado natural, mas, agora, numa outra etapa sua. Corrompido pelas paixões, o homem se degrada. Ele próprio, ao final da primeira parte do *Discurso*, se indaga a esse respeito:

> Depois de haver mostrado que a *perfectibilidade*, as virtudes sociais e as outras faculdades que o homem natural recebera potencialmente nunca poderiam desenvolver-se por si sós, que para tanto necessitavam do concurso fortuito de várias causas estranhas, que poderiam jamais nascer, e sem as quais ele teria permanecido eternamente em sua condição primitiva, resta-me considerar e relacionar os diferentes acasos que puderam aperfeiçoar a razão humana ao deteriorar a espécie, tornar mau um ser ao torná-lo sociável e, de uma época tão recuada, trazer afinal o homem e o mundo ao ponto em que os vemos.[57]

A segunda parte do *Discurso sobre a origem e os fundamentos da desigualdade entre os homens* se abre com uma das mais conhecidas e fundamentais proposições de Rousseau. O que dá origem ao estado de desigualdade entre os homens, se, de início, a calma das paixões e o uso dos recursos da natureza são-lhes suficientes? É justamente o surgimento da *propriedade privada* que marca a destruição da condição de felicidade natural, passando a impor aos homens os sofrimentos sociais. São célebres as frases de Rousseau:

> O primeiro que, tendo cercado um terreno, atreveu-se a dizer: *Isto é meu*, e encontrou pessoas simples o suficiente para acreditar nele, foi o verdadeiro fundador da sociedade civil. Quantos crimes, guerras, assassínios, quantas misérias e horrores não teria poupado ao gênero humano aquele que, arrancando as estacas ou enchendo o fosso, houvesse gritado aos seus semelhantes: "Evitai ouvir esse impostor. Estareis perdidos se esquecerdes que os frutos são de todos e que a terra não é de ninguém!" Porém, ao que tudo indica, então as coisas já haviam chegado ao ponto de não mais poder permanecer como eram, pois essa ideia de propriedade, dependente de muitas ideias anteriores que só puderam nascer sucessivamente, não se formou de uma só vez no espírito humano.[58]

---

[56] FORTES, Luiz Roberto Salinas. *Rousseau*: o bom selvagem. São Paulo, Humanitas e Discurso Editorial, 2007, p. 66.
[57] ROUSSEAU, *Discurso sobre a origem e os fundamentos da desigualdade entre os homens*, op. cit., p. 200.
[58] Ibid., p. 203.

Assim sendo, ao contrário do ilusório discurso do contrato social que vinha se praticando até então, que dizia ser a vontade dos indivíduos a causa que leva à sua reunião em sociedade, Rousseau desce a um nível muito mais fundo e concreto: é a apropriação dos bens naturais por alguns que gera a vida social. Trata-se, dentro da teoria contratualista moderna, da pancada da verdade, no nível econômico da própria sociedade.[59]

Para Rousseau, o que instaurou a vida em sociedade não foi uma mera deliberação de vontade de todos. Há uma série de fatos que, com o tempo, consolidam-se na direção de dividir os homens e fazê-los preocupados uns com os outros, no sentido da competição. Na vida natural, a apropriação dos bens da natureza revelava-se possível a todos os homens. Pescar, talhar, fazer cabanas, eram atos nos quais todos eram suficientes, e davam aos homens liberdade e felicidade. Mas a associação dos homens, com a metalurgia e a agricultura – conhecimentos que alguns passaram a ter e outros não –, e a consequente divisão do trabalho fazem com que haja soberba, poder de uns sobre os outros, e a partir daí os bens da natureza passam a ser propriedade de alguns. Nesse momento, vê-se germinar a escravidão e a miséria.

Por conta dessa longa trajetória histórica da apropriação dos bens, do exercício da vaidade e da hierarquização entre os homens, chega-se a um momento na vida humana em que o conflito se instaura. Para Rousseau, passa a haver ambição, avareza e maldade entre os homens. Disso resultam combates e assassínios. Mas as facilidades da divisão do trabalho, a propriedade que subjuga e as aquisições dela provenientes não permitem aos homens que renunciem a tal estado de vida social. A guerra passa a destruir o gênero humano, colocando-o à beira de sua ruína.

Com um estado de guerra instaurado a partir da propriedade privada e da competição entre os homens em sociedade, os próprios ricos pensam então em ludibriar os pobres, dando-lhes a promessa de que instituições seriam construídas para dar garantias a todos. O Estado e o direito daí então se levantam, como enganação coletiva possibilitada por um contrato social feito em face da guerra que arruinava os homens. Rousseau assim expõe:

> É impossível que os homens não tenham afinal refletido sobre uma situação tão miserável e sobre as calamidades que os acabrunhavam. Sobretudo os ricos devem ter logo

---

[59] "Com Rousseau, o centro de gravidade da reflexão política se desloca da esfera do saber para a do poder, ou da esfera da razão para a da paixão, ou ainda da do Discurso para a da Força. As vontades, as paixões, mesmo os direitos reivindicados remetem a uma Econômica ou uma Dinâmica onde se opõem proprietários e despossuídos, fortes e fracos, dominantes e dominados. Não se trata mais de difundir o saber, mas o de *organizar forças dadas*, ou de neutralizar um conflito existente desde sempre, contando apenas com as forças (demasiado humanas) disponíveis. É a *diferença social* que vem finalmente à tona, tornando necessária a determinação dos meios de suprimi-la. O que há de irracional ou intolerável na organização social não lhe advém, como que de fora, de uma administração desamparada pela razão e obscurecida pela ignorância. Advém-lhe, sim, de seu próprio coração ou de sua natureza íntima, já que as instituições, ou as sociedades políticas, nasceram justamente da necessidade de legitimar e de garantir a permanência da desigualdade que terminou por emergir nas sociedades pré-políticas." PRADO JR., Bento. *A retórica de Rousseau e outros ensaios*. São Paulo, Cosac Naify, 2008, p. 409.

> percebido quão desvantajosa lhes era uma guerra perpétua cujas despesas pagavam sozinhos e na qual o risco de vida era comum e o dos bens, particular a eles. [...]
>
> Com esse intuito, depois de expor aos vizinhos o horror de uma situação que os armava todos uns contra os outros, que lhes deixava as posses tão onerosas quanto as necessidades deles e na qual ninguém encontrava segurança, nem na pobreza nem na riqueza, inventou facilmente razões especiosas para conduzi-los ao seu objetivo. "Unamo-nos", disse-lhes, "para resguardar os fracos da opressão, conter os ambiciosos e assegurar a cada qual a posse do que lhe pertence. Instituamos regulamentos de justiça e de paz aos quais todos sejam obrigados a adequar-se, que não abram exceção a ninguém e reparem de certo modo os caprichos da fortuna, submetendo igualmente o poderoso e o fraco a deveres mútuos". [...]
>
> Foi preciso muito menos do que o equivalente a esse discurso para empolgar homens grosseiros, fáceis de seduzir.[60]

A conclusão de Rousseau é clara. Com a propriedade privada e a competição e a vaidade entre os homens, instaura-se um estado de guerra e, então, os poderosos conclamam os fracos a um pacto. Facilmente todos concordam com tal contrato, e dele se institui o direito e as leis. A ordem política e jurídica nasce, portanto, de um contrato social espúrio. De tal contrato se tem inclusive a base da evolução histórica das instituições sociais:

> Tal foi ou deve ter sido a origem da sociedade e das leis, que criaram novos entraves para o fraco e novas forças para o rico, destruíram em definitivo a liberdade natural, fixaram para sempre a lei da propriedade e da desigualdade, de uma hábil usurpação fizeram um direito irrevogável e, para o lucro de alguns ambiciosos, sujeitaram daí para frente todo o gênero humano ao trabalho, à servidão e à miséria. [...]
>
> Se seguirmos o progresso da desigualdade nessas diferentes revoluções, verificaremos que o estabelecimento da lei e do direito de propriedade foi o seu primeiro termo; a instituição da magistratura, o segundo; e que o terceiro e último foi a mudança do poder legítimo para poder arbitrário. Assim, o estado do rico e do pobre foi autorizado pela primeira época; o do poderoso e do fraco, pela segunda; e, pela terceira, o de senhor e de escravo, que é o derradeiro grau da desigualdade e o termo a que chegam todos os outros, até que novas revoluções dissolvam totalmente o governo ou o aproximem da instituição legítima.[61]

Rousseau, concluindo quanto ao sentido da evolução do homem, saindo do estado de natureza para a vida social, revela-se pessimista. No estado natural, o homem vivia em calma com suas paixões. Na vida social, está em busca de poder e reputação, explora e é explorado, apropria-se dos bens e sofre para preservá-los de outrem. O contrato que os ricos fazem os pobres concordarem é para garantir a ordem jurídica e política da própria exploração.

> O que a reflexão nos ensina a esse respeito, a observação o confirma plenamente: o homem selvagem e o homem policiado diferem tanto no fundo do coração e das in-

---

[60] ROUSSEAU, *Discurso sobre a origem e os fundamentos da desigualdade entre os homens*, op. cit., p. 220-221.
[61] Ibid., p. 222 e 235.

clinações que o que faz a felicidade suprema de um reduziria o outro ao desespero. O primeiro aspira só ao repouso e à liberdade, quer apenas viver e ficar ocioso, e mesmo a ataraxia do estoico não se aproxima de sua profunda indiferença por qualquer outro objeto. O cidadão, ao contrário, sempre ativo, cansa-se, agita-se, atormenta-se continuamente para encontrar ocupações ainda mais laboriosas; trabalha até a morte, até corre ao seu encontro para se colocar em condição de viver, ou renuncia à vida para adquirir a imortalidade. Corteja os grandes que odeia e os ricos que despreza; nada poupa para obter a honra de servi-los; vangloria-se orgulhosamente de sua baixeza e da proteção deles e, orgulhoso de sua escravidão, fala com desdém daqueles que não têm a honra de compartilhá-la.[62]

Assim sendo, o *Discurso sobre a origem e os fundamentos da desigualdade entre os homens* chega ao seu término com uma violenta crítica de Rousseau à condição humana presente e seu sentido histórico. A vida em sociedade corrompeu o homem, a tal ponto que quase não lhe permite esperança.

O contrato social em Rousseau

A obra na qual Rousseau se põe a tratar das possibilidades de um arranjo político, jurídico e social novo, que seja legítimo e aponte para o resgate da dignidade, é *O contrato social*. Escrito depois do *Discurso sobre a origem e os fundamentos da desigualdade entre os homens*, presta-se a outro propósito. Enquanto o *Discurso* faz uma análise da saída do homem do estado de natureza até chegar à sociedade, tendo nesse transcurso realizado um contrato social espúrio, que fundou o Estado e o direito para garantir a propriedade dos ricos, *O contrato social* começa a pensar na possibilidade de se levantar – a partir dessa situação desgraçada na qual a vida social e as instituições já se apresentam – outra ordem política, jurídica e social. Trata-se, então, de um movimento de transformação da sociedade já existente.[63]

O *Discurso* é a obra da explicação das mazelas humanas em sociedade, que acompanha o trajeto histórico da desesperança já realizada; *O contrato social* é o livro do apontamento da esperança, o dever-ser de um mundo que tenta alcançar as pequenas e últimas frestas de possibilidade de justiça que ainda restem. Trata-se de uma possibilidade de dever-ser que consiga se lastrear nas menores e mais concretas realidades do ser.[64]

---

[62] Ibid., p. 241.

[63] "A posição de Rousseau é um pouco mais complexa, porque sua concepção do desenvolvimento histórico da humanidade não é diádica – estado de natureza ou estado civil –, como no caso dos escritores precedentes, onde o primeiro momento é negativo e o segundo positivo, mas triádica – estado de natureza, sociedade civil, república (fundada no contrato social) –, onde o momento negativo, que é o segundo, aparece colocado entre dois momentos positivos." BOBBIO; BOVERO, *Sociedade e Estado na filosofia política moderna*, op. cit., p. 55.

[64] "Desta maneira, apesar de todos os antagonismos aparentes, o *Discurso sobre a origem da desigualdade* e *O contrato social* coadunam-se e complementam-se. Ambos contradizem-se tão pouco que só se pode explicar um a partir do outro e um através do outro." CASSIRER, Ernst. *A questão Jean-Jacques Rousseau*. São Paulo, Ed. Unesp, 1999, p. 64.

O contrato social se abre com outra célebre afirmação de Rousseau, constatando a condição de miséria da passagem do estado de natureza para a vida social: "O homem nasceu livre e por toda parte ele está agrilhoado. Aquele que se crê senhor dos outros não deixa de ser mais escravo que eles. Como se deu essa mudança? Ignoro-o. O que pode legitimá-la? Creio poder resolver esta questão."[65]

Vendo-se os homens em condições sociais prejudiciais à sua própria conservação, só lhes resta uma associação de forças, a fim de que possam, conjuntamente, erigir uma instituição que se direcione ao bem comum. Para Rousseau, a grande dificuldade que se impõe para enfrentar as forças que prejudicam a conservação dos homens reside no fato de que a liberdade de cada homem é o seu primeiro instrumento de autoconservação, e uma associação poderia representar o fim dessa mesma liberdade.

Essa dificuldade, reconduzida ao meu assunto, pode enunciar-se nestes termos:

> "Encontrar uma forma de associação que defenda e proteja com toda a força comum a pessoa e os bens de cada associado, e pela qual cada um, unindo-se a todos, só obedeça, contudo, a si mesmo e permaneça tão livre quanto antes." Este é o problema fundamental cuja solução é fornecida pelo contrato social.[66]

A forma de resolução do problema da associação entre os homens e da manutenção da liberdade de cada indivíduo mesmo quando da associação é, no pensamento de Rousseau, muito original e, ao mesmo tempo, muito exigente. O contrato social permitirá que todos os homens constituam um corpo no qual sua força individual passa a ser a força dessa coletividade. Ao mesmo tempo, ainda que fundada uma coletividade, a liberdade individual está mantida, porque sua vontade está dentro desse todo, e ninguém há de arrogar um poder extraído desse todo em favor do seu interesse pessoal. Assim sendo, somente o bem comum é a diretriz da coletividade que se institui, e ela é o bem do indivíduo que se associou.

A fórmula exigente e original de Rousseau está no fato de que os indivíduos associam-se no todo, como legisladores, e, ao mesmo tempo, passam a ser súditos desse mesmo todo. Mas, como são partes do todo, a lei do todo para si não é estranha, vinda de um terceiro; deve ser considerada como se fosse uma lei dada por si mesmo. Daí que o homem, no contrato social de Rousseau, ainda mantém a sua liberdade, apenas em outro nível e instância. O homem é o legislador de si mesmo, por meio do corpo orgânico resultante da associação. Ele está submetido à lei que é fruto de sua própria vontade. Liberdade e obediência encontram uma fórmula de conjugação no pensamento de Rousseau.[67]

---

[65] ROUSSEAU, Jean-Jacques. *O contrato social*: princípios do direito político. São Paulo, Martins Fontes, 2006, p. 9.

[66] Ibid., p. 20.

[67] "Ele definiu com clareza e segurança o sentido específico e o verdadeiro significado fundamental de sua ideia de liberdade. Para ele, liberdade não significa arbítrio, mas a superação e a exclusão de todo arbítrio. Ela se refere à ligação a uma lei severa e inviolável que eleva o indivíduo acima de si mesmo. Não é o abandono desta lei e o desprender-se dela, mas a concordância com ela o que

Para que haja essa perfeita convergência entre a liberdade e a obediência, Rousseau considera que cada associado deve se alienar totalmente à comunidade. Quando todos se alienam por inteiro, ninguém quererá que os outros se alienem mais que si mesmo. Com a alienação total do indivíduo à comunidade, dá-se então uma igualdade. Além disso, todos perdendo tudo, todos ganham tudo por meio da comunidade. Rousseau considera que as cláusulas desse contrato social devem ser reduzidas fundamentalmente a uma só:

> Se, pois, retirarmos do pacto social o que não é de sua essência, veremos que ele se reduz aos seguintes termos: *Cada um de nós põe em comum sua pessoa e todo o seu poder sob a suprema direção da vontade geral; e recebemos, coletivamente, cada membro como parte indivisível do todo.*
>
> Imediatamente, em vez da pessoa particular de cada contratante, esse ato de associação produz um corpo moral e coletivo composto de tantos membros quantos são os votos da assembleia, o qual recebe, por esse mesmo ato, sua unidade, seu eu comum, sua vida e sua vontade.[68]

A originalidade do pensamento de Rousseau, em face de toda a tradição contratualista moderna, está no fato de que o homem não é mais tratado como um indivíduo isolado, mas sim como um membro desse todo. Quando realiza o contrato social, dá todos os seus direitos e nada guarda de reservas. Assim sendo, a comunidade tem um direito total sobre todos os seus membros.

Além disso, ninguém renuncia à totalidade de seus direitos para dá-la a um terceiro, que seja monarca ou soberano. A teoria de Rousseau não é absolutista, delegando todos os poderes a um terceiro. Pelo contrário, é radicalmente democrática. Sendo membros de tal coletividade surgida do contrato, os indivíduos entregam os seus direitos a uma totalidade da qual são parte, portanto sendo elementos ativos dessa mesma entidade política. Trata-se da *cidadania ativa*. Ao contrário de Hobbes e Locke, que enxergam o indivíduo como uma espécie de elemento isolado, cujos direitos lhe seriam atribuídos ou retirados passivamente (por meio de um soberano que seria um terceiro), Rousseau enxerga o indivíduo como membro ativo da comunidade. Trata-se de um súdito das leis do Estado, mas, ao mesmo tempo, de um cidadão, que participa ativamente da autoridade soberana.

Assim sendo, a concepção rousseauniana que prevê a alienação total do indivíduo ao Estado não é, de modo algum, absolutista, como uma leitura apressada poderia concluir. Não se separam, como antípodas, a instância de um poder soberano e a dos indivíduos contratantes. Não se há de dizer que os indivíduos deleguem totalmente ao Estado a soberania para em troca restar apenas a passividade da submissão total a um terceiro.[69]

---

forma o caráter autêntico e verdadeiro da liberdade." CASSIRER, *A questão Jean-Jacques Rousseau*, op. cit., p. 64.

[68] ROUSSEAU, *O contrato social*, op. cit., p. 21.

[69] "Na verdade, a ênfase no conteúdo moral – o bem comum, a utilidade pública *versus* a simples soma de vontades – revela o pensador absolutamente contrário a todo regime no qual o povo se enxerga em um líder ou um partido como a *encarnação* da vontade popular." BENEVIDES, Maria Victoria de Mesquita. *A cidadania ativa*. São Paulo, Ática, 1998, p. 54.

Pelo contrário, a submissão total é a si próprio, na medida em que os indivíduos são membros do Estado. O Estado não é distinto de seus membros. Os indivíduos participam da soberania. A teoria de Rousseau aponta para um viés altamente democrático: os indivíduos se lançam, ativamente, na consecução do interesse comum, que é o seu também.

Na fórmula de Rousseau para esse contrato social, aparece então o elemento fundamental da *vontade geral*. O pacto que se estabelece entre os indivíduos, consolidando sua associação, retira dos mesmos indivíduos a possibilidade de fazer valer seus interesses pessoais. Mas, não sendo os indivíduos alheios à entidade que se forma coletivamente, e sim seus membros ativos, sua vontade individual mergulha, então, numa vontade geral, que aponta para o objetivo do bem comum. A vontade geral passa a ser a diretriz de toda a vida social institucionalizada. Os interesses pessoais que se lhe contraponham são ilegítimos. Assim sendo, a vida política no Estado passa a ser não apenas legitimada por conta de instrumentos formais – como o era com os demais contratualistas, com a mera delegação de um poder a um terceiro –, mas sim por uma diretriz substancial – o bem comum. O contrato social de Rousseau, lastreado na vontade geral, passa a ter uma perspectiva formal e também material de orientação.

O próprio Rousseau, na originalidade da sua proposta sobre a vontade geral, reconhece que ela não é simplesmente a soma ou a média matemática dos interesses isolados de todos os indivíduos. A vontade geral é uma vontade soberana orientada para o bem comum, ainda que os indivíduos, isoladamente, assim não pensem ou não percebam.

> Via de regra, há muita diferença entre a vontade de todos e a vontade geral; esta se refere somente ao interesse comum, enquanto a outra diz respeito ao interesse privado, nada mais sendo que uma soma das vontades particulares. Quando, porém, se retiram dessas mesmas vontades os mais e os menos que se destroem mutuamente, resta, como soma das diferenças, a vontade geral.[70]

Rousseau reconhece as dificuldades para fazer com que, pela própria deliberação pessoal, os indivíduos abandonem os seus próprios interesses em favor dos interesses gerais. A solução mais alta que faz parte de sua reflexão filosófica é justamente a da educação dos indivíduos – projeto para o qual dedica o seu livro *Emílio*. Mas, num nível prático imediato, como instaurar a diretriz da vontade geral, a partir do contrato social?

Será a lei, para Rousseau, que consubstanciará a vontade geral. O bem comum não se identifica à vista de todos como um elemento da natureza. A sociedade não é um organismo ao molde físico, mas sim moral. Não é também a vontade de um indivíduo com poderes absolutos que ditará as regras do bem comum. A vontade geral é fixada em conjunto pelos membros do Estado, por meio de leis.

Rousseau aponta para o caráter de universalidade necessário às leis, a fim de que se orientem em busca da vontade geral. Devem ser as leis impessoais, gerais e universais.[71]

---

[70] Rousseau, *O contrato social*, op. cit., p. 37.

[71] "O primeiro e maior interesse público é sempre a justiça. Todos querem que as condições sejam iguais para todos e a justiça não é senão essa igualdade. O cidadão não quer senão as leis, e só a

Ao mesmo tempo, não bastam seus atributos meramente formais. É necessário que as leis, para serem instrumentos diretivos da vontade geral, atentem para determinados objetivos. Rousseau exprime tais objetivos na fórmula da busca da liberdade e da igualdade.

> Se indagarmos em que consiste precisamente o maior de todos os bens, que deve ser o fim de qualquer sistema de legislação, chegaremos à conclusão de que ele se reduz a estes dois objetivos principais: a *liberdade* e a *igualdade*. A liberdade, porque toda dependência particular é igualmente força tirada ao corpo do Estado; a igualdade, porque a liberdade não pode subsistir sem ela.[72]

Na fórmula da liberdade e da igualdade como orientadoras da vontade geral está estampada a direção emprestada por Rousseau ao processo revolucionário francês, que tinha os dois lemas por bandeira. Tais também eram os lemas de toda a filosofia do direito e política moderna, que se assentava no interesse burguês – liberdade de contratos e igualdade formal. Mas, nesse sentido, Rousseau é muito mais profundo, progressista e crítico. Estabelece uma base material à igualdade, sem a qual não se pode falar em construção da vontade geral. Suas palavras são célebres:

> Sob os maus governos, essa igualdade é apenas aparente e ilusória: serve somente para manter o pobre em sua miséria e o rico em sua usurpação. Na realidade, as leis são sempre úteis aos que possuem e prejudiciais aos que nada têm. Donde se segue que o estado social só é vantajoso aos homens na medida em que todos eles têm alguma coisa e nenhum tem demais. [...]
>
> A respeito da igualdade, não se deve entender por essa palavra que os graus de poder e riqueza sejam absolutamente os mesmos, mas sim que, quanto ao poder, ela esteja acima de qualquer violência e nunca se exerça senão em virtude da classe e das leis, e, quanto à riqueza, que nenhum cidadão seja assaz pobre para ser obrigado a vender-se. [...]
>
> Quereis dar consistência ao Estado? Aproximai os graus extremos tanto quanto seja possível; não tolereis nem homens opulentos nem indigentes. Esses dois estados, naturalmente inseparáveis, são igualmente funestos ao bem comum.[73]

Além da igualdade observada pela sua materialidade, há uma peculiar teoria de Rousseau a respeito da liberdade. Não é considerado livre aquele que porventura não seguisse lei nenhuma e que, portanto, seguiria só seus próprios instintos. Para ele, mesmo com o contrato social, não cessa a liberdade individual, apenas ela é transformada de grau. Livre, na verdade, é aquele que segue a lei por ele mesmo determinada. Assim, sendo o Estado o resultado de uma associação de membros que conservam sua participação ativa, a lei estabelecida pelo Estado é uma lei dos próprios membros. Por isso, embora se trate de uma teoria de total submissão ao Estado, é o pensamento de Rousseau

---

observação das leis. Cada particular no povo sabe bem que, se houver exceções, elas não serão a seu favor. Assim, todos temem as exceções, e quem teme as exceções ama a lei." ROUSSEAU, Jean--Jacques. *Cartas escritas da montanha*. São Paulo, Educ e Unesp, 2006, p. 440.

[72] ROUSSEAU, *O contrato social*, op. cit., p. 62.
[73] Ibid., p. 30, 62-63.

também de total proposição da liberdade. Kant, posteriormente, inspirado parcialmente em Rousseau, denominará a submissão à lei de si mesmo como *autonomia*, o que reputa também por liberdade, em contraposição à heteronomia. Diz Rousseau:

> Reduzamos todo esse balanço a termos de fácil comparação. O que o homem perde pelo contrato social é a liberdade natural e um direito ilimitado a tudo quanto deseja e pode alcançar; o que com ele ganha é a liberdade civil e a propriedade de tudo o que possui. [...] O impulso do mero apetite é escravidão, e a obediência à lei que se prescreveu a si mesmo é liberdade.[74]

Além de ser um contratualista muito original no que diz respeito à igualdade e à liberdade, Rousseau também o é no que tange à sua teoria sobre o governo. Para ele, com o contrato social, os indivíduos, agora membros do Estado, não delegam poderes a terceiros. O poder eternamente se revela como soberano de seus membros. Assim sendo, o governo, que Rousseau divide em legislativo e executivo, não é um poder soberano que se impõe acima do povo. Antes, o governo é subordinado ao povo:

> Eis qual é, no Estado, a razão do governo, confundido indevidamente com o soberano, de quem é apenas o ministro.
>
> Que vem a ser, então, o governo? Um corpo intermediário estabelecido entre os súditos e o soberano, para permitir sua mútua correspondência, encarregado da execução das leis e da manutenção da liberdade, tanto civil como política.[75]

Por isso, as formas clássicas de governo, já estudadas por Aristóteles no seu livro *A política* – monarquia, aristocracia e democracia –, não são analisadas por Rousseau como se uma delas tivesse maior legitimidade que as outras. Seja um, sejam poucos ou muitos, os que governam são sempre subordinados do povo. Assim, a partir do pensamento de Rousseau, ainda que se pense no governo de um rei, ele é tão apenas funcionário do povo, e não monarca absoluto, podendo ser removido do cargo pela vontade popular. Toda vez que o governo, em qualquer de suas formas, se eleva como poder soberano acima do povo, ele degenera.

Por tal razão, não se confunde o soberano com o governo: para Rousseau, o soberano é o povo. Ao mesmo tempo, seu pensamento ainda avança mais em relação aos demais modernos no que tange à questão da representação política. Os governos têm a tendência a degenerar – e Rousseau tem uma visão bastante pessimista a esse respeito – justamente porque os representantes do povo passam a pensar em seus próprios interesses, afastando-se da vontade geral. Rousseau aponta como fórmula necessária da virtude do governo a participação política direta do soberano, que é o povo.

> A soberania não pode ser representada pela mesma razão que não pode ser alienada; consiste essencialmente na vontade geral, e a vontade não se representa: ou é a mesma, ou é outra – não existe meio-termo. Os deputados do povo não são, pois, nem podem ser

---

[74] Ibid., p. 26.
[75] Ibid., p. 72.

os seus representantes; são simplesmente comissários, e nada podem concluir definitivamente. Toda lei que o povo não tenha ratificado diretamente é nula, não é uma lei.[76]

Contra a organização política estabelecida a partir de representantes, Rousseau se encaminha para apontar a necessidade de assembleias permanentes que reúnam os cidadãos, membros soberanos do Estado, para que deliberem a respeito das próprias leis e dos administradores públicos, podendo o povo revogá-las e removê-los. Por meio da democracia ativa e direta, busca-se minorar os indesejáveis efeitos do perecimento do Estado em razão dos governantes.

A tendência do governo e da associação política advinda do contrato social é, para Rousseau, a ruína, a degenerescência. Além da democracia direta, participativa, que fizesse com que o povo não delegasse sua soberania, a educação e a formação moral dos cidadãos poderiam ser armas de resistência ao perecimento social. Por isso, a parte final de O contrato social é devotada a reflexões a respeito de temas como o de uma religião civil que, acima das religiões tradicionais (que arrogam para si um poder divino, destruindo portanto o poder civil), instaure nos cidadãos o culto à pátria e à solidariedade, como forma de consolidar a sociabilidade dos homens e a sensação de pertencimento a um corpo comum.

O direito natural em Rousseau

Rousseau é um contratualista peculiar e também um jusnaturalista *sui generis*. Seria possível, no limite, dizer que não é jusnaturalista, ou, ao menos, o é de um modo muito distinto daquele dos demais modernos. Mas sua filosofia está permeada por referências ao direito natural. Quando reflete a respeito do estado de natureza, Rousseau permite compreender, em tal estado, uma condição de vida cujos princípios correspondentes poderiam ser chamados por direito natural. Nas *Cartas escritas da montanha*, é explícito em afirmar uma lei da natureza: "Não há, pois, liberdade sem leis, nem onde alguém esteja acima das leis: pois até mesmo no estado de natureza o homem só é livre de acordo com a lei natural que comanda a todos."[77]

Ao mesmo tempo em que se filia à tradição do direito natural, Rousseau se destaca dos demais jusnaturalistas modernos por não compreender, como os demais, o direito natural como produto da razão cerebrina dos indivíduos. O jusnaturalismo moderno, burguês, caracteriza-se pela compreensão de uma lei extraída racionalmente de cada indivíduo. Rousseau, pelo contrário, constrói o acesso à lei natural no turbilhão de sentimentos e afecções humanas. Assim, no *Emílio*:

> Tentaria mostrar como dos primeiros movimentos do coração erguem-se as primeiras vozes da consciência, e como nascem as primeiras noções do bem e do mal dos sentimentos de amor e de ódio; mostraria que *justiça* e *bondade* não são apenas palavras abstratas, meros seres morais formados pelo entendimento, mas verda-

---

[76] Ibid., p. 114.
[77] ROUSSEAU, *Cartas escritas da montanha*, op. cit., p. 372.

deiras afecções da alma iluminadas pela razão, que não são mais que um progresso ordenado de nossas afecções primitivas; que, pela mera razão, independentemente da consciência, não podemos estabelecer nenhuma lei natural; e que todo o direito da natureza não passa de uma quimera se não é fundamentado numa necessidade natural ao coração humano.[78]

Nas suas obras fundamentais para a política e o direito, o *Discurso sobre a origem e os fundamentos da desigualdade entre os homens* e *O contrato social*, Rousseau se dedica a afirmar um direito natural e, ao mesmo tempo, demonstrar a dificuldade que se tem de extrair dele uma diretriz para a vida humana. Em primeiro lugar, porque os homens da atualidade só alcançam o direito natural e o estado de natureza a partir da condição de civilização atual, portanto, de modo viciado, com as lentes de hoje. Além disso, porque os homens não chegam à própria natureza e ao direito natural apenas pela razão, mas pelos seus sentimentos e interesses. Diz Rousseau no *Discurso*:

> É essa ignorância da natureza do homem que lança tanta incerteza e obscuridade na verdadeira definição do direito natural, pois a ideia do direito, diz Burlamarqui, e mais ainda a do direito natural, são claramente ideias relativas à natureza do homem. Assim, é dessa mesma natureza do homem, continua ele, de sua constituição e de seu estado que se devem deduzir os princípios dessa ciência.
>
> Não é sem surpresa e sem escândalo que se nota a pouca concordância que reina sobre essa importante matéria entre os diversos autores que dela trataram. [...] Conhecendo tão mal a natureza e concordando tão pouco no sentido da palavra *lei*, seria bem difícil convir numa boa definição da lei natural.[79]

Ao mesmo tempo em que reconhece a dificuldade de aproximação dos homens atuais ao estado de natureza, estabelece-se ainda uma tensão de fundo no pensamento de Rousseau quanto ao direito natural. É verdade que haja um bem conforme a natureza, que independe dos homens. Tal direito natural, emanado originariamente de Deus, exprime-se pela razão. Ocorre que os homens, mesmo em estado inicial de natureza – menos ainda em sociedade –, não se pautam pela mesma razão. Por isso, mesmo existindo, as leis naturais são vãs. As convenções humanas passam a ser necessárias. Assim diz em *O contrato social*:

> O que é bom e conforme à ordem o é pela natureza das coisas e independente das convenções humanas. Toda justiça provém de Deus, só ele é a sua fonte; mas, se soubéssemos recebê-la de tão alto, não necessitaríamos nem de governo nem de leis. Há, por certo, uma justiça universal que emana unicamente da razão, porém essa justiça, para ser admitida entre nós, precisa ser recíproca. Se considerarmos humanamente as coisas, desprovidas de sanção natural, as leis da justiça não são vãs entre os homens. Produzem somente o bem do malvado e o mal do justo, quando este as observa para com todos sem que ninguém as observe para com ele. Por conseguinte, tornam-se

---

[78] ROUSSEAU, *Emílio*, op. cit., p. 323.

[79] ROUSSEAU, *Discurso sobre a origem e o fundamento da desigualdade entre os homens*, op. cit., p. 152-153.

necessárias convenções e leis para unir os direitos aos deveres e conduzir a justiça a seu fim.[80]

Rousseau deixa entender que haja alguma linha de progresso no caminho entre a lei da natureza e a posterior lei social, na medida em que um pacto legítimo preserva a igualdade, mas a transforma, de natural, em moral. A própria justificativa do *Discurso* vai nesse sentido: "De que se trata, então, precisamente neste Discurso? De apontar, no progresso das coisas, o momento em que, sucedendo o direito à violência, a natureza foi submetida à lei."[81]

Ocorre que, embora o termo da igualdade dos homens antes e depois do contrato se mantenha o mesmo, o seu escopo e situação são totalmente distintos. A transformação da lei natural em lei humana é uma alteração substancial. O homem é outro, na medida em que mergulha num todo, do qual é membro. Os arranjos desse todo são distintos da vida em natureza. Diz Ricardo Monteagudo, tratando do direito natural em Rousseau:

> O direito não deriva da natureza, mas se institui como um simulacro da natureza através de leis morais. [...]
>
> Outro aspecto importante é o colapso da ideia de direito natural, pois o direito só existe se aliena alguma coisa por meio do livre consentimento e da reciprocidade. Ora, as leis naturais não dependem de consentimento, por isso um direito natural baseado na lei natural, nos mesmos moldes do direito público em relação ao direito positivo, é absurdo. A concepção de direito inalienável e de direito natural é, nesse sentido, uma contradição. O que Rousseau chama de direito natural são os fundamentos naturais (ou lógicos) de toda convenção, a saber, a liberdade e a independência em composição com os sentimentos naturais de autoconservação (amor de si) e de sofrimento e existência do outro (piedade natural).[82]

Por tal razão, para Rousseau, mesmo havendo um direito natural, ele se revela e se resolve na lei civil, na convenção humana a partir do contrato social. Certo que não em qualquer pacto e também não na submissão a um terceiro, mas sim no modelo de contrato social proposto no livro homônimo. Por essa razão, o legislador, aquele que institui as leis ao povo, é uma figura de grande importância para Rousseau. O povo é o soberano; aquele que por sua indicação lhe dá leis deve ser capaz não só de estatuir o que vai conforme à natureza do interesse de cada indivíduo, mas deve, sim, ser capaz de *mudar* a natureza dos homens, tornando-os sociáveis.

> Quem ousa empreender a instituição de um povo deve sentir-se capaz de mudar, por assim dizer, a natureza humana; de transformar cada indivíduo que, por si mesmo, é um todo perfeito e solidário em parte de um todo maior, do qual esse indivíduo recebe, de certa forma, sua vida e seu ser; de alterar a constituição do homem para fortalecê-la;

---

[80] Rousseau, *O contrato social*, op. cit., p. 45.
[81] Rousseau, *Discurso sobre a origem...*, op. cit., p. 160.
[82] Monteagudo, Ricardo. *Entre o direito e a história*: a concepção do legislador em Rousseau. São Paulo, Ed. Unesp, 2006, p. 129 e 134.

de substituir por uma existência parcial e moral a existência física e independente que todos recebemos da natureza.[83]

O direito natural, para Rousseau, não é uma fonte de mera contemplação a partir da qual se construa, como reflexo, a legislação social. O modelo de direito natural de Rousseau, ao contrário dos demais modernos, não é estático, é dinâmico: o justo é uma mudança dos homens, transformando seu individualismo e seu amor-próprio em solidariedade. Trata-se de um justo que se concretiza historicamente, de acordo com os povos, as condições e as necessidades. Pode-se vislumbrar, no louvor de Rousseau ao direito natural, uma espécie de dissolução da natureza na sociedade. A história, em Rousseau, é mais alta que as normas estáticas propugnadas pelo jusnaturalismo moderno. No limite, não é possível reconhecer em Rousseau um modelo de direito natural tal qual aquele dos demais modernos. Diz Maria Constança Peres Pissarra:

> Diante do pensamento desses autores, o de Rousseau representa, de certa forma, uma espécie de crise do jusnaturalismo; para Grotius e Pufendorf o direito natural é o lugar da obrigação; para Rousseau, a força da obrigação está no direito civil, não havendo, portanto, coerção no âmbito do direito natural. [...] Portanto, seria uma contradição e uma inverdade falar de direito natural da perspectiva rousseauniana, já que só se podem encontrar os fundamentos do direito na sociedade civil e não no estado de natureza.[84]

Rousseau é um jusnaturalista não porque propugne a plena volta ao entendimento da vida natural um dia havida, mas apenas na medida em que aposta que é possível outra natureza futura aos homens, da razão e do sentimento, e, portanto, outro guia natural que não os já deturpados. A natureza não é um dado estático a ser contemplado e tomado por guia apenas por reflexo. Deve ser retrabalhada, e, assim sendo, para Rousseau um direito natural seria tanto a partir da natureza quanto para ela, para a mudança da natureza humana. Trata-se de um jusnaturalismo peculiar. Assim diz Bobbio:

> Não se compreende Rousseau se não se entende que, ao contrário de todos os demais jusnaturalistas, para os quais o Estado tem como finalidade proteger o indivíduo, para Rousseau o corpo político que nasce do contrato social tem a finalidade de transformá-lo. O cidadão de Locke é pura e simplesmente o homem natural protegido; o cidadão de Rousseau é um outro homem.[85]

Ao propugnar uma outra natureza aos homens, em face de todo o quadro geral do pensamento jurídico e filosófico moderno, Rousseau guardará uma posição muito especial. Ao mesmo tempo em que está preso aos limites político-econômicos da burguesia, imaginando o Estado a partir da união de indivíduos formalmente iguais, Rousseau dá um passo para uma compreensão crítica do indivíduo e da sociedade em face da econo-

---

[83] ROUSSEAU, *O contrato social*, op. cit., p. 50.
[84] PISSARRA, *Rousseau*: a política como exercício pedagógico, op. cit., p. 45.
[85] BOBBIO, *Sociedade e Estado na filosofia política moderna*, op. cit., p. 71.

mia e da propriedade. Galvano Della Volpe aponta para a liberdade igualitária que já se revela em Rousseau, reclamando-a como um dos elos históricos recebidos como legado pela filosofia contemporânea crítica:

> Há que começar por sublinhar, exatamente, a duplicidade dos conceitos modernos de liberdade e democracia. A dupla face, as duas almas, da liberdade e da democracia modernas: a liberdade *civil* (política) instituída pela democracia parlamentar ou política e teorizada por Locke, Montesquieu, Kant, Humboldt, Constant, e a liberdade *igualitária* (social) instituída pela democracia socialista e teorizada primeiramente por Rousseau e depois, mais ou menos explicitamente, por Marx, Engels e Lenine.
>
> [...] Essa dívida histórica pode afinal resumir-se assim: que os teoremas rousseauianos de um igualitarismo antinivelador e mediador de pessoas devem incluir-se entre as essenciais premissas históricas e ideais do conceito-modelo da abolição das classes numa sociedade de livres (porque) iguais como é a sociedade comunista proposta na *Crítica do Programa de Gotha*, no *Antiduhring* e em *Estado e Revolução*.[86]

Contrastando, pois, com os demais filósofos modernos, Rousseau está no limite entre a visão jurídica burguesa e a crítica contemporânea, que de algum modo antecipa.

---

[86] DELLA VOLPE, Galvano. *Rousseau e Marx*: a liberdade igualitária. Lisboa, Edições 70, 1982, p. 87 e 119.

9
A FILOSOFIA DO DIREITO DE KANT

Immanuel Kant, sendo o último dos filósofos modernos, foi o que melhor construiu um sistema de filosofia e de filosofia do direito dentre eles. Esse sistema, grandemente afinado ao Iluminismo – Kant era admirador confesso de Rousseau, por exemplo –, esteve também, quase sempre, servindo às perspectivas de uma ordem burguesa de direito, capitalista, liberal. Kant não só produz, para a filosofia e para a filosofia do direito, um sistema de pensamento liberal que deriva em nosso legalismo, mas também apresenta proposições e novas encruzilhadas filosóficas que serão enfrentadas pelo pensamento contemporâneo, a começar, depois dele, por Hegel, e a continuar com Marx, cujos pensamentos estão, em substancial parte, opostos ao sistema kantiano.

O PENSAMENTO FILOSÓFICO KANTIANO

Nascido em Königsberg, na Alemanha, em 1724, Kant era de família pobre, tendo estudado com os cristãos pietistas. Muito embora sua formação racionalista, Kant estará, em toda a sua trajetória intelectual, de algum modo ligado aos temas fundamentais de certa consideração moral cristã.

O pensamento kantiano apresenta três fases bastante distintas. Na primeira delas, durante sua juventude e sua primeira maturidade, Kant se volta aos temas clássicos das ciências da natureza, física, astronomia, entre outros. Em sua segunda fase, Kant passa a tratar dos temas propriamente filosóficos, embora a característica fundamental de suas obras em tal período seja a da exposição de reflexões filosóficas tradicionais do pensamento moderno. Em sua terceira e última fase, nas décadas finais de sua vida, Kant elabora definitivamente os pressupostos de sua metodologia filosófica, tratando do criticismo filosófico de maneira ampla. Nessa fase, rompe com a tradição da metafísica racionalista europeia, inaugurando não uma especulação sobre ideias genéricas, mas sim sobre as possibilidades do próprio conhecimento e do juízo. Nessa última fase de seu pensamento encontram-se suas três grandes críticas, a *Crítica da razão pura* (1781), a *Crítica da razão prática* (1788) e a *Crítica da faculdade de julgar* (1790). A *Fundamentação da metafísica dos costumes* está ainda nessa fase (1785). Diversos textos que abordam temas específicos, como *À paz perpétua* (1795) e a *Metafísica dos costumes* (1797), são obras dessa etapa final de sua vida, que se poderiam contar como um momento derradeiro, após suas três grandes críticas, e com relevo interessam ao direito. Na própria *Metafísica dos costumes* Kant trata especialmente do direito, na primeira parte da obra, a chamada "Doutrina do direito".

O ambiente no qual se desenvolve a filosofia kantiana é o da ascensão da burguesia e dos ideais liberais na Europa, ideias estas que, de variadas formas, agitavam o debate intelectual alemão. O Iluminismo já havia entrado na Alemanha, principalmente por meio de Wolff, de quem Kant trará vários referenciais para sua obra. O ambiente intelectual alemão, no entanto, tradicionalmente idealista, dominado por vários sistemas metafísicos, começou por receber, da parte de Kant, grande reprovação. No começo de sua trajetória intelectual, Kant havia se ligado de maneira intensa às ciências naturais, às comprovações empíricas, científicas, muito mais que propriamente aos sistemas de filosofia. No contato com a filosofia inglesa, empirista, Kant absorveu muito das críticas ao modo filosófico idealista e racionalista que fora sempre a marca da filosofia da Europa continental, da Alemanha, sobremaneira. O grande despertar crítico da filosofia kantiana se dá, definitivamente, com Hume.

Nas conhecidas palavras de Kant, David Hume despertou-o de seu "sono dogmático". Ao demonstrar a impossibilidade de um conhecimento ideal e prévio dos fenômenos, e ao afirmar a experiência como única fonte de apreensão de conteúdos, Kant passa a criticar os que pressupunham o conhecimento derivado de ideias plenas ou de sistemas de pensamento. Para Hume, é impossível afirmar-se, por exemplo, da experiência de um objeto que, solto no ar, cai ao solo, leis gerais sobre a gravidade. Só se pode afirmar, na teoria empirista de Hume, que tal e qual objeto caíram, mas nada nos pode levar a concluir que todos os objetos, ao serem soltos no ar, também cairão como caiu aquele.[1] Esse empirismo levado a últimas consequências muito impressionou Kant, que passou a se perguntar a respeito das possibilidades de se afirmar um conhecimento verdadeiro. A encruzilhada que se abria a Kant dizia respeito a duas hipóteses: ou o conhecimento era exclusivamente empírico, nada podendo se afirmar para além do que se percebia concretamente, ou então havia possibilidades de antever como o ser humano podia conhecer os eventos empíricos, quaisquer que fossem estes. Já que não era dado, segundo essa perspectiva de Hume, generalizar o conhecimento com base em um sentido inatista – não era possível tirar leis de uma racionalidade genérica *a priori*, mas somente conhecimento do perceptível –, era preciso, na ideia kantiana, descobrir o modo pelo qual relacionava-se no homem o conhecimento dessa percepção. Assim procedeu, buscando um caminho próprio,[2] ao mesmo tempo afastando-se do radicalismo de Hume mas aceitando, ainda, da parte deste, o conhecimento empírico.

---

[1] "*Que o sol não nascerá amanhã* é tão inteligível e não implica mais contradição do que a afirmação *que ele nascerá*. [...] Em uma palavra: todo efeito é um evento distinto de sua causa. Portanto, não poderia ser descoberto na causa e deve ser inteiramente arbitrário concebê-lo ou imaginá-lo *a priori*. E mesmo depois que o efeito tenha sido sugerido, a conjunção do efeito com sua causa deve parecer igualmente arbitrária, visto que há sempre outros efeitos que para a razão devem parecer igualmente coerentes e naturais". HUME, David. "Investigação acerca do entendimento humano". *Os pensadores – Hume*. São Paulo, Nova Cultural, 1997, p. 48 e 53.

[2] "Não existem respostas kantianas a problemas tradicionais, mas apenas falsos problemas tradicionais." LEBRUN, Gérard. *Kant e o fim da metafísica*. São Paulo, Martins Fontes, 1993, p. 5.

A RAZÃO PURA

A questão do conhecimento é o grande eixo da proposta filosófica kantiana. Ao seu tempo, a filosofia estava enredada nos dilemas do racionalismo e do empirismo. O primeiro método filosófico, o racionalismo, dando ênfase às ideias prévias ao conhecimento, a essências ou conteúdos inatos, apresentava como problema insolúvel o seu descolamento da realidade. Já o empirismo, por sua vez, fazia do conhecimento uma mera apreensão imediata de coisas, sem que a razão tivesse um papel preponderante.

Kant vivia, em sua época, uma divisão bem nítida do método da filosofia quanto ao conhecimento: em geral, os idealistas advogavam o conhecimento originário das ideias, da racionalidade, tendo em vista que as percepções, tomadas por si só, eram extremamente relativas e subjetivas, e seria mais na cognição que nas percepções que residiria o problema fundamental da filosofia; os empiristas, em linha contrária, afirmavam a fraqueza de qualquer filosofia que transcendesse da experiência para ideias universalizantes.

A construção do modelo filosófico kantiano não é nem empirista nem racionalista. Kant reconhece em David Hume uma verdade necessária: por meio das experiências, somos informados dos eventos e fatos que se nos apresentam. Mas o conhecimento, para Kant, não era somente a apresentação das coisas à nossa vista. Sua proposta, muito mais elaborada que o racionalismo e o empirismo, será conhecida como um dos momentos marcantes do *idealismo alemão*. Trata-se de uma relação superior entre realidade e razão. Kant é um dos grandes nomes do idealismo, mas se trata aqui da nomenclatura de uma larga corrente. Por outros caminhos, Hegel também é conhecido como um filósofo alemão idealista.

A grande construção kantiana sobre o conhecimento e sobre a relação entre razão e realidade está no seu livro *Crítica da razão pura*. Na outra sua grande crítica, a *Crítica da razão prática*, Kant se ocupará não do conhecimento, mas sim da aplicação dos juízos de valor na realidade, tratando, por exemplo, da questão da justiça. A *Crítica da razão prática* é uma obra mais marcante e importante para a filosofia do direito de Kant, mas a *Crítica da razão pura* é que inicia o encaminhamento do estatuto geral de sua filosofia.

Sobre a questão do conhecimento, começa Kant sua teoria reconhecendo a existência do conhecimento empírico, aquele que se dá com base na experiência. Esse é seu saldo com Hume. O sujeito do conhecimento conhece, sim, por meio da experiência. Alguém sabe a cor da parede de tal casa porque a viu. Sabe o timbre de voz de alguém porque o ouviu. Não há ideias inatas nesse campo. Ninguém nasceu sabendo a cor da lousa da sala de aula de sua faculdade. Foi a experiência que forneceu tal conhecimento.

Mas, embora louvando Hume e reconhecendo que temos experiências, Kant, no entanto, rejeitará que a percepção nos leve ao conhecimento das *coisas em si*. Para ele, o que se conhece das coisas, com a percepção, é só o *fenômeno* que tais coisas representam para o sujeito do conhecimento. Fenômeno, nessa acepção kantiana, quer dizer daquilo que se apresenta da coisa para os sentidos do sujeito do conhecimento. Trata-se de uma delicada e sutil divisão que ilumina toda a arquitetura da filosofia kantiana.

Para Kant, não conhecemos, por meio das experiências, as coisas em si, diretamente. Elas não se apresentam a nós como se fossem a única estrutura do nosso conhecimento. As coisas não são entidades plenas, cujas essências pudessem ser vasculhadas nos seus recônditos. Ao contrário da metafísica, para a qual seria possível saber a verdade em si de alguma coisa, para Kant, a fim de conhecer a coisa, precisamos de mecanismos, ferramentas e meios que não são da própria coisa, mas sim são nossos, do sujeito que conhece. Se as coisas se apresentassem a nós, mas não tivéssemos estruturas de pensamento suficientes para entendê-las, não seria possível o conhecimento delas. Por isso, não são as coisas em si, nas suas essências brutas, que se nos apresentam. O fenômeno, a aparência das coisas para conosco, é a relação que o sujeito do conhecimento tem com a experiência. Mais importante do que a coisa que é vista, para Kant é o sujeito que vê. É o sujeito que vê que transforma o fenômeno em um objeto para o pensamento.

Quer dizer, não é possível saber o que é uma coisa em si, apenas que, para as percepções, ela está se apresentando de tal modo.[3] Com isso, com a percepção conhecendo só *fenômenos*, Kant exclui a possibilidade do conhecimento das *coisas em si*, rejeitando, assim, uma parte da teoria do empirismo. Já que não há o conhecimento das coisas em si, só dos fenômenos, não há a possibilidade de universalização do conhecimento por meio da realidade *objetiva*, na medida em que esta não pode ser conhecida em si mesma. Kant firmava posição numa teoria do conhecimento que, embora reconhecendo pontes entre sujeito e objeto, dá mais ênfase ao sujeito que ao objeto.[4] Nesse sentido, diz Otfried Höffe:

> A revolução copernicana de Kant significa que os objetos do conhecimento objetivo não aparecem por si mesmos, mas eles devem ser trazidos à luz pelo sujeito (transcendental). Por isso eles não podem mais ser considerados como coisas que existem em si, mas como fenômenos. Com a mudança do fundamento da objetividade, a teoria do objeto, a ontologia, passa a depender de uma teoria do sujeito, de modo que não pode mais haver uma ontologia autônoma.[5]

---

[3] "Dá para ver que o que se ganha ao passar da coisa-em-si do metafísico ao objeto da experiência, cujo rosto, por assim dizer, já se acha desenhado pelas leis imprescritíveis que determinam o que deve ser a experiência sensível? Ganha-se o direito de dizer que há pelo menos um país – o dos homens – onde a causalidade resulta ser precisamente uma relação essencial entre os objetos, pois que, sem ela, não haveria 'objetos'. É por isso que Hume era apenas um contrametafísico, e não um crítico da metafísica. Desafiava-nos a encontrar entre as coisas uma conexão necessária (que só poderia ser teológica ou mágica). Tinha razão – mas com a ressalva de que a relação de causalidade se encontra num lugar distinto daquele onde ele justamente constatava sua ausência. Como toda noção racional teórica, ela só é manifesta na origem do sensível, enquanto este não é um caos. Como toda noção racional teórica, ela é essa antidesordem inaugural pela qual os conteúdos sensíveis são articulados de uma vez por todas, sob o nome de 'objetos', de modo a nunca mais nos desconcertarem." LEBRUN, Gérard. *Sobre Kant*. São Paulo, Iluminuras, 2001, p. 12.

[4] "Kant combinou a doutrina da incessante e laboriosa progressão do pensamento ao infinito com a insistência em sua insuficiência e eterna limitação. Sua lição é um oráculo. Não há nenhum ser no mundo que a ciência não possa penetrar, mas o que pode ser penetrado pela ciência não é o ser. É o novo, segundo Kant, que o juízo filosófico visa e, no entanto, ele não conhece nada de novo, porque repete tão somente o que a razão já colocou no objeto. Mas este pensamento, resguardado dos sonhos de um visionário nas diversas disciplinas da ciência, recebe a conta: a dominação universal da natureza volta-se contra o próprio sujeito pensante; nada sobra dele senão justamente esse *eu penso* eternamente igual que tem que poder acompanhar todas minhas representações. Sujeito e objeto tornam-se ambos nulos." ADORNO; HORKHEIMER, *Dialética do esclarecimento*. Rio de Janeiro, Zahar, 1985, p. 38.

[5] HÖFFE, Otfried. *Immanuel Kant*. São Paulo, Martins Fontes, 2005, p. 45.

No entanto, se o sujeito do conhecimento não alcança diretamente as coisas em si, cria-se um impasse. Como é possível que haja um conhecimento universal? A resposta dos empiristas era singela: todos veem a mesma coisa porque ela é a mesma para todos. Contudo, se Kant interdita a possibilidade do conhecimento da coisa em si, mas sim apenas do fenômeno, como se explicar que todos possam conhecer igualmente? Vale dizer, se o conhecimento fosse apenas empírico, fenomênico, seria marcado por um subjetivismo extremamente relativista. Se as coisas em si não são a causa do conhecimento universal, serão as ferramentas dos sujeitos a causa da universalidade do conhecimento. Como todos compreendem os fenômenos por meio das mesmas ferramentas, o conhecimento é universal, não por causa da coisa conhecida, mas por conta de quem conhece. Por isso, Kant prosseguirá, valendo-se agora, principalmente, das *categorias* do conhecimento.

Há determinadas estruturas, no sujeito, que organizam o seu próprio conhecimento empírico. De onde viriam tais estruturas? Se elas viessem com a experiência, alguns teriam ferramentas para o conhecimento diferentes dos demais. Não haveria universalidade do conhecimento. Por isso, para Kant, essas estruturas não são conhecimentos apreendidos a partir das experiências, o que seria muito variável. Pelo contrário, são *condições* para que haja esse entendimento, esse conhecimento. A apreensão dos fenômenos só é racional porque há no sujeito estruturas prévias, chamadas então por *a priori*, que possibilitam perfazer o conhecimento. Qualquer fenômeno que seja percebido só o será porque há essas estruturas apriorísticas no sujeito do conhecimento.

Tais estruturas *a priori* não são inatas, isto é, não foram embutidas nos homens como uma essência divina. Mas, justamente por serem *a priori*, também não são adquiridas com o conhecimento – são prévias a ele. Do que se tratam, então? Para Kant, são estruturas de pensamento universais, quer dizer, são ferramentas da razão humana utilizadas de forma necessária. Não nascemos com elas inatas, mas todo fenômeno do sujeito do conhecimento só pode ser compreendido com elas. Essas estruturas são formas que tanto possibilitam a percepção empírica, sensível, quanto a elaboração do conhecimento intelectivo advindo dessas próprias percepções.

Para que o sujeito possa ver os fenômenos, é preciso que ele se valha de estruturas que lhe deem suporte para captar tal manifestação. Determinadas ferramentas são necessárias para isso. Todo fenômeno é captado num certo espaço, num certo tempo. Mas, além disso, é preciso entender o fenômeno, não apenas localizá-lo espacial e temporalmente. Outras ferramentas possibilitam o entendimento. As estruturas que possibilitam o conhecimento empírico direto, Kant as denominará *formas da sensibilidade*. As estruturas que possibilitam o conhecimento intelectivo, o entendimento, Kant as denominará *categorias*. Sobre esses dois ramos que se juntam para o conhecimento, na *Crítica da razão pura*, dirá Kant:

> Como introdução ou advertência parece necessário dizer apenas que há dois troncos do conhecimento humano que talvez brotem de uma *raiz comum*, mas desconhecida de nós, a saber, *sensibilidade* e *entendimento*: pela primeira os objetos são-nos *dados*, mas pelo segundo são *pensados*.[6]

---

[6] KANT, Immanuel. "Crítica da razão pura". *Os pensadores – Kant*. São Paulo, Nova Cultural, 1997, p. 67.

As ferramentas do conhecimento chamadas *formas da sensibilidade* são estruturas que possibilitam universalmente que seja dado o conhecimento empírico. Tais formas *a priori* da sensibilidade são o *tempo* e o *espaço*. Sem tais estruturas prévias no sujeito do conhecimento, é impossível a apreensão de quaisquer fenômenos. Essa organização espacial e temporal dos fenômenos é que possibilita sua própria apreensão. Não cabe ao homem afirmar sobre o tempo em si ou o espaço em si, mas apenas asseverar que as formas do tempo e do espaço são universais e necessárias, vale dizer, organizam necessária e universalmente o conhecimento sensível.[7] Como a apreensão é de fenômenos, e não de coisas em si, o espaço e o tempo não são da conta das coisas, mas sim do sujeito do conhecimento.

Além das formas da sensibilidade, o sujeito do conhecimento possui ainda ferramentas chamadas por Kant de *categorias aprioristicas*, que lhe dão a condição do entendimento, organizando o conteúdo advindo da percepção.[8] Tais categorias são também estruturas universais e necessárias, de tal modo que, dados os mesmos fenômenos, haveria o mesmo entendimento deles por meio dessas categorias. Para Kant, a organização do entendimento faz-se por meio de determinadas categorias, como por exemplo as de quantidade, qualidade, causalidade, necessidade etc. Quando o aluno sai da sala de aula e, tempos depois, regressando, percebe uma parede recém-pintada de outra cor, não imagina que tal evento que está vendo tenha aparecido do nada. Há, para o entendimento do fenômeno, uma série de categorias. A parede foi pintada por alguma pessoa, com determinada tinta. Trata-se de uma relação de causalidade. Os fenômenos somente são entendidos pelo sujeito do conhecimento tendo por ferramental mínimo tais categorias.

O conhecimento, assim, não é só a apreensão sensível dos fenômenos, é também um pensar a respeito deles. Quando se apreende um fenômeno, é necessário que sua compreensão envolva categorias como a de quantidade ou causalidade. São as categorias *a priori* que possibilitam uma intelecção universal e necessária dos fenômenos percebidos. Para Kant, essa intelecção é um ato de *julgamento* da empiria por meio de categorias. Por isso, todo pensamento, para Kant, é na verdade um julgamento, é um juízo. E, para cada categoria *a priori*, há um juízo que se lhe corresponde.

As categorias que possibilitam o conhecimento dos fenômenos são denominadas, por Kant, juízos sintéticos *a priori*. São juízos necessários, universais. Diferem-se dos juízos sintéticos *a posteriori*. Quando alguém diz que a sala de aula tem a cor branca, fez um juízo sintético *a posteriori*. Foi à sala, viu a cor de sua parede, e então depois (*a posteriori*) atribuiu uma propriedade a um objeto (a parede é branca). Trata-se de um

---

[7] "O espaço de modo algum representa uma propriedade de coisas em si, nem tampouco estes em suas relações recíprocas. [...] O tempo não é algo que subsista por si mesmo ou que adere às coisas como determinação objetiva. [...] Tempo e espaço são, portanto, duas fontes de conhecimento das quais se pode tirar *a priori* diferentes conhecimentos sintéticos." Ibid., p. 75, 78 e 81.

[8] "Categorias são conceitos que prescrevem leis *a priori* aos fenômenos, por conseguinte à natureza como conjunto de todos os fenômenos. [...] Não podemos pensar objeto algum senão mediante categorias. [...] Não nos é possível nenhum conhecimento *a priori* senão unicamente com respeito a objetos de experiência possível." Ibid., p. 136-137.

conhecimento casual – outra parede pode ter outra cor, e a própria parede em referência, visitada amanhã, pode ter outra cor.

Mas os juízos sintéticos *a priori* são distintos. Quando se diz que toda parede pintada assim o é porque recebeu a ação de um pintor, que a toda ação corresponde uma reação, trata-se de um juízo sobre a causalidade necessária dos fenômenos. Não é preciso ver a parede em si para saber que houve a ação de um pintor com tintas para que ela esteja pintada. A categoria da causalidade é uma ferramenta que se apresenta de modo necessário, antes da própria experiência de ver o fenômeno da parede pintada.

Justamente porque são categorias necessárias, Kant dirá que são universais. Todos, para perceberem os fenômenos, hão de se valer de juízos sintéticos *a priori*. Se as categorias são as mesmas a todos, o conhecimento é universal, não porque a coisa em si seja a mesma, mas porque as ferramentas do conhecimento são universais.

No quadro dos juízos do conhecimento, para Kant, apresentam-se os juízos sintéticos *a priori* e *a posteriori*, e, além desses, os juízos analíticos. Os sintéticos juntam sujeito e predicado. Mas há juízos que se encerram em si próprios, vale dizer, são meros desdobramentos necessários do predicado que já se encontra no sujeito. Quando se diz que um triângulo tem três lados, esse conhecimento é meramente realizado pela extração de uma noção pela outra. Kant chamará esses juízos de *analíticos*, que não têm grande importância filosófica. Ao contrário desses, no entanto, os juízos *sintéticos*, que juntam elementos e que, portanto, produzem conhecimentos novos, *a priori* ou *a posteriori*, têm mais interesse para a filosofia. O juízo sintético *a posteriori* é um conhecimento no qual os predicados acrescentam alguma novidade ao sujeito porque são apreendidos pela experiência empírica. Quando se diz que um giz caiu, esse juízo só é possível pela experiência do próprio fenômeno, mas é um juízo contingente, individual ao fenômeno. Já os juízos sintéticos *a priori* são os que acrescentam um predicado a um sujeito não pelo fato percebido, mas sim por relações necessárias e universais. Todo giz solto no ar cai. A causalidade, como já visto, é um juízo sintético *a priori*. É nesses juízos *a priori* que se concentra o interesse da filosofia kantiana, porque são universais e necessários.[9]

Na *Crítica da razão pura*, Kant tentou resumir seu itinerário:

> Todo o nosso conhecimento parte dos sentidos, vai daí ao entendimento e termina na razão, acima da qual não é encontrado em nós nada mais alto para elaborar a matéria da intuição e levá-la à suprema unidade do pensamento.[10]

---

[9] "À diferença da lógica, a metafísica deve ampliar o conhecimento humano; seus enunciados são sintéticos. Como a metafísica consiste em um conhecimento puro da razão, ela carece da legitimação pela experiência; seus juízos são válidos *a priori*. Assim a pergunta fundamental da *Crítica da razão pura* é: 'Como são possíveis juízos sintéticos *a priori*?' Esta pergunta é ao mesmo tempo a 'questão vital' da filosofia. Da resposta dependem, com efeito, a possibilidade da existência de um objeto próprio de investigação para a filosofia e a possibilidade de um conhecimento genuinamente filosófico, diferente do conhecimento nas ciências analíticas e empíricas." Höffe, *Immanuel Kant*, op. cit., p. 50.

[10] Kant, "Crítica da razão pura", op. cit., p. 232.

Como os indivíduos, sozinhos, podem conhecer de modo igual, universal? A resposta tradicional diria isso ser possível ou porque todos nasceriam com as mesmas ideias inatas – racionalistas – ou porque o objeto é em si o mesmo para todos – empiristas. Contra essas débeis respostas, Kant propugnou que não se nasce com as ideias inatas, nem que se consegue alcançar as coisas em si. Em face de tal dilema, propõe Kant que o conhecimento é universal porque as ferramentas do conhecimento são universais a todo sujeito do conhecimento. Os juízos sintéticos *a priori* são universais. Kant constrói, ao cabo de sua empreitada na *Crítica da razão pura*, um conhecimento que é calcado na subjetividade mas que é universal, com categorias prévias à experiência. A universalização de Kant, antes que pelo objeto, que não se alcançava, era pelo sujeito do conhecimento, porque contava este com categorias necessárias e universais.

A RAZÃO PRÁTICA

A razão pura, para Kant, trata do conhecimento dos fenômenos, das condições de possibilidade do entendimento. Mas, para o direito, mais importante que a razão pura, será a razão prática. No que diz respeito ao direito, a questão do conhecimento, nos moldes propostos por Kant, até aqui ainda não conseguiu resolver suas questões fundamentais, como, por exemplo, os problemas de uma determinação racional da justiça. De que maneira será possível conhecer o justo? Com certeza não por meio da experiência, das sensações, do empirismo, e tampouco a justiça se compreende com base em qualquer uma das categorias *a priori* do conhecimento, ou pelo tempo e espaço. A teoria kantiana sobre a justiça e a injustiça, sobre o bem e o mal, sobre o belo, sobre o correto, as virtudes, enfim, sobre tudo que envolve o mundo dos valores, da vida prática, das considerações para a ação e o julgamento humano, essa teoria em Kant faz-se com base na *razão prática*, cujo núcleo residirá nos *imperativos categóricos*.

Boa vontade e dever

A razão prática é o campo filosófico no qual Kant constrói sua teoria a respeito da valoração ética, moral, jurídica, estética, política. Um único e mesmo arcabouço teórico se prestará a ser utilizado por todos esses campos, guardadas suas especificidades posteriores. Por isso, na trajetória do pensamento de Kant, antes de conhecer as suas reflexões eminentemente jurídicas, é preciso ter por lastro sua crítica da razão prática, que encontra no dever e na moralidade alguns de seus momentos mais importantes.

Segundo Kant, para estruturar a razão prática é preciso distinguir entre dever e moralidade. Agir conforme o dever é empreender as ações que sigam os trâmites de uma determinada legalidade. Mas seguir o dever não significa, necessariamente, o cumprimento da moralidade. Alguém pode cumprir o dever da caridade por interesse: quer ter reconhecimento social. Outro pode praticar o dever de caridade por gosto: dá-lhe satisfação pessoal saber que alguém está melhor por causa de sua ajuda. Para Kant, tais ações configuram o dever, mas ainda não a moralidade.

A moralidade não é apenas o cumprimento do dever. É mais: trata-se de uma predisposição a cumprir o dever sem nenhum outro fundamento que não apenas o próprio querer. Por isso, a moralidade não se mede pelo seu resultado. O querer, sem intenções outras que não o próprio cumprimento do dever, é seu fundamento último.

Assim sendo, a moralidade se instaura no campo de uma vontade que busca cumprir o dever sem interesses externos. Kant inicia seu livro *Fundamentação da metafísica dos costumes* com uma apreciação muito forte: o fundamento último que leva à moralidade será apenas uma *boa vontade*:

> Neste mundo, e até também fora dele, nada é possível pensar que possa ser considerado como bom sem limitação a não ser uma só coisa: uma *boa vontade*.
>
> [...] A boa vontade não é boa por aquilo que promove ou realiza, pela aptidão para alcançar qualquer finalidade proposta, mas tão somente pelo querer, isto é, em si mesma.[11]

A boa vontade é elevada como eixo instituidor da moralidade kantiana. Trata-se de um querer somente pelo querer. Essa é uma visão da moralidade muito distinta daquela construída pelos antigos ou pelos medievais. Para os antigos, como Aristóteles, a moralidade busca o alcance de um fim. A felicidade é a finalidade última da eticidade clássica. Para os medievais, os deveres são advindos de uma fonte externa ao sujeito, vindos de Deus, e a moralidade, em muitas ocasiões, se dá por meio de uma condicionante finalística: o agir de acordo com o dever é a forma da salvação.

Para Kant, a boa vontade é boa não porque leve à felicidade, nem porque atinja um fim desejado por Deus, mas apenas por si própria. Mesmo que o resultado da boa vontade fosse totalmente obstado pelas circunstâncias, o querer é suficiente por si mesmo, pouco importa seu resultado. Sobre isso, Kant assim se expressa na *Fundamentação da metafísica dos costumes*:

> Ainda mesmo que por um desfavor especial do destino, ou pelo apetrechamento avaro duma natureza madrasta, faltasse totalmente a esta boa vontade o poder de fazer vencer as suas intenções, mesmo que nada pudesse alcançar a despeito dos seus maiores esforços, e só afinal restasse a boa vontade (é claro que não se trata aqui de um simples desejo, mas sim do emprego de todos os meios de que as nossas forças disponham), ela ficaria brilhando por si mesma como uma joia, como alguma coisa que em si mesma tem o seu pleno valor.[12]

De tal modo a moralidade como um querer ressalta em Kant que é de se lembrar a célebre conclusão da *Crítica da razão prática*: "Duas coisas enchem o ânimo de admiração e veneração sempre novas e crescentes, quanto mais frequentemente e com maior assiduidade delas se ocupa a reflexão: O céu estrelado sobre mim e a lei moral dentro de mim."[13]

---

[11] KANT, Immanuel. *Fundamentação da metafísica dos costumes*. Lisboa, Edições 70, 2000, p. 21 e 23.
[12] Ibid., p. 23.
[13] KANT, Immanuel. *Crítica da razão prática*. Lisboa, Edições 70, 1999, p. 183.

O imperativo categórico

O núcleo do pensamento kantiano sobre a moralidade repousa no conceito de imperativo categórico. Trata-se de uma orientação para o agir moral racional. Para Kant, o homem, não sendo um Deus, não age natural ou necessariamente no caminho da moralidade.[14] Por isso, racionalmente, a moralidade se apresenta como um imperativo. Trata-se de um *dever-ser* que se apresenta à vontade e à racionalidade humana, e não simplesmente um desdobramento natural do ser do homem. Além disso, é um imperativo para o agir. O imperativo categórico é não apenas um saber que orienta a moral, mas uma diretiva que tem em vista a ação.

A vontade, se dominada pela inteligência, será conduzida então por meio do imperativo categórico. Essa ligação entre vontade e razão é assim tratada na *Crítica da razão prática*: "O essencial de todo o valor moral das ações depende de que a lei moral determina imediatamente a vontade."[15]

O imperativo categórico não é uma orientação moral que busca um certo fim. Ele não se apresenta como ferramenta para alcançar um determinado objetivo. Não é apenas um dever. É um dever que obriga sem condicionantes nem limitações nem finalidades outras que o cumprimento desse próprio dever. Kant distingue os imperativos categóricos dos imperativos hipotéticos. Estes últimos são os modos de ação típicos da técnica ou do pragmatismo. Se um homem quer buscar um objeto que foi jogado no telhado, então sua melhor técnica deve ser a de subir uma escada; se alguém quer sua felicidade, então pensa positivamente. Todos esses imperativos – técnicos ou pragmáticos – propõem deveres que servem como meios a fins. São imperativos hipotéticos. O imperativo categórico, ao contrário, não se estabelece assim. Não é orientado a fins específicos. Não faz alguma coisa para conseguir outra. É orientado ao cumprimento do dever pelo dever e, por isso, é independente de condicionantes concretas, sendo pois universal.

Para Kant, sendo o universal o lastro do racional, à medida que a razão se põe *a priori* e *para todos*, somente as ações ou as máximas que puderem ser *universalizadas* poderão ser consideradas como justas e boas. O próprio Kant, na *Crítica da razão prática*, afirmará a "Lei fundamental da razão pura prática": "Age de tal modo que a máxima da tua vontade possa valer sempre ao mesmo tempo como princípio de uma legislação universal."[16]

---

[14] Só porque o homem é dotado de liberdade, poderá seguir ou não sua vontade ou então as leis de seu dever. A liberdade e o dever são dois polos necessários para a teoria do imperativo categórico em Kant. Isso está explícito na *Fundamentação da metafísica dos costumes*: "Agora afirmo eu: A todo o ser racional que tem uma vontade temos que atribuir-lhe também a ideia da liberdade, unicamente sob a qual ele pode agir. [...] A faculdade de julgar tem de considerar-se a si mesma como autora dos seus princípios, independentemente de influências estranhas; por conseguinte, como razão prática ou como vontade de um ser racional, tem de considerar-se a si mesma como livre; isto é, a vontade desse ser só pode ser uma vontade própria sob a ideia da liberdade, e, portanto, é preciso atribuir, em sentido prático, uma tal vontade a todos os seres racionais." KANT, *Fundamentação da metafísica dos costumes*, op. cit., p. 95-96.

[15] KANT, *Crítica da razão prática*, op. cit., p. 87.

[16] Ibid., p. 42.

Na *Fundamentação da metafísica dos costumes*, Kant anuncia o imperativo categórico, tratando ainda de suas variantes, como desdobramento do próprio conceito:

> O imperativo categórico é portanto só um único, que é este: *Age apenas segundo uma máxima tal que possas ao mesmo tempo querer que ela se torne lei universal.*
>
> [...] Age como se a máxima da tua ação se devesse tornar, pela tua vontade, em *lei universal da razão.*
>
> [...] Age de tal maneira que uses a humanidade, tanto na sua pessoa como na pessoa de qualquer outro, sempre e simultaneamente como fim e nunca simplesmente como meio.[17]

Os vários desdobramentos do imperativo categórico não o tornam múltiplo, apenas o iluminam melhor. O imperativo categórico revela-se como máxima universal. Deve ser pensado para si e para todos como se fosse uma lei universal da razão, de tal sorte que o indivíduo que pensa o imperativo e aquele que lhe sofre as consequências nunca são imaginados como meios, mas sim como fins.

O imperativo categórico é entendido como uma *máxima*. Com isso, Kant aponta para o fato de que não há um catálogo de regras ou normas que tipifiquem previamente a moralidade, apontando o certo e o errado. O imperativo categórico não é um conjunto de mandamentos do tipo daquele que consta no *Decálogo* da Bíblia. Não se trata de um rol estabelecido de normas morais; o imperativo categórico é, acima disso, um mecanismo da razão.

A *universalidade* é a marca dos imperativos categóricos. Isso quer dizer, há uma pressuposição da aplicação universal e de um querer advindo de uma pressuposta universalidade dos agentes. A universalidade é uma medida fundamental do pensamento prático kantiano. Sua flexibilização, abominável à razão.

Exemplo clássico dessa visão de mundo kantiana está na possibilidade moral da mentira. Se o imperativo categórico fosse flexível, não necessariamente universal, mentir seria legítimo moralmente. Mas, para Kant, com isso não seria possível pressupor a vida em sociedade, nem seriam possíveis os contratos, se fosse legítimo moralmente aos contratantes mentirem quando do acordo de vontades. Somente a verdade pode ser universalizada enquanto lei moral, e, assim, somente ela é expressão de uma racionalidade que se compreende em todos os homens. Não mentir seria, pois, o desdobramento necessário do imperativo categórico, o que Kant expressa, aliás, num texto escrito a partir de uma polêmica com Benjamin Constant, *Sobre um suposto direito de mentir por amor à humanidade*:

> Ser verídico (honesto) em todas as declarações é, portanto, um mandamento sagrado da razão que ordena incondicionalmente e não admite limitação por *quaisquer conveniências.*[18]

---

[17] KANT, *Fundamentação da metafísica dos costumes*, op. cit., p. 59 e 69.
[18] KANT, Immanuel. *A paz perpétua e outros opúsculos*. Lisboa, Edições 70, 1992, p. 176.

Para Kant, ao contrário de Aristóteles, a equidade, ou seja, a adaptação ao caso concreto, não é o elemento ético mais alto. A universalidade do imperativo categórico é inabalável, e, portanto, não olha para as circunstâncias. Não mentir é um imperativo que não se altera moralmente a depender do caso concreto. A insistência kantiana em não conceder foros de legitimidade moral e racional à possibilidade de flexibilização do imperativo categórico que manda não mentir é exemplar de seu tratamento a respeito da moralidade e, por extensão, da filosofia do direito. Como fundamentar filosoficamente um direito racional e universal – válido para todos – a partir da racionalidade individual, tendo por espelho a própria moralidade? Era esse o desafio kantiano e seu trabalho de filosofia prática.

Em face de sua razão prática, é de se perguntar: o procedimento pelo qual as máximas podem ser pensadas universalmente, reconhecendo-as como imperativo categórico, seria o mesmo, e os resultados seriam os mesmos para todos os indivíduos? A resposta kantiana atenta para a enorme dificuldade dessa construção. Na multiplicidade de interesses e compreensões que há entre os indivíduos, seria de resto praticamente ingênua essa concepção kantiana, não fosse sua reserva de que os imperativos categóricos somente poderiam ser compreendidos pelos homens abstraindo-se eles de seus interesses imediatos e de suas circunstâncias, valendo-se, por isso, da *boa vontade*. É apenas a vontade boa, isto é, meramente um *querer*, o que faz com que os interesses individuais sejam superados em favor de um padrão universal de medida, valoração e ação da moralidade. Por isso, perpassa o pensamento de Kant uma pressuposição de que os homens formam uma totalidade ética, impulsionada no limite apenas pela boa vontade.[19]

A fragilidade da construção da moralidade em Kant é notória, tendo em vista a série de pressupostos que a sustentam. Somente um mundo que se imagine em possível harmonia pode engendrar uma concepção normativa universalizante e querida por todos os indivíduos em todos os tempos. Ao mesmo tempo, tal boa vontade pressuposta pela universalidade somente em termos profundamente ideais pode ser concebida. Esse projeto kantiano de construção filosófica dos deveres da moralidade – e, por fim, do próprio direito natural –, se consegue dar uma aparente razoabilidade de cabo a rabo a tal empreendimento, não consegue, no entanto, escapar de suas premissas ideais e de suas presunções destoantes da realidade.

A transposição da filosofia prática de Kant para o problema moderno do direito natural é imediata: somente poderão ser de direito natural (somente poderão ser direitos justos e racionais) os imperativos *universalizados*. Representa tal concepção, ao mesmo tempo, uma postura revolucionária – o fim dos privilégios do Absolutismo, tendo em vista que tais privilégios são particulares a um só estamento – e uma postura conserva-

---

[19] "Que a pluralidade dos seres racionais forme necessariamente uma totalidade, esse é ainda um dos pressupostos da moral, sem o qual seria impossível fundar os imperativos categóricos. [...] É preciso que *todos os outros*, cada um para si e cada um para o outro, se representem na natureza racional como fim em si, para que a moral seja fundada. Compreendamos: para que ela dependa de outra coisa do que de uma decisão subjetiva, uma convicção 'privada'." LEBRUN, *Kant e o fim da metafísica*, op. cit., p. 497.

dora – a legitimação da universalidade sem qualquer flexibilização ou contestação dos direitos subjetivos burgueses, principalmente o direito à propriedade, liberdade negocial e igualdade formal.

Com a construção do conceito de imperativo categórico, Kant chega ao apogeu do pensamento ético moderno, que é irmão imediato do pensamento jurídico burguês: justo é o imperativo universal, isto é, que valha para todos igualmente, por meio de uma mesma régua – e o justo, nesse sentido, é o exato oposto da régua de Lesbos aristotélica –, sem qualquer flexibilidade, o que também se aproveita ao interesse burguês de um direito friamente objetivo que não se dobre às necessidades prementes do clamor social das classes exploradas. Além disso, não é um justo divino, como o dos medievais ou absolutistas, nem um justo histórico e resultante da luta social, como o será para os contemporâneos. Com Kant, a razão burguesa consegue, enfim, escrever a página de seu idealismo que, encastelado no seu próprio interesse, pretende-se válido para todos os tempos. O tempo do justo burguês apaga o passado absolutista e impedirá o futuro de justiça histórica e social.

O DIREITO EM KANT

Em algumas obras Kant trabalhará com mais especificidade a respeito do direito. Há passagens pontuais na própria *Crítica da razão pura* e na *Crítica da razão prática*, mas será em obras posteriores, em especial nos seus livros *À paz perpétua* e, principalmente, na *Metafísica dos costumes* (Parte Primeira – Princípios Metafísicos da Doutrina do Direito), que a filosofia do direito kantiana se assentará em bases diretas e explícitas. Vários pressupostos e conclusões se apresentarão no trajeto do pensamento jurídico kantiano.

Direito e moralidade

Até aqui, a *Crítica da razão prática* possibilitou a compreensão do dever e da moralidade. No entanto, na filosofia de Kant, o direito possui um papel que é próximo, mas que não se confunde com o da moralidade. O campo do direito independe da motivação pessoal do sujeito. As razões pelas quais alguém cumpre a lei não são tão importantes quanto o simples fato de cumpri-la; por sua vez, no campo moral, não importa apenas cumprir, mas sim querer cumprir. O campo jurídico, por isso, está próximo, mas ao lado da esfera da moralidade.

Para Kant, o direito se distingue da moral porque esta última busca uma espécie de prática da lei por si mesma, tendo seu âmago na vontade interna do sujeito, enquanto o direito se impõe como uma ação exterior, concretizando-se no seu cumprimento, ainda que as razões do sujeito não sejam morais. Embora tal distinção, há, no entanto, um núcleo comum ao direito e à moralidade. Para Kant, a forma do direito é semelhante à forma da moralidade. Assim dirá na *Metafísica dos costumes*:

> Manter os próprios compromissos não constitui dever de virtude, mas dever de direito, a cujo cumprimento pode-se ser forçado. Mas prossegue sendo uma ação virtuosa (uma demonstração de virtude) fazê-lo mesmo onde nenhuma coerção possa ser aplicada.

> A doutrina do direito e a doutrina da virtude não são, consequentemente, distinguidas tanto por seus diferentes deveres, como pela diferença em sua legislação, a qual relaciona um motivo ou o outro com a lei.[20]

Com isso, quer-se dizer que, para Kant, os princípios que regem racionalmente o direito são hauridos da mesma fonte lógica daqueles que regem a moral. Os imperativos categóricos são base da moral. O seu lastro está na universalidade das normas. Também o direito é pensado a partir de uma universalidade. Tal como a moral não é um horizonte adaptável conforme as conveniências, não é justo o direito parcial, particular, que dá privilégios. Somente as normas universais podem ser pensadas como justas. Assim, Ricardo Terra:

> Há uma articulação entre deveres, de forma que poderíamos dizer que os deveres de virtude e os jurídicos subordinam-se aos ético-gerais. Direito e virtude participam da doutrina dos costumes e têm os mesmos fundamentos últimos, o que é consequência da unidade da razão prática, pois as duas legislações são provenientes da autonomia da vontade. Esta é o fundamento das duas legislações; o princípio supremo da doutrina dos costumes é o imperativo categórico.[21]

Com base nessa forma comum, Kant propõe um direito da razão, que se pode considerar legítimo, servindo de contraste ao direito posto, quando este afrontar os ditames da própria racionalidade. Trata-se, ainda, do direito natural ao molde moderno, agora elevado às últimas consequências: também para Kant, o direito natural não é o da natureza. Como os demais burgueses modernos, para ele o direito natural é da *razão*, extraído como possibilidade do pensamento do sujeito. Não é necessário que se o meça na realidade. Basta a sua forma pensada, apriorística, para que se afirme.

Por isso, Kant representa a mais radical ruptura com o pensamento jurídico antigo, clássico, cujo maior propositor fora Aristóteles. Para este, a natureza ensinava, servia de guia e mensuração. Para Kant, o direito justo é pensado, e não necessita nem de confirmação nem de correções na realidade.

Mas o que identifica o direito justo e racional para Kant? Não o bem comum nem a felicidade daqueles aos quais se destina, mas a pura razão de justiça que se possa pensar. O direito justo não é aquele que visa ao bem comum. Não é aquele que se orienta para corrigir as desigualdades sociais, e tampouco para amparar os mais frágeis na sua relação com os mais fortes. Apenas a forma da relação entre livres e iguais é o que importa.

Assim sendo, num decisivo trecho da *Metafísica dos costumes*, Kant conceituará o direito como uma esfera *exterior* do dever (e não *interior*, como no caso da moralidade), e dirá que o direito não se mede pelos proveitos, necessidades e explorações concretos da relação, e sim apenas pela *forma* que seja presumida livre e igual da própria relação:

> O conceito de direito, enquanto vinculado a uma obrigação a este correspondente (isto é, o conceito moral de direito) tem a ver, *em primeiro lugar*, somente com a relação

---

[20] KANT, *A metafísica dos costumes*. Bauru, Edipro, 2003, p. 73.
[21] TERRA, Ricardo. *Kant & o direito*. Rio de Janeiro, Zahar, 2004, p. 16.

externa e, na verdade, prática de uma pessoa com outra, na medida em que suas ações, como fatos, possam ter influência (direta ou indireta) entre si. Mas, *em segundo lugar*, não significa a relação da escolha de alguém com a mera aspiração (daí, por conseguinte, com a mera necessidade) de outrem, como nas ações de beneficência ou crueldade, mas somente uma relação com a escolha do outro. *Em terceiro lugar*, nessa relação recíproca de escolha, não se leva de modo algum em conta a *matéria* da escolha, isto é, o fim que cada um tem em mente com o objeto de seu desejo; não é indagado, por exemplo, se alguém que compra mercadorias de mim para seu próprio uso comercial ganhará com a transação ou não. Tudo que está em questão é a *forma* na relação de escolha por parte de ambos, porquanto a escolha é considerada meramente como livre e se a ação de alguém pode ser unida com a liberdade de outrem em conformidade com uma lei universal.

O direito é, portanto, a soma das condições sob as quais a escolha de alguém pode ser unida à escolha de outrem de acordo com uma lei universal de liberdade.[22]

A partir dessa postulação, historicamente, as mais violentas críticas sempre se apresentaram ao modelo de direito pretendido por Kant. A mera forma da relação presumida livre e igual corresponde, em Kant, ao apogeu da legitimação da relação de exploração capitalista, sem considerações maiores a respeito da sua injustiça estrutural. As necessidades concretas das pessoas e da sociedade não orientam o direito, segundo sua visão filosófica. O bem-estar social não encontra abrigo em suas reflexões jurídicas. A mera conservação dos parâmetros da circulação mercantil e dos contratos é o que Kant considerará por direito justo.

No pensamento kantiano, não há diferenciação entre o direito racional e a moral no que diz respeito ao conteúdo das normas em si, tendo em vista que as normas jurídicas racionais e as morais são pensadas todas a partir de uma mesma forma – imperativos categóricos. Pode-se argumentar que há uma diferença na existência da sanção, no caso da norma jurídica, sendo que no caso do ato moral haveria uma gratuidade, sem expectativas de recompensa. Sendo o imperativo o mesmo para a moralidade e para o direito, a moral se cumpre por um querer interior ao sujeito e o direito se revela por meio da coerção externa ao sujeito, promovida pelo Estado. Os deveres jurídicos, no entanto, não são apenas promovidos pela coerção. Eles também podem ser indiretamente éticos. Nesse sentido, Ronaldo Porto Macedo Júnior:

> Como divisão da doutrina dos costumes (da moral), o direito se opõe à ética (doutrina da virtude), e não à moral, que é mais ampla que esta. Para Kant, alguns conceitos são comuns às duas partes da metafísica dos costumes, entre eles, os conceitos de Dever e de Obrigação. Há deveres que são diretamente éticos, mas os deveres jurídicos, na medida em que também são deveres e dizem respeito também à legislação interior, são indiretamente éticos. Por exemplo, cumprir um contrato.[23]

---

[22] KANT, *Metafísica dos costumes*, op. cit., p. 76.
[23] MACEDO JR., Ronaldo Porto. "Kant e a crítica da razão: moral e direito". *Curso de filosofia política*. São Paulo, Atlas, 2007, p. 444.

Sobre o campo do dever moral, na *Fundamentação da metafísica dos costumes* Kant afastará, da moralidade, qualquer interesse ou utilidade, a não ser o próprio respeito à lei, o próprio dever:

> O valor moral da ação não reside, portanto, no efeito que dela se espera; também não reside em qualquer princípio da ação que precise de pedir o seu móbil a este efeito esperado. [...] Nada senão a *representação da lei* em si mesma, que *em verdade só no ser racional se realiza*, enquanto é ela, e não o esperado efeito, que determina a vontade, pode constituir o bem excelente a que chamamos moral.[24]

Mas, ao contrário, o direito se faz como uma ação externa, que não se pergunta a respeito de seus fundamentos íntimos no sujeito, e, daí, a coercibilidade pode levar ao ato de dever como uma expectativa de se furtar à sanção em caso de descumprimento da lei. A grande dificuldade da filosofia do direito burguesa moderna, que era a de conciliar a liberdade do indivíduo com a coerção estatal, é resolvida por Kant sem qualquer embaraço: há uma necessidade imperiosa da coerção estatal para a garantia da liberdade individual. A liberdade plena do indivíduo é perdida em favor do Estado para que este, então, guarde-a e a permita:

> A resistência que frustra o impedimento de um efeito promove este efeito e é conforme ele. Ora, tudo que é injusto é um obstáculo à liberdade de acordo com leis universais. Mas a coerção é um obstáculo ou resistência à liberdade. Consequentemente, se um certo uso da liberdade é ele próprio um obstáculo à liberdade de acordo com leis universais (isto é, é injusto), a coerção que a isso se opõe (como um *impedimento de um obstáculo à liberdade*) é conforme à liberdade de acordo com leis universais (isto é, é justa). Portanto, ligada ao direito pelo princípio de contradição há uma competência de exercer coerção sobre alguém que o viola.[25]

Ao campo do direito, a legislação tem por motivo não a moralidade em si mesma, mas um princípio *externo*, vale dizer, lastreado em último caso pela *sanção*, e isso é diverso do campo da moral, no qual o bem tem um fim em si e para si. A coercibilidade do direito sempre resta como elemento problemático na estrutura do pensamento kantiano, tendo em vista que os indivíduos, todos racionais, se agissem moralmente e de boa vontade, poderiam se conduzir, se não fossem obrigados em contrário como o eram no mundo absolutista, a uma sociedade sem peias e sem necessidade de coerção.[26]

---

[24] Kant, *Fundamentação da metafísica dos costumes*, op. cit., p. 31-32.
[25] Kant, *A metafísica dos costumes*, op. cit., p. 77.
[26] "Mas, quando se pergunta qual é a natureza de uma vontade suficientemente determinada pela simples forma da lei (logo, independentemente de toda a condição sensível ou de uma lei natural dos fenômenos), devemos responder: é uma vontade livre. E quando se pergunta qual é a lei capaz de determinar uma vontade livre enquanto tal, devemos responder: a lei moral (como pura forma de uma legislação universal). A implicação recíproca é de tal ordem que razão prática e liberdade talvez se identifiquem. Todavia, a questão não é esta: do ponto de vista das nossas representações, é o conceito da razão prática que nos leva ao conceito da liberdade como a algo que está necessa-

Mas, em não sendo possível fundar a sociabilidade apenas em tal moralidade cerebrina, que busca a si mesma, Kant apresenta ao seu lado o direito, lastreado na coerção estatal, a bem, principalmente, da manutenção da ordem social burguesa.[27]

E, ainda sobre a correlação do direito com a moral, exprimiu-se ainda Kant em seu *Projeto para a paz perpétua*:

> A verdadeira política não pode, pois, dar um passo sem antes ter rendido preito à moral, e embora a política seja por si mesma uma arte difícil, não constitui no entanto arte alguma a união da mesma com a moral; pois esta corta o nó que aquela não consegue desatar, quando entre ambas surgem discrepâncias. O direito dos homens deve considerar-se sagrado, por maiores que sejam os sacrifícios que ele custa ao poder dominante; aqui não se pode realizar uma divisão em duas partes e inventar a coisa intermédia (entre direito e utilidade) de um direito condicionado pragmaticamente, mas toda a política deve dobrar os seus joelhos diante do direito, podendo, no entanto, esperar alcançar, embora lentamente, um estágio em que ela brilhará com firmeza.[28]

Assim sendo, a relação entre o direito e a moralidade, para Kant, é estreita e complementar, para o que isso aponte de mais frágil na própria moralidade, que não consegue se assentar como campo fundamental da sociabilidade, e também no próprio direito, que está preso aos ditames da moralidade individualista burguesa.

O contratualismo kantiano

Todo o projeto jusfilosófico kantiano se funda numa ideia contratualista muito própria, sem a qual o sistema jurídico não se completa em sua racionalidade. Na ideia

---

riamente ligado àquele primeiro conceito, que lhe pertence e que no entanto não 'reside' nele. Na verdade, o conceito de liberdade não reside na lei moral, visto ser ele mesmo uma Ideia da razão especulativa. Mas esta ideia permaneceria puramente problemática, limitativa e indeterminada, se a lei moral nos não ensinasse que somos livres, ou que o nosso conceito de liberdade adquire uma realidade objetiva, positiva e determinada. Achamos assim na autonomia da vontade uma síntese *a priori* que confere ao conceito da liberdade uma realidade objetiva determinada, ligando-o necessariamente ao da razão prática." DELEUZE, Gilles. *A filosofia crítica de Kant*. Lisboa, Edições 70, 1994, p. 36.

[27] "As doutrinas morais do esclarecimento dão testemunho da tentativa desesperada de colocar no lugar da religião enfraquecida um motivo intelectual para perseverar na sociedade quando o interesse falha. Como autênticos burgueses, os filósofos pactuam na prática com as potências que sua teoria condena. As teorias são duras e coerentes, as doutrinas morais propagandísticas e sentimentais, mesmo quando parecem rigoristas, ou então são golpes de força consecutivos à consciência da impossibilidade de derivar a moral, como o recurso kantiano às forças éticas como um fato. Sua tentativa de derivar de uma lei da razão o dever do respeito mútuo – ainda que empreendida de maneira mais prudente do que toda a filosofia ocidental – não encontra nenhum apoio na crítica. É a tentativa usual do pensamento burguês de dar à consideração, sem a qual a civilização não pode existir, uma fundamentação diversa do interesse material e da força, sublime e paradoxal como nenhuma outra tentativa anterior, e efêmera como todas elas." ADORNO; HORKHEIMER, *Dialética do esclarecimento*, op. cit., p. 85.

[28] KANT, *A paz perpétua e outros opúsculos*, op. cit., p. 163-164.

do contrato social, e na verdade na pressuposição da vontade geral do povo, é que reside para Kant a legitimidade do direito. Num opúsculo, *Da relação da teoria à prática na moral em geral*, assentará o direito num corolário:

> Eis, pois, um *contrato originário* apenas no qual se pode fundar entre os homens uma constituição civil, por conseguinte, inteiramente legítima, e também uma comunidade. Mas neste contrato (chamado *contractus originarius* ou *pactum sociale*), enquanto coligação de todas as vontades particulares e privadas num povo numa vontade geral e pública (em vista de uma legislação simplesmente jurídica), não se deve de modo algum pressupor necessariamente como um *fato* (e nem sequer é possível pressupô-lo). [...] Mas é uma simples ideia da razão, a qual tem no entanto a sua realidade (prática) indubitável: a saber, obriga todo o legislador a fornecer as suas leis como se elas *pudessem* emanar da vontade coletiva de um povo inteiro, e a considerar todo o súdito, enquanto quer ser cidadão, como se ele tivesse assentido pelo seu sufrágio a semelhante vontade. É esta, com efeito, a pedra de toque da legitimidade de toda a lei pública.[29]

Kant absorve, dos filósofos políticos modernos, uma espécie de seleção de suas perspectivas sobre a teoria do contrato social. Sua teoria não pressupõe o contrato social como realidade histórica. Não se o há de buscar em algum evento concreto do passado. Pelo contrário, o contrato social é uma necessidade do pensamento, tendo em vista que o Estado de direito se funda nesse nível de racionalidade que pressupõe o resguardo institucional da liberdade dos indivíduos em convívio.

Para Kant, não há um estado de natureza como um fato. Ele também é uma ideia. A justiça tem dificuldade de se assentar no estado de natureza, pois a possibilidade do direito não se faz presente nessa hipótese de pensamento. A superação do estado de natureza, no entanto, não é simplesmente o estabelecimento do Estado. Para Kant, somente numa forma republicana se alcança uma soberania da organização social e política tal que a liberdade seja garantida. Por isso, o despotismo, embora se organize a partir de um Estado, não é artífice suficiente do Estado de direito.

O arbítrio, para Kant, é o fundamento de sociedades anárquicas e despóticas. O direito é o fundamento das sociedades republicanas. No entanto, isso não quer dizer que todos venham a exercer plenos direitos ativos de cidadania em tal sociedade – conforme se verá mais adiante – nem que essa sociedade que conseguiu deixar para trás a situação de natureza traga a todos a felicidade. Para Kant, peculiarmente, o Estado de direito garante apenas a *justiça* para todos, não o *bem-estar* dos seus cidadãos:

> A felicidade de um Estado não consiste na sua união (*salus reipublicae suprema lex est*). Pela felicidade do Estado não se deve entender o bem-estar de seus cidadãos e a felicidade destes, pois a felicidade talvez os atinja mais facilmente e, como o apreciariam, num estado de natureza (como assevera Rousseau) ou mesmo num governo despótico. Por felicidade do Estado entende-se, em lugar disso, a condição na qual sua constituição

---

[29] Ibid., p. 82-83.

se conforma o mais plenamente aos princípios do direito; é por esta condição que a razão, *mediante um imperativo categórico*, nos obriga a lutar.[30]

Numa posição altamente liberal, os indivíduos, por si próprios, são responsáveis pela sua felicidade. O Estado apenas garante as possibilidades da liberdade dos indivíduos, por isso sua função é assegurar, nas palavras de Kant, apenas a justiça. Para Kant, em uma perspectiva muito refratária ao que se possa pensar como crítica das desigualdades sociais, o direito não deve se ocupar do eventual sofrimento do povo. O contrato social, na sua opinião, é tão somente uma ideia que organiza a concretização da justiça enquanto garantia da liberdade.[31]

O direito privado e o direito público

Na *Metafísica dos costumes*, Kant expõe sua "Doutrina universal do direito" em duas partes, sendo a primeira delas sobre o direito privado e a segunda sobre o direito público. Tal apresentação não é aleatória: para Kant, o fundamento do direito reside primeiro no direito privado, e só depois no direito público. A propriedade privada e o contrato são elementos inscritos já no estado de natureza, antes mesmo da posterior transformação de tal situação natural em civil.

Dentre os filósofos do direito modernos, Kant é um dos que mais radicalmente se prestam a consequências políticas conservadoras. Sua noção de propriedade privada é bastante fincada no interesse burguês, desconsiderando apelos ou ocasiões que busquem a sua flexibilização em favor dos despossuídos.

Para Kant, é uma pressuposição necessária que a totalidade do globo terrestre não tem, de origem, uma divisão entre alguns proprietários. A terra, se pensada em termos retrospectivos, é de todos. Ocorre que toda sociedade se apresenta, historicamente, com possuidores específicos das terras. A associação que se faz entre os homens pressupõe, como elemento de convivência e mesmo de garantia da liberdade de cada qual, que, havendo possuidores de fato da terra, estes sejam respeitados naquilo que é seu. Assim sendo, para Kant, não há de se indagar sobre as origens de cada propriedade específica, devendo antes haver, como corolário da razão, o respeito absoluto à posse originária já constituída.

---

[30] Kant, *A metafísica dos costumes*, op. cit., p. 160.

[31] "O estado de direito se caracteriza por duas qualidades. Primeiro, a decisão sobre o Direito não cabe a pessoas privadas, senão ao poder público; o estado de direito possui caráter estatal. Segundo, não se trata de um Estado qualquer, senão daquela ordem política de dominação de conflitos que se rege – conforme ao critério kantiano para a razão prática pura – por uma lei estritamente geral. Uma ordem política que cumpre o princípio da generalização está imposta, de certo modo, por uma vontade geral ou comunitária. Por essa razão, Kant recorre, na sua fundamentação racional do Direito, ao conceito tradicional do contrato social e diz que o Direito é uma ordem que nasce do 'contrato originário'. Kant fala também, em lugar do contrato originário, da vontade geral (unida) do povo. Não cabe, no entanto, considerar a vontade unida do povo nem o contrato como figuras empíricas." Höffe, *Immanuel Kant*, op. cit., p. 255.

Numa posição muito mais conservadora que a maioria dos iluministas – tomando-se, por exemplo, o pensamento de Rousseau –, Kant erige a garantia da propriedade privada como um inabalável direito da razão, um direito natural:

> A posse meramente física da terra (sua ocupação) já é um direito a uma coisa, embora certamente não por si suficiente para considerá-la como minha. Relativa a outros, visto que (na medida do que se sabe) é primeira posse, é coerente com o princípio da liberdade externa e também está envolvida na posse original em comum, que proporciona *a priori* a base sobre a qual qualquer posse privada é possível. Consequentemente, interferir com o uso de um pedaço de terra pelo seu primeiro ocupante significa lesá-lo. Realizar a primeira tomada de posse tem, portanto, uma base jurídica (*titulus possessionis*), que é posse original em comum; e o brocardo "Felizes são aqueles que têm a posse" (*beati possidentes*), porque ninguém ser obrigado a certificar sua posse é um princípio básico de direito natural, o qual estabelece o tomar a primeira posse como uma base jurídica de aquisição com a qual pode contar todo primeiro possuidor.[32]

Para Kant, a posse, que é um pressuposto verificado já no estado de natureza, somente se torna propriedade privada quando de sua garantia por meio do Estado. Assim sendo, em Kant, o direito público é uma decorrência necessária da própria atividade e dos interesses privados – de modo radicalmente burguês, o privado fala mais alto que o público.

O direito público é aquele haurido do Estado, que dá condições para a liberdade dos indivíduos na convivência entre si, dos povos entre si e mesmo dos Estados e de seus indivíduos entre si. Por isso, Kant o estrutura, na *Metafísica dos costumes*, em três partes: direito do Estado; direito das gentes; direito cosmopolita. Na sua obra *À paz perpétua*, tratando de artigos definitivos para a paz perpétua entre os Estados, Kant também trilhou o mesmo itinerário.

A relação entre os povos, os Estados e os indivíduos em outros Estados constitui a reflexão kantiana a respeito do direito internacional, cujo horizonte maior é o que ele denominará por direito cosmopolita, mas a análise do próprio Estado é a primeira grande reflexão kantiana no direito público.

O Estado, para Kant, é pensado, ao molde burguês iluminista, como um poder tripartite, executivo, legislativo e judiciário. Kant procede a reflexões a respeito das atribuições correspondentes a cada um dos poderes. Aqui, no entanto, duas proposições suas ressaltarão pelo seu grande conservadorismo político: sua concepção de cidadania e sua reflexão a respeito da revolução e do direito de resistência.

No que diz respeito à sua visão sobre a cidadania, Kant reconhece, no poder legislativo, uma ligação com a vontade do povo, que se expressa por meio das eleições. Ocorre que, na sua teoria, eleitor deve ser o proprietário, aquele que tem meios próprios para viver e não se submete ao trabalho controlado por um terceiro. Trata-se, surpreendentemente, de uma visão absolutamente não universalista do voto apregoada por um iluminista. O próprio Kant busca matizar sua posição, ressaltando que o trabalhador

---

[32] KANT, *A metafísica dos costumes*, op. cit., p. 97.

subordinado é também um cidadão, mas, não sendo proprietário nem dono de seus próprios meios de subsistência, é um cidadão passivo, ao contrário do cidadão ativo, aquele apto ao voto.

> A única qualificação para ser cidadão é estar apto a votar. Mas estar apto a votar pressupõe a independência de alguém que, integrante do povo, deseja ser não apenas uma parte da coisa pública, mas também um membro desta, isto é, uma parte da coisa pública que atua a partir de sua própria escolha em comum com os demais. Esta qualidade da independência, contudo, requer uma distinção entre cidadãos *ativos e passivos*, embora o conceito de cidadão passivo pareça contradizer o conceito de cidadão em geral. Os exemplos que se seguem servirão para afastar essa dificuldade: um aprendiz no serviço de um mercador ou artesão, um criado doméstico (distinto de alguém a serviço do Estado), um menor (*naturaliter vel civiliter*), todas as mulheres e, em geral, qualquer um cuja preservação existencial (sustento e proteção) depende não da administração de seus próprios negócios, mas das providências de outrem (exceto o Estado). A todas estas pessoas falta personalidade civil, e suas existências são, por assim dizer, tão só inerências. [...]
>
> Esta dependência da vontade de outros e esta desigualdade não se opõem, de modo algum, à sua liberdade e igualdade na qualidade de *seres humanos* que, juntos, constituem um povo; pelo contrário, é somente em conformidade com as condições de liberdade e igualdade que esse povo pode se transformar num Estado e participar de uma constituição civil. Mas nem todas as pessoas se qualificam com igual direito de voto no seio dessa constituição, quer dizer, para serem cidadãos e não meros associados do Estado, pois do fato de estarem capacitadas a exigir que todos os outros as tratem de acordo com as leis da liberdade natural e da igualdade como partes passivas do Estado, não se segue que também tenham o direito de administrar o Estado ele próprio como seus membros ativos, o direito de organizá-lo ou cooperar para a introdução de certas leis.[33]

Kant, em termos políticos, expõe ao máximo suas fragilidades teóricas, com uma teoria da democracia muito mais conservadora que a dos demais filósofos burgueses modernos. Em sua concepção restrita, a cidadania é somente um atributo formal, ou seja, meramente a aptidão a votar. Além disso, sua abominável distinção entre cidadãos ativos e passivos – que segrega o trabalhador e a mulher – revela o quanto sua filosofia política e do direito não representa um marco de rompimento, mas sim de conservação do já dado.

Além da questão da cidadania, Kant, na sua reflexão sobre o direito público, trata também a respeito do poder do soberano e do direito à revolução. Também aqui demonstrará sua visão filosófica conservadora. Para Kant, ainda que o soberano seja um tirano, injusto, não há um direito de resistência do povo, que deve se conformar à condição jurídica dada, sem postular uma revolução. Nas palavras do próprio Kant:

> Portanto, um povo não pode oferecer qualquer resistência ao poder legislativo soberano do Estado que fosse compatível com o direito, uma vez que uma condição jurídica so-

---

[33] Ibid., p. 156-157.

mente é possível pela submissão à sua vontade legislativa geral. Inexiste, por conseguinte, direito de sedição (*seditio*), e menos ainda de rebelião (*rebellio*), e menos que tudo o mais existe um direito contra o chefe do Estado como pessoa individual (o monarca), *de atacar sua pessoa ou mesmo sua vida* (*monarchomachismus sub specie tyrannicidii*), sob o pretexto de que abusou de sua autoridade (*tyrannis*). Qualquer tentativa neste sentido é *alta traição* (*proditio eminens*) e quem quer que cometa tal traição tem que ser punido com nada mais do que a morte, por haver tentado *destruir sua pátria* (*parricida*). A razão do dever que tem um povo de tolerar até o que é tido como um abuso insuportável da autoridade suprema é sua resistência à legislação maior nunca poder ser considerada algo distinto daquilo que contraria a lei e, com efeito, como algo que suprime toda a constituição legal.[34]

Tal visão kantiana revela, no campo da política, a extensão necessária de seu conservadorismo jurídico. Se o direito natural se consubstancia num direito positivo que garanta a liberdade recíproca dos indivíduos, atentar contra tal ordem é injusto.[35] Em Kant há o mais conservador proveito político da filosofia política moderna iluminista.

O direito das gentes e o direito cosmopolita

O projeto kantiano de fundar uma sociedade calcada no direito público que respeita a liberdade individual não para apenas no plano interno de cada Estado. Pelo contrário, é um dado natural que haja relação entre Estados e povos. Tal relação, no entanto, muitas vezes leva à colonização de países, ao desrespeito aos direitos de indivíduos estrangeiros etc. Diz Kant em *À paz perpétua*:

> O estado de paz entre os homens que vivem juntos não é um estado de natureza (*status naturalis*), o qual é antes um estado de guerra, isto é, um estado em que, embora não exista sempre uma explosão das hostilidades, há sempre, no entanto, uma ameaça constante. Deve, portanto, *instaurar-se* o estado de paz; pois a omissão de hostilidades não é ainda a garantia de paz e se um vizinho não proporciona segurança a outro (o que só pode acontecer num estado *legal*), cada um pode considerar como inimigo a quem lhe exigiu tal segurança.[36]

No seu projeto de paz perpétua, Kant estatui as convenções e as normas a serem seguidas pelas nações entre si a fim de que o projeto jusnaturalista racionalista levasse à harmonia universal sustentada pelo direito, embora o próprio Kant lembrasse ironicamente que tirou o nome de seu livro de uma lápide tumular, único local no fundo em que a humanidade viveria em definitiva paz perpétua. Além do direito público interno,

---

[34] Ibid., p. 163.

[35] "Para Kant, é obrigatório seguir as leis positivas. O direito racional forneceria o padrão para as reformas possíveis, mas a partir dele não se pode colocar em questão as leis estabelecidas. Nesse contexto convém lembrar que o contrato originário é uma ideia e a formação empírica do Estado se dá através da força." TERRA, *Kant & o direito*, op. cit., p. 32.

[36] KANT, *A paz perpétua e outros opúsculos*, op. cit., p. 126.

nas suas obras *À paz perpétua* e *Metafísica dos costumes* Kant avança para outras duas importantes esferas de reflexão jurídica, estas no campo do direito internacional: o direito das gentes e o direito cosmopolita.

O itinerário kantiano se faz, portanto, internamente, com uma legislação republicana, e externamente. Tais são, segundo Kant, os artigos definitivos para a paz perpétua:

> Primeiro Artigo – A Constituição civil em cada Estado deve ser republicana.
>
> Segundo Artigo – O direito das gentes deve fundar-se numa federação de Estados livres.
>
> Terceiro Artigo – O direito cosmopolita deve limitar-se às condições da hospitalidade universal.[37]

No que tange ao direito das gentes, Kant constata que os Estados encontram-se, nas relações entre si, muitas vezes numa situação ou de guerra ou de hostilidade, semelhante ao estado de natureza entre os indivíduos. A fim de superar tal estágio, não se há de pensar num poder soberano por sobre os Estados, pois isso acabaria com suas independências e se encaminharia a uma tirania de um Estado mais forte sobre os outros. A proposta kantiana é de uma *federação* de Estados, conforme propõe o segundo artigo definitivo.

A consolidação de uma federação de Estados que respeitem o direito depende da própria afirmação interna a cada Estado dos princípios jurídicos da liberdade. Trata-se de um processo lento e gradual, mas que apontaria para o vetor de uma crescente comunidade federada de Estados. A internacionalização das relações que se assentam sobre o direito permite apontar, então, à paz perpétua. Muitos vislumbram, em tal proposta kantiana, o primeiro embrião teórico de uma entidade supranacional como a Organização das Nações Unidas.

Além de um direito das gentes, Kant aponta em direção a um direito cosmopolita. Pode-se dizer que o direito cosmopolita é um avanço proposto por Kant em relação ao já tradicional direito das gentes. Não se trata apenas de analisar o direito que é dado a cada cidadão a partir de seu Estado. Trata-se do direito do cidadão numa sociedade internacional. O direito cosmopolita aponta, ao mesmo tempo, para os Estados e os indivíduos. Assim, Soraya Nour:

> O direito, até Kant, tinha duas dimensões: o direito estatal, isto é, o direito interno de cada Estado, e o direito das gentes, isto é, o direito das relações dos Estados entre si e dos indivíduos de um Estado com os do outro. Em uma nota de rodapé na *Paz Perpétua*, Kant acrescenta uma terceira dimensão: o direito cosmopolita, direito dos cidadãos do mundo, que considera cada indivíduo não membro de seu Estado, mas membro, ao lado de cada Estado, de uma sociedade cosmopolita. A relação desse direito com os dois anteriores segue a tábua das categorias da *Crítica da razão pura*: um único Estado corresponde à categoria da unidade; vários Estados, no direito das gentes, à categoria da pluralidade; todos os seres humanos e os Estados, no direito cosmopolita, à categoria da totalidade sistêmica, que une os dois Estados anteriores.[38]

---

[37] Ibid., p. 127 ss.
[38] NOUR, Soraya. *À paz perpétua de Kant*. São Paulo, Martins Fontes, 2004, p. 54.

No seu terceiro artigo proposto em À *paz perpétua*, disse Kant que o direito cosmopolita deve se limitar às condições da hospitalidade universal. Com isso, Kant aponta – muito além de dizer que deva haver a acolhida universal quando das visitas dos cidadãos de diversos países ao estrangeiro – para a ideia de que não se pode, internacionalmente, pretender nenhuma outra relação que não seja aquela da hospitalidade. Assim sendo, o colonialismo, por exemplo, é abominável. Daí se compreende por que, para Kant, o direito cosmopolita deve se limitar à hospitalidade universal: não pode transbordar para o colonialismo ou o imperialismo.

Direito, história e paz perpétua

Perpassa, pela filosofia de Kant, um certo otimismo do direito como potencial futuro de melhoria da sociedade. A expectativa de uma plenitude humana vem expressa, aliás, numa breve obra muito significativa de Kant, *Ideia de uma história universal do ponto de vista cosmopolita*. Essa obra funda-se em nove proposições, que apontam para um futuro de possibilidade de melhoria da condição humana:

1ª – Todas as disposições naturais de uma criatura estão determinadas a desenvolver-se alguma vez de um modo completo e apropriado.

2ª – No homem, as disposições naturais que visam o uso de sua razão devem desenvolver-se integralmente só na espécie, e não no indivíduo.

3ª – A natureza quis que o homem tire totalmente de si tudo o que ultrapassa o arranjo mecânico da sua existência animal, e que não participe de nenhuma outra felicidade ou perfeição exceto a que ele conseguiu para si mesmo, liberto do instinto, através da própria razão.

4ª – O meio de que a natureza se serve para levar a cabo o desenvolvimento de todas as suas disposições é o antagonismo das mesmas na sociedade, na medida em que este se torna ultimamente causa de uma ordem legal dessas mesmas disposições.

5ª – O maior problema do gênero humano, a cuja solução a Natureza o força, é a consecução de uma sociedade civil que administre o direito em geral.

6ª – Este problema é ao mesmo tempo o mais difícil e o que mais tardiamente é resolvido pelo gênero humano.

7ª – O problema da instituição de uma constituição civil perfeita depende, por sua vez, do problema de uma relação externa legal entre os Estados e não pode resolver-se sem esta última.

8ª – Pode considerar-se a história humana no seu conjunto como a execução de um plano oculto da Natureza, a fim de levar a cabo uma constituição estatal interiormente perfeita e, com este fim, também perfeita externamente, como o único estado em que aquela pode desenvolver integralmente todas as suas disposições na humanidade.

9ª – Um ensaio filosófico que procure elaborar toda a história mundial segundo um plano da Natureza, em vista da perfeita associação civil no gênero humano, deve considerar-se não só como possível, mas também como fomentando esse propósito da Natureza.[39]

---

[39] KANT, *A paz perpétua e outros opúsculos*, op. cit., p. 23 ss.

Kant não elabora, como Hegel e a filosofia contemporânea o farão posteriormente, uma filosofia da história. Sua expectativa a respeito do futuro não está mensurada em fatos empíricos, nem num método que aponte a um caminho histórico necessário. Pelo contrário, Kant propõe uma leitura apenas das possibilidades humanas tendo em vista o uso da razão.

Nesse sentido, é de fundamental importância para Kant o papel do direito na consecução das possibilidades futuras da humanidade. No seu texto *Ideia de uma história universal do ponto de vista cosmopolita*, cujas teses estão expostas acima, o eixo principal de sua argumentação está no direito. Na proposição quinta, Kant chega mesmo a apontar a organização de uma sociedade civil que sustente o direito como maior problema do gênero humano.

A perspectiva da melhoria humana, em Kant, não se dá em razão do indivíduo, mas sim na espécie, a partir de amarras políticas, institucionais e jurídicas, e não necessariamente a partir da moral do indivíduo. A segunda proposição assim se apresenta. Na visão kantiana, é o progresso justamente do *direito* que acarreta a melhoria da humanidade. A razão construirá uma possibilidade do futuro a partir do progresso jurídico.[40]

O projeto de Kant, envolvendo uma ordem de direito público que garanta a liberdade dos indivíduos e uma efetiva relação jurídica entre os estados, aponta então para a sua pretensão de paz perpétua:

> Se existe um dever e ao mesmo tempo uma esperança fundada de tornar efetivo o estado de um direito público, ainda que apenas numa aproximação que progride até ao infinito, então a *paz perpétua*, que se segue aos até agora falsamente chamados tratados de paz (na realidade, armistícios), não é uma ideia vazia, mas uma tarefa que, pouco a pouco resolvida, se aproxima constantemente do seu fim (porque é de esperar que os tempos em que se produzem iguais progressos se tornem cada vez mais curtos).[41]

Ao morrer, tendo já entrado no século XIX, deixou Kant todo o embasamento filosófico para o pensamento jurídico burguês de seu tempo, sendo que, até os dias atuais, as retomadas de muitas posturas jusfilosóficas liberais e de legitimação da ordem jurídica do capitalismo continuam a passar por ele.

---

[40] "Kant limita o progresso à justiça política, a relações jurídicas no âmbito nacional e internacional, que como relações de direito incluem a faculdade de coagir. Porque na História se trata de acontecimentos exteriores, tampouco é de modo algum possível que seu sentido último se encontre em um progresso 'interior', em um desenvolvimento da disposição moral. O progresso só pode ser esperado no âmbito exterior, na instituição de relações de direito segundo critérios da razão prática pura. A fundação de estados de direito e a sua convivência em uma comunidade mundial de paz é a suma tarefa, o fim terminal da humanidade." HÖFFE, *Immanuel Kant*, op. cit., p. 275.

[41] KANT, *A paz perpétua e outros opúsculos*, op. cit., p. 171.

10
A FILOSOFIA DO DIREITO DE HEGEL

Hegel representa uma filosofia muito particular, porque trata de um mundo em mudanças, e só nesse contexto é possível compreender o seu pensamento jurídico. No entanto, e em especial para o direito, embora essa época e esse contexto sejam particulares, ainda é próximo, e, pode-se dizer sem dúvida, muito presente na justificação do afazer jurídico quotidiano o pensamento hegeliano. Se por vários aspectos pode-se considerar Hegel ultrapassado, seu pensamento é, com mesclas kantianas, uma estrada trilhada por grande parte dos contemporâneos na filosofia do direito.

O pensamento de Hegel representa a grande virada em relação à tradição da filosofia do direito moderna. Numa trilha que vai de Locke a Kant, o Iluminismo insiste em conteúdos universais do direito, extraídos da razão individual. Contra a realidade absolutista, os burgueses iluministas apregoavam o direito natural da razão. Mas Hegel, em outra etapa, já na virada para o século XIX, não trata de opor, em face do Estado, algum direito da razão individual. O Estado já é burguês. A própria burguesia, que defendia um direito universalista, consolidava-se no poder de cada Estado nacional e se adaptava às contingências específicas valendo-se do direito positivo que agora lhe pertencia. A burguesia, que passara séculos defendendo uma filosofia do direito jusracionalista, agora era juspositivista. Sua visão jusfilosófica, que se pretendia eterna e universal, paradoxalmente mudou.

Hegel é alemão da época das revoluções europeias (1770-1831). A filosofia alemã, nesse período, acompanha a vitória burguesa e os ideais iluministas de maneira muito peculiar: não sendo ainda uma nação liberal, mas sim um grande número de países em estado absolutista e com relações próximas do feudalismo, liderados pela Prússia, o espírito alemão traz da Revolução Francesa e do Iluminismo muito mais uma inspiração filosófica, teórica, que propriamente um pensamento para a ação prática.[1] Daí

---

[1] "Na Alemanha [...] restará à filosofia o que ficou às demais classes por um momento aglutinadas em torno da burguesia revolucionária, a saber apenas 'uma ideia, simplesmente um objeto de *entusiasmo* momentâneo e de *exaltação* puramente aparente'. Entusiasmo cujo excesso se refugiará, por exemplo, no desinteressado interesse estético pelo Sublime, ou então, no 'filosofema' especulativo, isto é, na *frase* idealista." ARANTES, Paulo Eduardo. *Ressentimento da dialética*. Rio de Janeiro, Paz e Terra, 1996, p. 365.

a tendência alemã para o idealismo filosófico, já apontada por Marx e Engels em sua obra *A ideologia alemã*.

Hegel, no entanto, pôde apreender as transformações de seu mundo constituindo uma teoria geral que se centra, da mesma forma que seu tempo, no problema filosófico da transformação, da história, da mudança. É justamente nessa processualidade que se funda a base do pensamento hegeliano. Muito diverso, pois, de Kant, à medida que para este – imbuído dos propósitos iluministas e racionalistas de busca de orientações universais e eternas – as questões filosóficas a serem trabalhadas eram sempre compreendidas em termos de estruturas que se assentavam de maneira necessária e não histórica. Para Hegel, a diferença está justamente em tratar de compreender o porquê e a forma das mudanças, pois é na mudança que se pauta o mundo.

Sobre a filosofia como processualidade e historicidade, disse Hegel nos *Princípios da filosofia do direito*:

> No que se refere aos indivíduos, cada um é filho do seu tempo; assim também para a filosofia que, no pensamento, pensa o seu tempo. Tão grande loucura é imaginar que uma filosofia ultrapassará o mundo contemporâneo como acreditar que um indivíduo saltará para fora do seu tempo, transporá Rhodus. Se uma teoria ultrapassar estes limites, se construir um mundo tal como entenda dever ser, este mundo existe decerto, mas apenas na opinião, que é um elemento inconsciente sempre pronto a adaptar-se a qualquer forma.[2]

Ao mesmo tempo, Hegel não se dedica a um pensamento que seja mera reflexão vazia. Pensar dentro de seu tempo é pensar as contradições vivas que demandam da filosofia um desvendar específico. Não se trata de ignorar as mazelas da realidade, e, por isso, a filosofia olha a história para apontar sua superação. Numa outra conhecida frase, diz Hegel: "Reconhecer a razão como rosa na cruz do sofrimento presente e contemplá-la com regozijo, eis a visão racional, medianeira e conciliadora com a realidade."[3] Para Hegel, a filosofia é ao mesmo tempo a visão das contradições do tempo histórico – a cruz do sofrimento presente – e o apontamento de sua superação – a rosa.

O pensamento de Hegel voltou-se, entre outros temas, especificamente também ao direito. Entre suas obras – desde uma *Vida de Jesus*, em sua juventude, até as obras da maturidade, como a *Fenomenologia do espírito*, *A ciência da lógica* e a *Enciclopédia das ciências filosóficas* –, uma das últimas por ele produzidas foi *Princípios da filosofia do direito*. É nessa obra que Hegel atrela todo seu sistema filosófico à problemática do Estado e do direito.

A IDENTIDADE ENTRE O REAL E O RACIONAL

A filosofia hegeliana é um produto alemão, e, como tal, está relacionada a toda uma tradição idealista. Hegel, pode-se dizer, é continuador mas ao mesmo tempo é o

---

[2] HEGEL, G. W. F. *Princípios da filosofia do direito*. São Paulo, Martins Fontes, 2000, p. XXXVII.
[3] Ibid., p. XXXVIII.

primeiro diluidor dessa tradição.⁴ Diluidor porque não constrói sua teoria sob a forma de uma dicotomia, como há, em Kant, entre o mundo da racionalidade e o mundo da realidade. Na verdade, para Hegel, há uma interligação necessária entre o plano da ideia e o plano da realidade.

Isso se expressa numa de suas mais célebres frases, que está no prefácio dos *Princípios da filosofia do direito*: "O que é racional é real e o que é real é racional."⁵ As disputas em torno do significado dessa identificação só não foram maiores que o espanto da filosofia de seu tempo, acostumada à tradição dicotômica, que confortavelmente dava uma casa à filosofia sem obrigá-la a conviver na outra, da realidade. Essa identificação abre um novo mundo de perspectivas à filosofia, superando definitivamente o passado das dicotomias entre o plano da razão e o da realidade.

Hegel faz, assim, uma total e necessária identificação do real com o racional. Portanto, não descarta o empirismo, tampouco inscreve sua teoria num mundo fora da apreensão da realidade. Kant deduziu sua filosofia do *a priori*. Hegel não terá deduzida sua filosofia de um princípio geral, mas da própria realidade. Daí a multiplicidade da riqueza da realidade fornecendo a compreensão da própria filosofia.

A filosofia hegeliana, ao elevar ao mesmo patamar realidade e racionalidade, faz cair por terra toda a dicotomia que o mundo moderno havia elevado às últimas consequências, entre *sujeito* e *objeto*. A separação abismal entre o mundo do sujeito de um lado e o mundo dos objetos de outro não havia conseguido fazer nenhuma construção teórica amplamente satisfatória na filosofia moderna. Se os empiristas, como Hume, negavam qualquer essencialidade intrínseca ao sujeito, mantinham no entanto a dicotomia como válida ao apoiarem-se nas percepções do mundo objetivo. Mesmo Kant, apoiando-se numa filosofia que reconhecia a experiência, mantinha a filosofia dividida, à medida que o mundo objetivo não era dado em si ao conhecimento, tratando-se de um mundo de fenômenos e não de coisas em si, e inapreensível em si mesmo porque só apreensível fenomenicamente. Contra Kant, Hegel, pela primeira vez, passa acima do abismo moderno entre sujeito e objeto. Para ele, são o mesmo o real e o racional.⁶

---

4   "O sistema de Hegel é a última grande expressão deste idealismo cultural (alemão), a última grande tentativa para fazer do pensamento o refúgio da razão e da liberdade. O impulso crítico original deste pensamento foi, porém, forte bastante para induzir Hegel a abandonar o tradicional afastamento entre o idealismo e a história. Ele fez da filosofia um fator histórico concreto, e trouxe a história à filosofia. A história, porém, quando plenamente compreendida, destrói o esquema idealístico." MARCUSE, Herbert. *Razão e revolução*. Rio de Janeiro, Paz e Terra, 1988, p. 27.

5   HEGEL, *Princípios da filosofia do direito*, op. cit., p. XXXVI.

6   "Já que, portanto, (para Kant) só conhecemos as impressões no contexto de formas *a priori* do espírito, não podemos conhecer como ou o que são as 'coisas em si' que originam as impressões. Estas coisas-em-si, que presumimos existir fora das formas do espírito, permanecem completamente desconhecidas. Hegel considera que este elemento céptico da filosofia de Kant invalida sua tentativa de defender a razão contra os severos ataques empiristas. Enquanto as coisas-em-si estiverem fora do alcance da razão, esta continuará a ser mero princípio subjetivo, privado de poder sobre a estrutura objetiva da realidade; e o mundo se separa em duas partes: a subjetividade e a objetividade, o entendimento e a sensibilidade, o pensamento e a existência. Segundo Hegel,

Dizer que a realidade é a racionalidade e vice-versa representa, no mundo em que vivia Hegel, uma verdadeira transformação. Em Kant, havia interesses e ideais que não se cumpriam nem se verificavam na realidade. O sonho burguês de um direito estável e de acordo com suas necessidades negociais, controlado por suas próprias mãos, só existia, para Kant, na teoria, numa espécie de direito natural. Em Hegel, a realidade histórica vai conformando sua própria razão, concretizando-a.

Se Kant assentou seu mundo ético no dever-ser, que é o reino ideal tirado dos imperativos categóricos, *a priori*, Hegel procederá diferentemente. Sua teoria assenta-se sobre o ser, sobre o real, e ele real é o racional. Assim, o dever-ser dilui-se no ser, de tal modo que *o que é deve ser*. O próprio Hegel, ainda no prefácio dos *Princípios da filosofia do direito*, explicita sua identificação: "A missão da filosofia está em conceber o que é, porque o que é a razão."[7]

As implicações da junção entre ser e dever-ser para a filosofia do direito são imediatas. A separação entre o que é o direito e o que ele deveria ser foi típica da Idade Média e da Idade Moderna – podendo encontrar algumas raízes nos próprios clássicos gregos. Em tal divisão, o direito real é injusto, levantando-se, diferentemente dele, um direito ideal, pensado ou advindo de Deus, em geral chamado por direito natural. Mas, para Hegel, não se trata de duplicar o mundo. O direito é o que se apresenta, e o que se apresenta deve ser. A identificação entre razão e realidade, em Hegel, implica num afastamento da metafísica como instância do pensar distinta da própria realidade. Enquanto o reino da justiça de Kant é ideal – o direito natural racional –, em Hegel é presente, vivo, histórico.

Diz Bernard Bourgeois sobre a identidade entre real e racional em Hegel:

> Pensar o ser é pensar a identidade do ser e do pensamento, como movimento pelo qual a identidade se diferencia nela mesma e a partir dela mesma, isto é, retomando-se incessantemente fora de sua diferença – cujo elemento é a realidade –, em suma, é pensar a identidade da identidade e da não identidade, o Outro do entendimento, a razão. A filosofia, atualização do pensamento, não pode, portanto, contentar-se com "coisas de pensamento" (*Gedankendinge*) e justificar tal limitação, ela pressupõe a identidade do pensamento e da Coisa, mostra em seu desenvolvimento que a Coisa é em si pensamento e se torna necessariamente para si pensamento, pensamento da Coisa e pensamento da Coisa como identidade desta e do pensamento. Em suma, a filosofia apresenta-se como o pensamento da Coisa mesma, a apreensão da Coisa em seu pensamento, sua significação *imanente*, sua razão própria.[8]

---

esta separação não constitui essencialmente um problema epistemológico. Inúmeras vezes ele acentuou que a relação entre sujeito e objeto, ou melhor, sua oposição, denotava um conflito concreto na ordem da existência, e que a solução deste conflito, a reunificação dos opostos, era tanto uma questão de prática como de teoria. [...] Se o homem não conseguisse reunir as partes separadas de seu mundo, e trazer a natureza e a sociedade para dentro do campo de sua razão, estaria para sempre condenado à frustração. O papel da filosofia, neste período de desintegração geral, era o de evidenciar o princípio que restauraria a perdida unidade e totalidade." MARCUSE, *Razão e revolução*, op. cit., p. 34-35.

[7] HEGEL, *Princípios da filosofia do direito*, op. cit., p. XXXVII.

[8] BOURGEOIS, Bernard. *O pensamento político de Hegel*. São Leopoldo, Unisinos, s/d, p. 95.

Ocorre que a identificação entre real e racional conduz, ao mesmo tempo que ao fim da metafísica, também a uma nova imantação do mundo. Se o que é deve ser, então há uma lógica intrínseca no mundo e na existência, e tal lógica se deve a uma cadência universal da razão, que no limite se liga a Deus. Para Hegel, a realidade fica legitimada a partir de uma espécie de caminho necessário da razão. As críticas filosóficas a essa forma de ver o mundo de Hegel são várias. No geral, elas destacam tanto o avanço quanto o retrocesso da identificação entre razão e realidade procedida por Hegel. Se a razão é a realidade, não se duplica o mundo, e, portanto, pensa-se a própria razão a partir de referenciais concretos e históricos. Trata-se de uma visão progressista. Mas, por outro lado, se o que é é também o que deve ser, então o mundo está legitimado, mesmo nas suas ignomínias e nas suas injustiças. Trata-se de um edulcoramento do mundo, implicando, pois, na face conservadora do pensamento hegeliano.

A perspectiva hegeliana de identificação da razão e realidade tem também, em seus alicerces, uma perspectiva de *totalidade*. Por totalidade Hegel considera uma larga compreensão da realidade e da racionalidade que tenha por base a *relação* entre os fatos e fenômenos. Ao contrário da tradição moderna, essencialmente dividida, tratando de planos distintos – razão e realidade –, e mesmo tratando de objetos incognoscíveis em si mesmos, Hegel dirá que a compreensão da história é a compreensão da razão e da realidade, e para tanto utilizará tanto os instrumentos da lógica – e da dialética, sua grande contribuição teórica para a filosofia –, quanto os instrumentos de compreensão da realidade – as ciências, a religião, o direito, a economia.[9] Não se compreende algo em si mesmo, sem cotejá-lo com outros fenômenos e com a própria história. A filosofia, buscando a totalidade, supera os fatos isolados e alcança as relações. Sobre a totalidade, dirá Hegel na *Fenomenologia do espírito*:

> É nisso o movimento da consciência, e nesse movimento ela é a totalidade de seus momentos. A consciência deve igualmente relacionar-se com o objeto segundo a totalidade de suas determinações, e deve tê-lo apreendido conforme cada uma delas.[10]

Com o pensamento hegeliano, o idealismo da tradição alemã começa a ser esvaecido e transformado. As ambiguidades da razão, no entanto, remanescem; são apenas alteradas.

A DIALÉTICA HEGELIANA

A mudança das coisas, a história, a transformação, constituem grande parte do fundamento filosófico do pensamento hegeliano. O modo dessa alteração, o sentido da própria história, tudo isso constitui a dialética hegeliana.

---

9   A busca da totalidade se verifica desde as obras de juventude de Hegel: "O conhecimento finito é tal conhecimento de uma parte e de um singular; se o absoluto fosse *composto* de finito e infinito, então a abstração do finito seria sobretudo uma perda, mas na ideia o finito e o infinito são um só e, por isso, desapareceu a finitude como tal, na medida em que ela deveria ter em si e por si a verdade e realidade." HEGEL, *Fé e saber*. São Paulo, Hedra, 2007, p. 33.

10   HEGEL, G. W. F. *Fenomenologia do espírito*. Parte II. Petrópolis, Vozes, 1998, p. 208.

Sobre a dialética, o pensamento filosófico traz muitas tradições, desde a Grécia. É de se notar uma atenção a problemas dialéticos, entre outros, nos próprios clássicos, Platão e Aristóteles, que os tomam num sentido muito próprio e diverso de seu sentido moderno.[11] No entanto, a dialética hegeliana representa uma perspectiva muito peculiar do termo, tendo em vista que, em parâmetros filosóficos e enquanto teoria geral da filosofia e da história, lastreada no real, somente com Hegel é que se pode usar, apropriadamente, o termo.

Para Hegel, a dialética não é, como o era antes dele, um procedimento adotado pelo intelecto humano como forma de desvendar um conflito que estava aparente em dois conceitos opostos. Isso está presente na tradição filosófica platônica, aristotélica, tomista, da qual até Kant tomou proveito, e essa tradição da dialética baseia-se na compreensão dos *aparentes* opostos, que se resolvem por meio de uma mediação entre tais. Em geral, para essa tradição, a dialética é muito mais um processo de argumentação, de compreensão de argumentos, resolvendo-os e descobrindo suas oposições. Para Hegel, contudo, a dialética é diversa de tudo isso.

A grande inovação do pensamento hegeliano, no que tange à dialética, reside justamente no fato de que o conflito entre tese e antítese, entre os opostos, é um conflito *real*. É real, é de se lembrar, tanto no plano de sua efetividade quanto no de sua racionalidade, pois o real e o racional se confundem. Portanto, há conflito na própria realidade. A síntese é *superação* desses conflitos. Superação, nesse sentido, não tem a ver com a correção de impropriedades no que diz respeito às afirmações da tese e da antítese, mas tem a ver com um momento outro, que faz por transformar a própria conflituação. A dialética representa a troca de patamares. A síntese, em Hegel, é negação da negação da tese.[12] É algo novo, portanto surgido na história. Não é algo já dado previamente e ao qual só basta operar procedimentos ideais para descobri-lo, nem é a escolha de um dos dois lados do conflito. É superação original. Nessa superação original, de negação da negação, perfaz-se o processo histórico. Diz Hegel na *Enciclopédia das ciências filosóficas*, em sua primeira parte, "A ciência da lógica":

> A dialética é habitualmente considerada como uma arte exterior, que por capricho suscita confusão nos conceitos determinados, e uma simples *aparência* de *contradições*

---

[11] "Dialética era, na Grécia antiga, a arte do diálogo. Aos poucos, passou a ser a arte de, no diálogo, demonstrar uma tese por meio de uma argumentação capaz de definir e distinguir claramente os conceitos envolvidos na discussão." KONDER, Leandro. *O que é dialética*. São Paulo, Brasiliense, 2000, p. 7.

[12] "A reconciliação hegeliana trazida por um conceito que é *negação da negação* não é simples posição de uma afirmação, construção da reconciliação a partir da lógica da adequação. Ela é reconhecimento linguístico da essência dos objetos como negação em si. Aqui, aparece mais claramente o que determina o regime de relação entre linguagem e ontologia em Hegel. A realidade ontológica da negação (que deve se manifestar no campo da experiência no momento em que o que é 'mero conceito' procura indexar a efetividade) orienta a linguagem em suas expectativas referenciais. Isso implica um conceito capaz de recuperar (no sentido de internalizar) o que foi negado de maneira abstrata pelo signo e que, a partir desta internalização, seja capaz de reconfigurar os regimes de relação entre termos." SAFATLE, Vladimir. *A paixão do negativo*: Lacan e a dialética. São Paulo, Ed. Unesp, 2006, p. 252.

entre eles; de modo que não seriam uma nulidade essas determinações e sim essa aparência; e ao contrário seria verdadeiro o que pertence ao entendimento. Muitas vezes, a dialética também não passa de um sistema subjetivo de balanço, de um raciocínio que vai para lá e para cá, onde falta o conteúdo, e a nudez é recoberta por essa argúcia que produz tal raciocínio. Em sua determinidade peculiar, a dialética é antes a natureza própria e verdadeira das determinações-do-entendimento – das coisas e do finito em geral. A reflexão é, antes de tudo, o ultrapassar sobre a determinidade isolada, e um relacionar dessa última pelo qual ela é posta em relação – embora sendo mantida em seu valor isolado. A dialética, ao contrário, é esse ultrapassar *imanente*, em que a unilateralidade, a limitação das determinações do entendimento é exposta como ela é, isto é, como sua negação. Todo o finito é isto; suprassumir-se a si mesmo. O dialético constitui pois a alma motriz do progredir científico; e é o único princípio pelo qual entram no conteúdo da ciência a *conexão* e a *necessidade imanentes*, assim como, no dialético em geral, reside a verdadeira elevação – não exterior – sobre o finito.[13]

Para Hegel, o processo dialético compreende um momento de afirmação abstrata, outro de negação e outro posterior de afirmação racional positiva. Nesse processo trifásico se perfaz o caminho da dialética. O conhecimento se inicia do conceito abstrato – identidade –, que há de se abrir e se tornar sua própria negação – negatividade –, para então, posteriormente, afirmar-se como uma racionalidade positiva – superação. Tese, antítese e síntese como superação são as fases desse movimento. Sobre tais fases, diz Alexandre Kojève:

> A identidade e a negatividade são duas categorias ontológicas primordiais e universais. Graças à identidade, todo ser permanece o mesmo ser, eternamente idêntico a si mesmo e diferente dos outros. Ou então, como diziam os gregos, todo ser representa por sua existência temporal uma ideia eterna imutável, tem uma natureza ou essência dadas uma vez por todas, ocupa um "lugar" (*tópos*) fixo e estável dentro de um mundo ordenado desde toda a eternidade (cosmo). Mas, graças à negatividade, um ser idêntico pode negar ou suprimir sua identidade consigo mesmo e tornar-se diferente do que é, e até o seu contrário. Em outras palavras, o ser negador, longe de representar ou de mostrar necessariamente (como fenômeno) sua ideia ou sua natureza idênticas dadas, pode negá-las e até tornar-se contrário a elas (isto é, pervertido). Ou ainda, o ser negador pode romper os laços rígidos das diferenças fixas que o distinguem dos outros seres idênticos (ao libertar-se desses laços); pode deixar o lugar que lhe foi atribuído no cosmo. Em resumo (como diz Hegel na primeira edição da *Lógica*), o ser do Ser negativo ou negador, dominado pela categoria da negatividade, consiste em "não ser o que é e em ser o que não é" (*das nicht zu sein, was es ist, und das zu sein, was es nicht ist*).
>
> O Ser real concreto (revelado) é ao mesmo tempo identidade e negatividade. Logo, ele não é apenas Ser-estático-dado (*Sein*), espaço e natureza, mas também devir (*Werden*), tempo e história.[14]

---

[13] HEGEL, G. W. F. *Enciclopédia das ciências filosóficas em compêndio*. São Paulo, Loyola, 2005, v. I, p. 162.

[14] KOJÈVE, Alexandre. *Introdução à leitura de Hegel*. Rio de Janeiro, Contraponto e UERJ, 2002, p. 445.

A dialética, para Hegel, é um processo ao mesmo tempo de *entendimento* racional e filosófico do mundo, mas é também o próprio modo pelo qual se dá o *desenvolvimento* da realidade. O indivíduo, por meio de sua apreensão imediata, percebe o conflito; dialeticamente, consegue entender racionalmente o quadro geral no qual está inserida a realidade conflituosa, e entende a razão que está ligada a esse ser. Assim, a dialética é o processo de entendimento do mundo.

No entanto, é também processo de desenvolvimento histórico do mundo, da realidade. A realidade, pois, tem em si, essencialmente, o elemento da contradição. Nisso, Hegel se inscreve na antiga tradição filosófica do conflito, da qual o próprio Heráclito foi expoente nos pré-socráticos. Essa contradição move o processo histórico de tal forma que sua manifestação sintética, que supera os conflitos, faz por tornar a razão e a realidade momentos absolutos, em que a consciência definitivamente concilia e identifica o racional com o real. Na contradição, razão e realidade estão afastadas, contrastando-se. Na síntese, razão e realidade estarão conciliadas.[15]

O movimento dialético, para Hegel, assume essa característica de ligação entre real e racional. A síntese é um processo de plenificação do absoluto, e esse absoluto é a identificação plena entre real e racional. No entanto, a tradição hegeliana, ainda inscrita nos quadros do idealismo alemão, faz compreender que a dialética, arrastando imediatamente, no processo histórico, *ideia* e *realidade*, é movida pela primeira. A dialética hegeliana é essencialmente idealista. Tanto assim que o entendimento dialético é processo da racionalidade humana, mas, mais que isso, o idealismo dialético hegeliano quer dizer que a alteração e a transformação do mundo – do processo, da história – se fazem por meio da racionalidade. Posteriormente, Marx e o marxismo se afastarão de tal dialética idealista, para pensar o movimento histórico em bases materiais concretas.[16] A vitória

---

[15] "A dialética hegeliana não é um método de pesquisa ou de demonstração filosófica, mas sim a descrição adequada da estrutura do Ser, bem como da realização e do aparecimento do Ser. Afirmar que o Ser é dialético equivale a dizer primeiro (no plano ontológico) que ele é uma totalidade que implica a identidade e a negatividade. Depois, equivale a dizer (no plano metafísico) que o Ser se realiza não apenas como mundo natural, mas também como mundo histórico (ou humano), e que esses dois mundos esgotam a totalidade do real-objetivo (não existe mundo divino). Enfim, equivale a dizer (no plano fenomenológico) que o real-objetivo existe empiricamente e aparece não apenas como coisa inanimada, planta e animal, mas também como indivíduo livre histórico essencialmente temporal ou mortal (que luta e que trabalha). Ou ainda: dizer que há totalidade, ou mediação, ou supressão-dialética equivale a dizer que, além do Ser-dado, há ainda ação-criadora que culmina numa obra." Ibid., p. 493.

[16] "É certo que podemos começar a dizer agora o que mancha irremediavelmente a concepção hegeliana da história como o processo dialético: a sua concepção *teleológica* da dialética inscrita nas próprias *estruturas* da dialética hegeliana num ponto extremamente preciso: a *Aufhebung* (ultrapassagem-conservando-o-ultrapassado-como-ultrapassado-interiorizado), expressa diretamente na categoria hegeliana da *negação da negação* (ou negatividade). Quando criticamos a filosofia hegeliana da História por ser *teleológica*, na medida em que desde as suas origens ela persegue um objetivo (a realização do Saber absoluto), quando por conseguinte recusamos a teleologia na filosofia da história, mas quando ao mesmo tempo, retomamos tal e qual a dialética hegeliana, caímos numa estranha contradição! Pois a dialética hegeliana é, ela também, teleológica nas suas *estruturas*, uma vez que a estrutura chave da dialética hegeliana é a *negação da negação*, que é a

do direito burguês, pelo ângulo idealista de Hegel, é a vitória da razão, que supera as contradições imanentes dos momentos anteriores do direito.

A FILOSOFIA DO DIREITO

A filosofia do direito é um dos momentos culminantes do pensamento hegeliano. Identificando a razão com a realidade, seu sistema filosófico somente se completa quando a própria realidade for necessariamente o racional. E é no *direito* e no *Estado* que Hegel enxergará a racionalidade plenificada, realizada. "O sistema do direito é o império da liberdade realizada", diz Hegel no § 4º dos *Princípios da filosofia do direito*.[17]

O contexto no qual Hegel constrói sua reflexão jurídica é muito específico. Hegel é um descendente da melhor tradição iluminista burguesa moderna, dialogando explicitamente com o pensamento de Rousseau e Kant. Mas também está embebido do pensamento romântico que se sucedeu ao Iluminismo, em especial no próprio mundo alemão. Fichte é objeto de suas reflexões. Ocorre que, ao lado do legado moderno, Hegel também tem em vista a grande reflexão filosófica dos antigos, em especial dos gregos. Platão e Aristóteles se lhe apresentam como modelos de um mundo ético notável.

Hegel enxerga nos antigos uma ética orgânica, social, que não fragmenta a totalidade em indivíduos que se pressuponham indiferentes. Trata-se da visão política que anima a filosofia grega clássica, de Platão e Aristóteles. Nos tempos modernos, com o capitalismo, a ética transborda para o campo da individualidade, rompendo a coesão social antiga. O eixo da reflexão jurídica passa a ser o indivíduo autônomo e seus direitos. Para Hegel, a modernidade teve o condão de corrigir a antiga submissão do indivíduo ao todo. Com a forja dos sujeitos de direito e de seus direitos subjetivos, a modernidade deu dignidade ao indivíduo. Mas, ao mesmo tempo, abriu-se margem ao problema oposto, o do perecimento dos vínculos entre os próprios indivíduos.

Por isso, para Hegel, é preciso suplantar tanto a visão antiga, que diluía o indivíduo no todo, quanto a visão moderna, que derruba o todo em prol da individualidade autônoma. É no Estado que Hegel enxergará a síntese superior entre o social e o individual. Seu modelo é distinto daquele dos gregos, pois prevê o direito do indivíduo, e também mais impactante que o contrato social moderno, pois não se limita a um momento originário no qual a vontade individual tenha que dar a diretriz da vida política. O *Estado* suplanta as razões individuais. Nesse sentido, diz Joaquim Carlos Salgado:

> Se de um lado a filosofia do direito de Hegel é uma recuperação da teoria política clássica, com a introdução do elemento novo da subjetividade desenvolvida vivencialmente

---

própria teleologia, idêntica à dialética." Althusser. "Sobre a relação de Marx com Hegel". *Hegel e o pensamento moderno*. Porto, Rés, 1979, p. 131-132. "Em Hegel e Marx há um ponto convergente: a negação é privilegiada, mas enquanto Hegel vai privilegiar a segunda negação, a negação da negação que repõe o positivo, Marx privilegia a primeira negação e desenvolve a segunda no registro da primeira, assim que a negação da negação conserva nele sempre uma relação à finitude." Oliveira, Manfredo A. *Dialética hoje*: lógica, metafísica e historicidade. São Paulo, Loyola, 2004, p. 20.

[17] HEGEL, *Princípios da filosofia do direito*, op. cit., p. 12.

pelo cristianismo, juridicamente pelo direito romano e teoricamente pela filosofia moderna, particularmente Kant, por outro lado, essa mesma recuperação é também feita por meio de uma ruptura com essa tradição, pela introdução, no movimento do Espírito objetivo, da nova realidade da vida econômica europeia desenvolvida pelo capitalismo e sua versão política efetivada na Revolução Francesa.[18]

Em comparação com Rousseau, Hegel aponta a riqueza mas ao mesmo tempo sua diferença em relação à democracia direta dos indivíduos como um todo. Para Rousseau, o Estado é a própria unidade dos indivíduos contratantes. O Estado, para Hegel, é uma entidade diversa, acima do cidadão.

Se considerarmos Hegel em comparação com Kant, restará na filosofia do direito kantiana um arraigado idealismo, na medida em que parte do pressuposto de um justo não realizado, até mesmo inalcançável pela realidade. Hegel parte da premissa contrária. O reino do direito justo, racional, é o reino do direito realizado. Realizado como fenômeno atrelado ao Estado.

Além disso, recai sobre a filosofia do direito de Kant, na comparação com Hegel, um exacerbado individualismo. Desde as obras da juventude, Hegel inscreve, como meta que almeja para sua filosofia, um certo resgate da vida política e social da Grécia antiga. O incômodo da filosofia da religião de Hegel com o cristianismo e sua tradição de individualismo ("consciência infeliz", porque não pode viver a plenitude e a felicidade na vida social e política)[19] enseja, desde o início de seu pensamento, a busca de um ideal de justiça e de direito eminentemente social, assentado na ação política e não na subjetividade racionalizante. Por isso, ao contrário de Kant, Hegel assenta sua filosofia do direito não no indivíduo, mas no Estado.

A própria época hegeliana enseja esse passo adiante, à medida que já se estabilizavam as revoluções liberais e o mundo burguês não era apenas um mundo ideal de direitos desejados, mas um mundo real no qual tais direitos burgueses já eram positivados pelo Estado, e o próprio Hegel apontará a passagem para o Estado como o momento da plenificação do direito.

A concepção de direito de Hegel compreende o fenômeno jurídico de maneira bastante vasta. Em suas obras, o direito é apresentado não como tradicionalmente pensado e trabalhado pelos juristas juspositivistas.[20] Questões tidas por Hegel como do

---

[18] SALGADO, Joaquim Carlos. *A ideia de justiça em Hegel*. São Paulo, Loyola, 1996, p. 389.

[19] Dirá Hegel na *Fenomenologia do espírito*: "Para a consciência infeliz o ser-em-si é o além dela mesma." HEGEL, *Fenomenologia do espírito*. Parte I, Petrópolis, Vozes, 2000, p. 152.

[20] "A tensão que opõe a perspectiva hegeliana sobre o direito e a de numerosos juristas teóricos, e mesmo filósofos, ou praticantes do direito, foi inclusive o objeto da reflexão de Hegel, que conhece e reconhece a positividade do direito, embora rejeite a visão positivista dessa positividade. A proclamação da identidade do racional e do real é precisamente posta como epígrafe dos *Princípios da filosofia do direito*. Ora, ela implica a afirmação do vínculo essencial do racional e do próprio positivo, pois, se o real ou o efetivo não se reduz ao que é simplesmente *posto*, ao existente tomado em sua contingência nua, mas se *põe*, se faz, efetua-se ele mesmo ao explorar a identidade a si ativa, a espontaneidade, da razão, ele só cumpre – tal é exatamente o sentido do dogma racionalizado

direito são, mais que jurídicas, também da ética, da moral, da política e da economia. Ocorre que Hegel, buscando empreender um sistema filosófico que tivesse por vista a *totalidade*, não considera que seja possível compreender o direito a partir do seu estrito núcleo normativo-judicial. Mergulhado historicamente no todo social, o direito deve ser compreendido justamente na interface com os demais fenômenos desse todo.

Em sua importante obra jurídica juvenil, *Sobre as maneiras científicas de tratar o direito natural*, Hegel se afasta do jusnaturalismo e, ao mesmo tempo, rejeita um tratamento do direito como uma ciência positiva, limitada às normas. É preciso, para Hegel, entender a razão de ser dessa própria ciência positiva do direito no todo social. Por isso, para Hegel não é a ciência do direito, mas sim a *filosofia do direito*, o momento superior da reflexão sobre o próprio direito, na medida em que o pensamento jusfilosófico analisa o direito pelo todo:

> Assim, na medida em que uma ciência do direito é positiva, uma vez que ela se atém à opinião e às abstrações sem essência, a *démarche* pela qual ela chama à experiência ou a sua determinação da aplicabilidade à efetividade, ou ao bom sentido e à maneira universal de representar-se [as coisas], ou mesmo pela qual ela chama à filosofia, não tem mais o menor sentido. [...]
>
> Da mesma maneira que na ciência, uma tal fixação e um tal isolamento dos princípios singulares e de seus sistemas, assim como sua precipitação sobre os outros, são impedidos somente pela filosofia, uma vez que a parte não conhece seu limite, mas deve necessariamente, antes, ter a tendência de se constituir como um todo e um absoluto, enquanto a filosofia se encontra na Ideia do todo acima das partes, e, por aí, mantém cada [elemento] no seu limite, assim como ela impede igualmente, pela elevação da própria Ideia, que a parte, na sua divisão, não continue a se propagar na sua pequenez sem fim [...].[21]

A compreensão filosófica do direito no todo social aponta para seus laços com a economia, a política, a moral. Ao contrário das correntes jusnaturalistas, que já ao seu tempo começavam a postular uma interpretação do direito meramente arraigada ao normativismo, Hegel insiste na *totalidade* como maneira de reelaborar o entendimento do direito. A apreensão do direito na totalidade é de tal modo contrastante com o tempo em que vivia Hegel que Norberto Bobbio chega a considerar o direito resultante da filosofia hegeliana irreconhecível em face das velhas e presentes tradições do pensamento jurídico:

> No tecido do sistema jurídico, que se tornava cada vez mais compacto, Hegel operou um profundo dilaceramento. Depois de tê-lo reduzido a farrapos, Hegel o recompôs interpondo-lhe pedaços de outras matérias, como a economia, a ciência da administração e do Estado, a moral; daí resultou um sistema bastante diferente dos anteriores – a que nos tinha acostumado a tradição escolástica do direito natural –, mais com-

---

da encarnação – ao realizar-alienar seu sentido total na pontualidade sensível do existente ou do positivo." BOURGEOIS, Bernard. *Hegel. Os atos do espírito*. São Leopoldo, Unisinos, 2004, p. 53.

21 HEGEL, G. W. F. *Sobre as maneiras científicas de tratar o direito natural*. São Paulo, Loyola, 2007, p. 120 e 124.

plexo e diversificado: todas as partes do sistema jurídico, umas mais e outras menos, são mencionadas, mas a tal ponto estão mescladas e interpostas a outras que o velho sistema se torna irreconhecível.[22]

Em Hegel, a totalidade é uma superação dialética tanto da antiga política que olvidava o indivíduo quanto do indivíduo moderno que esquece a política. Seu projeto quer romper com duas parcialidades, que enxergava uma nos antigos e outra nos modernos: a parcialidade antiga do todo e a parcialidade moderna do individualismo burguês. A totalidade é a sua forma de compreender o fenômeno jurídico e também o horizonte almejado por sua filosofia do direito.

Direito abstrato, moralidade e eticidade

O livro *Princípios da filosofia do direito* é o momento culminante das reflexões hegelianas a respeito das questões político-jurídicas. O tema do direito já perpassa o pensamento de Hegel desde jovem, como se pode ver, por exemplo, em seu texto *Sobre as maneiras científicas de tratar o direito natural*. Mas é em 1820, com a sua obra de *Filosofia do direito*, que procederá à plena estruturação das suas ideias jurídicas.

Hegel sistematiza seu pensamento jurídico, na obra *Princípios da filosofia do direito*, dividindo-o em três partes fundamentais: *direito abstrato*, *moralidade* e *eticidade*. Traduzindo-as de outro modo, trata-se do *direito da individualidade* (primeira parte), do direito como *moralidade subjetiva* (segunda parte) e do direito como *moralidade objetiva* (terceira parte). No que tange ao ponto específico da eticidade, Hegel percebe nela um transcurso de vários graus: seus níveis primeiros se encontram na *família*, depois passando pela *sociedade civil*, para, enfim, ter por ápice o *Estado*.

O quadro sistemático do pensamento hegeliano sobre política e direito, no seu livro *Princípios da filosofia do direito*, pode ser assim exposto:

- 1ª parte – direito abstrato
- 2ª parte – moralidade (ou moralidade subjetiva)
- 3ª parte – eticidade (ou moralidade objetiva)
- família
- sociedade civil
- Estado

A primeira parte, o direito abstrato, diz respeito ao direito natural moderno, que está diretamente ligado ao interesse do indivíduo, e cujo cerne principal é a propriedade privada e a autonomia da vontade nos contratos. A segunda parte diz respeito ao mundo da moralidade. A modernidade, com Kant, por exemplo, constrói a noção de subjetividade e da autonomia moral do indivíduo. Esse momento é o da vontade individual. Essa

---

[22] BOBBIO, Norberto. *Estudos sobre Hegel*: direito, sociedade civil, Estado. São Paulo, Ed. Unesp e Brasiliense, 1995, p. 61.

vontade, no entanto, por si só não basta para o direito, ao contrário de Kant, para quem o direito é o reino da boa vontade.²³ A moralidade inscreve-se na vontade individual de fazer o bem, mas também no bem que se deve fazer. Por isso, deve ser essa uma *vontade* e uma *ação*. Tal impasse do plano moral – vontade e bem como tal – só se resolve em outra instância, quando os deveres não passam mais pelo plano da *vontade*. Então, a moralidade troca-se pela ética. E essa ética não está na conta da mera individualidade, porque o indivíduo pode ou não concretizá-la por sua vontade. Nesse momento, Hegel escapa definitivamente do individualismo na filosofia do direito. Diz Hegel no parágrafo 148 dos *Princípios da filosofia do direito*:

> A teoria dos deveres, tal como é objetivamente, não deve reduzir-se ao princípio vazio da moralidade subjetiva que, pelo contrário, nada determina. Essa teoria é, portanto, o desenvolvimento sistemático do domínio da necessidade moral objetiva de que vamos tratar nesta terceira parte. A diferença formal entre a nossa exposição e uma teoria dos deveres consiste apenas no seguinte: no que vamos expor, as determinações morais são dadas como relações necessárias e a nenhuma delas vamos acrescentar este apêndice: "Esta determinação é, pois, um dever para o homem". [...] Uma teoria coerente e imanente dos deveres só pode ser o desenvolvimento das relações que necessariamente provêm da ideia de liberdade e portanto realmente existem no Estado, em toda a sua extensão.²⁴

Hegel, assim sendo, ultrapassa tanto o momento do direito abstrato individual quanto o da moralidade subjetiva kantiana. A *eticidade* é o momento superior de sua filosofia política e jurídica.²⁵

Ocorre que as primeiras formas dessa eticidade, que já escapa à vontade individual, ainda não são totalmente plenas: a família e a sociedade civil. Essas duas instâncias conseguem já dar conta do dever como necessidade. No entanto, não logram ainda alcançar a objetividade plena da moralidade. A *família*, para Hegel, é tomada no seu sentido moderno, baseada em laços de amor, gerando filhos e dotando-os de educação suficiente para sua autonomia. No campo da família reside também o patrimônio, em busca de uma satisfação das necessidades econômicas.

---

[23] "Para evitar aquele eco da concepção kantiana do dever, Hegel teve de dizer de um modo consequente que a ação aludida representa um tipo de interação social na qual os sujeitos consideram reciprocamente as normas, mas sem senti-las como um dever; e mais, a execução de uma tal ação parece significar relacionar-se de tal modo com o outro que a consideração de determinados mandamentos morais torna-se evidente." Honneth, Axel. *Sofrimento de indeterminação*: uma reatualização da filosofia do direito de Hegel. São Paulo, Eds. Singular e Esfera Pública, 2007, p. 111.

[24] HEGEL, *Princípios da filosofia do direito*, op. cit., p. 143.

[25] "A *Filosofia do Direito* cumpre, assim, uma dialética que vai da pessoa no direito abstrato e do sujeito na moralidade, pelo indivíduo que trabalha na sociedade civil e termina na sociedade política como realização da liberdade individual universalmente reconhecida, unidade da liberdade subjetiva do indivíduo e da liberdade objetiva na sociedade (na forma das suas instituições e normas) ou liberdade concreta no Estado; esse é então uma organização de poder em que as formas objetivas da liberdade (não coisas, mas normas e instituições) se encontram e se realizam com a liberdade subjetiva." SALGADO, *A ideia de justiça em Hegel*, op. cit., p. 387.

No que tange à *sociedade civil*, trata-se da sua forma de organização burguesa. A interação entre os indivíduos, no campo da sociedade civil, é feita por meio dos liames da *economia*. Muitas relações se apresentam nesse campo. Há vínculos originados da necessidade e da carência, que estabelecem relações de dependência recíproca entre os indivíduos. O trabalho é o elemento estruturante da reflexão hegeliana sobre a sociedade civil, no que antecipa – ainda que de modo muito provisório e mesmo contrário – a constatação de Marx a respeito da relação entre economia e sociedade.[26] Para Hegel, de maneira ainda muito desprovida de crítica, o trabalho gera a desigualdade das riquezas quase que como mera desigualdade de aptidões entre os homens:

> 196 – A mediação que, para a carência particularizada, prepara e obtém um meio também particularizado é o trabalho. Através dos mais diferentes processos, especifica a matéria que a natureza imediatamente entrega para os diversos fins. Esta elaboração dá ao meio o seu valor e a sua utilidade; na sua consumação, o que o homem encontra são sobretudo produtos humanos, como o que utiliza são esforços humanos. [...]
>
> 200 – A possibilidade de participação na riqueza universal, ou riqueza particular, está desde logo condicionada por uma base imediata adequada (o capital); está depois condicionada pela aptidão e também pelas circunstâncias contingentes em cuja diversidade está a origem das diferenças de desenvolvimento dos dons corporais e espirituais já por natureza desiguais. Neste domínio da particularidade, tal diversidade verifica-se em todos os sentidos e em todos os graus e associada a todas as causas contingentes e arbitrárias que porventura surjam. Consequência necessária é a desigualdade das fortunas e das aptidões naturais.[27]

Só um momento último, superior, alcançado em dado estágio da história da humanidade, consegue plenificar o ser e o dever do direito: o *Estado*, em torno do qual se dá a culminância do pensamento jusfilosófico hegeliano. O Estado funda-se em si mesmo, em sua própria substancialidade. Não é o resultado do acordo de vontades dos indivíduos – portanto, Hegel rejeita, definitivamente, o contrato social. Não é, tampouco, uma instância que encontra limites na moralidade individual – o Estado é um momento dialético superior ao plano da moralidade e da individualidade. O Estado não está em função do indivíduo, nem é resultante das vontades individuais.

Sobre o Estado trata Hegel na parte mais decisiva de sua obra *Princípios da filosofia do direito*, o parágrafo 258:

> O Estado [...] é o racional em si e para si: esta unidade substancial é um fim próprio absoluto, imóvel, nele a liberdade obtém o seu valor supremo, e assim este último fim possui um direito soberano perante os indivíduos que em serem membros do Estado possuem o seu mais elevado dever.

---

[26] "Se Hegel viu o caráter *positivo* do trabalho moderno que, no seio da sociedade civil, permite à singularidade afirmar-se segundo as exigências da Ideia, da qual a diferença é um momento necessário, ele percebeu também, principalmente pelo estudo da vida socioeconômica inglesa, o caráter *negativo* de um trabalho que, por sua abstração e sua indefinidade, condena toda uma massa à pobreza desumanizante." BOURGEOIS, *O pensamento político de Hegel*, op. cit., p. 122.

[27] HEGEL, *Princípios da filosofia do direito*, op. cit., p. 177 e 179.

[...] Se o Estado é o espírito objetivo, então só como membro é que o indivíduo tem objetividade, verdade e moralidade. A associação como tal é o verdadeiro conteúdo e o verdadeiro fim, e o destino dos indivíduos está em participarem numa vida coletiva; quaisquer outras satisfações, atividades e modalidades de comportamento têm o seu ponto de partida e o seu resultado neste ato substancial e universal.[28]

O parágrafo 258 dos *Princípios da filosofia do direito* revela a peculiar teoria jurídico-política de Hegel. O Estado, pensado como elemento superior da dialética da história, é uma entidade autorreferente, na medida em que se alicerça na sua mecânica jurídica pública, nos seus costumes e nas suas relações políticas concretas – é juridicamente distinto dos indivíduos que lhe são subordinados, ou seja, é soberano. Mas é também, ao mesmo tempo, o espaço de consolidação da cidadania dos indivíduos, que encontram no Estado, submetendo-se a ele, sua razão de ser coletiva. Ao subordinar os indivíduos, integra-os e os dota de objetividade, verdade e moralidade.

A teoria política de Hegel costuma chocar pela sua importância concedida ao Estado. De fato, sua posição é bastante contrastante com a tradição moderna, individualista, que vê no Estado um elemento subordinado aos interesses individuais. Ao considerar o Estado a razão em si e para si, no entanto, Hegel não propõe uma filosofia política de tipo absolutista. Sua compreensão não é reacionária, no sentido de negar a individualidade do sujeito de direito em troca de um Estado pleno. Pelo contrário, Hegel procede a uma dialética entre Estado e indivíduo. É justamente o Estado que garante o sujeito como cidadão, com seus direitos. E, ao mesmo tempo, sendo o Estado a razão, o indivíduo não se apresenta como o ápice da hierarquia dos interesses políticos. O individualismo burguês é rejeitado por Hegel em favor de uma original concepção política orgânica. Assim exprime Charles Taylor:

> Neste ponto, todavia, Hegel efetua um *tour de fource*, pois essa relação do homem com a sociedade é paralela à pré-moderna. Antes da revolução da subjetividade moderna, os homens eram induzidos a reverenciar as estruturas de sua sociedade: a monarquia, a aristocracia, a hierarquia sacerdotal ou quaisquer outras, pelo motivo de refletirem a vontade de Deus ou a ordem do ser, em suma, o fundamento das coisas às quais o homem deve a mais profunda submissão. O rei devia estar para a nação como Deus para o universo. Ora, esse modo de pensar retorna, da maneira mais surpreendente, originando-se da mais extrema expressão da subjetividade autodefinidora moderna, a noção radical de autonomia.
>
> Não admira que Hegel tenha sido difícil de classificar conforme o espectro liberal/conservador, pois ele reabilita a noção de uma ordem cósmica como uma pedra fundamental da teoria política, ele fala do Estado como divino. E nós consideramos esse tipo de coisa a marca do pensamento conservador e até reacionário. Mas essa ordem é completamente diversa da ordem da tradição. Não há nela nada que não seja determinado pela própria razão de maneira perfeitamente transparente. Não se trata, portanto, de uma ordem que está além do homem e que ele simplesmente tem de aceitar. Em lugar disso, é uma ordem que provém de sua mesma natureza apropriadamente entendida.

---

[28] Ibid., p. 217.

Portanto, ela está centrada na autonomia, já que o fato de ser governada por uma lei que emana de si mesma é livre. A ordem, por conseguinte, confere um lugar central ao indivíduo racional autônomo.[29]

No plano do Estado, o pensamento hegeliano possibilita uma perspectiva fortalecedora da instância estatal em face da individualidade. Poder-se-ia dizer que, em paralelo e acessoriamente a Hegel, o romantismo e mesmo o movimento de juristas da Escola Histórica superavam o individualismo metodológico. Mas Hegel é quem permite o mais rico contraste. O século de Kant assentou-se na luta contra o Estado Absolutista, cujos interesses eram contrários aos da burguesia. No entanto, quando a burguesia toma o poder dos Estados, na virada para o século XIX, percebe-se que a manutenção da valorização da instância da individualidade contra o Estado absolutista não é mais necessária.[30] A partir desse momento, o Estado, controlado pela própria burguesia, é burguês. Melhor do que a aposta na boa vontade harmônica dos indivíduos, o Estado se apresenta então como o momento superior e a razão plenificadora da história.

ESTADO E SOCIEDADE CIVIL

A consubstanciação do justo e do racional no Estado, e não no indivíduo nem na sociedade civil, faz com que Hegel rompa com toda a tradição estabelecida na modernidade sobre a filosofia política e jurídica. O denominador comum de todo o pensamento jusfilosófico moderno foi o individualismo e, em consequência, a teoria do contrato social. O individualismo, fazendo do sujeito sede da racionalidade e cerne dos direitos. O contratualismo, como manifestação da racionalidade e da vontade individual, portanto momento superior que dava razão de ser ao próprio Estado. Hegel romperá com essa ordem de explicações. O Estado não terá fundamento nem no indivíduo nem na sociedade civil, que lhe são momentos inferiores. A concretização do direito no Estado faz com que não se indague a respeito da moralidade individual. Se Kant praticamente equivalia a moralidade com o justo jurídico, porque os dois saem do mesmo imperativo categórico, de uma razão individual, Hegel rompeu essa equivalência. Individualidade e moralidade são reinos que devem ser subordinados a um momento superior, que é o da eticidade consubstanciada no Estado.

O conceito de sociedade civil, em Hegel, é bastante específico em relação à tradição moderna. De um lado, Hegel escapa ao contratualismo moderno, tendo em vista que o Estado não é o acordo dos indivíduos, mas é dado em si e para si. Na *Filosofia do direito*, especificamente contra Rousseau, assim falou Hegel, ainda no parágrafo 258:

---

[29] TAYLOR, Charles. *Hegel e a sociedade moderna*. São Paulo, Loyola, 2005, p. 105.

[30] "Com efeito, [...] Hegel opõe com uma nitidez e uma precisão incomparáveis a sua concepção *orgânica* do direito à concepção do *direito natural igualitário e universal* que tinha sido a do século XVIII e que havia sido expressa com uma profundidade filosófica inigualada num Kant e num Fichte; oposição, como dissemos, cheia de consequências, não só no plano teórico, mas também no plano prático. A escola do direito histórico, tão oposta ao conceito racionalista do direito natural, quase poderia reivindicar esta obra (de Hegel) como a de um precursor." HYPPOLITE, Jean. *Introdução à filosofia da história de Hegel*. Lisboa, Edições 70, 1995, p. 58.

Mas (Rousseau) ao conceber a vontade apenas na forma definida da vontade individual (o que mais tarde Fichte também faz), e a vontade geral não como o racional em si e para si da vontade que resulta das vontades individuais quando conscientes – a associação dos indivíduos no Estado torna-se um contrato, cujo fundamento é, então, a vontade arbitrária, a opinião e uma adesão expressa e facultativa dos indivíduos, de onde resultam as consequências puramente conceituais que destroem aquele divino que em si e para si existe das absolutas autoridades e majestades do Estado.³¹

De outro lado, as instâncias sociais que uma parte da tradição moderna dividia sem muita clareza entre estado de natureza e estado civil (sendo este tanto social quanto político, formado com base no contrato social), Hegel irá especificá-las de outra maneira: a sociedade civil não se confunde com o Estado, havendo uma distinção muito clara entre essas duas esferas.³² Boa parte da filosofia política moderna não lograva uma diferença tão clara entre sociedade e Estado, tratando-as apenas como momentos da história civil, a partir do contrato.³³

Para Hegel, a tentativa de subsumir o Estado dentro da sociedade civil foi típica do pensamento moderno, arraigadamente burguês. Ocorre que é o Estado, sendo a esfera do público, que reelabora, dentro de si, o campo do privado. A filosofia do direito moderna buscava fazer o contrário, construir o Estado a partir de categorias tipicamente individualistas, como as do contrato. O contrato social é a exacerbação do privado como explicação da constituição do público. Hegel rompe com tais explicações: o campo da sociedade civil é o campo do mercado. O Estado não pode ser refém dos limites impostos pelos interesses mercantis. Pelo contrário, é justamente a chegada ao nível público estatal que permitiu à sociedade a liberdade jurídica dos privados, ensejando assim o contrato. Diz Marcos Lutz Müller:

> Hegel percebe claramente que a estrutura jurídica da sociedade civil está intrinsecamente ligada à esfera de mercado. [...]
>
> Se, como dispositivo de uma fundamentação contratualista do Estado, a concepção jusnaturalista de um estado de natureza é uma ficção, e uma ficção equivocada, na medida

---

31 HEGEL, *Princípios da filosofia do direito*, op. cit., p. 218.

32 "Com a crise do modelo jusnaturalista, que amadurece entre o fim do século XVIII e o início do século XIX e que se expressa de modo pleno no modelo hegelo-marxiano, os atributos 'político' e 'civil', originariamente coincidentes, derivando respectivamente da grega *pólis* e da latina *civitas*, tendem a se distinguir; o sujeito social se duplica na figura do cidadão privado ou civil-burguês (*Bürger*) e na do cidadão propriamente dito [...]; e a sociedade como sociedade civil se separa do Estado como Estado político." BOBBIO, Norberto; BOVERO, Michelangelo. *Sociedade e estado na filosofia política moderna*. São Paulo, Brasiliense, 1991, p. 149.

33 "Na sociedade civil, os indivíduos, todos os indivíduos, existem como burgueses, e não como cidadãos [...] No Estado, pelo contrário, do qual a sociedade civil oferece de alguma forma uma imagem invertida, o universal não é mais meio, torna-se fim, enquanto o indivíduo particular não é mais do que o agente do funcionamento de seu sistema global [...] Com efeito, enquanto apresenta o Estado como um mundo de liberdade, Hegel caracteriza ao contrário a sociedade civil como um mundo de necessidade." LEFEBVRE, J. P.; MACHEREY, P. *Hegel e a sociedade*. São Paulo, Discurso Editorial, 1999, p. 31 ss.

em que pretende explicar o Estado por um acordo de vontades particulares de indivíduos pré-políticos, no seu conteúdo social ela exprime uma estrutura capital da sociedade civil, que é o inter-relacionamento dos proprietários de mercadorias que se reconhecem como juridicamente iguais no mercado, aliás, o verdadeiro substrato histórico dessa concepção. Uma das teses centrais da teoria hegeliana da sociedade civil é a de que a sua explicação nos termos da racionalidade econômica e do atomismo social da concepção jusnaturalista (que constitui o cerne ideológico dessa racionalidade) pressupõe não só que os indivíduos proprietários se reconheçam, na própria esfera de mercado, como juridicamente livres e iguais (como *pessoas*) e moralmente responsáveis (como *sujeitos*), mas, igualmente, que esse próprio reconhecimento, por sua vez, pressupõe a existência de instituições sociais, jurídicas e políticas, que não podem ser adequadamente explicadas por aquela racionalidade econômica e estratégica, resultante da estrutura jusnaturalista da sociedade civil, implicando, assim, a esfera pública do Estado.

Por isso, embora o Estado surja e *apareça*, na apresentação categorial progressiva, como *resultado* das mediações da sociedade civil, ele "*se produz e mostra*" (*sich ergibt*), na pressuposição daquelas instituições, na verdade, como o fundamento e o que é primeiro (FD § 256 A).[34]

Em Hegel, cessa o esquema moderno de elaboração conceitual do Estado como uma decorrência da sociedade civil. Por isso, não chegando à conclusão da existência de um contrato social, Hegel não partilhará a hipótese de que tenha havido um estado de natureza, como pensavam os modernos. Não há, para Hegel, uma etapa pré-social e outra social, na qual, então, passasse a se desenvolver a história da sociedade. Toda a evolução social é histórica.[35] Na mesma nota ao parágrafo 258 da *Filosofia do direito*, diz ainda Hegel a respeito da confusão que os modernos empreendiam entre sociedade civil e Estado:

> Quando se confunde o Estado com a sociedade civil, destinando-o à segurança e proteção da propriedade e da liberdade pessoais, o interesse dos indivíduos enquanto tais é o fim supremo para que se reúnem, do que resulta ser facultativo ser membro do Estado. Ora, é muito diferente sua relação com o indivíduo.[36]

E ainda, no parágrafo 261 da *Filosofia do direito*, subordinando indivíduo, família e sociedade civil ao Estado:

> Em face do direito privado e do interesse particular, da família e da sociedade civil, o Estado é, por um lado, necessidade exterior e poder mais alto; subordinam-se-lhe as

---

[34] MÜLLER, Marcos Lutz. "Apresentação". In: HEGEL, *Linhas fundamentais da filosofia do direito ou direito natural e ciência do Estado em compêndio*: a sociedade civil. Campinas, IFCH/Unicamp, 2003, p. 8-9.

[35] "Também a esfera pré-estatal é historicamente produzida, não um estado de natureza. Família e sociedade civil – as esferas que aparentemente estão fora e são anteriores ao Estado – na verdade só existem e se desenvolvem no Estado. Não há história fora do Estado. Não há nada fora da história." BRANDÃO, Gildo Marçal. "Hegel: o estado como realização histórica da liberdade". *Os clássicos da política*. São Paulo, Ática, 1995, v. 2, p. 106.

[36] HEGEL, *Princípios da filosofia do direito*, op. cit., p. 217.

leis e os interesses daqueles domínios mas, por outro lado, é para eles fim imanente, tendo a sua força na unidade do seu último fim universal e dos interesses particulares do indivíduo; esta unidade exprime-se em terem aqueles domínios deveres para com o Estado na medida em que também têm direitos.[37]

O Estado para Hegel não é, portanto, um ente resultante do acordo de vontades individuais. Sua existência é para além dos indivíduos e da sociedade civil, e postula-se, também, pela insuficiência dessas esferas como racionais em si mesmas, na medida em que a sociedade civil, para Hegel, é essencialmente a esfera privada burguesa. O grau de universalidade de seus interesses é discutível, e a desigualdade que disso resulta é patente. Assim, no parágrafo 244 da *Filosofia do direito*:

> Quando um grande número de indivíduos desce além do mínimo de subsistência que por si mesmo se mostra como o que é normalmente necessário a um membro de uma sociedade, se esses indivíduos perdem, assim, o sentimento do direito, da legalidade e da honra de existirem graças à sua própria atividade e ao seu próprio trabalho, assiste-se então à formação de uma plebe e, ao mesmo tempo, a uma maior facilidade para concentrar em poucas mãos riquezas desproporcionadas.[38]

É em face do caráter essencialmente privado da atividade burguesa, cerne da sociedade civil, que Hegel insiste no Estado como instância superior da vida do povo. De tal maneira, o liberalismo econômico, cujas consequências para o plano jurídico e político são sempre de castração de possibilidades que transponham o limite do negócio interindividual, tem reprovações manifestas na filosofia do direito de Hegel. Por isso, o direito, a constituição e a soberania, em Hegel, são pensados diretamente a partir do Estado, e não a partir de um Estado que ecoe a vontade contratual dos indivíduos. Assim, Gilberto Bercovici:

> A constituição é entendida por Hegel como organização do Estado, referindo-se, em última instância, ao povo racionalmente constituído, não como simples associação de indivíduos. Para Hegel, ao contrário dos juristas do século XIX, a constituição é a realidade anterior a toda teoria. A pergunta sobre quem deve fazer a constituição não faz sentido, pois parte de pressupostos atomísticos da sociedade. A questão do poder constituinte, assim, é deixada de lado por Hegel, cujo conceito de constituição diz respeito à organização do Estado, não à carta que garante direitos individuais.[39]

A análise hegeliana sobre o Estado, nos *Princípios da filosofia do direito*, ao final ainda se desdobra sobre outros temas: Direito Público Interno, Direito Público Externo e História Mundial. A constituição interna do Estado há de tratar da Constituição e trabalhar com a divisão de poderes. O direito público externo trata do direito internacional e das

---

[37] Ibid., p. 226.
[38] Ibid., p. 208.
[39] BERCOVICI, Gilberto. *Soberania e Constituição*: para uma crítica do constitucionalismo. São Paulo, Quartier Latin, 2008, p. 197.

relações entre Estados. A história universal, por sua vez, faz o balanço hegeliano sobre o sentido da história, que, partindo de grupos, famílias e hordas, encontra sua culminância racional no Estado. Diz Hegel no parágrafo 349 da *Filosofia do direito*:

> Não começa um povo por ser um Estado, e a passagem ao estado político de uma horda, uma família, um clã ou uma multidão constitui em geral a realização formal da ideia nesse povo. Nesta forma, a substância moral que ele é em si ainda não possui a objetividade que consiste em ter nas leis, como determinações pensadas, uma existência para si e para os outros com universal validade. Enquanto não for reconhecido, a sua independência é apenas formal: não é uma soberania, pois não é objetivamente legal e não possui expressão racional fixa.[40]

Nesse sentido do progresso, Hegel enxerga uma sucessão de quatro impérios da história universal: o império do oriente, o império grego, o império romano e, por fim, o império germânico. O Estado prussiano se apresentava como o que é e deve ser no pensamento jurídico-político hegeliano.

HEGEL E O JUSNATURALISMO

O jusnaturalismo moderno verifica em Hegel seu definitivo ápice, mas seu definitivo fim. A filosofia de Hegel é talvez não só a melhor estadia do jusnaturalismo moderno, mas também seu definitivo despejo filosófico.[41] A esfera de uma racionalidade eterna e plena, imutável e racional, que partisse do indivíduo e apenas nele se contivesse – em Kant, nos imperativos categóricos –, está superada em Hegel. A dialética hegeliana inaugura, em contraposição à imutabilidade da filosofia do direito moderna, a história. E o momento da racionalidade plena hegeliana não é a razão individual, é o Estado.[42]

O pano de fundo histórico para tal mudança é muito claro. A burguesia europeia, em todo o mundo moderno, ascendia como poder econômico, mas não ascendia ainda como poder político. O Estado era absolutista, e portanto contrário aos interesses burgue-

---

[40] HEGEL, *Princípios da filosofia do direito*, op. cit., p. 310.

[41] "A ideia do Estado-razão chega até Hegel, que define o Estado como 'o racional em si e para si'. Mas Hegel é também o crítico mais impiedoso do jusnaturalismo: a razão de que ele fala quando, desde o início da *Filosofia do Direito*, anuncia querer compreender o Estado como uma coisa racional em si não tem nada a ver com a razão dos jusnaturalistas, os quais se deixaram seduzir mais pela ideia de delinear o Estado tal como deveria ser do que pela tarefa de compreendê-lo tal como é. [...] Com Hegel, o modelo jusnaturalista chegou à sua conclusão. Mas a filosofia de Hegel é não apenas uma antítese, mas também uma síntese. Tudo o que a filosofia política do jusnaturalismo criou não é expulso do seu sistema, mas incluído e superado." BOBBIO; BOVERO, *Sociedade e estado na filosofia política moderna*, op. cit., p. 96-97.

[42] "A crítica de Hegel ao jusnaturalismo e à ideologia revolucionária francesa é precisamente a seguinte: a liberdade da pessoa, os direitos do homem são certamente inalienáveis, mas não por isso eternos, porque, antes de serem sancionados por contrato originário, são o resultado de um longo e atormentado processo histórico." LOSURDO, Domenico. *Hegel, Marx e a tradição liberal*. São Paulo, Ed. Unesp, 1998, p. 91.

ses. Foi próprio desse período que o pensamento jurídico burguês buscasse guarida nas únicas instâncias da vida social por ele controladas, o indivíduo (burguês) e a sociedade civil (burguesa). Daí vêm, conjuntamente, o direito natural individualista moderno e a teoria do contrato social.

Seria razoável – apontando-se ironicamente – que, se o justo estivesse inscrito na individualidade, e não no Estado, como fizeram entender os modernos e Kant principalmente, quando o Estado absolutista acabasse, e os indivíduos exercessem livremente sua igualdade e liberdade, não fosse mais necessário o direito estatal. O direito natural individual bastaria como guia da humanidade e da sociedade civil. Viu-se, no entanto, a burguesia tomando o poder, nos fins do século XVIII, como na Revolução Francesa, e, em vez de instaurar o tal definitivo direito natural do indivíduo, depositou o seu conteúdo em códigos e leis estatais. Tal fase foi denominada, em história do direito, de período da *positivação do direito natural*.

Todo o conteúdo pretensamente justo e racional extraído dos moldes do jusnaturalismo moderno – esse conteúdo era a liberdade negocial burguesa, a igualdade perante a lei, a defesa da propriedade e da família como núcleo da propriedade – é o que se verá inscrito nas legislações que prontamente se seguiram à tomada do poder pela burguesia. A própria França não demorou mais que 15 anos depois de 1789 para dar à luz seu Código Civil de Napoleão. O Estado passa a ser o centro do direito. A racionalidade passa a se transferir, antes do indivíduo e da sociedade civil, agora para o Estado.

Por razões próximas disso e vivendo exatamente nesse período histórico, Hegel compreende, de maneira dialética, a evolução do pensamento jurídico em fases sucessivas de negação. Ao direito estatal do privilégio absolutismo correspondeu, como negação, o direito racional da igualdade burguesa. Mas a vitória deste foi sua negação: irrompe o direito estatal burguês. Na *Enciclopédia das ciências filosóficas*, Hegel aponta para a compreensão dialética de tais momentos do direito:

> No que toca à presença da dialética no mundo do espírito, e mais precisamente no âmbito do jurídico e do ético, basta recordar aqui como, em virtude da experiência universal, o extremo de um estado ou de um agir costuma converter-se em seu contrário; [uma] dialética que com frequência encontra seu reconhecimento nos adágios. Diz-se, assim, por exemplo: *summum jus, summa injuria*; pelo que se exprime que o direito abstrato, levado a seu extremo, se converte em agravo. Igualmente é bem conhecido como, no [campo] político, os extremos da anarquia e do despotismo costumam suscitar-se mutuamente, um ao outro. A consciência da dialética no âmbito da ética, em sua figura individual, encontramos nestes adágios bem conhecidos por todos: "O orgulho precede a queda"; "Lâmina afiada demais fica cega".[43]

Valendo-se da dialética, Hegel conseguirá mudar toda a tradição jusfilosófica que vinha da Idade Moderna, localizando, ao contrário dos modernos, o problema da filosofia do direito no problema do Estado. Tratando sobre as derivações do tipo de pensamento

---

[43] HEGEL, *Enciclopédia das ciências filosóficas em compêndio*, op. cit., v. I, p. 165.

jusnaturalista e individualista moderno nessa positivação do direito natural, diz Hegel ainda no parágrafo 258 dos *Princípios da filosofia do direito*:

> Ao chegar ao poder, tais abstrações produziram, por um lado, o mais prodigioso espetáculo jamais visto desde que há uma raça humana: reconstituir *a priori* e pelo pensamento a constituição de um grande Estado real, anulando tudo o que existe e é dado e querendo apresentar como fundamento um sistema racional imaginado; por outro lado, como tais abstrações são desprovidas de ideia, a tentativa de as impor promoveu os mais horríveis e cruéis acontecimentos.[44]

O Estado, para Hegel, não será uma instância que universalmente instaure um só conteúdo jurídico inexorável – um direito natural eterno, universal e individual aos moldes modernos e kantianos –, mas será o elemento processual de organização da própria vida do povo. O Estado, para Hegel, é uma individualidade, animando o próprio povo. A guerra – abominável ao projeto moderno, e a Kant em particular, que apostava num projeto internacional de paz perpétua – pode representar, para Hegel, um elemento fundamental do Estado, uma das formas pelas quais se reforçam os vínculos políticos do povo e a consciência da justiça, e por meio do qual a economia burguesa reforça sua atividade. O Estado é uma individualidade com seus próprios interesses e necessidades históricas. Assim, no parágrafo 337 da *Filosofia do direito*, dirá Hegel:

> O bem substancial de um Estado é o seu bem como Estado particular, com seus interesses e sua situação definida, e, também, com as outras circunstâncias particulares que estão ligadas às relações contratuais. Por isso, o comportamento do Governo é um comportamento particular e não o da Providência Geral (§ 324, nota). A finalidade das relações de cada Estado com os outros, bem como o princípio da justiça das guerras e dos tratados, não é, portanto, um pensamento universal (filantrópico), mas a realidade do bem-estar ameaçado em sua definida particularidade.
>
> Nota – Em certo tempo, falou-se muito da oposição entre a moral e a política, e da exigência de a primeira dirigir a segunda. Apenas devemos mostrar que o bem do Estado tem uma legitimidade muito diferente da do bem dos indivíduos e da substância moral, que o Estado adquire imediatamente a sua existência, quer dizer, o seu direito em algo de concreto e não de abstrato. É esta existência concreta, e não as numerosas ideias gerais consideradas como mandamentos morais subjetivos, que o Estado pode erigir em princípio da sua conduta. A crença na chamada injustiça inerente à política, na chamada oposição entre a política e a moral, está fundada em falsas concepções da moralidade subjetiva, da natureza do Estado e da sua situação do ponto de vista moral subjetivo.[45]

A nota do parágrafo 337 demonstra o quanto Hegel superou as visões jusnaturalistas modernas. No pensamento jurídico medieval e no pensamento jurídico moderno, há duas manifestações de oposição entre a moral e a política. Nos medievais, a vontade divina é uma moral que se põe acima da política humana. Nos modernos burgueses, a

---

[44] HEGEL, *Princípios da filosofia do direito*, op. cit., p. 219.
[45] Ibid., p. 305.

razão é maior que o direito posto do Estado absolutista. Para ambas as visões, a política é dirigida pela moral. Mas Hegel insiste numa legitimidade do Estado que está acima dos preceitos morais ou racionais individuais. No pensamento de Hegel, o Estado e o seu direito positivo suplantam os direitos naturais.

No processo de abandono dos direitos naturais modernos burgueses em troca do direito positivo estatal, o hegelianismo, após Hegel, derivou para posições as mais antípodas, todas elas reclamando uma legítima interpretação do pensamento hegeliano. Daí a diferença entre hegelianos de esquerda e hegelianos de direita. Destes últimos, os hegelianos de direita, deriva grande parte da justificação filosófica dos autoritarismos e totalitarismos dos séculos XIX e XX. O nazismo e o fascismo foram seus mais extremados exemplos, embora tenham sido combatidos pela crítica do marxismo e, especificamente, de Herbert Marcuse, em *Razão e revolução*.[46] De um certo uso de Hegel, que chegou mesmo a confundir Estado com Religião – haja vista que Hegel afirma que o Estado é a vontade divina, e não dos indivíduos –, foram extraídas perversas repercussões filosóficas pela política conservadora e reacionária. E, tendo Hegel feito de sua última grande obra desse conjunto de pensamentos uma *Filosofia do direito*, não menos repercussão haveria de ter para o pensamento jurídico.

HEGEL E A ESCOLA HISTÓRICA

Há uma aparente correspondência entre Hegel e o movimento que, na Alemanha do século XIX, levou o nome de *Escola Histórica*. As duas perspectivas estão praticamente no mesmo tempo histórico, tendo, também, um opositor comum, o jusnaturalismo universalista e individualista que poderia bem se resumir exemplarmente na filosofia de Kant. No entanto, há, ao lado de alguma igualdade no que diz respeito aos grandes opositores, diferenças substanciais entre Hegel e a Escola Histórica.

Carl von Savigny e Gustav Hugo, membros mais destacados desse movimento dos juristas alemães no início do século XIX, assumem a crítica ao jusnaturalismo a partir de uma trincheira que pouco apenas poderia lembrar uma crítica hegeliana. Tal qual Hegel,

---

[46] "Enquanto que a herança de Hegel e a dialética eram defendidas somente pela ala radical dos marxistas, no polo oposto do pensamento político ocorria um renascimento do hegelianismo, que nos traz ao limiar do Fascismo. [...] A volta à concepção de Hegel era uma manobra ideológica contra a fraqueza do liberalismo italiano. [...] A filosofia política de Hegel fundara-se na suposição de que a sociedade civil poderia ser mantida em funcionamento sem renunciar aos direitos e liberdades essenciais do indivíduo. A teoria política de Hegel idealizara o estado da Restauração, mas Hegel considerara que este estado dava corpo às conquistas duradouras da era moderna, isto é, à Reforma Alemã, à Revolução Francesa e à cultura idealista. O estado totalitário, ao contrário, marca a etapa histórica em que estas mesmas conquistas se tornam perigosas para a conservação da sociedade civil. [...] A filosofia do estado de Hegel sustenta as ideias progressistas do liberalismo a ponto de torná--las incompatíveis com o estado totalitário da sociedade civil. O estado como razão – isto é, o estado como um todo racional, governado por leis universalmente válidas, calculado e consciente no seu funcionamento, professando proteger o interesse essencial de cada indivíduo sem discriminação – esta forma de estado é precisamente o que o Nacional-Socialismo não pode tolerar." MARCUSE, *Razão e revolução*, op. cit., p. 363 ss.

insistem tais juristas que o direito não é expressão da racionalidade individual, atemporal e universal. Mas, ao contrário de Hegel, situam o direito como expressão do *espírito do povo* (*Volksgeist*). No povo, e não no Estado, está o alicerce do fenômeno jurídico para a Escola Histórica. Com isso, ao invés de basear-se numa forma de objetividade superior, normativa, tais pensadores situam o direito no nível dos costumes, da cultura jurídica, das experiências jurídicas arraigadas na história. Mais que as leis, um certo espírito jurídico de cada povo. Assim, Karl Larenz:

> Savigny passou a considerar como fonte originária do Direito não já a lei, mas a comum convicção jurídica do povo, o "espírito do povo" – o que aconteceu, pela primeira vez, no seu escrito *Von Beruf unserer Zeit*. A única forma em que uma tal convicção logra constituir-se não é, manifestamente, a de uma dedução lógica, mas a de um sentimento e intuição imediatos. Ora, na sua origem, esse sentimento e essa intuição não podem estar referidos a uma *norma* ou *regra* – concebível apenas como produto de um pensamento racional, por ser já geral e abstrato; eles só podem ter por objeto as concretas e ao mesmo tempo típicas *formas de conduta* que, justamente pela consciência da sua "necessidade intrínseca", são observadas pelo conjunto dos cidadãos, ou seja, as próprias *relações da vida* reconhecidas como típicas do ponto de vista do Direito.[47]

Por isso, os teóricos da Escola Histórica hão de situar na sociedade civil a razão do direito e sua manifestação originária. No entanto, não se considera, aqui, a sociedade civil ao molde dos jusnaturalistas, que nela viam o resultado das vontades individuais acordadas em contrato social, e sim um dado empírico, a partir do qual, por um método histórico de investigação, haver-se-ia de descobrir seus caracteres. Pode-se dizer, com alguma generalização, que a Escola Histórica é para o direito o que o Romantismo foi, no mesmo período, para as artes e a literatura – sendo, por exemplo, um movimento de nacionalismo (espírito do *povo*) e uma insurgência contra o universalismo iluminista. A reação que se verificou na Prússia nas décadas finais da vida de Hegel, abandonando-se o primado de uma monarquia constitucional em favor do retorno ao Absolutismo, encontrou na Escola Histórica uma visão jusfilosófica amplamente favorável. Tanto assim que as ideias de Hegel, por sua vez, chocavam a reação absolutista da primeira metade do século XIX pelo seu caráter ainda bastante liberal. Diz Franz Rosenzweig:

> A polêmica impiedosa empreendida por Hegel contra as ideias fundamentais da escola histórica do direito, e especialmente contra a posição de Savigny em relação ao direito civil prussiano e à legislação em geral, não poderia ter senão exasperado o ditador da faculdade de direito. O fato de que Hegel, nesta polêmica, utilizou-se do curioso meio de confundir as fronteiras entre romantismo liberal e o romantismo conservador, insistindo em seu comum *Schibboleth* do "ódio contra a lei", não poderia senão provocar em reação a ele igual hostilidade de ambos os lados.[48]

---

[47] LARENZ, Karl. *Metodologia da ciência do direito*. Lisboa, Calouste Gulbenkian, 1997, p. 13.
[48] ROSENZWEIG, Franz. *Hegel e o Estado*. São Paulo, Perspectiva, 2008, p. 551.

A posição peculiar de Hegel perante o reacionarismo e a revolução burguesa revela, ao seu modo, uma contraposição ao Iluminismo jurídico, mas sem abominar os conteúdos jurídicos iluministas – conteúdos que o Estado burguês pós-revolução havia positivado tais quais. Por isso, Hegel mantém reserva quanto à identidade das razões do direito com a sociedade (povo). Insiste, na sua *Filosofia do direito*, na superioridade do direito positivo estatal, de tal modo que os métodos de investigação da Escola Histórica, como a história e o costume, que estão além do limite do positivismo, hão de ser descartados pela filosofia do direito hegeliana. Nesse sentido, trata Joaquim Carlos Salgado:

> O "espírito do povo" nada tem de comum com o espírito na concepção de Hegel. Para a Escola Histórica, o espírito do povo "serve para afirmar a prioridade da sociedade sobre o Estado", enquanto que, para Hegel, esse conceito "serve para dar um conteúdo racional ao Estado". Na concepção historicista irracional, o "espírito do povo" é tão só um sentimento, fora, portanto, do plano da razão. Para Hegel, o Espírito é a própria razão na história. [...]
>
> Na *Filosofia do direito* consolida o seu pensar, afirmando contra Savigny a superioridade da codificação do direito, forma sistemática, portanto racional, e da sua publicação, que torna possível o acesso e a compreensão do direito por quantos têm de vivê-lo, pois o direito refere-se à liberdade, "o que há de mais digno e sagrado no homem".[49]

O modelo jurídico hegeliano, criticando o individualismo iluminista, ainda ao seu modo é moderno, na medida em que o Estado, como espaço público, é o espaço da razão. De alguma medida, como Rousseau também o fora, Hegel é iluminista e um pouco mais além. Mas a Escola Histórica, que não é iluminista, assentando-se sobre a noção de povo, revela seu caráter regressivo, pré-moderno, sendo, pois, um pouco mais aquém do Iluminismo. Hegel se afasta da universalidade individualista dos modernos, mas é portador de uma hiper-universalidade localizada, garantida pelo Estado. A Escola Histórica, por sua vez, é antiuniversal. Hegel e a Escola Histórica, pois, até compartilham os mesmos inimigos, mas não assumem as mesmas afirmações na construção do modelo de pensamento jurídico que vai se consolidando no início do século XIX.

---

[49] SALGADO, *A ideia de justiça em Hegel*, op. cit., p. 346-347.

11
A FILOSOFIA DO DIREITO DE MARX

Nenhum pensamento repercutiu tanto na realidade social contemporânea como o de Karl Marx. Historicamente, em torno do marxismo agruparam-se grandes correntes revolucionárias e críticas das classes operárias e exploradas, criando também radicais antipatias das classes burguesas e poderosas na mesma proporção da simpatia angariada. Tão intensa foi a história das lutas marxistas que hoje, certamente, torna-se difícil penetrar no pensamento do próprio Marx sem se ter já visto anteriormente referências como socialismo real, leninismo, stalinismo, marxismo ocidental etc. No entanto, o Marx filósofo, cuja repercussão para a filosofia do direito é das maiores de toda a história, começa não pelo movimento marxista e proletário nem pelos pensadores marxistas, mas por meio de seus próprios textos e de suas ideias.

Marx nasceu em Treves, Alemanha, em 1818. De família judia, pai jurista, Marx cursou a Faculdade de Direito em Berlim. Sua formação, logo em seguida, encaminhou-se aos estudos de história e filosofia, tornando-se doutor em filosofia. Seu doutorado em filosofia foi uma comparação sobre o atomismo em Demócrito e Epicuro. No contexto alemão de seu tempo, Marx, na Faculdade de Direito, estudou com os juristas do movimento da Escola Histórica. E, desde muito cedo, Marx tomou contato com o ambiente no qual despontava a filosofia de Hegel, que, poucos anos depois de sua morte, houvera se convertido numa espécie de filosofia oficial alemã. No entanto, Hegel, na Alemanha de então, era também objeto das mais variadas polêmicas. O Estado como momento superior da história era tomado como legitimação da Prússia. De Hegel já se delineava uma "direita", idealista e mesmo religiosa e, num sentido contrário, despontavam pensadores como Feuerbach, principalmente após a publicação de sua *A essência do cristianismo*; em torno de Feuerbach, reuniu-se a "esquerda" hegeliana.

Marx, logo a partir da década de 1840, passou a tomar contato mais de perto com o movimento operário alemão e francês. Suas constantes publicações em jornais e periódicos e a participação em reuniões do operariado e na fundação de entidades dos trabalhadores começaram a destacá-lo. Após perseguições políticas devido a seus escritos e sua participação política, tanto na Alemanha como depois em Paris e em Bruxelas, fixou-se em Londres. Antes disso, já havia conhecido o pensador Friedrich Engels – seu companheiro intelectual e auxiliador material até sua morte –, que logo de início, junto de Marx, numa espécie de balanço do panorama e da trajetória intelectual recíproca, escreveu *A ideologia alemã*, num grande afastamento em relação a Feuerbach e numa violenta oposição ao idealismo típico da filosofia alemã. Em Paris, antes do exílio de Marx em Londres, escreveram também, para a Liga dos Comunistas, o célebre *Manifesto do Partido Comunista*, em 1848, que se concentrava na ideia da apreensão coletiva dos meios de produção. Escreveu Marx, tendo em vista as agitações desse ano de 1848, *O 18 brumário de Luís Bonaparte*, uma das suas poucas obras a tratar especificamente do problema da política e do Estado, já em Londres. Após muitos anos de intensos estudos e grande disciplina, escreveu *Para a crítica da economia política*, e, depois, sua obra fundamental, *O capital*, obra incompleta da qual publicou o primeiro livro, e Friedrich Engels, tendo por base suas anotações, fez publicar outros dois livros, deixando ainda em falta uma quarta parte prevista. Foi a obra última e máxima de Marx, que a maior parte dos estudiosos considera o momento superior de todo o seu pensamento.

Boa parte da produção de Marx se deu em parceria com Engels, que também foi participante ativo do movimento do operariado internacional. Num notável companheirismo intelectual e político, poucas vezes visto na história da filosofia, a atuação conjunta de Marx e Engels datava já da década de 1840, e, com a morte de Marx, em 1883, Engels responsabilizou-se pela edição do texto restante de *O capital*. Engels morreu em 1895.

AS OBRAS INICIAIS

A trajetória do pensamento de Marx começa conectado e em debate com a tradição filosófica do chamado hegelianismo de esquerda. Feuerbach era o maior expoente dessa linhagem de pensamento. Ao tempo das primeiras obras de juventude, como os *Manuscritos econômico-filosóficos*, escritos em 1844, Marx reconhece a importância de Feuerbach, que repõe o problema da filosofia no próprio homem, em sua totalidade humana.[1] Essa antropologia é o primeiro passo da perspectiva filosófica de Marx, mas não num sentido igual ao de Feuerbach. Ao invés de tomar o homem como um conceito antropológico, já o toma a partir de sua vida social concreta.[2]

---

[1] "*Feuerbach* é o único que tem para com a dialética hegeliana um comportamento *sério, crítico*, e [o único] que fez verdadeiras descobertas nesse domínio, [ele é] em geral o verdadeiro triunfador (*Überwinder*) da velha filosofia." Marx, Karl. *Manuscritos econômico-filosóficos*. São Paulo, Boitempo, 2004, p. 117.

[2] "Na nova e definitiva concepção marxiana, a oposição sujeito-objeto, eu-mundo, não se resolve mais, como em Feuerbach, na unidade ambígua do indivíduo, mas passa, para resolver-se, por uma mediação social objetiva. [...] O novo homem social concreto de Marx não é, pois, como o homem genérico de Feuerbach, apenas a manifestação, o reconhecimento de uma essência natural prévia inscrita nele: dá-se, nesse mergulho, na passagem mediadora de sua autotransformação, uma alteração dele, que de seu ponto de vista, estritamente pessoal, é aleatória, surpreendente, pois não se encontrava em suas potencialidades individuais originais. Tanto o sujeito como o objeto, reunidos no universal concreto resultante, mudam suas qualidades por causa da passagem por esse terceiro termo ativo, por essa 'tarefa vital' (social, dirá depois Marx)." Sampaio, Benedito Arthur; Frederico, Celso. *Dialética e materialismo*: Marx entre Hegel e Feuerbach. Rio de Janeiro, Ed. UFRJ, 2006, p. 79.

No contexto de sua juventude, Marx, quando ao tempo de estudante de direito e logo nessa sequência, desenvolve um pensamento já bastante crítico, mas, ainda em certa medida, devedor das próprias filosofias daquele período. Em textos na *Gazeta Renana*, ainda nos anos de 1841 e 1842, Marx aponta para as insuficiências do Estado prussiano, na medida em que lhe faltavam democracia e garantias humanas mínimas.

No início de sua produção intelectual, Marx tem por horizonte a filosofia hegeliana, a qual recepciona mas ao mesmo tempo critica. As primeiras obras e intervenções de Marx encontram-se confrontadas com Hegel; mas, desde uma certa etapa da sua juventude, tal visão é superada. Hegel passa a ser pensado a partir da crítica a seus próprios fundamentos filosóficos. Daí, pode-se tratar os textos iniciais de Marx de maneira distinta daquele vasto corpo principal de sua obra. Costuma-se falar, na primeira etapa, de um *jovem Marx* e, depois, de um Marx plenamente *marxista*, porque nessa fase segunda, e mais importante, as categorias mais relevantes de seu pensamento estariam já estabelecidas.

Exerce especial relevo, nesse contexto inicial, de balanço do pensamento hegeliano empreendido pelo próprio Marx, o seu livro *Crítica da filosofia do direito de Hegel*. Nessa obra, escrita em 1843, Marx passa a limpo os trechos mais decisivos do livro que é o mais importante de Hegel para as questões políticas e jurídicas, denunciando o seu idealismo e sua ligação aos interesses burgueses. Em 1844, Marx escreve um famoso texto introdutório a esse seu livro, *Crítica da filosofia do direito de Hegel – introdução*, uma de suas obras mais poéticas. Sua reflexão já se encaminha para a descoberta de um núcleo teórico fundamental, a *classe*. Superando o individualismo presente no kantismo e a sagração do Estado por parte do hegelianismo, Marx já aponta para um eixo ainda mais profundo da lógica social, que será depois desenvolvido em suas obras. A filosofia se pensa na radicalidade da vida social. O Estado não é o universal; as classes manifestam uma verdade social ainda maior.

> É certo que a arma da crítica não pode substituir a crítica das armas, que o poder material tem de ser derrubado pelo poder material, mas a teoria converte-se em força material quando penetra nas massas. A teoria é capaz de se apossar das massas ao demonstrar-se *ad hominem*, e demonstra-se *ad hominem* logo que se torna radical. Ser radical é agarrar as coisas pela raiz. Mas, para o homem, a raiz é o próprio homem. [...] Mas, na Alemanha, todas as classes carecem da lógica, do rigor, da coragem e da intransigência que delas fariam o representante negativo da sociedade. Mais: falta ainda em todos os estamentos a grandeza de alma que, por um momento apenas, os identificaria com a alma popular, a genialidade que instiga a força material ao poder político, a audácia revolucionária que arremessa ao adversário a frase provocadora: *Nada sou e serei tudo.* [...]
> Onde existe então, na Alemanha, a possibilidade positiva de emancipação?
> *Eis a nossa resposta*: Na formação de uma classe que tenha *cadeias radicais*, de uma classe na sociedade civil que não seja uma classe da sociedade civil, de um estamento que seja a dissolução de todos os estamentos, de uma esfera que possua caráter universal porque os seus sofrimentos são universais e que não exige uma *reparação particular* porque o mal que lhe é feito não é um *mal particular*, mas o *mal em geral*, que já não possa exigir um título *histórico*, mas apenas o título humano; de uma esfera que não se oponha a consequências particulares, mas que se oponha totalmente aos pressupostos

do sistema político alemão; por fim, de uma esfera que não pode emancipar-se a si mesma nem se emancipar de todas as outras esferas da sociedade sem emancipá-las a todas – o que é, em suma, a *perda total* da humanidade, portanto, só pode redimir-se a si mesma por uma *redenção total* do homem. A dissolução da sociedade, como classe particular, é o *proletariado*.[3]

Em obras desse período, como os *Manuscritos econômico-filosóficos*, Marx começa a gestar os conceitos fundamentais para o entendimento da realidade social capitalista. Mas a ruptura de Marx com Hegel e o idealismo alemão se faz, de modo definitivo, na sua obra *A ideologia alemã*, escrita em parceria com Engels, de 1846. Nessa obra, Marx e Engels enfatizarão, plenamente, o caráter material do processo histórico.

A FILOSOFIA DA PRÁXIS

De pronto, ao se desgarrar de uma tradição puramente conceitual, essencialmente cognitiva, idealista – como foi própria de Kant e de toda a tradição alemã, Hegel inclusive –, Marx passa, ainda em sua obra de juventude, a uma instância filosófica diversa, a humana, antes de chegar, na sua obra de maturidade, às categorias fundamentais do capitalismo. Saindo da primeira fase de seu pensamento de juventude, Marx, ao invés de lutar por ou contra ideias abstratas, tem em tela agora o ser humano concreto.[4] Com base nesse movimento, pode-se dizer que, nas primeiras fases de sua produção intelectual, o percurso de Marx é o de afastamento do idealismo, que foi típico da filosofia alemã até então, passando a trilhar os caminhos de uma filosofia concreta, da práxis, orientada para a transformação.

Ideia e revolução

A superação do velho idealismo da filosofia era um caminho que já havia sido trilhado por Feuerbach. No entanto, Marx não persiste no mesmo patamar filosófico feuerbachiano. Interessava não o homem tomado apenas em sua materialidade física ou antropológica, mas o aspecto *prático* do homem, tomado em sua sociabilidade. Para Marx, as relações sociais humanas não são dados de uma apreensão meramente empírica ou da conta da "natureza" humana, como era o caso dos materialismos até então, mas são, sim, relações verificadas na *história*, processualmente. Marx e Engels assim se distanciam de Feuerbach na *Ideologia alemã*:

---

[3] MARX, Karl. *Crítica da filosofia do direito de Hegel*. São Paulo, Boitempo, 2005, p. 151-156.

[4] "Nos limites duma crítica do Estado e da ideologia (representada sobretudo pela sua forma religiosa), crítica em que ele recorre à problemática da filosofia antropológica de Feuerbach, apresenta nestes textos o *proletariado* como a força histórica destinada, pelo próprio fato da sua alienação absoluta, a derrubar as relações sociais existentes; o proletariado realizará assim a emancipação *humana*, realmente universal, em oposição à emancipação fictícia, simplesmente jurídica, realizada pela burguesia. Mas, para isso, é-lhe necessário aliar-se à *filosofia*, de maneira a tornar-se consciente da universalidade que traz em si. Há pois nesta época, que precede imediatamente os 'começos' do marxismo propriamente dito, um *avanço* relativo, mas decisivo, das posições políticas de Marx sobre as suas posições teóricas". BALIBAR, Étienne. *Cinco estudos do materialismo histórico*. Vol. I. Lisboa, Presença, 1975, p. 26.

É certo que Feuerbach tem em relação aos materialistas "puros" a grande vantagem de que ele compreende que o homem é também "objeto sensível"; mas, fora o fato de que ele apreende o homem apenas como "objeto sensível" e não como "atividade sensível" – pois se detém ainda no plano da teoria –, e não concebe os homens em sua conexão social dada, em suas condições de vida existentes, que fizeram deles o que eles são, ele não chega nunca até os homens ativos, realmente existentes, mas permanece na abstração "o homem" e não vai além de reconhecer no plano sentimental o "homem real, individual, corporal", isto é, não conhece quaisquer outras "relações humanas" "do homem com o homem" que não sejam as do amor e da amizade, e ainda assim idealizadas. Não nos dá nenhuma crítica das condições de vida atuais. Não consegue nunca, portanto, conceber o mundo sensível como a *atividade* sensível, viva e conjunta dos indivíduos que o constituem.[5]

A compreensão do homem por meio *relacional*, processual, histórico estava também de certa forma na sustentação metodológica de todo o edifício da filosofia hegeliana. É de se dizer, no entanto, que, enquanto o Hegel da moda alemã era aquele que propugnava o Estado como momento superior da história, Marx ligou-se ao hegelianismo muito mais por meio de seu método, sua lógica, que propriamente por suas conclusões. Essa processualidade importava muito mais a Marx do que o idealismo hegeliano que chegava ao louvor do Estado. E, como insistira na crítica a Feuerbach, a processualidade humana é relacional, com base na *atividade* humana.

A ruptura de Marx, nesse sentido, é dupla: tanto com o idealismo tradicional quanto com o materialismo apenas contemplativo. Tal ruptura consiste numa das maiores especificidades do pensamento marxista. Em 1845, Marx redige as famosas *Teses sobre Feuerbach*, apontando, de modo sumário, sua diferença para com a filosofia feuerbachiana e seu projeto teórico futuro. Nas *Teses*, estão expostas as conhecidas expressões da superação do passado filosófico e do projeto futuro de Marx:

> 1 – O principal defeito de todo materialismo existente até agora (o de Feuerbach incluído) é que o objeto [*Gegenstand*], a realidade, o sensível, só é apreendido sob a forma do *objeto* [*Objekt*] ou da *contemplação*, mas não como *atividade humana sensível*, como *prática*; não subjetivamente. Daí o lado *ativo*, em oposição ao materialismo, [ter sido] abstratamente desenvolvido pelo idealismo – que, naturalmente, não conhece a atividade real, sensível, como tal. Feuerbach quer objetos sensíveis [*sinnliche Objekte*], efetivamente diferenciados dos objetos do pensamento: mas ele não apreende a própria atividade humana como atividade objetiva [*gegenständliche Tätigkeit*]. Razão pela qual ele enxerga, n'*A essência do cristianismo*, apenas o comportamento teórico como o autenticamente humano, enquanto a prática é apreendida e fixada apenas em sua forma de manifestação judaica, suja. Ele não entende, por isso, o significado da atividade "revolucionária", "prático-crítica".
>
> 2 – A questão de saber se ao pensamento humano cabe alguma verdade objetiva [*gegenständliche Warheit*] não é uma questão da teoria, mas uma questão *prática*. É na prática que o homem tem de provar a verdade, isto é, a realidade e o poder, a natureza

---

[5] MARX, Karl; ENGELS, Friedrich. *A ideologia alemã*. São Paulo, Boitempo, 2007, p. 32.

citerior [*Diesseitigkeit*] de seu pensamento. A disputa acerca da realidade ou não realidade do pensamento – que é isolado da prática – é uma questão puramente *escolástica*.

[...]

8 – Toda vida social é essencialmente *prática*. Todos os mistérios que conduzem a teoria ao misticismo encontram sua solução racional na prática humana e na compreensão dessa prática.

[...]

10 – O ponto de vista do velho materialismo é a sociedade burguesa; o ponto de vista do novo é a sociedade humana, ou a humanidade socializada.

11 – Os filósofos apenas *interpretaram* o mundo de diferentes maneiras; o que importa é *transformá-lo*.[6]

Nas *Teses*, o pensamento marxista se desloca totalmente da tradição filosófica até então estabelecida. Não mais um conhecimento especulativo, meramente contemplativo.[7] Trata-se, pois, de um pensamento para a transformação. É assim que Marx fundará sua filosofia sobre uma práxis, cujo ponto de vista é de uma práxis revolucionária. Na Tese III, dirá: "A coincidência da modificação das circunstâncias com a atividade humana ou alteração de si próprio só pode ser apreendida e compreendida racionalmente como *práxis revolucionária*".

Michel Löwy aponta para o vínculo intrínseco entre a teoria e a prática revolucionária em Marx:

> A teoria da revolução comunista é evidentemente o momento em que o caráter crítico-prático da obra de Marx aparece mais claramente. No interior dessa estrutura particular, todo elemento teórico pode ter, ao mesmo tempo, uma dimensão prática, cada parágrafo pode se tornar um instrumento de tomada de consciência e de organização da ação revolucionária. Por outro lado, a ação prescrita por essa teoria – e praticada por Marx enquanto dirigente comunista – não é voluntarista como a dos socialistas utópicos ou dos blanquistas; é uma política *realista* no sentido lato do termo, ou seja, fundada sobre a estrutura, as contradições e o movimento do próprio real; e por que é realista, supõe uma *ciência* rigorosa, ciência que estabelece, em cada momento histórico, as condições da ação revolucionária. A síntese entre o pensamento e a "práxis subversiva", que existe como tendência em toda a obra de Marx, atinge sua figura concreta na teoria e na prática do "comunismo de massas": a revolução torna-se "científica" e a ciência, "revolucionária".[8]

---

[6] Ibid., p. 533 ss.

[7] "A crítica não é suficiente para definir a revolução. Não é bastante afirmar-se como antidogmática (Kant) ou como antiespeculativa (Feuerbach), ainda é preciso que ela se exerça 'no tumulto das circunstâncias'. [...] A crítica só tem sentido prático e só possui eficácia ao se traduzir em atividade prática. Então ela é necessariamente *revolucionária*, no sentido mais rigoroso, destruidora." LABICA, Georges. As "teses sobre Feuerbach" de Karl Marx. Rio de Janeiro, Zahar, 1990, p. 50-51.

[8] LÖWY, Michael. *A teoria da revolução no jovem Marx*. Petrópolis, Vozes, 2002, p. 41.

Marx atrela a filosofia, necessariamente, a uma postura revolucionária. Essa proposta se choca frontalmente com a tradição filosófica de seu tempo, em especial a alemã. O subjetivismo, próprio do pensamento moderno, estará definitivamente sepultado pela crítica marxista. Não se trata mais de conhecer o mundo com base no homem em si, ou em sua essência, ou em sua natureza, ou em seus atributos fundamentais. Na verdade, o homem somente o é enquanto se perfaz nas próprias *relações sociais*, de trabalho. Assim, Marx e Engels exprimem na *Ideologia alemã*:

> Pode-se distinguir os homens dos animais pela consciência, pela religião ou pelo que se queira. Mas eles mesmos começam a se distinguir dos animais tão logo começam a *produzir* seus meios de vida, passo que é condicionado por sua organização corporal. Ao produzir seus meios de vida, os homens produzem, indiretamente, sua própria vida material.
>
> O modo pelo qual os homens produzem seus meios de vida depende, antes de tudo, da própria constituição dos meios de vida já encontrados e que eles têm de reproduzir. Esse modo de produção não deve ser considerado meramente sob o aspecto de ser a reprodução da existência física dos indivíduos. Ele é, muito mais, uma determinada forma de sua atividade, uma forma determinada de exteriorizar sua vida, um determinado *modo de vida* desses indivíduos. Tal como os indivíduos exteriorizam sua vida, assim são eles. O que eles são coincide, pois, com sua produção, tanto com *o que* produzem como também com *o modo como* produzem. O que os indivíduos são, portanto, depende das condições materiais de sua produção.[9]

Rompendo, pois, com as tradições tanto materialistas quanto idealistas, que buscavam ou uma natureza e necessidades humanas ou essências abstratas, Marx inscreverá o homem em seu trabalho, em sua relação objetiva com a natureza, na *produção* de sua vida material. Consegue, pois, definitivamente, ultrapassar a barreira filosófica da tradição moderna que limitava o homem a sua individualidade, a sua subjetividade. A compreensão humana é a partir da práxis, é a partir da atividade prática humana, da produção, do trabalho.

Filosofia e práxis

Essa noção de práxis assume, na perspectiva filosófica de Marx, um significado específico. Ela remonta ao mundo grego, à divisão das atividades humanas, fundamentalmente três: *práxis, poiésis* e *theoria*. Tais noções, desenvolvidas principalmente por Aristóteles, em certo sentido influenciam o vocabulário que chega a Marx. Embora o campo da filosofia, no mundo medieval e principalmente no moderno, tenha sido o da *theoria*, vale dizer, a reflexão teórica, e embora a atividade burguesa, capitalista, produtiva, industrial baseie-se na *poiésis*, na produção material bruta, Marx assenta a preocupação fundamental de sua teoria na instância renegada pela especulação filosófica e pela atividade burguesa, a *práxis*. Esta não é a mera atividade, caso da *poiésis*, mas é muito mais que isso, uma atividade da vontade humana, portanto da liberdade, relacional, daí se espraiando para tudo o que envolva o trabalho, a política e a sociedade. Baseando-se

---

[9] MARX; ENGELS, *A ideologia alemã*, op. cit., p. 87.

nessa instância da práxis como fundamento da história humana e de sua compreensão, Marx fará dela o motor também da própria transformação. Por isso, a filosofia da *práxis* não é mera contemplação – como seria o caso da *theoria* –, tampouco é instrumental – como seria o caso da *poiésis*; é necessariamente transformadora. Assim, Leandro Konder:

> A práxis é a atividade concreta pela qual os sujeitos humanos se afirmam no mundo, modificando a realidade objetiva e, para poderem alterá-la, transformando-se a si mesmos. É a ação que, para se aprofundar de maneira mais consequente, precisa da reflexão, do autoquestionamento, da teoria; é a teoria que remete à ação, que enfrenta o desafio de verificar seus acertos e desacertos, cotejando-os com a prática.[10]

O homem, na perspectiva filosófica marxista, ao ser tomado fundamentalmente pela práxis, não o é tomado em sua individualidade isolada, mas em sua *sociabilidade*. Até mesmo o que se possa considerar insular na individualidade reveste-se de caráter social. O próprio pensamento e a linguagem têm conteúdo social. Daí a práxis, como transformação, deitar raízes no plano social.[11]

O simbolismo do termo práxis para a filosofia marxista é tamanho que Antonio Gramsci, por exemplo, impedido na prisão de escrever sobre Marx, referia-se ao seu pensamento como "filosofia da práxis".

Materialismo histórico

Diferenciando-se profundamente da tradição hegeliana, para a qual o motor da história era racional, toda a insistência de Marx vai no sentido contrário, ou seja, o da afirmação do caráter social, concreto, ativo, produtivo da existência. Nas condições materiais de vida, e não na consciência ou na evolução geral do espírito humano, reside o fundamento de sua concepção.

Marx, partindo da realidade social concreta, da atividade humana em seu nível produtivo, postula, filosoficamente, uma perspectiva totalmente distinta da tradicional visão moderna, que estava dividida na dicotomia filosófica entre racionalismo e empirismo. Mas, não sendo um idealista, tampouco é um empirista. A própria empiria, em Marx, não diz respeito a uma apreensão da matéria, no sentido físico, mas sim ultrapassa essa barreira em direção à historicidade do homem.

O termo *materialismo*, utilizado por Marx e pelos marxistas, pode dar margem a pensar que se trata de uma visão que leva em conta apenas os átomos, moléculas, as questões físicas, biológicas ou naturais. Não é disso que se trata o materialismo histórico de Marx. Justamente para se diferenciar dos pensadores burgueses modernos empiristas, para os

---

[10] KONDER, Leandro. *O futuro da filosofia da práxis*. São Paulo, Paz e Terra, 1992, p. 115.

[11] "Para Marx, era preciso superar duas unilateralidades opostas (a do materialismo e a do idealismo) e pensar simultaneamente a atividade e a corporeidade do sujeito, reconhecendo-lhe todo o poder material de intervir no mundo. Nessa intervenção consistia a práxis, a atividade 'revolucionária', 'subversiva', questionadora e inovadora, ou ainda, numa expressão extremamente sugestiva, 'crítico--prática'." Ibid., p. 115.

quais somente contava a experiência concreta, física, Marx propugna um materialismo histórico, isto é, calcado, fundamentalmente, nas relações sociais. O materialismo dos pensadores burgueses modernos, o empirismo, passa a ser identificado, a partir disso, por *materialismo vulgar*, porque meramente dos sentidos e da materialidade direta. Daí a própria distinção de Marx de seu materialismo em relação aos anteriores: não se trata de mera empiria, mas de um materialismo histórico, que dê conta do homem cientificamente, *em sociedade*, em processo, em relação, em história, pois.[12] O homem apreende-se socialmente, nas relações sociais, históricas, produtivas que o conformam.

Essa historicidade, por sua vez, também se resolve e se compreende socialmente, na práxis humana. Em *A ideologia alemã*, também, Marx e Engels dirão:

> O primeiro ato histórico é, portanto, a produção dos meios para a satisfação dessas necessidades, a produção da própria vida material, e este é, sem dúvida, um ato histórico, uma condição fundamental de toda a história, que ainda hoje, assim como há milhares de anos, tem de ser cumprida diariamente, a cada hora, simplesmente para manter os homens vivos.[13]

Dirão ainda, numa nota do mesmo livro:

> O primeiro ato *histórico* destes indivíduos, pelo qual se distinguem dos animais, é não o fato de pensar, mas o de começar a *produzir seus meios de vida*.[14]

Com o materialismo histórico, Marx inaugura uma nova fase na trajetória da filosofia. Inscrevendo-se na materialidade das relações produtivas, a história tem seu perfazimento não nos indivíduos, nem em suas consciências, mas sim na base econômico--produtiva da sociedade.

A metafísica e o individualismo filosófico cessam com Marx. A construção das ideias, das formas de consciência, da própria religião, das instâncias políticas e jurídicas, tudo isso é fruto, historicamente, das relações concretas dos homens, envolvidos no sistema produtivo. Não se trata, portanto, de uma história da consciência que corra paralelamente à história econômica. A produção concreta da vida social produz certa forma de ideias.

Marx e Engels, numa de suas mais célebres passagens, em *A ideologia alemã*, dão conta dessa mudança de paradigmas causada pelo materialismo histórico:

> Totalmente ao contrário da filosofia alemã, que desce do céu à terra, aqui se eleva da terra ao céu. Quer dizer, não se parte daquilo que os homens dizem, imaginam ou representam, tampouco dos homens pensados, imaginados e representados para, a

---

[12] "O materialismo *antigo* é um materialismo da *intuição/contemplação* que corta a *sensibilidade* da *atividade prática*. Portanto, ele é o de Feuerbach tanto quanto de seus antecessores". LABICA, As *"teses sobre Feuerbach" de Karl Marx*, op. cit., p. 147.

[13] MARX; ENGELS, *A ideologia alemã*, op. cit., p. 33.

[14] Ibid., p. 87.

partir daí, chegar aos homens em carne e osso; parte-se dos homens realmente ativos e, a partir de seu processo de vida real, expõe-se também o desenvolvimento dos reflexos ideológicos e dos ecos desse processo de vida. [...] Não é a consciência que determina a vida, mas a vida que determina a consciência.[15]

Superando o idealismo, na medida em que inverte a filosofia, colocando-a de pés no chão, e superando também o empirismo, na medida em que a verdade não se esgota na matéria no seu sentido físico, Marx desenvolve a grande ferramenta filosófica do materialismo histórico, partindo das relações sociais históricas concretas.

Materialismo dialético

O arcabouço do pensamento marxista baseia-se na práxis e não na mera consciência desconectada do mundo, constatando a especificidade da história do homem, que se resolve na produção, no trabalho, na realidade prática das relações econômicas. Além disso, em Marx, há um *método* de tal evolução histórica. Não se há de entender a história como uma mera sucessão linear de acontecimentos, mas, nem tampouco, como uma espécie de anunciação metafísica do que deveria mesmo ter acontecido e do que acontecerá, como se de algum modo já estivesse previsto ou escrito. Para Marx, a evolução da história dá-se de maneira *dialética*. Não por meio de uma dialética idealista, como a de Hegel, mas por meio de um *materialismo dialético*.

É no posfácio à segunda edição alemã de *O capital* que Marx expõe sua relação com a tradição do pensamento dialético hegeliano:

> Meu método dialético não difere apenas fundamentalmente do método de Hegel, mas é exatamente o seu reverso. Segundo Hegel, o processo do pensamento, que ele converte, inclusive, sob o nome de ideia, em sujeito com vida própria, é o demiurgo do real, e o real a simples forma fenomenal da ideia. Para mim, ao contrário, o ideal não é senão o material transposto e traduzido no cérebro do homem.
>
> Critiquei o aspecto mistificador da dialética hegeliana há cerca de 30 anos, quando ainda se achava em moda. [...] A mistificação sofrida pela dialética nas mãos de Hegel não anula de modo algum o fato de ter sido ele o primeiro a expor, em toda a sua amplitude e com toda consciência, as formas gerais do seu movimento. Em Hegel a dialética anda de cabeça para baixo. É preciso colocá-la sobre os pés para descobrir o núcleo racional encoberto sob a envoltura mística.[16]

Embora Marx reconheça em Hegel a primazia na formulação do movimento dialético, é ele, Marx, o primeiro a compreender tal dialética com base na realidade, na materialidade, na práxis. Pode-se dizer, sem dúvida, que a dialética marxista é diversa da hegeliana no mínimo porque subverte sua estrutura. Enquanto para Hegel a dialética, embora atrelando realidade e razão, é um movimento desta última, para Marx a dialética

---

[15] Ibid., p. 94.

[16] MARX, "Do posfácio à segunda edição alemã do primeiro tomo de O Capital". In: MARX; ENGELS, *Obras escolhidas*, São Paulo, Alfa-Ômega, s/d, v. 2, p. 15.

diz respeito à própria práxis, à realidade social humana, produtiva, que é onde se perfaz a história.[17]

A questão do método dialético em Marx suscitou controvérsias na história posterior do marxismo, em especial no que tange à sua aproximação com a tradição hegeliana. De qualquer modo, a dialética marxista constrói-se de maneira radicalmente inversa da dialética hegeliana: enquanto para Hegel a dialética era o processo histórico de contradição na consciência, de plano ideal, para Marx a dialética será o processo histórico da contradição da realidade, das próprias relações produtivas e práticas do homem.[18]

No século XX, desenvolveu-se um grande debate metodológico a respeito da interpretação da dialética em Marx. Alguns filósofos destacaram uma certa *continuidade* da dialética hegeliana em Marx, na medida em que, ainda que invertendo a dialética e colocando-a de pés no chão, Marx manteve sua estrutura inalterada. Tal leitura foi proposta por Lukács. De lado distinto, outros filósofos destacaram o caráter essencialmente novo e original da dialética de Marx em relação a Hegel. Para estes, entre a dialética de Hegel e a de Marx há uma *ruptura*. Não só inverte-se a dialética, mas também se corta com a lógica da dialética como sendo a sucessiva negação da negação, na medida em que, se assim o fosse, todo novo teria sempre algo do velho. Na leitura de Marx proposta por Althusser – e mesmo, antes disso, por Mao Tse-Tung –, o comunismo será algo novo, distinto plenamente do capitalismo.

Márcio Bilharinho Naves trata do cerne da questão dialética em Marx, inclusive sua diferença em face da dialética hegeliana:

> O método de Marx só pode ser compreendido a partir da negação do capitalismo, ou seja, a dialética, em Marx, é inseparável do comunismo. [...] Se a teoria de Marx [...] não é apenas a compreensão científica do capitalismo, mas também a compreensão dos meios de sua destruição como modo de produção, o método de Marx não poderia ser a dialética especulativa, fundada na categoria da "negação da negação", tal como Hegel a desenvolveu. [...]
> Ora, a dialética marxista, ao contrário dessa dialética teleológica da conservação, da síntese, é uma dialética da destruição. Ela implica a extinção do que é negado e a sua

---

[17] "Dissemos que para Marx, como para Hegel, a verdade está na totalidade negativa. Entretanto, a totalidade na qual a teoria marxista se move é diferente da totalidade da filosofia de Hegel, e esta diferença assinala a diferença decisiva entre as dialéticas de Hegel e Marx. [...] A totalidade que a dialética marxista atinge é a totalidade da sociedade de classes, e a negatividade que está subjacente às contradições desta dialética e que dá forma ao seu conteúdo todo é a negatividade das relações de classe. A totalidade dialética novamente inclui a natureza, mas só na medida em que esta se envolve no processo histórico da reprodução social, e o condiciona." MARCUSE, Herbert. *Razão e revolução*. Rio de Janeiro, Paz e Terra, 1988, p. 286.

[18] Diz Marcuse: "Tocamos aqui nas origens da dialética marxista. Para Marx, como para Hegel, a dialética registra o fato de que a negação inerente à realidade é 'o princípio motor e criador'. Todo fato é mais do que um mero fato; ele é a negação e a restrição de possibilidades reais. O trabalho assalariado é um fato, mas ao mesmo tempo é uma restrição ao trabalho livre que pode satisfazer às necessidades humanas. A propriedade privada é um fato, mas é ao mesmo tempo a negação da apropriação coletiva da natureza pelo homem." Ibid., p. 259.

substituição por algo novo, que não existe no elemento negado e, portanto, não pode ser conservado ou recuperado.[19]

Foi Engels – o parceiro intelectual de Marx – o responsável por, ainda no século XIX, consolidar uma interpretação da dialética marxista que avançava não apenas no campo da sociedade, mas que era haurida da própria natureza, possibilitando então assentar leis dialéticas – o que muitos consideraram generalista ou esquemático.[20] A dialética está representada nos conflitos, como um fluxo contínuo a partir das contradições da própria realidade. As passagens de uma fase a sua negação, e o conflito como ruptura, constituem, no plano da práxis, a própria história. Assim Engels expôs um resumo do método dialético:

> Com esse método partimos sempre da relação primeira e mais simples que existe historicamente, de fato; portanto, aqui, da primeira relação econômica que encontramos. Logo, iniciamos a sua análise. No simples fato de tratar-se de uma **relação** já vai implícito que há dois lados que **se relacionam entre si**. Cada um desses dois lados é estudado separadamente, de onde logo se depreende a sua relação recíproca e a sua interação. Encontramos contradições que exigem uma solução. Mas, como aqui não seguimos um processo abstrato de pensamento que se desenrola apenas na nossa cabeça, mas uma sucessão real de fatos, ocorridos real e efetivamente em alguma época, ou que ainda continuam ocorrendo, essas contradições terão também surgido na prática e nela terão também encontrado, provavelmente, a sua solução. E se estudarmos o caráter desta solução, veremos que esta se verifica criando uma nova relação, cujos dois lados contrapostos precisaremos desenvolver em seguida e, assim, sucessivamente.[21]

Engels, partindo da dialética como práxis, sociabilidade, estendeu-a até mesmo ao campo da *natureza*. Em sua concepção de dialética, Engels ampliou os próprios conceitos dialéticos marxistas: à esfera da humanidade, da sociabilidade, mas também à esfera da própria natureza, como compreensão humana do natural. Sua obra *Dialética da natureza*, aliás, intentou exprimir um sistema para a dialética, partindo de três leis: (a) lei da passagem da quantidade para a qualidade; (b) lei da interpenetração dos contrários; (c) lei da negação da negação. Na primeira lei, trata-se da transformação da quantidade em qualidade. O aumento do calor, por exemplo, em determinado ponto faz com que a água se torne vapor, alterando sua qualidade. Mudanças quantitativas são reformas; mas transformações maiores ocasionam uma revolução, ou seja, dão um salto qualitativo. Na segunda lei, trata-se de compreender a realidade com uma contradição inerente a ela mesma. A negação da negação, por sua vez, é o processo de rompimento da contradição e de surgimento do novo, fazendo história.

---

[19] NAVES, Márcio Bilharinho. *Marx – ciência e revolução*. São Paulo, Quartier Latin, 2008, p. 138 ss.

[20] "Engels definiu a dialética em contraste à metafísica, como 'a ciência das interconexões'. Ele condensa essas formas de interconexão em três leis: a lei da transformação da quantidade em qualidade, a lei da interpenetração dos opostos, e a lei da negação da negação." COGGIOLA, Osvaldo. *Engels: o segundo violino*. São Paulo, Xamã, 1995, p. 99.

[21] ENGELS. "A 'Contribuição à crítica da economia política', de Karl Marx". In: MARX; ENGELS, *Obras escolhidas*, São Paulo, Alfa-Ômega, s/d, v. 1, p. 310.

A alienação

É com base na questão da produção da própria vida material pelos homens que Marx desenvolverá, com muita especificidade, um dos temas que eram ligados à tradição hegeliana mas que, a partir da sua ótica, encontra-se inovado. As relações de produção, em seu quadro geral, estão perpassadas de ponta a ponta por contradições. No passado, a contradição entre senhores e escravos ou entre senhores e servos, e, no presente, a contradição entre o burguês e o trabalhador revelam o fato de que massas de indivíduos não se assentam na produção de suas atividades e de sua vida em seu próprio benefício. O homem, afastado de suas possibilidades plenas, está alienado de si. Assim sendo, tratando-se especificamente do presente, revela-se a *alienação* como uma das mais nítidas condições do homem no sistema capitalista.

Em Hegel, que é o pensador no qual o tema vem pela primeira vez trabalhado filosoficamente, a alienação compreende um problema da subjetividade, de consciência, que não se reconhece a si mesma como tal. Em Marx, pelo contrário, não se trata da alienação como um problema de autoconsciência. O homem se encontra apartado de si próprio pela estrutura das relações de produção capitalistas. Os indivíduos não dominam os meios de produção, não controlam a dinâmica do processo produtivo e vivem em sociedade vendendo sua força de trabalho, valendo, pois, como uma mercadoria. Sérgio Lessa e Ivo Tonet assim se referem à alienação em Marx:

> O capital, portanto, é uma relação social criada pelos homens e que domina toda a sociedade. Esta se torna uma sociedade capitalista, alienada. A submissão do ser humano ao capital é um exemplo típico dos fenômenos que Marx denomina alienação. [...]
>
> São muito numerosas as alienações provocadas pelo capitalismo. A essência de todas elas está na redução dos homens a mera mercadoria (força de trabalho). As necessidades humanas são subordinadas às da acumulação capitalista, o que significa dizer que os homens são tratados como mercadorias, isto é, como coisas, e não como seres humanos. Com isso, a relação entre os homens, na sociedade capitalista, se torna essencialmente desumana. Em vez de levar ao atendimento cada vez mais adequado das necessidades humanas, o desenvolvimento social produz desumanidades sempre maiores.[22]

Explorados nas relações de produção capitalistas, jungidos aos meios de produção, os homens passam a viver subordinados.[23] Suas essências, suas aparentes condições jurídicas e políticas de liberdade e igualdade, e a própria religião, fornecendo liberdades espirituais, escondem o quadro profundo e perverso da condição humana no sistema capitalista: o homem passa a ser não a finalidade última das relações de produção, mas o meio para a produção de bens. No capitalismo, o homem se torna, pois, mercadoria.

---

[22] LESSA, Sérgio; TONET, Ivo. *Introdução à filosofia de Marx*. São Paulo, Expressão Popular, 2008, p. 98 e 103.

[23] "O trabalho separado do seu objeto é, em última análise, 'uma alienação do homem pelo homem'; os indivíduos são isolados uns dos outros e atirados uns contra os outros. Eles estão mais ligados pelas mercadorias que trocam do que por suas pessoas. Ao alienar-se de si mesmo, o homem se afasta dos seus semelhantes." MARCUSE, *Razão e revolução*, op. cit., p. 257.

Na *Crítica da filosofia do direito de Hegel – introdução*, Marx tratará da alienação não só em seu campo de consciência ou de religião, mas no campo da sociabilidade humana:

> A miséria *religiosa* constitui ao mesmo tempo a *expressão* da miséria real e o *protesto* contra a miséria real. A religião é o suspiro da criatura oprimida, o ânimo de um mundo sem coração e a alma de situações sem alma. A religião é o *ópio* do povo. [...] A crítica da religião é, pois, o *germe* da crítica do *vale de lágrimas*, do qual a religião é a *auréola*.
> [...] Consequentemente, a *tarefa da história*, depois que o *outro mundo da verdade* se desvaneceu, é estabelecer a *verdade deste mundo*. A tarefa imediata *da filosofia*, que está a serviço da história, é desmascarar a autoalienação humana nas suas *formas não sagradas*, agora que ela foi desmascarada na sua *forma sagrada*. A crítica do céu transforma-se deste modo em crítica da terra, a *crítica da religião em crítica do direito*, e a *crítica da teologia em crítica da política*.[24]

A alienação, tida como um afastamento do homem de si mesmo, é resultante da própria condição do trabalhador no processo produtivo. Para Marx, tal alienação também se desdobra e se revela no campo dos valores, dos modos de reflexão do pensamento, da cultura e das ideias. Trata-se da questão da *ideologia*. A base material concreta faz levantar uma superestrutura ideológica, que domina o espírito dos indivíduos e da sociedade, e esta instância ideológica não se deixa revelar como tal, ou seja, entendida como manipulada ou diretamente ligada aos interesses das classes exploradoras. Pelo contrário, a ideologia se traveste de valores universais, tidos como bons e eternos, escondendo o seu caráter histórico e suas contradições.

Embora depois espraiada em questões concretas pensadas a partir do nível econômico e político, a alienação, desde as obras de juventude de Marx, é, sempre, não apenas um desvio moral ou ético do homem; é também e principalmente um desgarramento da sua plenitude econômico-produtivo-social.[25]

AS ESTRUTURAS SOCIAIS

Em toda a sua obra, Marx irá proceder a uma compreensão mais bem aclarada das estruturas e dos mecanismos da vida social dos homens, levantando-se, daí, a instância – fundamental para a própria constituição da humanidade como tal e de sua sociabilidade – da *produção*. Os homens não são seres abstratos ou ideais. Sua materialidade

---

[24] MARX, *Crítica da filosofia do direito de Hegel*, op. cit., p. 145.

[25] "A transcendência da alienação não pode, dessa forma, ser medida apenas em termos de produção *per capita*, ou algo semelhante. Como a totalidade do processo envolve diretamente o indivíduo, a 'medida' do sucesso dificilmente poderá ser outra que não o próprio indivíduo humano real. Em função de tal medida, a transcendência da alienação – sua influência decrescente sobre os homens – está na proporção inversa da autorrealização cada vez mais plena do indivíduo social. Como, porém, a autorrealização do indivíduo não pode ser abstraída da sociedade na qual ele vive, essa questão é inseparável da questão das relações concretas entre o indivíduo e a sociedade, ou dos tipos e formas de instituições sociais nas quais o indivíduo pode ser capaz de integrar-se." MÉSZÁROS, István. *A teoria da alienação em Marx*. São Paulo, Boitempo, 2006, p. 231.

se dá justamente pelo fato de que os homens produzem seus meios de subsistência. A produção condiciona as demais relações sociais dos homens.

Em sua trajetória intelectual, Marx aponta para o fato de que na produção assenta-se a forma determinante da própria historicidade humana, tendo em vista que certas instâncias que tradicionalmente eram consideradas fundantes do próprio homem e suas constituintes maiores – como a política ou o direito – estão, na verdade, na dependência direta desses condicionamentos produtivos. Dirá Marx, a esse respeito, nas clássicas frases do prefácio da *Contribuição à crítica da economia política*:

> A minha investigação desembocava no resultado de que tanto as relações jurídicas como as formas de Estado não podem ser compreendidas por si mesmas nem pela chamada evolução geral do espírito humano, mas se baseiam, pelo contrário, nas condições materiais de vida cujo conjunto Hegel resume, seguindo o precedente dos ingleses e franceses do século XVIII, sob o nome de "sociedade civil", e que a anatomia da sociedade civil precisa ser procurada na economia política. Em Bruxelas, para onde me transferi, em virtude de uma ordem de expulsão imposta pelo Sr. Guizot, tive ocasião de prosseguir nos meus estudos de economia política, iniciados em Paris. O resultado geral a que cheguei e que, uma vez obtido, serviu de fio condutor aos meus estudos, pode resumir-se assim: **na produção social da sua vida, os homens contraem determinadas relações necessárias e independentes de sua vontade, relações de produção que correspondem a uma determinada fase do desenvolvimento das suas forças produtivas materiais**. O conjunto dessas relações de produção forma a estrutura econômica da sociedade, a base real sobre a qual se levanta a superestrutura jurídica e política e à qual correspondem determinadas formas de consciência social. O modo de produção da vida material condiciona o processo da vida social, política e espiritual em geral. Não é a consciência do homem que determina o seu ser, mas, pelo contrário, o seu ser social é que determina a sua consciência (*grifo nosso*).[26]

As determinantes últimas dessa compreensão da vida concreta, assim, residem, nas próprias palavras de Marx, nas relações de produção, que correspondem a determinada fase do desenvolvimento das forças produtivas materiais dos homens. Assim, dessa infraestrutura eleva-se uma superestrutura de relações religiosas, jurídicas, morais e políticas que não têm independência, mas antes são condicionadas pelas próprias relações de produção.

No desenvolvimento posterior de sua obra, e, em especial, em *O capital*, Marx trabalha com mais especificidade essa compreensão entre a base material e a superestrutura. Mas, em suas obras de um período intermediário de sua produção intelectual, como a própria *Contribuição à crítica da economia política*, de 1859, para dar ênfase à determinação de toda a vida social pelas relações de produção, Marx permite um entendimento didático desse mesmo todo como se fosse um prédio: os alicerces, que determinam toda a construção, são as relações de produção; os andares e as paredes do edifício são as instâncias variadas da vida social, como a política, o direito, a cultura etc.

---

[26] MARX, "Prefácio à 'Contribuição à crítica da economia política'". In: MARX; ENGELS, *Obras escolhidas*, op. cit., v. 1, p. 301.

Certo está que tal imagem é bastante genérica e, se se presta a fins didáticos, pode, ao mesmo tempo, fazer imaginar que o todo social é um jogo de montar, aleatório, meramente quantitativo, o que não é. Marx aprofunda sua reflexão e aponta para uma lógica específica que dá ensejo ao todo da vida social. O capitalismo, por meio da circulação mercantil, do trabalho, das forças produtivas e das relações de produção, tem uma lógica que domina e constrói esse todo.

Mas, desde logo, é preciso reconhecer, em Marx, o desenvolvimento humano com base na produção, no trabalho, impossibilitando assim, de vez, a perspectiva tradicional e sólida até então da filosofia ocidental, que, passando ao largo do problema do trabalho e da produção, da determinação humana pela práxis, pairava sobre uma genérica "essência" humana ou valores ideais fundamentais.

A LÓGICA DO CAPITAL

Duas noções fundamentais são expostas por Marx em suas obras, dando conta da concreta vida material da sociedade. As *forças produtivas* são os meios utilizados para a constituição das relações sociais concretas ao nível produtivo. O trabalho é uma força produtiva e se pode dizer que, conforme as necessidades da produção avançam, também o trabalhador é instrumentalizado para operar máquinas, novas tecnologias, exigindo-se, pois, pesquisa e raciocínio. Esse conjunto de situações, fatores, somados aos meios concretos de produção – as próprias máquinas, as matérias-primas, o saber que operacionaliza a produção –, constituem as forças produtivas de uma determinada sociedade.

Mas, para além disso, tais forças produtivas, por si só, não constituem a vida social. As máquinas não são construídas magicamente, nem tampouco as matérias-primas são manufaturadas pela própria natureza. É por meio do trabalho dos homens, da sua ação concreta, que o aparato das forças produtivas se põe a funcionar. Por essa razão, é de fundamental importância entender as combinações, arranjos e estruturas que fazem com que os homens trabalhem.

Na história, de muitas maneiras os arranjos do trabalho se deram. Em determinados momentos, classes exploraram outras pela força bruta, obrigando massas ao trabalho mediante coerção física. Tratou-se do escravagismo, um modo de produção específico, que, para constituir uma estrutura tal de uso das forças produtivas, engendrou determinadas relações entre os senhores e os escravos. Tais relações, que dão vida aos meios de produção, são as *relações de produção*.

Tais relações, na sociedade capitalista, são orientadas por capitalistas, que, por possuírem os meios de produção, numa estrutura social na qual multidões não os possuem, podem comprar o trabalho livre de tais multidões. Essa relação entre os capitalistas e os trabalhadores é o núcleo do modo de produção. Por meio de tais relações a vida social se reproduz. Diz Marx em *O capital*:

> Com o próprio funcionamento, o processo capitalista de produção reproduz, portanto, a separação entre a força de trabalho e as condições de trabalho, perpetuando, assim, as condições de exploração do trabalhador. Compele sempre ao trabalhador vender

sua força de trabalho para viver, e capacita sempre o capitalista a comprá-la, para enriquecer-se. Não é mais o acaso que leva o trabalhador e o capitalista a se encontrarem no mercado, como vendedor e comprador. É o próprio processo que, continuamente, lança o primeiro como vendedor de sua força de trabalho no mercado e transforma seu produto em meio que o segundo utiliza para comprá-lo. Na realidade, o trabalhador pertence ao capital antes de vender-se ao capitalista. Sua servidão econômica se concretiza e se dissimula, ao mesmo tempo, pela venda periódica de si mesmo, pela sua troca de patrões e pelas oscilações do preço do trabalho no mercado.

A produção capitalista, encarada em seu conjunto, ou como processo de reprodução, produz não só mercadoria, não só mais-valia; produz e reproduz a relação capitalista; de um lado, o capitalista e do outro, o assalariado.[27]

Pode-se dizer que o dinheiro a tudo preside no capitalismo. Mas essa é uma verdade pela metade. Para Marx, a circulação mercantil é a esfera mínima de toda a cadeia lógica do capital. Numa simples compra-e-venda já se revela o núcleo lógico que estrutura o capitalismo: as mercadorias não valem pelo que são, pelo seu valor de uso, mas sim pelo seu valor de troca. As coisas medem-se pelo seu equivalente em dinheiro. No capitalismo, uma coisa vale aquilo que se lhe paga.

Mas, se a *circulação* é a célula mínima do capital, ela não explica a razão de ser do modo de produção capitalista. Se alguém vende por dinheiro, com o dinheiro há de comprar outras coisas, também vendidas por dinheiro. A mera circulação não gera a divisão entre as classes sociais necessária à reprodução do capital. É preciso chegar ao nível profundo do *trabalho*. É o fato de haver uma estrutura na qual alguns, detentores das riquezas, compram o trabalho de outros, que se vendem porque não detêm os meios de produção, o determinante para que as relações especificamente capitalistas sejam constituídas historicamente.

A riqueza é urdida com base na exploração do trabalho. Os homens, apartados dos meios de produção e do saber pleno sobre sua própria atividade, não mais se dirigem autonomamente. O capitalista reúne em seu proveito uma série de saberes e afazeres, devolvendo, da riqueza produzida, uma determinada parte aos trabalhadores, e acumulando para si o excedente. Tal diferença entre o que é repassado ao trabalhador e o que é acumulado pelo capitalista é a *mais-valia*.

Assim sendo, é a partir de específicas relações de produção entre capitalistas e trabalhadores assalariados, alterando as próprias forças produtivas, que se constitui a lógica do próprio capitalismo. Diz Marx em *O capital*:

> Dentro do sistema capitalista, todos os métodos para elevar a produtividade do trabalho coletivo são aplicados à custa do trabalhador individual; todos os meios para desenvolver a produção redundam em meios de dominar e explorar o produtor; mutilam o trabalhador, reduzindo-o a um fragmento de ser humano, degradam-no à categoria de peça de máquina, destroem o conteúdo de seu trabalho, transformado em tormento, tornam-lhe estranhas as potências intelectuais do processo de trabalho, na medida em

---

[27] Marx, Karl. *O capital*. Livro I. Rio de Janeiro, Civilização Brasileira, 2008, v. 2, p. 672.

que a este se incorpora a ciência, como força independente, desfiguram as condições em que trabalha, submetem-no constantemente a um despotismo mesquinho e odioso, transformam todas as horas de sua vida em horas de trabalho e lançam sua mulher e seus filhos sob o rolo compressor do capital. Mas todos os métodos para produzir mais-valia são, ao mesmo tempo, métodos de acumular, e todo aumento da acumulação torna-se, reciprocamente, meio de desenvolver aqueles métodos. Infere-se daí que, na medida em que se acumula o capital, tem de piorar a situação do trabalhador, suba ou desça sua remuneração.[28]

A lógica de exploração do capitalismo é distinta daquela do feudalismo ou do escravagismo. Não é pela força que o trabalhador se submete ao capital. É pela impossibilidade do domínio direto dos meios de produção que os trabalhadores são impulsionados a venderem o seu trabalho, seus corpos, sua inteligência e suas energias, como mercadoria, aos capitalistas, que entesouram a mais-valia desse esforço de multidões de pessoas. O trabalho não se constitui em razão de uma necessidade social, mas de um fim, o processo de valorização, de produção de riqueza.[29]

O capitalista, explorando o trabalho e entesourando a diferença em relação àquilo que é revertido aos trabalhadores, distancia-se destes em meios e possibilidades. A reprodução contínua desse acúmulo e dessa exploração torna patente as diferentes posições, no todo social, de cada uma das classes sociais. A lógica do capital contém, assim, a lógica de exploração do trabalho assalariado e a lógica da circulação universal de todas as pessoas e coisas como mercadorias.

ESTADO E POLÍTICA EM MARX

Grande parte da produção de Marx sobre o Estado e o direito concentra-se em textos e obras surgidos devido a ocasiões políticas vividas à época, como é o caso do *Dezoito brumário de Luís Bonaparte* e da *Crítica ao programa de Gotha*. Embora não haja um tratamento didático-sistemático das questões sobre o Estado, a política e o direito, há muitas referências marxistas sobre tais questões. Em sua própria obra máxima, *O capital*, Marx analisará as formas da circulação e da produção tendo por conta as instâncias do Estado e do direito, de maneira muito integrada.

Marx é o grande transformador da tradição do pensamento jusfilosófico e da filosofia política: ao mesmo tempo em que se debruça às bases, tocando em todos os fundamentos da filosofia política e do direito moderno, terá o efeito de denúncia do profundo idealismo e caráter burguês de tais conceitos.[30] Pode-se dizer que Marx alcança, sobre o Estado e a

---

[28] Ibid., p. 749.

[29] "Enfim, podemos dizer que o processo de trabalho é meio, ao passo que o processo de valorização é fim; o processo de trabalho é um meio do processo de valorização." NAVES, *Marx – ciência e revolução*, op. cit., p. 94.

[30] "Marx extraiu uma nova noção da política. Esta nova noção possui, da anterior, apenas o nome, já que seu objeto, os elementos que o habitam, e as relações que o entretêm são totalmente outros. Falar de política marxista é abrir todo o campo das relações de estrutura dentro do capitalismo,

política, um patamar nunca antes alcançado por toda filosofia. Os fios estruturantes que ligam a política às condições materiais concretas, ao nível econômico, são o fundamento político mais profundo compreendido a ser revelado pela filosofia.

A já citada frase do prefácio da *Contribuição à crítica da economia política* começa por delinear a compreensão marxista do Estado e do direito:

> O conjunto dessas relações de produção forma a estrutura econômica da sociedade, a base real sobre a qual se levanta a superestrutura jurídica e política e à qual correspondem determinadas formas de consciência social.[31]

Percebe-se imediatamente, dessa passagem, a substancial diferença do pensamento político marxista para com o hegeliano – e, vale dizer, para com toda a tradição filosófica moderna. Não se trata, pois, de compreender o Estado com base em instâncias ideais – o Estado, ao contrário de Hegel, não é a encarnação da racionalidade, nem tampouco o direito é a expressão direta da racionalidade e do justo.[32]

A crítica marxista é, definitivamente, a pá de cal sobre todo o edifício moderno a respeito do Estado para o bem-comum, rompendo com todas as ilusões sobre a justiça estatal das quais Kant e Hegel foram vigas mestras[33] e, ao mesmo tempo, inscrevendo a vida social não como forma originada do contrato social, mas do antagonismo de classes. Na *Ideologia alemã*, vem explícita tal ideia:

---

deter-nos na sua compreensão mais radical." SADER, Emir. *Estado e política em Marx*. São Paulo, Cortez, 1998, p. 52.

[31] MARX, "Prefácio à 'Contribuição à crítica da economia política'". In: MARX; ENGELS, *Obras escolhidas*, op. cit., v. 1, p. 301.

[32] "Quanto à aplicação desta crítica geral da dialética abstrata à *Filosofia do Direito* do próprio Hegel, basta recordar aqui os seguintes resultados: 1. a crítica dissolvente daquilo que Marx chama a 'mentira sancionada' do 'Estado moderno representativo', isto é, do conceito de uma representação *popular de classe*, que é, diz Marx, uma ilusão política e uma mentira, não podendo a classe, à parte, representar o todo ou 'povo' ou 'negócio geral' ou interesse estatal; donde o seu acérrimo exame do 'formalismo' do direito público burguês; [...] 2. que este exame crítico particular de concepção hegeliana do *legitimismo* de um Haller com o *constitucionalismo* de Montesquieu, e assim por diante, não são mais que uma exposição de exemplos daquela 'má empiria' ou empiria (ou história) *não assimilada*, isto é, *não* mediada ou explicada, mas viciada, *tautológica*, que é o resultado-contrapasso, sabemos nós, da dialética abstrata hegeliana e de todo o apriorismo; donde a contrapova a validade da geral crítica materialista do *a priori* e com ela a demonstrada necessidade da substituição de toda a concepção filosófico-especulativa por uma concepção filosófico-histórica ou sociológico-materialista." DELLA VOLPE, Galvano. *Rousseau e Marx*. Lisboa, Edições 70, 1982, p. 138.

[33] "Essa formulação do Estado contradizia diretamente a concepção de Hegel do Estado 'racional', um Estado ideal que envolve uma relação justa e ética de harmonia entre os elementos da sociedade. [...] Marx, novamente em oposição a Hegel, defendia que o Estado, emergindo das relações de produção, não representa o bem comum, mas é a expressão política da estrutura de classe inerente à produção." CARNOY, Martin. *Estado e teoria política*. Campinas, Papirus, 1990, p. 66.

> A burguesia, por ser uma *classe*, não mais um *estamento*, é forçada a organizar-se nacionalmente, e não mais localmente, e a dar a seu interesse médio uma forma geral. Por meio da emancipação da propriedade privada em relação à comunidade, o Estado se tornou uma existência particular ao lado e fora da sociedade civil; mas esse Estado não é mais do que a forma de organização que os burgueses se dão necessariamente, tanto no exterior como no interior, para a garantia recíproca de sua propriedade e de seus interesses.[34]

A descoberta fundamental de Marx, para o campo da política, é a ligação necessária entre as formas políticas modernas e a lógica do capital. O Estado moderno torna os indivíduos cidadãos. Instituído como sujeito de direito, cada ser humano está apto a transacionar nos mercados. Poder-se-ia reputar esse fato, da constituição do sujeito de direito pelo Estado, como um fenômeno isolado, ocasional, ocorrido na época moderna. No entanto, a grande contribuição de Marx está em demonstrar os mecanismos estruturais desse processo.

O Estado moderno se constitui numa instância isolada, apartada da dependência direta dos senhores e dominadores, justamente porque o modo de produção da vida moderna é específico. O capitalismo demanda que a apropriação da riqueza gerada pelo trabalho seja feita não a partir da coerção com violência contra o trabalhador. Pelo contrário, o trabalhador é constituído como sujeito de direito, livre, apto a ter direitos subjetivos e deveres, e, por meio dessa nova condição política, cada trabalhador pode vender seu trabalho aos capitalistas de maneira "livre", isto é, por meio de vínculos que obrigam tendo por fundamento uma relação *jurídica*, e não a mera força.

Assim sendo, a instância de coerção política não pode se apresentar como diretamente dominada pela burguesia. Ela se presta, de fato, ao interesse burguês, mas não porque seja controlada a todo momento pela vontade da burguesia, e sim porque sua lógica, ao constituir sujeitos de direito, torna todos juridicamente iguais e livres. O Estado moderno é burguês porque parece não o ser. Isto é, tornando a todos cidadãos livres e iguais formalmente, dá condições de que os capitalistas explorem os trabalhadores por meio de vínculos que se apresentam, à primeira vista, como voluntários.

Nas sociedades escravagistas, o trabalhador é diretamente jungido pelo senhor para o trabalho. Não há uma instância terceira que faça tal intermediação. No capitalismo, por sua vez, para que haja exploração, os trabalhadores e os burgueses devem ser tornados "iguais" por uma instância política terceira, que seja distinta de ambos. O Estado moderno cumpre esse papel. Mas não o cumpre porque seja, de fato, a unificação geral dos interesses, o bem comum. O Estado surge como condição estruturante da exploração jurídica do trabalho. Serve como *ultima ratio* do poder, na medida em que mantém um aparato de repressão para oprimir as ações que impeçam o funcionamento da máquina da reprodução econômica capitalista. Mas a opressão no capitalismo, ao contrário do escravagismo, se esconde. A ilusão de que o trabalhador é livre, porque escolhe quem o explorará, leva a essa máscara que se põe sobre a própria exploração do capital e do Estado. Dirá Marx em *O capital*:

---

[34] MARX; ENGELS, *A ideologia alemã*, op. cit., p. 75.

O escravo romano era preso por grilhões; o trabalhador assalariado está preso a seu proprietário por fios invisíveis. A ilusão de sua independência se mantém pela mudança contínua dos seus patrões e com a ficção jurídica do contrato.[35]

Por essa razão, o Estado funciona para a exploração capitalista, mas não como a guerra e a brutalidade do poder funcionavam para o escravagismo. Nesse modo de produção, o poder é visto, a olhos nus, como brutalidade. No capitalismo, por sua vez, o Estado, que existe para garantir a possibilidade da exploração indistinta dos trabalhadores, se apresenta, aos olhos das pessoas, como o contrário: é o bem comum, a democracia, o público contra o privado etc. Trata-se do caráter ideológico do Estado, que revela uma face que não é sua verdade. O Estado se apresenta como universal para atender à reprodução de uma estrutura de apropriação da riqueza do trabalho por alguns particulares.

Márcio Bilharinho Naves expõe o vínculo intrínseco entre a forma política moderna e a circulação mercantil capitalista:

> A existência de uma esfera de circulação de mercadorias – e, em particular, da mercadoria força de trabalho –, que funciona sob a base da equivalência e que, portanto, respeita as determinações da liberdade e da igualdade, surge como a condição necessária para que se constitua uma forma de poder que não apareça como a representação do interesse de uma classe. [...]
>
> O contrato é celebrado entre dois sujeitos em condição de estrita reciprocidade, por um ato livre da vontade do trabalhador, sem qualquer forma de coerção estatal obrigando-o a realizar essa operação. O poder do Estado pode então aparecer como estando acima das partes contratantes, como uma autoridade pública que apenas vela pela observância da ordem pública, isto é, das condições de funcionamento normal do mercado.
>
> Assim, pode-se construir uma representação do Estado como esfera do bem comum, da vontade geral, do interesse geral, separado de uma sociedade civil identificada como sendo a esfera dos interesses particulares conflituosos.[36]

Tendo em vista que a forma política moderna – estatal, jurídica, que torna a todos os indivíduos cidadãos, sujeitos de direito – atende à necessidade lógica da circulação mercantil capitalista, a superação do capitalismo há de se revelar então, para Marx, como a superação também da própria forma política que lhe corresponde. Embora ideologicamente ele assim queira se apresentar, o Estado não é um instrumento neutro à disposição de variados modos de produção. O Estado é uma forma de opressão especificamente capitalista; o aparato político estatal moderno põe em funcionamento a possibilidade da reprodução contínua da exploração do trabalho por meio dos vínculos mercantis, fazendo do trabalhador uma mercadoria a ser vendida, cuja mais-valia é apropriada como riqueza pelo burguês.

Ao contrário do reformismo, que previa que, com os mesmos institutos que geram a exploração capitalista, era possível sua superação, Marx aponta para a revolução como necessidade imperiosa na transição ao socialismo. O entendimento das estruturas lógicas

---

[35] MARX, *O capital*. Livro I, op. cit., v. 2, p. 669.
[36] NAVES, *Marx – ciência e revolução*, op. cit., p. 108.

do capital revela o caráter histórico de todo o aparato que lhe é específico. A ruptura com tal modo de produção enseja outras relações de produção e outras estruturas políticas que não as do Estado moderno.

A reflexão sobre a *transição ao socialismo* é vital no pensamento de Marx. O socialismo, como etapa futura da sociedade, não é um esboço construído de modo ideal. As perspectivas marxistas sobre a superação do capitalismo não se baseiam em ideais prévios inspiradores de lutas; antes que isso, baseiam-se na proposta de estudo científico das contradições do próprio sistema produtivo capitalista. Não é outra a lembrança de Marx e Engels no *Manifesto do Partido Comunista*:

> As armas que a burguesia utilizou para abater o feudalismo, voltam-se hoje contra a própria burguesia. A burguesia, porém, não forjou somente as armas que lhe darão morte; produziu também os homens que manejarão essas armas – os operários modernos, os *proletários*. [...]
>
> As concepções teóricas dos comunistas não se baseiam, de modo algum, em ideias ou princípios inventados ou descobertos por tal ou qual reformador do mundo. São apenas a expressão geral das condições reais de uma luta de classes existente, de um movimento histórico que se desenvolve sob os nossos olhos.[37]

Marx acentua em suas obras o vínculo histórico estruturante entre o Estado e a lógica do capital. A forma política moderna eleva ao extremo as condições ideais da própria reprodução econômica. No surgimento do Estado moderno, o poder estatal ainda não estava plenamente nas mãos da burguesia. Por essa razão, havendo ainda conflito entre a velha classe aristocrática e a nova classe burguesa, o aparato estatal não dava plenas condições para a circulação mercantil geral, inclusive a circulação geral do trabalho como mercadoria. Os privilégios da nobreza, a falta de liberdade negocial e a desigualdade jurídica não constituíam um solo propício ao pleno funcionamento da máquina de exploração do capital.

Na Idade Contemporânea, desenvolve-se então um aparato estatal cuja forma – um poder imparcial e distinto das classes, que garanta a liberdade negocial e a igualdade formal, constituindo a todos como sujeitos de direito – é enfim tornada plena. Mas tal forma política, sendo correspondente das necessidades da exploração capitalista, não é o horizonte final da ação política humana de todos os tempos: é, tão somente, a plena forma política do capitalismo.

Há contradições profundas na forma político-estatal do capitalismo. Os trabalhadores, para se venderem à exploração capitalista, são tornados formalmente sujeitos de direito e cidadãos, e, portanto, votam. Brechas políticas são abertas justamente pela necessidade de a forma política parecer "equidistante" das classes. É certo que, no atrito das próprias estruturas políticas capitalistas, as contradições podem se tornar ainda mais agudas. No entanto, não são essas contradições que, por si só, levam à superação do capitalismo. É preciso uma mudança nas relações de produção em vigor para que haja a superação do capitalismo e a transição ao socialismo.

---

[37] MARX; ENGELS, "Manifesto do Partido Comunista". *Obras escolhidas*, op. cit., v. 1, p. 26 e 31.

Assim sendo, não se pode esperar que do mero desenvolvimento dos aparatos políticos e jurídicos – melhor democracia, melhoria da qualidade dos votos, liberdade sindical, representação dos trabalhadores no seio do próprio do Estado – haja a transformação do capitalismo em socialismo. Dentro da lógica do direito, que é a lógica do capital, os sujeitos de direito apenas se vendem, com mais ou menos obstáculos, à exploração do capital. O desenvolvimento desses meios políticos – dessas forças produtivas –, mantida a estrutura capitalista, apenas reproduz a mesma lógica do capital, como uma máquina azeitada que não para. Por isso, a questão da transição ao socialismo se situa muito mais transformação das relações de produção, e não apenas fica adstrito à espera da melhoria das forças produtivas.[38]

Em Marx, o mais relevante de sua teoria política, tratando da transição ao socialismo, é a importância da revolucionarização das relações de produção. É a transformação no próprio modo pelo qual os trabalhadores se organizam, controlando plenamente a produção de sua vida material – sem uma classe que concentre tal controle e o proveito da riqueza que lhe é proveniente –, que enseja a transição plena ao socialismo. A forma política estatal, correspondente à exploração capitalista, não é a forma política universal. O socialismo só é alcançado com uma revolução nessas mesmas relações capitalistas.

O DIREITO EM MARX

As descobertas empreendidas por Marx no que diz respeito à forma política do capitalismo se desdobram imediatamente para o campo da forma jurídica capitalista. Do mesmo modo que o Estado moderno, sendo um terceiro da exploração entre o capital e o trabalho, faz de todos os indivíduos cidadãos, torna-os também *sujeitos de direito*. A lógica que preside o direito é intimamente ligada à lógica da reprodução do capital. Na verdade, no campo do direito, muito explicitamente essa vinculação se manifesta. Marx, na *Ideologia alemã*, trata da relação histórica entre direito e capitalismo:

> Como o Estado é a forma na qual os indivíduos de uma classe dominante fazem valer seus interesses comuns e que sintetiza a sociedade civil inteira de uma época, segue-se

---

[38] "Procurando fazer um balanço do debate marxista em torno das questões da transição ao comunismo, pode-se dizer sem delongas que a contribuição mais relevante para uma correta abordagem desse problema está ligada à *crítica* do 'economicismo'. A crítica às interpretações economicistas do pensamento de Marx – interpretações cujas raízes remontam ao marxismo da Segunda Internacional, mas que sofreram também forte influência da Terceira Internacional –, desenvolveram-se sobretudo nesses últimos anos (ressalte-se, a propósito, a importância da 'escola althusseriana'). Em resumo, ela combateu a ideia – ainda hoje amplamente dominante no âmbito do marxismo – segundo a qual o que é decisivo na passagem de uma forma de sociedade a outra, a 'mola propulsora' da transição, é o *desenvolvimento das forças produtivas materiais*, reafirmando, ao contrário, o '*primado*' *das relações sociais de produção* como elemento 'dinâmico' e determinante em relação a essas mesmas forças. Diga-se, de imediato, que essas duas diversas abordagens do problema da transição – 'economicista' e 'não economicista' – implicam diferentes concepções da 'história' e das categorias marxianas de interpretação do desenvolvimento histórico-social ('modo de produção', 'formação econômico-social' etc.)." TURCHETTO, Maria. "As características específicas da transição ao comunismo". In: NAVES, Márcio Bilharinho (Org.). *Análise marxista e sociedade de transição*. Campinas, IFCH/Unicamp, 2005, p. 7.

que todas as instituições coletivas são mediadas pelo Estado, adquirem por meio dele uma forma política. Daí a ilusão, como se a lei se baseasse na vontade, e, mais ainda, na vontade separada de sua base real [*realen*], na vontade *livre*. Do mesmo modo, o direito é reduzido novamente à lei.

O direito privado se desenvolve simultaneamente com a propriedade privada, a partir da dissolução da comunidade natural. Entre os romanos, o desenvolvimento da propriedade privada e do direito privado não gerou consequências industriais e comerciais, pois o seu modo de produção inteiro manteve-se o mesmo. Entre os povos modernos, em que a comunidade feudal foi dissolvida pela indústria e pelo comércio, o nascimento da propriedade privada e do direito privado deu início a uma nova fase, suscetível de um desenvolvimento ulterior. Amalfi, a primeira cidade que, na Idade Média, praticou um extenso comércio marítimo, formulou também o direito marítimo. Tão logo a indústria e o comércio desenvolveram a propriedade privada, primeiro na Itália e mais tarde noutros países, o desenvolvido direito privado romano foi imediatamente readotado e elevado à posição de autoridade. [...] (Não se pode esquecer que o direito, tal como a religião, não tem história própria.)

No direito privado, as relações de propriedade existentes são declaradas como o resultado da vontade geral. [...] Essa ilusão jurídica, que reduz o direito à mera vontade, resulta necessariamente, no desenvolvimento ulterior das relações de propriedade, no fato de que alguém pode ter um título jurídico de uma coisa sem ter a coisa realmente. [...] A partir dessa mesma ilusão dos juristas explica-se que, para eles e para todos os códigos jurídicos em geral, seja algo acidental que os indivíduos estabeleçam relações uns com os outros, contratos por exemplo, que essas relações sejam consideradas como relações que [podem] ser estabelecidas ou não a depender da vontade, e cujo conteúdo repousa inteiramente sobre o arbítrio individual dos contratantes.[39]

Marx altera a compreensão do direito; não mais aquela da filosofia do direito moderna, na qual o fenômeno jurídico era pensado a partir de uma ideia ou um conceito de justo. O direito não é um produto histórico do melhor aclaramento da consciência do jurista, nem tampouco da melhor elaboração dos conceitos. Na verdade, o direito se constitui pela necessidade histórica de as relações produtivas capitalistas estabelecerem determinadas instâncias que possibilitem a própria reprodução do sistema. Conforme as demandas capitalistas se impunham, os instrumentais jurídicos eram criados. Em *A ideologia alemã* isso vem assim expresso:

> Sempre que, por meio do desenvolvimento da indústria e do comércio, surgiram novas formas de intercâmbio, por exemplo companhia de seguros etc., o direito foi, a cada vez, obrigado a admiti-las entre os modos de adquirir a propriedade.[40]

Logo em suas primeiras obras, Marx já expõe a associação indissolúvel entre o direito e a estrutura material do capitalismo. Da mesma forma que o Estado, o direito não nascerá da vontade geral – portanto não é fundado no contrato social, nem numa pretensa paz social ou congêneres – nem de um direito natural, eterno e de caráter

---

[39] MARX; ENGELS, *A ideologia alemã*, op. cit., p. 76.
[40] Ibid., p. 77.

racional. Toda a lógica do direito não está ligada às necessidades de bem comum, nem a verdades jurídicas transcendentes. Está intimamente ligada, sim, à própria práxis, à história social e produtiva do homem.

Essa ligação do direito não a uma justiça apriorística nem tampouco a uma essência genérica do homem, mas à vida material concreta, ao nível da exploração econômica, percebe-se também na análise marxista a respeito da questão dos direitos humanos. Marx, em *A questão judaica*, dedicou-se a sua crítica, em especial tomados na lógica legalista liberal. Diz Marx:

> Os *droits de l'homme*, os direitos humanos, distinguem-se, como tais, dos *droits du citoyen*, dos direitos civis. Qual o *homme* que aqui se distingue do *citoyen*? Simplesmente, o membro da sociedade burguesa. Por que se chama *membro da sociedade burguesa* de "homem", homem por antonomásia, e dá-se a seus direitos o nome de *direitos humanos*? Como explicar o fato? Pelas relações entre o Estado político e a sociedade burguesa, pela essência da emancipação política.
>
> Registremos, antes de mais nada, o fato de que os chamados *direitos humanos*, os *droits de l'homme*, ao contrário dos *droits du citoyen*, nada mais são do que direitos do membro da sociedade burguesa, isto é, do homem egoísta, do homem separado do homem e da comunidade.[41]

Em *A sagrada família*, continua Marx tratando dos direitos humanos, explicitando que a lógica do direito moderno é a própria lógica da dinâmica capitalista, na medida em que torna todos os indivíduos sujeitos de direito, a benefício da circulação do trabalho no mercado:

> Demonstrou-se como o *reconhecimento dos direitos humanos* por parte do *Estado moderno* tem o mesmo sentido que o *reconhecimento da escravatura* pelo *Estado antigo*. Com efeito, assim como o Estado antigo tinha por fundamento natural a escravidão, o Estado moderno tem como *base natural* a sociedade burguesa e o *homem* da sociedade burguesa, quer dizer, o homem independente, entrelaçado com o homem apenas pelo vínculo do interesse privado e da necessidade natural *inconsciente*, o *escravo* do trabalho lucrativo e da necessidade *egoísta*, tanto da própria quanto da alheia. O Estado moderno reconhece essa sua base natural, enquanto tal, nos *direitos gerais do homem*. Mas não os criou. Sendo como é, o produto da sociedade burguesa, impulsionada por seu próprio desenvolvimento até mais além dos velhos vínculos políticos, ele mesmo reconhece, por sua vez, seu próprio local de nascimento e sua própria base mediante a *proclamação* dos direitos humanos. Portanto, a emancipação *política* dos judeus e a concessão a estes dos *"direitos humanos"* constitui um ato mutuamente condicionante.[42]

O problema da liberdade real e não da formal, da igualdade real e não da isonomia, do exercício pleno dos direitos humanos, só tem resolução, na perspectiva marxista, pela práxis revolucionária e não pela declaração de direitos. Essa perspectiva de Marx liberta a compreensão dos direitos humanos da tradição moderna, que entendia serem tais direitos expressão de um justo natural, ou então direitos da natureza intrínseca do homem.

---

41 MARX, Karl. *A questão judaica*. São Paulo, Centauro, 2000, p. 34.
42 MARX, Karl; ENGELS, Friedrich. *A sagrada família*. São Paulo, Boitempo, 2003, p. 132.

Em sua obra de maturidade, em especial em *O capital*, Marx chega à base específica da compreensão da relação entre direito e capitalismo. Somente as relações de produção capitalistas necessitam – diferentemente de outras na história – de um aparato *jurídico* que lhe sirva de suporte. O escravagismo se funda numa relação de violência direta. O capitalismo, no entanto, não vincula o trabalhador ao burguês por conta da violência bruta deste contra aquele. Os vínculos entre ambos se dão por meio de um contrato de trabalho. O trabalho assalariado presume o direito. Como qualquer burguês e qualquer trabalhador podem contratar a compra-e-venda do trabalho, o direito é o instrumento fundamental dessa circulação contínua da mercadoria trabalho. Em *O capital*, Marx aponta ao vínculo íntimo entre a mercadoria e o direito:

> Não é com seus pés que as mercadorias vão ao mercado, nem se trocam por decisão própria. Temos, portanto, de procurar seus responsáveis, seus donos. As mercadorias são coisas; portanto, inermes diante do homem. Se não é dócil, pode o homem empregar força, em outras palavras, apoderar-se dela. Para relacionar essas coisas, umas com as outras, como mercadorias, têm seus responsáveis de comportar-se, reciprocamente, como pessoas cuja vontade reside nessas coisas, de modo que um só se aposse da mercadoria do outro, alienando a sua, mediante o consentimento do outro, através, portanto, de um ato voluntário comum. É mister, por isso, que reconheçam, um no outro, a qualidade de proprietário privado. Essa relação de direito, que tem o contrato por forma, legalmente desenvolvida ou não, é uma relação de vontade, em que se reflete a relação econômica. O conteúdo da relação jurídica ou de vontade é dado pela própria relação econômica. As pessoas, aqui, só existem, reciprocamente, na função de representantes de mercadorias e, portanto, de donos de mercadorias. No curso de nossa investigação, veremos, em geral, que os papéis econômicos desempenhados pelas pessoas constituem apenas personificação das relações econômicas que elas representam, ao se confrontarem.[43]

É justamente a partir da esfera da *circulação* – na exploração da mais-valia, no lucro, no contrato, enfim – que o direito desempenha papel fundamental ao capitalismo, de tal sorte que Marx desvenda, na associação entre a circulação mercantil e as estruturas jurídicas, uma relação indissolúvel. Tal ligação é tão clara historicamente que se poderia dizer, como Pachukanis o fará posteriormente, que a forma jurídica corresponde à forma mercantil.[44]

---

[43] MARX, Karl. *O capital*. Livro I. Rio de Janeiro, Civilização Brasileira, 2008, v. 1, p. 109.

[44] "É somente na economia mercantil que nasce a forma jurídica abstrata, em outros termos, que a capacidade geral de ser titular de direitos se separa das pretensões jurídicas concretas. Somente a contínua mutação dos direitos que acontece no mercado estabelece a ideia de um portador imutável destes direitos. No mercado, aquele que obriga alguém, obriga simultaneamente a si próprio. A todo instante ele passa da situação da parte demandante à situação da parte obrigada. Deste modo se cria a possibilidade de abstrair das diversidades concretas entre os sujeitos jurídicos e de os reunir sob um único conceito genérico. Do mesmo modo que os atos de troca da produção mercantil desenvolvida foram precedidos por atos ocasionais e formas primitivas de troca, tais como, por exemplo, os presentes recíprocos, assim também, o sujeito jurídico, com toda a esfera de domínio jurídico, foi morfologicamente precedido pelo indivíduo armado, ou, com maior frequência, por

Assim exprime Márcio Bilharinho Naves:

> É, por fim, em *O capital* que Marx estabelece as condições de emergência e de funcionamento do direito burguês, estreitamente vinculadas às determinações do processo do valor de troca. Marx mostra que as categorias da liberdade e da igualdade e a forma-sujeito (universal) emergem apenas no momento histórico da constituição da sociedade mercantil-capitalista, que, por se fundar no trabalho assalariado, necessita romper com as formas de dependência pessoal do feudalismo. O homem tem de ser livre para poder vender a sua força de trabalho no mercado, por meio de um contrato, portanto, sem que seja submetido a quaisquer modalidades de coerção ou de perturbação de sua vontade, e em condições de igualdade diante do comprador. Dotado de capacidade jurídica, o homem se transfigura em sujeito de direito, tornando-se apto a negociar a única mercadoria de que é proprietário, a sua força de trabalho.[45]

A relação entre circulação e direito não é apenas fundamental para a circulação dos bens no comércio. A própria lógica da produção é juridicamente mercantilizada, estruturada a partir do trabalho como uma mercadoria qualquer que se vende no mercado. O salário não se explica em razão do seu valor intrínseco ou da mera deliberação do capitalista. A lógica do trabalho está atrelada a uma dinâmica da sua circulação como valor de troca. As fórmulas que regem o direito das obrigações, dar e fazer, são para Marx as mesmas para o comércio e para a exploração do trabalho:

> Se a história universal precisou de muito tempo para decifrar o segredo do salário, nada, entretanto, é mais fácil de compreender do que a necessidade, as razões de ser dessa forma fenomênica.
>
> A troca entre capital e trabalho apresenta-se de início à percepção como absolutamente igual à compra e venda das outras mercadorias. O comprador dá determinada quantia em dinheiro; o vendedor, um artigo diferente de dinheiro. A consciência jurídica reconhece aí no máximo uma diferença material que não altera a equivalência das fórmulas: Dou para que dês, dou para que faças, faço para que dês, faço para que faças (*do ut des, do ut facias, facio ut des, facio ut facias*).[46]

A lógica da constituição do sujeito de direito, da liberdade do contrato, da autonomia da vontade, da igualdade entre os contratantes, tendo por início a necessidade

---

um grupo de homens (gens, horda, tribo), capaz de defender no conflito, na luta, o que para ele representava as suas próprias condições de existência. Esta estreita relação morfológica estabelece uma clara ligação entre o tribunal e o duelo, entre as partes de um processo e os protagonistas de uma luta armada. Porém, com o crescimento das forças sociais disciplinadoras, o sujeito perde a sua concretização material. No lugar de sua energia pessoal nasce o poder da organização social, isto é, da organização da classe, cuja expressão mais elevada se encontra no Estado. A abstração impessoal de um poder de Estado, agindo regular e continuamente no espaço e no tempo, de maneira ideal, é aqui o mesmo sujeito impessoal e abstrato do qual ele é reflexo." PACHUKANIS, *Teoria geral do direito e marxismo*. São Paulo, Acadêmica, 1988, p. 76.

[45] NAVES, Márcio Bilharinho. "As figuras do direito em Marx". *Margem Esquerda*, nº 6. São Paulo, Boitempo, 2005, p. 103.

[46] MARX, *O capital*. Livro I, op. cit., v. 1, p. 620.

da própria circulação mercantil capitalista, ilumina a explicação a respeito da origem dos próprios direitos humanos. Antes de serem conquistas da bondade humana ou da evolução do espírito, são necessidades práticas da exploração capitalista, razão pela qual tais instâncias jurídicas tendem a se afirmar universalmente – como universalmente se apresenta a reprodução da circulação mercantil. São célebres as palavras de Marx, em *O capital*, ao tratar da esfera da circulação mercantil como o paraíso dos direitos humanos:

> A esfera que estamos abandonando, da circulação ou da troca de mercadorias, dentro da qual se operam a compra e a venda da força de trabalho, é realmente um verdadeiro paraíso dos direitos inatos do homem. Só reinam aí liberdade, igualdade, propriedade e Bentham. Liberdade, pois o comprador e o vendedor de uma mercadoria – a força de trabalho, por exemplo – são determinados apenas pela sua vontade livre. Contratam como pessoas livres, juridicamente iguais. O contrato é o resultado final, a expressão jurídica comum de suas vontades. Igualdade, pois estabelecem relações mútuas apenas como possuidores de mercadorias e trocam equivalente por equivalente. Propriedade, pois cada um só dispõe do que é seu. Bentham, pois cada um dos dois só cuida de si mesmo. A única força que os junta e os relaciona é a do proveito próprio, da vantagem individual, dos interesses privados.[47]

O vínculo profundo entre a lógica econômica capitalista e a lógica jurídica se dá, em Marx, como um jogo de espelhos, no qual o sujeito de direito é necessariamente um duplo da própria mercadoria. Assim diz Joelton Nascimento:

> Se a dimensão humana surgida a partir da célula da mercadoria cria pela primeira vez na história uma esfera separada de relações sociais a que chamamos economia, a existência do sujeito de direito, o correlato pessoal e lógico da mercadoria, seu portador, também dá início ao surgimento de uma esfera separada de relações dentro da qual uma certa normatividade social, necessariamente abstrata, é construída em vista de um sujeito abstrato de direito. Dito de um outro modo ainda: as condições lógicas, sociais e históricas que viram nascer o mercado como categoria socializadora central da sociedade capitalista são as mesmas que viram nascer o sujeito de direito. [...]
> O valor é ele mesmo uma *fictio juris*, no sentido de que a emulação do domínio do abstrato sobre o concreto, que caracteriza a contradição social principal da sociedade produtora de mercadorias, só se realiza a partir de uma ficcionalização jurídica, do soerguimento de uma esfera separada de relações, onde os viventes concebem um "dublê" deles mesmos que estabelece diversas relações por eles: o sujeito de direito, por quem criam e mantêm as relações ditas jurídicas.[48]

A compreensão do direito como uma forma necessária da reprodução do capital faz com que se iluminem os horizontes a respeito da luta pela emancipação, ultrapassando os tradicionais limites das condicionantes jurídicas. A reforma da sociedade por meio do direito é a manutenção do capitalismo, ainda que este seja situado em distintos

---

[47] MARX, *O capital*. Livro I, op. cit., v. 1, p. 206.
[48] NASCIMENTO, Joelton. "O valor como fictio juris. Forma-jurídica e forma-valor – apresentação de um problema". *Sinal de menos*. Disponível em: <www.sinaldemenos.org>. nº 1, 2009, p. 58 e 79.

patamares. Até mesmo os valores tradicionalmente vendidos por universais, como os direitos humanos, remanescem sob forma jurídica e, portanto, capitalista. Sua superação é necessária. Neste sentido, diz José Damião de Lima Trindade:

> O socialismo será também o período em que, de modo necessário, deverão ser conscientemente desenvolvidas as condições para a superação da *forma jurídica*, porque correspondente àquelas relações capitalistas. Assim compreendido, o socialismo *não* poderá "desenvolver" nem "aprofundar" os direitos humanos – isto corresponderia a desenvolver e a aprofundar *o próprio Direito*, um envoltório das relações humanas que, no comunismo, já deverá haver sido tornado obsoleto e extemporâneo. [...]
>
> Assim, sintetizando as nossas conclusões, temos que: a) por um lado, persiste e persistirá uma contradição insuperável entre o marxismo e os direitos humanos no plano conceitual jusfilosófico; b) por outro lado, parte considerável da agenda prática dos direitos humanos (não toda a agenda) – aquela parte resultante das conquistas sociais tendencialmente emancipatórias – harmoniza-se com a plataforma política marxista da época que precede a ultrapassagem do modo social de produção fundado no capital; c) *para além do capital*, a contradição entre o marxismo e os direitos humanos estará superada mediante a própria superação histórica e social do direito – portanto, dos direitos humanos – enquanto forma social correspondente às relações humanas do modo de produção capitalista.[49]

Outra questão importante que se põe no quadro de uma filosofia do direito marxista diz respeito ao próprio problema da *justiça*. A sociedade burguesa acaba por reduzir o direito à lei, de tal sorte que esse mecanismo seja a imediata reprodução da circulação mercantil. Em sociedades socialistas, não existindo a equivalência universal do dinheiro, o valor de troca é substituído pelo valor de uso. Poder-se-ia estabelecer, daí, uma teoria do justo socialista? Marx trata, em alguns momentos de sua obra, especificamente da questão do justo. Em *O capital*, aponta para o fato de que a consideração sobre a justiça costuma ser a exata adaptação ao seu sistema de funcionamento. No modo de produção escravagista, a escravidão era uma instituição justa. No capitalismo, a escravidão passa a ser considerada abominável e injusta, mas a exploração do trabalho realizada por meio de contratos é tida como justa.

> A equidade das transações efetuadas entre os agentes da produção repousa na circunstância de decorrerem elas naturalmente das relações de produção. As formas jurídicas em que essas transações econômicas aparecem – atos de vontade das partes, expressões de sua vontade comum, contratos com força de lei entre as partes – não podem, como puras formas, determinar o próprio conteúdo. Limitam-se a dar-lhe expressão. Esse conteúdo é justo quando corresponde, é adequado ao modo de produção. Injusto quando o contraria. No sistema capitalista, a escravatura é injusta, do mesmo modo que a fraude na qualidade da mercadoria.[50]

---

[49] TRINDADE, José Damião de Lima. *Os direitos humanos na perspectiva de Marx e Engels*. Emancipação política e emancipação humana. São Paulo, Alfa-Ômega, 2011, p. 316.

[50] MARX, Karl. *O capital*. Livro III. Rio de Janeiro, Civilização Brasileira, 2008, v. 5, p. 454.

De modo geral, a sociedade capitalista aponta para a justiça como sendo a confirmação de suas regras. Marx constata, genialmente, que a justiça não é pensada como substância eterna, fora da história ou das circunstâncias concretas que envolvem a reprodução econômica de um determinado tempo. Mas Marx avança. A *Crítica ao programa de Gotha*, de 1875, é o texto no qual fará a análise de conceitos do justo, começando por criticar a ideia de justiça como sendo "repartição equitativa dos frutos do trabalho".

> Este direito *igual* continua trazendo implícita uma limitação burguesa. O direito dos produtores é *proporcional* ao trabalho que prestou; a igualdade, aqui, consiste em que é medida pelo *mesmo critério*: pelo trabalho.
>
> Mas, alguns indivíduos são superiores, física e intelectualmente, a outros e, pois, no mesmo tempo, prestam mais trabalho, ou podem trabalhar mais tempo; e o trabalho, para servir de medida, tem que ser determinado quanto à duração ou intensidade; de outro modo, deixa de ser uma medida. Este direito *igual* é um direito desigual para trabalho desigual. Não reconhece nenhuma distinção de classe, porque aqui cada indivíduo não é mais do que um operário como os demais; mas reconhece, tacitamente, como outros tantos privilégios naturais, as desiguais aptidões dos indivíduos, e, por conseguinte, a desigual capacidade de rendimento. No fundo é, portanto, como todo direito, o direito da desigualdade. [...]
>
> Numa fase superior da sociedade comunista, quando houver desaparecido a subordinação escravizadora dos indivíduos à divisão do trabalho e, com ela, o contraste entre o trabalho intelectual e o trabalho manual; quando o trabalho não for somente um meio de vida, mas a primeira necessidade vital; quando, com o desenvolvimento dos indivíduos em todos os seus aspectos, crescerem também as forças produtivas e jorrarem em caudais os mananciais da riqueza coletiva, só então será possível ultrapassar-se totalmente o estreito horizonte do direito burguês e a sociedade poderá inscrever em suas bandeiras: De cada qual, segundo sua capacidade; a cada qual, segundo suas necessidades.[51]

O problema da justiça, em Marx, aponta para a limitação estrutural do próprio conceito: a justiça é considerada o correto modo de funcionamento de um determinado sistema de exploração. Mas na *Crítica ao programa de Gotha*, originariamente contestando as posições da social-democracia alemã, Marx aponta para uma noção de justiça que transcende apenas o seu caráter meritório. O mérito é uma medida individualista apropriada ao capitalismo e que, com algumas correções, nos escritos de Marx é considerada somente uma justiça para uma primeira fase de uma sociedade socialista, tendo em vista que ainda a justiça pelo resultado do trabalho – um direito mecanicamente igual, porque distribui mérito – é expressão de retribuição mercantil, portanto, de justiça burguesa. Na bandeira "de cada qual, segundo sua capacidade; a cada qual, segundo suas necessidades", Marx parece ter inscrito uma perspectiva de justiça que se insere numa relação de trabalho e necessidade humana não meramente formal ou individualizada como resultado mercantil, mas plena, de acordo com as condições do homem e tendo em vista suas necessidades. Daí mais uma vez o caráter revolucionário de Marx, ao medir a justiça como verdade social, apontando as possibilidades de sua superação.

---

[51] Marx, "Crítica ao programa de Gotha". In: Marx; Engels, *Obras escolhidas*, op. cit., v. 2, p. 214.

O PENSAMENTO DE ENGELS

Companheiro intelectual de Marx, Friedrich Engels (1820-1895), desde o início de sua atividade conjunta, estabeleceu com Marx uma influência recíproca. Ainda nos tempos de juventude, a leitura feita por Marx de textos de economia crítica de Engels auxiliou na consolidação de sua teoria.

Após a morte de Marx, Engels assume as tarefas teóricas de extração das conclusões políticas de seu pensamento. Voltado à ação revolucionária prática, envolvido com grupos de trabalhadores e socialistas de muitos países, Engels direciona sua obra da maturidade para o esclarecimento das questões políticas e filosóficas que não haviam sido tratadas com mais vagar por Marx.

No campo filosófico, a sua *Dialética da natureza* é uma tentativa de estender a estrutura dialética até mesmo à instância do natural,[52] embora, historicamente, muitas críticas tenham sido feitas contra tal pretensão. É, no entanto, na política, e em especial no que diz respeito ao Estado e ao direito, que Engels jogou um papel filosófico decisivo. No campo da política, o seu livro *A origem da família, da propriedade privada e do Estado* representou um marco teórico para os revolucionários do século XX. No campo do direito, a sua obra *Socialismo jurídico*, escrita em parceria com Karl Kautsky, é uma das mais importantes contribuições para a correta determinação do pensamento marxista a respeito do papel do direito no socialismo, desbastando as ilusões dos reformistas, que pretendiam alcançar o socialismo mantendo as mesmas estruturas jurídicas próprias da sociedade capitalista.

O Estado em Engels

A própria relação da sociedade com o Estado encontra-se, em Marx, noutro plano: não se trata de dizer que o Estado é quem conforma, ao seu bel-prazer, a sociedade, mas, antes, que o ser social do homem, e, muito especificamente, as relações produtivas, é que formam a instância estatal. Engels, sobre isso, em *A origem da família, da propriedade privada e do Estado*, dirá:

> O Estado não é, pois, de modo algum, um poder que se impôs à sociedade de fora para dentro; tampouco é "a realidade da ideia moral", nem a "imagem e a realidade da razão", como afirma Hegel. É antes um produto da sociedade, quando esta chega a um determinado grau de desenvolvimento; é a confissão de que essa sociedade se enredou numa irremediável contradição com ela própria e está dividida por antagonismos irreconci-

---

[52] "A especificidade da história da sociedade humana é um momento dentro do conjunto das leis que regem o desenvolvimento da realidade natural e social. A principal é a possibilidade, nesta última, da consciência dessas leis, com vistas a governar o futuro desenvolvimento, dentro dos limites impostos pela própria necessidade natural, que determina os limites da própria ação humana. Os ecologistas que defendem este ponto de vista acreditam tê-lo descoberto (há até marxistas que acusam Marx e Engels de 'falta de consciência ecológica'), quando ele já fora apontado por Engels como 'a vingança da natureza', na *Dialética da Natureza*." COGGIOLA, *Engels*: o segundo violino, op. cit., p. 79.

liáveis que não consegue conjurar. Mas para que esses antagonismos, essas classes com interesses econômicos colidentes não se devorem e não consumam a sociedade numa luta estéril, faz-se necessário um poder colocado aparentemente por cima da sociedade, chamado a amortecer o choque e a mantê-lo dentro dos limites da "ordem". Este poder, nascido da sociedade, mas posto acima dela se distanciando cada vez mais, é o Estado.[53]

Ao mesmo tempo em que o Estado nasce das contradições da vida social, em função das relações de produção que tomam determinado grau de desenvolvimento, o Estado não é a pacificação dessa sociedade e dessas relações produtivas. Não é, pois, segundo Hegel, o momento superior de racionalidade da história. É, na verdade, uma estrutura que se põe na razão direta do interesse capitalista, na manutenção da exploração e do conflito produtivo. Continua Engels em relação a esse propósito:

> Como o Estado nasceu da necessidade de combater o antagonismo das classes, e como, ao mesmo tempo, nasceu em meio ao conflito delas, é, por regra geral, o Estado da classe mais poderosa, da classe economicamente dominante, classe que, por intermédio dele, se converte também em classe politicamente dominante e adquire novos meios para a repressão e exploração da classe oprimida. Assim, o Estado antigo foi, sobretudo, o Estado dos senhores de escravos para manter os escravos subjugados; o Estado feudal foi o órgão de que se valeu a nobreza para manter a sujeição dos servos e camponeses dependentes; e o moderno Estado representativo é o instrumento de que se serve o capital para explorar o trabalho assalariado. [...] Além disso, na maior parte dos Estados históricos, os direitos concedidos aos cidadãos são regulados de acordo com as posses dos referidos cidadãos, pelo que se evidencia ser o Estado um organismo para a proteção dos que possuem contra os que não possuem.[54]

A análise do Estado em termos históricos é uma questão fundamental para o pensamento marxista. O Estado, não sendo eterno nem sendo a expressão racional do bem comum, apresenta-se apenas como uma etapa historicamente necessária ao capitalismo. Por isso, a indagação de Marx é sobre a superação dessa instância da vida social com a revolução. Na mesma *Origem da família*, resumirá Engels:

> Portanto, o Estado não tem existido eternamente. Houve sociedades que se organizaram sem ele, não tiveram a menor noção do Estado ou de seu poder. Ao chegar a certa fase de desenvolvimento econômico, que estava necessariamente ligada à divisão da sociedade em classes, essa divisão tornou o Estado uma necessidade. Estamos agora nos aproximando, com rapidez, de uma fase de desenvolvimento da produção em que a existência dessas classes não apenas deixou de ser uma necessidade, mas até se converteu num obstáculo à produção mesma. As classes vão desaparecer, e de maneira tão inevitável como no passado surgiram. Com o desaparecimento das classes, desaparecerá inevitavelmente o Estado. A sociedade, reorganizando de uma forma nova a produção, na base de uma associação livre de produtores iguais, mandará toda a máquina do

---

[53] ENGELS, "A origem da família, da propriedade privada e do Estado". In: MARX; ENGELS. *Obras escolhidas*. São Paulo, Alfa-Ômega, s/d, v. 3, p. 135.

[54] Ibid., p. 137.

Estado para o lugar que lhe há de corresponder: o museu das antiguidades, ao lado da roca de fiar e do machado de bronze.⁵⁵

Pode-se verificar que o pensamento político de Engels assenta-se claramente sobre a denúncia do Estado, apontando seu caráter histórico e de classe, desmistificando sua aparente concórdia. Se os tempos do final do século XIX permitiram, a alguns socialistas, a aposta numa transição democrática, social-democrata, reformista – a chamada II Internacional –, tal opção não se pode apontar pacificamente como sendo uma leitura derivada de Engels. Seria muito difícil tentar estabelecer uma dicotomia que viesse a apontar em Marx uma leitura política revolucionária, de ruptura do aparato do Estado e de tomada de poder imediata do proletariado – uma ditadura do proletariado – e, em Engels, um caminho de transição reformista. Engels é também um pensador revolucionário. Jacques Texier, no entanto, aponta para nuances do último pensamento político engelsiano em relação a Marx:

> Uma das questões essenciais com que nos defrontaremos, a propósito do uso posterior do conceito de ditadura revolucionária do proletariado, consistirá em saber se ele designa de uma maneira geral a coerção (que é inseparável, segundo Marx e Engels, de qualquer forma de Estado) –, e, nesse caso, põe-se a questão de saber quais são as formas democráticas ou não da ditadura do proletariado –, ou se, ao contrário, a ditadura designa a violência que se impõe nos momentos em que não há mais como falar propriamente de formas políticas, ou nos quais elas estão suspensas pelo desencadeamento da guerra civil. A fórmula célebre e enigmática de Marx será objeto das mais diversas e contraditórias interpretações. Isso talvez já valha como uma indicação do pensamento político de Marx: pode ser que ele, como sugeri na introdução, tenha tido a tendência a se recusar a antecipar "doutrinariamente" as formas que a revolução proletária tomaria. O último Engels, por sua parte, não cessaria de interpretar a fórmula de maneira mais tranquilizadora, sem deixar de manter aberta a perspectiva da insurreição como direito histórico fundamental. Mas entramos, a essa altura, num período que se situa para além da morte de Marx. Engels tomará consciência, parece-me, do fim de uma época, a da revolução permanente.⁵⁶

Muitos socialistas, como Edward Bernstein, após a morte de Engels, insistiram numa interpretação de que, em contraste com a leitura de Marx, Engels teria aberto portas para o reformismo como estratégia política. No entanto, posteriormente, a leitura de Lênin, em *O Estado e a revolução*, é constituída no intuito de reafirmar e resgatar o caráter revolucionário do pensamento de Engels. Abandonando o revisionismo do movimento da II Internacional, com Lênin se estrutura uma III Internacional, revolucionária.

O direito em Engels

Voltado às questões prementes da ação revolucionária da parte final do século XIX – que se fragilizava pela pretensão reformista de muitos de seus líderes – Engels tratou,

---

⁵⁵ Ibid., p. 138.
⁵⁶ Texier, Jacques. *Revolução e democracia em Marx e Engels*. Rio de Janeiro, Ed. UFRJ, 2005, p. 72.

em muitas obras, além da política, também da questão do direito. Seu papel crítico é notável no que diz respeito aos debates jurídicos do seu tempo.

Sobre a pretensão de que o direito fosse um instrumento neutro, e, portanto, pudesse servir tanto ao capitalismo quanto ao socialismo, como se fosse uma arma meramente técnica a serviço do poder, Engels aponta e explicita o caráter ideológico dessa aparente neutralidade atribuída ao direito:

> O mesmo acontece com o direito. [...] Dentro de um Estado moderno, o Direito não deve apenas corresponder à situação econômica geral e constituir sua expressão legítima; deve, além disso, ser uma expressão coerente em si mesma, e que não se volte contra si mesma através de contradições internas. Para chegar a isso, a fidelidade do reflexo das condições econômicas se desvanece cada vez mais. E isto ainda mais porque só muito raramente um Código constitui a expressão rude, sincera, autêntica, da supremacia de uma classe: isso seria, de fato, atentar contra o "conceito de direito". [...] O reflexo das relações econômicas, sob a forma de princípios jurídicos, leva também, necessariamente, a uma inversão: opera-se sem que os que o elaboram tenham consciência disso; o jurista acredita manejar normas estabelecidas *a priori*, sem se dar conta de que essas normas nada mais são que simples reflexos econômicos: vê assim as coisas sob uma forma invertida. Enquanto não a percebemos, essa inversão constitui o que chamamos *concepção ideológica* e repercute sobre a base econômica, podendo mesmo modificá-la dentro de certos limites.[57]

Será num pequeno texto, *Socialismo jurídico*, que Engels desenvolverá o mais importante de sua reflexão sobre o direito. Escrita em parceria com Karl Kautsky, a obra se levanta contra uma ideia, surgida no movimento operário, de que era necessária a luta pelos *direitos* dos trabalhadores, portanto apostando ainda na própria forma jurídica burguesa. Capitaneando tal visão estava o pensador austríaco Anton Menger, que batizara sua estratégia de "socialismo jurídico".

Anton Menger escrevera, no início da década de 1880, o livro *O direito ao produto integral do trabalho em seu desenvolvimento histórico*. Menger considerava que o fundamento das normas jurídicas se assentava muito mais na própria deliberação do Estado do que propriamente em razões da lógica econômica capitalista. Por essa razão, para Menger, o socialismo, mais do que uma revolução nas estruturas produtivas, seria feito com um novo arranjo nas próprias estipulações jurídicas. Daí que, sendo jurídica a estratégia para o socialismo, tal visão levou o nome de socialismo jurídico.

Adriano de Assis Ferreira analisa os fundamentos da visão de Menger:

> Menger não tem constrangimentos ao adotar o termo "socialismo jurídico", fazendo da desqualificação um mérito. Em suas obras oferece os fundamentos básicos do socialismo jurídico. [...]
>
> Menger aceita a "luta de classes", mas não concorda com (ou não entende) a crítica econômica de Marx. Ao conceber as instâncias política e jurídica como resultado dessa luta, do poder social, e não os localizar em suas funções específicas dentro do modo

---

[57] ENGELS, "Carta a Schmidt". In: MARX; ENGELS, *Obras escolhidas*, op. cit., v. 3, p. 289.

de produção capitalista, pode admiti-los como instrumentos adequados para a transformação social que deseja: a supressão do domínio injusto da burguesia.

Mas sua visão não toca no problema central: a sociedade organizada pela produção de valor abstrato, pela produção de mercadorias. As transformações sociais que propõe não pretendem abolir o trabalho enquanto esfera socialmente diferenciada e separada, mas perpetuá-lo. Simplesmente pretende socializar a propriedade privada dos meios de produção, transferindo-a para o Estado, substituindo a ideologia privada por uma ideologia socialista, sem modificar a lógica social subjacente. O discurso da cidadania pode ser extraído de sua obra, apenas convertido em "cidadania socialista".[58]

Mas, contra Menger, a posição de Engels e Kautsky é a de apontar para o fato de que o socialismo jurídico apenas reproduz as próprias estruturas capitalistas das quais se busca, justamente, sair. A crítica de Menger não era o rompimento das condições que ele próprio atacava. Contra tal visão, reafirmam Engels e Kautsky a compreensão marxista sobre o direito:

> Visto que o desenvolvimento pleno do intercâmbio de mercadorias em escala social – isto é, por meio da concessão de incentivos e créditos – engendra complicadas relações contratuais recíprocas e exige regras universalmente válidas, que só poderiam ser estabelecidas pela comunidade – normas jurídicas estabelecidas pelo Estado –, imaginou-se que tais normas não proviessem dos fatos econômicos, mas dos decretos formais do Estado. Além disso, uma vez que a forma fundamental das relações entre livres produtores de mercadorias, isto é, a concorrência, é niveladora ao extremo, a igualdade jurídica tornou-se o principal brado de guerra da burguesia. Contribuiu para consolidar a concepção jurídica de mundo o fato de que a luta dessa nova classe em ascensão, luta contra os senhores feudais e a monarquia absoluta, aliada destes, era uma luta política, a exemplo de toda luta de classe, luta pela posse do Estado, que deveria ser conduzida por meio de *reivindicações jurídicas*.[59]

A lógica do direito acompanha a lógica do capital, intimamente vinculada às relações mercantis, que tornam o trabalhador um sujeito de direito. A lógica mercantil, sendo correlata da lógica jurídica, faz com que a burguesia encontre no direito o seu apoio mais importante no plano político. Para Engels e Kautsky, a mistificação do discurso jurídico se dá porque as classes trabalhadoras, também exploradas na afirmação de sua luta, ainda se valem das mesmas categorias jurídicas burguesas. Para o proletariado, no entanto, é preciso superar o limite meramente jurídico da luta:

> Assim como outrora a burguesia, em luta contra a nobreza, durante algum tempo arrastara atrás de si a concepção teológica tradicional de mundo, também o proletariado recebeu inicialmente de sua adversária a concepção jurídica e tentou voltá-la contra a burguesia. As primeiras formações partidárias proletárias, assim como seus

---

[58] FERREIRA, Adriano de Assis. *Questão de classes. Direito, Estado e capitalismo em Menger, Stutchka e Pachukanis.* São Paulo, Alfa-Ômega, 2009, p. 52 e 54.

[59] ENGELS, Friedrich; KAUTSKY, Karl. *O socialismo jurídico.* São Paulo, Ensaio, 1995, p. 25.

representantes teóricos, se mantiveram estritamente no jurídico "terreno do direito", embora constituíssem para si um terreno do direito diferente daquele da burguesia. [...] A classe trabalhadora – despojada da propriedade dos meios de produção, no curso da transformação do modo de produção feudal em modo de produção capitalista, e continuamente reproduzida pelo mecanismo deste último na situação hereditária de privação de propriedade – não pode exprimir plenamente a própria condição de vida na ilusão jurídica da burguesia. Só pode conhecer plenamente essa mesma condição de vida se enxergar a realidade das coisas, sem as coloridas lentes jurídicas. A concepção materialista da história de Marx ajuda a classe trabalhadora a compreender essa condição de vida, demonstrando que todas as representações dos homens – jurídicas, políticas, filosóficas, religiosas etc. – derivam, em última instância, das condições de vida do próprio homem e do modo de produzir e trocar os produtos.[60]

Engels e Kautsky, buscando desmistificar a ilusão de que o socialismo possa ser uma estratégia político-jurídica, olvidando das transformações profundas e necessárias nas relações de produção, apontam para o fato de que Marx não apontou para o socialismo como sendo um novo arranjo jurídico, nem que somente mudanças jurídicas como a abolição da propriedade privada ou o direito do trabalhador ao fruto do seu trabalho pudessem, por si só, fazer a passagem do capitalismo ao socialismo. Marx não deposita no direito as esperanças revolucionárias, ao contrário do que Menger tentara sustentar:

> Tentamos por todos os meios fazer com que este obstinado jurista [Menger] compreendesse que *Marx nunca reivindicou o "direito ao produto integral do trabalho"*, nem jamais apresentou reivindicações jurídicas de qualquer tipo em suas obras teóricas. Nosso jurista parece mesmo ter vaga noção disso, quando censura Marx por nunca ter oferecido "uma exposição pormenorizada do direito ao produto integral do trabalho".
>
> O direito jurídico, que apenas reflete as condições econômicas de determinada sociedade, ocupa posição muito secundária nas pesquisas teóricas de Marx; ao contrário, aparecem em primeiro plano a legitimidade histórica, as situações específicas, os modos de apropriação, as classes sociais de determinadas épocas, cujo exame interessa fundamentalmente aos que veem na história um desenvolvimento contínuo, apesar de frequentemente contraditório, e não simples caos de loucura e brutalidade, como a via o séc. XVIII.[61]

Para o pensamento de Engels e Kautsky, o entendimento do direito no todo das relações de produção capitalistas demonstra o limite das postulações que compreendam o estabelecimento do socialismo a partir de transformações jurídicas. Imbricada na lógica do capital, a lógica do direito aí mesmo encontra seu horizonte.

---

[60] Ibid., p. 25 e 27.
[61] Ibid., p. 38.

12
OS TRÊS CAMINHOS DA FILOSOFIA DO DIREITO CONTEMPORÂNEA

Em boa parte de sua evolução, a história da filosofia se desnudou a partir de uma certa temporalidade linear, bastante útil para fins didáticos. Assim, sabe-se que há uma sequência de sucessão no tempo entre Sócrates, Platão e Aristóteles, entre Paulo, Agostinho e Tomás, entre Hobbes, Locke e Rousseau, ou mesmo entre Kant, Hegel e Marx. No entanto, nas épocas contemporâneas, não se pode dizer que haja uma evolução linear dos filósofos. Muitas correntes filosóficas se apresentam ao mesmo tempo, umas em contraposição a outras, e estudá-las de acordo com a datação biográfica de seus filósofos não é valioso, na medida em que não é a data de nascimento o critério principal de suas especificidades.

Proponho uma classificação da filosofia do direito contemporânea em três grandes vertentes, de tal modo que os principais eixos e horizontes da reflexão jusfilosófica estejam plenamente contemplados. É certo que cada filósofo é uma filosofia, e estudá-los em conjunto, com alguma organicidade e sistematicidade, é abdicar da posição única e soberana de cada qual. Mas, a benefício da compreensão didática, as posições filosóficas conseguem ser dimensionadas a partir de alguns referenciais gerais.

Ao propor uma leitura da filosofia do direito *contemporânea* a partir de três grandes vertentes, não se exclui o fato de que, nos nossos tempos, velhas filosofias do direito ainda têm animado juristas e decisões legislativas e judiciais. Mas essas visões do direito, lastreadas em filosofias do passado, ainda que estejam vivas em determinados juristas e pensadores de hoje, não podem ser chamadas de contemporâneas. O caso mais nítido desse anacronismo ainda presente nos dias atuais se dá com a visão de mundo medieval, de abordagem religiosa.

É verdade que algumas visões de mundo religiosas ainda alimentam a mentalidade do jurista hoje, mas não como doutrinas filosóficas contemporâneas originais: trata-se apenas da perpetuação da velha concepção de mundo medieval nos tempos atuais. O corte temporal há de identificar por *contemporâneo* o produto do momento posterior às revoluções burguesas, portanto, fundamentalmente, os séculos XIX, XX e o atual, na medida em que a situação histórico-social presente encontra a referência de sua estabilização e de seus problemas estruturais nesse período.

TRÊS CAMINHOS JUSFILOSÓFICOS ESPECÍFICOS

No quadro do pensamento jusfilosófico contemporâneo, as visões de mundo *conservadoras*, que legitimam o direito positivo estatal como única vertente de compreensão filosófica possível ao direito, ou as visões *críticas*, que desnudam os limites do juspositivismo, são balizas para determinar os caminhos da filosofia do direito.

Três vastas perspectivas podem ser compreendidas na filosofia do direito contemporânea. A primeira delas é um grande campo de legitimação e de aceitação do direito e das instituições políticas e jurídicas, que se poderia chamar de visão estatal, formalista, institucional, liberal ou, em amplo sentido, *juspositivista*. Nesse grande campo está a maior parte dos teóricos do direito, embora estes variem tanto em suas abordagens que seja possível nesse campo compreender tanto extremados normativistas quanto pensadores ecléticos e mesmo moralistas. É possível, portanto, vislumbrar algumas grandes subcorrentes do pensamento juspositivista: os juspositivismos *ecléticos*, os juspositivismos *estritos* e os juspositivismos *éticos*.

O segundo grande campo de perspectiva jusfilosófica reside numa perspectiva não formalista, não liberal, e que se encaminha a uma percepção realista do fenômeno jurídico. Trata-se de um campo não juspositivista, mas sem o entendimento profundo e crítico possibilitado pelo marxismo. Como o marxismo também é não juspositivista, por dupla exclusão é que se há de apontar um caminho ao mesmo tempo não juspositivista e também não marxista. Se se quisesse nomeá-lo por uma alcunha própria, poder-se-ia nomear esse campo de filosofia do direito do poder, ou até mesmo existencialista num sentido lato, e, dentro dele, estão tanto as filosofias do direito propriamente *existenciais* bem como as perspectivas que desvendam o poder para além das normas jurídicas, como a do *decisionismo* ou a da *microfísica do poder*.

A terceira grande perspectiva jusfilosófica é a filosofia do direito *crítica*, que tem no *marxismo* o seu mais importante e pleno caminho. O marxismo representa a crítica mais profunda e o horizonte mais amplo da transformação social, política e jurídica, porque há de investigar os nexos históricos e estruturais do direito com o todo social, e daí a sua plenitude para a filosofia do direito.

Os três caminhos da filosofia do direito contemporânea representam, também, três abordagens quanto à extensão do fenômeno jurídico. Na primeira trilha, juspositivista, há uma tentativa de redução do direito apenas aos limites da sua manifestação e elaboração estatal. O jurídico se confina ao normativo estatal. O juspositivismo é a mais reducionista das visões jusfilosóficas contemporâneas.

No segundo campo, não juspositivista, a compreensão do direito dá um salto qualitativo. O direito não é mais tido no mero limite das normas jurídicas estatais. Por detrás das normas jurídicas, há as relações de poder, que são concretas, históricas, sociais, desde as maiores decisões da vontade estatal até a microfísica do poder. As filosofias do direito não juspositivistas buscam, então, escapar do reducionismo formalista.

No entanto, somente o marxismo consegue ser a plena compreensão do direito. Isso porque não apenas amplia o espectro de análise do direito do campo da norma jurídica para o do poder, como também se põe a entender os nexos mais profundos das próprias relações de poder. Assim sendo, a totalidade das relações sociais está em análise na filosofia do direito marxista, que se revela, então, o mais vasto e pleno caminho jusfilosófico contemporâneo.

Então, pelo ângulo das possibilidades de compreensão do fenômeno jurídico, destaca-se uma visão amplamente reducionista – o juspositivismo –, uma visão atrelada ao poder – as filosofias do direito não juspositivistas – e uma visão plena da totalidade – o marxismo. Para o juspositivismo, o direito é uma esfera autônoma, imediatamente dada e limitada pelas normas estatais. Para as filosofias do direito não juspositivistas, o direito não é uma esfera desconectada ou autônoma, pois já se pensa no poder como sua base. Mas, muitas vezes, o não juspositivismo apenas transfere a autonomia do campo normativo para o campo político. O marxismo é quem liberta totalmente o fenômeno jurídico de seu confinamento nas visões reducionistas, seja no reducionismo normativista ou seja no reducionismo político estatal. O direito é pensado a partir das estruturas do todo histórico-social.

Reducionismo ao normativismo; reducionismo ao político-estatal ou ao poder; totalidade; são tais os três caminhos da filosofia do direito contemporânea.

Tomando esses três caminhos por meio de suas inspirações nos maiores *filósofos* – e não necessariamente nos juristas –, no grande campo majoritário, juspositivista, a presença de *Kant* é marcante, e, em alguma medida, soma-se a Kant também *Hegel*. No campo não juspositivista e não marxista é *Heidegger* seu grande paradigma, e em ângulo próprio também *Foucault*. No campo da visão crítica do direito, é *Marx* seu maior teórico e filósofo.

Por sua vez, se tomarmos pela originalidade de seus teóricos *juristas*, a filosofia e a teoria geral do direito têm os seus momentos mais paradigmáticos e simbólicos em *Hans Kelsen*, pela via juspositivista, em *Carl Schmitt*, pela via não juspositivista decisionista, e em *Evguiéni Pachukanis*, pela perspectiva crítica marxista. E, de fato, Kelsen, Schmitt e Pachukanis são os três mais originais pensadores dos três grandes caminhos filosóficos do direito do século XX. Não são sincréticos nem apoiados em posições mistas. São o extrato mais puro das três visões mais distintas possíveis do direito.

Ao serem observados de maneira mais próxima, os três caminhos da filosofia do direito contemporânea apresentam, por sua vez, divisões próprias e especificidades.

O juspositivismo

O juspositivismo, em termos quantitativos, é aquele que mais alcança a prática do jurista e do teórico do direito contemporâneos. A maioria dos profissionais do direito, pela limitação teórica, pela prática e pelas estruturas institucionais do direito contemporâneo, exerce um ofício cujo pensamento é adstrito às normas jurídicas do Estado.

O fundamento metodológico mais requisitado do juspositivismo na atualidade é o da filosofia analítica, representada pelos pensadores da teoria geral do direito, como Hans Kelsen, Alf Ross, Herbert Hart, Norberto Bobbio, dentre outros. Reduzindo o direito à norma, passam a tratá-la de modo autônomo, fragmentado, aprofundando um conhecimento específico recortado do todo da realidade social. Pode-se dizer, então, de uma filosofia juspositivista *analítica reducionista*.

O instrumental mais relevante trazido em apoio à filosofia do direito analítica reducionista tem sido um certo uso da filosofia da linguagem, que desdobra a norma jurídica em seus aspectos comunicacionais, como se eles presidissem o horizonte do fenômeno jurídico. A ciência da lógica é também trazida como um refinamento filosófico que, no entanto, não escapa dos quadrantes internos do direito positivo. Em termos práticos, o jurista juspositivista maneja as normas jurídicas estatais, e, em termos filosóficos, dá-lhes tratamento analítico, lógico e linguístico, valendo-se de filosofias da comunicação. O eixo central da filosofia juspositivista, encerrado na analítica da linguagem, constitui-se na máxime variação possível dentro da redução do fenômeno jurídico na atualidade.

Mas há outras manifestações de juspositivismo não plenamente reducionistas. O *ecletismo* juspositivista, seja em suas manifestações do século XIX, como a da Escola Histórica ou a de Jhering, seja nas do século XX, com Miguel Reale e o culturalismo, é um caminho do juspositivismo ainda não plenamente reduzido: não chegou à identificação total do direito à norma, e, por consequência, da filosofia do direito à analítica normativa.

De outro lado, um determinado tipo de juspositivismo *ético*, pós-reducionista, como o de Jürgen Habermas, não sendo limitado às normas do direito positivo, nem por isso se iguala ao juspositivismo eclético, seja por natureza histórica ou por fundamento filosófico: o ecletismo é uma largueza anterior à plenitude do reducionismo normativo e, portanto, o considera temerário, e o juspositivismo ético é o triunfo do próprio positivismo estrito que, após desvendar seu núcleo fundamental, reinveste os demais fenômenos sociais do orgulho jurídico-normativo.

Kelsen é o ápice da redução analítica. Miguel Reale é o exemplo de uma resistência romântica a essa redução total. Jürgen Habermas é o exemplo do proveito dessa redução em benefício de sua posterior reelaboração e extensão à política, à economia, à cultura e à sociedade. Assim sendo, pode-se falar de uma filosofia do direito juspositivista *pré-reducionista*, outra *plenamente reducionista* e outra *pós-reducionista*.

E, tendo por eixo apenas aquilo que já é dado como direito na sociedade capitalista contemporânea – seja com desconto, seja com justeza ou com exacerbação, em cada uma de suas vertentes –, o juspositivismo é uma doutrina filosófica de posição política conservadora, ainda que em variados matizes de conservadorismo, desde o mais reformista até o mais frio e indiferente a qualquer horizonte social diverso.

As filosofias do direito não juspositivistas

No que tange às filosofias do direito não juspositivistas não marxistas, é preciso distingui-la em vários grandes eixos bastante específicos; três dos mais importantes deles são representados por Heidegger, Schmitt e Foucault.

No primeiro eixo, *existencial*, baseado em Heidegger e também visto em Gadamer, o sentido filosófico do direito é uma espécie de recusa da modernidade, incomodado tanto com o capitalismo quanto com a técnica. Como na técnica se assenta não só o capitalismo, mas também uma das hipóteses da superação do próprio capitalismo para o socialismo, então essa vertente se opõe ao presente e ao futuro, restando-lhe uma reconstrução do passado – da antiga arte e não da moderna técnica – como condição político-jurídico-filosófica excelente. Por isso, um certo resgate do direito natural, fisicista ou aristotélico, prudencial e não técnico, acaba por ser a posição concreta prática de muitos heideggerianos e gadameranos na filosofia do direito.

No segundo grande campo da filosofia não juspositivista não marxista, agora de tipo *decisionista*, há uma profunda recusa da modernidade liberal, mas uma espécie de aceitação dos meios da técnica não enquanto tais, e sim enquanto caminhos insuficientes para o desvendar da verdade do direito. Carl Schmitt, o modelo mais importante do decisionismo, não é contra o juspositivismo, é mais profundo que ele. Mais do que ser contra a técnica jurídica normativa, Schmitt afasta uma possível grande importância dessa técnica nas sociedades capitalistas contemporâneas, em prol de uma verdade mais profunda, do poder estatal. Por isso, ao contrário de Heidegger, a solução schmittiana ainda é moderna, num sentido peculiar de modernidade, na medida em que se insurge violentamente a toda a modernidade normativa para exaltar um certo moderno estatal que é a variação máxima do próprio modelo de modernidade. Trata-se de usar o mesmo remédio do poder estatal, mas em dosagem muito mais absurda: a da verdade da política para além da norma jurídica. O nazismo não é contra a modernidade, é a sua última consequência, insólita verdade na qual o modelo conservador juspositivista não quer se ver.

O terceiro grande caminho da filosofia do direito não juspositivista e não marxista é o de Michel Foucault. É tomado pelo seu caráter conflituoso em relação ao mundo moderno, normativo-estatal-capitalista, que o pensamento de Foucault pode ser elencado como uma terceira variante, própria, do modelo que se afasta do juspositivismo. A arqueologia do saber e a genealogia do poder, seus itinerários filosóficos mais importantes, são uma espécie de virulenta negação do presente a partir de sua história efetiva. A crítica de Foucault, para os olhares de muitos filósofos contemporâneos, o credenciaria como pensador de crítica do presente, mas não de postulador pleno de horizontes novos futuros, como os marxistas.

A crítica foucaultiana ao presente o situa ao lado de Heidegger, Gadamer e Schmitt no desmascaramento da falsa verdade do direito positivo. No entanto, o pensamento de Foucault mais claramente se presta à superação, do presente, na medida em que sua crítica à microfísica do poder não é uma louvação do passado nem uma espécie de dosagem altíssima dos mesmos remédios normativistas presentes, como o é em Schmitt. Há uma espécie de escatologia difusa em Foucault, de denúncia do poder que permitiria, então, uma nova construção social, libertária. É muito possível, e mesmo natural, inscrever Foucault nos caminhos da crítica transformadora. No Brasil, isso se revela de um modo ainda mais claro. A denúncia da microfísica do direito é a possibilidade de sua superação. Na Europa e nos EUA, cujo modelo de juspositivismo já é pleno e cansado, a crítica de Foucault é lida com olhares pós-modernos, desconstrutivos do discurso universalista do direito. No Brasil e na periferia do capitalismo mundial, ironicamente, a crítica foucaultiana acaba sendo quase que um libelo iluminista, em favor de algum futuro universal que ainda não há, na medida em que não há direito formal e há arbítrio do poder bruto.

Os caminhos da filosofia do direito não juspositivista e não marxista, por mais específicas sejam suas propostas, são em geral aproveitados criticamente quando em conjunto com o marxismo. Se é verdade que se pôde ver em Heidegger, Gadamer e Schmitt uma utilização direta pelo pensamento reacionário – e, em muitos casos, eles próprios se prestaram a esse fim –, no entanto, também é verdade que há leituras existenciais, hermenêuticas e decisionistas progressistas, de extrato crítico, aproveitadas também pelo marxismo, que constituem a melhor fortuna do campo não juspositivista.

O marxismo

O marxismo é a plena filosofia do direito *crítica*. Em termos de pensamento jurídico, o marxismo encaminha-se para a compreensão da específica situação do direito no todo histórico social de nosso tempo, o capitalismo. Ao invés de tratar o direito pelo ângulo da sua legitimação, como o faz o juspositivismo, o marxismo busca compreender sua real e concreta manifestação histórica. E, ao assim o fazer, o marxismo supera as determinações genéricas sobre o poder do campo existencial e decisionista. Entender os concretos vínculos entre Estado, direito e reprodução econômica e social é a tarefa mais árdua e mais ampla à qual o marxismo se incumbe na filosofia do direito.

São muitos os filósofos do marxismo que contribuíram para a reflexão sobre o direito. Podem ser agrupados por critérios geográficos, histórico-temporais ou temáticos. No que tange aos eixos temáticos, cujo proveito didático é muito maior, o pensamento marxista sobre o direito apresenta cinco grandes eixos: a *revolução*, a *política*, a *técnica*, o *método* e a questão do *justo*. A compreensão jusfilosófica de cada marxista não está adstrita a um desses campos. Quase sempre os marxistas se espraiam sobre todas as questões. A ênfase maior de cada qual é que dá a sua pertinência a cada um dos agrupamentos temáticos – e isso apenas em benefício da didática.

No que tange às relações estruturais do direito com o nível econômico capitalista, há duas grandes perspectivas de análise do direito no marxismo: a revolução e a estratégia de ação política transformadora dentro do próprio Estado capitalista. No primeiro caso, tratando do direito e seu papel na *revolução*, foi o debate soviético que capitaneou as reflexões jusfilosóficas do século XX, em especial com Lênin e Pachukanis. As manifestações do Estado e do direito no processo revolucionário, sendo ou instrumentos neutros ou instâncias necessariamente capitalistas, é o grande eixo de tais análises. No caso da *política* como estratégia para a revolução, Antonio Gramsci é o seu mais importante pensador, cujo referencial jurídico inclusive é marcante, e, logo em seguida, também têm relevo os pensadores envolvidos no debate italiano sobre socialismo e democracia.

Habermas também poderia ser elencado, para a filosofia do direito, como um pensador de vertentes voltadas à ação política crítica, mas o marxismo somente pode considerar em seu seio o reformismo no máximo enquanto meio tático para a revolução, e não como solução social definitiva. Por isso, na filosofia do direito contemporânea, Habermas mais se credencia como ala radical do juspositivismo do que como ala conservadora dos críticos. Do mesmo modo como a filosofia do direito europeia lê Foucault como um não marxista e o Brasil o lê como grande crítico, com Habermas dá-se o mesmo, em instância trocada: para o estabilizado capitalismo europeu-norte-americano, é progressista. Para as candentes necessidades transformadoras do mundo do capitalismo periférico, é conservador.

No que tange à aproximação da filosofia do direito marxista com temas específicos da *cultura* contemporânea, há duas grandes questões a serem tratadas: a relação entre direito e *técnica* e a relação do direito com a *psicanálise*. A leitura de ambos os temas é a preocupação fundamental da Escola de Frankfurt, um conjunto de pensadores que levantam a possibilidade e a necessidade da razão *crítica* – a nomeação do marxismo como caminho jusfilosófico crítico daí é extraída. Os frankfurtianos procedem a uma leitura que conjuga Marx e Freud, de modo bastante inovador e de muito proveito ao direito.

No que tange às formulações teóricas da filosofia do direito de fundo epistemológico, o marxismo apresenta dois grandes *métodos*: os de Lukács e Althusser. Em Lukács, há uma relação privilegiada da leitura do direito relacionada à totalidade da vida social. A dialética, como arma comum a Hegel e Marx, é o instrumento fundamental para a extração das contradições da sociedade contemporânea. A reificação é sua problemática mais alta, porque é uma espécie de condição de alienação que atinge todas as manifestações sociais. Daí que a medida da resistência se faz a partir de qualquer pedaço desse todo, já que em cada parte há uma reprodução particular do geral. Por sua vez, para Althusser, a compreensão do direito é distinta. Nas suas hipóteses mais rigorosas, o direito é ligado necessariamente à própria lógica da reprodução econômica. O investimento mais alto da transformação está na ruptura estrutural do sistema capitalista. A leitura do direito em Althusser busca desmontar uma espécie de humanismo que permitisse a concórdia dentro do próprio capitalismo, em favor de uma ação revolucionária plenamente estrutural.

Por fim, a questão da *justiça*, que, não sendo uma apreciação possível a partir das estruturas da sociedade capitalista, leva necessariamente à questão da superação do presente e do socialismo por vir. A questão do justo futuro e da superação da atual injustiça é a reflexão por excelência de Ernst Bloch. Apontando para os espaços de energias e ações de utopia concreta superadora, em busca da justiça e da dignidade, Bloch é quem mais se dedicará à segunda face da totalidade de compreensão marxista da própria disciplina da filosofia do direito: não só o direito, mas também o justo.

HORIZONTES FILOSÓFICOS CONTEMPORÂNEOS

Os três caminhos da filosofia do direito contemporânea representam horizontes específicos quanto à história, à política e ao sentido da própria filosofia.

As filosofias do direito juspositivistas, ao se restringirem ao já dado do direito positivo estatal, são filosofias orientadas ao *conservadorismo*. Claro está que essa visão política conservadora apresenta variados matizes – é possível observar desde um frio tecnicismo até um juspositivismo socialmente ativo, no caso de Habermas – mas, em linhas gerais, o juspositivismo se põe dentro dos quadrantes de uma realidade cujos mecanismos técnico-normativos já se encontram estabelecidos.

Por essa razão, pode-se dizer que, em termos de horizonte da história, as variadas filosofias do direito do juspositivismo se orientam para o *presente*. A manutenção de uma determinada ordem, como ela se apresenta no hoje, ou com alterações que não lhe sejam substanciais, é seu norte no que tange ao sentido da história.

No que diz respeito às filosofias do direito não juspositivistas não marxistas, uma multiplicidade de conotações políticas se pode vislumbrar. Se tomados de modo estrito, sem um uso crítico, Heidegger, Gadamer e Schmitt são pensadores que podem apontar diretamente para o *reacionarismo*. Não apresentam, de modo algum, um pensamento conservador, na medida em que são antimodernos e antiliberais. Suas filosofias não são construídas a partir de uma base de classes, em razão dos oprimidos. Sua orientação é reativa, muito mais do que proativa ou conservadora. E, em alguns casos, trata-se mesmo de uma falta de orientação político-social.

Claro está, no entanto, que o pensamento crítico anela as leituras não juspositivistas consigo, numa perspectiva de integração, dando a elas, por conta do próprio marxismo, um horizonte progressista. Michel Foucault tem um peso próprio dentro das filosofias do direito não juspositivistas não marxistas. É um pensador com horizonte político crítico, bastante próximo, nesse sentido, do marxismo.

Em termos de sentido da história, Heidegger e Gadamer, se tomados por conta própria, sem um uso crítico, apontam para o *passado*, para a ruptura com a técnica a partir do ângulo do originário. Carl Schmitt, de modo peculiar, aponta para um *superpresente*, na medida da revelação das entranhas do próprio poder estatal e de sua exacerbação. O pensamento de Michel Foucault, por sua vez, tomado por um prisma crítico, há de se juntar ao marxismo numa perspectiva de *futuro*, mas, no seu entorno, as leituras que tentam fazer de Foucault um pós-moderno impulsionam-no a um *presente fragmentado* ou a um *futuro fragmentado*, conforme o grau de leitura pós-moderna que se lhe aplique.

Não tomados em junção com uma visão crítica, Heidegger e Gadamer podem ser o pré-moderno, Schmitt o supermoderno e Foucault o pós-moderno. Mas tomados pelo melhor sentido, que muitas vezes nem eles próprios possibilitam diretamente a partir de dentro de sua própria exegese, podem ser orientados de modo progressista.

A filosofia do direito crítica, por sua vez, orienta-se para a *transformação social*. A transformação, divisa maior de Marx, na Tese XI, será também o horizonte do pensamento filosófico jurídico crítico marxista, conforme se depreende inclusive de seu mais pleno jusfilósofo, Pachukanis. Nesse sentido, a filosofia do direito crítica não enxerga no passado pré-capitalista uma solução melhor que o presente e também não se conforma com o presente nem advoga sua exacerbação – como Schmitt – ou sua fragilização – como uma certa possível leitura de Foucault. O marxismo é a filosofia que aponta para a superação, para o *futuro*.

13
AS FILOSOFIAS DO DIREITO JUSPOSITIVISTAS

As perspectivas filosóficas mais comuns ao pensamento jurídico contemporâneo, as juspositivistas, são expressão imediata do domínio do Estado pela burguesia, a partir do século XIX. Até o século XVIII, a classe burguesa, em ascendência, era contrária ao direito positivo, pois encontrava no Estado absolutista um obstáculo aos seus interesses. Na França, por exemplo, o direito positivo do Antigo Regime mantinha a condição privilegiada da nobreza, impedindo a liberdade comercial burguesa.

Antes de tomar o positivismo estatal como sua filosofia basilar, a burguesia apoiava-se na doutrina do direito natural racional. O jusracionalismo, como expressão imediata, no plano teórico, de todos os interesses fundamentais da burguesia para suas atividades mercantis e produtivas, pautava-se na defesa intransigente da propriedade privada, da igualdade formal e da liberdade contratual. Tais princípios foram elevados à condição de direitos naturais dos homens, porque, nas palavras dos pensadores burgueses, a *Razão* assim impunha.

Na visão do jusracionalismo burguês, só há uma razão, universal, invariável e que reside além das mudanças históricas. Essa razão se fecha sob um sistema: os interesses burgueses não se chocam internamente e se tornam lógicos, dedutíveis uns dos outros. Immanuel Kant, o último grande filósofo do jusracionalismo do século XVIII, fornece a mais bem acabada teoria sobre a compreensão de tais direitos naturais. Por meio dos imperativos categóricos, o entendimento do justo há de se fazer a partir do indivíduo, universalizado porque apartado das condicionantes sociais e históricas.

Se o fim do Absolutismo representou o fim de um tipo específico de pensamento jurídico, o absolutista, a lógica da burguesia, apenas com pequenos ajustes, adaptou o seu jusnaturalismo às condições de domínio estatal que então se apresentavam. O jusracionalismo era um sistema fechado e lógico de apoio aos interesses burgueses, e seu esteio era uma pretensa razão universal. Ocorre que o juspositivismo, que é a filosofia do direito burguesa que matou o jusracionalismo e o sucedeu, é a mesma coisa que este, apenas com outra base. Também o juspositivismo é um sistema fechado, lógico, que dá base à ação burguesa. Mas seu esteio é o Estado, que agora já é burguês também.

Nesse contexto, o atual fetiche de uma justiça intrínseca ao Estado burguês revela pressupostos já fincados anteriores. O primeiro deles é o fetiche pelo *sistema*. O justo burguês é considerado um conjunto racional. O Estado há de falar o justo, mas, mais importante do que buscar uma situação concreta em si mesma, o jurista burguês privilegia o sistema geral do direito. Daí deriva o fato de que, à maioria dos juristas desde o século XIX, a segurança desse sistema é de fato muito mais relevante do que o justo de cada situação específica. O jurista acaba se convertendo, pois, no operador de uma máquina que nunca pode parar, e que tem que ser operada com a máxima previsibilidade possível.

O próximo passo dessa visão de mundo é converter a ação jurídica numa ação *técnica*. E, de fato, a filosofia do direito burguesa, lastreada no estatismo, no juspositivismo e na visão liberal de mundo, compreenderá o direito como se fosse uma mera e contínua técnica de operação dos instrumentais jurídicos. A norma, a sentença, o processo legislativo, o ordenamento, a isso se reduzirá a preocupação do pensamento jurídico.

É por isso que a filosofia do direito de tipo normativo estatal converte o pensamento jurídico numa espécie de teoria geral do direito. Tudo o que é maior, mais abrangente e mais amplo do que essa teoria geral das técnicas do direito é abominado como não jurídico. Há uma ojeriza quanto ao pensamento jurídico que dialogue ou se relacione com a verdade social. Para os pensadores dessa grande corrente de pensamento, o fenômeno jurídico se limita, por excelência, apenas à técnica jurídica.

CORRENTES DOS PENSAMENTOS JUSPOSITIVISTAS

São variados os pensamentos que se vinculam, de algum modo ou de outro, ao juspositivismo. Três grandes correntes, no entanto, podem ser distinguidas dentro dos positivismos, e sua compreensão se dá a partir da relevância que se dá à técnica normativa estatal, se parcial ou total.

Desde o século XIX – e, de algum modo, passando por todo o século XX e vivo até hoje –, a primeira grande afirmação do direito positivo estatal se dá a partir de referenciais ainda extranormativos, na medida em que a esterilidade de uma mera analítica normativa estatal é chocante ao espírito jurídico que ainda há pouco, no século XVIII, era jusnaturalista. Tal visão que já é juspositivista mas o funda em razões extraestatais pode ser chamada de *juspositivismo eclético*, justamente por mesclar o campo da normatividade estatal a valorações sociais. O caminho filosófico que situa o direito numa técnica normativa estatal mitigada está presente nas variadas manifestações de ecletismo jurídico, como o culturalismo jurídico, do qual Miguel Reale é certamente o seu maior expoente, e que foram típicas de um modo de pensar que chega até os meados do século XX.

No entanto, já no século XX, no florescimento do uso somente técnico-normativo do direito, verifica-se o apogeu do *juspositivismo estrito* ou pleno. O caminho estritamente técnico, do juspositivismo pleno, tem por maior pensador – e símbolo – Hans Kelsen. O lastro de tal visão juspositivista é uma espécie de filosofia analítica. A virada linguística da filosofia se encarregou de fazer tal pensamento se encontrar com o campo da comunicação e da analítica, para dar melhores volteios dentro de si mesmo.

Na parte final do século XX, o desgaste do juspositivismo estrito enseja uma espécie nova de ecletismo juspositivista, mas agora haurida de uma visão *ética* liberal. Não se trata do resgate do velho ecletismo como explicação da *origem* do direito, mas sim como *meta*. Por isso, o próprio direito positivo, a depender de suas instituições e de suas diretrizes, passa a ser considerado como valioso a determinados valores éticos e sociais. Tal visão tem dominado as especulações desse tipo de filosofia do direito que é juspositivista mas que avança para além da mera normatividade, em favor do uso ético do direito positivo. Ronald Dworkin, John Rawls, Robert Alexy e Jürgen Habermas são os filósofos do direito mais conhecidos dessa nova fase, que tem penetrado com alguma força no início do século XXI.

OS JUSPOSITIVISMOS ECLÉTICOS

Desde o século XIX, com a plena tomada do poder estatal por parte da burguesia, o pensamento jurídico já se assenta em bases juspositivistas. No entanto, a justificativa teórica que se dava ao positivismo ainda estava pendente da inspiração que alimentou a burguesia durante toda a Idade Moderna. O mito de entrada da contemporaneidade jurídica é a chamada positivação do direito natural. Creu-se que o direito positivo deveria ser seguido porque, no fundo, ele era apenas o direito natural positivado. Assim argumentou o pensamento burguês liberal em inícios do século XIX.

Mas também, nessa mesma época, outros juristas que se aproximavam do juspositivismo insistiam em encontrar outros fundamentos às leis postas pelo Estado, também exteriores ao mundo estatal. Pode-se chamar de juspositivismo eclético esse tipo de pensamento que, já lastreado especificamente na técnica normativa estatal, quer, no entanto, dar-lhe um fundamento exterior, social, histórico, seja ou não jusnaturalista. Eclético porque, comparado àquele que é o mais radical e estrito pensador da técnica jurídica, Hans Kelsen, esse tipo de pensamento se mostra largo, oriundo de muitas raízes, buscando em elementos externos ou em axiomas generalistas um fundamento para o direito positivo.

O maior exemplo de positivismo eclético, no início do juspositivismo, no século XIX, esteve com a chamada *Escola histórica do direito*. O grande corpo de pensadores da Escola Histórica é revelador dessa espécie de ecletismo juspositivista. Para tais juristas, o direito é expressão do "espírito do povo" (*Volksgeist*). Mas, antes de ser um caminho sociológico de conclusão ou de metas, essa ideia é uma espécie de petição de princípios. De uma pretensa origem no povo há de se explicar e legitimar o direito positivo existente. O movimento da Escola Histórica é, na verdade, a grande tentativa de acomodação entre os imperativos revolucionários da burguesia europeia, que leva ao direito positivo universal, e os reclames reacionários, da nobreza e das classes privilegiadas do Antigo Regime, para uma espécie de direito haurido da sociedade nacional e não do Estado. A solução do impasse entre a nobreza fora do Estado e a burguesia dentro dele foi a tangente: o argumento jusfilosófico do povo.

Karl Von Savigny, o primeiro dos grandes pensadores da Escola Histórica, no início do século XIX, principalmente a partir de sua obra *Sistema do direito romano atual*, propõe que o direito não seja compreendido meramente a partir da norma jurídica, mas, sim, que esta se impõe por representar, acima de tudo, o espírito do povo. Esse vago conceito, no entanto, é explicado por Savigny como sendo a manifestação de institutos históricos e sociais como o da família e o da propriedade, que depois se consubstanciam na lei. Para Savigny, não é a lei que criou os conceitos jurídicos. Antes, estes têm origem nos institutos concretos e sociais que manifestam o espírito do povo. Eis então o juspositivismo eclético: o direito é haurido do Estado, mas não que o Estado seja sua fonte inicial. Acima de tudo, para a Escola Histórica, a fonte é o povo. O Estado consubstancia o que vem de antes, historicamente. Para uma sociedade burguesa em acomodação, com classes as mais distintas em conflito, o juspositivismo metafísico do século XIX é a tentativa de acender velas, na filosofia do direito, para Deus e o diabo. Fazendo uma acomodação entre a normatividade estatal e uma espécie de institucionalização intuitiva do espírito do povo, Savigny é um exemplo claro de um ecletismo juspositivista. Nesse sentido, Karl Larenz:

> Na obra de maturidade, Savigny liberta-se da estrita vinculação ao teor literal da lei defendida no seu escrito de juventude, em favor de uma consideração mais vigorosa do fim da lei e do nexo de significações fornecidas pela global intuição do instituto. Não esclarece, no entanto, como é possível reconduzir de novo a regra jurídica particular surgida por "abstração" à unidade de sentido do instituto jurídico correspondente, e tirar desta unidade quaisquer determinações, quando tal unidade só se oferece de modo intuitivo, não sendo acessível ao pensamento conceptual. Falta de clareza que não deve ter pesado pouco no fato de as sugestões metodológicas da obra de maturidade não terem merecido a atenção que se poderia esperar da grande influência de que gozou Savigny.[1]

Durante todo o século XIX e em especial no meado inicial do século XX, uma série de outras tentativas de explicação do juspositivismo por causas externas ao próprio Estado se constituem. Visões psicologistas do direito, perspectivas que situavam o direito no seio da cultura e abordagens que insistiam em valores morais intrínsecos ao direito positivo foram caminhos verificados por tal juspositivismo eclético. De todas essas vertentes, um dos pensamentos mais bem assentados do ecletismo jurídico é o do brasileiro Miguel Reale. Se para Kelsen o direito se reduz ao um, e este um é a norma estatal, para Reale o direito se manifesta em três frentes, norma, fato e valor. Daí a sua teoria *tridimensional* do direito. Na verdade, a tridimensionalidade foi uma consideração sobre o fenômeno jurídico muito comum aos pensadores do século XX. Reale não é o único jusfilósofo tridimensional do direito, mas é certamente o mais conhecido e mais importante deles.

Por não ser uma visão estritamente normativa, o ecletismo alcança um número infinito de possíveis composições. Para Hans Kelsen, o direito se reduz, enquanto fenômeno científico, ao um, isto é, ao número único da norma jurídica como base de sua ciência do direito. Para os pensadores ecléticos, no entanto, o fenômeno jurídico é mais que um. Alguns outros aspectos da vida social entram em cena, somando-se à norma, para constituir o fenômeno jurídico segundo tais jusfilósofos. Miguel Reale consolida o modelo mais relevante de tridimensionalidade.

REALE

O pensamento de Miguel Reale (1910-2005) é um dos mais importantes da filosofia do direito positivista que se poderia chamar eclética. Sua tensão entre o campo das

---

[1] LARENZ, Karl. *Metodologia da ciência do direito*. Lisboa, Calouste Gulbenkian, 1997, p. 19.

normas positivas e os fatos e valores sociais não deixa afirmar, na filosofia do direito, uma visão de tipo meramente analítico ou normativo.

Brasileiro, professor da Faculdade de Direito da USP, o Largo São Francisco, reitor da USP – envolvido com as questões políticas ao lado do integralismo e da ditadura militar de 1964,[2] e como jurista, dentre outras atividades, responsável maior pelo novo Código Civil brasileiro –, Miguel Reale, desde a década de 1940, com a obra *Fundamentos do direito*, lançou-se à fundação de uma teoria tridimensional do direito, que vai a par de uma visão tridimensional de toda a filosofia e do mundo da cultura. Diz, sobre o primeiro pensamento de Reale, Teophilo Cavalcanti Filho:

> A primeira fase da meditação de Reale foi de contraposição e portanto de libertação, permitindo-lhe uma posição autônoma em face das correntes unilateralistas. O exame dos seus livros e ensaios, no período que vai de *O Estado Moderno* até *Fundamentos do Direito* e *Teoria do Direito e do Estado*, permite verificar que a sua meditação solitária de certo modo reproduz o caminho evolutivo para a conquista de uma metodologia específica das ciências humanas, apenas tendo por escopo a construção de uma ontologia jurídica.[3]

O livro *Filosofia do direito*, cuja primeira edição é de 1953, é o grande marco sistemático da perspectiva jusfilosófica de Miguel Reale. Muitas outras obras, no entanto, complementam sua análise. A partir do final da década de 1960, seu pensamento filosófico se enveredca, com mais ênfase, nos temas da cultura, da experiência e da conjectura. Seus livros *O direito como experiência* (1968), *Experiência e cultura* (1977) e *Verdade e conjetura* (1983) são exemplares da última fase de sua reflexão.

A tridimensionalidade

Em sua filosofia, Miguel Reale tem nas normas postas pelo Estado um dos eixos de sua análise do direito. Mas transcende claramente tais limites juspositivos. É na tríplice estrutura fenomenal de *norma*, *fato* e *valor* que Reale situa o acontecer jurídico. O seu ecletismo aí fica patente: o direito não pode ser analisado apenas segundo um único padrão, normativista.

Houve, antes do próprio Reale, diversas tentativas de tridimensionalismo, mas foi a teoria do jusfilósofo brasileiro que alcançou fama, relevo e repercussão mundiais.

---

[2] "Pareceu-me que, dada a minha posição inicial revolucionária, a [...] atitude de aceitação do sistema, com ressalva do próprio direito de divergir e criticar onde e quando julgado necessário [...] era a que correspondia ao meu poder-dever de agir, não recusando colaboração ao Governo Federal, quando convidado para providências ou missões consideradas úteis ou necessárias ao País, tudo, porém, sem prejuízo de minhas convicções ou de meu direito de crítica. Não me arrependo dessa opção tomada, o que me permitiu agir, com independência, por exemplo, como Reitor da Universidade de São Paulo, ou como membro do Conselho Federal de Cultura." REALE, Miguel. *Memórias*. São Paulo, Saraiva, 1987, v. 2, p. 137.

[3] CAVALCANTI FILHO, Teophilo. "Papel desempenhado por 'fundamentos do direito' na filosofia jurídica nacional". In: REALE, Miguel. *Fundamentos do direito*. São Paulo, Revista dos Tribunais, 1998, p. XXXVI.

A grande originalidade de Reale é a proposta de uma ontologia muito específica do fenômeno jurídico, distinta do juspositivismo estrito daqueles que identificam o direito imediatamente à norma estatal, mas também diferente das visões moralistas do direito que grassavam ainda na primeira metade do século XX, quando Reale produziu sua obra.

Não é somente a norma jurídica que contribui para identificar o fenômeno jurídico. Para a filosofia de Reale, a realidade social é constituinte fundamental do direito, na medida em que os fatos se lançam como seu lastro existencial. Além disso, o direito, para Reale, também não se esgota no fenômeno bruto do poder ou da realidade social. Perpassando os fatos e as normas estão os valores.

Reale chama à sua teoria de *tridimensionalidade específica*. Isso porque outros pensadores, já antes dele, como por exemplo Gustav Radbruch, assentavam o direito segundo a análise de fato, norma e valor. Ocorre que tais pensadores, baseados na postulação de que tais fenômenos eram estanques, faziam uma espécie de tridimensionalidade apenas no nível da ciência do direito, não entendendo tal manifestação no nível real, fenomenal. Reale trata tais visões por tridimensionalidade genérica.

A visão tridimensional de Miguel Reale se assenta na percepção de que o fenômeno jurídico se constitui como tal justamente pela interação real de fato, norma e valor, numa dinâmica processual, de mútua implicação. Assim o próprio Reale define sua teoria:

> Pois bem, o que denominamos *tridimensionalismo específico* assinala um momento ulterior no desenvolvimento dos estudos, pelo superamento das análises em separado do *fato*, do *valor* e da *norma*, como se se tratasse de gomos ou fatias de uma realidade decomponível; pelo reconhecimento, em suma, de que *é logicamente inadmissível qualquer pesquisa sobre o Direito que não implique a consideração concomitante daqueles três fatores*. Essa forma de compreensão da matéria veio se constituindo, a partir de 1940, coincidindo, nesse ponto, as contribuições de Sauer com as nossas, muito embora obedecendo a pressupostos metodológicos autônomos e distintos. Consoante se verá, nossa teoria culminará na precisa determinação da tridimensionalidade como sendo *uma das notas essenciais e características da experiência jurídica*, ponto de vista este depois compartilhado por Luis Recaséns Siches.[4]

Os valores não são compreendidos, no pensamento de Miguel Reale, como se fossem preceitos eternos, advindos de uma natureza imóvel. Nem tampouco têm caráter divino. Nem também, por sua vez, são mera dependência das normas jurídicas. Os valores se desenvolvem historicamente, em sociedade, alterando-se. Não são exatas decorrências dos fatos sociais, porque se põem em um plano que não se esgota na própria realidade, podendo então criticá-la e apontar sua superação. Os valores são advindos de relações históricas concretas, portanto não versam sobre o metafísico nem sobre o divino – são realizáveis –, mas, por sua vez, não se esgotam numa identidade de origem e fins com a própria realidade social – são maiores que o dado e, por isso, inexauríveis. Diz Reale:

---

[4] REALE, Miguel. *Filosofia do direito*. São Paulo, Saraiva, 2002, p. 513.

Os valores não são, por conseguinte, objetos ideais, modelos estáticos segundo os quais iriam se desenvolvendo, de maneira reflexa, as nossas valorações, mas se inserem antes em nossa experiência histórica, irmanando-se com ela. Entre valor e realidade não há, por conseguinte, um abismo; e isto porque entre ambos existe um nexo de *polaridade* e de *implicação*, de tal modo que a História não teria sentido sem o valor. [...] O valor não se reduz ao real, nem pode coincidir *inteiramente, definitivamente*, com ele: um valor que se *realizasse integralmente*, converter-se-ia em "dado", perderia a sua essência que é a de *superar* sempre a realidade graças à qual se revela e na qual jamais se esgota.

Realizabilidade e *inexauribilidade* são, por conseguinte, outras características dos valores, quando apreciadas em seu projetar-se histórico.[5]

À semelhança dos valores, os fatos também não são tomados como dados brutos à disposição do fenômeno jurídico e do jurista. A característica de historicidade e cultura também se lhes aplica. Os fatos compõem o direito não como entes objetivos, mas sim como realidade compreendida. Isso porque, para Reale, o conhecimento dos fatos, para as ciências humanas, difere do conhecimento dos fatos para os cientistas da natureza. A vinculação entre fato e valor é intrínseca ao campo do direito. Não é possível fazer uma decomposição fenomênica, de tal modo que o fato bruto seja alheio do valor que se lhe venha a atribuir:

> Um cientista, como o químico ou o físico, ao realizar uma experiência, não indaga do sentido ou do significado axiológico daquilo que se processa diante de seus olhos, mas procura apenas descrever o fenômeno em suas relações objetivas, embora esteja condicionado por modos de perceber ou teorias que implicam valorações. Um estudioso do mundo físico-natural não toma posição, positiva ou negativa, *perante* o fato, porque é seu propósito captá-lo em sua objetividade. Quando, porém, o homem, perante os fatos, *toma uma posição*, estima o mesmo fato e o situa em uma totalidade de significados, dizemos que surge propriamente o fenômeno da *compreensão*. Não se trata de explicar o fenômeno nos seus nexos causais, mas de compreendê-lo naquilo que esse fato, esse fenômeno "significa" para a existência do homem: *o ato de valorar é componente intrínseco do ato de conhecer.* [...]
>
> O mesmo fato, já o dissemos, pode ser estudado, por exemplo, por um médico, um biólogo ou por um jurista. Um indagará da *causa mortis*, por processos puramente explicativos, procurando nas leis biológicas ou fisiológicas uma explicação para o óbito resultante de uma agressão. O jurista ou o próprio médico legista, colocado diante do mesmo fato, toma uma atitude diferente. Faz o fato passar por um prisma estimativo, de maneira que ele adquire um significado, uma *referibilidade de sentido*. Existe, portanto, uma distinção fundamental entre a maneira de apreciar-se o fenômeno por um físico-matemático ou por um jurista. Cada campo da realidade exige seu processo próprio de indagação e de *síntese*.[6]

No pensamento de Miguel Reale, não se há de dizer que os valores sejam dados neutros e imóveis, à disposição daquele que os recebe de modo passivo, para então se projetarem na valoração dos fatos e situações. A própria apreensão do mundo não é ape-

---

[5] Ibid., p. 207.
[6] Ibid., p. 210 e 254.

nas um conhecer dos fatos, é também sua valoração. Reale, assim, se afasta do kantismo, para o qual os campos do ser e o do dever-ser tinham suas especificidades próprias. João Maurício Adeodato faz um balanço da parcial relação de Reale com Kant no que tange à questão do valor:

> A influência de Kant é nítida e confessa no pensamento de Reale, sobretudo na tentativa de rigor metodológico e na procura de unidade concreta para sua interpretação de fatos, valores e normas. [...] Miguel Reale afasta-se do criticismo transcendental puro na medida em que este admite uma estrutura predominantemente lógico-formal no ato de conhecer, minimizando o elemento estimativo ou axiológico, para Reale responsável pela dinâmica do conhecimento enquanto historicidade, ou seja, durante seu processo. A crítica exige o elemento axiológico de modo necessário, pois que implica uma distinção e uma escolha entre os elementos logicamente válidos e aqueles que não o são; o valor não seria então meramente transcendente, mas sim imanente à estrutura mesma do ato gnoseológico.[7]

Toda a reflexão de Reale a respeito dos fatos, valores e normas, assim sendo, não é a de uma integração entre entidades apartadas ou estranhas entre si, mas, sim, processual. Não se pensa em cada um desses momentos como instâncias isoladas. Nem se trata de encerrar o fenômeno jurídico num só valor, ou numa só norma, ou num só fato. São fatos, valores e normas, no plural, que compõem o fenômeno jurídico, de maneira integradora.

A tridimensionalidade específica de Miguel Reale – compreendendo fato, norma e valor num processo de interação que é dinâmico – desemboca numa particular visão a respeito da origem das normas jurídicas, o que Reale denomina por *nomogênese jurídica*.

As normas jurídicas não são pensadas, para Reale, como resultantes da mera vontade do legislador. Não são, tampouco, extrações de uma racionalidade lógica e necessária. Há um processo fenomênico, histórico e social, que redundará na confecção da norma jurídica. A nomogênese, isto é, o processo de formação da norma, se faz a partir da junção de um complexo axiológico (valores) com o complexo fático (fatos). Muitos valores, posições e interesses se ligam a determinados fatos. Dessa relação dos fatos com os valores surgem várias possíveis proposições normativas. Há variados modos de encaminhar, juridicamente, as relações entre o fato e os valores envolvidos. A norma jurídica é, então, a opção por uma das possíveis orientações jurídicas hauridas dessa interação entre valores e fatos. Aponta Reale:

> Há, pois, um complexo de fins e valorações, uma série de *motivos ideológicos* (diversidade de pontos de vista programáticos ou doutrinários, assim como divergência ou conflito de interesses de indivíduos, grupos e classes sociais) condicionando a decisão do legislador, cuja opção final assinala o momento em que *uma das possíveis proposições normativas se converte em norma jurídica*.[8]

---

[7] ADEODATO, João Maurício. *Ética e retórica*: para uma teoria da dogmática jurídica. São Paulo, Saraiva, 2002, p. 87.

[8] REALE, *Filosofia do direito*, op. cit., p. 553.

Além disso, a nomogênese, dinâmica, encaminha uma específica teoria dos *modelos jurídicos*. Na concepção realeana, o modelo jurídico "é uma estrutura normativa da experiência destinada a disciplinar uma classe de ações, de forma bilateral atributiva".[9] Trata-se de um arcabouço de soluções que resolvem, temporariamente, a tensão entre os valores e os fatos. O modelo jurídico encaminha a solução de tal questão presente na experiência social a partir de uma decisão do poder. O modelo jurídico é uma conformação que resolve normativamente a interação de fatos e normas que, por mais que dure, é sempre histórica, contingente. O direito não é resultado, pois, de uma decorrência lógica da razão, nem somente produto da técnica normativa. O modelo jurídico atenta para a complexidade tridimensional do direito.[10]

O direito se apresenta assim, para Reale, como um fenômeno necessariamente cultural. A integração de fato, valor e norma é a expressão maior desse culturalismo. A totalidade social é recortada em benefício de uma ontologia original do direito. O culturalismo de Reale escapa ao tecnicismo estrito do normativismo, abominando também a redução do direito à sociologia do direito (os fatos), mas também pairando acima dos juízos de valor que fariam da filosofia do direito uma continuidade da filosofia moral.

> A integração de três elementos na experiência jurídica (o axiológico, o fático e o técnico--formal) revela-nos a precariedade de qualquer compreensão do Direito isoladamente como *fato*, como *valor* ou como *norma*, e, de maneira especial, o equívoco de uma compreensão do Direito como pura forma, suscetível de albergar, com total indiferença, as infinitas e conflitantes possibilidades dos interesses humanos. [...]
>
> Sendo o Direito um bem cultural, nele há sempre uma exigência axiológica atualizando--se na condicionalidade histórica, de maneira que a objetividade do vínculo jurídico está sempre ligada às circunstâncias de cada sociedade, aos processos de opção ou de preferência entre os múltiplos caminhos que, como vimos, se entreabrem no momento de qualquer realização de valores. Põe-se, assim, no âmago da experiência jurídica a problemática do Poder, que procura assegurar por todos os modos, inclusive pela força física, a realização do Direito.[11]

Integrando tais perspectivas num todo, Reale propõe uma compreensão do direito que é fundamentalmente fenomenológica. Por não ser um dado da natureza, perceptível a olhos claros, o direito só pode ser captado, no desbastar do todo social, a partir de três lentes que, ao se sobreporem, constituem o direito numa região específica dessa totalidade.

Diferentemente de Kelsen, a teoria tridimensional de Reale não é somente uma teoria científica do direito, mas uma proposta de manifestação ontológica do próprio direito. Nesse ponto, sua perspectiva filosófica alcança grande relevo. Não se trata de uma redução ao normativismo, como no caso da teoria pura kelseniana, mas nem tampouco

---

[9] Ibid., p. 554.
[10] "As fontes de direito produzem *modelos jurídicos prescritivos*, ou, mais simplesmente, *modelos jurídicos*, isto é, *estruturas normativas* que, com caráter obrigatório, disciplinam as distintas modalidades de relações sociais." REALE, Miguel. *Lições preliminares de direito*. São Paulo, Saraiva, 2002, p. 176.
[11] REALE, *Filosofia do direito*, op. cit., p. 699 e 702.

se pretende ser uma camisa de força teórica para um fenômeno concreto. A tridimensionalidade de Reale é ao mesmo tempo um modo de compreender filosoficamente o direito mas, também, a postulação do acontecer fenomenal do próprio direito.

Se Kelsen separa o dever-ser do ser, distinguindo entre ciência do direito e o próprio direito, lembrando pois Kant, Reale unifica razão e realidade, postulando uma compreensão teórica e uma fenomenologia do próprio direito enquanto tridimensionalidade, lembrando pois Hegel.

A ontognoseologia

A postulação de não isolar o saber sobre o direito do próprio direito representa, em Miguel Reale, a integração do conhecimento e da realidade em uma tensão dialética própria. Reale dá a essa relação a denominação de dialética de implicação e polaridade. Trata-se de um tipo peculiar de dialética, distinto daquelas consagradas por Hegel e Marx. Em Hegel e Marx, a dialética pressupõe a contradição, e, nessa vinculação entre tese e antítese, levanta-se a síntese como superação.

Para Miguel Reale, no entanto, a dialética de implicação e polaridade representa um tipo específico de relação entre opostos, na medida em que não se excluem, mas, pelo contrário, se integram dinamicamente. No que tange ao fenômeno jurídico, a tridimensionalidade do conhecimento do direito não é distinta do próprio direito. O conhecer e a realidade se ligam em vínculo de *complementaridade*.

> Afastamo-nos, em suma, quer do monismo empirista, que faz do sujeito simples reflexo do objeto, quer do monismo idealista, que faz do objeto mera produção do sujeito, assim como – sempre é bom lembrá-lo – do dualismo que não leve em conta a correlação dos dois termos, pois entre ambos há uma ligação só explicável à luz de uma dialética, não de negação e resolução, à maneira hegeliana, mas de *complementaridade*.[12]

É dessa maneira que Miguel Reale busca superar a dicotomia moderna entre racionalismo e idealismo, de um lado, e empirismo, de outro. A solução de Kelsen, para a sua teoria pura, foi adotar o idealismo, ao molde kantiano. Reale, por sua vez, busca transcender a dicotomia por meio da integração de seus polos.

Tal junção de conhecimento e realidade em uma dialética própria resulta, em Miguel Reale, numa peculiar teoria do conhecimento, a *ontognoseologia*. A ontologia, enquanto especulação sobre o ser, para Reale remonta à clássica filosofia, como a aristotélica. A gnosiologia, como problema do conhecimento, é a problemática da filosofia moderna. Ocorre que o mundo contemporâneo também faz uma chamada ao ser, como no caso do existencialismo. No século XX, Martin Heidegger e mesmo Nicolai Hartmann lançam mão de teorias que se dirigem ao ser.

Para Reale, a pergunta contemporânea pelo ser não pode excluir a trajetória da filosofia do conhecimento. Na verdade, o ser e o conhecer devem se integrar num mesmo

---

[12] Ibid., p. 300.

movimento dialético. Daí, rompendo com o isolamento da ontologia e da gnosiologia, Reale propõe sua filosofia da ontognoseologia:

> Poderíamos, em síntese, dizer que a Ontognoseologia desenvolve e integra em si duas ordens de pesquisas: uma sobre as condições do conhecimento *do ponto de vista do sujeito* (*a parte subjecti*) e a outra sobre essas condições *do ponto de vista do objeto* (*a parte objecti*). Mais tarde ver-se-á que a Ontognoseologia, após essa apreciação de caráter *estático*, culmina em uma correlação dinâmica entre sujeito e objeto, como fatores que se exigem reciprocamente segundo um *processo dialético de complementaridade*.
>
> [...] Se é essencial ao conhecimento a correlação sujeito-objeto, desdobra-se o seu estudo em duas ordens de indagações, como momentos ou aspectos de uma única atividade cognoscitiva, que pode ser vista, por abstração, a *parte subjecti* (Gnoseologia), ou a *parte objecti* (Ontologia, estrito senso) como teoria dos seres ou dos entes, e não na acepção clássica de teoria do ser ou Metafísica. Lembramos aqui o ensinamento de Nicolai Hartmann de que o sujeito e o objeto estão postulados em um mesmo plano, dando lugar a dois ramos de investigação: a *ontologia do objeto do conhecimento* e a *ontologia do conhecimento do objeto*.[13]

Para a tridimensionalidade do direito, a ontognoseologia representa uma apreensão do fenômeno jurídico enquanto manifestação da realidade e do conhecimento. Em Reale, o fato, o valor e a norma apresentam-se ao mesmo tempo como a realidade jurídica e como conhecimento teorético. Não se trata de um mero sociologismo jurídico, como se a realidade se apresentasse brutamente, de modo empírico. Não se trata de um idealismo, nem na faceta tecnicista e normativa, tal qual Kelsen, nem na faceta moralista, como se os valores se manifestassem de modo metafísico. A ontognoseologia é a tentativa de Reale de proceder a uma teoria integradora dos três campos que reputa serem, somados, o *locus* privilegiado do direito.

Sendo uma dialética de complementaridade, a tensão latente entre o conhecer e o ser perpassa os fatores, os valores e as normas processualmente. A dinâmica do direito não é apenas a formalidade da criação e perecimento das normas, como em Kelsen. Pelo contrário, é o próprio devir histórico-social do fenômeno jurídico.

> Na indagação ontognoseológica, em suma, recebe-se o Direito no âmbito do processo cognitivo, ou da correlação sujeito-objeto, evitando-se apreciá-lo como um "dado natural", já perfeito e acabado, pronto para ser decalcado pelo jurista, como também em sua pura expressão formal e adiáfora, capaz de dar cunho de "juridicidade" a uma conduta humana em si mesma de natureza econômica, religiosa, estética, mas nunca jurídica.
>
> Revelada a natureza do Direito como setor distinto da vida *cultural*, incumbir-nos-á distingui-lo dos demais, em uma análise em profundidade do problema da conduta ou do comportamento, que nos fará compreender a estrutura tridimensional *normativa* do mundo do Direito, em confronto com as demais experiências que também apresentam as notas da tridimensionalidade.[14]

---

[13] Ibid., p. 30 e 52.
[14] Ibid., p. 303.

Para Miguel Reale, o direito não é produto de uma subjetividade que, por mera deliberação voluntária, crie os valores e as normas, nem tampouco de uma direta relação entre fatos e normas, ao nível mecânico. Há uma tensão entre razão e realidade, processual e dinâmica. Para o direito, a dialética de implicação e polaridade realiza uma aproximação fenomênica entre teoria e práxis. Diz Reale:

> No fundo, "experiência histórico-cultural" e "processo ontognoseológico" são expressões de um só problema fundamental e onicompreensivo que é o da relação, não apenas em termos teoréticos, mas também práticos, entre as objetividades e a consciência, entre sujeito e objeto.
>
> A correlação de polaridade e complementaridade que existe entre *sujeito* e *objeto*, no plano teorético, encontra correspondência, no plano prático, entre *valor* e *realidade*, aquele termo jamais se exaurindo neste, ambos pressupondo-se reciprocamente distintos, embora complementares. Daí dizermos que a dialética da complementaridade governa o mundo da cultura, como *teoresis* e como *praxis*.[15]

A ontognoseologia de Reale representa uma tentativa de escapar do dilema surgido com a cisão filosófica entre sujeito e objeto, típica da modernidade. Ocorre, no entanto, que a fórmula de Reale não afasta tal divisão. Pelo contrário, integrando seus polos, mantém seu contorno. Não se trata de uma superação da cisão entre razão e realidade, mas, sim, da sua diluição na medida de seu encontro, numa relação de complementaridade. Renato Cirell Czerna aponta para a peculiar manutenção das próprias referências modernas em Reale:

> No tocante à *fundamentação* da unidade que se pretende alcançar, quer nos parecer que, apesar de tudo, ainda nos movemos numa esfera em que as abstrações não são totalmente eliminadas. Com efeito, por maior integração que se realize entre fato e norma, entre fato e valor, o próprio reconhecimento de uma autonomia inicial a tais elementos torna difícil a realização de uma unidade plena. Esta só será alcançada realmente com a completa eliminação de todo e qualquer dualismo. [...]
>
> Isto nos leva diretamente ao problema da correlação sujeito-objeto, à dialética de implicação e polaridade, à doutrina ontognoseológica. No ponto de vista que nos colocamos, com efeito, a divergência consiste em que, a nosso ver, a ontognoseologia não alcança a plena fundação da unidade, justamente em virtude do dualismo sujeito-objeto que ainda nela reside, dualismo que não é superado pela dialética de implicação.[16]

Não se limitando às reduções do juspositivismo, o pensamento filosófico de Miguel Reale funda o seu culturalismo jurídico num plano fenomenológico. Num diálogo filosófico profícuo com uma tradição que está em Edmund Husserl e Nicolai Hartmann, dentre outros, Reale aponta para o direito como fenômeno histórico-social. Nesse sentido, diz Luiz Luisi:

---

[15] Ibid., p. 369.
[16] CZERNA, Renato Cirell. *O pensamento filosófico e jurídico de Miguel Reale*. São Paulo, Saraiva, 1999, p. 27-28.

Outro aspecto a ressaltar-se é que esta parte da temática da filosofia jurídica obedece, em sua solução – dentro da teoria de Reale – ao uso do método fenomenológico de E. Husserl, posto que fato, valor e norma são apreendidos e compreendidos como qualidades "essenciais" de toda e qualquer experiência jurídica.

Da pesquisa ontognosiológica, ou melhor, dos resultados desta análise reveladora da tridimensionalidade do jurídico, deflui o restante da problemática jusfilosófica, isto é, de cada uma das dimensões do Direito decorre um tema jusfilosófico. A análise do valor do Direito nos dá a axiologia ou deontologia jurídica. O momento normativo da tridimensionalidade jurídica é objeto da epistemologia jurídica. O conhecimento filosófico do Direito como fato se resolve na culturologia jurídica.

Quatro, pois, são os problemas básicos da Filosofia do Direito, no entender do Prof. Miguel Reale: o problema ontognosiológico e os temas axiológico, epistemológico e culturológico.[17]

Para Reale, o fenômeno jurídico se apresenta e se compreende lastreado no mundo da cultura. A experiência e a cultura serão, então, origens e desaguadouros naturais de seu pensamento.

Experiência e conjectura

Pode-se dizer que o pensamento de Miguel Reale apresentou uma nova fase na produção última de sua obra. Nos seus livros *Experiência e cultura* e *Verdade e conjetura*, Reale põe-se a aprofundar os caminhos epistemológicos já trilhados anteriormente em sua reflexão, tendo por fulcro a compreensão do direito a partir da experiência, e não meramente de uma intelecção racionalista. O mundo da cultura, histórico e social, é o produtor, condicionante, referência e horizonte teórico, prático e valorativo do direito. Diz Reale em *Experiência e cultura*:

> Não se pense que a *cultura* coincida com a *experiência* em toda a amplitude de significado que acabei de atribuir a este termo. [...] A cultura é antes o que emerge historicamente da experiência, através de contínuo processo de objetivações cognoscitivas e práticas, constituindo dimensão essencial da vida humana, segundo "constantes" e "variáveis" que delimitam objetivamente distintos ciclos culturais ou civilizações, cada uma delas correspondente a uma distinta ordenação na escala hierárquica dos valores e das prioridades.
>
> Assim como se afirma que o *pensamento* fica sempre aquém do *valor*, que é a mola propulsora e inexaurível do pensar e do agir, também a *cultura* não exaure a experiência, mas dela deflui, pondo a exigência de novas experiências.[18]

Fundando o fenômeno jurídico e seu conhecimento no mundo da cultura, a partir da experiência havida em seio social, Reale expõe o caráter histórico do direito. Isso não quer dizer, no entanto, que seu pensamento se abra para as referências éticas como

---

[17] Luisi, Luiz. "Nota sobre a filosofia jurídica de Miguel Reale". In: Cavalcanti Filho, Teófilo (Org.). *Estudos em homenagem a Miguel Reale*. São Paulo, Edusp e Revista dos Tribunais, 1977, p. 238.

[18] Reale, Miguel. *Experiência e cultura*. Campinas, Bookseller, 2000, p. 23.

possibilidades vagas, sem lastro. A filosofia do direito de Reale se pauta pelo conceito de *invariantes axiológicas*. Os valores são históricos; no entanto, em determinado momento dessa mesma história, alguns valores despontam como um núcleo cuja referência não mais se alterará com a passagem futura do tempo. Sua marca passa a ser considerada, então, uma constante axiológica.[19]

Tratando de outro tema, lançando mão das contribuições da filosofia das ciências, Reale aponta para a noção filosófica de *conjectura*. Em seu pensamento, conjectura não é demonstração, conforme o procedimento do campo da lógica. Trata-se de uma forma de pensar que se aventura para além do que já estabelecido conceitualmente ou está à mão para a verificação. Não é um procedimento de analogia – porque não é a similitude com algo demonstrável – nem é mera retórica ou produto de fé. Outros campos, como o da verossimilhança, da probabilidade e da metáfora se inscrevem no rol daquilo que possibilita, em termos largos, o conhecimento.[20] Nesta última fase do pensamento realeano, a noção de conjectura é uma expansão para além das limitações das ciências estabelecidas.

> O certo é que, sobretudo nos atos praticados todos os dias, tanto por cientistas como pelos homens comuns, a *conjetura* ocupa um papel dos mais significativos, seja operando como ponto hipotético e provisório de partida, mais tarde confirmado graças a novos processos cognoscitivos, seja valendo como "verdades práticas" que nos ajudam a superar o sempre insatisfatório estado de dúvida. De resto, muitas asserções que andam por aí como "verdades" assentes, no campo da sociologia ou da economia, e até mesmo no das ciências tidas como "exatas", não passam de conjeturas inevitáveis, que seria melhor recebê-las e aplicá-las como tais, mesmo porque são elas que, feitas as contas, compõem o horizonte englobante da maioria de nossas convicções e atitudes.[21]

Para Reale, o pensamento conjectural não pode ser compreendido apenas como um excesso para além da ciência. Aquilo que as próprias ciências humanas e exatas têm por verdades, muitas vezes, são apenas conjecturas que condicionam as convicções e atitudes sociais históricas. Assim sendo, o pensamento de Reale, assentado em base eclética, abre-se para mais que aquilo que está limitável cientificamente. E sua dialética de implicação e polaridade reconhece, na relação entre ciência e conjectura, um par dinâmico histórico e inseparável.

---

[19] "Se surgem sempre novos valores, não é menos certo que certos valores – como o da vida humana e, mais recentemente, o da ecologia –, uma vez revelados à consciência humana, tornam-se *invariantes axiológicas*, atuando universalmente 'como se' fossem inatos." REALE, *Filosofia do direito*, op. cit., p. 214.

[20] "Conjetura é um modo de pensar que vai além da experiência, que transcende o evidente e o empiricamente comprovável, ainda que os resultados eventualmente alcançados pelo pensamento conjetural tenham de se conciliar com o experienciável. [...] Com clareza e acuidade, o livro de Reale traz de volta a dignidade gnoseológica de conceitos como os de verossimilhança, probabilidade ou metáfora, o que tem reflexos imediatos na filosofia do direito e nos já tradicionais questionamentos sobre a cientificidade do conhecimento jurídico." ADEODATO, *Ética e retórica*, op. cit., p. 92 e 94.

[21] REALE, Miguel. *Verdade e conjetura*. Rio de Janeiro, Nova Fronteira, 2001, p. 25.

Na sua obra *Filosofia do direito*, Reale, numa espécie de síntese, ressalta o caráter histórico, cultural e processual do fenômeno jurídico:

> *Fato e valor, fato e fim* estão um em relação com outro, em dependência ou implicação recíproca, sem se resolverem um no outro. Nenhuma expressão de beleza é toda a beleza. Uma estátua ou um quadro, por mais belos que sejam, não exaurem as infinitas possibilidades do belo. Assim, no mundo jurídico, nenhuma sentença é a Justiça, mas um momento de Justiça. Se o valor e o fato se mantêm distintos, exigindo-se reciprocamente, em condicionalidade recíproca, podemos dizer que há entre eles um nexo ou laço de *polaridade* e de *implicação*. Como, por outro lado, cada esforço humano de realização de valores é sempre uma tentativa, nunca uma *conclusão*, nasce dos dois elementos um *processo*, que denominamos "processo dialético de implicação e polaridade", ou, mais amplamente, "*processo dialético de complementaridade*", peculiar tão somente à região ôntica que denominamos cultura.[22]

Em Miguel Reale o direito nem é postulado fenomenicamente nem compreendido como meramente juspositivista. Lastreado no mundo da cultura, são várias as fontes que formam o direito, daí o caráter eclético do pensamento realeano. Mas, ainda que não somente juspositivista, Reale funda no Estado e no direito positivo o momento superior da juridicidade. Num balanço, diz Jeannette Antonios Maman:

> Esta doutrina não é sincrética, como reunião de elementos diversos em uma unidade criadora; antes diremos: é eclética, pois resulta em reunião artificial, congérie de elementos diferentes, até antagônicos (como fato e ideologia); "concilia" inconciliáveis. [...]
>
> O professor Reale é um positivista – o direito é dever ser, tem a sanção como elemento fundamental, permite o exercício ideológico e resulta da vontade de um poder qualquer: pessoal, grupal, classista etc. O Estado é a força motora, é quem faz a norma, integrando valor e fato.[23]

Se não se finca no reducionismo do juspositivismo, a tridimensionalidade de Reale, ganhando em vastidão, não trata, por sua vez, da profundidade e da estrutura do fenômeno jurídico: os vínculos jurídicos são forjados de maneira histórica e social, mas sem a denúncia do caráter específico desse processo de concreção. Os tipos de relações sociais que ensejam o direito, as interações de poder que o fundam, o papel das relações histórico-sociais específicas que o formam, como o capitalismo, tais perspectivas, que encaminhariam a jusfilosofia para o campo da crítica ao direito, não têm tratamento preferencial no pensamento realeano.

OS JUSPOSITIVISMOS ESTRITOS

O pensamento juspositivista, durante o século XX, tendeu rapidamente à plenificação da técnica. De fato, o juspositivismo eclético, de inspirações metafísicas, só foi necessário

---

[22] REALE, *Filosofia do direito*, op. cit., p. 571.
[23] MAMAN, Jeannette Antonios. *Fenomenologia existencial do direito*. São Paulo, Quartier Latin, 2003, p. 41 e 43.

no tempo em que ainda a lembrança do direito natural estava fresca na sociedade, ou nos tempos em que o direito positivo foi uma novidade estranha precisando se legitimar por meio de fontes externas. Mas os ecletismos jurídicos, dos mais variados, padecem sempre de uma ambiguidade de origem: nem são o direito natural puro nem a plena aceitação do direito positivo puro. Hans Kelsen é quem dá o salto qualitativo sobre os ecletismos, e, portanto, é o horizonte limite a partir do qual todos os demais positivistas são considerados menos radicais. Sua *Teoria pura do direito* é a tentativa de construir um conhecimento jurídico baseado não mais no ser, e sim no dever-ser, numa derivação técnico-lógica das normas jurídicas sem o seu cotejamento com o ser, a realidade.

Os procedimentos utilizados por Kelsen para esse grande propósito foram extraídos da lógica, e, para determinadas questões, sua base filosófica última é o pensamento de Immanuel Kant. Mas pode-se dizer que Kelsen, ao mesmo tempo em que conclui vários monumentos teóricos de uma compreensão puramente normativa do direito, também deixa aberto o campo para o método do qual se valia, o analítico, desdobrar-se sobre novas questões e mesmo sobre os velhos temas por ele já tratados. Por isso, há de se vislumbrar uma continuidade dos propósitos de Hans Kelsen na filosofia do direito de tipo analítico, que vem se desenvolvendo desde então, e, também, na filosofia analítica da linguagem. Favorecida por um movimento geral, no final do século XX, de resistência às teorias críticas, como a marxista, a filosofia da linguagem tornou-se carro-chefe do pensamento analítico e conservador. A chamada virada linguística marcou a fronteira nova a se desbravar, a partir de Kelsen, mas não necessariamente segundo ele, dentro dos quadrantes do direito positivo.

O juspositivismo estrito, embora tendo em Kelsen seu símbolo e auge, não se refere apenas a ele. Uma série de pensadores do direito pode ser classificada segundo tal perspectiva. Alf Ross, Herbert Hart e Norberto Bobbio são alguns dos mais exemplares juspositivistas estritos do século XX que criticam, secundam ou dialogam com Kelsen. A chamada corrente do realismo jurídico, que é típica dos países nórdicos e do mundo anglo-saxão, em suas mais importantes implicações, é também exemplar do juspositivismo estrito. Suas variadas críticas internas não apagam uma visão comum sobre o direito.

Os juspositivismos ecléticos, que grassam desde o tempo da ascensão burguesa ao poder nos Estados ocidentais, com a respectiva positivação do direito natural moderno, não pereceram com a radicalidade dos juspositivismos estritos. Contra Kelsen e os demais juspositivistas estritos, opõem a crítica da falta de moralidade subjacente a essa compreensão do direito. Os juspositivismos estritos, no entanto, não assumem tal crítica, na medida em que não fundam necessariamente um discurso sobre a igualdade do direito positivo à justiça, mas apenas o encerramento científico do direito em seus limites normativos, sem juízos de valor. Sobre isso, diz Dimitri Dimoulis:

> O positivismo jurídico não impede a avaliação moral, nem a crítica política ao direito, nem a pesquisa sociológica das possíveis causas e dos múltiplos efeitos dos sistemas jurídicos. Esse caminho da crítica deve ser seguido, vitalizando o positivismo no sentido do pragmatismo político. [...]
>
> O objetivo do positivismo jurídico é entender os modos de funcionamento do direito, seguindo um caminho descritivo que tenta eliminar a subjetividade. Temos aqui a busca de um ideal de neutralidade que, mesmo se não puder ser atingido, não deve

ser abandonado, como fazem muitos estudiosos, influenciados por um espírito pós-moderno e desconstrutivo. [...]

O espírito crítico e o questionamento de autoridades e de teorias devem permear a teoria juspositivista e sua avaliação. O positivismo não impede, nem deveria impedir, a expressão de nosso inconformismo com o direito "como ele é".[24]

Pode-se dizer ainda que, no final do século XX, as variadas e novas formas de juspositivismo "ético" estabeleceram, ao seu modo, uma ponte com o antigo juspositivismo eclético, buscando ambos evitar a radicalidade do pensamento estritamente jusposivista. Mas a verdade profunda, para bem e para mal, do juspositivismo, está na sua radicalidade estrita, que revela seus fundamentos e seus limites sem máscaras. Kelsen, nesse sentido, é o seu extrato mais puro e mais radicalmente proveitoso, tanto para o seu entendimento quanto para seus contrastes e crítica.

KELSEN

O pensamento de Hans Kelsen representa o máximo engenho e o auge da construção do modelo juspositivista, que, lastreado na operacionalização das normas estatais, fez da prática jurídica uma técnica que se reputou universal. De fato, no pensamento de Kelsen está a possibilidade de compreensão mais singela e, por isso mesmo, mais espraiada do fenômeno jurídico: a sua identidade científica é total e inexorável com a norma estatal. A universalidade da compreensão do fenômeno jurídico advém de uma técnica universal.

Hans Kelsen (1881-1973), nascido em Praga mas criado em Viena, no pós-Primeira Guerra, a convite do socialista Karl Renner, foi um dos principais responsáveis pela redação da Constituição da Áustria, concebendo inclusive a técnica de controle de constitucionalidade por meio de um tribunal específico, do qual se tornou magistrado. Judeu, perseguido pelo nazismo, apoiou a República de Weimar e teve de abandonar sua cátedra em Colônia, na Alemanha, passando a parte final de sua vida nos EUA. Sua obra principal é a *Teoria pura do direito*, publicada em 1934, com uma segunda edição alterada de 1960. Além dessa, muitas outras obras importantes constituem a trajetória do pensamento kelseniano, como *Teoria geral do direito e do Estado* e a *Teoria geral das normas*, obra publicada postumamente, que reúne a sua peculiar produção dos últimos anos de vida.

A pureza do direito

A *Teoria pura do direito*, a obra maior de Kelsen, é aquela que expõe os pressupostos mais importantes de sua visão jusfilosófica. A primeira grande postulação kelseniana reside na distinção entre o fenômeno jurídico e a ciência do direito. Sem tal dicotomia é impossível recortar o exato quadrante da teoria pura kelseniana. Kelsen separa a manifestação bruta do direito, como fenômeno social, do entendimento científico que se possa fazer a respeito dessa manifestação. Para Kelsen, são coisas distintas o *direito* e a *ciência do direito*.

---

[24] DIMOULIS, Dimitri. *Positivismo jurídico*: introdução a uma teoria do direito e defesa do pragmatismo jurídico-político. São Paulo, Método, 2006, p. 273-274.

Tal separação das duas esferas de apreciação sobre o direito é fundamental para o entendimento da teoria kelseniana. Na prática, o direito se mistura a todos os demais fenômenos sociais. Há juízes que julgam de acordo com suas inclinações sociais e políticas, operadores do direito que procedem a macetes nos autos processuais, testemunhas que faltam com a verdade, juristas corruptos. Tudo isso está no mundo dos fatos. Nem por isso, cientificamente, o direito será considerado a partir da política, ou como logro, ou como mentira ou como atividade corrupta. A ciência do direito paira noutro patamar. Ela trata de explicar por que o juiz pode julgar, por que há tais regras do processo, por que tal pessoa é considerada, formalmente, uma testemunha em um processo. A ciência do direito abstrai dos fatos concretos e trabalha em um outro nível, muito próximo das normas estatais. Dirá Kelsen na *Teoria pura do direito*:

> A Teoria Pura do Direito é uma teoria do Direito positivo – do Direito positivo em geral, não de uma ordem jurídica especial. É teoria geral do Direito, não interpretação de particulares normas jurídicas, nacionais ou internacionais. Contudo, fornece uma teoria da interpretação.
>
> Como teoria, quer única e exclusivamente conhecer o seu próprio objeto. Procura responder a esta questão: o que é e como é o Direito? Mas já não lhe importa a questão de saber como deve ser o Direito, ou como deve ele ser feito. É ciência jurídica e não política do Direito. [...]
>
> De um modo inteiramente acrítico, a jurisprudência tem-se confundido com a psicologia e a sociologia, com a ética e a teoria política. Esta confusão pode porventura explicar-se pelo fato de estas ciências se referirem a objetos que indubitavelmente têm uma estreita conexão com o Direito. Quando a Teoria Pura empreende delimitar o conhecimento do Direito em face destas disciplinas, fá-lo não por ignorar ou, muito menos, por negar essa conexão, mas porque intenta evitar um sincretismo metodológico que obscurece a essência da ciência jurídica e dilui os limites que lhe são impostos pela natureza do seu objeto.[25]

Ao mesmo tempo, para Kelsen, os atos brutos constituiriam simplesmente uma manifestação imediata do direito: um juiz prolata uma sentença, um guarda apita em meio ao trânsito. Mas esses atos somente são entendidos como jurídicos porque há uma mediação de sentido que provém das normas estatais. Num teatro, um ator vestido com toga passa-se por juiz; no entanto, ele não é juiz para o direito, porque as normas estatais não lhe doaram o sentido da competência formal para o julgamento.

Assim sendo, já se expõem, de início, os dois quadrantes fundamentais para o entendimento da teoria kelseniana: o direito como fenômeno bruto é distinto do direito enquanto ciência; ao mesmo tempo, os fatos brutos somente são entendidos juridicamente desde que perpassados por um sentido normativo. Para o cientista do direito, há um pressuposto do entendimento que é haurido da intelecção das normas estatais. Não são os fatos, de modo bruto, que revelam o que é o direito, mas sim a interpretação normativa dos fatos. Diz Kelsen:

---

[25] KELSEN, Hans. *Teoria pura do direito*. São Paulo, Martins Fontes, 2006, p. 1.

O que transforma este fato num ato jurídico (lícito ou ilícito) não é a sua facticidade, não é o seu ser natural, isto é, o seu ser tal como determinado pela lei da causalidade e encerrado no sistema da natureza, mas o sentido objetivo que está ligado a esse ato, a significação que ele possui. O sentido jurídico específico, a sua particular significação jurídica, recebe-a o fato em questão por intermédio de uma norma que a ele se refere com o seu conteúdo, que lhe empresta a significação jurídica, por forma que o ato pode ser interpretado segundo esta norma. A norma funciona como esquema de interpretação. Por outras palavras: o juízo em que se enuncia que um ato de conduta humana constitui um ato jurídico (ou antijurídico) é o resultado de uma interpretação específica, a saber, de uma interpretação normativa.[26]

A teoria pura do direito, proposta por Kelsen, é, na verdade, a postulação da própria cientificidade do direito. Kelsen propugna que seu modelo de entendimento normativo seja chamado por ciência jurídica. Reputa sua teoria por *pura* em razão de não tratar dos dados concretos da realidade jurídica, que são parciais e não dão conta de explicar a estrutura formal do direito. A ciência do direito não será, para Kelsen, uma sociologia do direito, nem tampouco uma filosofia do direito. Não é especulativa nem empírica no sentido de atrelada a fatos. A teoria pura do direito é normativa: o entendimento normativo ilumina juridicamente os fatos. Por isso, a ciência do direito é uma ciência técnica, lastreada numa apreensão em segundo grau dos fatos. O fato somente é considerado cientificamente para o direito enquanto iluminado por um sentido normativo.

São clássicas as palavras de Kelsen, no prefácio à primeira edição da *Teoria pura do direito*, nesse sentido:

> Há mais de duas décadas que empreendi desenvolver uma teoria jurídica pura, isto é, purificada de toda a ideologia política e de todos os elementos de ciência natural, uma teoria jurídica consciente da sua especificidade porque consciente da legalidade específica do seu objeto.[27]

É importante que se faça a distinção entre direito e ciência do direito para entender que Kelsen não apregoa, como o vulgo imagina, que o direito seja puro, somente normativo. Pelo contrário, o direito é contraditório, haurido imediatamente das contradições sociais e de seus operadores. A postulação de Kelsen é menor que isso: a ciência do direito é que deve ser entendida como pura. Claro, menor que a pretensão a um direito puro, mas, ainda assim, vítima de uma pureza teórica que, ao final, torna a ciência do direito aquilo que o direito não é. Fica explícito, ainda no referido prefácio kelseniano, seu clamor à objetividade técnica como quadrante da ciência do direito:

> Logo desde o começo foi meu intento elevar a Jurisprudência, que – aberta ou veladamente – se esgotava quase por completo em raciocínios de política jurídica, à altura de uma genuína ciência, de uma ciência do espírito. Importava explicar, não as suas

---

[26] Ibid., p. 4.
[27] Ibid., p. XI.

tendências endereçadas à formação do Direito, mas as suas tendências exclusivamente dirigidas ao conhecimento do Direito, e aproximar tanto quanto possível os seus resultados do ideal de toda a ciência: objetividade e exatidão.[28]

Para Kelsen, o direito só pode ser entendido cientificamente a partir de uma especificidade que é normativa, do campo do dever-ser. Assim sendo, a proposta kelseniana reside numa ciência normativa, isto é, do *dever-ser*. O direito não é analisado pelo campo de sua manifestação concreta, como *ser*. O que ele é, em termos factuais concretos, pode ser uma reflexão da sociologia ou da história, mas não da ciência do direito. Tal ciência alcança e se limita ao âmago normativo do direito. Para Kelsen, entre as questões sociais, que são analisadas como fenômenos reais, e as normas jurídicas, interpretadas como imputação, há uma diferença de nexos: ser e dever-ser, como duas instâncias próprias. A norma jurídica é o que distingue a pureza do conhecimento jurídico.

> Na afirmação evidente de que o objeto da ciência jurídica é o Direito, está contida a afirmação – menos evidente – de que são as normas jurídicas o objeto da ciência jurídica, e a conduta humana só o é na medida em que é determinada nas normas jurídicas como pressuposto ou consequência, ou – por outras palavras – na medida em que constitui conteúdo de norma jurídicas.[29]

De tal modo a teoria pura é distinguida apenas pela norma jurídica que até o Estado, que pode ser analisado como um fenômeno bruto de poder, força e coesão social, é tomado pela análise de Kelsen como sendo a exata medida do próprio direito estatal. O Estado só pode ser entendido a partir de sua identidade com o nível jurídico. Trata Kelsen na *Teoria geral do direito e do Estado*:

> O Estado como comunidade jurídica não é algo separado de sua ordem jurídica, não mais do que a corporação é distinta de sua ordem constitutiva. [...] Como não temos nenhum motivo para supor que existam duas ordens normativas diferentes, a ordem do Estado e a sua ordem jurídica, devemos admitir que a comunidade a que chamamos de "Estado" é a "sua" ordem jurídica.[30]

Não é o poder bruto – que possa ser medido sociologicamente – que identifica cientificamente o Estado. Para Kelsen, antes, o Estado se mede pela sua exata configuração por meio das normas jurídicas. Há uma relação imediata entre Estado e direito, de tal modo que o dever-ser normativo é que fundamenta a compreensão científica de ambos. Assim, Ari Marcelo Solon:

> A especificidade do Estado e do Direito não é investigada com os métodos das ciências naturais, orientadas para a explicação do real através da lei da causalidade. Em lugar do nexo de causalidade, o conceito central da teoria jurídica é o de norma jurídica,

---

[28] Ibid., p. XI.
[29] Ibid., p. 79.
[30] KELSEN, Hans. *Teoria geral do direito e do Estado*. São Paulo, Martins Fontes, 1995, p. 184.

que vincula certas condições (uma ação humana) a determinadas consequências (um ato coativo) em termos de imputação.

A partir desta premissa, tanto o Estado como o Direito formam um complexo normativo, que não pode ser analisado desde uma perspectiva jurídica, na esfera da realidade natural do "ser", mas sim, no plano normativo ideal do "dever-ser".[31]

A construção kelseniana de uma ciência do direito como ciência do entendimento do direito contrasta com as perspectivas filosóficas da totalidade, como o marxismo e o hegelianismo, ou até mesmo o existencialismo, pondo-se nos braços de uma visão filosófica de tipo kantiano. De fato, pode-se reputar o pensamento jurídico kelseniano de *neokantiano*.

Toda a grande proposta filosófica de Kant, no iluminismo do século XVIII, foi a de perguntar sobre o quê e como se pode conhecer. Distinguindo o conhecimento específico, lastreado em possibilidades objetivas, do pensamento vago e especulativo, Kant abriu margem à sua teoria pura do conhecimento, na *Crítica da razão pura*. Do mesmo modo, Kelsen propugna não uma reflexão sobre o direito ou sobre seu estado ou sobre sua relação com a política, a economia, a moral e a sociedade. Sua indagação é sobre a possibilidade do conhecimento jurídico. A objetividade desse conhecimento deve ser afastada de qualquer entendimento do direito enquanto fato social, enquanto fato econômico, enquanto fato político ou moral. Assim sendo, há de restar um núcleo especificamente jurídico no direito, e esse núcleo será o objeto da ciência do direito. A ciência do direito, portanto, trabalha com um método normativo e há de se debruçar sobre um objeto normativo, fazendo uma redução do todo da realidade jurídica aos limites do normativo estatal, residindo aí sua pureza.

> Quando a si própria se designa como "pura" teoria do Direito, isto significa que ela se propõe garantir um conhecimento apenas dirigido ao Direito e excluir deste conhecimento tudo quanto não pertença ao seu objeto, tudo quanto se não possa, rigorosamente, determinar como Direito. Quer isto dizer que ela pretende libertar a ciência jurídica de todos os elementos que lhe são estranhos. Esse é o seu princípio metodológico fundamental.[32]

As palavras de Kelsen sobre a pureza do direito remetem, necessariamente, a um método de trabalho analítico quanto à ciência do direito. Tal postura analítica implica uma espécie de encerramento parcial dos fenômenos sociais. Na realidade, enquanto dado social, o direito é misturado com a totalidade dos demais fenômenos. Ocorre, no entanto, que o seu entendimento enquanto ciência pretende-se objetivo, cerrado, isolado a partir de algumas premissas.

A *analítica*, como ferramenta filosófica kelseniana, advém dessa postulação de uma teoria puramente normativa do direito. Não se trata de fazer valorações do direito, relacionando-o à moral, nem tampouco de estabelecer apreciações políticas, se é justo ou

---

[31] SOLON, Ari Marcelo. *Teoria da soberania como problema da norma jurídica e da decisão*. Porto Alegre, Sergio Fabris, 1997, p. 54.

[32] KELSEN, *Teoria pura do direito*, op. cit., p. 1.

útil, e muito menos empregar a sua reconstituição histórico-sociológica como forma de explicar cientificamente o fenômeno jurídico. Trata-se de uma ciência que opera como a lógica. Seus pressupostos não são passíveis de verificação empírica. Acima disso, são verificáveis enquanto guardem vínculo de coerência.

Para Kelsen, sendo a ciência do direito considerada, nas suas palavras, de maneira dinâmica, isto é, no movimento das normas jurídicas em conjunto, uma norma só guarda coerência com o todo do ordenamento por razões formais. Não se indaga de sua plena aderência social, de sua referência concreta, mas sim de sua origem formalmente válida e respaldada objetivamente em normas superiores. O conjunto das normas jurídicas encerra-se nos limites delas mesmas.

Por conta disso, a analítica – que quer dizer quebra – fragmenta o todo do fenômeno social do direito e escolhe uma face que lhe seja privilegiada e que revele então, cientificamente, o objeto do direito. No pensamento de Hans Kelsen, o pensamento a partir da totalidade se perde. A ferramenta analítica restringe-se à parcela que se considera, cientificamente, por direito. O resultado de tal método analítico kelseniano é uma profunda objetividade, mas também um profundo desgarramento das manifestações da totalidade social. Assim aponta Arnaldo Vasconcelos:

> Dá para especificar, ponto por ponto, a inconsistência doutrinária dos fundamentos da Teoria Pura do Direito. Apontemos, em seus aspectos substanciais, os desvios mais notáveis de cada um deles:
>
> 1 – seu *positivismo* está inteiramente comprometido pelo idealismo, que define a norma jurídica, núcleo de sua teoria e do próprio Direito positivo, em termos de realidade mental;
>
> 2 – o *realismo*, que alardeia, não encontra meio de compatibilizar-se com a realidade da vida social, o mundo do ser, preliminarmente afastado em razão da exclusividade deferida ao mundo ideativo do ser;
>
> 3 – não havendo confronto entre a norma e o Direito, entre o ideal e o real, entre, afinal, a teoria e a prática, não poderia haver, também, experiência jurídica, ficando assim impossibilitado o *empirismo* que frequenta sua carta de princípios;
>
> 4 – ao admitir a franca entrada do fato em seu mundo jurídico, Kelsen renuncia, automaticamente, ao princípio da *pureza metódica*, por esse meio descaracterizando, de modo definitivo, seu projeto original;
>
> 5 – de outra parte, ao aceitar tenha a norma conteúdo, renega o *formalismo*, um dos dois suportes fundamentais de sustentação de sua teoria;
>
> 6 – caracterizando sua *ciência* jurídica como unilateralmente *descritiva*, Kelsen recua no tempo, inviabilizando seu projeto teórico, tanto que a ciência atual apresenta-se e distingue-se como atividade criadora, de índole preditiva ou prescritiva. Sobrelevam seus atributos valorativo e teleológico;
>
> 7 – por haver, principalmente, descartado a lógica material ou dialética, Kelsen cai na armadilha de transformar seu ideário *anti-ideológico* em ideologia.[33]

---

[33] VASCONCELOS, Arnaldo. *Teoria pura do direito*: repasse crítico de seus principais fundamentos. Rio de Janeiro, Forense, 2003, p. 208.

Kelsen sempre buscou se defender da crítica ao seu reducionismo afirmando que as normas jurídicas, no nível científico, fazem uma suspensão dessa totalidade que informa a prática, mas são, de fato, espelho das contradições do todo. Por vias transversas, sempre se poderia chegar à totalidade pelas vias da parcialidade. Mas a totalidade vista pelo ângulo da parcialidade das normas é um espelho disforme.

Para Kelsen, sua analítica das normas é uma ciência técnica universal. Ela serve a todo tipo de direito, tomado no nível científico. Por isso, diz Kelsen, é uma teoria apta a explicar os Estados liberais, os socialistas e mesmo os totalitários. O conteúdo das normas varia em cada qual desses Estados, mas a lógica formal das normas não. Por tal razão, para Kelsen, da parcialidade analítica também se conseguiria alcançar o todo das manifestações sociais.[34]

Ocorre que a totalidade vista pelo ângulo da parcialidade só revela a distorção do todo por meio desse prisma peculiar. A dinâmica profunda da parte com o todo está perdida para Kelsen. As razões estruturais do direito, suas contradições e seus influxos junto à sociedade, tudo isso só será entendido como ciência do direito se houver alguma expressão formal normativa. A ciência do direito de Hans Kelsen é tal qual uma boneca que parece humana, tem olhos, braços, pernas, e mesmo alguns defeitos físicos similares aos humanos – pode ser bela ou feia –, mas não é humana.

A teoria geral do direito

A construção teórica kelseniana, lastreada numa filosofia neokantiana formal, objetiva, analítica, encerrada em normas estatais – pura, no seu dizer –, consolidou uma forma do jurista compreender o direito e manejá-lo tecnicamente que alcançou fama e uso universal. A *Teoria pura do direito* é, na verdade, uma proposta e um espelho da universalidade da técnica normativa estatal contemporânea.

A perspectiva kelseniana foi responsável também pela nomenclatura mais usual da ciência do direito, utilizada desde então como uma teoria geral do pensamento jurídico e da prática jurídica. Pode-se dizer que Kelsen consegue elevar ao máximo e consolidar uma tendência já existente ao seu tempo de separar a filosofia do direito – enquanto especulação teórica larga e profunda sobre o direito – da teoria geral do direito – enquanto pensamento cerrado na técnica jurídica normativa. Essa outra disciplina do

---

[34] "Penso, contudo, que a contribuição de Kelsen é paradoxal. Se, de um lado, inegavelmente, ele levou o projeto de construção da ciência do direito às últimas consequências – e o fez com absoluto rigor, método, logicidade e destreza –, de outro, criou as condições teóricas para a superação do mesmo projeto. Ao pretender expandir até os seus limites a afirmação da possibilidade do conhecimento científico do direito, Kelsen acabou revelando tais limites e pondo a nu as insuficiências dessa propositura epistemológica. O paradoxo exsurge claro em sua hermenêutica, no *desafio kelseniano*. Ora, se o conhecimento do direito somente seria científico se reduzido à apresentação do elenco das significações atribuíveis a cada norma jurídica, impondo-se total silêncio na questão acerca de qual delas deveria prevalecer sobre as demais, então não se pode conhecer com rigor o exato conteúdo das normas, já que afirmar o seu sentido único é função não científica." COELHO, Fábio Ulhoa. *Para entender Kelsen*. São Paulo, Saraiva, 2009, p. 69.

pensamento jurídico que não a filosofia do direito deve sua referência mais universal à teoria kelseniana.[35]

No nível de uma teoria geral do direito, é de Kelsen a postulação da compreensão de duas esferas de abordagem das normas jurídicas: a estática e a dinâmica. A estática, para Kelsen, representaria o entendimento objetivo das normas jurídicas em si mesmas, na medida em que todas têm uma certa universalidade que as constitui. O conhecimento advindo da estática permite extrair consequências das normas apenas pelas inferências lógicas internas a elas mesmas. A dinâmica, para Kelsen, representaria a tomada das normas em conjunto, dentro de um ordenamento jurídico, ao mesmo tempo em que trataria da criação e do perecimento das normas. O direito é também um fenômeno dinâmico, na medida em que a sua apresentação se faz por meio de atos normativos que autorizam a concreção de outros atos normativos, numa cadeia dinâmica.[36]

No que tange à estática, Kelsen, ao tratar das normas jurídicas, diferencia-as das *normas da natureza*. As normas jurídicas têm um funcionamento lógico similar ao das demais *normas sociais*. Normas éticas e morais são-lhe semelhantes, com a diferença de que as normas jurídicas têm um substrato estatal. As normas sociais e as normas jurídicas não são regidas por relações de causalidade, como o caso das regras da natureza. Por isso, não se pode confundir uma regra do direito com a lei da gravidade, por exemplo. Esta tem uma relação necessária entre causa e efeito. As normas jurídicas têm outro estatuto.

Para Kelsen, o vínculo entre uma hipótese e sua consequência, para o direito, é de imputação, e não de causalidade. No mundo jurídico, como decorrência de um fato, uma sanção surge como um dever imputado, não como uma necessidade. Por isso, ao contrário das regras da natureza, para Kelsen as normas jurídicas estão constituídas pelo primado do dever-ser.

> Na proposição jurídica não se diz, como na lei natural, que, quando A é, B é, mas que, quando A é, B deve ser, mesmo quando B, porventura, efetivamente não seja. O ser o significado da cópula ou ligação dos elementos na proposição jurídica diferente do da ligação dos elementos na lei natural resulta da circunstância de a ligação na proposição jurídica ser produzida através de uma norma estabelecida pela autoridade jurídica – através de um ato de vontade, portanto –, enquanto que a ligação de causa e efeito, que na lei natural se afirma, é independente de qualquer intervenção dessa espécie.[37]

A distinção entre ser (*Sein*) e dever-ser (*Sollen*) é fundamental para as pretensões teóricas kelsenianas. Cientificamente, o direito não é entendido como uma compreensão

---

[35] Embora se trate usualmente por teoria geral do direito, prefiro denominar a tal conhecimento de teoria geral das técnicas normativas. *Cf.* MASCARO, Alysson Leandro. *Introdução ao estudo do direito*. 9. ed. São Paulo, Atlas, 2024, Capítulos 1 a 5.

[36] "Podemos distinguir uma teoria estática e uma teoria dinâmica do Direito. A primeira tem por objeto o Direito como um sistema de normas em vigor, o Direito no seu momento estático; a outra tem por objeto o processo jurídico em que o Direito é produzido e aplicado, o Direito no seu movimento." KELSEN, *Teoria pura do direito*, op. cit., p. 79.

[37] Ibid., p. 87.

do ser, da realidade existente. Pelo contrário, o direito, enquanto ciência, limita-se a um entendimento das conexões de dever-ser. Deve-se imputar uma sanção a um fato. Não necessariamente do fato decorrerá a sanção, por isso não é esta uma relação necessária, mas sim de imputação.

> O princípio da causalidade afirma que, quando é A, B também é (ou será). O princípio da imputação afirma que, quando A é, B deve ser. Como exemplo de uma aplicação do princípio da causalidade numa lei natural concreta remeto para a lei já referida que descreve a ação do calor sobre os metais. [...] Proposições ou leis jurídicas em que são representadas as normas positivas estabelecidas por um legislador ou através do costume são, por exemplo, as seguintes: quando alguém comete um crime, deve ser punido; quando alguém não paga o que deve, deve ser executado o seu patrimônio. A distinção entre causalidade e a imputação reside em que – como já notamos – a relação entre o pressuposto, como causa, e a consequência, como efeito, que é expressa na lei natural, não é produzida, tal como a relação entre pressuposto e consequência que se estabelece numa lei moral ou jurídica, através de uma norma posta pelos homens, mas é independente de toda a intervenção desta espécie.[38]

É no tratamento da norma jurídica como um dever-ser que, mais sensivelmente, Kelsen contrasta com as demais filosofias do direito, que têm uma mirada maior no ser. A *Teoria pura do direito* capitaneia o tecnicismo do jurista contemporâneo na medida em que está desgarrada da avaliação do aparecer factual do direito e também de sua concreção social. O marxismo e as filosofias existenciais operam filosoficamente de maneira distinta do mundo do dever-ser kelseniano. Mas, justamente por isso, pela desconexão com o direito enquanto ser, é que Kelsen torna-se o pensador-padrão da prática do jurista técnico contemporâneo.

No que tange à dinâmica jurídica, Hans Kelsen reconhece alguma abertura à concreção social do direito. Isso se dá quando Kelsen trata da produção normativa. As normas não são produzidas apenas pela lógica. Para Kelsen, as normas existem por razão dos atos de vontade do legislador que as cria. Claro está que os atos de vontade do legislador não são possibilidades ilimitadas. Há um necessário respaldo lógico que configura o posterior ato de vontade do legislador. Dirá Kelsen:

> Como, dado o caráter dinâmico do Direito, uma norma somente é válida porque e na medida em que foi produzida por uma determinada maneira, isto é, pela maneira determinada por uma outra norma, esta outra norma representa o fundamento de validade daquela. A relação entre a norma que regula a produção de uma outra e a norma assim regularmente produzida pode ser figurada pela imagem espacial da suprainfraordenação. A norma que regula a produção é a norma superior, a norma produzida segundo as determinações daquela é a norma inferior.[39]

---

[38] Ibid., p. 100.
[39] Ibid., p. 246.

Para que uma norma possa existir e ser válida, é necessário um respaldo nas normas superiores, que facultem ao legislador, então, produzir as normas inferiores. De normas superiores abre-se o campo lógico de validade das normas inferiores, mas a criação da norma, ainda assim, é um ato de vontade, que se abre aos impulsos reais da imbricação do direito com a totalidade social. Assim sendo, a produção normativa, para Kelsen, se dá sempre de acordo com o seguinte esquema: norma – ato de vontade – norma.[40]

No que tange à dinâmica jurídica, Kelsen compreende a pluralidade das normas jurídicas em termos de um ordenamento, o que acarreta, necessariamente, a questão de sua coerência. As normas jurídicas são plurais e abundantes dentro de um Estado. Muitas vezes, são contraditórias. No entanto, para Kelsen, a ciência do direito somente pode ser pensada a partir de uma construção escalonada do ordenamento jurídico, que estabelece patamares tendo por base a hierarquia das normas. No ordenamento jurídico, as normas não se encontram esparsas, sem logicidade: pelo contrário, elas são estruturadas a partir de uma hierarquia.

Na base dessa hierarquia, há as normas individualizadas: sentenças ou portarias, por exemplo. Em escalões mais altos, há normas de outros níveis hierárquicos mais determinantes, como as leis. No último escalão, há as normas constitucionais. Pode-se fazer a imagem de uma pirâmide para tal ordenamento jurídico.

A estrutura do ordenamento jurídico se concretiza, ainda, por meio da validade das normas. A validade é a qualidade da norma que revela sua adequação formal e material ao ordenamento. Uma norma só é válida porque normas hierarquicamente superiores lhe dão esse manto. Não é no mesmo patamar que se vislumbra a validade de uma norma: deve-se olhar para os escalões superiores para identificar a validade de uma norma inferior.

Por essa razão, a coerência do ordenamento jurídico somente se completa quando se pergunta a respeito do que sustenta, formalmente, a validade de todo o ordenamento. Se a validade de uma norma é dada pelas normas que lhe são superiores, a grande indagação teórica que se faz a Kelsen é a respeito da culminância do próprio ordenamento: quem dá validade às normas mais altas do ordenamento, isto é, as normas constitucionais? Kelsen expõe sua ideia a respeito:

> A norma que representa o fundamento de validade de uma outra norma é, em face desta, uma norma superior. Mas a indagação do fundamento de validade de uma norma não pode, tal como a investigação da causa de um determinado efeito, perder-se no interminável. Tem de terminar numa norma que se pressupõe como a última e a mais elevada. Como norma mais elevada, ela tem de ser *pressuposta*, visto que não pode ser *posta* por uma autoridade, cuja competência teria de se fundar numa norma ainda mais elevada. A sua validade já não pode ser derivada de uma norma mais elevada, o funda-

---

[40] "A norma é um dever-ser, o ato, cujo sentido ela representa, é um ser. O dever ser da norma designa-se como sua 'validade'. Que uma norma 'vale' significa que se deve proceder do modo como a norma prescreve. A 'validade' da norma constitui sua existência específica. É uma existência distinta da existência do ato mediante o qual 'se produz' a norma, e da existência da conduta fática que corresponde a essa mesma norma." KELSEN, Hans. "Manuscrito". In: KELSEN; KLUG, *Normas jurídicas e análise lógica*. Rio de Janeiro, Forense, 1984, p. 9.

mento da sua validade já não pode ser posto em questão. Uma tal norma, pressuposta como a mais elevada, será aqui designada como norma fundamental (*Grundnorm*).[41]

O pensamento de Kelsen se encaminha para a resolução do problema postulando a utilização de uma ferramenta teórica original, a *norma fundamental*. Como para Kelsen, logicamente, a validade da norma se dá apenas sob o albergue das normas superiores hierarquicamente, é preciso indagar a respeito de qual norma dá validade às normas constitucionais, já que estas são as mais altas dentro do ordenamento. Para não dar margem a identificar o poder, as relações concretas, como sendo a base que impõe o ordenamento – o que faria uma ciência pura depender de fatos sociais para sua explicação –, Kelsen lança mão de um recurso não concreto, mas apenas teórico. A norma fundamental é um imperativo da ciência do direito: é preciso pensar que se devem considerar válidas as normas constitucionais, e delas começar o escalão hierárquico do ordenamento.[42]

Trata-se de uma apreciação teórica, é verdade, mas que contém um germe de realismo. A norma fundamental é a diretriz do pensamento que diz ao jurista que tal ordenamento é o válido, aquele a que se deve referir no que tange às atividades jurídicas. Mas por que tal ordenamento, e não outro, meramente imaginário? Há uma certa ligação entre a norma fundamental pressuposta e um mínimo de referências sociais concretas presentes em um determinado ordenamento.[43] Ninguém há de considerar que o ordenamento jurídico aplicado no Brasil é o hindu, apenas por uma questão de imaginação ou de capricho do jurista. A norma fundamental não é apenas uma ideia do jurista que cria uma obrigação de se respeitar um ordenamento. É também uma diretriz prática sobre o próprio ordenamento que se apresenta na realidade. Diz Kelsen na *Teoria pura do direito*:

> Se queremos conhecer a natureza da norma fundamental, devemos sobretudo ter em mente que ela se refere imediatamente a uma Constituição determinada, efetivamente

---

[41] KELSEN, *Teoria pura do direito*, op. cit., p. 217.

[42] "Ao formular a norma fundamental, não introduzimos nenhum método novo na ciência do Direito. Simplesmente tornamos explícito o que todos os juristas pressupõem, a maioria deles involuntariamente, quando consideram o Direito positivo como um sistema de normas válidas, e não como apenas um complexo de fatos, e quando, ao mesmo tempo, repudiam qualquer Direito natural do qual o Direito positivo receberia sua validade. A constatação de que a norma básica realmente existe na consciência jurídica é o resultado de uma simples análise de enunciados jurídicos concretos. A norma fundamental é a resposta à questão: Como – e isso quer dizer sob que condições – são possíveis todos esses enunciados jurídicos concernentes a normas jurídicas, deveres jurídicos, direitos jurídicos, e assim por diante?" KELSEN, *Teoria geral do direito e do Estado*, op. cit., p. 121.

[43] "A norma fundamental é a garantia última da separação entre o mundo do ser e mundo do dever ser. Ela serve como um mecanismo que isola a normatividade do ordenamento jurídico do contágio dos fatos. Mas o preço que Kelsen pagou para que a norma fundamental não fosse uma abstração a fundamentar outra abstração (uma ordem jurídica imaginária) foi muito alto: como foi visto, somente em relação a uma ordem jurídica eficaz a norma fundamental é suposta. Kelsen, deste modo, atravessa o fosso que ele mesmo cavou entre validade e eficácia." BARZOTTO, Luis Fernando. *O positivismo jurídico contemporâneo*: uma introdução a Kelsen, Ross e Hart. São Leopoldo, Unisinos, 2004, p. 65.

estabelecida, produzida através do costume ou da elaboração de um estatuto, eficaz em termos globais; e mediatamente se refere à ordem coercitiva criada de acordo com essa Constituição, também eficaz em termos globais, enquanto fundamenta a validade da mesma Constituição e a ordem coercitiva de acordo com ela criada. A norma fundamental não é, portanto, o produto de uma descoberta livre. A sua pressuposição não se opera arbitrariamente, no sentido de que temos a possibilidade de escolha entre diferentes normas fundamentais quando interpretamos o sentido subjetivo de um ato constituinte e dos atos postos de acordo com a Constituição por ele criada como seu sentido objetivo, quer dizer: como normas jurídicas objetivamente válidas.[44]

Para Kelsen, na *Teoria pura do direito*, a norma fundamental é uma hipótese que permite pensar o ordenamento jurídico. Não se trata de uma reflexão teórica do jurista que diga se tal ordenamento é bom ou ruim, justo ou injusto. Trata-se apenas de uma condição para o entendimento da cadeia lógica das validades de um ordenamento. É necessário ter como pressuposto desse escalão hierárquico de normas jurídicas que, a partir do topo, deve-se seguir a Constituição. Sendo uma condição do pensamento, Kelsen procede, nesse ponto, como Kant, quando, afastando-se dos conhecimentos prontos da metafísica, que dizia o certo e o errado conforme mandamentos exteriores – vontade de Deus, por exemplo –, passou a pensar nas condições pelas quais se podia conceber o conhecimento. O próprio Kelsen procede a essa analogia entre a sua norma fundamental e o pensamento kantiano:

> Assim como Kant pergunta: como é possível uma interpretação, alheia a toda metafísica, dos fatos dados aos nossos sentidos nas leis naturais formuladas pela ciência da natureza, a Teoria Pura do Direito pergunta: como é possível uma interpretação, não reconduzível a autoridades metajurídicas, como Deus ou a natureza, do sentido subjetivo de certos fatos como um sistema de normas jurídicas objetivamente válidas descritíveis em proposições jurídicas? A resposta epistemológica (teorético-gnoseológica) da Teoria Pura do Direito é: sob a condição de pressupormos a norma fundamental: devemos conduzir-nos como a Constituição prescreve, quer dizer, de harmonia com o sentido subjetivo do ato de vontade constituinte, de harmonia com as prescrições do autor da Constituição.[45]

Por conta de sua teoria da norma fundamental, Kelsen é muito criticado por muitos teóricos do direito. A cadeia das normas não se fundamenta em algo concreto, como um poder que impõe a Constituição e o ordenamento. Tratando do direito não em termos reais, mas sim apenas no nível "científico", isto é, normativo, Kelsen aponta para a norma fundamental como uma pressuposição do cientista do direito. Para não dar margem a um ser (o poder) que impusesse o conjunto do dever-ser (o ordenamento), Kelsen lança mão de um pressuposto que deve ser o guia do cientista do direito, e, no limite, uma sua profissão de fé.

Mas, numa última fase de seu pensamento, Kelsen altera sua reflexão a respeito da norma fundamental. O seu livro póstumo, a *Teoria geral das normas*, já não mais trata a

---

[44] KELSEN, *Teoria pura do direito*, op. cit., p. 224.
[45] Ibid., p. 225.

norma fundamental como *pressuposto* do pensamento científico do jurista. Neste último livro, a norma fundamental é tratada como uma *ficção*:

> A norma fundamental de uma ordem jurídica ou moral positivas [...] não é positiva, mas meramente pensada, e isto significa uma norma fictícia, não o sentido de um real ato de vontade, mas sim de um ato meramente pensado. Como tal, ela é uma pura ou "verdadeira" ficção no sentido da vaihingeriana Filosofia do Como-se, que é caracterizada pelo fato de que ela não somente contradiz a realidade, como também é contraditória em si mesma. [...] Segundo Vaihinger, uma ficção é um recurso do pensamento, do qual se serve se não se pode alcançar o fim do pensamento com o material existente. [...] É de se observar que a norma fundamental, no sentido da vaihingeriana Filosofia do Como-se não é hipótese – como eu mesmo, acidentalmente, a qualifiquei –, e sim uma ficção que se distingue de uma hipótese pelo fato de que é acompanhada pela consciência ou, então, deve ser acompanhada, porque a ela não corresponde a realidade.[46]

Para o último Kelsen, da *Teoria geral das normas*, a norma fundamental não é uma condição teórica para pensar o todo do ordenamento – uma pressuposição, ao molde kantiano –, mas sim uma ideia que não está conectada em termos lógicos à própria estrutura do ordenamento. Apontando para uma ficção, poder-se-ia acusar Kelsen de abandonar o neokantismo, de que foi grande expoente no campo jurídico, em prol de uma certa introdução de elementos externos à própria logicidade normativa da teoria pura. Sendo a norma jurídica um pressuposto para pensar o ordenamento, poder-se-ia dizer que há uma conexão necessária entre o pensado – o ordenamento – e o que o funda como possibilidade – a norma fundamental. Mas a norma fundamental como ficção, no sentido do último Kelsen, pareceria um pensamento que entra como contrabando no todo da ciência do direito. Ari Marcelo Solon aponta as posições kelsenianas:

> Em 1960, saiu a edição definitiva da *Teoria Pura do Direito* em alemão, com uma sensível diminuição da dimensão neokantiana (o que não é reconhecido pelo autor). [...] A norma fundamental ainda conserva o caráter hipotético de condição gnoseológica do conhecimento jurídico, mas sua função racionalizadora é menor em comparação a seu significado metodológico primitivo, de não apenas determinar os órgãos criadores do direito, mas também conferir significado global a esta ordem.
> A grande ruptura com a filosofia neokantiana (também negada por seus discípulos ortodoxos) ocorreu pouco depois em estudos sobre a relação entre direito e lógica, podendo também ser evidenciada em seu livro póstumo *Algemeine Theorie der Normen*.[47]

Ari Solon ainda faz um balanço bastante original do pensamento do último Kelsen:

> Assim, poucos anos antes de morrer, demonstrando uma grande honestidade científica, Kelsen alterou sua concepção da norma fundamental de tal modo que representa uma verdadeira ruptura com o período neokantiano de sua doutrina. Ao abandonar a justificação transcendental da norma fundamental, deixou para trás o princípio

---

[46] KELSEN, Hans. *Teoria geral das normas*. Porto Alegre, Sergio Fabris, 1986, p. 328.
[47] SOLON, Ari Marcelo. *Teoria da soberania...*, op. cit., p. 116.

neokantiano da fecundidade do pensamento puro, que lhe permitia aplicar o método transcendental à teoria do direito positivo. Com a correção de sua teoria, julgamos, porém, que Kelsen não se rendeu diante do direito natural ou de Schmitt enquanto ideólogo ou metafísico, mas sim diante do direito empírico ou de uma teoria realista do direito, certamente latente em toda sua obra. Mesmo se o último Kelsen, retornando a uma posição extremamente positivista, deixou de aderir aos fundamentos neokantianos, continuou a gerir a herança espiritual de Kant. Se foi fiel a ele, ao tirar o direito do domínio relegado pelo próprio Kant da metafísica, aplicando no seu estudo os métodos que a crítica da razão pura reservava apenas ao conhecimento da natureza, é possível que seria mais fiel a Kant ainda deslocando a teoria do direito do domínio do "dever-ser" para o "ser". Isso, não teve tempo de fazer.[48]

Contrastando com sua teoria hipotético-ficcional da norma fundamental, num outro tópico Kelsen reconhece um pouco mais a abertura para a realidade. Quando trata da hermenêutica das normas jurídicas, Kelsen aponta para uma indeterminabilidade da interpretação do direito. Ao contrário do que um objetivismo extremo poderia pensar, para Kelsen, no momento da compreensão da norma jurídica a fins de seu estudo e aplicação, não se pode buscar uma interpretação verdadeira. Não se pode dizer que decorra um único sentido correto de uma norma. A interpretação, para Kelsen, é o preenchimento de uma possibilidade dentro de uma moldura oferecida pelas normas, e não necessariamente será apenas tal possibilidade que se apresentará dentro da moldura. Kelsen trata da relativa indeterminação do ato de aplicação do direito:

> O Direito a aplicar forma, em todas estas hipóteses, uma moldura dentro da qual existem várias possibilidades de aplicação, pelo que é conforme ao Direito todo ato que se mantenha dentro deste quadro ou moldura, que preencha esta moldura em qualquer sentido possível.
>
> Se por "interpretação" se entende a fixação por via cognoscitiva do sentido do objeto a interpretar, o resultado de uma interpretação jurídica somente pode ser a fixação da moldura que representa o Direito a interpretar e, consequentemente, o conhecimento das várias possibilidades que dentro desta moldura existem.[49]

A interpretação das normas jurídicas não é um processo de extração da sua verdade lógica. No sistema jurídico, impera a interpretação que a autoridade competente tenha dado, e que, portanto, vincula a si todos os sujeitos e fatos. Trata-se, no dizer de Kelsen, da interpretação *autêntica*, que diferenciará de uma *não autêntica*.[50]

Poder-se-ia argumentar que a interpretação de um tribunal não alcançou a profundidade ou a exatidão do sentido da norma jurídica. Poder-se-ia até mesmo apontar uma fragilidade ou um erro hermenêutico no momento de prolatar a sentença. Mas tal

---

[48] Ibid., p. 118.
[49] Kelsen, *Teoria pura do direito*, op. cit., p. 390.
[50] "Desta forma, existem duas espécies de interpretação que devem ser distinguidas claramente uma da outra: a interpretação do Direito pelo órgão que o aplica, e a interpretação do Direito que não é realizada por um órgão jurídico mas por uma pessoa privada e, especialmente, pela ciência jurídica." Ibid., p. 388.

interpretação, justamente por ser a dos tribunais, é a que vincula os casos em questão. Não se há de dizer sobre a correção dessa interpretação, mas sim de sua autenticidade, porque foi produzida pela autoridade competente. Qualquer outra interpretação da norma que não seja a da autoridade competente é uma interpretação não autêntica, isto é, doutrinária. Pode ser esta até mesmo muito melhor e mais conveniente ao sentido da norma, mas não tem o condão de vincular os casos a que se refira.

Embora a moldura hermenêutica seja tida por Kelsen como uma decorrência formal das normas, o seu preenchimento, isto é, a concreção da interpretação normativa, é um ato não formal, não lógico, essencialmente político, pois. Assim, Adrian Sgarbi:

> Está no plano explicativo da criação do direito por parte dos intérpretes-aplicadores o fato de haver, em todos os escalões normativos, indeterminações. [...]
>
> Os métodos de interpretação não são conclusivos a respeito de qual sentido normativo (havendo mais de um) deve ser escolhido pelo intérprete. Desse modo, toda afirmação de um sentido em prejuízo de outras possibilidades decorre da postura ideológica que o intérprete assume em seu manejo político do ordenamento jurídico.[51]

Na sua teoria hermenêutica, Kelsen renuncia ao extremo logicismo, em prol de uma relativa indeterminação da interpretação normativa que não se pergunta sobre a sua correção ou verdade. A objetividade formal, isto é, o vínculo hierárquico ao intérprete competente, fala mais alto, em Kelsen, que a verdade existencial da hermenêutica.

A teoria geral do direito de Kelsen tornou-se a mais canônica construção do tecnicismo do positivismo jurídico. Trata-se de uma construção tendente ao esvaziamento do ser, da realidade, e por isso sua pretensão à universalidade formal, fora da história e imune aos impulsos e contradições sociais. Sua singeleza e objetividade, que fizeram sua fama e sua quase unanimidade entre os juristas práticos, é a sua máxima virtude extraída de sua máxima fraqueza. A teoria pura kelseniana não reflete o todo do direito, muito menos o todo do direito em relação à totalidade social. Por isso, enquanto técnica emasculada das contradições do direito e da realidade, consegue cativar o jurista juspositivista, sem crítica, aos acordes que, mínimos e formalistas tecnicamente, entoaram-se universalmente.

OS JUSPOSITIVISMOS ÉTICOS

Um velho ecletismo ao molde daquele de Miguel Reale é uma espécie de postulação do fenômeno jurídico sem atrelar ao valor uma exaltação interna absoluta. Em sua teoria, os valores, historicamente, devem se compreender como uma das três esferas do ser social e histórico que, somadas e dosadas fenomenicamente, levarão ao aparecimento do ser jurídico. Tal qual Kelsen, Reale está numa espécie de postulação ou ontológica ou científica do direito, e não necessariamente numa postulação moral. Bem diferente do pensamento de Miguel Reale é a teoria dos jusfilósofos da segunda metade do século XX, em especial da parte final do século, que buscam compreender o fenômeno jurídico a partir de uma determinada moralidade intrínseca, ou, pelo menos, extrínseca mas pro-

---

[51] SGARBI, Adrian. *Hans Kelsen*: ensaios introdutórios. Rio de Janeiro, Lumen Juris, 2007, p. 102.

vável e objetivamente calculável. Tais teóricos são os novos moralistas do direito. Pode-se vislumbrar, a partir desses teóricos, uma espécie de juspositivismo "ético".

John Rawls, Ronald Dworkin, Robert Alexy e Jürgen Habermas, dentre tantos outros mais, todos esses pensadores, cada qual ao seu modo, criaram escolas para uma espécie de reintrodução da moral no fenômeno jurídico. Logo de imediato, procedem de modo distinto daquele que foi típico do juspositivismo estrito, em suas variadas vertentes. Para Kelsen, tratava-se de extirpar a moral do direito para salvar a sua pureza científica, técnico-normativa. Para Reale, tratava-se de considerar o valor como constituinte do direito, mas sem fazer juízo sobre tal – os valores não querem dizer algo necessariamente positivo, podendo até mesmo ser maus valores, ou valores inapropriados, já que se manifestam social e historicamente. Mas os novos filósofos moralistas do direito hão de buscar mecanismos pelos quais, normativamente, se atinja o virtuoso na relação entre o direito e a sociedade. Se as normas jurídicas eram tidas por neutras na concepção mais técnica dos juspositivistas, nessa nova visão as normas jurídicas são reencantadas. O ganho político dessa nova visão é o exato oposto de sua qualidade teórica. Não se trata de uma moralidade nova, para além das normas, mas a moralidade nas normas.

Por certo, não há uma só visão da relação entre o direito e a moralidade no conjunto desses pensadores. Alguns imaginam que a interpretação das normas se presta a objetivos éticos, outros postulam que a própria forma jurídica presta-se a uma universalização tendencialmente democrática, como Habermas. Por isso, há uma dificuldade estrutural em se classificar uma miríade de autores dentro de uma escola. Chamar os seus positivismos de "éticos" atende a uma unificação didática. Ainda que difiram na acepção do ético-moral e dos meios pelos quais o direito se liga a tal padrão, o que os identifica é uma tendência a não trabalhar com o direito positivo como mera técnica normativa. Nas suas visões, embora as diversas explicações, há sempre liames entre o jurídico e o ético-moral.

Muitos denominam essa nova junção de direito e ética por *pós-positivismo*. Sob essa alcunha albergar-se-iam os pensadores do direito que buscam refundar uma apreciação moral sobre o fenômeno jurídico – e o arco seria vasto, desde Dworkin e Alexy até pensadores de décadas anteriores, como Chaïm Perelman e Theodor Viehweg. As dificuldades de emparelhá-los são muitas. Além disso, o termo pós-positivismo pressupõe uma espécie de superação do positivismo, o que não é necessariamente o caso, na medida em que todos ainda mantêm referências no nível normativo estatal, sendo pois ainda juspositivistas. No que tange ao "pós", trata-se de outra dificuldade. Se um Habermas propõe uma teoria que busque uma nova dosagem dos instrumentais filosóficos da modernidade, outros, como Perelman, propõe um resgate de visões jusfilosóficas antigas, como a aristotélica. O termo *pós-positivismo*, então, embora sua recorrência, talvez seja insuficiente e falho. Nessa linha, diz Dimitri Dimoulis:

> Mesmo os doutrinadores que não propõem uma definição do termo deixam claras as conotações moralistas e idealistas, dizendo que o pós-positivismo abandona a postura descritiva e mescla a descrição com a avaliação do sistema do direito, isto é, o ser do direito com referências ao dever ser ideal. O mesmo ocorre quando se classificam sob esse rótulo autores que, em nome da justiça e da tradição casuística medieval, desconsideram a normatividade estatal, como é o caso de Theodor Viehweg (1907-

1988), autores que consideram a interpretação jurídica como exercício de retórica sem vínculos normativos claramente definidos em nome da abstrata "razoabilidade", como é o caso de Chaïm Perelman (1912-1984), e, finalmente, autores de orientação abertamente moralista como Ronald Dworkin e Robert Alexy (1942-). Surpreende o fato de encontrarmos classificado como pós-positivista, ao lado desses pensadores, Friedrich Müller que, como dissemos, é um ferrenho crítico do moralismo (que denomina de "antipositivismo"), negando-se a abrir mão da tecnicidade do positivismo jurídico e insistindo no caráter vinculante das fontes estatais do direito. [...]

Constatamos aqui a insistência na crença metafísica em uma justiça que se identifica com a verdade, ignorando os debates filosóficos do século XX que levaram ao abandono do dogmatismo idealista.

Retomam-se, assim, as vetustas tradições do idealismo e de exaltação retórica da missão ética dos operadores do direito, na tentativa de legitimar o atual ("nosso") ordenamento jurídico como justo e moralmente adequado, sem indicar os fundamentos jurídicos desse "dever de justiça" e sem explicitar os métodos que permitiriam encontrar a solução justa em cada caso.[52]

Sendo os novos pensadores que atrelam o direito à ética e à moral ainda juspositivistas, ainda que cada um ao seu modo, então uma alcunha muito larga e vasta de *juspositivismo "ético"* cobrirá melhor tanto os pensamentos potencialmente pós-positivistas quanto os pré-positivistas que insistem em se manter na atualidade. De todos eles, muitos têm repercussão imediata e alcance prático no campo dos ramos específicos do direito, como o direito constitucional – Alexy, por exemplo. Outros, como Dworkin, falam diretamente a temas da teoria geral do direito. De todos, Habermas é o que vai mais longe na fundamentação filosófica de sua reflexão jurídica, e é quem serve, então, como melhor medida e exemplo desse novo juspositivismo enlaçado à ética no plano da filosofia do direito.

HABERMAS

O alemão Jürgen Habermas (1929-) é considerado um dos mais conhecidos pensadores da atualidade. Sua obra teórica tem sido muito relevante, porque capitaneia os horizontes filosóficos da universidade, em plano mundial, e propõe modelos de atuação política concretos na realidade social. Para o direito, sua obra tornou-se cada vez mais importante e, nos últimos tempos, tem-se dedicado diretamente a questões jurídicas, cujo ápice se deu com a publicação do livro *Direito e democracia: entre facticidade e validade*, escrito no início da década de 1990.

Dois grandes momentos podem ser vislumbrados no pensamento de Habermas. No primeiro deles, desde a sua formação até o final da década de 1960, embebeu-se do marxismo e do hegelianismo, hauridos do seu contato com os pensadores da Escola de Frankfurt, como Adorno e Horkheimer. Num segundo momento, ao se aproximar das correntes de pensamento liberais e pragmáticas dos anglo-saxões, dialoga com outros pensadores e promove uma espécie de *virada linguística (linguistic turn)* em suas ideias.

---

[52] DIMOULIS, *Positivismo jurídico*, op. cit., p. 51-52.

É a partir desse momento que seu pensamento se torna presente de modo avassalador no ambiente universitário e jurídico ocidental.

O resultado de sua virada linguística é a construção de sua teoria do *agir comunicativo*. Para Habermas, o fundamento da sociabilidade reside na comunicação, e, portanto, os problemas maiores da filosofia hão de se dirigir à questão do entendimento entre os indivíduos e os grupos sociais. O consenso passa a ser o objeto maior do projeto político habermasiano. O direito, nesse quadro, resultará como ferramenta superior do consenso. Como se verá, por essa razão, a comunicação voltada ao consenso político e social fará de Habermas um filósofo da modernidade, contra a pós-modernidade.

É possível entender, assim, duas grandes questões metodológicas do pensamento habermasiano: sua formação marxista e a posterior virada linguística (que acarreta consigo um fundamento filosófico comunicacional e um projeto de consenso). No plano da filosofia política, duas outras grandes questões se põem: a aposta na modernidade e o uso do direito como instrumento privilegiado do consenso.

O agir comunicativo

Habermas é oriundo da tradição marxista da Escola de Frankfurt. No contato com Adorno e Horkheimer, Habermas aproximou-se do pensamento de Marx, tendo ainda por grande referência a filosofia de Lukács. Mas tal formação marxista em Habermas vinha já balanceada com altas doses da leitura de Weber, tal qual, de outra maneira, o próprio Lukács. Nessa formação original, Habermas também esteve em algum contato com a nova tradição hermenêutica que se formara na Alemanha, tendo por principais representantes Heidegger e Gadamer.

Suas grandes obras da primeira fase são marcadamente marxistas, ainda que pelo crivo da Escola Crítica de Frankfurt. Sua tese de livre-docência, *Mudança estrutural da esfera pública – investigações quanto a uma categoria da sociedade burguesa*, de 1961, expressa, de uma vez só, seu horizonte marxista mas, ao mesmo tempo, certas preocupações recorrentes que atravessarão seu pensamento até o presente. A questão da esfera pública, a relação entre Estado e sociedade civil, a opinião pública, todas essas questões já se apresentam em tal obra.

Nesse livro, Habermas já aponta para sua ideia do fim do horizonte da revolução nas sociedades capitalistas ocidentais, cujas contradições se tornariam menos agudas quiçá com o incremento da produção e do consumo de bens. De um certo modo, ainda se valendo de referenciais marxistas, Habermas renuncia a adotar um projeto de salto qualitativo enquanto ruptura da estrutura capitalista existente. A partir de certas características por ele ressaltadas no capitalismo ocidental, já se vislumbra uma espécie de reformismo como sendo o seu horizonte político e jurídico:

> As sociedades industrialmente desenvolvidas alcançaram, num estágio alto e cada vez mais avançado das forças produtivas, uma expansão da riqueza social em vista da qual não é irrealista a cogitação de que um pluralismo continuado, talvez até multiplicado, dos interesses, possa fazer com que se perca a natureza aguda dos antagonismos das necessidades concorrentes à medida que, conforme seja possível prever, elas forem

satisfeitas. O interesse geral consiste, de acordo com isso, em gerar aceleradamente as condições de uma "sociedade da abundância", dispensando uma compensação dos interesses enquanto tais ditada pela carência de recursos.

Com os meios técnicos de atender às necessidades, crescem também, por outro lado, os meios de destruição. Um potencial de autoaniquilamento global assumido militarmente provocou o surgimento de riscos em cuja totalidade interesses divergentes podem ser relativizados sem maiores delongas: o estado de natureza, ainda não superado pelos povos, assumiu uma tal desproporção de generalizada ameaça que, por negação determinada, o interesse geral acaba aparecendo de um modo muito preciso.[53]

A maturidade do pensamento de Habermas vai se delineando na década de 1970, quando, ao abandonar as categorias do marxismo, lança mão de sua teoria do *agir comunicativo*. Trata-se de uma inovação que pretende, no limite, não negar totalmente o marxismo, mas sim focalizar um horizonte próprio que se pode pensar seja preliminar e fundante das relações dos indivíduos em sociedade. Abandonando alguns pressupostos do marxismo e se voltando à linguagem, diz-se que Habermas procedeu a uma *virada linguística (linguist turn)* em sua filosofia.

Para Habermas, é na interação comunicacional entre os indivíduos, a partir de um mundo da vida – isto é, de certas relações culturais estruturadas dos homens entre si, em relação ao grupo social e mesmo em relação à produção e à natureza –, que se constrói o espaço basilar da própria sociabilidade. As referências, as possibilidades linguísticas, a cultura, todo esse complexo se levanta, dialeticamente, da própria interação comunicacional.

Assim sendo, o fundamental da filosofia não será mais, para Habermas, o que classicamente o foi para a tradição filosófica: uma teoria do conhecimento, como forma de apropriação, pelo sujeito, dos conteúdos metafísicos que lhe sejam apartados de origem. Pelo contrário, a verdade se constrói enquanto processo comunicacional. Habermas afasta, assim, o idealismo e mesmo o empirismo estreito de sua filosofia. O nível da interação comunicacional passa a ser o fundamento da própria construção social.

> O que de fato se exprime na validez deôntica é a autoridade de uma vontade *universal, partilhada* por todos os concernidos, vontade esta que se despiu de toda qualidade imperativa e assumiu uma qualidade moral porque apela a um interesse universal que se pode constatar *discursivamente*, e que, por conseguinte, pode ser apreendido *cognitivamente* e discernido na perspectiva do participante.[54]

Dá-se, com a teoria do agir comunicativo, uma espécie de subterfúgio habermasiano em relação aos horizontes e à tradição do marxismo. O marxismo também rompera com a metafísica, objetando a separação entre sujeito e objeto que foi típica das filosofias medieval e moderna. No entanto, o marxismo tem um horizonte ainda mais profundo

---

[53] HABERMAS, Jürgen. *Mudança estrutural da esfera pública*. Rio de Janeiro, Tempo Brasileiro, 1984, p. 272.

[54] HABERMAS, Jürgen. *Consciência moral e agir comunicativo*. Rio de Janeiro, Tempo Brasileiro, 1989, p. 95.

que a teoria do agir comunicativo de Habermas: o ser enquanto produtor – isto é, o homem mergulhado na sociedade a partir do entendimento das relações de produção, tendo em vista a divisão social em classes e o trabalho – é um nível de apreensão social que o marxismo possibilita e o habermasianismo da teoria do agir comunicativo, não.

Habermas, ao apontar para a interação comunicativa, renuncia àquela profundidade teórica ainda maior que é vista em Marx: a categoria do trabalho. Fernando Haddad assim expõe essa relação:

> Do mesmo modo que a relação entre trabalho e natureza pressupõe a linguagem, como quer corretamente Habermas, a relação entre agir comunicativo e mundo da vida, tomada dinamicamente, exige trabalho. Com efeito, o trabalho, ao transformar a natureza, cria as condições para a expansão do universo linguístico. Não me refiro ao fato trivial de que os homens têm que garantir as condições materiais de sua sobrevivência física para reproduzir seu mundo da vida. Refiro-me ao fato de que o trabalho, ao libertar os homens de constrangimentos de ordem material, de fato libera o mundo discursivo. Adequar o mundo às necessidades humanas por meio do trabalho, ou seja, humanizar o mundo, não é outra coisa senão torná-lo legível e dizível. Portanto, a relação entre agir comunicativo e mundo da vida e a relação entre trabalho e natureza não se excluem mutuamente; antes, se entrecruzam e se interpenetram. [...] O movimento apresentado em *O discurso filosófico da modernidade*, de substituir a dinâmica entre trabalho e natureza pela dinâmica entre agir comunicativo e mundo da vida, mutila a compreensão da reprodução social total.[55]

A teoria do agir comunicativo, por sua vez, sem ser uma renúncia a uma compreensão histórica das interações intersubjetivas, é, certamente, uma espécie de virtuosa *tabula rasa* das possibilidades gerais dos diversos ramos da filosofia contemporânea. No centro do capitalismo mundial, Inglaterra e EUA, a filosofia analítica, que enxerga na comunicação um limite negativo a um conhecimento universalizável – e que, portanto, fez da filosofia uma mera especulação das condições do conhecimento científico, impedindo uma apreensão valorativa da realidade –, tem, no pensamento de Habermas, uma filosofia com a qual se possam encontrar pontos em comum.

Mas Habermas nem limita sua filosofia comunicacional ao nível das condições lógicas gerais da ciência nem se confina na impossibilidade da avaliação da situação do seu tempo. Sua teoria do agir comunicativo, sendo uma vaga e aberta estrutura geral das interações sociais, estabelece algum diálogo também com a hermenêutica existencial, com quem partilha a verdade como produto de sentido existencial. E, por sua vez, também com o marxismo. Sendo-lhe menos, a teoria do agir comunicativo de Habermas não o nega: o marxismo é mais profundo, mas Habermas, por diluído, é possível ao marxismo e, ao mesmo tempo, é mais palatável aos demais ramos da filosofia.

A teoria do agir comunicativo não é meramente uma teoria da linguagem. Por isso, ainda é uma espécie, dialeticamente superior, de formulação de racionalidades que se

---

[55] HADDAD, Fernando. *Trabalho e linguagem*: para a renovação do socialismo. Rio de Janeiro, Azougue, 2004, p. 42.

possam considerar universais. A interação entre os indivíduos, em sociedade, pode produzir, por meio da comunicação, *consensos*. A estabilidade desses consensos representa o horizonte daquilo que, historicamente, as sociedades entendem por razão.

A possibilidade de o agir comunicativo gerar consenso é o que torna Habermas, então, um dos mais lúcidos e importantes filósofos da modernidade, contra as formas de esgarçamento do pensamento pós-modernas. Mas Habermas, para refutar um pensamento atomizado e fragmentário da pós-modernidade, não se valerá de categorias passadistas, como uma certa razão divina ou mesmo uma metafísica da razão eterna. A razão, para ele, não é um extrato eterno e afastado da sua construção social. Por isso, Habermas se põe, claramente, no quadro de um pensamento pós-metafísico, afastando ao mesmo tempo o pós-modernismo, o que, assim sendo, o inscreve como talvez o último grande pensador da própria modernidade. Não é da metafísica religiosa, nem de um iluminismo de verdades eternas, que Habermas retira seu conceito de razão. Trata-se de um produto social, cultural, histórico, variável.

> A partir da possibilidade do entendimento através da linguagem podemos chegar à conclusão de que existe um conceito de razão situada, que levanta sua voz através de pretensões de validez que são, ao mesmo tempo, contextuais e transcendentes. [...] De um lado, a validez exigida para as proposições e normas transcende espaços e tempos; de outro, porém, a pretensão é levantada sempre aqui e agora, em determinados contextos, sendo aceita ou rejeitada, e de sua aceitação ou rejeição resultam consequências fáticas para a ação.[56]

Mas, de outro lado, ainda que pós-metafísica, a razão, em Habermas, nem por isso será inalcançável ou esgarçada, no sentido que se lhe emprestam as teorias contemporâneas da pós-modernidade. Para essas teorias, é impossível construir, dado o relativismo das posições e interesses, uma racionalidade que se estenda a todos. A universalidade está interditada aos pós-modernos. Contudo, para Habermas, a razão é possível, na medida do consenso das interações sociais.

A negação da metafísica poderia arrastar a razão para o relativismo: se não há Deus nem uma verdade absoluta que paire sobre todos, então não há razão universal. Assim se apresenta a filosofia pós-moderna. Mas, para Habermas, ainda que não haja a verdade que paire sobre todos, há a verdade construída enquanto consenso. Nesse sentido, ele resgata, numa etapa superior, o próprio projeto da modernidade iluminista. Para Habermas, há horizontes do iluminismo ainda não concretizados, e o seu abandono é um retrocesso. Um iluminismo não mais da verdade enquanto teoria do conhecimento, mas da verdade enquanto agir comunicativo, eis a grande novidade apresentada pelo pensamento de Habermas, e o ponto alto de sua filosofia.

> Nenhum dano sofremos se negamos à fundamentação pragmático-transcendental o caráter de uma fundamentação última. Ao contrário, a ética do Discurso vai inserir-

---

56 HABERMAS, Jürgen. *Pensamento pós-metafísico*: estudos filosóficos. Rio de Janeiro, Tempo Brasileiro, 1990, p. 175.

-se, então, no círculo das ciências reconstrutivas que têm a ver com os fundamentos racionais do conhecer, do falar e do agir. Se não aspiramos mais ao fundamentalismo da filosofia transcendental tradicional, conseguiremos novas possibilidades de controle para a ética do Discurso. Ela poderá, em concorrência com outras éticas, ser mobilizada para a descrição de representações morais e jurídicas empiricamente constatadas, ela poderá ser inserida em teorias do desenvolvimento da consciência moral e jurídica, tanto no plano do desenvolvimento sociocultural quanto no plano da ontogênese, e assim tornar-se acessível a um controle indireto.[57]

Por apostar na razão enquanto consenso, Habermas se dedicará, em sua obra, a investigar as possibilidades de interação entre os indivíduos em sociedade que levem a aparar conflitos exacerbados, e, para isso, identificará no espaço público, na democracia e no direito formas excelentes de construção de procedimentos e consensos universalizáveis. É com base numa teoria discursiva que aponte para o consenso que Habermas vislumbra, inclusive, a possibilidade de uma torção na própria estrutura da sociedade, cujo nível de reprodução econômica capitalista não está lastreado em consensos. Nesse sentido, diz Márcio Pugliesi:

> No conceito de Habermas, a linguagem nasce da interação pessoal e tende para o consenso e para a racionalidade. Nisto se opõe ao sistema econômico-produtivo que tende para a diferenciação social e para a complexidade. Existem condições em que a linguagem se abastarda frente ao sistema econômico, sendo usada de um modo instrumental. Mas, porque necessita se tornar válida, acaba por se autocorrigir e corrigir as pretensões do sistema econômico. [...]
> O acordo entre o emissor e o ouvinte é a condição final para que este realize os efeitos da emissão. A produção de normas, quer morais, quer jurídicas, decorre da universalização desse consenso. Do ponto de vista de Habermas, normas justificáveis são aquelas que incorporam interesses generalizáveis. Essa universalização tem efeito fundamental para se fundar o consenso social e permitir a construção de seu sistema.[58]

Para Habermas, a racionalidade se apresenta como abertura do consenso, e não como uma verdade imposta. As ditaduras podem arrogar uma verdade eterna, rígida, que passam a impor sobre os indivíduos. Essa possibilidade é abominável. Por sua vez, a renúncia aos consensos mínimos gera o individualismo exacerbado – economicamente representado pelo neoliberalismo –, o que acarreta a fragmentação social. A falta de referências universalizáveis rói a interação social.[59]

---

[57] HABERMAS, *Consciência moral e agir comunicativo*, op. cit., p. 120.

[58] PUGLIESI, Márcio. *Por uma teoria do direito*: aspectos microssistêmicos. São Paulo, RCS, 2005, p. 227-228.

[59] Em entrevista à revista *Tempo Brasileiro*, assim fala Habermas: "A consciência revolucionária que surgiu na época [da Revolução Francesa] é o berço de uma nova mentalidade, que hoje é a força-motriz, não revolucionária, dos processos de democratização. Uma consciência histórica que rompe com o tradicionalismo das continuidades aceitas de modo cego e fatalístico, uma compreensão da prática política sob o signo da autodeterminação e da autorrealização e, finalmente, a confiança em um discurso público racional capaz de legitimar a dominação política, fazem

Por isso, uma síntese política superior entre a inflexibilidade e o esgarçamento se apresenta, para Habermas, em instituições de caráter flexível mas ao mesmo tempo minimamente respeitáveis. O direito é o grande instrumento político desse projeto. Em Habermas, ao invés do arbítrio revolucionário e ao invés da guerra de todos contra todos, o direito é o espaço que diminui atritos e gera, processual e democraticamente, consensos.

O direito e a democracia em Habermas

No projeto político e filosófico de Habermas, o direito se apresenta como elemento fundamental. Poucos filósofos não juristas na história concederam tamanha importância ao direito como Habermas. Isso se deve ao fato de que, na visão habermasiana, o direito é o *locus* privilegiado do agir comunicativo superior, garantidor da democracia, da liberdade e da interação igualitária entre os sujeitos e os grupos sociais.[60]

Nos últimos anos, a produção teórica de Habermas tem-se voltado, de maneira constante e obstinada, à reflexão jurídica. Um de seus livros mais importantes foi todo dedicado a essa questão: *Direito e democracia: entre facticidade e validade*, uma das obras de mais aceitação na filosofia do direito da virada dos séculos XX para o XXI.

A filosofia do direito de Habermas não é revolucionária nem conservadora; é claramente reformista, social-democrata, buscando encontrar, em tempos neoliberais e de esgarçamento do Estado nacional intervencionista e de bem-estar social, energias intelectuais que promovam a defesa de um tipo de organização político-social que no pós-guerra europeu floresceu e que, de maneira crítica, para Habermas necessita ser ainda mais aprofundado.

> Nas condições do pensamento pós-metafísico, que representa atualmente a única alternativa convincente – apesar dos fundamentalismos que reagem às perdas promovidas pela modernização – o Estado perdeu sua substância sagrada. Ora, o processo de secularização das bases espirituais do poder do Estado sofre de deficiências que precisam ser compensadas através de uma democratização progressiva, para que o Estado de direito não venha a correr perigo. [...]

---

parte dessa mentalidade. São as características de um conceito intramundano do político, que em nada perdeu de sua originalidade. [...] Insisto nos potenciais de racionalidade da 'Lebenswelt' (do mundo vivido), em que as fontes da resistência conseguem regenerar-se, mesmo sob condições desesperadoras." FREITAG, Barbara. "Jürgen Habermas fala a Tempo Brasileiro". *Tempo Brasileiro*, nº 98, Rio de Janeiro, Tempo Brasileiro, 1989, p. 7 e 9.

[60] Lucia Aragão, tratando de Habermas: "Se, agora, tentarmos unir sua teoria do agir comunicativo com sua filosofia do direito, poderemos tirar uma série de consequências. Em primeiro lugar, o direito e a sociedade civil aparecem como aquelas instâncias-ponte, que possibilitam a introdução da ação comunicativa (desenvolvida nas esferas do mundo da vida, a saber, no plano da cultura, da sociedade e da personalidade) no domínio do sistema, tanto no seu complexo jurídico quanto político. A incorporação da ação comunicativa em tais instituições tem por objetivo democratizá-las, pois todo o seu funcionamento deverá ser pautado agora pelas regras dos discursos práticos. Ao mesmo tempo, possibilitará sua aproximação do mundo social, com seus valores culturais e normativos que precisam ser levados em conta." ARAGÃO, Lucia. *Habermas*: filósofo e sociólogo do nosso tempo. Rio de Janeiro, Tempo Brasileiro, 2002, p. 228.

Todo aquele que tenta enfrentar as perspectivas reformistas, servindo-se apenas dos argumentos triviais que destacam a complexidade, confunde legitimidade com eficiência e desconhece o fato de que as instituições do Estado de direito não visam simplesmente reduzir a complexidade, mas procuram mantê-la através de uma contrarregulação, a fim de estabilizar a tensão que se instaura entre facticidade e validade. De outro lado, as consequências que extraio do paradigma procedimentalista do direito e utilizo para a compreensão da "crise do Estado de direito" não são originais. Mesmo assim, esse caminho permite que certas tendências de reforma, que ainda são discutidas ou que já foram aprovadas, adquiram uma certa coerência.[61]

No quadro do pensamento jurídico, Habermas não se põe numa linha de crítica transformadora e revolucionária ao direito, mas, mesmo com isso, não se há de argumentar que o projeto habermasiano seja simplesmente o da volta de um juspositivismo do tipo tradicional, tecnicista ou liberal. O que faz a diferença dessa nova aposta juspositivista que Habermas propõe é a sua leitura a partir de uma teoria comunicacional, na qual o direito positivo se despe tanto de suas pretensões de expressão de alguma verdade natural ou divina bem quanto de sua indefinição liberal, meramente formalista e despreocupada com alguma interação ética.

> Apoiada no princípio do discurso, a teoria do direito – e do Estado de Direito – precisa sair dos trilhos convencionais da filosofia política e do direito, mesmo que continue assimilando seus questionamentos. [...] Procuro atingir um duplo fim: esclarecer por que a teoria do agir comunicativo concede um valor posicional central à categoria do direito e por que ela mesma forma, por seu turno, um contexto apropriado para uma teoria do direito apoiada no princípio do discurso.[62]

A proposta de Habermas é a mais profunda expressão de um juspositivismo ético, mas não porque enxergue nas leis e no sistema jurídico, em suas normas específicas, verdades e valores absolutos. Pelo contrário, o direito para Habermas permite a ética na medida em que sua construção e sua utilização se dão por meio de um espaço de interação comunicacional que demanda, ao mesmo tempo, um agir democrático e uma amarração institucional de garantias. Assim sendo, não é alguma norma que se revela, para Habermas, ética; é o procedimento geral de interação da sociedade com o direito que permite uma eticização da vida social contemporânea.[63]

---

[61] HABERMAS, Jürgen. *Direito e democracia*: entre facticidade e validade. Rio de Janeiro, Tempo Brasileiro, 1997, v. II, p. 188.

[62] HABERMAS, Jürgen. *Direito e democracia*: entre facticidade e validade. Rio de Janeiro, Tempo Brasileiro, 1997, v. I, p. 23.

[63] "Epítome dessa mudança de percepção acerca do papel do direito nas sociedades contemporâneas, o trabalho de Jürgen Habermas impõe-se como referência incontornável a todos que subscrevem a tese da função civilizatória do direito. Oriundo da tradição do materialismo ecumênico e interdisciplinar da Escola de Frankfurt, mas ciente de que as únicas tradições que sobrevivem são aquelas abertas a renovações, atentas às transformações sociais, Habermas elaborou no seu tratado jurídico (*Direito e democracia*: entre facticidade e validade) uma completa reavaliação do desenvolvimento do direito nas sociedades ocidentais. [...] Essa reavaliação consagra o reconhecimento de uma

Para a obtenção teórica e prática de tal relação ética entre o mundo jurídico e a sociedade, Habermas lança mão de dois níveis de reflexão sobre o direito. Num deles, Habermas indaga a respeito da própria possibilidade de democracia e ética em nível geral, restando então o direito como a alavanca possível – tomado num sentido não utópico, a partir de horizontes de ação limitados, no máximo reformistas – ao aprofundamento de um tipo de sociedade de bem-estar social, social-democrata, que foi o caso da Alemanha da década de 1960, por exemplo, quando Habermas constrói os alicerces de sua teoria política. O direito se revela, aqui, na teoria habermasiana, como o instrumento já existente mais amplo possível com menos oposições potenciais para um projeto de outro nível de radicalização da democracia. O balanço oferecido pelo direito entre direito à ação transformadora e segurança institucional revela-se o instrumento excelente do pensamento político habermasiano.

O direito está em relação direta com o plano ético-moral, mas não porque ele em si mesmo seja ético, mas sim porque há uma complementaridade entre os dois campos. O direito não é subordinado à moral: vive em esfera própria, por meio dos seus procedimentos, mas comunica-se com o campo ético. Assim diz Orlando Villas Boas Filho:

> Habermas, entretanto, exclui a possibilidade de uma fundamentação do direito pela moral. A partir de um amplo tratamento da relação entre moral e direito, Habermas ressalta que tal relação não pode ser de fundamentação, mas sim de complementaridade do direito em relação à moral. [...]
>
> Porém, ao remeter a responsabilidade de legitimação do direito ao processo democrático, Habermas precisa indicar e provar a existência de um nexo conceitual intrínseco entre Estado de direito e democracia. [...] A legitimação do direito aparecerá como a expressão do processo racional de formação da opinião e da vontade.[64]

Num outro nível, Habermas desvenda as instituições jurídicas e políticas contemporâneas, dialogando com sua formação histórica, buscando captar elementos que afirmem a democracia jurídica ou possibilitem sua consecução e melhoria. Nesse nível, Habermas lança-se às questões específicas do direito político, sendo o direito constitucional o fio condutor, por excelência, dessa reflexão.[65]

---

atribuição até então não conferida ao direito por nenhum grande teórico social." MAIA, Antonio Cavalcanti. *Jürgen Habermas*: filósofo do direito. Rio de Janeiro, Renovar, 2008, p. 8.

[64] VILLAS BOAS FILHO, Orlando. "Legalidade e legitimidade no pensamento de Jürgen Habermas". In: NOBRE, Marcos; TERRA, Ricardo (Org.). *Direito e democracia*: um guia de leitura de Habermas. São Paulo, Malheiros, 2008, p. 155, 157-158.

[65] "É possível afirmar que, em síntese, o sistema habermasiano apresenta dois argumentos principais em prol do princípio do discurso. O primeiro é formulado nos moldes de uma teoria da sociedade, nos seguintes termos: o direito preenche funções de integração social. Funciona, pois, como uma correia de transmissão capaz de transportar a solidariedade humana para um nível mais abstrato, que é o da solidariedade cidadã. Nesta linha de argumentação, a própria coação jurídica que de certa forma se opõe à força integradora da comunicação social pode converter-se em um meio de integração. O segundo argumento de Habermas é formulado no nível de uma teoria do direito, segundo a qual a legitimação das ordem jurídicas pós-modernas implica a ideia da *autodeterminação do sujeito*. E tal ideia leva a pensar que os cidadãos devem poder se entender, a cada passo,

No que tange à identificação do direito como instrumento fundamental da radicalização democrática contemporânea – evitando, ao mesmo tempo, os custos e riscos da revolução de um lado e o abjeto imobilismo conservador-reacionário de outro –, Habermas ultrapassa a visão meramente positivista do direito. Tomado como ferramenta de uma ação superior de democratização ética, o direito não pode ser considerado uma mera emanação técnica, natural, independente da vontade da sociedade. Retirá-lo de seu encastelamento técnico – judiciário e legislativo – e devolvê-lo a um jogo dialético com a sociedade, nisso reside a nova compreensão habermasiana.

> Se discursos (e, como veremos, negociações, cujos procedimentos são fundamentados discursivamente) constituem o lugar no qual se pode formar uma vontade racional, a legitimidade do direito apoia-se, em última instância, num arranjo comunicativo: enquanto participantes de discursos racionais, os parceiros do direito devem poder examinar se uma norma controvertida encontra ou poderia encontrar o assentimento de todos os possíveis atingidos. Por conseguinte, o almejado nexo interno entre soberania popular e direitos humanos só se estabelecerá, se o sistema dos direitos apresentar as condições exatas sob as quais as formas de comunicação – necessárias para uma legislação política autônoma – podem ser institucionalizadas juridicamente.[66]

O direito deve ser compreendido a partir dos níveis de interação comunicativa entre os sujeitos sociais. Sua excelência reside num agir comunicativo superior entre dois níveis que o permeiam e que devem se articular dialeticamente, o princípio democrático e o princípio moral. É a possibilidade desse agir comunicativo que forma uma racionalidade da opinião e da vontade que dá a Habermas a saída para o reinvestimento ético e democrático do direito.

> Partindo do pressuposto de que uma formação política racional da opinião e da vontade é possível, o princípio da democracia simplesmente afirma como esta pode ser institucionalizada – através de um sistema de direitos que garante a cada um igual participação num processo de normatização jurídica, já garantido em seus pressupostos comunicativos. Enquanto o princípio moral opera no nível da constituição *interna* de um determinado jogo de argumentação, o princípio da democracia refere-se ao nível da institucionalização *externa* e eficaz da participação simétrica numa formação discursiva da opinião e da vontade, a qual se realiza em formas de comunicação garantidas pelo direito.[67]

A dialética entre direito e sociedade proposta por Habermas enxerga, na construção democrática dos institutos jurídicos, uma via dupla: a sociedade, por meio de sua

---

como autores autônomos do direito ao qual estão sujeitos como destinatários. Pode-se afirmar, inclusive, que o texto *Direito e democracia* constitui um único e grande argumento a favor desta tese, a qual pretende provas que os elos que unem o Estado de direito e a democracia não são casuais nem meramente históricos, mas internos e conceituais." SIEBENEICHER, Flávio Beno. "O direito das sociedades pluralistas". *Direito, moral, política e religião nas sociedades pluralistas*: entre Apel e Habermas. Rio de Janeiro, Tempo Brasileiro, 2006, p. 56.

[66] HABERMAS, *Direito e democracia*: entre facticidade e validade, op. cit., v. I, p. 138.
[67] Ibid., p. 146.

interação comunicacional, gera e sustenta conteúdos e estruturas de direito que, por sua vez, asseguram, pautam e criam novas interações sociais. Assim sendo, Habermas busca escapar de uma visão juspositivista tecnicista, investindo, no direito, uma dúplice interação social.

> Na medida em que o sistema de direitos assegura tanto a autonomia pública como a privada, ele operacionaliza a tensão entre facticidade e validade, que descrevemos inicialmente como tensão entre a positividade e a legitimidade do direito. Ambos os momentos unem-se, no cruzamento recíproco entre forma do direito e princípio do discurso, inclusive na dupla face de Janus, que o direito volve, de um lado, para seus destinatários e, de outro lado, para os seus autores. De um lado, o sistema dos direitos conduz o arbítrio dos interesses dos sujeitos singulares que se orientam pelo sucesso para os trilhos de leis cogentes, que tornam compatíveis iguais liberdades subjetivas de ação; de outro lado, esse sistema mobiliza e reúne as liberdades comunicativas de civis, presumivelmente orientados pelo bem comum, na prática da legislação. Aqui irrompe novamente a tensão entre facticidade e validade. [...] O código do direito não deixa outra escolha; os direitos de comunicação e de participação têm que ser formulados numa linguagem que permite aos sujeitos autônomos do direito escolher se e como vão fazer uso deles.[68]

Denise Vitale e Rúrion Melo expõem a relação legitimadora do direito com o procedimento em Habermas:

> O que traz legitimidade ao resultado das deliberações não é a ligação da autodeterminação pública com uma noção de bem comum, ou de valores substantivos compartilhados pela comunidade política, mas, antes, o fato de que podemos pressupor que os resultados desse processo puderam ser mais ou menos racionais, uma vez que foram conforme o procedimento. Também não é a neutralidade absoluta de princípios de justiça, almejada pelos liberais, que garante a aceitabilidade racional dessas decisões, mas a imparcialidade do procedimento discursivo frente a noções mais substantivas da vida boa, o qual reconstrói somente a atividade intersubjetiva de autodeterminação racional.[69]

A perspectiva jurídica de Habermas, ao mesmo tempo, não se limita ao nível dos indivíduos em interação com as normas positivas estatais. Entram em cena os grupos de pressão, as instituições sociais, o terceiro setor, as organizações não governamentais, que se prestam a um papel fundamental na mediação entre a sociedade e o direito. Até mesmo no nível internacional, Habermas identifica um papel de alto relevo para tais grupos sociais.

A visão política de Habermas tem-se conduzido, nos últimos tempos, a uma aposta cada vez maior na interação internacional cosmopolita, confederativa e democrática.

---

[68] Ibid., p. 166.
[69] VITALE, Denise; MELO, Rúrion Soares. "Política deliberativa e o modelo procedimental de democracia". In: NOBRE; TERRA (Org.). *Direito e democracia. Um guia de leitura de Habermas*, op. cit., p. 237.

Evitando um discurso meramente jurídico e formalista – como o de um apoio a um Estado dos Estados, como a ONU, como instituição suficiente para a garantia da democracia internacional –, Habermas identifica a articulação entre Estados, grupos sociais e indivíduos, em nível transnacional, como elemento fundamental da construção de uma constelação pós-nacional. Além da formação de comunidades internacionais entre Estados, esse arranjo demanda um nível de articulação na própria sociedade civil mundial.

Quanto ao rearranjo dos Estados nacionais na contemporaneidade, abrindo-se a uma interação internacional, Habermas não considera o Estado nacional, se albergado sob a lógica cosmopolita, a partir de sua eventual supressão, mas, sim, a partir de sua suprassunção:

> Uma ordem mundial e uma ordem econômica global mais pacífica e mais justa não podem ser concebidas sem instituições internacionais capazes de agir, nem sem processos de conciliação entre os regimes continentais ora emergentes, nem tampouco sem políticas que provavelmente só poderão se impor sob a pressão de uma sociedade civil capaz de transitar em esfera global.
>
> Isso já sugere a outra maneira de ler a questão, segundo a qual o Estado nacional teria sido antes "suprassumido", e não extinguido. A essa noção luminosa das figuras capazes de agir em um plano supranacional e capazes de dar condições às Nações Unidas e a suas organizações regionais para que iniciem uma nova ordem mundial e uma nova ordem econômica global, segue no entanto uma pergunta assombrosa e inquietante: resta saber se uma formação democrática de opinião e vontade realmente poderá alcançar a força vinculativa necessária, mais além da fase de integração ligada ao Estado nacional.[70]

Tal reflexão habermasiana sobre o direito e o processo de cosmopolitização dos Estados nacionais reforça o horizonte de reformas que é típico do seu pensamento: renunciando à grande crítica ao direito, mas angustiado com a derrelicção do tempo presente, Habermas aposta em mais direito, numa interação democrática e ética do direito com a sociedade, como forma de, no acúmulo do mais, alcançar o melhor, driblando os conflitos do mundo a partir do consenso.[71]

Mas a grande questão ainda de nosso tempo é que os grandes conflitos sociais não se apresentam estruturalmente processualizados sob a forma de direito, e o grande conflito somente se transforme com conflito, e, portanto, a grande crítica ainda se faça necessária.

---

[70] HABERMAS, Jürgen. *A inclusão do outro*: estudos de teoria política. São Paulo, Loyola, 2002, p. 145.

[71] "O estabelecimento do Direito como esfera constitutiva da sociedade, seu desligamento da normatividade da razão prática e sua autonomia em relação à moral significam uma secularização da vida. Essa secularização assume perspectivas institucionais à medida que o Direito passa a ser visto como produto e reflexo da vontade discursiva dos cidadãos. Como emanação dessa vontade discursiva, o Direito pode realizar a grande aspiração da tradição: pode efetivar a liberdade." MOREIRA, Luiz. *Fundamentação do direito em Habermas*. Belo Horizonte, Mandamentos, 2002, p. 175.

14
AS FILOSOFIAS DO DIREITO NÃO JUSPOSITIVISTAS

A filosofia do positivismo jurídico, que grassou desde o século XIX no mundo ocidental, deita raízes na lógica iluminista, do século XVIII, e é expressão imediata, desde aquele tempo, dos interesses burgueses. O juspositivismo é a média do pensamento jurídico contemporâneo, com poucas críticas. E, ainda assim, boa parte de tais possíveis críticas que os juristas fazem ao positivismo jurídico é pontual, nunca estrutural. Daí que o ecletismo se revela a principal forma de se afastar de algum juspositivismo sem, no entanto, abandoná-lo de todo. Hans Kelsen é um juspositivista sem desconto, e a maioria dos juristas contemporâneos, a benefício de sua pequena crítica e pequeno incômodo com a realidade, sempre se apraz em ser apenas juspositivista com desconto.

Bem diversa desse caminho – e muito mais rara de se encontrar no pensamento jurídico, portanto – é a postulação do entendimento do fenômeno jurídico para além do juspositivismo estatal. Essa via não se contenta em compreender um direito normativo estatal somado com alguns dados outros da realidade social. Pelo contrário, há de buscar, diretamente na realidade social, a manifestação do fenômeno jurídico. Seu potencial crítico acaba sendo muito maior que aquele do juspositivista médio, porque não se contenta com a técnica normativa. Antes, faz a crítica à técnica. Um importante filósofo do direito do século XX, Michel Villey, revela um exemplar engendramento de leituras sobre o fenômeno jurídico bastante distinto daquele das leituras normativistas.[1]

O principal fundamento das perspectivas não-juspositivistas advém da própria filosofia *existencial*. A partir de Martin Heidegger, a consideração do direito não se fará a partir da técnica insípida e neutra, pretensamente universal, mas, sim, por meio da compreensão das concretas situações existenciais. Para Heidegger, a existência, como manifestação social e natural, não se reduz à técnica da norma estatal, nem ao método filosófico analítico, que lhe é a ferramenta teórica mais próxima. Para a visão existencial do direito, ao contrário da analítica normativa, o direito se manifesta e se compreende a partir de uma hermenêutica situacional.

---

[1] Cf. VILLEY, Michel. *A formação do pensamento jurídico moderno*. São Paulo, Martins Fontes, 2005. MAGALHÃES, Juliana Paula. *Crítica à subjetividade jurídica: reflexões a partir de Michel Villey*. São Paulo, Contracorrente, 2022.

A tradição das filosofias existenciais tem na *hermenêutica* a ferramenta mais importante para a compreensão do ser. O ser jurídico revela-se, então, uma região ontológica do todo existencial. O *Dasein*, o ser-aí heideggeriano, há de se revelar para a compreensão do fenômeno jurídico numa abordagem muito mais ampla que o dado lógico-analítico encerrado da visão do juspositivista. No que tange à hermenêutica como compreensão existencial, Hans-Georg Gadamer é quem deu sólidas contribuições ao campo da filosofia do direito.

Enquanto a filosofia do direito juspositivista é de certezas, reduzindo o direito à técnica normativa, facilmente encontrável e identificável, o pensamento existencial no direito procede ao contrário, como uma espécie de humildade e reverência ao oculto, às profundezas do existencial. Trata-se de uma crítica ampla ao direito e à sociedade, sem necessariamente se ater aos mecanismos específicos dessa crítica.

De algum modo, além do uso da ferramenta hermenêutica, há de se entender também, nessa ampla visão existencial sobre o direito, o primado da compreensão do *poder* sobre a norma. O direito não é expressão limitada e automática do comando normativo; pelo contrário, manifesta-se socialmente como uma expressão de poder. Por isso, avançando para além da normatividade, as visões não juspositivistas hão de se abrir em muitas possíveis abordagens. Além da vertente existencial, há de se revelar, também, um caminho que avança na compreensão do poder como ato que funda o direito, como o arbítrio ilimitado e original. A decisão a partir da norma jurídica é um mero ato burocrático, de praxe, mas a decisão que instaura a ordem é a manifestação mais pura do poder. Carl Schmitt é o teórico mais importante dessa visão do poder para além do direito. O *decisionismo*, que encontrou em Schmitt o seu mais vigoroso pensador no século XX, é claro ao ultrapassar o confinamento normativo estatal dos juspositivistas.

Em outra das tantas possíveis vertentes não juspositivistas ainda situadas no entendimento do direito ligado ao poder, Michel Foucault encaminha-se para a descoberta da *microfísica do poder*, da disciplina como manifestação estrutural que afeta tanto o direito quanto os desejos, os corpos, os gestos, produz outra vigorosa reflexão que não se encontra limitada pelos quadrantes do direito positivo estatal.

Em comum a todas as vertentes não juspositivistas está uma apreensão do direito como fenômeno histórico, num entendimento muito mais complexo, porque dinâmico, da realidade social e do poder que lhe subjaz. Arraigado numa perspectiva histórico-social da existência, seria até mesmo tentador chamar a todo esse caminho de existencial, em atenção à filosofia de Heidegger, que dominou boa parte do horizonte filosófico do século XX. Mas como outras visões também fazem essa ultrapassagem não necessariamente vinculadas ao pensamento existencial heideggeriano, como Schmitt e Foucault, a visão existencial pode ser considerada, em sentido estrito, uma das possíveis visões não juspositivistas.

Como o marxismo é a outra grande vertente filosófica não juspositivista, os caminhos de Heidegger, Gadamer, Schmitt, Foucault e outros próximos poderiam ser identificados, com mais propriedade, como caminhos não juspositivistas não marxistas, pois, quanto ao direito, não procedem como o marxismo, que quererá desvendar as especificidades históricas e sociais do fenômeno jurídico. Pelo contrário, as visões existenciais e o decisionismo jurídico parecem privilegiar esferas gerais da abertura existencial em detrimento de esferas sociais históricas específicas. O direito, assim, é assemelhado a uma espécie de manifestação do problema existencial genérico, ou do poder em geral. Para o marxismo, que mergulha nas estruturas sociais históricas, além da sua perspectiva a partir da totalidade, o direito se revela também um fenômeno social específico. Mas, muitas vezes, para uma perspectiva existencial, o que sobra em largueza lhe falta em especificidade.

CORRENTES DO PENSAMENTO JURÍDICO NÃO JUSPOSITIVISTA

O primeiro grande fio condutor de um pensamento jurídico não juspositivista não marxista são as próprias filosofias existencialistas, que, embora muito variadas e compostas de visões as mais distantes – como as de Karl Jaspers, Jean-Paul Sartre ou Gabriel Marcel –, têm, no entanto, em Martin Heidegger sua origem e sua melhor expressão, inclusive mais radical. Costuma-se denominar à grande corrente dos filósofos que trilham essa visão existencial de *existencialismo*, tal como se fosse um método ou uma escola de pensamento. Heidegger, no entanto, rejeitava o rótulo, e não se considerava nem fundador nem seguidor do existencialismo, propondo, antes, uma visão *existencial* do mundo, buscando seu sentido e sua verdade. Assim diz Jean Beaufret:

> Quando se diz *existencialismo*, o que primeiro se escuta é a palavra *existência*. O sufixo *ismo* indica uma doutrina. De fato, no lugar de existencialismo diz-se também filosofia da existência. [...] Do existencialismo, Heidegger quase nada disse, senão em breves incidências e para precisar que, muito embora o nome de Kierkegaard assim como o de Jaspers sejam por várias vezes citados em *Sein und Zeit*, nada está mais longe do seu pensamento que a problemática atribuível a ambos e que se desenvolverá sob o nome de *filosofia da existência*. Minha questão, diz Heidegger, aquela proposta em *Sein und Zeit*, não é a da *existência do homem*, mas da *verdade do ser*. [...] É possível que o existencialismo tenha sido menos uma palavra filosófica que um pouco de ruído inútil. Este, sem dúvida é o pensamento de Heidegger, que nem é existencialista nem se pretende humanista.[2]

Remontando aos antecedentes dessa visão heideggeriana, o seu diálogo mais imediato, para as questões do direito, estará em toda filosofia que se oponha à modernidade. Nietzsche, por exemplo, com sua crítica à razão iluminista e, por extensão, ao juspositivismo liberal, é um antecessor necessário e celebrado desse pensamento existencial.

A orientação filosófica de Heidegger é em busca do passado, do originário. Seu diálogo profícuo é com a filosofia grega, que se assenta sobre bases muito diversas da filosofia metafísica ocidental moderna. Sua volta às origens vai principalmente até o pensamento pré-socrático, pré-metafísico – mas também, em alguma medida menor, também à filosofia do direito grega clássica, como a de Aristóteles. Para uma visão heideggeriana, os antigos são marcos referenciais muito mais importantes para o desvendar de um ser jurídico que aquele manifesto pela filosofia do direito técnica e juspositiva moderna e contemporânea.

A aplicação imediata de uma visão existencial do direito reside na *filosofia hermenêutica*. Hans-Georg Gadamer é o principal expoente dessa compreensão nova do direito, alheada também dos lastros técnico-normativos. Gadamer é o grande aplicador concreto

---

[2] BEAUFRET, Jean. *Introdução às filosofias da existência*. São Paulo, Duas Cidades, 1976, p. 57, 67 e 77.

das perspectivas de Heidegger, inclusive para o direito, no seu importante livro *Verdade e método*. Assim sendo, pode-se compreender, no próprio entorno de Heidegger – porque Gadamer foi seu maior discípulo –, um grande fio condutor desse caminho existencial do direito, que é a filosofia hermenêutica.

Uma outra possível vertente existencial, cuja região dentro do todo do pensamento jurídico é próxima mas cuja lógica é distinta, é o *decisionismo* de Carl Schmitt que, insurgindo-se contra a técnica, há de vislumbrar, para além da norma, o poder e a exceção. As origens mais próximas do pensamento schmittiano estão no absolutismo, em Hobbes, mas também no pensamento católico. Assentado sobre uma inteligente inspiração teológica, nesse contexto Carl Schmitt veio sendo reaproveitado no século XXI por meio do pensamento reacionário e teológico, como dos neoconservadores norte-americanos que secundaram George W. Bush. Mas esse pensamento talvez não seja uma decorrência necessária da filosofia do direito schmittiana nem seu único extrato possível; também há uma crítica dos tempos liberais contemporâneos que, indo além das normas jurídicas e do formalismo estatal, tenta compreender o poder como momento crucial do fenômeno político e social.

Em Michel Foucault, por sua vez, destaca-se uma reflexão muito próxima já do marxismo. Sem muita dificuldade, poder-se-ia designar seu pensamento também por crítico, no mesmo âmbito geral do marxismo. Foucault é responsável por uma investigação do poder em seus recônditos esquecidos pela filosofia juspositivista. Sua arqueologia do saber e sua genealogia do poder desmontam as boas intenções das instituições e de seus operadores. Sua apreensão da microfísica do poder, quando atrelada ao próprio marxismo, produz uma das mais vigorosas vias da filosofia do direito crítica.

HEIDEGGER

O pensamento do alemão Martin Heidegger (1889-1976) é um dos mais atordoantes e originais do mundo contemporâneo. Ao se insurgir contra a tradição idealista típica da modernidade, Heidegger abriu fronteiras bastante importantes e novas à própria filosofia. Sua retomada da questão do ser é tanto uma petição do passado, pelas origens filosóficas pré-metafísicas, quanto uma abertura ao novo em filosofia. Por inovadora, a aplicação da filosofia heideggeriana ao direito tem-se revelado ainda um campo aberto, e suas possibilidades são variadas.

Entre os historiadores da filosofia, costuma-se proceder a uma divisão entre o Heidegger pensador de *Ser e tempo*, sua obra mais importante, publicada em 1927, e a sua filosofia posterior, desenvolvida em ensaios, conferências e textos esparsos. Argumenta-se, em geral, que Heidegger, na sua grande obra inicial, dá ênfase ao ser e ao seu sentido, e, posteriormente, centra-se na questão da *linguagem* como morada do ser. Embora seja nítido o acento maior em cada temática para cada das fases, talvez não se possa dizer, com nitidez, que haja uma troca de pensamento filosófico, e sim um direcionamento ou aprofundamento distinto, na medida em que seu pensamento ainda se mantém voltado a um tipo de especulação filosófica que já se manifestava em seus primórdios. Nesse sentido, Conceição Neves Gmeiner:

> Uma das características da obra de Heidegger é o fato de seu trabalho ser elaborado como que em círculos concêntricos, alargando-se apenas, sem perder a direção. Tudo

retorna sempre ao mesmo ponto e recorre sempre ao mesmo apelo: o apelo da origem. [...] Mesmo quando se fala no segundo Heidegger, a partir da *Kehre*, a virada, isso não significa uma mudança estrutural, mas que, o mesmo autor de *Ser e Tempo*, mais amadurecido, pôde permitir-se perseguir o caminho que apontava apenas, na obra de 1927, e guardar-se para ouvir a Poesia reveladora do Ser. A partir de *Hölderlin e a Essência da Poesia*, Heidegger volta-se mais para o dizer poético e para a análise do poema.[3]

Ainda que haja diferenças em suas etapas, a marca nítida do pensamento de Heidegger, desde a primeira fase, é a orientação pela preocupação com o ser, e é nesse sentido que desloca o eixo já consolidado da história da filosofia.[4]

O Ser-aí

A filosofia de Heidegger opera uma grande cisão em relação à tradição do pensamento ocidental. Com mais clareza nos tempos medievais e modernos, a compreensão da filosofia se assentou sobre bases metafísicas, isto é, tendo por lastro um determinado idealismo que, ao invés de se voltar àquilo que existe, vinculava-se às ideias absolutas, aos conceitos predefinidos, a realidades divinas ou de uma razão plena.

Heidegger desconfia veementemente da metafísica, que se constituiu na grande história da filosofia ocidental medieval e moderna. Tal pensamento metafísico, lastreado em uma certa maneira prévia de conhecer o mundo – o método –, é uma forma de dever-ser. A metafísica, ao contrário de buscar compreender os fenômenos e as realidades tal qual se manifestam, liga-se a um conceito ideal, uma espécie de duplo da realidade, ou, em muitas vezes, um completo estranho à própria realidade. Assim sendo, a pretensa razão universal, o inflexível e infalível método ou o mundo ideal divino passam a ser um guia normativo da realidade e do pensamento. Por isso a metafísica é uma filosofia do dever-ser: há um tipo ideal em relação ao qual o pensamento deve se ajustar.

Afastando-se das filosofias metafísicas idealistas, Heidegger propõe uma busca ontológica como base da filosofia. A palavra *ontologia* vem do grego *ontós*, ser, e a petição heideggeriana é pela filosofia do ser. Compreender o que é, o que existe, o ser, torna-se o fundamento da filosofia heideggeriana.

Nesse sentido, embora instaure uma novidade profunda na filosofia contemporânea, Heidegger reclama a si uma tradição antiga, grega, principalmente aquela dos pré-socrá-

---

[3] GMEINER, Conceição Neves. *A morada do ser*: uma abordagem filosófica da linguagem na leitura de Martin Heidegger. São Paulo, Loyola, 1998, p. 22-23.

[4] "A mudança que ocorre no pensamento de Heidegger logo após *Ser e tempo*, e que permite que se imponha um diálogo com a poesia e a linguagem, é motivada pela busca sempre mais intensa de um solo propício para o desenvolvimento da questão do Ser, este que era de fato o tema central de *Ser e tempo*, mas que foi ofuscado pela analítica existencial. É preciso frisar que, em *Ser e tempo*, a questão do ser foi somente colocada, mas não resolvida – aos poucos Heidegger irá notar que a questão em si não tem solução, e que ela deve ser sobretudo cultivada e mantida acesa como tarefa constante do pensamento. O que permanece posto para o pensamento subsequente a *Ser e tempo* é o desenvolvimento de sua intenção fundamental. Trata-se, para Heidegger, de operar uma desvinculação da problemática do ser calcada em categorias contaminadas pela metafísica e buscar um acesso mais direto ao ser, que sempre transcende o ser do homem." Werle, Marco Aurélio. *Poesia e pensamento em Hölderlin e Heidegger*. São Paulo, Ed. Unesp, 2005, p. 34.

ticos. Segundo Heidegger, ainda não viciados pelas ideias metafísicas que limitavam a existência a uma espécie de uso correto da razão, os pré-socráticos indagavam-se diretamente sobre o ser, sobre a existência. O caminho, por ser uma trilha originária, ligava-se ao ser das coisas diretamente, sem os vícios da filosofia. A caminhada dos pré-socráticos seria um abrir de trilhas original. A filosofia, posteriormente, caminhava apenas com guias e mapas, métodos, perdendo assim a originalidade da busca do ser para seguir os mapas, as ideias prévias, o dever-ser do caminho.

Nessa busca pelo ser, a fim de se afastar dos vícios reiterados da filosofia ocidental, Heidegger erige conceitos originais, cuja terminologia, inclusive, é também nova, e aí está um fato que contribui para a difícil leitura dos textos heideggerianos, dada a sua utilização de novas palavras e conceitos.

No que tange à busca do ser, Heidegger denomina à existência como *Dasein*. Este, que é o mais importante conceito da filosofia heideggeriana, exprime a manifestação necessária da existência como uma *situação existencial*. A tradução literal de *Dasein* para a língua portuguesa seria "ser-aí". O prefixo *da* acompanhando o verbo *Sein*, em alemão, dimensiona a existência como um fenômeno circunstanciado, situacionado.

A existência nunca é um dado isolado, desligado do resto da realidade, puro. É sempre um fenômeno circunstanciado. A situação existencial é o que lastreia a manifestação do ser. O local, o tempo histórico, as condicionantes materiais, culturais, espirituais, tudo isso está mergulhado no ser. Daí não se falar, na filosofia de Heidegger, no ser como algo isolado, numa essência pura, mas sim num ser-aí, que se manifesta – e se compreende – situacionalmente.

Se a existência se manifesta sempre como *Dasein*, a filosofia é sempre histórica, porque o ser se exprime temporalmente. *Ser e tempo*, a principal obra de Martin Heidegger, ironicamente também se poderia chamar "Ser é tempo", porque a existência se lastreia no histórico. O tempo não é um dado métrico, objetivamente dado e distinto dos sujeitos que o conheceriam; o tempo não é um dado alheado da própria compreensão da existência.[5]

A tradução de *Dasein* é também feita por *presença*. O sentido também aqui há de se preservar: a presença é sempre em alguma circunstância, perante algum contexto. Não há ser isolado, como um evento que tenha brotado sem circunstância. A existência é presença, e tal presença é temporal. Explicitamente, Heidegger afasta-se da metafísica, para quem a essência é universal ou eterna:

> Afirmar "verdades eternas" e confundir a "idealidade" da presença [do ser-aí], fundada nos fenômenos, com um sujeito absoluto e idealizado pertencem aos restos da teologia

---

[5] "Efetivamente, para Heidegger não há, de um lado, *o* tempo no seu fluxo próprio e, do outro, *as* modalidades de consciência por intermédio das quais este fluxo seria apreendido; só há um único processo de *temporalização* ao qual não podemos atribuir qualquer subsistência separada, e que é precisamente o que o torna inadequado a toda a apreensão conceptual. A questão do ser e a questão do tempo não constituem, portanto, dois temas separados do pensamento de Heidegger: a 'novidade' de *Ser e tempo* consiste precisamente, pelo contrário, em ter feito destes dois problemas tradicionais uma *única* questão, a da Temporalidade do ser." DASTUR, Françoise. *Heidegger e a questão do tempo*. Lisboa, Instituto Piaget, 1997, p. 40.

cristã no seio da problemática filosófica, que de há muito não foram radicalmente expurgados.[6]

É importante que se ressalte, logo de início, que o *Dasein* não significa um ser humano, isoladamente. O ser-aí está mergulhado nas manifestações existenciais, que envolvem também os seres humanos específicos mas são maiores que eles. Heidegger não era um filósofo da subjetividade, como os modernos. Em *Ser e tempo*, quando quer se referir a um indivíduo, ou a uma coisa, ou a um objeto, Heidegger vale-se do termo *ente*. O *Dasein* é a existência, de modo geral. Portanto, *Dasein* não é "um ser humano aí", e sim a existência como fenômeno situacionado. As filosofias da consciência, baseadas num corte entre sujeito e objeto, são afastadas por Heidegger:

> As ideias de um "eu puro" e de uma "consciência em geral" são tão pouco capazes de sustentar o *a priori* da subjetividade "real" que elas passam por cima, ou seja, não veem de forma alguma os caracteres ontológicos da facticidade e da constituição ontológica da presença.[7]

Nessa compreensão do *Dasein*, Heidegger avança no sentido de afirmar a existência também como *Mitsein*. Numa tradução direta do alemão, "ser-com". A existência se manifesta como sociabilidade, isto é, numa ligação necessária com os demais. O "com" não quer dizer que os outros, o mundo, sejam um resto distinto do eu. A existência é necessariamente imbricada com os outros, sem fazer a distinção de um sujeito cognoscente em face do resto da totalidade do mundo. Diz Heidegger:

> É preciso atentar em que sentido se fala aqui dos "outros". Os "outros" não significa todo o resto dos demais além de mim, do qual o eu se isolaria. Os outros, ao contrário, são aqueles dos quais, na maior parte das vezes, *ninguém* se diferencia propriamente, entre os quais também se está. [...] "Com" e "também" devem ser entendidos *existencialmente* e não categorialmente. Na base desse ser-no-mundo *determinado pelo com*, o mundo é sempre o mundo compartilhado com os outros. O mundo da presença é *mundo compartilhado*. O ser é *ser-com* os outros. O ser-em-si intramundano destes outros é *copresença*.
>
> O encontro com os outros não se dá numa apreensão prévia em que um sujeito, de início já simplesmente dado, se distingue dos demais sujeitos, nem numa visão primeira de si onde então se estabelece o referencial da diferença. Eles vêm ao encontro a partir do *mundo* em que a presença se mantém, de modo essencial, empenhada em ocupações guiadas por uma circunvisão.[8]

O *Dasein*, assim sendo, revelando-se também como *Mitsein*, representa, na filosofia de Heidegger, um rompimento definitivo com a perspectiva do individualismo. Não se há de analisar um ente em si nem um ser em si: acima de tudo, o ser-aí é também ser-com.

---

[6] HEIDEGGER, Martin. *Ser e tempo*. Petrópolis, Vozes, 1997, v. 1, p. 299.
[7] Ibid., p. 299.
[8] Ibid., p. 169-170.

Tal apreensão do ser-com não é uma reunião de indivíduos, como a filosofia individualista moderna do contrato social postulou. O ser é necessariamente com. A sociabilidade é marca inexorável da existência.

A compreensão existencial

Nessa busca original pelo ser, e não pela metafísica nem pelo dever-ser, o método de Heidegger há de se revelar muito original, a começar pela própria negação heideggeriana em admitir a possibilidade de um *método* para alcançar o *Dasein*.

Os métodos são, tradicionalmente, os guias predeterminados para uma verificação filosoficamente apropriada. Para Heidegger, no entanto, o método não deixa se manifestar o ser em sua riqueza e sua multiplicidade. Pelo contrário, o método tipifica, previamente, o que se há de enxergar e encontrar no ser, que, então, não será mais alcançado plenamente, mas será sim o desfigurado ser do método. Por isso o heideggerianismo rechaça a possibilidade de um "método" existencial, propondo sim caminhos para descobrir-se o ser.

O mais importante caminho para descobrir o ser é, em Heidegger, a compreensão existencial. Trata-se de uma forma de avanço da superação da dicotomia sujeito-objeto.[9] Tal dicotomia, claramente presente nos modernos, como em Kant, esteve também, é preciso dizer, no próprio Edmund Husserl, professor de Heidegger e postulador da fenomenologia como método.

Em Husserl, a fenomenologia lastreava-se no sujeito, tal qual uma teoria da consciência que conhece o mundo, como dados opostos. Sujeito e objeto, razão e realidade, apresentam-se na filosofia moderna, e na fenomenologia de Husserl, como polos afastados.

Já em Heidegger, o *Dasein* é o ser que compreende a existência, mas não de fora dela, e sim perfilhando-a, porque se trata, fundamentalmente, do ser que se compreende. Não é uma ideia que se põe como duplo da realidade que dará base ao conhecimento. É a própria existência que se põe a conhecer. O caminho da compreensão se faz exatamente caminhando.[10] Diz Heidegger:

> Com o termo compreensão, designamos um existencial fundamental; não se trata nem de um *tipo de conhecimento* determinado, distinto, por exemplo, de explicação e conceitualização, e nem, sobretudo, de um conhecimento em geral, no sentido de apreensão temática. [...] Apreendida de modo existencialmente originário, compreensão significa: ser, projetando-se num poder-ser, em função do qual a presença sempre

---

[9] "O ser-no-mundo inverte o [...] *cogito*. Ao 'penso, logo sou', substitui-se o 'sou no mundo, logo penso.'" Nunes, Benedito. *Heidegger & ser e tempo*. Rio de Janeiro, Zahar, 2002, p. 37.

[10] "Todo passo é uma aventura de originalidade: passeando pela essência do real, nossos passos caminham pela originariedade de caminho, caminhar e caminhada. A incerteza já não é somente ameaça. É também surpresa. E é esta ambiguidade que nos faz nascer, com tudo que um verdadeiro nascimento traz consigo de insegurança, medo, obscuridade, ousadia, surpresa e aventura." Carneiro Leão, Emmanuel. "Heidegger e a modernidade. A correlação de sujeito e objeto". *Tempo Brasileiro*, nº 50, Rio de Janeiro, Tempo Brasileiro, 1977, p. 24.

existe. A compreensão abre o poder-ser próprio de tal maneira que, compreendendo, a presença [o ser-aí], de algum modo, sempre sabe a quantas ela anda consigo mesma.[11]

A compreensão existencial, em Heidegger, não é uma vista do sujeito para o mundo, tomado como objeto. Trata-se de uma apreensão a partir do comum: é o mergulho no todo existencial que constrói tal saber, que é resultante da própria caminhada feita. Hans-Georg Gadamer, discípulo de Heidegger, trata sobre a filosofia heideggeriana:

> Tendo por fundo a análise existencial do *ser-aí* de Heidegger, com as inúmeras novas perspectivas que ela implica para a metafísica, a função da hermenêutica nas ciências humanas também nos aparece sob uma luz inteiramente nova. Quando Heidegger retoma o problema do ser, de uma maneira que vai muito além de toda a metafísica tradicional, ele assegura ao mesmo tempo uma posição radicalmente nova com relação às próprias aporias clássicas do historicismo: seu conceito de compreensão tem um peso *ontológico*. A compreensão também já não é mais uma *operação* que se deslocaria em sentido inverso e posterior ao da vida constituidora, ela é o modo de ser originário da vida humana mesma. [...] Para a hermenêutica tradicional, é verdade, as teses heideggerianas parecem uma verdadeira provocação.[12]

A compreensão existencial empreende, assim, um encurtamento hermenêutico, na medida em que não recorre à metafísica, a Deus, à razão universal, às ideias inatas, mas, sim, busca-se a plena compreensão dos fenômenos existenciais. Trata-se de uma apreensão direta, reduzindo os obstáculos que a filosofia, as crenças e determinadas verdades impuseram, como barreiras, circundando, escondendo e requalificando o ser.

Mas, ao mesmo tempo, trata-se de uma expansão em prol da totalidade. Se a compreensão do ser não é dedutiva, não é metafísica, não se faz com um rol de caminhos prévios da lógica e da verdade, a possibilidade de entendimento dos fenômenos é vasta. O ser se apresenta mergulhado no todo existencial. O *Dasein* não é um ser ou um ente isolado. Antes, é o ser situacionado. Os limites da compreensão existencial serão, portanto, muito mais vastos do que os da velha filosofia analítica metafísica, que quebra a totalidade da existência em pedaços. Nesse sentido, diz Ernildo Stein:

> A ideia do círculo da compreensão introduz elementos radicalmente novos – que se devem, em parte, a uma releitura da tradição da escola histórica particularmente –; em lugar da consciência põe-se uma hermenêutica do ser-aí; em lugar da transparência põe-se a inelutabilidade do ser histórico do dado; em lugar da teoria pura da tradição, introduz-se a descoberta da ideia da compreensão do ser-no-mundo, já sempre jogado no mundo e historicamente determinado; em lugar do ideal do pensamento puro da teoria tradicional, a ideia de uma práxis que antecipa toda divisão entre teoria e práxis e faz do conhecimento um modo derivado da constituição ontológica do ser-aí; o nó górdio da teoria tradicional do conhecimento é cortado com a eliminação da ideia de uma justificação ontológica possível. O que denomino de *encurtamento hermenêuti-*

---

[11] HEIDEGGER, Martin. *Ser e tempo*. Petrópolis, Vozes, 1997, v. 2, p. 132.
[12] GADAMER, Hans-Georg. *O problema da consciência histórica*. Rio de Janeiro, Ed. FGV, 1998, p. 40.

co: a rejeição de Deus e das "verdades eternas" e a forclusão (rejeição) do mundo e a rejeição das "leis naturais" (o que Heidegger chamará de superação da metafísica) e a proposta de superação da relação sujeito-objeto, base das teorias da consciência, preparam, portanto, em Heidegger, a mudança do paradigma tradicional e a proposta de uma nova questão do método.[13]

O ser-aí compreende a existência não a partir de alguém distinto dessa mesma existência, mas mergulhado nela. Compreende-se nela. Heidegger, assim sendo, elimina a metafísica como explicação do conhecimento, elimina os métodos prévios para a apreensão da realidade – portanto, faz um encurtamento hermenêutico – e, ao mesmo tempo, alarga as possibilidades de compreensão do ser, por meio das ligações e relações totais da existência.

O sentido do ser

A nova perspectiva da filosofia de Heidegger, de compreensão do ser, é uma busca do *sentido* do ser. Há seres, há entes, há a existência. Como existem? Essa busca é totalmente distinta daquela da metafísica. Para o pensamento idealista, há causas divinas, sentidos finais, que orientam a existência. A pergunta da metafísica é a respeito das razões finais. A de Heidegger não. É do próprio ser que se descobre sua verdade. É como um caminho que se faz ao caminhar, sem rota prévia. Assim, trata Jeannette Antonios Maman:

> A pergunta que indaga do ser se refere propriamente ao modo de ser. Não se pergunta, na trilha da ontologia tradicional, o que é o ser mas como são os entes. Com Heidegger responde-se à pergunta: por que *são* estes entes, quando podiam não ser? Não se pergunta *o que* são, mas *por que* são ou *como* são.
>
> Quando uma criança nos mostra seus desenhos, seguramente vamos causar-lhe certa frustração e embaraço se lhe perguntarmos: "que é isto?". Se lhe perguntarmos: "como fez isto?", provavelmente teremos uma explicação satisfatória. Descrever o modo lhe é apropriado.[14]

A compreensão do *Dasein* a partir da própria existência tira o foco da dedução e da verificação da correspondência entre sujeito e objeto como métodos filosóficos e passa a se voltar ao acesso à própria verdade do ser. Abre-se então a questão do sentido do ser. O *Dasein* não se compreende como outro da existência, mas sim como mergulhado na existência, projetando-se e se perspectivando nela. Por isso, compreender é atribuir um sentido à própria situação existencial. Diz Heidegger:

> Rigorosamente, sentido significa a perspectiva do projeto primordial de uma compreensão do ser. [...] Dizer que o ente "tem sentido" significa que ele se tornou acessível *em seu ser*, que só então, projetado em sua perspectiva, ele "propriamente" "tem sentido". O ente só "tem" sentido porque, previamente em seu ser, ele se faz compreensível no

---

[13] STEIN, Ernildo. *Seis estudos sobre "ser e tempo"*. Petrópolis, Vozes, 2005, p. 32.
[14] MAMAN, Jeannette Antonios. *Fenomenologia existencial do direito*. São Paulo, Quartier Latin, 2003, p. 81.

projeto ontológico, isto é, a partir da perspectiva do ser. É o projeto primordial da compreensão do ser que "dá" sentido.[15]

A descoberta do sentido do ser é a própria clareira que se abre para a compreensão do ser. Esse sentido não é uma orientação finalística, como se o ser tivesse um pendor ou um destino já dados. O sentido do ser é o próprio âmago do ser, na sua abertura para a existência. O *Dasein* procede ao desvelar da própria compreensão do ser.

> *Somente a presença* [o ser-aí] *pode ser com sentido ou sem sentido*. Isso significa: o seu próprio ser e o ente que se lhe abre podem ser apropriados na compreensão ou recusados na incompreensão. [...] E ao se questionar sobre o sentido do ser, a investigação não medita nem rumina sobre alguma coisa que estivesse no fundo do ser. Ela pergunta sobre ele mesmo na medida em que ele se dá dentro da compreensibilidade da presença. O sentido do ser jamais pode ser contraposto ao ente ou ao ser enquanto "fundamento" de sustentação de um ente, porque o "fundamento" só é acessível como sentido mesmo que, em si mesmo, seja o abismo de uma falta de sentido.[16]

O sentido do ser, pois, se revela na existência, e nunca fora dela, por meio de algum dado metafísico. A transcendência como projeto metafísico não se põe no horizonte do pensamento de Heidegger. Pelo contrário, a própria verdade não é uma correspondência de um conhecimento com um objeto, e sim um desvelar do ser para o ente.

> *Confirmar* significa: *que o ente se mostra em si mesmo*. A verificação se cumpre com base num mostrar-se dos entes. Isso só é possível pelo fato de que, enquanto proposição e confirmação, o conhecimento é, segundo seu sentido ontológico, um ser que, *descobrindo*, realiza seu *ser para* o próprio ente real.
>
> A proposição *é verdadeira* significa: ela descobre o ente em si mesmo. Ela propõe, indica, "deixa ver" o ente em seu ser e estar descoberto. O *ser-verdadeiro* (*verdade*) da proposição deve ser entendido no sentido de *ser-descobridor*. A verdade não possui, portanto, a estrutura de uma concordância entre conhecimento e objeto, no sentido de uma adequação entre um ente (sujeito) e um outro ente (objeto).[17]

A verdade do ser, para Heidegger, rompe definitivamente com toda a história da filosofia dos tempos medievais e modernos. Ao invés de se afirmar como concordância entre um sujeito e um objeto que estariam a princípio separados, Heidegger revoluciona o modo de apreensão da verdade: não sendo uma conclusão a partir de um método prévio, ela é um abrir-se, a própria descoberta e revelação do ser.[18] Ao contrário da tradição me-

---

15 HEIDEGGER, *Ser e tempo*, op. cit., v. 2, p. 118.
16 HEIDEGGER, *Ser e tempo*, op. cit., v. 1, p. 208-209.
17 Ibid., p. 286.
18 "O que mais valia no conhecimento, para os pensadores tradicionais, a 'questão da essência' das coisas, é agora tachado por Heidegger como 'a pergunta menos essencial que é possível colocar'. A verdade não é mais um característico da proposição correta, formulada por um sujeito a respeito de um objeto, assumindo validade não se sabe em que esfera – na da subjetividade, da objetividade ou em ambas? – 'mas a verdade é o desvelamento do Ser a um ente [à pessoa humana] que é

tafísica, que encontrou em Kant seu mais alto expoente, e que separou razão de realidade, Heidegger exponencia uma trajetória distinta, contemporânea, que a partir de Hegel encaminhou-se para a totalidade. É o próprio ser, em sua temporalidade e história, que se desvenda e desvenda os entes, descobrindo seu sentido e, pois, sua verdade existencial.

O autêntico e o inautêntico

A filosofia de Heidegger encara a totalidade como algo bastante especial. O *Dasein* não se abre para o todo indistintamente. O pensar as possibilidades é reconhecer a *morte* como fenômeno-limite. A finitude da existência é sua marca maior e patente. O *Dasein* é ser-para-a-morte. Na consciência de sua finitude, o ser-aí compreende seus limites no mundo e sua relação especial para com a temporalidade. Diz Gunter Figal:

> "Pensar até o fim" as possibilidades existenciárias significa, então, por um lado, pensar *sub species mortis*, e mostrar nesse caso, por outro lado, como essas possibilidades pensadas consequentemente são "próprias" e "constantes". Em todo caso, contudo, o "ser para a morte" permanece projetado existencialmente e isso é tão incontornável quanto problemático. Se a morte é "não-ser-aí", então vige a sentença de Epicuro: nós somos, a morte não é, e se a morte é, nós não somos. [...] Por fim, a morte é "possibilidade como a impossibilidade da existência em geral" e, porque essa impossibilidade implica a aniquilação de todas as respectivas possibilidades, a morte não é nada além da pura realidade.[19]

Dada a finitude da existência, a abertura do ser pode ser compreendida a partir de uma chave conceitual, *autenticidade* e *inautenticidade*. Toda existência é social. Todo ser é ser-com, mergulhado no mundo e com os demais. Ocorre que o modo dessa relação pode ser próprio. A inautenticidade é a marca da banalidade e da utensiliaridade. A existência se apresenta sem qualquer cuidado maior que aquele do quotidiano e de seus afazeres. A autenticidade, por sua vez, é compreendida por Heidegger a partir da preocupação-com-o-outro, como existência com cuidado. Se a *banalidade* é a característica da existência inautêntica, a *cura* (cuidado) é a marca da existência autêntica. Diz Heidegger:

> No tocante aos seus modos positivos, a preocupação possui duas possibilidades extremas. Ela pode, por assim dizer, retirar o "cuidado" do outro e tomar-lhe o lugar nas ocupações, *substituindo-o*. Essa preocupação assume a ocupação que outro deve realizar. Este é deslocado de sua posição, retraindo-se, para posteriormente assumir a ocupação como algo disponível e já pronto ou então se dispensar totalmente dela. Nessa preocupação, o outro pode tornar-se dependente e dominado mesmo que esse domínio seja silencioso e permaneça encoberto para o dominado. Essa preocupação substitutiva, que retira do outro o "cuidado", determina a convivência recíproca em larga escala e, na maior parte das vezes, diz respeito à ocupação do manual.

---

essencialmente abertura'. O que caracteriza o ser humano é precisamente esta abertura." REHFELD, Walter I. *Ensaios filosóficos*. São Paulo, Perspectiva, 2008, p. 228.

[19] FIGAL, Günter. *Martin Heidegger*: fenomenologia da liberdade. Rio de Janeiro, Forense Universitária, 2005, p. 202-203.

Em contrapartida, subsiste ainda a possibilidade de uma preocupação que não tanto substitui o outro, mas que se lhe *antepõe* em sua possibilidade existenciária de ser, não para lhe retirar o "cuidado" e sim para devolvê-lo como tal. Essa preocupação que, em sua essência, diz respeito à cura propriamente dita, ou seja, à existência do outro e não a uma *coisa* de que se ocupa, ajuda o outro a tornar-se, *em* sua cura, transparente a si mesmo e *livre para* ela.[20]

Na analítica da existência, a banalidade e a decadência revelam-se como marcas do *impessoal*. A quotidianeidade é uma abertura imediata do ser, que revela o modo pelo qual o *Dasein* procede à sua interação com o mundo. Para Heidegger, a decadência não é um degredo por conta de alguma interpretação metafísica religiosa; é uma marca característica da existência.

O falatório, a curiosidade e a ambiguidade caracterizam o modo em que a presença [o ser-aí] realiza, cotidianamente, o seu "pre", a abertura do ser-no-mundo. Como determinações existenciais, essas características não são algo simplesmente dado na presença, constituindo também o seu ser. Nelas e em sua conexão ontológica, desentranha-se um modo fundamental de ser da cotidianidade que denominamos com o termo *decadência* da presença.

Este termo não exprime qualquer avaliação negativa. Pretende apenas indicar que, em primeira aproximação e na maior parte das vezes, a presença está *junto* e no "mundo" das ocupações. Este empenhar-se e estar junto... possui, frequentemente, o caráter de perder-se na publicidade do impessoal [...].

Assim, a decadência da presença [do ser-aí] também não pode ser apreendida como "queda" de um "estado original", mais puro e superior. Disso nós não dispomos onticamente de nenhuma experiência e, ontologicamente, de nenhuma possibilidade e guia ontológicos para uma interpretação.[21]

É a partir da abertura do ser na sua imediatitude e na sua impessoalidade que vai-se revelando o modo inautêntico da existência. Nessa abertura, o quotidiano revela a banalidade, um abandono existencial. E justamente tal derrelicção existencial é a marca da liberdade do ser. Não há, para Heidegger, uma trilha prévia do que seja correto ou incorreto na existência. Derrelicto, o ser constrói suas sendas livremente. O caminho não é prévio à existência; faz-se caminhando.

Por sua vez, o autêntico se caracteriza pela preocupação-com-o-outro. O cuidado é a sua manifestação. Trata-se da existência que supera a sua banalidade quotidiana e que se lança a partir da tomada nas mãos da própria sociabilidade. Todo ser é ser-com. O banal é um modo de existir social, mas sem tal compreensão dos vínculos sociais. De outro lado, a *cura* – cuidado – reconhece o existir social do ser e se orienta pelo comum.[22]

---

[20] HEIDEGGER, *Ser e tempo*, op. cit., v. 1, p. 173.
[21] Ibid., p. 236-237.
[22] "O ser-com autêntico é fruto da dinâmica de realização do modo possível de ser autêntico do *Dasein*. Então, este ser-com vigora à medida que o *Dasein* ausculta, participa ou faz a experiência do seu ser mais próprio. À medida que o *Dasein* é propriamente ele mesmo, ele é plenamente com o outro. Sintonizando-se com seu ser-próprio, o *Dasein*, pela sua circunvisão, atém-se adequa-

Diz Jeannette Antonios Maman:

> No fenômeno da existência do *Dasein* há duas estruturas constitutivas: a *existencial* (que compõe o cotidiano, o estar-junto, sem a consciência do sentido deste existir, sem o exercício da *capacidade de julgar*, como diria Hannah Arendt) e a *existenciária*, onde se dá o mundo autêntico da existência-em-comum, que não se resume ao mundo da ocupação, dos ofícios técnicos, mas se traduz pelo cuidado que é manifesto na preocupação-com-o-outro.[23]

Na filosofia de Heidegger, a existência como *autêntica* é também tomada como *existenciária*, revelando a compreensão do ser-com-o-outro-no-mundo. Como *inautêntica* e *existencial*, o *Dasein* revela o imediato do quotidiano. Mas não se podem compreender tal chave conceitual como se fosse uma espécie de nova ética, nem tampouco algum humanismo heideggeriano, o que seria absurdo segundo seus propósitos.

Muitas interpretações sobre a abertura das possibilidades existenciais na filosofia heideggeriana buscaram reabilitar uma espécie de vagar consideração moral ao apontar o autêntico e o inautêntico como horizontes possíveis que se possam dar como sentido ao ser. Essa seria uma interpretação que revelaria um sentido muito apropriado às lutas políticas. Jean-Paul Sartre, por um viés às vezes mais próximo do marxismo, e Karl Jaspers, por um ângulo humanista, buscaram inscrever, na filosofia de Heidegger, uma virtude de posicionamento no mundo que, no entanto, ela não tem. Ocorre que, para a filosofia – e também para o direito – Heidegger não oferece uma tábua moral da existência autêntica. Nesse sentido, trata Aloysio Ferraz Pereira:

> Cumpre observar, com ênfase, que há quem estenda indevidamente a Heidegger uma interpretação de caráter ético, que se mostrou válida em relação a Jaspers e, sobretudo, a Sartre, moralista francês do tipo clássico. Mas o autor de *Sein und Zeit* sempre reivindicou para a sua analítica a qualidade de uma descrição fenomenológica, isenta de qualquer preocupação moralizante.[24]

O autêntico e o inautêntico em Heidegger são, ao mesmo tempo, muito menos e muito mais que uma ética: trata-se apenas de uma descoberta do ser, a sua compreensão que revela o autêntico, desbastado de todo o entulho metafísico. Ao mesmo tempo, essa humildade de volta ao ser sem os vícios da visão metafísica é potencialmente explosiva também politicamente, ainda que de modo não intencional: o revelar do ser autêntico abre também as perspectivas das suas possibilidades existenciais. O desvelamento do

---

damente aos entes intramundanos e, pela consideração e tolerância, atém-se adequadamente ao outro, instaurando uma relação de real solicitude." CABRAL, Alexandre Marques. *Heidegger e a destruição da ética*. Rio de Janeiro, Eds. UFRJ e Mauad, 2009, p. 103.

[23] MAMAN, Jeannette Antonios. "Ao encontro de Heidegger: a noção de Ser-no-mundo". *Revista da Faculdade de Direito da USP*, São Paulo, 2007, v. 102, p. 612.

[24] PEREIRA, Aloysio Ferraz. *Estado e direito na perspectiva da libertação*: uma crítica segundo Martin Heidegger. São Paulo, Revista dos Tribunais, 1980, p. 192.

ser pode ou não revelar sua verdade, sua autenticidade. Trata-se de um caminho que desvenda o autêntico, e, portanto, não de uma dedução ética que se queira aplicar ao ser, mas sim de um melhor modo de compreendê-lo.

A técnica

Um dos momentos culminantes da filosofia de Heidegger está na sua reflexão sobre a *técnica*. As implicações desse pensamento são vastas, implicando em toda a ciência moderna, na política e também no direito, na medida em que o fenômeno jurídico contemporâneo tem-se assentado sobre bases eminentemente tecnicistas. No eixo do problema da técnica estará o horizonte mais amplo da questão do direito para Heidegger.

Numa conferência de 1953, "A questão da técnica", Heidegger reformula a perspectiva das velhas tradições filosóficas sobre a técnica, demonstrando que o senso vulgar, que considera a técnica como *ferramenta neutra*, é uma compreensão inautêntica sobre sua essência. Na verdade, com essa formulação velha da técnica como sendo uma ferramenta neutra às mãos das pessoas, o que tem-se buscado é, fundamentalmente, dominar a técnica. Dirá Heidegger:

> Permanece, portanto, correto: também a técnica moderna é meio para um fim. É por isso que a concepção instrumental da técnica guia todo esforço para colocar o homem num relacionamento direto com a técnica. Tudo depende de se manipular a técnica, enquanto meio e instrumento, da maneira devida. Pretende-se, como se costuma dizer, "manusear com espírito a técnica". Pretende-se dominar a técnica. Este querer dominar torna-se tanto mais urgente quanto mais a técnica ameaça escapar ao controle do homem.[25]

No entanto, afastando-se dessa visão comum e recorrente, Heidegger lança-se à compreensão da técnica como forma de desencobrimento. Trata-se da abertura para a essência da técnica, isto é, a sua verdade. Encoberto pela camada de neutralidade e utilidade da técnica, ali está o seu ser: o explorar. É na *exploração* que reside a verdade da técnica.

De fato, a busca do homem é pela exploração máxima e total das possibilidades da natureza. A técnica descortina amplos e impensáveis horizontes de exploração. Um rio passa a ser, ao invés de cenário bucólico ou de instrumento tradicional para a navegação, algo que se presta a uma usina hidrelétrica. Nas palavras de Heidegger, o Rio Reno deixa de ser aquele cantado na poesia de Hölderlin e passa a ser um objeto de turismo das agências de viagem, controlado pela engenharia elétrica. Explorar e dispor da natureza, eis o desencobrir da técnica.

> O desencobrimento que domina a técnica moderna possui, como característica, o pôr, no sentido de explorar. Esta exploração se dá e acontece num múltiplo movimento: a energia escondida na natureza é extraída, o extraído vê-se transformado, o transformado, estocado, o estocado, distribuído, o distribuído, reprocessado. Extrair, transformar,

---

[25] HEIDEGGER, Martin. *Ensaios e conferências*. Petrópolis, Vozes, 2002, p. 12.

estocar, distribuir, reprocessar são todos momentos de desencobrimento. [...] Quando tentamos aqui e agora mostrar a exploração em que se desencobre a técnica moderna, impõem-se e se acumulam, de maneira monótona, seca e penosa, as palavras "pôr", "dis-por", "dis-posição", "dis-positivo", "dis-ponível", "dis-ponibilidade", etc.[26]

A disposição da natureza passa a ser, nos tempos modernos, a essência da técnica. Há uma ligação umbilical entre a técnica moderna e as ciências exatas, que, ao trabalharem também com a composição e a desconexão da teoria em relação à própria natureza, propiciaram o seu domínio total. A natureza se abre como campo no qual as medidas corretas das ciências técnicas se aplicam. A matematização e a engenharia técnica dominam o todo, independentemente de suas manifestações existenciais específicas. É no âmbito do *correto*, próprio da técnica e das ciências, que se esquece do *verdadeiro* da natureza.

> Do mesmo modo em que a natureza, expondo-se, como um sistema operativo e calculável de forças pode proporcionar constatações corretas mas é justamente por tais resultados que o desencobrimento pode tornar-se o perigo de o verdadeiro se retirar do correto.[27]

A exploração da técnica, lastreada na composição que não se abre à verdade do ser, é para Heidegger um perigo extremo, na medida em que ameaça trancar o homem na disposição, mergulhado apenas na cadeia infinita de operacionalização da própria técnica. A verdade, para Heidegger, somente se desvela e se abre a partir de uma *concessão* do ser. Mas a técnica, por sua vez, não é uma abertura a partir daquilo que concede o ser, e sim um arrancar, exploratório, sugando e exaurindo a natureza.

> *Somente dura o que foi concedido. Dura o que se concede e doa com força inaugural, a partir das origens.* [...] Pois a com-posição é, de fato, segundo tudo o que ficou dito, um envio, que reúne e concentra no desencobrimento da ex-ploração. E ex-ploração é qualquer coisa menos conceder.[28]

Por isso, a técnica, ao contrário da arte, é um arrancar, da natureza, daquilo que ela não concede. O rio não se abriu, por conta própria, para a hidrelétrica. É o homem que o exaure a tanto. Heidegger há de insistir que o abrir-se à verdade da técnica é desvendar o perigo dela mesma, e o perigo é a possibilidade de emergir a salvação. Mas, diferentemente da técnica, o poético, no pensamento heideggeriano, abre-se à verdade. Heidegger, retomando um poema de Hölderlin, "... poeticamente/ o homem habita esta terra", expõe:

> É o poético que leva a verdade ao esplendor superlativo [...]. O poético atravessa, com seu vigor, toda arte, todo desencobrimento do que vige na beleza. [...] Não sendo nada de técnico a essência da técnica, a consideração essencial do sentido da técnica e a discussão decisiva com ela têm de dar-se num espaço que, de um lado, seja consanguíneo

---

[26] Ibid., p. 20-21.
[27] Ibid., p. 29.
[28] Ibid., p. 34.

da essência da técnica e, de outro, lhe seja fundamentalmente estranho. A arte nos proporciona um espaço assim. Mas somente se a consideração do sentido da arte não se fechar à constelação da verdade, que nós estamos a *questionar*.[29]

Palavras oraculares, que fazem uma das mais majestosas críticas à técnica e a toda a modernidade, e que se lançam à superação da exploração da técnica por meio da expressão da arte. Para Heidegger, não será nem a política nem uma transformação da técnica, e sim a poesia, a palavra da salvação. Poder-se-ia vislumbrar, na crítica à técnica de Heidegger, um passo reacionário – passo antimoderno, na medida em que a modernidade é a técnica. Mas, ao mesmo tempo, o que é reacionário é, nesse caso, a mesma base para a própria crítica revolucionária. Assim, diz Francisco Rüdiger:

> Heidegger constitui-se assim, porém, no filósofo de nossa alienação maquinística, se considerarmos que sua obra chancela teoricamente a heteronomia da qual é presa a consciência imediata do homem contemporâneo. Contudo e ao mesmo tempo, o filósofo também é o visionário genial que, com suas ideias, dá um salto para outro patamar de pensamento. Nos escritos que nos legou, a crítica não era progressista, mas só à primeira vista se deixa ler como reacionária. Quem ignorar esse último aspecto, o reacionarismo, é porque não vê sua clara nostalgia pela questão do ser, por um modo de vida estático e sem história; mas quem a relevar está dando a si a chance de ver o quanto suas ideias contêm de futurismo e meditação antecipatória. [...]
>
> Segundo Heidegger, a técnica precisa ser vista como motivo de uma questão histórica relativa ao destino do ser humano. A Questão da técnica é, mais do qualquer outra, uma questão que não se encontra alhures, mas que está aí, em cada proposição, em cada opinião, em cada ato da vida cotidiana.[30]

A crítica de Heidegger à técnica antecipa imediatamente a reflexão sobre a política e o direito, duas manifestações tornadas técnicas nos tempos modernos.

A política

O pensamento de Heidegger orientou-se, num nível estrutural de leitura, pelo afastamento das questões políticas concretas. Heidegger não é um filósofo imediatamente de temas políticos. É preciso compreender sua filosofia num contexto amplo e captar a política como um horizonte que apenas se desdobra de seu pensamento.

De imediato, por meio de sua filosofia existencial, é possível desvendar contra quem Heidegger se opõe politicamente. Não é um liberal, individualista, de extrato burguês. Opõe-se frontalmente ao mundo institucional burguês – que era lastreado na visão de mundo de um indivíduo separado da realidade, na cisão entre sujeito e objeto – e sua volta ao ser é, no final das contas, um marco desse afastamento.

Por conta de sua oposição às grandes estruturas sociais modernas liberais burguesas, pode-se enxergar em Heidegger um filósofo revolucionário, porque bastante crítico da

---

[29] Ibid., p. 37.
[30] RÜDIGER, Francisco. *Martin Heidegger e a questão da técnica*: prospectos acerca do futuro do homem. Porto Alegre, Sulina, 2006, p. 230-231.

banalidade e da inautenticidade dos tempos presentes. Tal banalidade, por ele, é associada à dominância da metafísica e da técnica. A primeira grande abertura de Heidegger ao pensamento político é, assim, uma espécie de desconstrução do modo de ser político--estatal moderno. Nesse sentido, aponta Aloysio Ferraz Pereira:

> Todas as teorias e tentativas de fundamentação do direito e do estado, porque englobadas na tradição clássica da ontologia, seguem a sua sorte e sucumbem nos seus impasses. Mas o fundamento que encontraram se evidenciou inconsistente e falso não porque reside apenas nas coisas exteriores, nos *prágmata*, ou nos objetos da ciência. Do que acima se procurou mostrar é lícito inferir que essa fundamentação (do pensamento anterior a Heidegger) encontra sua justificativa no próprio modo de ser da existência humana em cujo âmbito ela se construiu. Em outras palavras: considerando que esse pensamento, tributário de uma pseudo-ontologia, sempre se moveu dentro dos limites da existência inautêntica, outros não poderiam ser os fundamentos que pôde oferecer ao direito e ao estado.[31]

Mais difícil que a crítica política negativa de Heidegger é uma leitura positiva a partir de seu pensamento. Aloysio Ferraz Pereira prossegue tratando de uma perspectiva política propositiva a partir de Heidegger:

> Também em Heidegger se deve dar particular relevo às consequências de natureza moral, política e jurídica que é necessário tirar dos resultados positivos da analítica existencial do ser-aí. [...]
> Constituindo-se na liberdade, o ser-aí constitui o mundo (com os outros). Compreendendo então o mundo e os outros como indissoluvelmente co-originários com ele mesmo, o ser-aí é forçado a reconhecê-los como alteridade indisponível, por ele mesmo fundada. Esta livre compreensão dá origem e impõe ao ser-aí obrigações e coações, constitutivamente decorrentes do reconhecimento inalienável do mundo e do outro, que ele mesmo pôs diante de si na liberdade da transcendência. [...]
> Para Heidegger, finalmente, a *obrigação* moral, política e jurídica, uma vez assumida na liberdade da transcendência, é irrenunciável. Como irrenunciável é a liberdade que a fundamenta. Abdicar da sua liberdade seria, para o ser-aí, renunciar à existência. Mas a existência lhe é desde sempre dada na derrelicção, de onde precisamente parte o ser-aí para transcender-se na ipseidade. Assim, mais uma vez se fecha, em Heidegger, o círculo do ser, apenas translucidado pela hermenêutica.[32]

A crítica heideggeriana contra o pensamento político moderno, que é, na verdade, contra a própria manifestação existencial inautêntica da modernidade, presta-se a várias leituras filosóficas propositivas possíveis. Dela, abre-se o campo para avançar em busca de uma visão libertadora do fenômeno político – e nesse sentido é a apropriação de Heidegger feita pelo marxismo.

Ocorre, no entanto, que uma perspectiva reacionária é possível de ser vista a partir do pensamento heideggeriano. É a volta ao originário sua petição filosófica e, ao mesmo

---

[31] PEREIRA, *Estado e direito na perspectiva da libertação*, op. cit., p. 187.
[32] Ibid., p. 210-212.

tempo, seu projeto político implícito. O retorno ao originário consiste num dos *leitmotivs* filosóficos heideggerianos. Os frequentes símbolos filosóficos da montanha, da floresta, são uma oposição à grande cidade, ao mundo da técnica, à era do universal, daquilo que é igual a todos e, portanto, não é nada em específico. As condições para o pensar verdadeiro se dão apenas com essa repetição original.

Esse retorno filosófico ao originário é a antecipação do horizonte político heideggeriano. A montanha e a floresta, a autenticidade do ser, o desvelar daquilo que se oculta, tudo isso é o afastamento da homogeneização moderna, propiciada pela técnica e pela metafísica, que unifica a tudo por meio de uma razão geral que paira sobre os seres e os entes. Mas o afastamento desse universal representa, então, a descoberta da especificidade e da originalidade do ser. De um certo modo, a sua petição pelo ser é uma forma de plenificação das funções da filosofia, porque somente ela guardaria, tal qual a poesia, as chaves de entrada para esse caminho ao ser. Afastando a metafísica, a filosofia descobriria a linguagem verdadeira do ser. Assim, para Heidegger, o pensamento filosófico estaria acima da política, da economia, da sociologia. E, de fato, Heidegger estabeleceu toda sua obra filosófica num patamar distinto – e reputadamente superior – aos problemas políticos de seu tempo. Ao refutar a metafísica como lógica última da inautenticidade do Ocidente, Heidegger rejeitou, em bloco, qualquer possibilidade de compreensão específica da ação política ou das relações sociais, na medida em que retira a dignidade da compreensão filosófica de tais âmbitos. Richard Rorty lhe formula tal objeção:

> Estou em dúvida quanto a tais tentativas de encapsular o Ocidente, de tratá-lo como um objeto acabado, que agora temos condição de submeter a uma análise estrutural. Em particular, eu gostaria de protestar contra a tendência de tomar a avaliação de Heidegger sobre o Ocidente como certa. Há, ao que me parece, uma crescente propensão para ler Heidegger como a mensagem final do Ocidente para o mundo. Essa mensagem consiste, em grande medida, na afirmação de que o Ocidente – para usar uma das frases favoritas de Heidegger – "exauriu suas possibilidades". Heidegger foi uma das maiores imaginações sinópticas do século, mas seus dons extraordinários fizeram apenas com que essa passagem soasse mais plausível do que eu penso que ela é. Nós precisamos lembrar que o escopo da imaginação de Heidegger, grandiosa como ela era, estava muito restrito à filosofia e à poesia lírica, aos escritos daqueles para os quais ele conferia o título de "Pensador" ou de "Poeta". Heidegger pensava que a essência de uma época histórica poderia ser descoberta lendo as obras do filósofo característico dessa época e identificando sua "compreensão do Ser". Ele pensava que a história do Ocidente poderia ser melhor entendida encontrando-se uma progressão dialética que conectasse as obras dos sucessivos grandes pensadores filosóficos. Aqueles entre nós que ensinam filosofia são especialmente suscetíveis ao poder persuasivo da avaliação de Heidegger da história e das perspectivas do Ocidente. Mas esta suscetibilidade é uma deformação profissional que devemos nos esforçar para superar.[33]

---

[33] RORTY, Richard. *Ensaios sobre Heidegger e outros*: escritos filosóficos 2. Rio de Janeiro, Relume--Dumará, 1999, p. 97.

A especificidade política da busca filosófica pelo originário, ainda que não explicitamente manifesta nos textos de Heidegger, pode ser também um projeto político, direcionado ao resgate do passado: o povo, a nação, os costumes, os hábitos. O horizonte heideggeriano, aí então, aproximou-se claramente das perspectivas nazistas: o judeu é o burguês errante, homem da técnica universal, sem pátria nem solo. A floresta negra alemã é o *locus* do ser alemão. O costume de um povo é o desvelar de sua verdade. A política, a técnica, o direito, que instauram novos costumes e novas disciplinas – e que instauram os procedimentos universais –, fazem com que se perca a verdade original. Daí a sua crítica à política poder ser não progressista ou reformista, e sim reacionária. A recusa do hoje se faz em nome do ontem.

Filósofo do culto ao camponês, embebido implicitamente da mística dos entes e do fazer manual, da sabedoria popular, Heidegger perfilha, com uma clareza absurda, os horizontes do nazismo e do reacionarismo em sua filosofia. Diz Pierre Bourdieu:

> Há provavelmente poucos pensamentos tão profundamente situados e datados como o da "filosofia pura" (como dizia Croce) de Heidegger. Não há um problema de época, nem uma resposta ideológica dos "revolucionários conservadores" a esses problemas, que não estejam presentes nesta obra absoluta, sob uma forma sublimada e irreconhecível. Contudo, existem poucas obras que tenham sido lidas de maneira tão profundamente a-histórica. Os próprios acusadores mais determinados dos comprometimentos do autor de *Sein und Zeit* com o nazismo, sempre se omitiram em procurar nos textos os indícios, as confissões ou os traços convenientes para explicar ou esclarecer os compromissos políticos de seu autor.[34]

No entanto, o texto heideggeriano interdita a identificação de horizontes ou de sentidos políticos. Será sempre uma luta inglória a pretensa comprovação de seu ímpeto nazista. Haverá argumentos para todas as versões possíveis, as que negam ou afirmam tal vínculo. Heidegger não se deixa revelar nazista apenas em atos ou discursos. Heidegger tem uma filosofia cujo arcabouço foi identificado com o nazismo, e aí reside sua grandeza e sua astúcia filosófica, porque não construiu sua filosofia em razão de Hitler – e por isso nega a si o rótulo –, mas também não se lhe pôde considerar fundamentalmente oposto. E, nessa ambiguidade, também não se lhe pode interditar, por terceiros, um outro uso, alheado ao próprio nazismo e à sua negação.[35]

---

[34] BOURDIEU, Pierre. *A ontologia política de Martin Heidegger*. Campinas, Papirus, 1989, p. 11.
[35] "É também esta referência que, por intermédio da homologia (mais ou menos conscientemente sentida) entre a estrutura das tomadas de posição filosóficas e a estrutura das tomadas de posição abertamente políticas, delimita – para um determinado pensador – o leque muito restrito das tomadas de posição filosóficas compatíveis com suas opções ético-políticas. [...] Desta maneira, a relação que Heidegger mantém com as posições mais marcantes do espaço político, do liberalismo e do socialismo, marxismo ou pensamento 'revolucionário-conservador', ou com as posições sociais correspondentes, só se constitui praticamente através de toda uma série de relações homólogas da oposição fundamental que aí se encontra, ao mesmo tempo, manifestada e transfigurada." Ibid., p. 60-61.

O pensamento marxista reconheceu em Heidegger um grande proveito crítico. Herbert Marcuse é explícito nessa vinculação: Heidegger mergulha nas profundezas do ser e da técnica, e, poder-se-ia dizer, a crítica à metafísica e ao mundo do sujeito é também, em um nível mais esfumaçado, a crítica ao próprio capitalismo. Essa é uma possibilidade de leitura heideggeriana, talvez aquela que mais o resguarde de seu aproveitamento reacionário, talvez sua melhor leitura política, mas, não necessariamente, a leitura que o próprio Heidegger fazia de si próprio.

O direito

A mesma dificuldade residente na filosofia política heideggeriana está também em sua filosofia do *direito*. Heidegger não se ocupa diretamente de assuntos jurídicos, não é jurista de formação. Assim sendo, o aproveitamento de sua filosofia para o direito se faz como possibilidade.

O grande momento da reflexão heideggeriana que atravessa em cheio o direito é a sua problematização da *técnica*. A técnica moderna, haurida da metafísica e embebida da separação entre sujeito e objeto, encontra no direito um de seus fenômenos mais marcantes.

O direito é um dos próprios cernes de todo o mundo burguês, individualista, universalista e homogêneo, em relação ao qual a visão filosófica de Heidegger se levantava. Pode-se vislumbrar, então, na filosofia heideggeriana, uma potente arma de crítica ao direito moderno, normativo estatal, por meio da crítica à técnica. Mas, certo também está, a crítica à técnica não é devida apenas a Heidegger, e nem se pode dizer que sua petição pelo original seja a melhor maneira de superação do problema da técnica no direito.

Outra possível aproximação do pensamento heideggeriano ao direito reside na sua petição pelo *originário* como verdade do ser. O pensamento de Heidegger, desde a fase primeira, com *Ser e tempo*, encaminha-se no sentido de fazer do projeto filosófico uma espécie de volta ao passado, compreendido como uma tentativa de compreensão do originário. Trata-se de uma circularidade peculiar, na medida em que, nela, o originário se põe a serviço de um novo modo de compreensão do presente e do futuro. Sobre o originário em Heidegger, diz Zelijko Loparic:

> O seu pensamento percorreu um caminho de afastamento de tudo o que há nos dias de hoje e de retorno à origem do pensamento ocidental, na espera de um outro início a partir dessa mesma origem. Essa figura circular de pensamento, regressivo-progressiva (na linguagem do primeiro Heidegger: desconstrutivo-reconstrutiva) não é comum na história da filosofia ocidental. O regresso neoplatônico ao Uno não é completado por um outro início. O andamento típico da modernidade é progressivo, visando superar o presente e o passado.
>
> Talvez a melhor maneira de caracterizar o caminho de Heidegger seja dizer, como ele mesmo sugere, que é o oposto de Hegel, o qual consiste na construção progressiva do Absoluto. Para Heidegger, a construção do Absoluto é a via certa do esquecimento total do Absoluto. Por isso, o modo mais promissor de acedermos ao "Absoluto" consiste precisamente na desconstrução da sua construção, sendo que esta última ocorreu na metafísica ocidental, tendo sido completada por Hegel. Para proceder à desconstrução,

faz-se necessária a regressão à origem. Ir na direção oposta de Hegel: essa regra é uma das principais chaves para entender Heidegger.[36]

Historicizando o fenômeno jurídico, a partir de Heidegger fica bastante patente a possibilidade de compreensão separada do fenômeno jurídico moderno – técnico, universalista, formalista, procedimental, repetidor e banal – daquele fenômeno jurídico que, nas origens ocidentais greco-romanas, perguntava-se diretamente sobre o justo. Nesse ponto reside a riqueza maior e também a maior dubiedade do pensamento de Heidegger em relação ao direito.

Se o fenômeno jurídico antigo não encontra correspondência no direito moderno, a busca do justo nas origens estava muito mais próxima das coisas, dos fatos, das pessoas e das suas plenas razões que a busca moderna do justo, que é, simplesmente, uma busca formal, processualizada em ritos e normas estatais. De fato, na antiguidade, o direito se definia como arte, e não como técnica no seu sentido moderno.

É com base nessa possibilidade de se pensar o fenômeno jurídico para além da sua banalidade técnica (ser-aí inautêntico) que se instauraria uma definição do direito como existência autêntica, no regaço das experiências e do convívio social justo. Assim é a interpretação de Aloysio Ferraz Pereira:

> O fenômeno jurídico é um modo de ser do ser-aí, enquanto este é, originária e constitutivamente, ser-no-mundo e ser-com-outrem (*Mitsein*), bem como ser em comum e coexistência. [...] Por isso, se o jurídico é modo de ser do ser-aí, não será nunca um mero objeto desse comportamento humano possível que é a ciência. Isto é: o modo de ser *jurídico* do ser-aí não se reduz inteiramente a simples objeto desse outro modo de ser do mesmo ser-aí que é o conhecimento. [...] O jurídico é, pois, ontologicamente, um existencial constitutivo de todo ser-aí, possuindo caráter concreto e universal. Onticamente, desde sempre inere ao ser-aí. Uma vez que o ser-aí exista, nele está o jurídico, em seu ser originário e simples. O jurídico emerge na própria existência humana, manifesta-se na situação em que cada um de nós sempre se encontra. Estamos sem cessar numa situação de justiça ou de injustiça uns em relação aos outros, no mundo em que um dia passamos a nos achar e que também podemos clarificar e projetar.[37]

Jeannette Antonios Maman – apontando para além do momento crítico da perspectiva de Heidegger contra a modernidade – postula uma compreensão autêntica do fenômeno jurídico:

> Ver o direito como fenômeno da ontologia fundamental é vislumbrar a hipótese de o fenômeno jurídico existir na esfera autêntica. [...] A questão fundamental põe-se na pesquisa do direito: qual o ser autêntico do jurídico?
>
> Uma proposta alternativa ao ecletismo e ao reducionismo jurídicos é a de pôr o fenômeno jurídico na estrutura de uma ontologia fundamental, a ordem jurídica como expressão da situação existencial dos povos. Tal ordem jurídica resulta de ser o direito

---

[36] LOPARIC, Zeljko. *Heidegger*. Rio de Janeiro, Zahar, 2004, p. 61.
[37] PEREIRA, *Estado e direito na perspectiva da libertação*, op. cit., p. 168-169.

não um conjunto de normas mas, antes, *a pesquisa do justo*, o acesso à justiça pela observação e pela intuição, que é percepção racional e até intuição sensível, aquela da sensibilidade artística. Em última análise, o *jurídico* é alcançado pelo homem existente (o *ser-aí*, o *Dasein*) em sua constituição fundamental, isto é, dentro da sua estrutura existenciária a que se dá o nome de *compreensão*, a qual se desdobra nos fenômenos sucessivos da explicitação (*Auslegen*) e interpretação. A visão ôntica (empírica) do fenômeno jurídico é abrangida pela visão ontológica, fenomenológica-existencial.

Na atualidade é em Heidegger que se coloca a questão do ser. É a partir do seu pensamento que podemos chegar à afirmação de que o direito autêntico é a expressão da situação existencial do *ser-aí*.[38]

Ocorre, nesse grande momento de compreensão existencial do fenômeno jurídico, o grande ápice de um aproveitamento heideggeriano à filosofia do direito. Afastada da técnica normativa, a busca original pelo direito deverá ser, então, uma hermenêutica do justo. O problema do direito passa a ser uma compreensão do sentido dos fatos, dos atos, das questões que se abrem ao juízo jurídico.

É justamente nesse ponto que a radicalidade crítica da constatação heideggeriana pode também se tornar a minguada resposta compreensiva, que depõe armas políticas e não se predispõe a transformar o mundo, mas, antes, a compreendê-lo de forma radical. O mergulho compreensivo nas profundezas existenciais do direito é um ato de discordância radical com os procedimentos e o arcabouço metafísico de pensamento e operacionalidade do mundo jurídico contemporâneo, mas é, ao mesmo tempo, uma concordância oracular com o ser jurídico escondido desse mesmo mundo, que há de se desvelar.

Uma filosofia do direito que se proponha a trilhar *imediatamente* os passos heideggerianos desemboca no pensamento de Hans-Georg Gadamer, para quem a abertura hermenêutica é a chave do entendimento existencial do direito.

GADAMER

O alemão Hans-Georg Gadamer (1900-2002) é um dos mais importantes filósofos de rompimento com uma visão de mundo que, no campo jurídico, é representada pelo juspositivismo. Sua posição é bastante contestadora do tipo de cientificidade estabelecido na Idade Contemporânea. Seu pensamento está na esteira imediata das preocupações filosóficas de Martin Heidegger mas, além de seu discípulo, Gadamer é também propositor de específicas contribuições para a questão da hermenêutica existencial. Seu livro *Verdade e método* é um dos maiores monumentos acerca da hermenêutica em toda a história da filosofia.

Gadamer avança na mesma esteira do pensamento de Heidegger para se indispor contra a estável classificação dos saberes contemporâneos. A filosofia e a ciência têm sido trabalhadas como campos bem-estabelecidos, parelhos e conjugados, dividindo tarefas para a busca da verdade. A ciência se restringiu ao campo do formal, lógico, imediatamente correspondente ao real. À filosofia foi reservado o papel de chancelar e dar o lastro

---

[38] MAMAN, *Fenomenologia existencial do direito*, op. cit., p. 71-72.

idealizado do que fosse a ciência. Para chegar a esse resultado, a filosofia e a ciência se estabelecem como uma representação lógica do mundo. Sua força estaria na amarração interna dessa mesma lógica. Então, nessa tradição moderna e contemporânea, o cientista e o filósofo seriam aqueles que teriam os melhores métodos teóricos para representar a realidade. Abandona-se a realidade existencial para se fixar no método. O pensamento moderno, assim, separou sujeito e objeto, razão e realidade. Gadamer, insurgindo-se contra tal tradição, propõe, na esteira de Heidegger, uma outra relação com a filosofia. Seu pensamento se destaca pela postulação de uma hermenêutica que seja o meio de compreensão existencial do ser:

> A relação entre a filosofia e a ciência não pode ser descrita adequadamente a partir de uma filosofia que é tomada das ciências, que pode conservar seu sentido limitado, e tampouco pela travessia especulativa da fronteira até o lado de uma determinação dogmática da investigação que se encontra em permanente fluir. Temos que aprender a pensar positivamente esta relação, em toda sua contraposição. [...] É a mesma necessidade da razão, o que nos obriga a estabelecer permanentemente a unidade do nosso conhecimento, e o que nos deixa penetrar pela arte. A ela pertence, em nosso mundo, tudo aquilo que nos outorgam as ciências, na mediação dos acessos ao mundo, e na comprovação de todas as investigações sobre este mundo, por parte da ciência. A ela pertence também a herança de nossa tradição das concepções filosóficas da razão, diante das quais se deve não tomar e aceitar uma totalmente, mas, sobretudo, não silenciar a nenhuma. A necessidade de unidade da razão assim o exige.[39]

Para Gadamer, a filosofia não pode ser uma construção lógica apenas autorreferenciada em métodos. Fundado numa compreensão existencial, Gadamer há de se afastar da tradição moderna sobre a interpretação. Para a modernidade, a interpretação é uma correspondência da ideia com um determinado objeto, tudo isso feito pelo sujeito, que teoricamente utilizaria da sua razão como uma ferramenta independente. Já para Gadamer, seria necessário compreender a hermenêutica como um fenômeno de apreensão da verdade existencial do ser, e não apenas de sua correspondência a um conceito correto. O ser há de se revelar mais amplo do que aquele previsto no catálogo do correto da ciência e da racionalidade moderna. A busca da verdade não é uma questão de método científico:

> O fenômeno da compreensão e a maneira correta de se interpretar o compreendido não são apenas um problema específico da teoria dos métodos aplicados nas ciências do espírito. [...] Por isso, desde sua origem histórica, o problema da hermenêutica ultrapassa os limites que lhe são impostos pelo conceito metodológico da ciência moderna. Compreender e interpretar textos não é um expediente reservado apenas à ciência, mas pertence claramente ao todo da experiência do homem no mundo. Na sua origem, o fenômeno hermenêutico não é, de forma alguma, um problema de método. Não se interessa por um método de compreensão que permita submeter os textos, como qualquer outro objeto da experiência, ao conhecimento científico. Tampouco

---

[39] GADAMER, Hans-Georg. *A razão na época da ciência*. Rio de Janeiro, Tempo Brasileiro, 1983, p. 23-24.

se interessa primeiramente em construir um conhecimento seguro, que satisfaça aos ideais metodológicos da ciência, embora também aqui se trate de conhecimento e de verdade.[40]

A hermenêutica existencial não se estabelece como um conjunto de ferramentas que determinem, de antemão, tudo o que será investigado. Pelo contrário, a realidade e aquele que a compreende estão numa posição de constante fusão de horizontes, num processo que não se esgota em determinações lógicas. Por conta de tal abertura da hermenêutica para além do método das ciências e da filosofia moderna, Gadamer assemelhará a perquirição sobre a hermenêutica à arte. Parecido com Heidegger, que situava no poético a morada do ser, Gadamer, seu mais próximo discípulo, também vislumbra, na experiência da arte, as profundidades da hermenêutica, que o método científico não alcança.

> O fenômeno da compreensão impregna não somente todas as referências humanas ao mundo, mas apresenta uma validade própria também no terreno da ciência, resistindo à tentativa de ser transformado em método da ciência. [...] É assim que as ciências do espírito acabam confluindo com as formas de experiência que se situam fora da ciência: com a experiência da filosofia, com a experiência da arte e com a experiência da própria história. São modos de experiência nos quais se manifesta uma verdade que não pode ser verificada com os meios metódicos da ciência. [...] O fato de experimentarmos a verdade numa obra de arte, o que não se alcança por nenhum outro meio, é o que dá importância filosófica à arte, que se afirma contra todo e qualquer raciocínio. Assim, ao lado da experiência da filosofia, a experiência da arte é a mais clara advertência para que a consciência científica reconheça seus limites.[41]

Ao romper com as amarras das ciências e da filosofia modernas, que insistem em estabelecer um método universal para a apreensão da verdade, o projeto de Gadamer, em sua obra máxima *Verdade e método*, é, praticamente, a proposição de que a verdade é justamente impossibilitada pelas determinações teóricas prévias com pretensões lógicas acabadas. Ou seja, é como se, parodiando ironicamente o título de seu livro, desse-se verdade *ou* método.[42]

Contra as pretensões universais dos métodos, o pensamento de Gadamer insiste num reposicionamento positivo da hermenêutica. Tal qual Heidegger, Gadamer afirma a hermenêutica como compreensão existencial. É impossível que o intérprete proceda de

---

[40] GADAMER, Hans-Georg. *Verdade e método*: traços fundamentais de uma hermenêutica filosófica. Petrópolis, Vozes, 2014, v. I, p. 29.

[41] Ibid., p. 29-31.

[42] "Uma das principais reivindicações de Gadamer é que o *método obstrui a verdade* ou, ao invés disso, um encontro básico e fundamental com a verdade é perdido quando recorremos à dependência do método. O título do trabalho mais importante de Gadamer poderia muito bem ter sido *Verdade ou Método* ao invés de *Verdade e método*. Existe uma tensão inexaurível entre os dois, se a verdade for considerada o produto final de um método" (LAWN, Chris. *Compreender Gadamer*. Petrópolis, Vozes, 2011, p. 84).

modo afastado da sua condição existencial. A filosofia não se faz com um pensamento externo e altaneiro em face do mundo. Para Heidegger, a filosofia se abre hermeneuticamente porque não pode ser dada como metodologicamente prévia à existência. Daí a impossibilidade de fundar a filosofia num método ou numa posição idealista. E Gadamer vai além de Heidegger. Não só a filosofia é hermenêutica, como a própria hermenêutica é o modo geral de compreensão de mundo. Assim sendo, a hermenêutica se estabelece como o horizonte que faz com que a filosofia, bem como as artes, a teologia e mesmo o próprio direito venham a operar com os mesmos padrões e aberturas. A filosofia é hermenêutica e a hermenêutica é inexorável como compreensão geral de mundo, apontando, assim, nos termos gadameranos, uma hermenêutica filosófica.

Gadamer insiste, na esteira de Heidegger, que a hermenêutica não se faz como procedimento lógico de uma subjetividade que se encontraria num papel alheio ao seu objeto de perquirição. Resgatando uma antiga tradição da explicação hermenêutica e lhe dando um sentido próprio, Heidegger dirá que a interpretação se faz como um *círculo hermenêutico*, que opera numa constante relação compreensiva tanto entre a parte e o todo do que se interpreta, como entre o hermeneuta e o objeto da hermenêutica.

> A descrição e a fundamentação existencial do círculo hermenêutico feitas por Heidegger representam uma mudança decisiva. É verdade que também a teoria da hermenêutica do século XIX falava de estrutura circular da compreensão, mas sempre inserida na moldura de uma relação formal entre o individual e o todo, assim como de seu reflexo subjetivo, a antecipação intuitiva do todo e sua explicação subsequente no individual. [...] Mas, ao contrário, a descrição heideggeriana desse círculo mostra que a compreensão do texto se encontra constantemente determinada pelo movimento de concepção prévia da pré-compreensão. Quando se realiza a compreensão, o círculo do todo e das partes não se dissolve; alcança ao contrário sua realização mais autêntica. O círculo, portanto, não é de natureza formal. Não é objetivo nem subjetivo, descreve, porém, a compreensão como o jogo no qual se dá o intercâmbio entre o movimento da tradição e o movimento do intérprete. A antecipação de sentido, que guia a nossa compreensão de um texto, não é um ato da subjetividade, já que se determina a partir da comunhão que nos une com a tradição.[43]

O entendimento não se faz como uma inferência lógica, a partir de marcos teoréticos externos ao mundo do intérprete. Este nunca é um ente isolado do mundo ou olimpicamente neutro em relação à sua existência. Não há uma subjetividade insigne e alheia ao mundo e à história. Empreendendo a uma contundente desconstrução e crítica da subjetividade tomada no seu sentido moderno, dirá Gadamer:

> Na verdade, não é a história que nos pertence mas somos nós que pertencemos a ela. Muito antes de nos compreendermos na reflexão sobre o passado, já nos compreendemos naturalmente na família, na sociedade e no Estado em que vivemos. A lente da subjetividade é um espelho deformante. A autorreflexão do indivíduo não passa de uma luz tênue na corrente cerrada da vida histórica. *Por isso, os preconceitos de um*

---

[43] GADAMER, *Verdade e método*, op. cit., p. 388.

indivíduo, muito mais que seus juízos, constituem a realidade histórica de seu ser. [...] A compreensão deve ser pensada menos como uma ação da subjetividade e mais como um retroceder que penetra num acontecimento da tradição, onde se intermedeiam constantemente passado e presente. É isso que deve ser aplicado à teoria hermenêutica, que está excessivamente dominada pela ideia dos procedimentos de um método.[44]

É a partir da existência, no pano de fundo da tradição e da experiência, que se formam as compreensões. A hermenêutica só se realiza a partir de uma constante interação do intérprete com o mundo. Reconhecer que todo ato hermenêutico é uma pré-compreensão é fundamental para uma interpretação apropriada.

As filosofias moderna e contemporânea insistiam em se opor à tradição e à autoridade, como se aquilo que fosse consolidado historicamente não valesse como ponto de partida para a verdade. Neste ponto, Gadamer aponta para a tradição e para a autoridade como elementos constituintes necessários da própria hermenêutica. A pretensão moderna de romper com a autoridade para instaurar a ciência e o método filosófico não são uma saída da existência, mas um modo de compreender no seio dessa mesma condição existencial:

> Parece-me, no entanto, que entre a tradição e a razão não existe nenhuma oposição que seja assim tão incondicional. [...] Por isso, frente ao metodologismo epistemológico dominante, [...] será correta a autocompreensão das ciências do espírito, quando rejeitar o conjunto de sua própria historicidade do lado dos preconceitos de que temos de nos libertar? Ou será que essa ciência "livre de preconceitos" não estará compartilhando, bem mais do que imagina, daquela recepção e reflexão ingênuas em que vivem as tradições e em que está presente o passado? Em todo caso, há uma pressuposição fundamental que é comum à compreensão nas ciências do espírito e à sobrevivência das tradições: a de sentirem-se *interpeladas* pela própria tradição. [...] Toda hermenêutica histórica deve começar, portanto, *abolindo a oposição abstrata entre tradição e ciência histórica* (Historie), *entre história* (Geschichte) *e conhecimento da história*. A ação (Wirkung) da tradição que perdura e a ação da investigação histórica formam uma única ação, cuja análise só poderia encontrar uma trama de ações recíprocas.[45]

Para Gadamer, a hermenêutica se faz sempre como uma retomada da tradição. Interpretar um texto ou compreender qualquer fenômeno, isso se faz a partir de toda uma história dos sentidos, das experiências, da arte de captar o escondido do ser. A compreensão, para Gadamer, não é um método que se aplica apenas a textos ou a leis. Pelo contrário, é a própria forma de se abrir da filosofia.

> A hermenêutica que se vai desenvolver aqui não é uma doutrina de métodos das ciências do espírito, mas a tentativa de entender o que são na verdade as ciências do espírito, para além de sua autoconsciência metodológica, e o que as liga ao conjunto de nossa

---

[44] Ibid., p. 367-368 e 385.
[45] Ibid., p. 373-375.

experiência do mundo. Ao tomarmos a compreensão como objeto de nossa reflexão, não objetivamos uma teoria da arte de compreender, como o queria a hermenêutica tradicional da filologia e da teologia. Uma tal teoria ignora que, em face da verdade do que nos diz a tradição, o formalismo do saber artificial se arroga uma superioridade que é falsa. Se no que se segue demonstramos quanto o *acontecer* atua em toda *compreensão* e quão pouco a consciência histórica moderna consegue debilitar as tradições em que nos encontramos, isso não significa baixar diretrizes para as ciências ou para a prática da vida, mas sim, o esforço em corrigir uma falsa concepção sobre o que são essas ciências.[46]

A hermenêutica é processada numa situação existencial. O intérprete não está alheio ou defronte à situação hermenêutica, mas dentro dela e, por isso, não pode possuir uma elucidação completa de seus termos. Daí, a interpretação não é jamais total. A situação abre horizontes que são múltiplos e que se fundem entre passado e presente, e ainda, por sua vez, tendo em vista o futuro, pois que a hermenêutica compreende situações do ontem e do hoje vislumbrando sempre novos horizontes, como projeção.

> O conceito de situação se caracteriza pelo fato de não nos encontrarmos diante dela e, portanto, não dispormos de um saber objetivo sobre ela. Nós estamos nela, já nos encontramos sempre numa situação cuja elucidação é tarefa nossa. Essa elucidação jamais poderá ser cumprida por completo. [...] Também a elucidação dessa situação, isto é, a reflexão da história efeitual, não pode ser realizada plenamente. Essa impossibilidade porém não é defeito da reflexão, mas faz parte da própria essência do ser histórico que somos. *Ser histórico quer dizer não se esgotar nunca no saber-se*. [...] Todo presente finito tem seus limites. Nós definimos o conceito de situação justamente por sua característica de representar uma posição que limita as possibilidades de ver. Ao conceito de situação pertence essencialmente, então, o conceito do *horizonte*. Horizonte é âmbito de visão que abarca e encerra tudo o que pode ser visto a partir de um determinado ponto. [...] Na verdade, o horizonte do presente está num processo de constante formação, na medida em que estamos obrigados a pôr constantemente à prova todos os nossos preconceitos. Parte dessa prova é o encontro com o passado e a compreensão da tradição da qual nós mesmos procedemos. O horizonte do presente não se forma pois à margem do passado. Não existe um horizonte do presente por si mesmo, assim como não existem horizontes históricos a serem conquistados. *Antes, compreender é sempre o processo de fusão desses horizontes presumivelmente dados por si mesmos*.[47]

A situação hermenêutica se estrutura sempre em uma pluralidade de horizontes que não se distinguem isoladamente e que devem reconhecer e compreender os preconceitos que fundam a própria interpretação. A noção de *preconceito*, então, será o elemento mais forte a explicar o processo hermenêutico para Gadamer. É impossível que o intérprete compreenda o mundo a não ser a partir da sua própria condição existencial nesse mundo. Assim sendo, o ato de entender é feito com base em pré-compreensões, de tal sorte que jamais é possível forjar conceitos alheios à própria existencialidade. Os preconceitos são necessariamente a base pela qual a hermenêutica se funda.

---

[46] Ibid., p. 31-32.
[47] Ibid., p. 399 e 404.

A noção de preconceito, para a perspectiva hermenêutica de Gadamer, demonstra-se como uma formulação muito estranha àquela proposta pela racionalidade do Iluminismo (*Aufklärung*), tendo em vista que a tradição moderna se fez justamente declarando-se em oposição aos preconceitos. Mas, na verdade, Gadamer entende o preconceito como sendo o próprio enraizamento da existência. Aquele que compreende e o que é compreendido não se apresentam como dados estanques. Há uma situação existencial na qual sentidos já são dados, pré-informados, e, portanto, há uma arraigada situação de pré-conceitos que moldam a compreensão. Saber reconhecê-los e dimensionar a sua propriedade junto à compreensão do fenômeno é a tarefa da hermenêutica.

> Aos olhos do *Aufklärung*, a falta de fundamentação não deixa espaço a outros modos de validade, pois significa que o juízo não tem um fundamento na coisa em questão, que é um juízo "sem fundamento". Essa é uma conclusão típica do espírito do racionalismo. Sobre ele funda-se o descrédito dos preconceitos em geral e a pretensão do conhecimento científico de excluí-los totalmente.
>
> [...] Este é o ponto de partida do problema hermenêutico. Foi por isso que examinamos o descrédito do conceito do preconceito na *Aufklärung*. O que se apresenta sob a ideia de uma autoconstrução absoluta da razão como um preconceito restritivo na verdade faz parte da própria realidade histórica. Se quisermos fazer justiça ao modo de ser finito e histórico do homem, é necessário levar a cabo uma reabilitação radical do conceito do preconceito e reconhecer que existem preconceitos legítimos. Com isso a questão central de uma hermenêutica verdadeiramente histórica, a questão epistemológica fundamental, pode ser formulada assim: qual é a base que fundamenta a legitimidade de preconceitos? Em que se diferenciam os preconceitos legítimos de todos os inumeráveis preconceitos cuja superação representa a inquestionável tarefa de toda razão crítica?[48]

Se a compreensão está mergulhada nos preconceitos, a hermenêutica há de se voltar, no caso do texto, às referências do originário, ao tradicional. Nessa volta ao originário, então não o gosto prévio pelo novidadeiro, mas sim o clássico, para Gadamer, que será um dos pontos de referência necessários da interpretação, imbricando seus horizontes com o presente e suas projeções. Embora a modernidade tenha buscado a liberdade da hermenêutica racional e pura, independente da história, a tradição sempre se levanta como ponto de partida da verdade do ser. O preconceito não é uma opção do hermeneuta, mas sua situação existencial, a partir de onde a interpretação se perfaz. Nas palavras de Gadamer: "Assim, não existe seguramente nenhuma compreensão totalmente livre de preconceitos, embora a vontade do nosso conhecimento deva sempre buscar escapar de todos os nossos preconceitos".[49]

O direito em Gadamer

Para Gadamer, a hermenêutica jurídica é o mais bem-acabado exemplo do processo de compreensão existencial. O direito opera num nível de interpretação que é orientado

---

[48] Ibid., p. 361 e 368.
[49] Ibid., p. 631.

explicitamente à aplicação. No pensamento de Gadamer, a filosofia moderna rompeu com a aplicação, na medida em que para esta o saber se finca nas próprias razões da metodologia. Contra essa pretensão, o direito e outras áreas, como a teologia, deixam patente que a interpretação não se dá como ato de saber especulativo, mas sim como compreensão voltada a fins. Todo projeto de Gadamer de uma hermenêutica filosófica anuncia que o direito não é uma exceção no quadro geral da hermenêutica, mas sim justamente o modelo geral de todos os atos hermenêuticos.

> Nisso me parece que a situação hermenêutica é a mesma, tanto para o historiador como para o jurista, ou seja, ante todo e qualquer texto todos nos encontramos numa determinada expectativa de sentido imediato. Não há acesso imediato ao objeto histórico capaz de nos proporcionar objetivamente seu valor posicional. O historiador tem que realizar a mesma reflexão que deve orientar o jurista. [...]
>
> A hermenêutica jurídica está em condições de recordar em si mesma o autêntico procedimento das ciências do espírito. Nela temos o modelo de relação entre passado e presente que estávamos procurando. Quando o juiz adapta a lei transmitida às necessidades do presente, quer certamente resolver uma tarefa prática. O que de modo algum quer dizer que sua interpretação da lei seja uma tradução arbitrária. Também em seu caso, compreender e interpretar significam conhecer e reconhecer um sentido vigente. [...]
>
> *O caso da hermenêutica jurídica não é portanto um caso excepcional, mas está em condições de devolver à hermenêutica histórica todo o alcance de seus problemas, restabelecendo assim a velha unidade do problema hermenêutico, na qual o jurista e o teólogo se encontram com o filólogo.*[50]

Ao contrário dos que imaginam a hermenêutica jurídica como um caso à parte na tradição moderna da interpretação, Gadamer insiste em sua concordância com o quadro geral da compreensão hermenêutica. Para as ciências modernas, a interpretação deveria ser fria, imparcial e objetiva, e, portanto, dotada aí então de racionalidade. Gadamer se encaminha a outra perspectiva. A hermenêutica é um processo das ciências do espírito que se vincula à história, à tradição, às perspectivas de sentido que nada têm com métodos científicos pretensamente inexoráveis. A interpretação jurídica, que é eminentemente prática, não se torna, ao contrário daquilo que a visão moderna quer passar, uma exceção hermenêutica, mas o próprio mais bem-acabado da verdade da própria hermenêutica, tomada no seu sentido geral.

A hermenêutica jurídica, assim sendo, revela uma indissociação entre o texto interpretado e o caso em tela no qual a norma se aplica. O jurista não é outro em relação ao mundo da decisão que tomará. Está mergulhado nesse mesmo contexto, com seus preconceitos e seus horizontes. A prática e a aplicação o orientam, num processo que é unitário. No caso da hermenêutica jurídica, Gadamer encontra em Aristóteles um modelo similar de explicação, em especial quando este trata da equidade. A interpretação do direito não é um processo que alcançasse primeiro uma verdade essencial das normas jurídicas e que, depois, se veria perder quando de sua aplicação em casos concretos.

---

[50] Ibid., 429-431.

Pelo contrário, a verdade jurídica é a própria aplicação do direito. A realidade não é um empecilho à hermenêutica jurídica, mas, antes, é o próprio solo no qual opera. Não há um momento ideal normativo, prévio ou alheio à realidade do direito aplicado, decidido ou concretizado.

> A reflexão nos ensina que a aplicação das leis contém uma problemática jurídica peculiar. Nisso, a situação do artesão é muito diferente. Este, que possui o projeto da coisa e as regras de sua execução, e a esta se aplica, pode ver-se obrigado também a se adaptar a circunstâncias e dados concretos, isto é, renunciar a executar seu plano exatamente como estava concebido originalmente. Mas essa renúncia não significa, de modo algum, que com isso se complete o seu saber daquilo que ele quer. Ele simplesmente faz reduções durante a execução. Isso é uma real aplicação de seu saber, vinculada a uma imperfeição dolorosa.
>
> Ao contrário, todo aquele que "aplica" o direito se encontra em uma posição bem diferente. É verdade que na situação concreta ele se vê obrigado a atenuar o rigor da lei. Mas se o faz, não é porque não seja possível fazer melhor, mas porque senão estaria cometendo injustiça. Atenuando a lei não faz reduções à justiça, mas encontra um direito melhor. Em sua análise da *epieikeia*, a "equidade", Aristóteles formula isso com a mais precisa das expressões: *epieikeia* é correção da lei. Aristóteles mostra que toda lei é geral e não pode conter em si a realidade prática em toda a sua concreção, na medida em que se encontra numa tensão necessária com relação ao concreto da ação. [...] *A análise aristotélica servirá como uma espécie de modelo dos problemas inerentes à tarefa hermenêutica.* [...] O intérprete não quer apenas compreender esse universal, o texto, isto é, compreender o que diz a tradição e o que constitui o sentido e o significado do texto. Mas para compreender isso ele não pode ignorar a si mesmo e a situação hermenêutica concreta na qual se encontra. Se quiser compreender, deve relacionar o texto com essa situação.[51]

A hermenêutica jurídica não é um procedimento meramente formal, nem realizado como diletantismo. A interpretação se funda numa compreensão para o presente. Diz João Bosco da Encarnação:

> Como se depreende da obra de Gadamer, na esteira do pensamento de Heidegger, a hermenêutica não é mera atividade teórica, mas busca algo essencialmente "prático". [...] Por isso, os exemplos da hermenêutica jurídica e da hermenêutica teológica são esclarecedores, pois interpretar a "vontade da lei" ou a "vontade de Deus" não são meras formas de se dominar o assunto, mas de o servir. Compreender, portanto, é compreender para o presente, porque não se compreende o passado contemplativamente, porém, se traz do passado o essencial para o presente.[52]

A hermenêutica filosófica gadamerana anuncia uma compreensão existencial do direito e mesmo uma relação com o texto jurídico distintas daquelas das filosofias do direito juspositivistas. Para estas, há um momento normativo fundamental, em torno do qual gira o afazer do jurista. Gadamer rompe com o juspositivismo. O hermeneuta está

---

[51] Ibid., p. 418-419 e 426.
[52] ENCARNAÇÃO, João Bosco da. *Que é isto, o direito?* Lorena, Stiliano, 1998, p. 197.

mergulhado no mesmo processo existencial de sua interpretação do texto normativo, lendo, julgando e decidindo conforme seus preconceitos. Assim sendo, não há um afazer jurídico que se inscreva, eminentemente, como técnica normativa. A situação existencial fala mais alto que uma pretensa aplicação das normas postas aos fatos. Gadamer é explícito em afirmar que o direito não opera pela subsunção.

> Entre a hermenêutica jurídica e a dogmática jurídica existe, pois, uma relação essencial, na qual a hermenêutica detém a primazia. A ideia de uma dogmática jurídica perfeita, sob a qual se pudesse baixar qualquer sentença como um simples ato de subsunção, não tem sustentação.
>
> [...] O modelo da hermenêutica jurídica mostrou-se, pois, efetivamente fecundo. Quando se sabe autorizado a realizar a complementação do direito, dentro da função judicial e frente ao sentido original de um texto legal, o que faz o jurista é exatamente aquilo que ocorre em qualquer tipo de compreensão. [...] Assim, fica claro o sentido da aplicação que já está de antemão em toda forma de compreensão. A aplicação não é o emprego posterior de algo universal, compreendido primeiro em si mesmo, e depois aplicado a um caso concreto. É, antes, a verdadeira compreensão do próprio universal que todo texto representa para nós. A compreensão é uma forma de efeito, e se sabe a si mesma como tal efeito.[53]

O jurista não é um técnico neutro na aplicação de normas jurídicas. Está constituído e mergulhado num todo existencial. O intérprete e a norma jurídica não são mais tomados de um modo dissociado, como o são para a tradição jurídica moderna. O texto não se apresenta como um dado objetivo independente do mundo. Mas isso não quer dizer, por sua vez, que a busca por compreender o originário do direito seja simplesmente buscar arqueologicamente a vontade do legislador, como um pensamento limitado e ainda juspositivista poderia argumentar. Ao contrário de velhas filosofias hermenêuticas que tencionam buscar o que o legislador quis, originariamente, como se isso fosse uma vontade congelada no tempo, a noção de pré-conceito, na filosofia de Gadamer, se funda em uma perspectiva dialética e dá ensejo a possibilidades críticas. Nesse sentido, Lenio Luiz Streck:

> O historicismo pensou que a distância temporal era um *handicap* de toda a compreensão que somente poderia salvar-se com o uso de metodologias apropriadas para nos permitir transladarmos à época em questão e adentrarmos em seu espírito, em sua cultura, em sua idiossincrasia, em seus ideais e vivências; tudo isto porque essa era a verdade do passado. Entretanto, contrariamente a isto, a nova hermenêutica propõe – ontologicamente, e não epistemologicamente – que a distância no tempo é a situação ótima que permite a sua compreensão. *Não estamos diante de um abismo insondável de tempo, e sim diante de uma mediação da tradição, a qual, como uma ponte, nos possibilita o acertado acesso à realidade. O tempo não é, pois, um obstáculo para compreender o passado, e sim o âmbito onde tem lugar a autêntica compreensão. Quando faltam o tempo e a tradição, falta-nos a chave da compreensão!*[54]

---

[53] GADAMER, *Verdade e método*, op. cit., p. 433 e 446-447.
[54] STRECK, Lenio Luiz. *Hermenêutica jurídica e(m) crise*. Porto Alegre, Livraria do Advogado, 2004, p. 206.

Em contraste com a filosofia do juspositivismo, limitada à norma e à técnica, o pensamento jurídico de Gadamer é um movimento de revolução, nos mais amplos contornos possíveis. Sua leitura, ao resgatar o sentido escondido e abafado das situações das origens do texto religioso ou da norma jurídica, e ao insistir no fato de que o hermeneuta opera com base no preconceito, permite, é verdade, que se venha a reinvestir o interpretado e o intérprete em uma certa legitimidade existencial. A sacralidade da compreensão do caminho ao texto e do caminho do texto poderia representar ao final, em termos práticos, a sacralidade da própria situação existencial presente. Assim, corre-se o risco de trocar a derrelicção e o tecnicismo do fenômeno jurídico moderno pelo fetiche do uso recorrente da sacralidade da tradição da hermenêutica jurídica e do originário. Ambiguamente, tal qual em Heidegger, os usos filosóficos de Gadamer, além daqueles claramente críticos, estão na beira também de uma revolução conservadora. Mas, ao mesmo tempo, a denúncia de que não há uma filosofia para além da existência, não havendo tampouco hermenêutica desprovida de preconceito, permite que, em Gadamer, se sustente um postulado crítico ao mundo presente, denunciando inclusive seus mecanismos e suas específicas fusões de horizontes. Ao não se fechar a hermenêutica numa técnica neutra, abre-se o campo necessário de sua disputa.

As possibilidades jurídico-políticas da compreensão existencial

Ao não adentrar a um confronto direto com a política e a história concretas, Heidegger dá o ensejo de uma leitura filosófica de suas ideias enquanto possibilidades. Se pelo ângulo de sua trajetória política pessoal esteve em algum momento intimamente ligado com o nazismo, e não se arrependeu posteriormente de tal fato de modo veemente, por outro lado seus textos e suas afirmações foram todos no sentido de desautorizar um uso ou uma propriedade nazista de sua filosofia. O próprio Heidegger deixa entender que, sendo o nazismo uma exacerbação da crise da metafísica e da técnica moderna, sua filosofia seria, então, o antídoto contra o próprio nazismo. Tal leitura é uma apologética que se tem feito atualmente.

É possível transplantar o pensamento de Heidegger ao nazismo, porque *Ser e tempo* está mergulhado num tempo de afinidades com a situação que gerou o movimento hitleriano, mas também é possível que se faça uma leitura diametralmente oposta a respeito de Heidegger, enxergando nele elementos de crítica à modernidade e ao capitalismo, como modo de produção de exacerbação da técnica.

Ocorre que ambas as leituras não são, de modo excludente, a verdade do pensamento de Heidegger, e sim possibilidades. *Ser e tempo* se presta ao nazismo, mas pode também não se prestar, e daí o fascínio exercido por tal obra no pensamento crítico de esquerda. O marxismo do século XX, com razão, enxergou em Heidegger uma abertura filosófica próxima.

Para uma correta interpretação política de Heidegger, assim sendo, há de se pensar sua filosofia política de modo aberto. Romper com a busca factual-sociológica das posições de Heidegger dá ensejo a pensar sua filosofia como arma de enfrentamento das crises do presente. Mas, ao mesmo tempo, lembrar sociologicamente da pessoa Heidegger dá ensejo a desvendar os limites dessas possibilidades teóricas.

Em Heidegger e em Gadamer, a compreensão do ser a partir da situação existencial é uma forma de ruptura com toda a tradição metafísica moderna. A compreensão se presta, portanto, à crítica e à própria superação da filosofia enquanto paradigma neutro de obtenção das verdades eternas. O pensamento de Marx na sua Tese XI contra Feuerbach não encontraria empecilho no pensamento de Heidegger e Gadamer. Outra não é a interpretação de Lenio Streck:

> À crítica de que a hermenêutica de Gadamer é idealista – Roberto Lyra Filho, no Brasil, embora reconhecendo o seu valor, assim a ela se referiu –, é necessário responder que *é, ela, também, crítica, por várias razões*. Uma delas reside no fato de que é produtiva, e não reprodutiva (como queria E. Betti), isto é, a tese gadameriana de que é impossível reproduzir o sentido da norma (texto jurídico-normativo) *assenta-se em uma profunda dialética, como a reproduzir a máxima de Heráclito de que é impossível banhar-se duas vezes na mesma água do rio!* Ao lado disso, traços fortes do teor crítico da hermenêutica de Gadamer residem no fato de que, a partir da hermenêutica heideggeriana, rompe-se com qualquer possibilidade de idealismo e realismo. *O intérprete não está fora da história efectual*. Se, na filosofia da consciência, se dizia que o sujeito cognoscente poderia, de forma racional, determinar o objeto, com Gadamer ocorre o rompimento com a questão epistemológica sujeito-objeto, uma vez que o sujeito não é uma mônada; o sujeito é ele e sua possibilidade de ser-no-mundo, é ele e suas circunstâncias, enfim, é ele e sua cadeia significante.[55]

Pode-se infirmar que as filosofias de Heidegger e Gadamer não se confrontam com o marxismo, na medida em que a largueza da compreensão existencial rompeu com o confinamento da dicotomia sujeito-objeto e com os estreitos campos do eterno, em favor do histórico. Nisto, Marx, horizontalmente, ao postular uma determinada perspectiva da totalidade, em nada se vê limitado na vastidão heideggero-gadamerana. Não por outra razão, as grandes perspectivas da filosofia do direito heideggeriana no Brasil – desde a pioneira escola de Aloysio Ferraz Pereira e Jeannette Antonios Maman – leem Heidegger a partir de propósitos críticos, com diálogo com o marxismo.

O problema se apresenta justamente quando se faz o cotejamento com o marxismo no sentido da sua profundidade. As filosofias de Heidegger e Gadamer, em favor do ser, esfumaçam a realidade histórica e suas contradições específicas. Não se há de falar, em suas filosofias, de capitalismo, de classes, de utilizações específicas da técnica, de libertação, transformação e revolução. Ao avançar em favor da própria filosofia, Heidegger e Gadamer perdem o passo da política concreta. Não haverá mais problema econômico, não haverá mais especificidade na exploração, não haverá mais luta de classes: todo o problema da verdade do ser transferiu-se da realidade histórica ao filósofo, que encampa o desencobrimento daquilo que persiste oculto. O trajeto de chegada à práxis, que marcou a passagem de Hegel a Marx, inverte seu sentido em Heidegger. Diz Habermas:

> Heidegger coloca a filosofia de novo na posição hegemônica da qual ela fora banida pela crítica dos jovens hegelianos. [...] No seu contra-ataque, Heidegger restitui à filosofia a

---

[55] STRECK, *Hermenêutica jurídica e(m) crise*, op. cit., p. 224.

plenitude de poder perdida. Segundo sua opinião, os destinos históricos de uma cultura ou de uma sociedade encontram-se sempre determinados no seu sentido através de uma pré-compreensão coletivamente vinculativa de tudo o que pode acontecer no mundo.[56]

Em Heidegger e Gadamer, a transposição dos problemas políticos concretos para a filosofia é, ironicamente, uma espécie de fim da metafísica que inaugura um mundo próprio do ser, que, não sendo da especificidade do ser concreto, acaba sendo quase uma outra metafísica, que se nega, perigosamente próxima daquilo que mais odeia.

Heidegger tenta irromper fora da órbita da filosofia do sujeito, diluindo temporalmente os seus alicerces. Mas o superfundamentalismo da história do ser que abstrai de toda a história concreta denuncia que ele se mantém fixo ao pensamento que nega.[57]

Marx concorda que a verdade se revela situacional e historicamente, mas ensina o estrutural-específico dessa história, o que Heidegger e Gadamer não fazem. É a diferença entre uma crítica geral ao direito enquanto técnica, esfumaçada e que tem dificuldade de apontar-lhe uma superação, e uma crítica concreta ao direito como técnica específica do capitalismo, e que portanto há de apontar claramente à revolução, como abertura ao socialismo. Em largueza, a filosofia existencial e o marxismo empatam. Em profundidade e especificidade, no entanto, o marxismo é maior. Heidegger e Gadamer caberiam em Marx, mas Marx não caberia totalmente em ambos.

SCHMITT

Carl Schmitt (1888-1985) é um dos maiores pensadores do direito da contemporaneidade, e tal condição se assegura pelo modo muito original e radical pelo qual compreende o fenômeno jurídico. Liberto das amarras do estrito juspositivismo, Carl Schmitt situa o fenômeno jurídico nos quadrantes da *exceção*. A *decisão* que não está limitada à regra – e não o automatismo do cumprimento da norma jurídica – é o momento fundamental da filosofia do direito schmittiana.

Sua proposta jusfilosófica, em algum momento e de algum modo, coadunou-se com os objetivos do nazismo. Sua participação no movimento hitleriano, ainda que tortuosa, deu mostras dessa grande afinidade. No entanto, Carl Schmitt busca lastrear suas posições teóricas em uma longa tradição que vai desde Hobbes até os pensadores reacionários do século XIX. Há muito de teologia católica em Schmitt. Sua própria formação religiosa, minoritária num ambiente religioso acentuadamente protestante, dá mostras de sua arraigada inspiração católica. Para Schmitt, tal qual o Papa é a sede da decisão soberana para a Igreja, o Führer protege o direito.

De família católica, sem muitos recursos financeiros, Schmitt formou-se em direito em Estrasburgo, lecionou em Bonn, onde se destacou teoricamente a partir da década de 1920, e posteriormente em Berlim, onde começou sua projeção política, intervindo

---

[56] HABERMAS, Jürgen. *O discurso filosófico da modernidade*. Lisboa, Dom Quixote, 1990, p. 131.
[57] Ibid., p. 107.

nos rumos da República de Weimar, então sob ataques e enfrentando dificuldades. Logo após a queda de Weimar, associa-se ao nazismo. Mas ainda durante o período inicial do governo de Hitler, começa a ser alijado do centro político-jurídico do regime. Com o final da guerra, foi preso, levado ao Tribunal de Nuremberg, mas escapou da acusação de crime de guerra. Retira-se então da vida pública e universitária, embora continue escrevendo até o fim da vida.

Carl Schmitt construiu sua teoria do *decisionismo* – que representa o seu marco de maior originalidade teórica – logo no início de suas construções jusfilosóficas; são da década de 1920 suas obras mais destacadas, como *A ditadura* (1921), *Teologia política* (1922) e *O conceito do político* (1927).

No entanto, em um segundo momento de sua trajetória intelectual, perfilhou-se ao lado da perspectiva jurídica do *institucionalismo*, chamando a si o pensamento de Santi Romano, dentre outros. Esse momento é, já, uma espécie de acomodação do decisionismo de Schmitt aos lastros institucionais-sociais do fenômeno jurídico. Não é a fase mais importante de Schmitt, na medida em que seu ecletismo nesse período fez amainar o ímpeto e a virulência de suas ideias originais. Sobre esse período específico do pensamento schmittiano, institucionalista, diz Ronaldo Porto Macedo Jr.:

> Rejeitada toda concepção voluntarista e subjetivista do direito fica automaticamente também rejeitado qualquer tipo de decisionismo de molde voluntarista (o direito como vontade exclusiva do soberano), o que importará significativa mudança na orientação do pensamento de Carl Schmitt na exata medida de sua adesão ao institucionalismo. Afinal, para o institucionalismo as próprias leis, as decisões administrativas ou regulamentares, ligam os governantes aos governados, mas o ponto de contato e o núcleo desta relação se formam em torno de uma ideia de lei, de uma representação do Bem Comum. No seio da instituição e da fundação todas as ligações jurídicas internas gravitam em torno de um fim, cuja realização ela persegue.[58]

Ainda ao tempo da Segunda Guerra, para evitar maiores problemas junto às injunções políticas internas nazistas, Schmitt passou a se dedicar ao direito internacional. *O Nomos da terra*, de 1950, é uma importante obra sua dessa fase. Embora a vastidão de temas da obra de um pensador quase centenário – obra muitas vezes assistemática –, é na *decisão* e na *exceção* que residem os melhores extratos do pensamento jurídico schmittiano.

O decisionismo jurídico e a exceção

Carl Schmitt postula o fenômeno jurídico de modo intimamente ligado às manifestações do poder. O direito não é compreendido como uma processualidade formal e automática, isto é, como se fosse uma decorrência lógica de competências previamente estabelecidas, como se fosse uma cadeia infinita de produção de normas jurídicas. Pelo

---

[58] MACEDO JR., Ronaldo. *Carl Schmitt e a fundamentação do direito*. São Paulo, Max Limonad, 2001, p. 96.

contrário, o direito é compreendido como decisão independente das normas, como ato que instaura uma condição que não haveria de outro modo.

O cumprir automático das regras, tal qual uma pirâmide do ordenamento das normas, seria típico de uma visão liberal, juspositivista, de inspirações próximas a Kelsen. No entanto, para Carl Schmitt, não é nessas circunstâncias que se compreende a verdade do direito. É verdade que haja uma cadeia de normas e competências formalmente dadas, que os juristas operam num nível quase mecânico, mas o fenômeno jurídico se revela muito mais na exceção, no descumprimento da regra, porque nessa circunstância desnuda-se o poder, e, portanto, o real eixo de gravidade que sustenta as próprias normas.

Uma das mais célebres frases de Carl Schmitt é a que dá início à sua obra *Teologia política*: "soberano é quem decide sobre o estado de exceção".[59] Nessa afirmação se dá o extrato daquilo que é mais rico em termos de análise do direito a partir do poder. O cumpridor da regra não revela a verdade do direito: apenas demonstra seu caráter burocrático. O poder nu, soberano, é aquele que passa por cima das normas e instaura, portanto, a decisão original. Daí o soberano ser o que decide sobre a exceção.

Para Schmitt, pensar a exceção é pensar um quadro no qual não há uma ordem mecanicamente estabelecida. Trata-se de uma quimera, para o seu pensamento, imaginar que o conjunto normativo constitua e estabeleça o processamento da ordem. É justamente a exceção que instaura a ordem, a partir de uma desorientação inicial. A decisão não é o último momento de uma cadeia normativa, como pensa o juspositivismo; é o primeiro, pois é o que dá base à ordem.

Carl Schmitt operou uma mudança de compreensão fenomênica do direito: ultrapassou-se uma barreira formal, meramente normativa, para se chegar a um núcleo decisional, que concentra o poder enquanto ato originário de seguir a regra ou de rompê-la, criando a exceção. O direito passa a ser tomado, a partir daí, como sendo um fenômeno distinto daquele previsto pelo caminho juspositivista. A compreensão do direito não está limitada às normas jurídicas: ela se situa no eixo de gravidade do poder. Diz Schmitt na *Teologia política*:

> Uma filosofia da vida concreta não pode se retrair diante da exceção e do caso extremo, porém deve interessar-se por isso em grande medida. A ela deve ser mais importante a exceção do que a regra, não por uma ironia romântica pelo paradoxo, mas com toda a seriedade de um entendimento que se aprofunda mais que as claras generalizações daquilo que, em geral, se repete.
>
> A exceção é mais interessante que o caso normal. O que é normal nada prova, a exceção comprova tudo; ela não somente confirma a regra, mas esta vive da exceção. Na exceção, a força da vida real transpõe a crosta mecânica fixada na repetição. Um teólogo protestante, no século XIX, provou de que intensidade vital a reflexão teológica pode ser capaz: "A exceção explica o geral e a si mesma". E, quando se quer estudar corretamente o caso geral, somente se precisa observar uma real exceção. Ela esclarece tudo de forma muito mais clara que o geral em si. Com o tempo, fica-se farto do eterno discurso sobre o geral; há exceções. Não se podendo explicá-las, também não

---

[59] SCHMITT, Carl. *Teologia política*. Belo Horizonte, Del Rey, 2006, p. 7.

se pode explicar o geral. Comumente, não se nota a dificuldade por não se pensar no geral com paixão, porém com uma superficialidade cômoda. A exceção, ao contrário, pensa o geral com paixão enérgica.[60]

A sua obra *Teologia política* é um dos marcos da mudança operada por Carl Schmitt quanto ao método de apreensão do direito. O fenômeno jurídico, tradicionalmente considerado pelos juspositivistas como um conjunto de normas jurídicas, passa a ser dimensionado de outro modo: a política, a decisão e, principalmente, o poder é que se revelam, na verdade, como eixo gravitacional do fenômeno jurídico.

A mudança paradigmática de compreensão do direito em Carl Schmitt leva-o, imediatamente, a uma dissociação fenomênica muito incomum na tradição do pensamento jurídico contemporâneo. Pela maioria liberal dos juristas, os limites do direito são os limites do próprio Estado. Assim apregoava Kelsen, para quem direito e Estado se confundem. No entanto, para Carl Schmitt, lastreado na exceção como anunciação do soberano e como compreensão do próprio direito, passa a ser clara a distinção entre dois níveis de fenômenos: de um lado, o direito e a norma; de outro, o soberano e a política. O Estado paira sobre o direito, e lhe é superior. O poder está acima da norma jurídica. O Estado é maior que as normas jurídicas. A exceção é o elo entre o poder soberano e o direito. O direito não se revela numa unidade, como um dado monístico, puramente normativo. Ao contrário da pureza proposta por Kelsen, Carl Schmitt "existencializa" o direito, exprimindo-o num todo situacional. A decisão, fora da norma, é que dá sentido à própria norma e ao direito. Assim trata Schmitt:

> Todo direito é "direito situacional". O soberano cria e garante a situação como um todo na sua completude. Ele tem o monopólio da última decisão. Nisso repousa a natureza da soberania estatal que, corretamente, deve ser definida, juridicamente, não como monopólio coercitivo ou imperialista, mas como monopólio decisório, em que a palavra decisão é utilizada no sentido geral ainda a ser desenvolvido. O estado de exceção revela o mais claramente possível a essência da autoridade estatal. Nisso, a decisão distingue-se da norma jurídica e (para formular paradoxalmente), a autoridade comprova que, para criar direito, ela não precisa ter razão/direito.[61]

Tal distinção é fundamental para compreender e situar a verdade do direito: não reside na norma jurídica e na processualidade automática da criação e da aplicação das normas aos casos concretos sua razão de ser. Acima da norma, está o poder político soberano, que decide a norma e sua exceção. O soberano é aquele que decide sobre o direito, e não aquele a quem o direito investiu de competências formais.

Assim sendo, quando se pensa na relação do direito com o Estado, a soberania não é um atributo que se concretiza na Constituição para, posteriormente, determinar as competências dos agentes públicos. Para Carl Schmitt, a soberania é o que põe a exceção, é o poder que põe ou não a Constituição, e, portanto, está ligada ao Estado mais que ao

---

[60] Ibid., p. 15.
[61] Ibid., p. 14.

direito constitucional. Trata-se de um importante deslocamento da soberania: ela não provém a partir da consubstanciação jurídica do Estado, isto é, não se funda num ato de constitucionalização.

A soberania se vincula ao Estado, ainda que Schmitt vagueie pela definição do representante da soberania dentro do Estado. Aos tempos de crescimento do poder nazista, para Schmitt o Führer protege o direito. Na sua obra *O guardião da Constituição*, de 1931, Schmitt compreende o Führer como o elemento de manifestação e de condução da unidade do povo com o Estado. Não é o parlamento que faz a representação da vontade do povo. É o Führer, que, acima das divisões e das limitações de competência dos representantes do povo, tem o poder de se insurgir contra os próprios órgãos do Estado. Diz Schmitt, numa interpretação que fazia recair o peso da Constituição de Weimar para os poderes presidenciais, em detrimento do parlamento:

> Por tornar o presidente do Reich o centro de um sistema de instituições e poderes plebiscitários, assim como político-partidariamente neutro, a vigente Constituição do Reich procura formar, justamente a partir dos princípios democráticos, um contrapeso para o pluralismo dos grupos sociais e econômicos de poder e defender a unidade do povo como uma totalidade política. [...] Ela pressupõe todo o povo alemão como uma unidade capaz de ação direta, não mediada só por organizações sociais em grupos, que pode expressar sua vontade e que, no momento da decisão, despreza as divisões pluralistas, possa se exprimir e se fazer respeitar. A constituição busca, em especial, dar à autoridade do presidente do Reich a possibilidade de se unir diretamente a essa vontade política da totalidade do povo alemão e agir, por meio disso, como guardião e defensor da unidade e totalidade constitucionais do povo alemão.[62]

Com tal deslocamento – o direito não é o fundamento da soberania – Schmitt recusa a identidade do poder com a norma. A soberania está ligada mais à originalidade da criação da ordem – exceção – do que com a decorrência normativa – que seria a visão estrita do juspositivismo. Assim, Ari Marcelo Solon:

> O Estado, enquanto unidade substancialmente política, tem uma existência anterior à constituição. A unidade política, por meio de uma decisão consciente, cria a constituição, que é apenas a decisão sobre "a forma e o modo da unidade política". Vê-se, portanto, não ser a constituição a substância desta existência política que lhe é anterior, mesmo tendo levado, em alguns casos históricos, o ato do poder constituinte à formação de Estados. [...]
>
> Esta velha ideia de representação pessoal e pública coloca-se em claro contraste à construção positivista do Estado como conjunto de órgãos não encarnados em nenhum sujeito de vontade que o represente. Desde o século XIX, vimos o positivismo jurídico fazendo desaparecer a ideia de um sujeito concreto de soberania até Kelsen eliminar por completo a ideia de uma autoridade pessoal. Mesmo o monarca absoluto e independente é considerado como um órgão ao lado de outros órgãos representativos. Isto é evitado por Schmitt, pois para ele o representante jamais é um órgão dotado de

---

[62] SCHMITT, Carl. *O guardião da Constituição*. Belo Horizonte, Del Rey, 2007, p. 233.

competência, o que conflitaria com os elementos públicos, pessoais e de independência inerentes à representação.⁶³

No quadro do liberalismo contemporâneo, a proposta de soberania de Schmitt soa como afronta. Na própria Alemanha da República de Weimar, os freios e contrapesos constitucionais faziam dos líderes políticos atores com papéis muito marcados e previamente delimitados pelas normas jurídicas. O soberano, para Schmitt, no entanto, é aquele que detém o poder último. Ele está acima das regras, porque decide sobre a sua própria exceção. A sua pessoalidade afasta a repetição difusa e autômata da técnica liberal, dando sentido à política. Desse modo, Bernardo Ferreira:

> Para Schmitt, o equívoco do liberalismo estaria, entre outras coisas, na crença de que seria possível prescindir de uma instância soberano-representativa de mediação pessoal e, ainda assim, realizar algum tipo de ordem. Ao reafirmar a importância deste componente pessoal na constituição da ordem política, Schmitt busca uma alternativa à impessoalidade da técnica que não faça simplesmente a balança pender para o outro extremo do ocasionalismo individualista. [...] A necessidade desse componente pessoal implica, a seu ver, o reconhecimento de um momento de mediação, ou como se diz em *Teologia política*, de uma *auctoritatis interpositio*, por intermédio da qual a existência coletiva venha a assumir uma forma própria.⁶⁴

Por isso, na Alemanha da República de Weimar, as ideias de Carl Schmitt serviram de sustentáculo para que o nazismo abrisse caminhos. Por sua teoria, o soberano era aquele que se destacava da massa informe dos operadores e cumpridores das normas jurídicas. O Führer haveria de cumprir esse papel superior.

A própria Constituição de Weimar, segundo a lógica de Schmitt, afugentava a decisão – que é o cerne do soberano e do político – e, portanto, propiciava o impasse, na medida em que não se decidia por um rumo. Buscando conciliar a vida burguesa, seus interesses de liberdade e de proteção do capital, com imperativos socialistas e de proteção ao trabalhador, a Constituição de Weimar, na opinião de Schmitt, era fraca, porque não resolvia o impasse entre capitalismo e socialismo, postergando a decisão e buscando fazer soluções de compromisso ao nível do direito e dos julgamentos. Hitler representaria, em algum momento de sua teoria, o rompimento dessa fraqueza política.

Gilberto Bercovici trata do papel de Carl Schmitt no debate político e jurídico de seu tempo:

> O papel de Carl Schmitt na crise final da República [de Weimar] ainda é controverso. Há três correntes interpretativas: uns afirmam que Schmitt sempre foi nazista; outros, que ele era contrário à Constituição e queria o sistema presidencial autoritário, mas não tinha aderido, ainda, ao nazismo e, finalmente, há aqueles que, seguindo a interpretação

---

⁶³ Solon, Ari Marcelo. *Teoria da soberania como problema da norma jurídica e da decisão*. Porto Alegre, Sergio Fabris, 1997, p. 91 e 98.

⁶⁴ Ferreira, Bernardo. *O risco do político*: crítica ao liberalismo e teoria política no pensamento de Carl Schmitt. Belo Horizonte e Rio de Janeiro, Ed. UFMG e IUPERJ, 2004, p. 279.

do próprio Schmitt, afirmam que ele propôs o regime presidencial para tentar salvar a República. Em nossa opinião, Schmitt teve um papel ativo na crise final de Weimar, influenciando na escolha de saídas autoritárias para a crise, ao apoiar os gabinetes presidenciais para instrumentalizar suas ideias na direção da ditadura presidencial e da dissolução da Constituição. O próprio Schmitt chegou a afirmar, ainda em 1925: "Pode-se dizer que nenhuma Constituição da Terra legalizou tão facilmente um golpe de Estado como a Constituição de Weimar". Como afirmou Olivier Beaud, Schmitt não é, nem poderia ser, o único responsável, mas auxiliou a legitimar a saída autoritária, contribuindo com as políticas hostis à Constituição e à República.[65]

A questão do controle de constitucionalidade revela a matriz política do pensamento de Schmitt, contrastando com a do liberalismo kelseniano. Para Kelsen, um tribunal constitucional seria uma instância necessária de equilíbrio jurídico e político nas democracias. Alheado do poder executivo e do governante, o tribunal constitucional teria o papel de assegurar o cumprimento da constituição.

Para Carl Schmitt, sendo o guardião da constituição o Führer, a constituição não é compreendida apenas como um conjunto de normas jurídicas de hierarquia superior. Pelo contrário, a constituição é uma decisão política, que orienta o Estado, o direito e a vida social por tal ou qual caminho. Daí que o controle constitucional, para Schmitt, não caberia ao técnico em normas jurídicas, e sim ao político soberano, porque decidir sobre a constituição é decidir sobre a própria instauração da política.

O conceito do político[66]

Tradicionalmente, identifica-se o fenômeno político encerrado em estruturas perenes, limitado por regras, ordens, sempre a partir de uma forma normativa já estabelecida. A legalidade exerce um poderoso fascínio em toda a teoria jurídica e política desde a modernidade. Em face desse quadro, muito incômodas são estas afirmativas de Schmitt:

> Em verdade, uma guerra corretamente conduzida segundo as regras do Direito internacional europeu contém, em si, mais sentido de Direito e reciprocidade, mas também mais procedimento jurídico, mais "ação jurídica" como se dizia antigamente, do que um processo espetaculoso encenado por modernos detentores do poder a fim de exterminar física e moralmente o inimigo político. Quem derruba as clássicas distinções e o cerceamento, sobre elas construído, da guerra entre os Estados, tem que saber o que faz. Revolucionários como Lênin e Mao Tse-Tung o sabiam. Alguns juristas de carreira não o sabem.[67]

Carl Schmitt, tanto para a teoria do direito quanto para a teoria política, representa um dos raros casos de realismo político, de teoria da exceção, e não da regra ou da ordem.

---

[65] BERCOVICI, Gilberto. *Constituição e estado de exceção permanente*. Rio de Janeiro, Azougue, 2004, p. 141.

[66] *Cf.* MASCARO, Alysson Leandro. *Filosofia do direito e filosofia política*: a justiça é possível. São Paulo, Atlas, 2008.

[67] SCHMITT, Carl. *O conceito do político e teoria do Partisan*. Belo Horizonte, Del Rey, 2009, p. 10.

Essa incômoda tradição, que nos modernos se pode ver desde Maquiavel, passando por Hobbes, deixa um estigma muito incisivo nesses pensadores. Schmitt não só pode ser encarado como um dos últimos pensadores dessa incômoda linhagem como por si só parece ter querido se inscrever nessas fileiras, tendo-se dedicado, em especial, a se filiar a uma corrente histórica de teoria da soberania que passava em especial por Bodin e Hobbes.[68]

Ao fazer a política escapar dos limites do juspositivismo, Schmitt procede a toda uma desconstrução da perspectiva formal do direito, do Estado e da política. A sua oposição enfrenta um arco que vai desde os liberais modernos até a contemporâneos seus, como Kelsen.

No entanto, é preciso ressaltar que o decisionismo de Schmitt não se confina às decisões judiciais: seus limites mais profundos e mais importantes estão além do direito e do Poder Judiciário, porque chegarão até os fundamentais momentos da política no Estado de exceção. Seu conceito de Estado, aliás, tem por pressuposto o conceito de político, numa clara demonstração de que não se funda na legalidade, mas na ação política prévia, a estrutura posterior do Estado. Na conhecida frase de abertura de sua obra *O conceito do político*, explicita: "O conceito de Estado pressupõe o conceito do Político".[69]

E o critério do político, para Schmitt, é a distinção *amigo-inimigo*.

> Uma determinação do conceito do político só pode ser obtida pela identificação e verificação das categorias especificamente políticas. Isto porque o político tem suas próprias categorias, as quais se tornam peculiarmente ativas perante os diversos domínios relativamente autônomos do pensamento e da ação humanos, especialmente o moral, o estético e o econômico. Por isso, o político tem que residir em suas próprias diferenciações extremas, às quais se pode atribuir toda a ação política em seu sentido específico. Suponhamos que no âmbito do moral as extremas diferenciações sejam bom e mau; no estético, belo e feio; no econômico, útil e prejudicial ou, por exemplo, rentável e não rentável. A questão é, então, se também existe – e em que consiste – uma diferenciação não idêntica e análoga àquelas outras diferenciações, seja independente destas, autônoma e, como tal, explícita sem mais dificuldades.
>
> A distinção especificamente política, à qual podem ser relacionadas as ações e os motivos políticos, é a discriminação entre *amigo* e *inimigo*, fornecendo uma definição conceitual no sentido de um critério, não como definição exaustiva ou expressão de conteúdos. Na medida em que não é derivável de outros critérios, ela corresponde para o político aos critérios relativamente autônomos de outras antíteses: bom e mau

---

[68] "[Schmitt] escreveu, em 1938, uma pequena história do mito do Leviatã, procurando revelar seus significados recônditos ao longo dos séculos. Desde suas origens no Velho Testamento – o dragão ou baleia do livro de Jó a que não se podia opor nenhum outro poder sobre a terra ('nos est potestas super terram quae comparatur' como se estampava na capa do livro de Hobbes), passando pela interpretação cabalística medieval – um monstro marinho que luta contra Behemot, o monstro terrestre, simbolizando a força vital dos pagãos temida pelos judeus, até chegar ao significado desta imagem na teoria política de Estado hobbesiana." SOLON, *Teoria da soberania como problema da norma jurídica e da decisão*, op. cit., p. 81.

[69] SCHMITT, *O conceito do político*, op. cit., p. 19.

no moral; belo e feio no estético etc. [...] A diferenciação entre amigo e inimigo tem o propósito de caracterizar o extremo grau de intensidade de uma união ou separação, de uma associação ou desassociação, podendo existir na teoria e na prática, sem que, simultaneamente, tenham que ser empregadas todas aquelas diferenciações morais, estéticas, econômicas ou outras.[70]

Desde a Idade Moderna, com a luta burguesa e iluminista contra o absolutismo, o sentido da filosofia do direito se orientou para a universalidade. A igualdade formal de todos os sujeitos é seu corolário. A política, no sentido liberal-burguês, enxerga a sociedade como uma uniformidade de indivíduos, impedindo tanto a perseguição quanto o privilégio. Até mesmo no nível internacional, se forem tomadas as propostas que remontam a Kant, os Estados são formalmente soberanos e iguais. Mas, ao contrário da tradição legalista e formalista, que faz da política um campo esvaziado de conflitos essenciais, Schmitt insistirá na dualidade *amigo-inimigo* como sendo o critério da ação política:

> O inimigo político não precisa ser moralmente mau, não precisa ser esteticamente feio; ele não tem que se apresentar como concorrente econômico e, talvez, pode até mesmo parecer vantajoso fazer negócios com ele. Ele é precisamente o outro, o desconhecido e, para sua essência, basta que ele seja, em um sentido especialmente intenso, existencialmente algo diferente e desconhecido, de modo que, em caso extremo, sejam possíveis conflitos com ele, os quais não podem ser decididos nem através de uma normalização geral empreendida antecipadamente, nem através da sentença de um terceiro "não envolvido" e, destarte, "imparcial".[71]

Schmitt vai nadando contra toda a corrente liberal, que prevê a soberania como legitimidade *dentro* do direito, e que faz do inimigo não um conceito político ou jurídico, mas quase que só um mero conceito econômico, o de concorrente, figura em relação à qual Schmitt rejeita comparações.[72] Sua distinção amigo-inimigo não é nem institucional nem econômica, afastando pois, ao mesmo tempo, qualquer parentesco com o liberalismo político, ao qual a estratégia escapa, e também de certa maneira afastando uma possível aproximação à dialética marxista, no sentido de uma dualidade capital/trabalho, classe burguesa/classe proletária.

> Os conceitos de amigo e inimigo devem ser tomados em seu sentido concreto e existencial, e não como metáforas ou símbolos, não misturados ou enfraquecidos por noções econômicas, morais e outras, e menos ainda em um sentido privado-individualista e psicologicamente como expressão de sentimentos e tendências privadas. Não constituem antíteses normativas nem "puramente espirituais". Em seu típico dilema entre

---

[70] Ibid., p. 27-28.
[71] Ibid., p. 28.
[72] "O liberalismo imagina que, relegando as questões mais perturbadoras para a esfera privada, um acordo quanto às regras de procedimento seria bastante para administrar a pluralidade de interesses existentes numa sociedade. Porém, na opinião de Schmitt, esta tentativa para aniquilar o político está condenada ao fracasso, porque a política não pode ser domada, porque retira a sua energia das mais diversas fontes." MOUFFE, Chantal. *O regresso do político*. Lisboa, Gradiva, 1996, p. 165.

espírito e economia, o liberalismo tentou reduzir o inimigo, pelo lado comercial, a um concorrente e pelo lado espiritual, a um adversário nas discussões. Todavia, no âmbito do econômico não há inimigos, apenas concorrentes, enquanto em um mundo completamente moralizado e eticizado talvez apenas adversários na discussão.[73]

A distinção schmittiana de amigo-inimigo é reveladora da importância que dava o autor – destoando de Kant e dos liberais – ao papel da política no Estado contemporâneo. Schmitt, abeirando-se da crítica de direita e reacionária à política de seu tempo, falará contra os liberais:

> O liberalismo burguês nunca foi radical em um sentido político. Mas é evidente que suas negações do Estado e do político, suas neutralizações, despolitizações e declarações de liberdade possuem igualmente um determinado sentido político e se orientam, em uma determinada situação, de forma polêmica contra um determinado Estado e seu poder político. Só que não constituem, na verdade, nem uma teoria do Estado nem uma ideia política. Embora o liberalismo não tenha radicalmente negado o Estado, tampouco encontrou, por outro lado, uma teoria positiva do Estado e uma reforma estatal própria; ao contrário, procurou apenas vincular o político a partir do ético e submetê-lo ao econômico; criou uma teoria da divisão e do equilíbrio dos "poderes", isto é, um sistema de inibidores e controles do Estado que não pode ser qualificado de teoria do Estado ou de princípio de construção política.[74]

A oposição schmittiana entre amigo e inimigo, e a ideia de que o soberano fala por meio da exceção e não da regra, são o modo pelo qual Schmitt busca fortalecer o Estado sem as peias que lhe davam o liberalismo, como a tripartição dos poderes. O fim das amarras institucionais era, de fato, a liberação da política, era a demonstração de que a política era superior às amarras do Estado, mas por ser-lhe superior, no exercício da exceção fazia cumprir a força do Estado. O Estado liberal, o Estado da República de Weimar, no caso alemão, não lograria êxito. Tratava-se de libertá-lo ao libertar a exceção, a política.[75]

Schmitt arrolava, como pensadores adeptos desse sentido da exceção, Maquiavel, Hobbes, Bossuet, Fichte, De Maistre, Donoso Cortés, Taine, e chega mesmo a buscar, tirados os aspectos multiformes, a companhia de Hegel.

---

[73] SCHMITT, *O conceito do político*, op. cit., p. 29.

[74] Ibid., p. 66.

[75] "Um Estado que seja mero fiador-guardião da norma, do ordenamento jurídico-institucional dado, acaba por identificar-se e anular-se neste. O equilíbrio sobre o qual se rege o automatismo normativo não pode mais ser, em tal caso, inovado e transformado, mas apenas ajustado e 'otimizado'. Porém, uma vez que – alcançada a última fronteira da neutralização-despolitização: a era da técnica – aquele equilíbrio se deteriore, o destino do Estado será fatalmente o de restar por ele envolvido, absorvido sem resíduos. *Este* Estado, para Schmitt, está morto (assim como, para Nietzsche, está irrevogavelmente morto o Deus que ociosamente preside à ordem imutável do mundo), porque *perdeu o monopólio do político*. Nesta morte, e nesta perda, está contida aquela inteira peculiaridade que é também o inteiro drama da época presente." MARRAMAO, Giacomo. *Poder e secularização*. São Paulo, Ed. Unesp, 1995, p. 233.

Hegel mantém o político no sentido maior da palavra. [...] De espécie especificamente política é também sua dialética do pensamento concreto. A frase frequentemente citada sobre a mudança da quantidade em qualidade tem um sentido inteiramente político e expressa o reconhecimento de que a partir de todo "domínio objetivo" está alcançado o ponto do político e, com ele, uma intensidade qualitativamente nova do agrupamento humano. [...] Por fim, Hegel também apresentou uma definição de *inimigo* evitada, fora esse caso, pela maioria dos filósofos modernos: o inimigo é a diferença ética (não no sentido moral, mas querendo dizer desde a "vida absoluta" no "eterno do povo") enquanto negação de um estranho em sua viva totalidade.[76]

A respeito de sua distinção amigo-inimigo, Schmitt chega a aproximá-la da teoria marxista, que, ainda que sua antípoda em termos de horizonte político, dava mostras de um extrato dialético e oposicional que lhe seria comum.[77] Continua Schmitt:

Hegel, passando por Karl Marx até Lênin, migrava para Moscou. Lá, seu método dialético comprovou sua força concreta em um novo conceito de inimigo, o do inimigo de classe, convertendo-se tanto ele próprio, o método dialético, quanto todo o resto, legalidade e ilegalidade, o Estado, inclusive o acordo com o adversário, em uma "arma" dessa luta. Essa atualidade de Hegel é mais viva em Georg Lukács. Lukács também cita um dito de Lênin que Hegel teria proferido, em vez de se referir à classe, se referindo à unidade política de um povo em luta: "As pessoas, diz Lênin, que por política entendem pequenos truques, os quais se aproximavam, por vezes, da fraude, têm que experimentar, conosco, a mais resoluta rejeição. As classes não podem ser enganadas."[78]

O balanço de um mundo no qual a polaridade passa a ser ética e política, nas palavras de Schmitt, é a despolitização. Sua crítica, cuja veemência é grande, parece ecoar não só à Alemanha de Weimar, mas parece também falar à atualidade neoliberal, que volta a insistir na *ética* e na *economia*.

---

[76] SCHMITT, *O conceito do político*, op. cit., p. 67-68.

[77] "Os princípios e os pressupostos desta análise não têm nada de particularmente novo. O que é, por outro lado, notável nela, é a maneira pela qual Carl Schmitt, adversário declarado do marxismo, se dispõe aqui, sem reservas, à interpretação de Hegel feita pelo marxismo. Essa anuência não é evidente, tanto é verdade que admitir que 'nenhuma outra filosofia foi tanto e tão intimamente filosofia da Revolução', segundo o julgamento de J. Ritter, não implica, de forma alguma, perceber nela uma orientação revolucionária. Na realidade, a escolha dessa interpretação e dos elementos nos quais se baseia (teoria da sociedade civil e 'método dialético'), corresponde às próprias opções de Schmitt. Ela fortalece a adoção, de acordo com o decisionismo, de uma política do 'ou... ou'. Mas também permite, e talvez sobretudo a Schmitt, rejeitar a herança de um pensamento do qual ele se sente, por outro lado, e para todos os efeitos, dependente. A necessidade declarada de uma escolha entre os aspectos conservadores e os aspectos revolucionários do hegelianismo – escolha que o marxismo teria operado de maneira historicamente decisiva – evita um debate entre o tipo de racionalidade dialética e especulativa, da qual o pensamento político de Hegel quer ser a aplicação, e a política do terceiro excluído, da qual a teoria decisionista quer ser o fundamento." KERVÉGAN, Jean-François. *Hegel, Carl Schmitt. O político entre a especulação e a positividade*. Barueri, Manole, 2006, p. 145.

[78] SCHMITT, *O conceito do político*, op. cit., p. 68.

De uma forma extremamente sistemática, o pensamento liberal contorna ou ignora o Estado e a política, movimentando-se, ao invés disso, em uma polaridade, típica e sempre recorrente, de duas esferas heterogêneas, ou seja, ética e economia, espírito e negócio, educação e posse. [...] O que este liberalismo ainda deixa valer do Estado e da política se limita a assegurar as condições da liberdade e a afastar interferências nessa liberdade. [...]

Todas essas desintegrações de conceitos aspiram, com toda certeza, a submeter o Estado e a política, em parte, a uma moral individualista e, destarte, de Direito privado, em parte, a categorias econômicas e lhes privar de seu sentido específico. É muito bizarra a naturalidade com a qual o liberalismo, fora do político, não só reconhece a "autonomia" dos diversos âmbitos da vida humana, como também a exagera até chegar à especialização e, inclusive, até ao total isolamento.[79]

O resultado de sua teoria política da exceção, na qual o político se caracteriza pela distinção amigo-inimigo, é um fortalecimento político do Estado, enfraquecido no seu tempo pelo liberalismo que o esvazia de ação ao pautá-lo pela regra institucional.[80] Esse fortalecimento do Estado pelo fortalecimento da política como oposição pode ter sido uma estrada aberta para o totalitarismo nazista.

A teologia política

A posição de Schmitt, antiliberal, revela tanto seus interesses políticos como também seu método filosófico. A exceção explicita o poder, e nisso vai uma constatação mas também um louvor, praticamente messiânico, da instauração da norma pelo soberano. Por isso, toda perspectiva jurídica e filosófica de Schmitt tanto começa quanto termina numa teologia política.

Para Carl Schmitt, os conceitos jurídicos e políticos modernos são uma transplantação de conceitos teológicos, num processo de secularização:

> Todos os conceitos concisos da teoria do Estado moderna são conceitos teológicos secularizados. Não somente de acordo com o seu desenvolvimento histórico, porque ele foi transferido da teologia para a teoria do Estado, à medida que o Deus onipotente tornou-se o legislador onipotente, mas, também, na sua estrutura sistemática, cujo conhecimento é necessário para uma análise sociológica desses conceitos.[81]

---

[79] Ibid., p. 76-78.

[80] "Estas forças, porém, não estavam simplesmente à disposição, estavam fragmentadas pela emergência de uma realidade pluralista, grupos partidários, econômicos, ideológicos. Seria preciso pôr à prova a própria unidade do povo, a sua soberania a si, para encontrar uma alternativa viável. O único modo é o de mobilizar o princípio de constituição do povo. Schmitt não simplesmente mobiliza o poder constituinte nos termos propostos em 1928, ele mobiliza um poder constituinte de maneira mais radical, aquele que se constitui a si mesmo e decide no decorrer de um processo infinito de autodeterminação. Para isto, é preciso que a política interna se torne polícia e a política externa se torne política de guerra." GHETTI, Pablo Sanges. *Direito e democracia sob os espectros de Schmitt*: contribuição à crítica da filosofia do direito de Jürgen Habermas. Rio de Janeiro, Lumen Juris, 2006, p. 74.

[81] SCHMITT, *Teologia política*, op. cit., p. 35.

Ao anunciar para o direito os horizontes de uma teologia política, Carl Schmitt dá mais um passo num caminho de oposição à modernidade jurídica e política. Partindo da constatação de que a modernidade jurídica se lastreia na universalidade, com base na regra geral válida para todos, não há espaço, no arcabouço de compreensão do jurista moderno, para a exceção, e sim apenas para a regra. Daí doutrinas como a de Kelsen serem muito naturais ao jurista juspositivista burguês. Somente na regra geral e universal repousa a constância e a estabilidade pretendidas pela burguesia moderna.

Carl Schmitt, no entanto, investe em sentido contrário.[82] Ao afirmar a exceção, e não a regra, como fundamento da compreensão do direito, do poder e da soberania, Schmitt atenta contra o pressuposto profundo da tradição moderna, iluminista e laicizada. Católico, Schmitt aproxima o fenômeno jurídico moderno da própria organização da Igreja Católica, fundada na *representação*. Ao contrário do protestante, para quem a relação é direta do indivíduo para com Deus, o católico baseia sua condição religiosa na submissão à representação divina do Papa. A lei não é uma observação dos costumes arraigados, nem do justo, nem uma decorrência da razão. Ela é uma operação da vontade do representante. O Führer e o Papa, nesse sentido, guardam semelhança.[83]

Com sua ruptura do entendimento do direito como repetição técnico-normativa universal, Schmitt volta os olhos para a exceção, tomada como o ocasional, o instável, a ruptura. Da incerteza do direito – que ofende aos castelos de certezas do jurista tecnicista da atualidade – dá-se um lastro ainda mais profundo, no plano teológico, para a teoria jurídica de Schmitt: a *exceção*, para o direito e o poder, é correspondente ao *milagre* para a teologia. O milagre, como poder divino que rompe com a lógica da causalidade, e portanto afasta a constância e a regra, é equivalente à exceção soberana, que paira por sobre a norma jurídica. Diz Schmitt:

> O estado de exceção tem um significado análogo para a jurisprudência, como o milagre para a teologia. Somente com a consciência de tal posição análoga pode ser reconhecido o desenvolvimento tomado pelas ideias filosófico-estatais nos últimos séculos, pois, a ideia do Estado de Direito moderno ocupa-se com o deísmo, com uma

---

[82] "A resposta de Schmitt de que a unidade da ordem jurídica deriva de um comando e não da livre consciência jurídica reflete seu personalismo, mostrando o abismo que separa seu pensamento do de Kelsen, que 'evita tudo que é personalista, reconduzindo a ordem jurídica à validade impessoal de uma norma impessoal'. A concepção objetiva, impessoal e abstrata da norma jurídica, colocando no começo da ordem uma autoridade anônima e formalista, experimenta repulsa enérgica de Schmitt. O direito só existe onde há decisão pessoal; quem decide de modo inapelável é o soberano; quando ocorrem decisões do soberano, há o estado de exceção." SOLON, *Teoria da soberania como problema da norma jurídica e da decisão*, op. cit., p. 88.

[83] "Se o princípio da representação está associado à 'condução normativa da vida social', isto não se deve ao fato de que ele garanta a realização de uma hierarquia de valores previamente dada. Na verdade, como se vê em *Catolicismo romano e forma política*, esse papel normativo está associado fundamentalmente à conformação unitária da vida política, à criação de uma *complexio*. À semelhança do modelo eclesiástico, a representação estatal realiza uma mediação entre ideia e realidade, por meio da qual esta última adquire uma forma própria." FERREIRA, *O risco do político*, op. cit., p. 272.

teologia e metafísica que repele o milagre do mundo e recusa o rompimento das leis naturais contido no conceito de milagre, o qual institui uma exceção através de uma intervenção direta, assim como a intervenção direta do soberano na ordem jurídica vigente. O racionalismo do Iluminismo repudiava o caso excepcional em toda forma. A convicção teísta dos escritores conservadores da contrarrevolução pôde, portanto, tentar fundamentar, ideologicamente, com analogias de uma teologia teísta, a soberania pessoal do monarca.[84]

Considerar o direito como exceção equivale a não mais abominar o reconhecimento da incerteza existencial do nível jurídico-político. Não se pode considerar o direito como automatismo técnico, porque a constância da universalidade é abalada pelo originário. Annie Dymetman assim expõe:

> Do ponto de vista normativo, a decisão é criada *ex machina*; o soberano é secularização de Deus e a suspensão das normas equivale à "criação" da ordem a partir do nada, reforçando as já citadas dualidades normalidade e exceção, normal e patológico e patológico e excepcional. Em Schmitt, a exceção "confunde a unidade e a ordem do esquema racionalista", enquanto parece reforçá-la e garanti-la, posto que dá visibilidade ao fato da efetividade da norma depender do ato da vontade, subvertendo a oposição entre *ratio* e *voluntas* do pensamento liberal. Se o conceito de decisão parte dos mesmos pressupostos que o normativismo, à anterioridade e primado do dever ser da norma pertence a *vontade*, instauradora da ordem: é a vontade como fundamento do direito. Enquanto na oposição liberal entre ser e dever ser – isto é, em lugar da força e do arbítrio do Estado reinam justiça, razão, verdade –, em Schmitt *vontade* significa simplesmente "origem de um dever ser".[85]

Pode-se proceder, a partir da aproximação da decisão ao milagre, a uma leitura que compreenda em Schmitt um arraigado "existencialismo" que não encontra lastro na norma, abrindo-se, pois, ao arbítrio puro da decisão soberana, tal qual o milagre, que também não tem nexo causal. Sobre isso diz Giacomo Marramao:

> Há uma tradição de crítica da teoria schmittiana que parte de uma drástica redução de sua inteira problemática a este [...] aspecto, encontrando seu denominador comum na imputação a Schmitt de um decisionismo ocasional, fundado sobre "existências" axiomaticamente irredutíveis a qualquer critério ou dimensão normativa. É a tradição de crítica inaugurada por Siegfried Marck e por Karl Löwith. Ela parte de uma particular interpretação, para a qual o conceito de político se enraíza na contraposição entre *existencial* e *normativo*. O existencial é, como tal, antinormativo *par excellence*. [...] Löwith conduz uma crítica ainda mais radical, concluindo que na concepção de Schmitt o paradigma ocasionalista dissolve qualquer "centro" da vida espiritual, faltando-lhe uma fundamentação metafísica da decisão, análoga àquela que sustenta

---

[84] SCHMITT, *Teologia política*, op. cit., p. 35.
[85] DYMETMAN, Annie. *Uma arquitetura da indiferença*: a República de Weimar. São Paulo, Perspectiva, 2002, p. 140.

em Marx a contraposição ao sujeito burguês, e em Kierkegaard a contraposição ao sujeito romântico.[86]

Carl Schmitt faz um duplo esgarçamento na teoria do direito positivista. De um lado, aponta a teologia como símile do direito, e, daí, afasta a lógica moderna da universalidade normativa, em troca de uma brutalidade originária do direito como uma espécie de decisão plena e excepcional do poder soberano. Nesse caso, Schmitt revela a opção política reacionária do seu caminho. De outro lado, muda a compreensão do próprio fenômeno jurídico: o poder, como momento prévio à técnica normativa, é maior, fenomenicamente, que a própria norma. Ou seja, a modernidade é soberba e iludida na sua vã pretensão de controlar o fenômeno jurídico a partir das categorias normativas universais. O jurista, de senhor do seu próprio fenômeno, passa a se ajoelhar temerário diante daquilo que recebe, mas não controla.

Decisionismo e existencialismo

Embora suas especificidades e muitas distinções, há alguns laços entre o decisionismo schmittiano e a filosofia existencial. Não se trata de enxergar Schmitt como discípulo de Heidegger. Cronologicamente, não se estabeleceu uma relação de tal tipo; são contemporâneos. O livro *Ser e tempo* de Heidegger é de 1927, e nessa época Schmitt já havia apresentado todas as bases sólidas de seu pensamento. A primeira versão da *Teologia política* é de 1922.

Mas não é na cronologia nem por decorrência um do outro que se verifica tal correspondência, e sim na similitude de panoramas. Ainda que tenham brotado de maneira independente, a visão existencial de Heidegger e o decisionismo de Carl Schmitt são frutos de um mesmo contexto, redundaram, ambos com volteios e não necessariamente, na mesma práxis político-social do nazismo – em 1933, foi Heidegger quem convidou Schmitt a se integrar no movimento nazista. Mas, acima disso, principalmente, compartilham de um mesmo horizonte, daí a sua proximidade filosófica.

A filosofia hermenêutica de Gadamer costuma ser vista como uma aplicação por excelência da proposta heideggeriana. É certo que a hermenêutica é o braço imediato da operacionalização desse grande horizonte filosófico. No entanto, o decisionismo de Carl Schmitt é quem revela suas últimas consequências de todo esse ambiente filosófico. Ainda que não tão ligado diretamente às palavras de Heidegger como o é Gadamer, Carl Schmitt permite uma radicalização do espírito existencial para o direito.

A grande investida da visão existencial reside na crítica definitiva à técnica. A filosofia hermenêutica alarga os horizontes da norma jurídica, fundando-a na situação existencial. Mas o decisionismo também afasta a normatividade como definição ou limite do poder. Na questão do poder, Carl Schmitt chega mais fundo num caminho que Heidegger também trilhou. A parada de Heidegger na estação da poesia o fez ter por companheiro de viagem Gadamer. Mas Schmitt cumpriu a jornada inteira, e desceu às

---

[86] MARRAMAO, *Poder e secularização*, op. cit., p. 224.

profundezas infernais do ser jurídico, para arrancar sua verdade: o poder, o arbítrio e a decisão bruta e soberana. Tudo era possível, mas quis-se assim, e assim se fez, eis o mais verdadeiro e angustiante para o direito a partir da perspectiva existencial.

No que tange ao potencial crítico, nisso de fato o decisionismo de Schmitt revela sua melhor aptidão em comparação com a filosofia hermenêutica de Gadamer. Não por outra razão, desde a década de 1980, os marxistas passaram a estudar e a reavaliar a compreensão do pensamento de Schmitt. A crítica da filosofia hermenêutica é mais horizontal que vertical ao fenômeno jurídico. Isto é, ela insiste no fato de que o direito não é norma, está mergulhado no todo existencial, e assim procede a uma largueza de horizontes para a compreensão do jurista. Mas não procede à crítica das estruturas do próprio direito. Mas Schmitt assim busca proceder. O direito revela, no fundo, a decisão soberana do poder. A decomposição do direito há de anunciar o ato fundante pelo qual um traçou o caminho dos demais. O teológico no direito aí se revela de modo gritante: o próprio pai é o direito para seus filhos, o próprio pastor é o direito para seu rebanho, a Igreja é a depositária dos destinos de seus fiéis. A prática do direito é apenas a hermenêutica posterior daquilo que, de modo mais importante, já foi dado antes pela decisão soberana.

O jurista interpreta a lei, segundo um juspositivista, adstrito aos limites normativos. Mas, para Gadamer, a verdade jurídica é uma hermenêutica ainda muito maior, existencial. No entanto, acima disso, a verdade jurídica pode ser discutida ainda mais no ato soberano do poder que prostrou o jurista a interpretá-la. Uma primeira crítica é à interpretação da norma que se presume uma mera técnica juspositiva, feita por Gadamer. A grande crítica, no entanto, é ao poder do fundador da lei, feita por Schmitt.

A teoria schmittiana se baseia no movimento e na transformação. Aponta para o incômodo em ato e não para a estabilidade dos limites normativos. Schmitt abre seu pensamento para a revolução reacionária, na medida em que a descoberta do poder é a descoberta do arbítrio que sempre esteve por detrás da legalidade. Mas a revolução schmittiana não precisa se limitar ao simples reacionarismo, na medida em que é a proposta de saída dos domínios da legalidade para a afirmação de um vínculo social praticamente existencial, e pode apontar para a superação de uma determinada ordem do poder.[87]

O "existencialismo" que Schmitt invoca nos seus textos, como "os conceitos de amigo e inimigo devem ser tomados em seu sentido concreto, existencial", é avaliado, a partir do marxismo, dentre outros, pela análise de Herbert Marcuse, que parece ver na

---

[87] "Contrariamente a quanto garantem as interpretações que pretendem identificá-lo ao estereótipo de um estatalismo 'reacionário' que dramatiza o problema da ordem e da estabilidade institucional, Schmitt – ao menos até o início dos anos 30 – centra-se decididamente no primeiro destes dois aspectos. A sua preocupação principal é a de assumir o clássico tema da 'teologia política' como núcleo central da sua própria reflexão. No entanto, isto não impede que ele compartilhe com Weber um elemento de essencial descontinuidade para com esta tradição: a crise dos fundamentos sobre os quais se sustentava o sujeito político clássico da soberania. Aqui reside a diferença radical entre Schmitt e o estatalismo reacionário alemão dos séculos XIX e XX, no qual ele na verdade distingue um retorno àquela utopia regressiva da pacificação, que repousa na pretensão de refundar sob um prisma organicístico-corporativo a identidade estatal." MARRAMAO, *Poder e secularização*, op. cit., p. 230.

postura totalitária de Schmitt a derivação do existencialismo filosófico, cuja comparação Marcuse fará com Heidegger:

> Em sua forma política o "existencialismo" se torna a teoria da justificativa (negativa) do injustificável. [...]
>
> Nossa preocupação aqui não se dirige à forma filosófica do existencialismo, mas apenas a seus aspectos políticos que se converteram em momento decisivo da teoria totalitária do Estado. Logo de início é necessário destacar que no existencialismo político falta até mesmo a mera tentativa de apreender conceitualmente o "existencial". O único elemento disponível para visualizar o sentido referido do existencial é a citação acima de Carl Schmitt. Aqui o existencial situa-se essencialmente como conceito contraposto ao "normativo": algo que não pode ser submetido a nenhuma norma exterior a si próprio. Disto se segue que não existe a possibilidade de alguém, como um "terceiro neutro", pensar, julgar e decidir acerca de uma situação existencial: "aqui a possibilidade do conhecimento e da compreensão corretos e, por esta via, a competência em opinar e julgar, é dada apenas através da colaboração e da participação existencial". No existencialismo não existe nenhuma determinação geral e de princípio para se decidir quais situações devem ser consideradas como sendo existenciais; isto fica por princípio a critério do teórico existencial. Porém, uma vez que ele assume uma situação como sendo existencial, então todos os que não "colaboram e participam" da realidade da mesma devem se calar. Basicamente as situações e relações *políticas* são sancionadas por esta vi; e no âmbito da dimensão política termina por ser novamente a relação com o inimigo, a guerra, que será considerada a relação existencial por excelência (em segundo lugar e em igualdade de condições se acrescentariam "povo e popular").[88]

Por sua vez, Giacomo Marramao também trata de um possível descompasso passadista da teoria política de Schmitt:

> O decisionismo de Schmitt tem o mérito de captar, num alto nível de consciência teórica, um processo que vinha se produzindo na prática (e que tornava demasiadamente problemática a eficácia explicativa do modelo weberiano de racionalidade burocrático-administrativa): o descolamento, o não paralelismo, a assincronia, entre *ratio* econômico-produtiva e arranjo político-institucional. Todavia, obtém este resultado com o ônus de fazer depender linearmente da decisão absoluta do Sujeito-Estado as transformações internas a uma morfologia social cada vez mais segmentada e diferenciada. Se a constante de antineutralização do Político é indiferença aos sujeitos historicamente determinados que se constituem no interior da dinâmica das "mudanças de forma" do direito e do Estado – dando lugar (como havia genialmente intuído Fraz Neumann) a arranjos sempre renovados da "Constituição material" –, a Soberania nada mais é que a soberana indiferença ao sistema das necessidades, dos interesses e das relações de poder que emergem da crise do Estado liberal.
>
> O constituir-se em *oposição diametral* ao formalismo da norma assinala, no interior da obra schmittiana, a considerável permanência de um legado clássico que torna excessivamente problemática sua projeção sobre uma dinâmica de transformação das sociedades complexas que, já com a "estabilização" dos anos 20, havia irreme-

---

[88] MARCUSE, Herbert. *Cultura e sociedade*. São Paulo, Paz e Terra, 1997, v. 1, p. 72-73.

diavelmente posto em crise o paradigma weberiano de racionalidade, fundado na estreita correlação entre esquema finalidade/meio e estrutura hierárquica de comando. Kelsen havia implicitamente tocado neste aspecto aporético, quando indagou se por trás do desdobramento de direito e Estado não operasse uma hipostasiação, em última instância mitológica, do Estado como Mega-Sujeito: ou seja, uma ideia totêmico-sacrificial do Político. O limite de fundo da concepção schmittiana (e da sua interpretação em óptica decisionista da teoria hobbesiana) estaria, portanto, na retomada do dualismo metafísico implícito em sua substituição da hipóstase substancialista no lugar da categoria de relação funcional (outra questão é, naturalmente, a da aporia com a qual por sua vez se defronta a identificação kelseniana da relação funcional com o sistema de normas).[89]

A ligação entre Carl Schmitt e Martin Heidegger foi entoada por muitos estudiosos de maneira ou laudatória ou crítica, como foi o caso com Herbert Marcuse. Na grande perspectiva não juspositivista do direito, de fato, em que pese suas profundas especificidades, a sintonia entre uma filosofia geral heideggeriana e a filosofia do direito schmittiana é notória.

FOUCAULT

O francês Michel Foucault (1926-1984) é um dos mais relevantes pensadores de toda a história da filosofia do direito. Sua importância é tamanha que se pode até mesmo dizer que haja uma nova compreensão fenomênica do direito a partir de suas ideias. O *locus* do direito é tomado, pela perspectiva de Foucault, a partir de um ângulo totalmente novo.

O pensamento foucaultiano tem seu apogeu nas décadas de 1960, 1970 e 1980. Nesse período de maturidade intelectual, sua reflexão buscou compreender e apontar os nexos estruturais do poder e da dominação, nas suas múltiplas manifestações sociais. De fato, a perquirição de Foucault se desenvolve em muitos temas: a loucura, a sexualidade, a linguagem, a tortura, o direito. Em todos esses objetos de estudo, está presente a orientação em busca do entendimento dos mecanismos do poder, dos modos de estabelecimento e funcionamento das divisões, das opressões, das dominações.

É por essa razão que o pensamento de Foucault é extremamente crítico. Sua indagação não é a respeito da harmonia da sociedade, de seu funcionamento contratual, mediante a concordância dos sujeitos. Pelo contrário, é a respeito dos instrumentos e mecanismos da dominação, que estão nas grandes questões políticas e sociais, mas também nos pequenos e quotidianos arranjos do poder, na família, no grupo social, na vizinhança e na escola, por exemplo.

Arqueologia do saber e genealogia do poder

Pode-se vislumbrar uma evolução paulatina no pensamento de Michel Foucault, a partir da qual identificam-se dois grandes horizontes de estudo: a *arqueologia do saber* e a *genealogia do poder*. São dois momentos complementares das suas ideias, ambos dire-

---

[89] MARRAMAO, *Poder e secularização*, op. cit., p. 236.

tamente ligados ao desvendar e ao entendimento das técnicas, mecanismos e estruturas do poder.

A arqueologia do saber é a fase das primeiras obras fundamentais de Foucault, em especial as da década de 1960. Nesse período, Foucault escreve importantes livros, como *A palavra e as coisas*. A característica comum às obras desse período é uma espécie de inventário dos saberes da dominação. A administração da loucura, a constituição da normalidade sexual, todos esses são temas que demonstram o saber da dominação. Sua constituição revela os mecanismos da segregação, da hierarquização, da rotulação do normal, saudável, e do anormal, que deve ser reprimido. Pode-se dizer que, nesse grande inventário dos saberes da dominação, Foucault esteja procedendo a uma vasta coleção, uma classificação horizontal, desses saberes.

Já num segundo momento, que se revela de modo especial na década de 1970, Michel Foucault elabora uma perquirição da genealogia do poder. Nessa fase, em obras como *Vigiar e punir*, Foucault lança-se à compreensão das estruturas do poder. Os mecanismos, as técnicas, os modos de dominação, tudo isso se amarra em redes de hierarquização. A estrutura de tais redes é o tema de Foucault nesse período. Ao lado da vasta investigação dos saberes da dominação, na genealogia do poder Foucault dedica-se a uma compreensão vertical desses poderes. É a fase mais importante de seu pensamento.

Para o direito, essas duas fases do pensamento de Foucault são extremamente ricas. Na arqueologia do saber, trata-se de investigar, por exemplo em fenômenos como a loucura, como a segregação representa um inventário das técnicas concretas da dominação jurídica. Já numa segunda fase, na genealogia do poder, Foucault se põe a compreender o papel dessas técnicas de controle penal dentro das estruturas do poder e da dominação. Diz Márcio Alves da Fonseca:

> Assim, no ambiente dos textos da arqueologia, onde o que está em jogo é o problema de percorrer os solos epistêmicos que tornaram possíveis saberes como a psiquiatria, a medicina e as ciências humanas, a norma se especifica na forma da bipolaridade do normal e do patológico, como princípio de separação de objetos e sujeitos no interior desses saberes. Por sua vez, no ambiente dos trabalhos da genealogia, marcados por uma analítica do poder, a norma se especificará segundo outras formas, muito mais próximas de mecanismos e tecnologias positivas de poder. [...] Com isso, o tema da norma ganha uma nova ênfase nos trabalhos da genealogia. Trata-se agora de pensar a norma como mecanismo de intervenção do poder, ou mais precisamente, pensar nos mecanismos de normalização.[90]

Vigiar e punir, a grande obra de Foucault sobre as questões penais, se situa nesse contexto. Nesse livro, Foucault entenderá que o direito não pode ser compreendido dentro do campo das normas jurídicas estatais. A verdade do direito penal, por exemplo, está muito mais nas práticas concretas do cárcere do que no Código Penal. Nesse momento se revela, então, o brilhantismo metodológico de Foucault. Há uma nova trilha para a

---

[90] FONSECA, Márcio Alves da. *Michel Foucault e o direito*. São Paulo, Max Limonad, 2002, p. 59.

compreensão do fenômeno jurídico, que, ao final, não se revelará mais o mesmo do formalismo dos juristas positivistas.

Nos últimos livros de Foucault, seria possível ainda vislumbrar, numa fase posterior à genealogia do poder, em paralelo com a sua crítica do poder que subjaz o direito, uma espécie de valorização difusa do fenômeno jurídico como resistência à submissão, ainda que de modo muito incipiente. Nas suas últimas pesquisas e obras, sobressai em Foucault uma preocupação "ética", resgatando a noção de prazer ao molde dos gregos e clássicos, demandando uma apreciação positiva do espaço institucional, em razão de um cuidado de si.[91]

A microfísica do poder

Num texto que está publicado na coletânea que leva o nome, em língua portuguesa, de *Microfísica do poder*, e que é, originalmente, aula proferida no *Collège de France* em 1976, Michel Foucault expõe, sinteticamente, sua abordagem metodológica da questão do poder, e, por extensão, da questão do direito. Seu tratamento é muito distinto daquele tradicionalmente utilizado pelo jurista. A partir dessa nova metodologia de Foucault, o fenômeno jurídico há de se revelar outro, diverso e maior que aquele formalmente estabelecido pelos juspositivistas.

O direito, para Foucault, é considerado não mais como uma legitimidade formal cuja soberania seja haurida da vontade da sociedade. O direito e o campo judiciário são percebidos a partir de suas relações de dominação e de suas técnicas de sujeição polimorfas, isto é, que se valem de inúmeras formas de imposição:

> Nos últimos anos, o meu projeto geral consistiu, no fundo, em inverter a direção da análise do discurso do direito a partir da Idade Média. Procurei fazer o inverso: fazer sobressair o fato da dominação no seu íntimo e em sua brutalidade e a partir daí mostrar não só como o direito é, de modo geral, o instrumento dessa dominação – o que é consenso – mas também como, até que ponto e sob que forma o direito (e quando digo direito não penso simplesmente na lei, mas no conjunto de aparelhos, instituições e regulamentos que aplicam o direito) põe em prática, veicula relações que não são relações de soberania e sim de dominação.
>
> [...] O sistema do direito, o campo judiciário são canais permanentes de relações de dominação e técnicas de sujeição polimorfas. O direito deve ser visto como um procedimento de sujeição, que ele desencadeia, e não como uma legitimidade a ser estabelecida. Para mim, o problema é evitar a questão – central para o direito – da soberania e da obediência dos indivíduos que lhe são submetidos e fazer aparecer em seu lugar o problema da dominação e da sujeição.[92]

---

[91] Propõe Márcio Alves da Fonseca: "Assim, a atitude 'positiva' em relação ao direito em Foucault deve ser pesquisada nos trabalhos do autor que permitem pensarmos em formas possíveis de resistência ao poder normalizador. E entendemos que o tema da resistência à normalização, para o autor, implica o problema do 'governo' (entendido no sentido amplo de arte de governar). O tema da resistência à normalização em Foucault implica compreendermos em que medida o 'governo de si mesmo' pode se opor ao 'governo em que se é submetido por um outro.'" Ibid., p. 259.

[92] FOUCAULT, Michel. *Microfísica do poder*. Rio de Janeiro, Graal, 1996, p. 181.

Michel Foucault chama a atenção para algumas precauções metodológicas, novos passos para uma abordagem da questão do poder. São cinco tais precauções metodológicas. Elas configuram uma síntese da pesquisa foucaultiana a respeito do poder, do Estado e do direito.

Na primeira das precauções metodológicas, Michel Foucault aborda o passo fundamental que o leva a postular uma compreensão da *microfísica do poder*. Segundo essa primeira precaução metodológica, o poder deve ser analisado pelos extremos, pela periferia, e não pelo centro institucionalizado do fenômeno. Com isso, Foucault rompe totalmente com o método dos juristas positivistas. O poder se verifica nas últimas ramificações das relações sociais, e não na arena formal das normas jurídicas. É assim que, ao contrário de uma visão generalista, vasta, macroscópica, Foucault chama a atenção à *microfísica* do próprio poder.

Um jurista positivista, ao tratar do direito penal, por exemplo, o considera dentro do campo normativo institucionalizado. Nas suas reflexões teóricas, o direito penal está contido no Código Penal, no Código de Processo Penal e na Lei de Execuções Penais. Ocorre que a verdade do direito penal não é esse mundo formalizado, institucional, central no fenômeno normativo estatal. A verdade do direito penal é o cárcere, a prisão, o local no qual, na periferia das instituições, muito mais do que as garantias das normas, falará a violência, a tortura, a exclusão. Pelas normas do direito, na execução penal, é proibida a tortura. A verdade do direito, na sua prática microfísica, no entanto, é a tortura. Diz Foucault:

> Exemplificando: em vez de tentar saber onde e como o direito de punir se fundamenta na soberania tal como esta é apresentada pela teoria do direito monárquico ou do direito democrático, procurei examinar como a punição e o poder de punir materializavam-se em instituições locais, regionais e materiais, quer se trate do suplício ou do encarceramento, no âmbito ao mesmo tempo institucional, físico, regulamentar e violento dos aparelhos de punição. Em outras palavras, captar o poder na extremidade cada vez menos jurídica de seu exercício.[93]

Essa primeira precaução metodológica é fundamental para a nova abordagem do direito a partir da visão foucaultiana. Trata-se de uma visão crítica, muito distinta do formalismo tradicionalista. A microfísica do poder é uma abordagem de uma região do fenômeno jurídico quase nunca iluminada pelo pensamento jurídico. O direito sempre se viu pelo centro institucional, e nunca pela sua aplicação infinitesimal, periférica, na prática.

Uma segunda precaução metodológica, seguindo os passos da microfísica, é a de que o poder não deve ser compreendido a partir de sua intenção, isto é, a partir de uma pretensa vontade genérica de seus agentes ou mesmo de suas instituições e de suas normas. O direito deve ser percebido a partir de suas *práticas efetivas*. No nível de sua concretude é que se revela a verdade do direito e do poder.

> Portanto, não perguntar por que alguns querem dominar, o que procuram e qual é sua estratégia global, mas como funcionam as coisas ao nível do processo de sujeição

---

[93] Ibid., p. 182.

ou dos processos contínuos e ininterruptos que sujeitam os corpos, dirigem os gestos, regem os comportamentos etc.[94]

Foucault se insurge, com essa segunda precaução metodológica, contra a velha filosofia política – ainda presente no jurista positivista – que entende o Estado como um ente legítimo para dominar porque o Estado teria por finalidade o bem comum. Essa visão das intenções declaradas ou pressupostas é o grande paradigma combatido por Foucault. O poder é sua prática, e não seu discurso ou suas intenções.

A terceira precaução metodológica revela uma postulação filosófica e sociológica muito importante para Foucault. Dirá que o poder não é um fenômeno binário, a partir do qual os indivíduos ou são seus detentores totais ou seus submetidos implacavelmente. Ao contrário, o poder se espraia pelos indivíduos, colocando-os, todos, na condição de opressores e oprimidos. Por isso, ao invés de uma relação binária, o poder se exerce em *rede*. É nas cadeias das relações de opressão que se verifica o poder. Ele não é algo que uns detêm contra outros. Ele se implanta em estruturas sociais.

> Terceira precaução metodológica: não tomar o poder como um fenômeno de dominação maciço e homogêneo de um indivíduo sobre os outros, de um grupo sobre os outros, de uma classe sobre as outras; mas ter bem presente que o poder – desde que não seja considerado de muito longe – não é algo que se possa dividir entre aqueles que o possuem e o detêm exclusivamente e aqueles que não o possuem e lhe são submetidos. O poder deve ser analisado como algo que circula, ou melhor, como algo que só funciona em cadeia. Nunca está localizado aqui ou ali, nunca está nas mãos de alguns, nunca é apropriado como uma riqueza ou um bem. O poder funciona e se exerce em rede. Nas suas malhas os indivíduos não só circulam mas estão sempre em posição de exercer este poder e de sofrer sua ação; nunca são o alvo inerte ou consentido do poder, são sempre centros de transmissão. Em outros termos, o poder não se aplica aos indivíduos, passa por eles.[95]

Visto de longe – e Foucault faz essa ressalva – poder-se-ia vislumbrar o direito como algo que alguns detêm contra outros. Numa sociedade capitalista, cindida em classes, é claro que há uma intensidade maior de dominação a partir das classes burguesas, e uma maior concentração da opressão nas classes proletárias. Mas, olhando-se de perto, nos seus delineamentos microfísicos, o poder está tecido em todas as relações sociais. Ele está na relação entre o rico e o pobre, nas questões raciais, na questão de gênero, nas relações sexuais, no controle da vizinhança etc. O poder se exerce, pois, em rede.

Numa quarta precaução metodológica, Michel Foucault chama a atenção para uma compreensão do poder que não seja formalista, dedutiva. Antes, ela deve se pautar pela especificidade dos fatos que se apresentam. O jurista, por meio de sua visão de mundo positivista, procede a deduções. Imagina o juspositivista que, se as normas constitucionais preveem regras democráticas, então o país é democrático. Foucault chama a atenção para

---

[94] Ibid., p. 182.
[95] Ibid., p. 183.

o contrário. A *especificidade* das relações do poder é que pode revelar o todo, e não uma dedução formal, feita de gabinete, das normas institucionalizadas.

> Quarta precaução metodológica: o importante não é fazer uma espécie de dedução do poder que, partindo do centro, procuraria ver até onde se prolonga para baixo, em que medida se reproduz, até chegar aos elementos moleculares da sociedade. Deve-se, antes, fazer uma análise ascendente do poder: partir dos mecanismos infinitesimais que têm uma história, um caminho, técnicas e táticas e depois examinar como estes mecanismos de poder foram e ainda são investidos, colonizados, utilizados, subjugados, transformados, deslocados, desdobrados etc., por mecanismos cada vez mais gerais e por formas de dominação global.[96]

A quinta precaução metodológica proposta por Foucault indaga a respeito do caráter do poder, se está necessariamente vinculado a grandes visões de mundo. O poder, para Foucault, não é ideológico. Isto é, a tortura, como um saber-poder de dominação do carcereiro, não é uma prática capitalista, ou socialista, ou antissemita, ou cristã ou árabe. Pelo contrário, o poder é muito mais e muito menos que uma ideologia. Esses *saberes* têm uma rede de operacionalização e de continuidade que independe dos grandes estabelecimentos ideológicos. As ideologias se aproveitam desse saber-poder para seus fins.

A inversão metodológica proposta por Foucault é responsável por um grande deslocamento da filosofia do direito, na medida em que não mais se indaga o direito a partir do seu centro formal, institucional, estatal, mas se busca compreender a realidade do poder a partir da sua periferia. O próprio Foucault faz um balanço de sua inovação metodológica sobre o poder:

> Recapitulando as cinco precauções metodológicas: em vez de orientar a pesquisa sobre o poder no sentido do edifício jurídico da soberania, dos aparelhos de Estado e das ideologias que o acompanham, deve-se orientá-la para a dominação, os operadores materiais, as formas de sujeição, os usos e as conexões da sujeição pelos sistemas locais e os dispositivos estratégicos. É preciso estudar o poder colocando-se fora do modelo do Leviatã, fora do campo delimitado pela soberania jurídica e pela instituição estatal. É preciso estudá-lo a partir das técnicas e táticas de dominação.[97]

Não sendo analisado pelas intenções, mas pelas práticas efetivas, o poder se revela muito maior que o seu momento jurídico formal. Nas práticas das técnicas e táticas de dominação, ou seja, no poder disciplinar, Foucault situa a experiência concreta das redes de poder e da constituição do próprio sujeito contemporâneo.

O poder disciplinador

Na sua obra de maior envergadura jurídica, *Vigiar e punir*, Foucault, após fazer um inventário do suplício e da punição, trata a respeito de um dos temas mais relevantes

---

[96] Ibid., p. 184.
[97] Ibid., p. 186.

para a compreensão de uma esfera do poder que, por meio da norma jurídica estatal, é invisível a olho nu. Trata-se da *disciplina*.

O poder disciplinar é uma das chaves da compreensão da dominação. A disciplina não é o suplício ou a pena do tribunal, que são diretamente jurídicos. Pelo contrário, é uma modalidade de exercício do poder que não está vinculada ao plano institucional, meramente formal. Ela atinge os corpos, os gestos, enfim, a própria constituição do sujeito, por meio de mecanismos variados.[98]

Foucault, no estudo desses mecanismos de poder, que constituem o próprio sujeito no sentido de sua conformação, explicita as tecnologias de que se vale a disciplina. Em *Vigiar e punir*, há quatro ordens de ações disciplinadoras, cujas concretizações se dão a partir de três grandes instrumentais. Para constituir os "corpos dóceis", Foucault chama a atenção para a arte das distribuições, o controle da atividade, a organização das gêneses e a composição das forças. Como recursos para o "bom adestramento", percebem-se a vigilância hierárquica, a sanção normalizadora e o exame.

> As funções disciplinares realizam-se sobre o espaço, as atividades e as forças em sua relação com os corpos. Por meio delas, percebe-se a pertinência em se afirmar que o domínio principal de aplicação das disciplinas seja aquele formado pelos corpos. Os instrumentos são os recursos ou procedimentos que permitem que a normalização disciplinar ocorra no interior de instituições de sequestro. Eles permitem, por sua vez, que se entenda o caráter localizado dos mecanismos disciplinares ligados aos espaços institucionais.[99]

As *distribuições* são a primeira característica da disciplina. Trata-se, em primeiro lugar, da distribuição dos indivíduos no espaço. Constitui-se na clausura, na cerca, no encarceramento, como nos colégios e nos quartéis, nas fábricas. A partir daí, dá-se o quadriculamento. Os indivíduos são situados, nesses grandes espaços, em locais específicos, como a cela. Posteriormente, aos espaços quadriculados somam-se os complexos, como o local coletivo no qual os presos tomam banho de sol. Por fim, além de real, o espaço se torna ideal. No colégio, além da sala e da carteira, ou no quartel, além dos espaços individuais, há a fila. A fileira organizada constrói a noção de hierarquia, que constituirá, em qualquer espaço onde esteja, uma multiplicidade organizada.

---

[98] "Foucault não queria dizer com isto que a 'sociedade disciplinar' é uma sociedade de enclausuramento generalizado. Mas, sem dúvida, o inverso. Com efeito, a difusão das disciplinas manifesta o facto de que as respectivas técnicas são estranhas ao princípio de enclausuramento ou, mais exatamente, que com as disciplinas o enclausuramento já não é segregador. O que faz que a sociedade seja disciplinar é, precisamente, o facto de as disciplinas não serem compartimentadoras. Muito pelo contrário, a sua difusão, bem longe de cindir ou compartimentar o espaço social, homogeneíza-o. O importante na ideia de sociedade disciplinar é a ideia de sociedade: as disciplinas fazem a sociedade; criam uma espécie de linguagem comum entre todo o gênero de instituições; tornam-nas traduzíveis umas nas outras." EWALD, François. *Foucault, a norma e o direito*. Lisboa, Vega, 1993, p. 82.

[99] FONSECA, *Michel Foucault e o direito*, op. cit., p. 174.

A tática disciplinar se situa sobre o eixo que liga o singular e o múltiplo. Ela permite ao mesmo tempo a caracterização do indivíduo como indivíduo, e a colocação em ordem de uma multiplicidade dada. Ela é a condição primeira para o controle e o uso de um conjunto de elementos distintos: a base para uma microfísica de um poder que poderíamos chamar "celular".[100]

O *controle da atividade* se faz por meio do horário, cuja exatidão na aplicação se constitui em virtude fundamental da disciplina. Estende-se para o controle da elaboração temporal do ato: marcharem todos com o mesmo passo, por exemplo. A partir daí, passa a proceder a uma correlação entre o gesto e o corpo e entre o corpo e os objetos que porta, como, por exemplo, as armas dos militares. A sua utilização exaustiva leva ao pleno controle.

Com a *organização das gêneses*, controla-se a entrada no espaço disciplinar, separando, por exemplo, o recruta do veterano. A cada nível, constroem-se séries temporais específicas. Os exercícios são tarefas típicas de cada etapa. Ao calouro, passa a corresponder a sujeição ao trote. Assim sendo, controlam-se a evolução e a dinâmica das próprias técnicas de sujeição.

Por fim, no que tange ainda às funções disciplinadoras, há a *composição das forças*. Os soldados, em uma guerra, devem ser compostos em regimentos, batalhões, seções. Os corpos, por isso, tornam-se elementos articulados com outros, peças de uma máquina multissegmentar. O tempo não é mais individualizado, é composto, combinado e, para isso, exige um sistema preciso de comando, para uma plena obediência.

Assim expõe Foucault:

> Em resumo, pode-se dizer que a disciplina produz, a partir dos corpos que controla, quatro tipos de individualidade, ou antes uma individualidade dotada de quatro características: é celular (pelo jogo da repartição espacial), é orgânica (pela codificação das atividades), é genética (pela acumulação do tempo), é combinatória (pela composição das forças). E, para tanto, utiliza quatro grandes técnicas: constrói quadros; prescreve manobras; impõe exercícios; enfim, para realizar a combinação das forças, organiza "táticas". A tática, arte de construir, com os corpos localizados, atividades codificadas e as aptidões formadas, aparelhos em que o produto das diferentes forças se encontra majorado por sua combinação calculada é sem dúvida a forma mais elevada da prática disciplinar.[101]

Além dessas funções, para que haja a disciplina três grandes instrumentos se levantam, como recursos para o bom adestramento. O primeiro deles é a *vigilância hierárquica*. Trata-se de um dispositivo disciplinar que obriga por meio do jogo de olhar. A multiplicidade de "observatórios" garante um controle articulado e detalhado. O acampamento militar, a disposição arquitetônica de uma fábrica, do banheiro de uma escola ou de uma fábrica são exemplos desse recurso à vigilância hierárquica.

---

[100] FOUCAULT, Michel. *Vigiar e punir*. Petrópolis, Vozes, 1999, p. 127.
[101] Ibid., p. 141.

A *sanção normalizadora* se apresenta como outro recurso disciplinar. Foucault dirá que todos os sistemas de disciplina funcionam como um pequeno mecanismo penal. Nesses mecanismos, que parecem jurídico mas são menores, porque imperceptíveis muitas vezes aos olhos da norma estatal, os desvios são reduzidos por meio dos castigos.

> As disciplinas estabelecem uma "infrapenalidade"; quadriculam um espaço deixado vazio pelas leis; qualificam e reprimem um conjunto de comportamentos que escapava aos grandes sistemas de castigo por sua relativa indiferença. [...]
>
> Na oficina, na escola, no exército funciona como repressora toda uma micropenalidade do tempo (atrasos, ausências, interrupções das tarefas), da atividade (desatenção, negligência, falta de zelo), da maneira de ser (grosseria, desobediência), dos discursos (tagarelice, insolência), do corpo (atitudes "incorretas", gestos não conformes, sujeira), da sexualidade (imodéstia, indecência).[102]

A punição, espraiada pelo nível desses pequenos mecanismos, funciona ao molde de um sistema duplo, de gratificação-sanção. As recompensas dos professores aos bons alunos é exatamente a marca reversa da segregação dos maus alunos. Assim sendo, estabelece-se uma medição entre os indivíduos, quanto a suas capacidades, níveis, naturezas. Estabelece-se, por meio da sanção, uma hierarquização. Trata-se do processo chamado por Foucault de normalização. Esse pequeno mundo de sanções normalizadoras é que, posteriormente, reinvestirá o aparelho jurídico penal estatal. Tomado pelo ângulo formal do direito, no entanto, esse mundo microscópico da sanção normalizadora passa por ignorado.

> As disciplinas inventaram – apoiando-se aliás sobre uma série de procedimentos muito antigos – um novo funcionamento punitivo, e é este que pouco a pouco investiu o grande aparelho exterior que parecia reproduzir modesta ou ironicamente.[103]

Além disso, o *exame* completa essa série de ferramentas da disciplina. Trata-se de um controle, por meio da vigilância, que permite qualificar, classificar e punir. Ao examinar, esquadrinha-se o examinado e, portanto, a relação de poder se constitui enquanto conhecimento do subordinado. Na disciplina, o poder se esconde e os súditos são vistos. A individualidade entra num campo documentário. Há arquivos, registros, censos, sobre todas as pessoas. Os governantes controlam tais informações. Não apenas os homens notáveis são dignos de registro. Todos os subordinados são examinados; cada indivíduo é um caso. O exame é um dos instrumentos que, ao classificar e rotular, constitui o indivíduo como tal e o põe como objeto do poder.

Para Michel Foucault, as disciplinas são uma forma de constituição do sujeito, do seu corpo, do seu querer, de suas vontades, de sua autonomia, e seu controle não é jurídico, no sentido de normativo estatal. Nem apenas é um infradireito, no sentido de ser menor que o âmbito das instituições jurídicas estatais. Foucault chega a considerar as disciplinas como uma espécie de *contradireito*.

---

[102] Ibid., p. 149.
[103] Ibid., p. 153.

Aparentemente as disciplinas não constituem nada mais que um infradireito. Parecem prolongar, até um nível infinitesimal das existências singulares, as formas gerais definidas pelo direito; ou, ainda, aparecem como maneiras de aprendizagem que permitem aos indivíduos se integrarem a essas exigências gerais. Constituiriam o mesmo tipo de direito fazendo-o mudar de escala, e assim tornando-o mais minucioso e sem dúvida mais indulgente. Temos antes que ver nas disciplinas uma espécie de contradireito. Elas têm o papel preciso de introduzir assimetrias insuperáveis e de excluir reciprocidades. Em primeiro lugar porque a disciplina cria entre os indivíduos um laço "privado", que é uma relação de limitações inteiramente diferente da obrigação contratual; a aceitação de uma disciplina pode ser subscrita por meio de contrato; a maneira como ela é imposta, os mecanismos que faz funcionar, a subordinação não reversível de uns em relação aos outros, o "mais-poder" que é sempre fixado do mesmo lado, a desigualdade de posição dos diversos "parceiros" em relação ao regulamento comum opõem o laço disciplinar e o laço contratual, e permitem sistematicamente falsear este último a partir do momento em que tem por conteúdo um mecanismo de disciplina. [...] De qualquer modo, no espaço e durante o tempo em que exercem seu controle e fazem funcionar as assimetrias de seu poder, elas [as disciplinas] efetuam uma suspensão, nunca total, mas também nunca anulada, do direito. Por regular e institucional que seja, a disciplina, em seu mecanismo, é um "contradireito".[104]

A compreensão do poder e do direito, para Foucault, não se faz apenas num nível quantitativamente inferior ao da norma jurídica estatal. Faz-se também num nível transversal ou frontal, opondo ao direito um contradireito. Poder e direito, para Foucault, nem são totalmente excludentes nem totalmente iguais. Nesse sentido, diz Ricardo Marcelo Fonseca:

A "sociedade de normalização" é aquela que funciona não só pelas disciplinas e pelo biopoder, mas também pelo direito que é invadido por elas e se torna o seu veículo. [...] Não necessariamente, mas muito frequentemente, o direito, como modo de exercício de poder, está implicado com a disciplina ou com o biopoder. São como círculos que se superpõem parcialmente (contendo uma área de interseção comum), mas que ao mesmo tempo mantêm uma área invadida pelo outro.

Como se nota, o direito não é pura e simplesmente um instrumento racional e neutro de comando. Não é, tampouco, a única forma de poder que incide permanentemente sobre os indivíduos – já que eles estão, de modo intermitente, sujeitos (sujeitados) às estratégias disciplinares da "sociedade disciplinar" que ainda nos cerca e às estratégias biopolíticas da "sociedade de controle" que já se começa a entrever na nossa realidade social.[105]

As disciplinas são uma microfísica no sentido de que menores que o jurídico-formal, mas muitas vezes também no sentido de oposição, e outras no sentido de que passam e não passam pela institucionalidade jurídica.

---

[104] Ibid., p. 183.
[105] FONSECA, Ricardo Marcelo. "O poder entre o direito e a 'norma': Foucault e Deleuze na Teoria do Estado". *Repensando a Teoria do Estado*. Belo Horizonte, Fórum, 2004, p. 277.

O sujeito e o biopoder

A disciplina não é só um conjunto de repressões que cerceariam, a partir de inúmeras limitações, o sujeito. Pelo contrário, a disciplina não é apenas o negativo do ser, mas também seu propositivo: trabalha no sentido de produzir o sujeito, formando-o a partir de instigações a ele mesmo. A disciplina sobre o corpo é um desses dados, que molda o corpo que se espera. Assim sendo, mais do que reprimido, o corpo é constituído como tal. O sujeito, para Foucault, é constituído a partir das disciplinas.

Não se deve pensar que o sujeito fosse uma entidade cuja subjetividade de antemão é plena, e, em relação com o poder, então posteriormente a isso se tornaria limitada. O procedimento, para Foucault, é justamente ao contrário. O poder é que investe, constitui e incita a formação do sujeito. O sujeito não é limitado pelo poder: o sujeito é constituído pelo poder.

> O indivíduo é sem dúvida o átomo fictício de uma representação "ideológica" da sociedade; mas é também uma realidade fabricada por essa tecnologia específica de poder que se chama a "disciplina". Temos que deixar de descrever sempre os efeitos de poder em termos negativos: ele "exclui", "reprime", "recalca", "censura", "abstrai", "mascara", "esconde". Na verdade o poder produz; ele produz realidade; produz campos de objetos e rituais da verdade. O indivíduo e o conhecimento que dele se pode ter se originam nessa produção.[106]

Assim sendo, pode-se vislumbrar, em Michel Foucault, uma posição filosófica altamente radical, com aproveitamentos críticos muito grandes. Para Foucault, o sujeito não é mais considerado – como o foi para medievais, modernos e muitos contemporâneos – como um núcleo elementar a partir do qual se constroem as relações sociais. As estruturas de poder, já consolidadas, formam, por uma incitação disciplinar, o sujeito. Pode-se dizer, então, que, ao contrário de uma visão individualista e subjetivista, Foucault se arma, filosoficamente, de uma perspectiva estrutural. As estruturas sociais formam o sujeito, e não o contrário.

O próprio direito é um dos grandes instrumentos dessa constituição disciplinar estrutural do sujeito. Num texto que é resultado de suas conferências no Rio de Janeiro, quando de sua vinda ao Brasil em 1973, intitulado *A verdade e as formas jurídicas*, Foucault trata das práticas judiciárias como elementos de constituição da subjetividade:

> As práticas judiciárias – a maneira pela qual, entre os homens, se arbitram os danos e as responsabilidades, o modo pelo qual, na história do Ocidente, se concebeu e se definiu a maneira como os homens podiam ser julgados em função dos erros que haviam cometido, a maneira como se impôs a determinados indivíduos a reparação de algumas de suas ações e a punição de outras, todas essas regras ou, se quiserem, todas essas práticas regulares, é claro, mas também modificadas sem cessar através da história – me parecem uma das formas pelas quais nossa sociedade definiu tipos de

---

[106] FOUCAULT, *Vigiar e punir*, op. cit., p. 161.

subjetividade, formas de sabe e, por conseguinte, relações entre o homem e a verdade que merecem ser estudadas.[107]

Para o direito, a visão de Foucault é crítica, na medida em que não mais se vislumbra o fenômeno jurídico a partir da relação norma-sujeito, como se o Estado e o indivíduo autônomo e pleno fossem os átomos fundamentais a partir dos quais as combinações jurídicas se realizariam. É nas estruturas de poder que constituem o sujeito – e que permeiam, mais por baixo e mais por alto, o próprio Estado e as normas jurídicas – que se pode localizar a verdade do direito que o direito positivo estatal não compreende.

O sujeito, sendo resultado não apenas de uma repressão externa a algo já dado previamente, mas sendo constituído por mecanismos disciplinares que alcançam sua modelagem, seus gestos, suas vontades, sua própria manifestação corporal e sexual, revela portanto a característica do poder contemporâneo, um *biopoder*. Para Foucault, o poder não pode ser pensado apenas como aparato formal, estatal, militar, pela força das armas, do dinheiro ou da política. Ele alcança a vida, e por isso é um biopoder.

> O biopoder representa uma transformação fundamental nos mecanismos de poder anteriores à época clássica, pois fazem aparecer mecanismos de incitação, controle e vigilância. A elaboração e o aperfeiçoamento de tais mecanismos têm como fundamento um interesse pela vida do indivíduo e da espécie.
>
> A sua oposição, em termos de estratégias e efeitos, aos mecanismos usados por formas históricas de poder anteriores, revela as diferentes formas de agir em relação à vida que empreendem.
>
> Enquanto o poder soberano ostenta o direito de matar, os poderes da era disciplinar deixam viver para investirem sobre a vida.[108]

A grande importância de Foucault para a filosofia do direito é justamente a sua nova compreensão fenomênica do poder, do Estado, das instituições e do direito.[109] Atravessados por redes de disciplinas, tais fenômenos não podem ser pensados apenas como dados formais. O jurista, ao entender o direito a partir de Foucault, não se limita mais ao mundo institucional oferecido pelas normas estatais. O direito é mais e menos que isso, mas nunca só isso.

---

[107] FOUCAULT, Michel. *A verdade e as formas jurídicas*. Rio de Janeiro, NAU, 2005, p. 11.

[108] FONSECA, Márcio Alves da. *Michel Foucault e a constituição do sujeito*. São Paulo, Educ, 2003, p. 90.

[109] "As abordagens elaboradas por Michel Foucault acerca da real circulação e operatividade do poder dentro da malha social são extremamente adequadas e úteis para esquadrinhar o fenômeno jurídico e suas condicionantes externas à lei. Afinal, sendo a lei insuficiente, por evidente que em suas limitações e rasuras é perfeitamente possível a disciplina atuar produzindo resultados absolutamente díspares ou mesmo em consonância com o poder disciplinar, panoptizando os corpos, as condutas, os comportamentos de toda a coletividade, para efetivar suas normas." LOURENÇO, Frederico R. R. *Poder e norma. Michel Foucault e a aplicação do direito*. Porto Alegre, Núria Fabris, 2009, p. 63.

15
AS FILOSOFIAS DO DIREITO CRÍTICAS

Enquanto a filosofia do direito juspositivista encontra nos limites do Estado uma fonte de redução do fenômeno jurídico – reducionismo que gera regozijo para a maior parte dos juristas conservadores –, as filosofias do direito não juspositivistas transpõem esses limites. O fenômeno jurídico será outro, tomado pela perspectiva de suas manifestações sociais efetivas, concretas, existenciais. Mas mesmo as filosofias que não se apoiam na norma, e sim no poder, padecem do vício de uma compreensão genérica do fenômeno jurídico, sem lastreá-lo profunda e especificamente no todo da história. Será o marxismo que fará a investigação mais funda e crítica, de toda a filosofia contemporânea, a respeito das origens e da manifestação do direito.

Se Carl Schmitt vence a barreira do normativismo e chega ao decisionismo, chega à metade do caminho de uma filosofia do direito crítica. De fato, o direito se vê a partir do poder, da exceção e não da regra, que é em geral mera burocracia que estende o braço principal da decisão e da relação amigo-inimigo. Mas não se pode considerar a decisão um mero ato voluntário do soberano. Nem tampouco há de se considerar, como a hermenêutica existencial, o direito apenas a partir de uma compreensão existencial vaga, aberta ao originário que é, ao mesmo tempo, um intangível.

O direito é expressão de uma situação existencial, e, nesse sentido, o existencialismo jurídico tem um ponto alto de seu pensamento. No entanto, é preciso ir além: identificar o fenômeno jurídico em suas determinações e suas especificidades nessa situação existencial, e nesse momento o marxismo é a única ferramenta filosófica necessária e capaz de penetrar profundamente nas contradições do tecido histórico-social.

O marxismo há de identificar os nexos que vinculam o fenômeno jurídico atual ao capitalismo. São as relações capitalistas que dão especificidade ao direito tal qual se apresenta nas sociedades contemporâneas. A crítica marxista, assim sendo, será plena: não se contenta com regiões parciais do fenômeno jurídico e social. Quererá alcançar a totalidade dessas relações e os tipos de vínculos específicos dessa totalidade, suas determinações. Amplo em termos de âmbito, profundo em termos de estruturas.

Não abdica o marxismo – como o juspositivismo abdica quase que totalmente – da ferramenta da história. É ela que revela o ser jurídico contemporâneo, suas manifestações e suas contradições. Além disso, se o juspositivismo é uma teoria de confirmação do presente e se o existencialismo jurídico é por excelência o reclame do originário, do passado, o marxismo é a filosofia que reclama o futuro. A revolução, a transformação da sociedade capitalista, o socialismo por vir são os limites apontados pelo pensamento marxista. Por isso, vislumbram-se horizontes maiores na filosofia do direito marxista que nas demais filosofias do direito contemporâneas.

Há variadas possibilidades teóricas nas filosofias do direito que se reclamam marxistas, no que se dá sua grande riqueza interna. Há uma distância grande entre os pensadores da Escola de Frankfurt e Louis Althusser, por exemplo, e cada marxismo é uma visão possível do fenômeno social e do fenômeno jurídico. A riqueza das interpretações do marxismo é responsável por várias colorações nos horizontes da filosofia crítica do direito.

O marxismo é a grande corrente de pensamento crítico da contemporaneidade. São clássicas as palavras de Jean-Paul Sartre ao afirmar ser o marxismo o maior horizonte filosófico dos nossos tempos:

> Fica bem claro que as épocas de criação filosófica são raras. Entre os séculos XVII e XX, vejo três que designarei por nomes célebres: existe o "momento" de Descartes e de Locke, o de Kant e de Hegel e, por fim, o de Marx. Essas três filosofias tornam-se, cada uma por sua vez, o húmus de todo o pensamento particular e o horizonte de toda a cultura, elas são insuperáveis enquanto o momento histórico de que são a expressão não tiver sido superado. Com frequência, tenho observado o seguinte: um argumento "antimarxista" não passa do rejuvenescimento aparente de uma ideia pré-marxista. Uma pretensa "superação" do marxismo limitar-se-á, na pior das hipóteses, a um retorno ao pré-marxismo e, na melhor, à redescoberta de um pensamento já contido na filosofia que se acreditou superar.[1]

Nas suas muitas vertentes do direito, o mais original pensador do marxismo jurídico é Evguiéni Pachukanis. Esse pensador soviético levou aos limites últimos o pensamento de Marx, sem maculá-lo das abdicações contingenciais da política de seu tempo. É a partir de Pachukanis que se podem medir a radicalidade e a plenitude dos demais filósofos do direito marxistas. A originalidade de Pachukanis é determinada pela própria originalidade do método de Marx, e nisso reside seu caráter de excepcionalidade filosófica para o direito, sem ecletismos nem misturas.

Contudo, muitos pensadores ressaltam outras facetas complementares no grande painel da filosofia crítica marxista para o direito, não trabalhadas pelo próprio Pachukanis. Nesse sentido, a Escola de Frankfurt há de fazer grandes ligações do problema jurídico com a questão da técnica e da psicanálise, por exemplo. O direito como esfera de ideologia abre o campo para pensamentos como o de Gramsci e de Bloch, de um lado, e de Althusser, entre outros. Ao mesmo tempo, as questões da tática política revolucionária e o papel do direito nesse contexto fizeram a fama de obras como *História e consciência de classe*, de Lukács, por exemplo. Também uma vasta reflexão contemporânea sobre a forma-valor, muito próxima de Pachukanis, abre variados campos de análise para o

---

[1] SARTRE, Jean-Paul. "Questões de método". *Crítica da razão dialética*. São Paulo, DP&A, 2002, p. 21.

direito. Como os pensadores marxistas do direito não se especializam cada qual em uma temática, seus trabalhos cobrem as problemáticas do direito de modo geral e, por isso, é preciso desvendá-los num quadro global.

A FILOSOFIA DO DIREITO DO MARXISMO

A filosofia do direito do marxismo é o momento mais alto da reflexão jusfilosófica contemporânea. Trata-se da compreensão mais aprofundada a respeito do fenômeno jurídico e do entendimento dos seus nexos estruturais a partir das relações sociais atuais.

Em grande parte, a filosofia do direito do marxismo é a confirmação e a explicitação das abordagens gerais realizadas pelo próprio Marx, voltadas, no caso, especificamente, à questão jurídica. Entretanto, em muitas questões, pode-se dizer que o marxismo jurídico criou horizontes referenciais próprios, em especial ao proceder ao diálogo de Marx com outros pensamentos filosóficos e mesmo outros horizontes concretos das relações sociais, políticas e jurídicas.

A filosofia do direito do marxismo, assim sendo, estende-se por alguns grandes eixos: a reflexão em torno da própria leitura de Marx acerca do Estado e do direito; o diálogo do pensamento jusfilosófico marxista com outras correntes filosóficas; o enfrentamento concreto de horizontes políticos, econômicos, sociais, culturais, jurídicos e táticos dos tempos presentes. Por isso, sempre há de se vislumbrar na filosofia do direito marxista – e ao mesmo tempo – a questão de um entendimento do direito no texto de Marx, a questão do diálogo e do posicionamento do jusmarxismo com relação às outras tradições filosóficas e a questão do pensamento jurídico marxista concernente a temas concretos e diretos como a democracia, o Estado capitalista, a transição ao socialismo, as instituições, os direitos humanos etc.

Não é possível, de maneira estanque, agrupar ou distinguir os filósofos do direito do marxismo a partir de tais grandes eixos. A maior parte dos pensadores e juristas marxistas ocupou-se de todos esses horizontes ao mesmo tempo. São raros aqueles que se dedicam especificamente apenas a comentar o direito no texto de Marx, ou somente ao diálogo marxista com outras filosofias, ou apenas à questão da aplicação política da filosofia do direito marxista, embora só essa aplicação política tenha sido a tônica de um marxismo vulgarizado, mas, justamente por isso, pouco dado a um aprofundamento filosófico. Além disso, o marxismo jurídico é uma fronteira também alcançada por pensadores que o tangenciam em contato com outras fontes filosóficas originárias, como é o caso, na atualidade, de Slavoj Žižek.[2]

Após o momento clássico de surgimento e estabelecimento do pensamento marxista, com o próprio Marx e com Engels, no século XIX, proponho uma leitura da filosofia

---

[2] "O autor esloveno, em alguns trechos de sua obra, segue uma leitura muito fiel do Direito em Marx, por isso, seu diálogo com Pachukanis é possível. As interpretações [...] são algumas das mais literais de Žižek ao marxismo jurídico, uma vez que outras concepções sobre o direito espalhadas pelos seus escritos, não o são, e, em algum momento, até se opõem a uma leitura do tipo pachukaniana." GRILLO, Marcelo Gomes Franco. *O direito na filosofia de Slavoj Žižek*: perspectivas para o pensamento jurídico crítico. São Paulo, Alfa-Ômega, 2013, p. 85.

marxista do direito com base em três grandes eixos de análise. No primeiro, do início do século XX, o problema fundamental é o da revolução, fazendo com que se encaminhe a questão prática da transformação política, econômica e jurídica das sociedades presentes. A experiência da Revolução Soviética marca o período. Lenin, Stutchka e Pachukanis são seus pensadores mais importantes para o campo da filosofia política e da filosofia do direito.

Num segundo momento, posterior à Revolução Soviética e se espraiando pelos meados do século XX, trata-se de refletir a respeito das possibilidades e das dificuldades da revolução socialista, ao mesmo tempo em que se abre um campo de análise sobre variadas temáticas que se somam à reflexão marxista, como a psicanálise. Nesse amplo campo filosófico marxista encontram-se pensamentos como os de Antonio Gramsci, György Lukács, Ernst Bloch, Galvano Della Volpe, Jean-Paul Sartre, Theodor Adorno e Herbert Marcuse, chegando a Louis Althusser. A tradição chama esse momento de pensamento de "marxismo ocidental", a partir da consagrada proposição de Perry Anderson:

> Foi nesse novo panorama que a teoria revolucionária completou a metamorfose, resultando no que, retrospectivamente, pode ser hoje chamado de "marxismo ocidental". Com efeito, o conjunto das obras composto pelos autores que agora focalizaremos constituiu uma configuração intelectual inteiramente nova no desenvolvimento do materialismo histórico. Em suas mãos, o marxismo se tornou um tipo de teoria que, em certos aspectos críticos, era muito diferente de tudo o que o precedera.[3]

A crescente academicização dos pensadores do "marxismo ocidental", muitos deles produzindo no âmbito das universidades, distingue tal pensamento daquele do momento revolucionário do início do século XX. Todavia, não se trata de um índice geral, na medida em que Gramsci, intelectual de ação política, tem características distintas daquela de um pensamento universitário. Tampouco se pode ter, no marxismo ocidental, um índice de grau revolucionário maior ou menor, tratando-se de pensadores que viveram momentos muito distintos das experiências de luta em países e fases do século XX. E, ainda, não se pode igualar seu pensamento por conta de um fundamento filosófico similar em sua base: há desde hegelianismos marxistas pronunciados, como os de Lukács e Bloch, a anti-hegelianismos patentes, como os de Della Volpe e Althusser.

Louis Althusser ocupa uma posição específica no quadro geral da filosofia marxista. Seu pensamento, embora baseado na luta de classes como categoria central da revolução e de algum modo ainda alinhado com o movimento partidário comunista, representa, no entanto, uma ruptura com as típicas leituras filosóficas do marxismo ocidental, muitas delas humanistas e eivadas de uma diluição da tradição marxista. Althusser propõe o resgate da cientificidade do pensamento de Marx, realizando um corte epistemológico em sua obra. Avança, inclusive, na questão da ideologia como inconsciente e dos aparelhos ideológicos.

---

[3] ANDERSON, Perry. *Considerações sobre o marxismo ocidental*: nas trilhas do materialismo histórico. São Paulo, Boitempo, 2004, p. 46.

Com isso, pode ser compreendido tanto como o último dos marxistas ocidentais como o primeiro de uma nova etapa de reflexão.

O pensamento de Althusser representa a abertura de um influxo de avanços teóricos da filosofia marxista. Em autores como Joachim Hirsch, Robert Kurz, Antonio Negri, Alain Badiou ou Slavoj Žižek, entre outros, a leitura marxista se acresce de novas problematizações filosóficas e se orienta por determinações científicas acerca da sociabilidade presente, lastreadas na forma-valor. De alguma maneira, boa parte dessa tradição é advinda do althusserianismo – embora não exclusivamente, como no caso de Kurz – e encontra na obra de Evguiéni Pachukanis um antecessor necessário. Tal momento costuma ser denominado de "novo marxismo".

Proponho, então, uma trajetória de leitura do pensamento marxista contemporâneo em uma etapa dita clássica, Marx e Engels, e, após ela, três momentos: uma etapa ligada ao momento revolucionário do início do século XX; uma etapa intermediária no século XX, o chamado "marxismo ocidental"; uma etapa surgida a partir do terço final do século XX, o denominado "novo marxismo".

MARXISMO, DIREITO E REVOLUÇÃO

O primeiro grande aprofundamento da filosofia do direito marxista se deu, na prática, com as necessidades políticas que se apresentaram na Revolução Russa, a partir de 1917. Até então, as questões especificamente jurídicas passaram relativamente ao largo das preocupações dos filósofos marxistas. A conhecida exceção a esse esquecimento se deu com o pensamento de Engels, que, desde o início, tomou a si a tarefa de teorizar a respeito do Estado, e, portanto, esteve próximo à questão jurídica, em específico no seu livro *Socialismo jurídico*. No entanto, apenas com as necessidades práticas da revolução apresentou-se a imperiosidade de um melhor desenvolvimento às reflexões jurídicas marxistas.

O maior pensador do marxismo jurídico é quem capitaneou e marcou os limites últimos da reflexão soviética: Evguieni Pachukanis. A filosofia do direito pachukaniana é a mais importante da tradição jurídica marxista, e, certamente, a mais original e próxima das ideias do próprio Marx. Na Revolução Russa, Pachukanis teve logo de início uma grande proeminência. Foi um dos mais importantes juristas revolucionários, tendo contribuído para os primeiros passos da destruição do sistema czarista russo. No entanto, a partir do final da década de 1920, sua posição política e suas ideias tornam-se francamente contrastantes em relação à alteração dos rumos revolucionários promovida por Stalin. Após uma fase de contemporização de suas próprias ideias, foi por fim assassinado, em 1937.

As ideias de Pachukanis sobre o direito são bastante próximas da leitura de *O capital* de Marx. Assim sendo, representam uma abertura bastante radical e plena para as propostas políticas revolucionárias, o que esteve em consonância com a etapa inicial da Revolução Russa. No entanto, sua visão libertária e próxima de Marx restou minoritária e estranha ao mundo stalinista, que se formou na década de 1920 e foi se tornando majoritário a partir daí na União Soviética. Outros filósofos do direito, que apoiavam uma espécie de socialismo de Estado, fizeram a graça do pensamento jurídico stalinista. Dada a limitação dos filósofos de Estado soviéticos em relação ao pensamento de Pachukanis em termos teóricos e políticos, entende-se o quão incômoda foi, no debate jurídico soviético, a proeminência da filosofia do direito pachukaniana sobre as demais.

Mas o debate filosófico soviético a respeito do direito somente se torna claro se se tomar em conta, a princípio, o grande referencial teórico e prático do pensamento de Lênin. O líder da Revolução Soviética é o maior pensador das estratégias políticas revolucionárias. Seu posicionamento sobre o direito é expressão direta de sua leitura de Marx e das necessidades práticas que se apresentavam, ao seu tempo, à sua liderança revolucionária.

LÊNIN

Vladimir Ilitch Ulianov, o Lênin (1870-1924), é o mais importante pensador político do marxismo no século XX. Navegando contra a maré do senso comum do movimento comunista internacional do seu tempo, que dizia ser impossível, naquelas condições, o início da luta revolucionária, Lênin, ainda que de maneira isolada, apostou na ação de superação do capitalismo russo, em direção ao socialismo.[4]

A sua linha de entendimento opôs-se frontalmente a uma espécie de marxismo acomodado, a chamada *II Internacional Socialista*, cujas energias já se apresentavam derrotadas em face do imperialismo reinante nas potências capitalistas ocidentais.[5] Quando todos não percebiam opções que não fossem de composição com a burguesia, Lênin anteviu a possibilidade do surgimento do socialismo.

---

[4] "O que permitiu a Lenine obter para o socialismo um êxito histórico que nenhum outro chefe alcançara foi a capacidade de entender a ligação profunda entre as condições gerais de desenvolvimento do capitalismo moderno e as condições específicas de desenvolvimento do capitalismo na Rússia. Triunfou neste empreendimento porque fugiu tanto à ossificação esquemática da teoria (de Marx) como ao empirismo da pura luta prática, estabelecendo uma elástica relação entre teoria e prática. Nesta base, ele conseguiu não só fornecer uma explicação teórica do organismo histórico russo, como também exprimir uma vitoriosa estratégia política, e conseguiu não só ver o *elo mais fraco*, mas também o mecanismo do capitalismo mais evoluído. Pôs-se, desta forma, em condições de, na específica elaboração russa, subir – ainda que sem uma constante referência teórica – aos pontos mais altos da problemática teórica moderna, econômica e política, refutando tanto o esquematismo da 'queda econômica automática', como o da irrelevância duma crítica interna do Estado representativo. E assim pôde descobrir-se de novo na Rússia atrasada tanto a crítica de Marx ao 'romantismo econômico' de Sismondi, como a crítica de Marx (e de Rousseau) ao Estado representativo; pôde, em suma, acontecer a partir de Lenine uma das mais altas e fecundas lições críticas para a economia e para a política modernas." Cerroni, Umberto. *Teoria política e socialismo*. Mira-Sintra, Europa-América, 1976, p. 114.

[5] "Diferentemente dos teóricos anteriores, [Lênin] defende arduamente que o fenômeno imperialista não seria apenas uma política externa para satisfazer as necessidades e pressões acerca do excedente do capital no poder dos países centrais. Em sua visão, o imperialismo expressa mudanças substanciais na esfera política social e econômica e no desenvolvimento do capitalismo nos países metropolitanos. Essas transformações constituem evidências não de uma política, mas de uma fase do capitalismo, a última, a mais recente, que impõe como a de contradições mais acirradas". Osório, Luiz Felipe. *Imperialismo, Estado e relações internacionais*. São Paulo, Ideias & Letras, 2018, p. 69.

Sua reflexão filosófica e política, assim sendo, torna-se muito especial no quadro do pensamento marxista do século XX: trata-se de uma perspectiva teórica que não renunciou à prática revolucionária, guardando uma estreita proximidade com o compromisso de transformação do mundo que foi típico do pensamento do próprio Marx.[6]

Lênin era jurista de formação, bacharel em direito por São Petersburgo e advogado.[7] Já na primeira década do século XX, põe-se na liderança do movimento socialista em oposição aos revisionistas da II Internacional. Sua obra teórica é composta de alguns livros mas, especialmente, de textos de intervenção direta em assuntos concretos, que exigiam posicionamento político específico. Inúmeras cartas, mensagens ao partido, artigos em jornais, comunicações e relatórios compõem a obra completa de Lênin. Sua reflexão teórica mais bem elaborada encontra-se no seu principal livro, *O Estado e a Revolução – a doutrina do marxismo sobre o Estado e as tarefas do proletariado na Revolução*. Trata-se do grande pensamento de filosofia política e, pode-se também dizer, de filosofia do direito no próprio Lênin, contendo as orientações gerais para o marxismo revolucionário russo quanto à questão das instituições políticas e jurídicas.

O Estado em Lênin

O Estado e a Revolução é uma obra feita num momento muito especial no quadro histórico do pensamento e da vida de Lênin. Escrita em 1917, foi concluída quando já o turbilhão revolucionário se punha em movimento. Lênin apenas findou a parte teórica da obra e deixou de escrever um capítulo final no qual analisaria as lutas políticas socialistas dos anos anteriores na própria Rússia. Após a escrita do livro, voltou do exílio diretamente para a liderança do movimento bolchevique russo.[8]

---

[6] "O que distingue uma 'mudança reformista' de uma 'mudança não reformista' num dado regime político é, em geral, diz Lênin, que no primeiro caso o poder permanece nas mãos da antiga classe dominante e, no segundo, o poder passa das mãos dessa classe para as mãos de uma nova classe. As reformas são concessões obtidas da classe dominante, mantendo-se a sua dominação. A revolução é a derrota da classe dominante." SALEM, Jean. *Lenin e a Revolução*. São Paulo, Expressão Popular, 2008, p. 84.

[7] "Lenin conseguiu, em 1890, autorização para fazer exames na universidade. Decidiu terminar a faculdade de Direito em um ano e meio, enquanto o período normal era de quatro anos. [...] Em 1891, prestou os exames em Petersburgo, e foi aprovado em primeiro lugar. Em janeiro de 1892, Vladimir foi nomeado advogado, atuando no tribunal distrital de Samara. Durante dois anos atuou no tribunal defendendo camponeses. Mas não era a advocacia que ocupava a grande parte do seu tempo, e sim o estudo do marxismo e a preparação das atividades revolucionárias." GOMES, Oziel. *Lenin e a Revolução Russa*. São Paulo, Expressão Popular, 2009, p. 35.

[8] Assim o próprio Lênin expõe ao arrematar sua obra máxima: "A presente brochura foi escrita em agosto e setembro de 1917. Tinha já estabelecido o plano do capítulo seguinte, o VII: A experiência das revoluções russas de 1905 e 1917. Mas, além do título, não tive tempo para escrever uma única linha deste capítulo: 'impediu-me' a crise política, a véspera da Revolução de Outubro de 1917. Só podemos alegrar-nos com tal 'impedimento'. Mas o segundo fascículo da brochura (consagrado à Experiência das revoluções russas de 1905 e 1917) deverá provavelmente ser adiado por muito tempo; é mais agradável e mais útil viver a 'experiência da revolução' do que escrever sobre ela." LÊNIN, V. I. "O Estado e a Revolução". *Obras escolhidas*. São Paulo, Alfa-Ômega, 1988, t. 2, p. 305.

Todo o livro principal de Lênin é composto de uma reflexão estruturada a partir do fio condutor dos mais relevantes textos de Marx e Engels a respeito do Estado e da transição ao socialismo. É, portanto, no desenvolvimento das ideias de Marx e Engels que Lênin constrói sua filosofia política e, pode-se dizer, sua reflexão jurídica.

Lênin, logo de início, toma partido de uma reflexão sofisticada a respeito das ideias de Marx e Engels sobre o Estado. Uma leitura vulgar do marxismo teria localizado o Estado como um local neutro para a luta de classes, considerando então tal luta genérica, desprovida de especificidade. Se assim o é, o Estado não tem ligação necessária com alguma classe específica. Ele seria um instrumento neutro a serviço de qualquer classe dominante. Não é essa a leitura de Marx proposta por Lênin. Para ele, o Estado guarda claramente a sua característica de instância de dominação política *capitalista*. Assim, a luta do proletariado não pode se bastar apenas com a tomada do Estado, mas, acima disso, deve-se estender à *destruição* do próprio Estado, libertando-se de sua opressão. A luta pelo socialismo não é uma luta infinita a ser travada dentro do Estado. Pelo contrário, para Lênin, comentando Marx e Engels, o Estado é intrinsecamente capitalista, e somente o seu fim poderá dar início ao comunismo.

Nesse ponto, Lênin consegue superar as visões políticas estreitas dos socialistas do seu tempo a respeito do Estado:

> O proletariado precisa do Estado – isto repetem todos os oportunistas, social-chauvinistas e kautskianos, asseverando que é essa a doutrina de Marx, e "esquecendo-se" de acrescentar que, em primeiro lugar, segundo Marx, o proletariado só precisa de um Estado em extinção, isto é, constituído de modo a que comece imediatamente a extinguir-se e não possa deixar de se extinguir. E, em segundo lugar, os trabalhadores precisam de um "Estado", "isto é, o proletariado organizado como classe dominante".
>
> O Estado é a organização especial da força, é a organização da violência para a repressão de uma classe qualquer. Qual é então a classe que o proletariado deve reprimir? Naturalmente apenas a classe dos exploradores, isto é, a burguesia. Os trabalhadores precisam do Estado apenas para reprimir a resistência dos exploradores, e dirigir esta repressão, realizá-la na prática, só o proletariado está em condições de o fazer, como única classe revolucionária até o fim, única classe capaz de unir todos os trabalhadores e explorados na luta contra a burguesia, no seu completo afastamento.
>
> As classes exploradoras precisam do domínio político no interesse da manutenção da exploração, isto é, no interesse egoísta de uma minoria insignificante contra a imensa maioria do povo. As classes exploradas precisam do domínio político no interesse da completa supressão de toda a exploração, isto é, no interesse da imensa maioria do povo contra a minoria insignificante dos escravistas contemporâneos, isto é, os latifundiários e os capitalistas.[9]

A reflexão de Lênin a respeito do Estado e de suas instituições, assim sendo, não se conforma com a solução de compromisso de manutenção do aparato estatal. Sua postura é plena: o Estado é o instrumento de exploração de classe, e a libertação dessa exploração será também o fim do Estado. Imediatamente, Lênin se põe a combater o pensamento burguês que insiste no fato de que é impossível haver a quebra do Estado, pois mesmo o

---

[9] Lênin, "O Estado e a Revolução", op. cit., p. 238.

socialismo necessitaria de um aparato estatal. Para isso se encaminha então a pergunta de Lênin: pelo quê substituir a máquina de Estado quebrada? Na análise dos textos de Marx, é na experiência das Comunas, como a de 1848-1849, que se pode revelar um modelo concreto, não cerebrino mas sim efetivo, de organização socialista e libertária da classe proletária. Nessa análise se há de revelar os caminhos futuros para a substituição da máquina do Estado.

> A Comuna substitui aparentemente a máquina de Estado quebrada "apenas" por uma democracia mais completa: supressão do exército permanente, plena elegibilidade e amovibilidade de todos os funcionários públicos. Mas na realidade este "apenas" significa a substituição gigantesca de umas instituições por instituições de tipo fundamentalmente diferente. Aqui observa-se exatamente um dos casos de "transformação da quantidade em qualidade": a democracia, realizada de modo tão completo e consequente quanto é concebível, converte-se de democracia burguesa em proletária, de Estado (= força especial para a repressão de uma classe determinada) em qualquer coisa que já não é, para falar propriamente, Estado.
>
> Reprimir a burguesia e a sua resistência continua a ser necessário. Para a Comuna isto foi especialmente necessário, e uma das causas da sua derrota reside em que ela não o fez com suficiente decisão. Mas o órgão de repressão é aqui já a maioria da população e não a minoria, como tinha sido sempre tanto na escravatura, como na servidão, como na escravatura assalariada. E uma vez que é a *própria* maioria do povo que reprime os seus opressores, *já não é necessária* uma "força especial" para a repressão! É neste sentido que o Estado *começa a extinguir-se*. Em vez de instituições especiais de uma minoria privilegiada (funcionalismo privilegiado, comando do exército permanente), a própria maioria pode realizar diretamente isso, e, quanto mais a própria realização das funções do poder de Estado se tornar de todo o povo, menos necessário se torna esse poder.[10]

É por essa razão que, para Lênin, a revolução se faz com a tomada do Estado por parte do proletariado, mas não com o objetivo de, simplesmente, trocar a classe dominante que controla tal aparato político e armado. Pelo contrário, a tomada de poder do Estado por parte dos trabalhadores tem o objetivo precípuo de acabar com o Estado como tal, substituindo suas funções por uma administração comum e direta, de todos, sem uma divisão entre trabalhadores e uma classe burocrática dirigente, ainda que em nome dos próprios trabalhadores. Nesse sentido, diz Luciano Cavini Martorano:

> O Estado operário, segundo Lênin, não pode ser um "Estado dos funcionários" que funciona apoiado em uma burocracia sobre a qual os trabalhadores não possam exercer seu controle, e onde esta estabeleça sobre eles a sua supremacia política na definição da política estatal e no processo de sua implementação. Para tanto, tem de impedir que os próprios trabalhadores que passem a fazer parte do aparelho se tornem novos burocratas separados do povo. E o único caminho para isso é a participação de todos os trabalhadores e de todos os empregados na decisão sobre as tarefas estatais e na sua execução. [...] A preocupação de Lênin é política: trata-se de garantir a participação de todos no aparelho estatal para eliminar não só a possibilidade de surgimento, no

---

[10] Ibid., p. 250.

socialismo, de uma nova camada social privilegiada e separada dos trabalhadores, como também de eliminar toda divisão entre governantes e governados.

Mas o fim da burocracia apenas se dá no comunismo, com o fim do próprio Estado.[11]

Em decorrência dessa visão, que supera a mera administração do poder estatal por parte do proletariado para apontar à sua superação, para Lênin, o socialismo não se configura como um regime de democracia parlamentarista, no qual as relações sejam todas reduzidas ao nível da ação representativa dentro de parlamentos. Não será o socialismo organizado por representantes que, a cada tempo, ganham autonomia do todo dos trabalhadores para, de cima, legislar sobre eles.

> Não podemos conceber uma democracia, mesmo uma democracia proletária, sem instituições representativas, mas podemos e *devemos* concebê-la sem parlamentarismo, se a crítica da sociedade burguesa não é para nós uma palavra oca, se a aspiração a derrubar a dominação da burguesia é a nossa aspiração séria e sincera e não uma frase "eleitoral" destinada a captar os votos dos operários [...]. Não se trata de suprimir de uma só vez, em todo o lado, até ao fim, o funcionalismo. Isso é uma utopia. Mas *quebrar* de uma só vez a velha máquina burocrática e começar imediatamente a construir uma nova, que permita gradualmente acabar com todo o funcionalismo, isto *não é* utopia, isto é a experiência da Comuna, isto é a tarefa imediata, direta, do proletariado revolucionário.[12]

A crítica conservadora que se faz a Marx e Engels, e que se estende portanto a Lênin, enxergaria no marxismo, prevendo o fim da dominação do Estado, uma espécie de anarquismo. De fato, dirá Lênin, há muita proximidade entre o marxismo e o anarquismo, porque ambos postulam o fim da dominação estatal, que é intrinsecamente capitalista. No entanto, o marxismo, segundo Lênin, não tem a ilusão de que a quebra do Estado se faça imediatamente, como evento único, mas sim como processo, ainda que tal processo deva imperiosamente ser acelerado. Nesse ponto, Lênin ressalta a concordância entre marxismo e anarquismo quanto aos objetivos finais, divergindo no método.

> Não divergimos de modo nenhum dos anarquistas na questão da abolição do Estado como *objetivo*. Afirmamos que, para atingir este objetivo, é necessário utilizar temporariamente os instrumentos, os meios e os métodos do poder de Estado contra os exploradores, como, para suprimir as classes, é necessária a ditadura temporária da classe oprimida.[13]

Quanto à democracia, Lênin expõe uma dialética muito específica e original. Sua insistência teórica está na ligação necessária e incondicional do Estado à própria estruturação do capitalismo. Assim sendo, o socialismo, na perspectiva teórica de Lê-

---

[11] MARTORANO, Luciano Cavini. *A burocracia e os desafios da transição socialista*. São Paulo, Xamã e Anita Garibaldi, 2002, p. 119-120.
[12] LÊNIN, "O Estado e a Revolução", op. cit., p. 254.
[13] Ibid., p. 263.

nin, necessariamente é libertário, na medida em que não será uma troca de comando do Estado, mas o próprio perecimento deste. A república democrática é uma espécie da própria dominação geral do Estado, tal qual outra espécie é a monarquia. Nas pegadas de Engels, Lênin não diferencia estruturalmente – embora o faça no plano incidental – a democracia do domínio absolutista monárquico, na medida em que ambos exercem um papel de senhorio sobre a sociedade.

A dialética da democracia na filosofia de Lênin encontra-se justamente na identificação do Estado democrático ao capitalismo, mas reconhecendo que a democracia, enquanto processo de construção do socialismo, destrói as próprias bases do Estado democrático e leva, portanto, ao comunismo como etapa superior na qual o exercício político é de todos, diretamente, sem a intermediação de aparatos jurídicos e institucionais.

> O desenvolvimento da democracia *até o fim*, a procura das *formas* desse desenvolvimento, a sua comprovação *na prática* etc., tudo isso é uma das tarefas integrantes da luta pela revolução social. Tomado em separado, nenhum democratismo dá o socialismo, mas na vida o democratismo nunca será "tomado em separado", antes será "tomado juntamente com", exercerá a sua influência também na economia, impelirá a sua transformação, sofrerá a influência do desenvolvimento econômico etc. Tal é a dialética da história viva. [...]
>
> Duas observações ainda: (1) Se Engels diz que, numa república democrática, "de modo nenhum menos" do que numa monarquia, o Estado continua a ser uma "máquina para a opressão de uma classe por outra", isto não significa de modo nenhum que a *forma* de opressão seja indiferente ao proletariado, como "ensinam" certos anarquistas. Uma *forma* mais ampla, mais livre, mais aberta, de luta de classes e de opressão de classe facilita de modo gigantesco a luta do proletariado pela supressão das classes em geral.
>
> (2) Porque é que só uma nova geração será capaz de se desfazer de toda a tralha do Estado – esta questão está ligada à superação da democracia.[14]

A experiência concreta da Revolução Russa, da qual Lênin foi o líder maior tanto no campo prático quanto no campo teórico, aponta para novas formas que, não se limitando à mera delegação formal de responsabilidades e competências do poder democrático – nem que se proclamassem em nome do povo ou do proletariado –, investe os trabalhadores na articulação direta de seu autogoverno. Os sovietes, como autogestão direta, dão exemplos de uma nova forma de arranjo político, mais avançado e distinto da velha democracia liberal e burguesa, na qual o mandato era um poder atribuído e irrevogável, o que na prática representava uma separação substancial entre o representante e as massas. Assim, sobre a crítica leninista à democracia burguesa e ao parlamentarismo, diz Lucio Colletti:

> A literatura marxista depois de Marx não conhece nada que possa competir, ainda que de longe, com a seriedade da crítica ao parlamento contida em *O Estado e a Revolução*; nada que, ao mesmo tempo, seja penetrado por uma igual inspiração democrática profunda como a que anima, de uma ponta a outra, o escrito de Lenin. O "mandato imperativo", a revogabilidade permanente e constante dos representantes por parte

---

[14] Ibid., p. 275-276.

dos representados, a instância de um poder legislativo que *não* seja "um organismo parlamentar, mas de trabalho, executivo e legislativo ao mesmo tempo" e no qual, então, os representantes "devem eles mesmos elaborar, realizar eles mesmos as leis, controlar eles mesmos os resultados, responder diretamente de frente aos próprios eleitores": tudo isto não é uma "reforma" do parlamento [...], mas é a *supressão* do parlamento, a sua substituição por organismos representativos de tipo "consiliar" ou "soviético".[15]

O problema político do Estado encontra na extinção da própria dominação institucional seu fim. Em Lênin, a democracia enquanto aparato estatal de exploração deve ser findada. Em seu lugar, a democracia como exercício entre iguais, e não como norma estatal imposta a benefício de uma classe que lucra com tal "democracia".[16] Limitar-se à luta dentro dos parâmetros da "democracia" existente na Rússia seria prostrar-se às condições dadas pela própria burguesia. Por isso, para Lênin, era necessário um processo revolucionário, e não reformista.

Nesse sentido, avalia Marcos Alcyr Brito de Oliveira:

> Basicamente, para Lênin, o economicismo levava inevitavelmente ao abandono da hegemonia do proletariado na revolução democrática vindoura, instituindo uma divisão de lutas na qual os trabalhadores se limitariam à luta sindical, deixando a política para a burguesia – afastando, desta forma, a relação entre lutas econômicas e luta política, que o marxismo fundiu num todo indissolúvel. Apesar das adversidades existentes na Rússia (a não existência das condições econômicas objetivas para a realização da revolução) dando uma maior atenção às condições subjetivas (a efetiva mobilização das massas populares), Lênin conseguiu o que parecia improvável, logrou realizar em um país atrasado a primeira revolução proletária da história.
>
> Estava claro para Lênin que a classe operária não poderia desperdiçar aquele momento histórico que lhe era oferecido, pois caso ficasse a reboque da burguesia iria sofrer as condições maléficas do processo do desenvolvimento capitalista.
>
> A democracia burguesa não iludiu Lênin, sabia que ela servia a uma minoria insignificante: aos ricos, com uma série de exclusões e obstáculos impostos aos pobres, que na prática são eliminados da política, da participação ativa na democracia.[17]

---

[15] COLLETTI, Lucio. *"O Estado e a Revolução" de Lenin*. Campinas, IFCH/Unicamp, 2004, p. 11.

[16] "Bem se pode dizer que em *Estado e Revolução* se cruzam, sobre a linha duma excepcional experiência prática (da qual o mundo moderno sairá profundamente modificado), duas tradições do pensamento político moderno que se contrapuseram demoradamente: a da crítica do Estado e a da reivindicação duma mais ampla liberdade no Estado. Os antecedentes remontam ao anarquismo e ao socialismo utópico, mas também a Rousseau. A grande e fundamental novidade de *Estado e Revolução* está precisamente em mediar (embora não lhes faça menção!) estas duas tradições, reivindicando com vigor um processo político que conduza à extinção ou à superação do Estado e projetando um Estado de transição em que esse processo se realize como expansão da democracia, das liberdades públicas e da participação de todos na gestão da coisa pública. Só assim – mesmo para Marx – esta poderia ser antitética da coisa privada, e, com a antítese, desapareceria a separação entre Estado e sociedade." CERRONI, Umberto. *Teoria política e socialismo*, op. cit., p. 139.

[17] OLIVEIRA, Marcos Alcyr Brito de. *Cidadania plena*: a cidadania modelando o Estado. São Paulo, Alfa-Ômega, 2004, p. 92.

A rejeição, por parte de Lênin, da luta reformista, nos quadrantes daquilo que a burguesia entende por democracia, levava seu pensamento e sua ação para um nível político estrutural. O partido, como vanguarda revolucionária, unifica a luta política. Não se trata da redução à ação social: a luta política trabalha com a transformação profunda das relações de produção. Nesse ponto, Slavoj Zizek aponta, em seu *Às portas da revolução*, a contundência do pensamento leninista ainda para a atualidade:

> A lição "leninista" fundamental de nosso tempo é a seguinte: política sem a forma organizacional do partido é a mesma coisa que política sem política; por isso, a resposta àqueles que querem apenas "Novos Movimentos *Sociais*" (nome muito adequado, aliás) deve ser a mesma que os jacobinos deram aos girondinos que queriam negociar uma solução de compromisso: "Vocês querem revolução sem revolução!". O dilema atual é que há dois caminhos abertos ao engajamento sociopolítico: ou joga-se o jogo do sistema, engajando-se na "longa marcha através das instituições", ou toma-se parte em novos movimentos sociais, do feminismo à ecologia e ao antirracismo. E, reiterando, a limitação desses movimentos é que eles não são políticos no sentido do Singular Universal: eles são "movimentos de uma só causa", que não têm a dimensão da universalidade – quer dizer, eles não se relacionam com a totalidade social.[18]

O balanço de Lênin quanto ao Estado é pleno e radical, tanto na análise de sua estrutura, quanto dos meios de sua transformação, quanto de seu futuro.

O direito em Lênin

Toda a reflexão política de Lênin a respeito da quebra do Estado no socialismo desemboca, necessariamente, numa reflexão de filosofia do direito. Jurista de formação, Lênin já se antecipa a uma possível crítica lateral dos conservadores ao perecimento do aparato estatal, justamente a que afirma a necessidade de instituições ainda que a benefício da ordem na relação entre particulares. Já que o fim do Estado representa o fim das classes, em benefício de uma equalização de todos, ainda assim restaria, de acordo com o pensamento conservador, a necessidade do Estado para a administração do conflito entre os indivíduos, mesmo que não por conta das razões de classe.

Lênin despreza esse apreço pelo aparato de dominação em razão dos pequenos conflitos. Sua perspectiva filosófica libertária fala mais alto, insistindo no comunismo como forma de superação de toda dominação de um aparato terceiro, mesmo que seja ele jurídico no nível das relações intersubjetivas. No pensamento de Lênin, a ação comum libertária será o instrumento de resolução dos conflitos intersubjetivos, que continuarão existindo, certamente.

> Finalmente, só o comunismo torna o Estado completamente desnecessário, pois não há *ninguém* para reprimir, "ninguém" no sentido de uma *classe*, no sentido de uma luta sistemática contra uma parte determinada da população. Não somos utopistas e

---

[18] ZIZEK, Slavoj. *Às portas da revolução*: escritos de Lenin de 1917. São Paulo, Boitempo, 2005, p. 325.

> não negamos de maneira nenhuma a possibilidade e a inevitabilidade dos excessos de *determinadas pessoas*, e igualmente a necessidade de reprimir *tais* excessos. Mas, em primeiro lugar, para isto não é necessária uma máquina especial, um aparelho especial de repressão, isto fá-lo-á o próprio povo armado com a mesma simplicidade e facilidade com que qualquer multidão de homens civilizados, mesmo na sociedade atual, separa pessoas envolvidas numa briga ou não permite violência contra uma mulher. E, em segundo lugar, sabemos que a causa social fundamental dos excessos, que consistem na violação das regras da convivência, é a exploração das massas, a sua necessidade e miséria. Com a eliminação desta causa principal, os excessos começarão inevitavelmente a *"extinguir-se"*. Não sabemos com que rapidez e gradação, mas sabemos que se extinguirão. Com a sua extinção, *extinguir-se-á* também o Estado.[19]

A reflexão jusfilosófica de Lênin inicia-se, pois, na identificação da necessidade do direito como imperiosidade da divisão social em classes. É o capitalismo que gera o aparato jurídico estatal, conforme Marx. A questão jurídica em Lênin somente se aclara ao levar em conta, em seu pensamento, a divisão proposta por Marx entre o socialismo e o comunismo como duas etapas de lutas políticas futuras. Na transição ao socialismo, pois, reside um núcleo importante do pensamento jurídico de Lênin.

O núcleo das reflexões de Marx a respeito da estrutura jurídica do socialismo está no seu importante opúsculo *Crítica ao Programa de Gotha*. De fato, Lênin reconhece, nessa obra de Marx, o melhor extrato para se pensar a distribuição jurídica e a produção no socialismo. Contra Lassalle, que imaginava que o socialismo seria a apropriação total do produto do trabalho pelo trabalhador, Marx insiste na necessidade da constituição de um fundo público, que guarde recursos de toda a sociedade para o incremento dos meios de produção, do contínuo progresso tecnológico e da renovação do maquinário, e, além do planejamento econômico geral, também para o bem-estar social – escolas, hospitais, asilos, aposentadorias etc. Lênin concorda com tal visão de Marx, dizendo que o socialismo não é uma apropriação do produto integral do trabalho, e sim uma apropriação do trabalhador sem a apropriação do burguês.

Na transição ao comunismo, não é de se pensar, segundo Lênin, que imediatamente se consiga de todos os trabalhadores um nível de engajamento, consciência social e produtividade que possa abolir os mecanismos de controle do trabalho e da distribuição. Tal é a meta para o comunismo, como etapa superior do socialismo. No entanto, nessa fase inicial, é preciso pensar em formas de distribuição relacionadas diretamente ao trabalho. Assim sendo, um planejamento coletivo se impõe como tarefa econômica, política e mesmo jurídica, no socialismo, a fim de quebrar a distribuição conforme o capital e torná-la, pela primeira vez, conforme o trabalho.

> A justiça e a igualdade, consequentemente, não podem ainda ser dadas pela primeira fase do comunismo: subsistirão diferenças de riqueza, e diferenças injustas, mas a *exploração* do homem pelo homem será impossível, porque ninguém poderá apoderar-se como propriedade privada dos *meios de produção*, fábricas, máquinas, terra etc.

---

[19] LÊNIN, "O Estado e a Revolução", op. cit., p. 283.

Refutando a frase obscura e pequeno-burguesa de Lassalle acerca da "igualdade" e da "justiça" *em geral*, Marx mostra o *curso do desenvolvimento* da sociedade comunista, que é *obrigada* a começar por suprimir *apenas* essa "injustiça" que é a apropriação dos meios de produção pelos indivíduos, e que *não está em condições* de suprimir imediatamente também a outra injustiça, que consiste na distribuição dos artigos de consumo "segundo o trabalho" (e não segundo as necessidades).[20]

Lênin insiste no fato de que o marxismo não é, como o senso vulgar poderia imaginar, uma distribuição maquinal e calculista, insensível e indiferente às desigualdades naturais dos seres humanos. Pelo contrário, é justamente o marxismo que, ao dar conta da base da desigualdade social, permitirá, nos arranjos superiores do socialismo, a atenção às diferenças singulares.

> Os economistas vulgares, incluindo os professores burgueses, incluindo o "nosso" Tugan, censuram constantemente os socialistas por esquecerem a desigualdade dos homens e por "sonharem" com a supressão desta desigualdade. Esta censura, como vemos, prova simplesmente a ignorância extrema dos senhores ideólogos burgueses.
>
> Marx não apenas tem em conta do modo mais preciso a inevitável desigualdade dos homens como tem também em conta que a simples passagem dos meios de produção a propriedade comum de toda a sociedade (o "socialismo" na utilização habitual da palavra) *não elimina* os males da distribuição e da desigualdade do "direito burguês", que *continua a dominar*, porquanto os produtos são repartidos "segundo o trabalho".[21]

Numa segunda etapa do socialismo, aprofundando-o e chegando-se então a relações de tipo comunista, será imperioso corrigir as próprias injustiças advindas da distribuição desigual de aptidões, de capacidade de trabalho e de necessidades. Nesse momento, entra em cena a conhecida frase que Marx adota, na *Crítica ao Programa de Gotha*, como divisa da justiça superior comunista: "de cada qual segundo sua capacidade, a cada qual segundo sua necessidade".

Para Lênin, reside nessa forma superior de distribuição a mais alta estrutura de justiça social que o comunismo há de construir. Se na primeira fase da transição socialista há de se cortar o vínculo entre apropriação dos produtos e capital, em favor da apropriação em razão do trabalho, numa etapa posterior a justiça social se refina, não mais se balizando apenas no trabalho como medida contábil, mas na sofisticada rede de exigências da capacidade e de gozo das necessidades.

> Pois quando *todos* tiverem aprendido a administrar e administrarem de fato autonomamente a produção social, realizarem autonomamente o registro e o controle sobre os parasitas, os fidalgotes, os vigaristas e os outros "depositários das tradições do capitalismo" – então esquivar-se a este registro e controle de todo o povo tornar-se-á inevitavelmente tão incrivelmente difícil e de uma raridade tão excepcional, acarretará provavelmente um castigo tão rápido e sério (pois os operários armados são pessoas práticas e não intelectuaizinhos sentimentais, e dificilmente permitirão que brinquem

---

[20] Ibid., p. 285.
[21] Ibid., p. 285.

com eles), que a *necessidade* de observar as regras simples, fundamentais, de toda a convivência humana se tornará muito depressa um *hábito*.

E então abrir-se-á de par em par a porta para passar da primeira fase da sociedade comunista para a sua fase superior e, ao mesmo tempo, para a extinção completa do Estado.[22]

A divisa de Marx na *Crítica ao Programa de Gotha* é o horizonte de filosofia do direito de Lênin: a sociedade justa corta a relação entre distribuição e capital, em favor do trabalho, que se desdobra, de modo refinado e superior, na relação entre a capacidade de trabalho e a satisfação das necessidades. O fim do direito como aparato estatal é, em Lênin, a confirmação da justiça como arranjo social socialista, sendo essa a verdade de sua filosofia do direito. O direito no socialismo é um canto do cisne, uma realidade dialética, porque contraditória nos seus termos: a sua existência auxilia na transposição do capitalismo ao socialismo, por meio da garantia da distribuição coletiva dos bens e da propriedade coletiva, extinguindo a propriedade privada. Mas a marcha ao comunismo há de destruir também esse momento jurídico socialista.

> Desta forma, na primeira fase da sociedade comunista (a que habitualmente se chama socialismo), o "direito burguês" é abolido *não* completamente mas apenas em parte, apenas na medida da revolução econômica já alcançada, isto é, apenas em relação aos meios de produção. O "direito burguês" reconhece a sua propriedade privada por indivíduos. O socialismo faz deles propriedade *comum*. É *nesta medida* – e só nesta medida – que o "direito burguês" caduca.
>
> Subsiste no entanto na sua outra parte, subsiste na qualidade de regulador (definidor) da distribuição dos produtos e da distribuição do trabalho entre os membros da sociedade. "Quem não trabalha não deve comer" – este princípio socialista *já* está realizado; "para igual quantidade de trabalho, igual quantidade de produtos" – também este outro princípio socialista *já* está realizado. Todavia, isto ainda não é o comunismo e isto ainda não elimina o "direito burguês" que, a homens desiguais e por uma quantidade desigual (desigual de fato) de trabalho, dá uma quantidade igual de produtos.
>
> Isto é um "mal", diz Marx, mas ele é inevitável na primeira fase do comunismo, pois não pode pensar, sem cair no utopismo, que, tendo derrubado o capitalismo, os homens aprendem imediatamente a trabalhar para a sociedade *sem quaisquer normas de direito*; e, além do mais, a abolição do capitalismo *não dá imediatamente* as premissas econômicas para *uma tal* mudança.[23]

Insiste Lênin no fato de que a superação do próprio socialismo para a chegada do comunismo representa também um arranjo entre os trabalhadores que supere a subordinação ao próprio direito, mesmo que um direito burguês com uso socialista, que assim se extingue, junto com o Estado:

> Mas não existem outras normas além das do "direito burguês". E nesta medida subsiste ainda a necessidade de um Estado que, protegendo a propriedade comum dos meios de produção, proteja a igualdade do trabalho e a igualdade de repartição do produto.

---

[22] Ibid., p. 291.
[23] Ibid., p. 286.

O Estado extingue-se na medida em que já não há capitalistas, já não há classes e por isso não se pode *reprimir* nenhuma *classe*.

Mas o Estado ainda não se extinguiu completamente, pois permanece a proteção do "direito burguês" que consagra a desigualdade de fato. Para que o Estado se extinga completamente, é necessário o comunismo completo.[24]

O Estado e a revolução revela o fundamental da filosofia política e jurídica de Lênin, mas não sua totalidade. O conjunto do pensamento de Lênin tratou-se de uma obra em movimento, escrita no calor das necessidades políticas revolucionárias e em razão desses objetivos. Em muitos momentos, o pensamento de Lênin torna-se mesmo contraditório consigo próprio, dadas as tantas marchas da revolução russa, que liderava. No entanto, o fundamental em Lênin mantém-se singularizado: a identificação, tal qual em Marx e Engels, do Estado e do direito como instrumentos institucionais do capitalismo, a serem extintos com ele, e a necessidade de superação revolucionária em busca da construção do socialismo, sem hesitações.

STUTCHKA

Embora Lênin tenha desenvolvido uma reflexão de filosofia política altamente original e, ainda assim, calcada diretamente no próprio pensamento de Marx, a primeira aproximação dos pensadores do direito com o marxismo na Rússia deu-se a partir dos cânones do próprio mundo jurídico, e não do mundo marxista. Tendo por base as mesmas categorias jurídicas existentes no pensamento russo, os juristas marxistas buscaram adaptar seus conceitos gerais revolucionários. Uma dessas tentativas primeiras deu-se com o psicologismo. Para os primeiros pensadores do direito marxistas russos, os juristas tinham uma consciência que advinha de sua posição de classe. Ligados às classes nobres e burguesas, pensavam então a partir de tais lógicas e se punham ao lado dos opressores contra as classes proletárias. Por essa visão, dever-se-ia imaginar que juristas proletários, que pensassem a partir da lógica proletária, reverteriam tal condição burguesa do direito.

Trata-se de uma visão bastante simplista e primária. Na verdade, o psicologismo foi uma abordagem muito vaga do marxismo jurídico. Mantinha a mesma estrutura burguesa do direito – suas ferramentas, como o direito subjetivo, o conceito de sujeito de direito –, suas instituições, seu atrelamento ao Estado, e apenas mudava uma certa "consciência" jurídica. Essa visão foi ultrapassada a partir das ideias de um primeiro grande pensador do direito soviético, Pëtr Stutchka (1865-1932) – também grafado Stucka.

Stutchka foi o Comissário do Povo para a Justiça ao tempo da Revolução e de Lênin, tendo sido, no campo do direito, combatente revolucionário desde os primórdios do movimento comunista russo. O desenvolvimento de suas ideias lançou inúmeras novas questões ao horizonte do marxismo jurídico. Embora ainda limitado quando contrastado com as ideias de Pachukanis, já é um filósofo do direito marxista de posições muito consideráveis.

Enquanto uma primeira aproximação do pensamento jurídico russo com o marxismo se deu ao fazer crítica no nível da mera ideologia – postulando uma oposição entre

---

[24] Ibid., p. 286.

a consciência jurídica burguesa e uma consciência jurídica revolucionária –, Stutchka dá um passo adiante em suas análises. Para ele, o direito é expressão direta da *luta de classes*. Buscando retornar a Marx, captando seus fundamentos gerais e aplicando-os à questão jurídica, Stutchka insiste no fato de que o sistema jurídico é expressão das relações sociais da classe dominante, sustentando-se na força organizada dessa mesma classe. Na sua obra mais importante, *Direito e luta de classes*, escrita em 1921, assim se pronuncia:

> Quando, no Colégio do Comissariado do Povo para a Justiça, redigimos os princípios do direito penal da URSS e precisamos formular, por assim dizer, a nossa concepção "soviética" do direito, escolhemos a seguinte definição: "*O direito é um sistema (ou ordenamento) de relações sociais correspondente aos interesses da classe dominante e tutelado pela força organizada desta classe*". [...] Em conjunto considero ainda hoje totalmente válida a definição do Comissariado do Povo para a Justiça, porque inclui os principais componentes do conceito do direito em geral, e não só do direito soviético. O seu principal mérito consiste em colocar, pela primeira vez, o problema do direito em geral sobre uma base científica, renunciando a uma visão puramente formal e vendo no direito um fenômeno social, que muda com a luta de classes, e não uma categoria eterna. Esta definição rejeita, em suma, a tentativa própria da ciência burguesa de conciliar o inconciliável e, pelo contrário, encontra uma medida aplicável aos mais diversos tipos de direito, pois adota o conceito da luta de classes e das contradições entre as mesmas.[25]

A ideia de Stutchka sobre o direito, ligada à luta de classes, é um grande passo de aproximação com o pensamento de Marx, mas ainda carente de um melhor aprofundamento. De fato, o direito é expressão da luta de classes, também o Estado assim o é, mas o são por qual razão? O que o direito, especificamente, contribui para a luta de classes? Stutchka, com base em Marx, não levou o marxismo às suas últimas premissas.

Diz Adriano de Assis Ferreira:

> Stutchka procurará aceitar integralmente as teses de Marx, buscando extrair delas sua fundamentação para compreender o direito. Partirá da ideia de modo de produção, buscando derivar todos seus conceitos políticos e jurídicos do papel ocupado por eles dentro do processo de produção capitalista. Todavia, recairá numa leitura completamente "exotérica" de Marx ao "hipervalorizar" as classes sociais como elementos capazes de alterar a história, reabilitando o sujeito iluminista e negando inconscientemente o Marx "esotérico".[26]

Pode-se dizer que uma das grandes questões do pensamento jurídico de Stutchka é a de propor uma compreensão ontológica do direito, que não seja meramente uma definição escolástica ou tecnicista, como o foram as definições do direito natural ou mesmo as do tipo positivista kelseniano, mas, sim, dialética, haurida da luta de classes.

---

[25] STUCKA, Petr Ivanovich. *Direito e luta de classes*: teoria geral do direito. São Paulo, Acadêmica, 1988, p. 16.

[26] FERREIRA, Adriano de Assis. *Questão de classes*: direito, Estado e capitalismo em Menger, Stutchka e Pachukanis. São Paulo, Alfa-Ômega, 2009, p. 75.

Aí se levanta o mérito de Stutchka, na medida em que compreende o direito a partir de relações concretas, que não são outra coisa que não as próprias relações de produção. Nesse nível Stutchka situa o fundamental do fenômeno jurídico.

Reconhece também Stutchka que o direito é um fenômeno complexo. Embora diretamente ligado às relações de produção, o direito não é algo espraiado a elas de maneira informe, guardando, pois, alguma especificidade. Stutchka reconhece essa especificidade organizadora do direito nas próprias relações de produção e também fora dela, no nível superestrutural.[27]

Quanto à identificação de fundo do direito com as relações de produção, Stutchka busca elementos, apoiado em Marx, para observar a relevância de categorias ditas jurídicas junto aos mecanismos das próprias relações produtivas. Os mais importantes institutos do direito junto à máquina das relações de produção são, para Stutchka, o direito de propriedade, o contrato de compra e venda e o contrato de trabalho. Com tais aparatos do direito, a máquina das relações de produção capitalistas se move naquilo que lhe é fundamental.

> Se agora tomarmos a ler a célebre passagem do *Prefácio à Contribuição à Crítica da Economia Política*, onde está definida a relação de propriedade como simples expressão jurídica das relações de produção, teremos diante de nós quase todo o direito burguês: o direito de propriedade, o contrato de compra e venda (de troca) e o contrato de trabalho.[28]

A identificação direta do direito com as relações de produção constitui o mais importante do entendimento do fenômeno jurídico, aquilo que Stutchka considera a *forma jurídica concreta*. Mas o todo do direito, para Stutchka, além da forma jurídica concreta, apresenta ainda pequenas variações e nuances, que nunca são estruturais, mas apenas perfazem um quadro periférico de distinções e variações ao nível ideológico. Quanto a essas rebarbas do direito que excedem a infraestrutura, Stutchka identifica duas relações superestruturais: o direito enquanto *forma abstrata* e o direito enquanto *forma "intuitiva"*.

Quanto ao direito como forma abstrata, refere-se Stutchka a eventos jurídicos despregados da sua conexão imediata com as relações de produção. A norma jurídica tem o condão de criar alguns espaços originais e isolados de construção jurídica. Assim sendo, revela-se, em tal ponto, a crueza do normativismo jurídico, desconectado de relações concretas no nível produtivo. O formalismo jurídico responde por tal momento. No que tange à forma intuitiva, nela se revela o nível psíquico do jurista, suas atitudes,

---

[27] "As formas do direito, portanto, seriam a própria relação social, de natureza econômica, da qual brota o interesse da classe dominante, que normalmente se converte em lei, e que precisa se manifestar de modo genérico e universal, pois esse interesse de classe requer a manutenção de seu polo antagônico, o trabalhador que será explorado. Essa soma toda 'realiza formalmente' a relação econômica e caracteriza o direito burguês. Sua unidade viria naturalmente do desenvolvimento econômico, que reproduziria o direito, e da pressão exercida, por meio da lei, pela classe dominante." Ibid., p. 93.

[28] STUCKA, *Direito e luta de classes*: teoria geral do direito, op. cit., p. 78.

emoções, sentimentos, consciência. Trata-se do nível subjetivo do direito, relacionado ao seu aplicador.

> A primeira destas duas formas e, portanto, a *forma jurídica concreta* da relação, coincide com a relação econômica, enquanto a *forma abstrata*, proclamada na lei, pode não coincidir e chega frequentemente a diferenciar-se muito da relação econômica. Além disso, existe uma *terceira forma* que, segundo uma conhecida expressão de Petrazickij, podemos chamar de *forma "intuitiva"*: a "emoção" psíquica interna, que o indivíduo sente nas diversas relações sociais, o juízo que emite sobre elas sob o ponto de vista da "justiça", da "consciência jurídica interna", do "direito natural" etc., ou, por outras palavras, da *ideologia*.[29]

A ontologia do direito de Stutchka, calcada na sua direta ligação às relações de produção e à luta de classes, com três instâncias – direito concreto, abstrato e intuitivo –, guarda, de alguma maneira, conexão com uma teoria tridimensional do direito, nesse caso de cunho mais sofisticado, porque dialetizada e estruturada a partir de um nível profundo de compreensão das relações sociais.[30] Ao direito concreto está reservado o cerne do momento factual do direito; ao direito abstrato, o cerne da norma, e ao direito intuitivo, o cerne do valor. E essa relação é total, não fragmentada, com cada momento perpassando o outro. Assim, Adriano de Assis Ferreira:

> Em cada uma das formas jurídicas apareceria o caráter classista. Na relação concreta o caráter de classe brotaria da distribuição dos meios de produção e dos homens e suas relações. Na lei, o caráter de classe seria dado pelo poder estatal da classe. Na ideologia, pela consciência de classe. Em todas as formas, assim, se desenvolveria uma luta contra sistemas de interesses contrários, uma luta de classes.[31]

No entanto, em se tratando de um aparato da luta de classes, o direito não somente poderia ser pensado como direito burguês, mas também se levantaria a hipótese de um direito proletário, revolucionário, na medida em que na luta de classes, com a vitória dos trabalhadores, um novo direito num novo Estado surgiria. Stutchka demonstra uma posição intermediária quanto a um direito socialista. Reconhece que não é possível um direito socialista, a não ser que seja pensado nos momentos de transição, apenas como instrumento revolucionário, mas fadado a perecer. No entanto, estrutura uma reflexão concreta sobre a experiência jurídica revolucionária soviética, e mesmo sobre seu próprio

---

[29] Ibid., p. 79.

[30] "Utilizando uma terminologia mais atual caberia dizer que as três 'formas' de Stucka viriam corresponder, de modo exato, à distinção usual entre fato, norma e valor, ou ainda entre direito efetivo, direito válido e direito justo; mas o especial de Stucka consistiria em privilegiar o primeiro destes elementos (daí que a sua seja uma concepção sociológica do direito) e interpretá-lo numa chave econômica." ATIENZA, Manuel; MANERO, Juan Ruiz. *Marxismo y filosofía del derecho*. México, Fontamara, 1998, p. 74.

[31] FERREIRA, *Questão de classes*: direito, Estado e capitalismo em Menger, Stutchka e Pachukanis, op. cit., p. 93.

papel de proeminência nessa época. Para Stutchka, é preciso quebrar totalmente o aparato institucional burguês, para fazer surgir uma espécie de estrutura jurídica socialista, que por sua vez deve ser provisória e tendente ao perecimento.

> O comunismo empenha-se, entretanto, simplesmente em descobrir o caminho para estimular a *iniciativa* e a *atividade autônoma* das massas procurando obter os instrumentos de uma *nova* disciplina do trabalho. Era necessário destruir as velhas relações de produção, porém, falta ainda uma nova organização para substituí-las. Certamente, ter-se-ia incorrido em erro quem anulasse, com um simples parecer, todo o passado, buscando, por assim dizer, a "normalização", ou seja, declarando normal ou mesmo legal a nossa ruína puramente russa, que se explica, de certo modo, pelas condições exclusivamente russas do nosso atraso. [...]
>
> Esta breve descrição é suficiente, a meu ver, para definir a função revolucionária do direito, tal como Marx a destacou a propósito da legislação operária. Como o direito de uma classe ascendente, tem grande importância criadora nos momentos de mudança decisiva, mas, como o direito de uma classe dominante em decadência, tem apenas um sentido contrarrevolucionário. É necessário, no momento atual, ter em mente especialmente as palavras de Engels sobre a *concepção jurídica* como *concepção burguesa do mundo em geral*.
>
> Não se deve supervalorizar a importância do direito e da lei como fator revolucionário, e muito menos supervalorizar a sua função.[32]

Stutchka insiste numa crítica fulminante ao direito e ao seu uso revolucionário instrumental. Nesse sentido, seu apoio a um Estado socialista planificador, que consolidava um aparato burocrático e jurídico, é visível, matizada com sua crítica às mesmas instâncias quanto ao seu perecimento futuro.

> O espírito revolucionário e a consciência de classe devem constituir o elo vermelho da nossa concepção do direito e da nossa consciência jurídica. Devemos repelir qualquer teoria revisionista e economista que pregue a *incapacidade da lei revolucionária*, em face das relações de produção burguesa. Porém, devemos igualmente precaver-nos em face dos legistas revolucionários que *acreditam na onipotência do decreto revolucionário*. Da força da classe vitoriosa, dos êxitos da sua luta de classes (que apenas mudou os seus métodos) depende a vitória definitiva do novo sistema de relações sociais no interesse do proletariado.[33]

Diferentemente de Stutchka, Pachukanis é quem mergulhará de modo mais profundo nas próprias entranhas da manifestação jurídica, de sua lógica e da especificidade de sua ligação com o capital. Enquanto Stutchka toma o direito como um fenômeno que, visto de longe, tem conexão profunda com a luta de classes e as relações de produção, fazendo uma constatação geral, Pachukanis se dedica a compreender sua especificidade, num trabalho muito mais profundo de descoberta desses mecanismos.

---

[32] STUCKA, *Direito e luta de classes*: teoria geral do direito, op. cit., p. 116.
[33] Ibid., p. 134.

PACHUKANIS

O jurista russo Evguiéni Pachukanis (1891-1937) é o maior pensador do direito do marxismo. Sua expressividade se deve ao mergulho profundo que empreendeu para extrair, da lógica do próprio Marx – em especial nas suas obras de maturidade, como em *O capital* –, uma teoria do direito, compreendendo sua especificidade e sua íntima conexão com o capital. Pachukanis, além de ser o que melhor compreendeu essa dinâmica necessária entre direito e capital, é também quem mais radicalmente extraiu as consequências dessa relação e de seu aproveitamento nas lutas políticas revolucionárias. A sua grandeza se mede pela dificuldade do pensamento conservador – mesmo entre os esquerdistas e até de alguns marxistas – em acompanhar seu horizonte revolucionário.

Pachukanis também esteve bastante próximo das atividades revolucionárias soviéticas. Além de inúmeros textos de intervenção política direta, escreveu aquela que é a maior obra do pensamento marxista sobre o direito, o livro *Teoria geral do direito e marxismo*, de 1924. Na obra, Pachukanis trata, de maneira profunda e metodologicamente bastante consequente, do modo de apreensão do fenômeno jurídico no capitalismo, compreendendo suas razões profundas e estruturais e estabelecendo as relações lógicas necessárias quanto ao direito no socialismo.

Um primeiro pano de fundo, relativamente bem estruturado, do pensamento jurídico marxista havia já se construído com a obra de Stutchka. De fato, Pachukanis reconhece a importância de Stutchka, mas empreende uma construção ainda mais avançada do que a deste. Enquanto Stutchka reconhece que o direito é o resultado da luta de classes, separando-se pois dos juristas burgueses, que ignoram tal fato, Pachukanis vai além. Não se trata, o direito, somente do resultado da luta de classes, porque, embora sendo essa uma explicação verdadeira, não é ainda suficiente. Por que justamente o direito é o instrumento do qual a luta de classes se vale sob o capitalismo, e não algum outro instrumental? A essa pergunta, que não nega a luta de classes, mas que, pelo contrário, a aprofunda, dedicou-se a obra maior de Pachukanis.

Encaminhando-se à busca dessa solução, Pachukanis se posiciona em relação ao pensamento de Stutchka, que insistiu na identificação do direito com as relações sociais (e não com o mero normativismo) e com a luta de classes:

> O camarada P. I. Stutchka, a nosso ver, colocou de modo muito acertado o problema do direito como sendo um problema das relações sociais. Mas, em vez de começar a buscar objetividades sociais específicas, voltou-se para a definição formal habitual, ainda que limitada por questões de classe. Segundo a fórmula geral elaborada pelo camarada Stutchka, o direito já não mais figura como uma relação social específica, mas como o conjunto das relações em geral, como um sistema de relações que corresponde aos interesses da classe dominante e os assegura pelo uso da força organizada. Como consequência, no interior desses sistemas de classes, o direito como relação é indistinguível das relações sociais em geral, e o camarada Stutchka já não está em condições de responder à capciosa questão do professor Reisner sobre como as relações sociais se transformam em instituições jurídicas ou como o direito se transformou no que é.
>
> A definição dada pelo camarada Stutchka, talvez por ser produto do Comissariado do Povo para a Justiça, está ajustada às necessidades da prática jurídica. Ela demonstra as

limitações empíricas que a história sempre coloca à lógica jurídica, mas não expõe as raízes profundas dessa mesma lógica. Essa definição revela o conteúdo de classe contido nas formas jurídicas, mas não nos explica por que esse conteúdo assume tal forma.[34]

Com relação a Stutchka, Pachukanis postula uma compreensão filosófica do direito ainda mais complexa. Posto que o direito advém da luta de classes, mas necessita ainda de uma explicação lógica de maior peso para explicar o porquê do instituto jurídico, e não de outro instituto qualquer, Pachukanis mergulha na obra de maturidade de Marx, em especial em *O capital*, para entender, a partir do método marxiano, a própria lógica intrínseca do direito. É por meio dessa lógica que regeu, no texto de Marx, o entendimento do capital que Pachukanis também passará a compreender a lógica do direito.[35]

No nível metodológico, Pachukanis revela-se um paciente e cuidadoso filósofo marxista para os assuntos do direito. Suas conclusões não são ponderadas por qualquer peso arrefecedor das oportunidades da realidade. Pelo contrário, na esteira do pensamento de Marx, suas reflexões quanto ao direito são rigorosas. Enquanto Stutchka toma o direito a partir de uma genérica relação do fenômeno jurídico à luta de classes – vinculação essa que está correta, mas, ainda assim, é genérica, somente válida quando se verifica o direito de longe –, Pachukanis parte do direito como um dado específico da realidade do capitalismo. Captar a especificidade do direito é o empreendimento pachukaniano, que limpa o entendimento dessa generalidade.

> Dessa maneira, nos desvencilharemos dessa contradição aparente se, por meio da análise das definições fundamentais do direito, lograrmos demonstrar que ele se apresenta como a forma mistificada de uma relação social bem específica [...]
>
> Com isso, adiantamos, até certo ponto, a resposta à pergunta apresentada no início sobre onde procurar essa relação social *sui generis* da qual a forma do direito é reflexo inevitável. A seguir, procuraremos demonstrar mais detalhadamente que essa é a relação entre os proprietários de mercadorias.[36]

O resultado da aproximação de Pachukanis à fidelidade do método de Marx fará com que seus estudos cheguem a identificar, de maneira bastante profunda, o direito à *circulação mercantil*. Nessa relação, Pachukanis verifica que a forma mercantil equivale à forma jurídica, e a razão de uma é a própria razão da outra, tomada de modo reflexo. Nesse sentido, diz Márcio Bilharinho Naves, o mais importante estudioso do pensamento de Pachukanis:

---

[34] Pachukanis, Evguiéni. *Teoria geral do direito e marxismo*. São Paulo, Boitempo, 2017, p. 96.

[35] "A diferença fundamental entre Pachukanis e os demais juristas apresentados consiste que sua preocupação básica será delimitar o que seja a *forma* jurídica, compreendendo o direito a partir dessa sua *forma*, e não mais partindo de uma valorização exclusiva ou excessiva de seu *conteúdo*. Não seria suficiente um exame apenas do conteúdo material do direito em cada época, mas haveria a necessidade de examinar o modo como este conteúdo se exprime, sua *forma* de expressão." Ferreira, *Questão de classes*: direito, Estado e capitalismo em Menger, Stutchka e Pachukanis, op. cit., p. 98.

[36] Pachukanis, Evguiéni. *Teoria geral do direito e marxismo*, op. cit., p. 92 e 95.

Relacionar a forma da mercadoria com a forma jurídica resume, para Pachukanis, o essencial de seu esforço teórico. De fato, a elaboração teórica de Pachukanis se dirige no sentido de estabelecer uma relação de determinação das formas do direito pelas formas da economia mercantil.[37]

Toda a proposta de análise do direito segundo a perspectiva marxista é, em Pachukanis, a tentativa de uma compreensão não genérica do direito ligado ao capitalismo, e sim a compreensão da forma do direito como equivalente e reflexo da forma da mercadoria. Nas relações mercantis Pachukanis inscreve os conceitos de direito e legalidade, demonstrando o seu caráter capitalista. Assim, pode-se ver:

> Somente em situações de economia mercantil nasce a forma jurídica abstrata, ou seja, a capacidade geral de possuir direitos se separa das pretensões jurídicas concretas. Somente a transferência contínua de direitos que tem lugar no mercado cria a ideia de um portador imutável. No mercado, aquele que obriga simultaneamente se obriga. Ele passa a todo momento da posição de credor à posição de obrigado. Dessa maneira, cria-se a possibilidade de abstrair as diferenças concretas entre os sujeitos de direito e reuni-los sob um único conceito genérico.[38]

O marxismo jurídico de Stutchka e dos juristas soviéticos, mesmo ainda ao tempo da revolução, imaginava que o direito, baseado na luta de classes, fosse um instrumento de fato capitalista, mas com um possível uso socialista, como arma de combate. Ao final das contas, para o marxismo jurídico pré-pachukaniano, ainda restaria alguma mínima neutralidade nos instrumentais jurídicos e estatais. No entanto, para Pachukanis, o direito e as funções estatais estão ligados necessariamente à forma da circulação mercantil. Dirá Pachukanis, nesse sentido, tratando da coerção estatal por meio do direito na circulação mercantil capitalista:

> A máquina do Estado se realiza de fato como "vontade geral" impessoal, como "poder de direito" etc., na medida em que a sociedade representa um mercado. No mercado, cada comprador e cada vendedor é um sujeito de direito *par excellence*. A partir do momento que entram em cena as categorias de valor e valor de troca, a vontade autônoma das pessoas que participam da troca passa a ser o pressuposto. O valor de troca deixa de ser valor de troca e a mercadoria deixa de ser mercadoria se a proporção da troca for determinada por uma autoridade que se situa fora das leis imanentes do mercado. A coerção como prescrição de uma pessoa sobre outra, sustentada pela força, contradiz a premissa fundamental da relação entre os possuidores de mercadorias. Por isso, em uma sociedade de possuidores de mercadorias e dentro dos limites do ato de troca, a função de coerção não pode aparecer como função social, já que não é abstrata e impessoal. A subordinação de um homem como tal, como indivíduo concreto, significa para uma sociedade de produção de mercadorias a subordinação ao arbítrio, pois isso equivale

---

[37] NAVES, Márcio Bilharinho. *Marxismo e direito*: um estudo sobre Pachukanis. São Paulo, Boitempo, 2000, p. 53.

[38] PACHUKANIS, Evguiéni. *Teoria geral do direito e marxismo*, op. cit., p. 125.

à subordinação de um possuidor de mercadorias a outro. É por isso que a coerção não pode aparecer aqui em sua forma não mascarada, como um simples ato de conveniência. Ela deve aparecer como uma coerção proveniente de uma pessoa abstrata e geral, como uma coerção que representa não os interesses do indivíduo da qual provém – já que na sociedade mercantil toda pessoa é egoísta –, mas os interesses de todos os participantes das relações jurídicas. O poder de uma pessoa sobre outra é exercido como o poder do próprio direito, ou seja, como o poder de uma norma objetiva e imparcial.[39]

O lastro da identificação do direito à circulação mercantil Pachukanis o extrai da própria maneira pela qual Marx descobre os fundamentos da lógica do capital. Marx não analisa o capital começando de seus desdobramentos superiores e últimos. Sua perquirição para entender o mecanismo do capitalismo se dá a partir dos elementos mais básicos, primeiros, a partir dos quais se desdobram relações mais complexas. Assim sendo, Marx não explica o capitalismo a partir das grandes transações bancárias e da especulação financeira, mas sim dos mecanismos basilares da troca mercantil. Tais mecanismos põem em funcionamento uma máquina institucional que lhe é necessária e reflexa. Tal máquina e tais relações se desdobram e se refinam posteriormente. No entanto, justamente por isso, tratando-se de um refinamento e de um desdobramento de uma mesma lógica, o núcleo dessa lógica está em sua existência simples. Todos os elementos da teoria geral do direito, como direito subjetivo, dever, responsabilidade, sujeito de direito, atrelam-se necessariamente à própria forma da mercadoria. Pachukanis é explícito nessa ligação metodológica a Marx:

> Os pressupostos materiais da comunicação jurídica, ou a comunicação entre os sujeitos de direito, foram elucidados por Marx no Livro I d'*O capital*. É verdade que ele o fez somente de passagem, na forma de sugestões muito gerais. Contudo, tais sugestões ajudam a compreender o momento jurídico nas relações entre as pessoas bem melhor que vários tratados sobre a teoria geral do direito. A análise da forma do sujeito deriva diretamente da análise da forma da mercadoria.[40]

No quadro do capitalismo, antes de suas relações financeiras e especuladoras, e antes mesmo do desenvolvimento da exploração industrial, as relações de lucro já se estabeleceram a partir do desenvolvimento das trocas mercantis. No nível das trocas entre vendedores e compradores já se estabelece um mecanismo jurídico, porque é necessário que haja uma instituição estatal-jurídica para empreender o respaldo da relação entre os contratantes privados.

Não se devem tomar as relações capitalistas como um bloco genérico para que fique clara, então, a verdade do direito. Tampouco o direito pode ser entendido de maneira abstrata, fora da história específica das próprias relações capitalistas. O direito é imediatamente verificado quando, pelas primeiras vezes, estrutura-se um sistema de trocas mercantis generalizadas. O fundamento metodológico de Pachukanis, portanto, demonstra-se muito fiel ao do próprio Marx. A forma jurídica não é tomada como um

---

[39] Ibid., p. 146.
[40] Ibid., p. 119.

mero normativismo genérico, fora da história. É a circulação mercantil que dá especificidade ao direito. Logo, a forma jurídica é um dado histórico-social concreto, do plano do ser – e não mais do dever-ser, como o foi com toda a tradição metafísica e juspositivista.

Sobre o método em Pachukanis, diz Celso Naoto Kashiura Júnior:

> Pachukanis pode tratar com muita propriedade da história da forma jurídica porque, contrariando as teorias dominantes, encontra a especificidade do direito não no descolamento quanto à realidade social, mas nela própria. A forma jurídica é, segundo sua visão, não essencialmente normativa ("dever-ser"), mas forma de relação voluntária entre sujeitos equivalentes, forma esta cuja gênese reside numa relação social determinada, a relação de troca mercantil. Uma vez que a forma jurídica está no "mundo real" (do "ser"), captar a sua história se torna possível – sua história acompanha a história da relação de troca. [...]
>
> A abordagem de Pachukanis abriu um novo caminho nos domínios do estudo do direito. Um caminho original, só não original em absoluto porque sua tradição e seu fundamento são aqueles legados da obra de Karl Marx, então já bastante desenvolvidos em domínios como a economia e a política. Um caminho insurgente, por certo, visto que nega centralidade à categoria da norma jurídica e por isso aparece desde o princípio como um ponto de vista a ser descartado a todo custo pelo pensamento jurídico tradicional.[41]

Para Pachukanis, a forma jurídica não corresponde a um quadro de trocas tomado no seu sentido genérico, ou então a meras trocas simples. As relações jurídicas, identificadas às relações mercantis, só existem como tal a partir de um sistema generalizado de trocas, isto é, a partir de um sistema de trocas mercantis capitalistas. E a própria dialética entre troca e produção não passa despercebida para Pachukanis. A relação entre forma jurídica e forma mercantil é complexa, porque se refina e se plenifica nas próprias relações de produção. Contra os que leem apressadamente Pachukanis, e pensam ser a determinação da forma jurídica pela forma mercantil uma determinação simples, Márcio Bilharinho Naves a considera uma *sobredeterminação*:

> É verdade que há, para Pachukanis, uma relação de determinação imediata entre forma jurídica e forma da mercadoria, como vimos, mas a determinação em Pachukanis é, a rigor, uma *sobredeterminação*. A esfera da circulação, que determina diretamente as formas do direito, é por sua vez determinada pela esfera da produção, no sentido preciso de que só o específico processo de organização capitalista do trabalho permite a produção de mercadorias como tais, isto é, como o resultado de um trabalho que se limita a ser puro dispêndio de energia laborativa indiferenciada. Ora, se a forma do direito depende da forma da mercadoria, e se esta só se realiza no modo de produção capitalista, então a forma jurídica também depende do modo específico

---

[41] Kashiura Jr., Celso Naoto. "Dialética e forma jurídica: considerações acerca do método de Pachukanis". In: Naves, Márcio Bilharinho (Org.). *O discreto charme do direito burguês*: ensaios sobre Pachukanis. Campinas, IFCH/Unicamp, 2009, p. 59 e 76.

de organização do processo de trabalho decorrente da instauração das relações de produção capitalistas.[42]

Por isso, somente quando a estrutura mercantil se torna regra geral é que também as estruturas jurídicas se generalizam. O mundo do Império Romano tinha trocas simples, que não se generalizavam estruturalmente, e, assim também, o direito romano continha normas quanto às trocas, mas não havia um sistema jurídico universalizado de contratos. O direito romano corresponderia a um sistema primitivo, justamente porque Roma não estava estruturada de modo mercantil capitalista, e sim de forma escravagista, e que, portanto, tinha nas relações mercantis um complemento, e não a regra geral. Já no capitalismo, quando tudo e todos se trocam no mercado, é a escravidão que se torna incidental.

> Do mesmo modo que os atos de troca da produção mercantil desenvolvida foram precedidos por atos de troca ocasionais e outras formas de troca – por exemplo, a troca de presentes –, o sujeito de direito, com a esfera de domínio jurídico que se entende ao seu redor, foi precedido historicamente pelo indivíduo armado, ou, mais frequentemente, por um grupo de pessoas, a *gens*, a horda, a tribo, capaz de defender por meio do conflito, do confronto, tudo aquilo que representa as condições de sua existência. Essa tênue linha histórica claramente vincula o tribunal ao duelo e o divide em um processo em que tomam parte em uma luta armada. Devido ao crescimento das forças sociais reguladoras, o sujeito perde sua tangibilidade material. Sua energia pessoal é substituída pela potência da organização social, ou seja, de classe, que atinge sua mais alta expressão no Estado. Aqui, o poder estatal impessoal e abstrato, agindo no espaço e no tempo com continuidade e regularidade ideais, corresponde ao sujeito impessoal e abstrato, do qual é reflexo.[43]

Pachukanis chega, com sua identificação do direito às relações mercantis, ao cerne da especificidade jurídica no pensamento marxista. Não se trata apenas de um aparato de uma classe exploradora sobre outra. Se assim o fosse, o direito seria igual ao exército, aos meios de comunicação, à religião, todos estes que, ao seu modo, também operam como aparatos de uma classe sobre outra. O direito tem uma lógica específica, além dessa generalidade de ser aparato de classe. Sua especificidade reside no fato de que somente se estrutura o capitalismo quando, nas relações mercantis, que lhe são já sua primeira etapa e forma necessária, institucionalizam-se também mecanismos jurídicos. O sujeito concreto que compra e vende livremente assim o faz porque também o direito tornou-o um sujeito jurídico, a partir dos instrumentais do direito subjetivo, do dever, da capacidade, da competência, da responsabilidade. Nesse sentido, diz Celso Naoto Kashiura Júnior:

> A forma sujeito de direito surge, como bem notou Pachukanis, sob o imperativo da forma mercadoria – a igualdade jurídica surge, portanto, sob o imperativo da equivalência mercantil. A equivalência jurídica dos homens surge a partir da expansão da equivalência econômica das mercadorias para o "outro lado", o lado dos portadores

---

[42] NAVES, *Marxismo e direito*: um estudo sobre Pachukanis, op. cit., p. 72.
[43] PACHUKANIS, Evguiéni. *Teoria geral do direito e marxismo*, op. cit., p. 125.

das mercadorias. É porque as mercadorias se equivalem que os homens portadores de mercadorias devem igualar-se: a igualdade jurídica é, a princípio, nada mais do que consequência da "igualdade" das mercadorias. Aqueles que trocam devem reconhecer, um no outro, seres da mesma qualidade, ou seja, cada um deve reconhecer no outro um igual, no exato sentido em que uma mercadoria reconhece na outra uma igual.[44]

A especificidade do direito como aparato necessário das relações mercantis é tal que, em face da religião e dos meios de comunicação, é possível claramente pensar em estruturas capitalistas não religiosas ou mesmo antirreligiosas, sendo possível pensar também em capitalismo sem meios de comunicação ou contra estes, mas restando impossível imaginar o capitalismo sem o aparato jurídico. Para a livre exploração do trabalho assalariado, que se dá mediante contrato, e para a garantia do lucro da venda e da apropriação dos bens, é preciso que haja o direito. O direito, assim, ao contrário da religião e dos meios de comunicação, que são aparatos úteis ao capitalismo, é-lhe um aparato necessário.

Stutchka, embora denunciando o caráter de classe do direito, não alcançou o entendimento de sua especificidade, mantendo-se, então, numa espécie de culturalismo jurídico refinado e avançado de esquerda.[45] Pachukanis é quem apreende o cerne do direito no pensamento de Marx. O direito, para Pachukanis, não é apenas um aparato a serviço da burguesia, ele está intimamente atrelado à própria lógica do capital:

> A outra reprimenda que me faz o camarada Stutchka, justamente a de que eu reconheço a existência do direito apenas na sociedade burguesa, eu aceito, mas com algumas ressalvas. De fato, sustentei e continuo a sustentar que a mais desenvolvida, universal e acabada mediação jurídica engendra-se a partir das relações entre os produtores de mercadoria; que, portanto, toda teoria geral do direito e toda "jurisprudência pura" é uma descrição unilateral, que abstrai de todas as outras condições, da relação entre as pessoas que surgem no mercado no papel de produtores de mercadorias. Mas, com efeito, uma forma desenvolvida e acabada não exclui formas atrasadas e rudimentares; pelo contrário, as pressupõe. Assim se dá, por exemplo, a questão da propriedade pri-

---

[44] KASHIURA JR., Celso Naoto. *Crítica da igualdade jurídica*: contribuição ao pensamento jurídico marxista. São Paulo, Quartier Latin, 2009, p. 210.

[45] Stucka, no prefácio à terceira edição de seu livro *Direito e luta de classes*, responde a Pachukanis a esse respeito: "No intervalo que transcorreu desde a primeira edição apareceu uma série de livros que, de uma ou de outra maneira, completam o meu trabalho, mesmo apesar de em parte não concordarem com a minha posição. Recordarei em primeiro lugar o trabalho *Teoria Geral do Direito e Marxismo*, de E. Pachukanis. O autor sustenta igualmente o caráter classista de todo o direito, mas fundamenta o seu trabalho de forma diferente e coloca questões distintas. Aproxima a 'forma jurídica' da 'forma mercantil' e tenta desenvolver um trabalho análogo ao realizado por Marx na economia política. [...] Desta maneira o autor concluiu que o direito deriva da troca de mercadorias e que não aparece antes dela, esquecendo a outra fonte do direito, as relações de domínio na propriedade privada dos meios de produção (e da terra em primeiro lugar). [...] O autor, embora analise somente o direito da sociedade burguesa [...], tirou conclusões relativas ao direito em geral, ou seja, aplicáveis também ao direito de outras épocas da sociedade classista. Porém, com esta ressalva, a obra é uma contribuição muito valiosa para a nossa literatura teórica marxista." STUCKA, *Direito e luta de classes*: teoria geral do direito, op. cit., p. 11.

vada: apenas um momento de livre alienação revela em plena medida a essência dessa instituição, ainda que, sem dúvida, a propriedade como apropriação tenha existido antes não apenas das formas de troca desenvolvidas, mas até mesmo das mais rudimentares. A propriedade como apropriação é uma consequência natural de qualquer modo de produção; mas apenas no interior de uma determinada formação social a propriedade adquire sua forma lógica mais simples e universal de propriedade privada, na qual é determinada como condição básica de circulação contínua de valores pela fórmula M-D, D-M.

E se dá exatamente do mesmo modo a questão da relação de exploração. Essa não é, claro, de modo nenhum ligada às relações de troca e imaginada pela forma natural da economia. Mas apenas na sociedade capitalista burguesa, em que o proletário aparece na qualidade de sujeito que dispõe de sua força de trabalho como mercadoria, as relações econômicas de exploração são mediadas juridicamente na forma do contrato.

E a isso está ligado justamente o fato de que, na sociedade burguesa, em contraposição à escravagista e àquela baseada na servidão, a forma jurídica adquire significado universal, a ideologia jurídica torna-se a ideologia por excelência e a defesa dos interesses da classe dos explorados surge, com cada vez mais sucesso, como defesa abstrata do princípio da subjetividade jurídica.[46]

Percebe-se que a compreensão do direito e da legalidade, em Pachukanis, alça voos mais altos do que uma mera constatação do domínio burguês do Estado, para situar a legalidade na própria circulação econômica capitalista. O capitalismo, assim, é o momento superior que faz da igualdade e da liberdade condições da circulação econômica livre entre iguais, e a partir daí instaura-se a legalidade como mediação que estabelece essa igualdade formal.

O mundo soviético, que se dividia entre o aprofundamento da libertação revolucionária de Lênin e as tendências conservadoras no próprio seio da revolução, encontra em Pachukanis seu pensamento mais consequente e, justamente por isso, mais incômodo aos que buscavam uma administração a partir da dominação estatal. É o fim do Estado e do direito o propósito político da libertação da exploração capitalista. Márcio Bilharino Naves aponta a radicalidade das consequências do entendimento jurídico pachukaniano:

> O problema da relação entre o direito e o socialismo é o "centro nervoso" da teoria pachukaniana. Poderíamos mesmo dizer que é com base nela, isto é, no modo como Pachukanis apresenta essa questão e a resolve, que a sua análise da relação entre a forma jurídica e a forma mercantil se ilumina e ganha pleno significado – a um tempo teórico e político. De fato, se Pachukanis admitisse a possibilidade de um direito "socialista", toda a sua construção teórica estaria comprometida. Se o socialismo implica a gradativa superação das formas mercantis, um direito que se qualificasse como "socialista" seria tanto uma impossibilidade teórica como um objeto a ser combatido politicamente. [...] A posição de Pachukanis permite reapresentar a questão da extinção do direito e do Estado, questão que ocupa lugar central na concepção de Marx e Engels.[47]

---

[46] PACHUKANIS, Evguiéni. *Teoria geral do direito e marxismo*, op. cit., p. 65.
[47] NAVES, *Marxismo e direito*: um estudo sobre Pachukanis, op. cit., p. 87.

Em face de toda uma tradição que parece não ter levado o pensamento de Marx à radicalidade devida, a grande importância de Pachukanis para o problema da legalidade e da política reside na tentativa de proceder, na esteira de Marx, a uma compreensão do direito e do Estado não apenas como um domínio político à disposição ou da burguesia ou do proletariado (no caso de um Estado socialista), mas empreender entendê-los a partir das próprias estruturas econômicas capitalistas. Nessa linha, Pachukanis fará da legalidade necessariamente a legalidade burguesa. Sua consequência é rigorosa: um direito socialista é uma contradição em termos. Essa concepção, na União Soviética de Pachukanis, foi-lhe muito custosa.[48] A manutenção indefinida de um Estado soviético, por parte de Stálin, poderia ser entendida, sob a perspectiva esposada por Pachukanis, como um prolongamento de uma organização burguesa, revelando-se, portanto, um entrave ao desenvolvimento da luta pelo avanço socialista.[49]

O Estado, na perspectiva teórica de Pachukanis, indissociavelmente é uma etapa capitalista, burguesa. A ruptura com o Estado e com o direito talvez seja um dos mais marcantes dísticos da perspectiva de Pachukanis.[50] Toda insistência em um direito proletário, em um direito revolucionário, ou é do momento revolucionário – portanto fadado a um breve fim – ou é meramente reformista.

Está claro até aqui que, enquanto a nova sociedade se constrói a partir de elementos da antiga, isto é, de pessoas que concebem os laços sociais apenas como "meio para

---

[48] "Evgeni Bronislavovic Pachukanis pode ser considerado, com efeito, um autor 'maldito'. Depois que suas teorias tiveram uma grande influência nos anos 20 e ele mesmo ocupara cargos importantes na URSS, Pasukanis foi o principal alvo dos ataques de Vysinskyj, que lhe acusou de 'espião e sabotador', 'traidor', 'pseudocientífico', e à sua concepção de direito como 'teoria pútrida e daninha', 'antimarxista' etc. Vítima da repressão stalinista (pelo que parece, foi detido e fuzilado em 1937, durante os processos de Moscou), foi reabilitado em 1956, mas nem assim sua concepção de direito seguirá sendo considerada na URSS – como dizemos – 'inconsistente', 'daninha' – ao configurar o direito soviético como direito burguês – e 'errônea' – ao reduzir a forma do direito soviético às relações mercantis. Inclusive, quando se trata de comparar sua concepção de direito com aquela de outro grande teórico da época pré-staliniana, o saldo resulta claramente favorável para Stucka. A razão disso, compreende-a Strogovic no seguinte: 'Fundamental, para Stucka, é a função revolucionária do direito soviético, função que falta pelo contrário em Pasukanis. No processo de construção do socialismo tem-se – para Stucka – uma consolidação, uma potencialidade da fundação do direito; para Pasukanis, pelo contrário, se verifica sua atenuação, um esgotamento do direito. Para Stucka o direito expressa as relações de produção; para Pasukanis expressa as relações mercantis, as relações de troca.'" ATIENZA; MANERO, *Marxismo y filosofía del derecho*, op. cit., p. 78.

[49] "Sem ânimo de desculpar ou endeusar Pachukanis, insisto que se deve abordá-lo no contexto histórico específico em que escreveu, sobretudo em função destes intensos debates suscitados no interior do bolchevismo a partir da adoção da NEP e suas formas capitalistas de valorização e mando. Ele estava convencido de que o bolchevismo assumia perigosamente o retorno às formas capitalistas e que estas terminariam por sobrepor-se ao processo revolucionário. Sua preocupação central era o possível retorno do direito burguês sob o manto de um alegado 'direito socialista', o que finalmente ocorreu". RIVERA-LUGO, Carlos. *Crítica à economia política do direito*. São Paulo, Ideias & Letras, 2019, p. 121.

[50] "Diferentemente inclusive dos outros autores de que antes havíamos tratado (Stucka, Vysinskij), Pasukanis considera que o direito não é nem sequer um *meio* adequado para ser utilizado no processo de consecução do socialismo, daí sua afirmação de que, na época de transição, do que se necessita não é direito, mas sim política." ATIENZA; MANERO, *Marxismo y filosofía del derecho*, op. cit., p. 90.

seus fins privados", até uma simples e racional instrução técnica será concebida como uma forma estranha ao homem e uma força que está acima dele. O homem político ainda será, usando uma expressão de Marx, "um homem abstrato e artificial". Mas, quanto mais radical se apresentar a erradicação das relações mercantis e da psicologia mercantil na esfera da produção, mais rapidamente se dará a emancipação definitiva de que fala Marx em *Sobre a questão judaica*: a emancipação humana só estará plenamente realizada quando o homem individual real tiver recuperado para si o cidadão abstrato e se tornado *ente genérico* na qualidade de homem individual na sua vida empírica, no seu trabalho individual, nas suas relações individuais, quando o homem tiver reconhecido e organizado suas *forces propres* [forças próprias] como forças *sociais* e, em consequência, não mais separar de si mesmo a força social na forma da força *política*.[51]

A transformação do trabalho, o fim das relações de classe, é o fim da própria forma do direito:

> Uma vez dada a forma da troca de equivalentes, está dada a forma do direito e, assim, a forma do poder público, ou seja, estatal, que graças a isso permanece por algum tempo nessas condições, mesmo quando já não existem mais divisões de classes. A extinção do direito, e com ela a do Estado, acontece apenas, de acordo com Marx, "quando o trabalho tiver deixado de ser mero meio de vida e tiver se tornado a primeira necessidade vital"; quando cada um trabalhador livremente nessas condições ou, como diz Lenin, quando estiver ultrapassado "'o estreito horizonte jurídico burguês', que me obriga a calcular, com a crueldade de um Shylock, se eu não teria trabalhado meia hora a mais que o outro, se eu não teria recebido um salário menor que o do outro" – em resumo, quando *finalmente estiver eliminada a forma da relação de equivalência*.[52]

A veemência contra o Estado, contra as concepções institucionais da política, mesmo as proletárias, dá a lembrança dos claros limites da legalidade, a qual era preciso ultrapassar:

> Marx, portanto, concebia a transição para o comunismo desenvolvido não como uma transição para novas formas de direito, mas como a extinção da forma jurídica em geral, como uma extinção dessa herança da época burguesa que se destina a sobreviver à própria burguesia.[53]

O refinamento de Pachukanis quanto ao Estado e ao direito é muito grande. De fato, ele reconhece usos políticos e jurídicos ideológicos que se somam à estrutura lógica necessária do direito e do Estado ao capital. Tais usos são incidentais, mas existentes, o que explica, no limite, os vários tipos de Estado e mesmo os tantos direitos, mais ou menos ditatoriais, mais social-democratas ou mais liberais, dentro do próprio capitalismo. A crítica de Pachukanis

---

51   PACHUKANIS, Evguiéni. *Teoria geral do direito e marxismo*, op. cit., p. 136.
52   Ibid., p. 79.
53   Ibid., p. 79.

ao Estado e ao direito ainda prossegue no sentido de apontar a utilidade da instância jurídica e estatal aos propósitos burgueses:

> O Estado jurídico é uma miragem, mas uma miragem totalmente conveniente para a burguesia, pois substitui a ideologia religiosa em decomposição e esconde das massas o domínio da burguesia. A ideologia do Estado jurídico é mais conveniente que a religiosa, porque ela, além de não refletir a totalidade da realidade objetiva, ainda se apoia nela. A autoridade como "vontade geral", como "força do direito", na medida em que se realiza na sociedade burguesa representa um mercado. Desse ponto de vista, até as regulamentações policiais podem apresentar-se como encarnação da ideia de Kant sobre a liberdade limitada pela liberdade de outrem.
>
> Os possuidores de mercadorias livres e iguais que se encontram no mercado não o são apenas na relação abstrata de apropriação e alienação. Na vida real, eles se conectam por meio de múltiplas relações de dependência. Isso se dá entre o lojista e o grande atacadista, o camponês e o latifundiário, o devedor e o credor, o proletário e o capitalista. Todas essas infinitas relações de dependência efetiva formam a base original da organização do Estado. Entretanto, para a teoria jurídica do Estado, é como se elas não existissem.[54]

Assim sendo, é possível apontar, no pensamento de Pachukanis, uma ligação funcional e uma ligação ideológica do Estado e do direito ao capital. A funcional é a razão mesmo de ser desses aparatos institucionais. A ideológica é incidental, mas não no sentido de opcional, e sim como suplemento, na medida em que a ideologia jurídica é plenamente arraigada nas sociedades capitalistas, que têm necessidade de marcar, pela aparência de igualdade, uma realidade de desigualdade.

Ao tomar a postulação de Marx da totalidade das relações sociais como um edifício com alicerce e paredes que deste se levantam, ou seja, infraestrutura e superestrutura, o direito está nos dois. No alicerce, porque é a relação necessária que acompanha a própria circulação mercantil e sua exploração. Nas paredes, porque sustenta como braço da estrutura da circulação ou, como suplemento, uma miragem ideológica.

Pachukanis, que jovem foi executado devido às perseguições stalinistas, empreende, com a associação do direito como reflexo necessário e sobredeterminante da esfera da circulação mercantil – sem prejuízo das demais operações de domínio incidentais que se lhe possam agregar –, a mais fiel e radical interpretação jurídica do pensamento de Marx.

O MARXISMO OCIDENTAL

No campo do chamado "marxismo ocidental", ao lado das preocupações revolucionárias, também se depara com o fato de que o capitalismo contemporâneo, por meio de mecanismos ditos democráticos, alicia as massas trabalhadoras e exploradas para que passem a assumir os valores das classes superiores como os delas. Esse fenômeno, de emasculação revolucionária das massas, descamba em muitas espécies de reformismo. As classes exploradas participam da vida política, jurídica e estatal, mas em grau que não consiga abalar os próprios alicerces da exploração.

---

[54] Ibid., p. 149.

Na Itália, durante boa parte do século XX, as classes trabalhadoras e o Partido Comunista estiveram próximos de tomar o poder, em algumas ocasiões até mesmo por meio de eleições. As constantes derrotas, o surgimento do fascismo, a perspectiva de se valer da democracia burguesa como instrumento revolucionário, todas essas foram questões que se impuseram à reflexão da filosofia do direito marxista italiana.[55]

Nessa vertente, Antonio Gramsci é o mais importante e mais notável filósofo da relação entre o Estado, a política, o direito e a revolução. Entretanto, depois dele, uma série de pensadores debruçou-se sobre tais questões e relações. Tal debate esteve diretamente ligado ao problema do direito no socialismo. Pelo campo da filosofia geral, Galvano Della Volpe produziu muitas reflexões sobre a política. Pelo campo da filosofia do direito, Umberto Cerroni foi um dos importantes filósofos do direito marxistas do século XX.

O âmbito da reflexão do marxismo a respeito do direito não se vincula apenas às preocupações sobre o papel do direito na revolução e na transição ao socialismo, ou no tocante à sua manifestação específica na estrutura econômica e no Estado, na política e nas instituições capitalistas. O marxismo ainda se desdobra para captar imbricações do direito em muitos outros fenômenos relacionados à totalidade das manifestações sociais.

A Escola de Frankfurt, com preocupações diretas quanto à técnica na sociedade contemporânea e quanto à psicanálise, é um dos exemplos marcantes da preocupação do marxismo com a aproximação do direito a outros campos da investigação filosófica crítica.

Também numa outra vertente o marxismo se posiciona de modo vanguardeiro com relação às questões jusfilosóficas. A crítica da questão da *justiça* se destaca como uma preocupação dos pensadores do direito marxistas, com destaque à insigne reflexão de Ernst Bloch.

A reflexão sobre a relação do direito com a totalidade social diz respeito também à questão do *método* marxiano. No século XX, a filosofia marxista construiu um grande salto teórico, refinando ideias e aprofundando a leitura metodológica de Marx. György Lukács assim o fará por meio de uma reapropriação dos laços genéticos de Marx com Hegel. Posteriormente, chegará à proposição de uma ontologia do ser social.

Já Louis Althusser procederá por meio da extração das consequências mais rigorosas do Marx da maturidade, em especial de *O capital*. Enquanto a proposta lukacsiana reforçará o ambiente hegeliano no qual o jovem Marx consolidou seu pensamento, a proposta althusseriana reforçará a cientificidade das últimas e mais consolidadas obras de Marx.

GRAMSCI

Antonio Gramsci pagou com a vida a história de sua luta política e sua reflexão intelectual em favor do socialismo. Nasceu em 1891, na ilha da Sardenha, uma das regiões mais atrasadas da Itália, de família pobre. Desde cedo desenvolveu sérios problemas de saúde. A pobreza impediu-o de estudar com regularidade. Com muitas dificuldades financeiras, embora com brilhantismo intelectual, ingressa na universidade – que, por razão da extrema

---

[55] Sobre as leituras marxistas do fascismo e especificamente sobre o caso italiano, cf. Mascaro, Alysson Leandro. *Crítica do fascismo*. São Paulo, Boitempo, 2022.

necessidade, da fome e da doença, não concluirá – e passa a atuar junto aos movimentos de trabalhadores de Turim e em toda a Itália.

A primeira formação intelectual de Gramsci estava embebida da filosofia dos italianos Benedetto Croce e Giovanni Gentile. Hegelianos, ambos criticavam o mundo positivista e liberal do capitalismo europeu, mas por um viés que se demonstrou idealista e reacionário – no caso de Gentile, tendo sido inclusive ministro de Mussolini. Gramsci, ainda em sua adolescência, aproxima-se do marxismo, participando ativamente na formação do Partido Comunista Italiano. Foi redator do importante periódico comunista *L'Ordine Nuovo*.

Com a tomada do poder por Mussolini, as condições de luta dos comunistas italianos sofrem grande revés. Aos 33 anos, Gramsci torna-se deputado no Parlamento Italiano mas, perseguido, é aprisionado várias vezes. Ao final, a repressão de Mussolini e do fascismo derrotou física, mental e psiquicamente Gramsci. Em condições persecutórias e exasperantes, passou todos os últimos anos de sua vida em prisões italianas, até morrer em 1937.

Ao lado de toda a sua vida, com uma história de ação política de grande vulto e dignidade, Gramsci tornou-se um dos mais importantes pensadores do marxismo. Suas reflexões juvenis estão esparsas em vários textos para jornais e para intervenção política imediata. Sua obra mais importante se deu na prisão, onde, sob a opressão do fascismo, escreveu uma série de notas intituladas, posteriormente, como *Cadernos do cárcere* (seis volumes na tradução brasileira).

Os *Cadernos do cárcere* reúnem a grande reflexão gramsciana sobre política, filosofia e variados assuntos. Devido à perseguição policial e carcerária, Gramsci não podia escrever livremente, sob risco de censura e de destruição de seus materiais. Assim sendo, valia-se de uma escrita truncada, na qual não podia citar diretamente o marxismo, denominando-o, então, "filosofia da práxis". As reflexões de Gramsci, nos *Cadernos do cárcere*, podem ser consideradas um dos momentos de ápice da filosofia política contemporânea. Vários temas são tratados por Gramsci nos cadernos, sendo o mais importante deles o de *hegemonia*.

A hegemonia em Gramsci

O conceito de hegemonia, desenvolvido por Gramsci nos *Cadernos do cárcere*, aparece, embrionariamente, em textos anteriores à prisão. Nos cadernos, no entanto, o conceito se revela em exposições sobre assuntos concretos e em comparação a pensamentos como o de Maquiavel.

A filosofia marxista já havia se valido do conceito de hegemonia em algumas ocasiões. O próprio Lênin, para se referir ao papel de direção da luta revolucionária pelos proletários, ainda que em associação com a burguesia nacional, falava em hegemonia, num conceito próximo ao de ditadura do proletariado. É Gramsci, no entanto, quem dará substância e importância teórica e política ao termo.

Para Gramsci, a grande questão a ser respondida pelo marxismo, no plano político, era a da compreensão das dificuldades revolucionárias. A Rússia havia, com sucesso e lutas, empreendido sua revolução. No entanto, os países ocidentais apresentavam muitos obstáculos para fazer o povo explorado compreender a própria exploração e agir de maneira progressista e transformadora. Isso se deve, para Gramsci, porque há outros elementos que se somam à mecânica da exploração do trabalho pelo capital. Há uma espécie de convencimento ideológico, feito pelas classes subordinantes contra as subordinadas, pelo qual estas passam a pensar conforme os valores daquela. Por isso, mesmo exploradas, as classes subordinadas não se rebelam, ou, se se rebelam, não rompem com a mesma estrutura de mundo dos dominadores.

Essa amplitude ideológica da dominação, realizando um amálgama entre o explorado e o explorador, é o conceito de hegemonia. No pensamento de Gramsci, ele não é sistematizado. Está esparso pelos seus textos, variando muitas vezes sua identificação, sua dimensão e sua aplicação concreta. No entanto, o seu eixo é a característica ideológica de conquista de valores, pensamentos e ações que ganha peso material na política, na cultura, nas estratégias, no próprio delineamento de horizontes.

Gramsci é levado ao conceito de hegemonia não por uma espécie de busca diletante de descobertas teóricas novas. Seu propósito se inicia pela necessidade da prática política. Por que as classes trabalhadoras exploradas italianas não rompem os laços com os seus exploradores? Como é possível que a Itália moderna tenha se constituído a partir de um grande acordo, pelo alto, entre as velhas classes agrárias e as modernas classes industriais burguesas? Como a classe burguesa consegue fazer com que seus valores sejam considerados "naturais", e, portanto, sejam incorporados sem maiores dificuldades pelos próprios proletários? Luciano Gruppi assim expõe:

> Ele [Gramsci] explica a afirmação e difusão das ideologias como um processo, e como um processo guiado pela hegemonia. Uma determinada classe, dominante no plano econômico, e, por isso, também no político, difunde uma determinada concepção do mundo; hegemoniza assim toda a sociedade, amálgama um bloco histórico de forças sociais e de superestruturas políticas por meio da ideologia. Essa hegemonia entra em crise quando desaparece sua capacidade de justificar um determinado ordenamento econômico e político da sociedade. Isso ocorre quando as forças produtivas desenvolvem-se a tal nível que põem em crise as relações de produção existentes. Da contradição entre forças produtivas e relações de produção, da contradição de classe, nasce a ação da classe subalterna, primeiro de modo esporádico, não coerente, não guiado por uma teoria, por uma estratégia política, mas que depois – com a conquista da teoria, da concepção do mundo e do método de análise – torna-se coerente, expressa-se a nível cultural, critica a cultura tradicional, propõe uma nova cultura. É assim que avança uma nova hegemonia, antes mesmo que a classe que a expressa se torne dominante, quando ela ainda está na oposição e luta pela conquista do poder. Mas, já antes da conquista do poder, a classe que está na oposição difunde suas próprias concepções e põe em crise a ideologia hegemônica. Na realidade, as revoluções se efetivam quando a classe dirigente deixa de ser tal, quando a sua hegemonia entra em crise.[56]

---

[56] GRUPPI, Luciano. *O conceito de hegemonia em Gramsci*. Rio de Janeiro, Graal, 2000, p. 90.

A infraestrutura econômico-produtiva não constrói, automaticamente, o todo social. A exploração de classes se dá, além da óbvia e mais determinante relação especificamente econômica, também pelo nível cultural. Se os trabalhadores considerarem natural que haja uma divisão entre quem explora e quem é explorado, poderão até se insurgir contra a sua própria localização, individual, entre os explorados, mas não contra o sistema que distingue a ambos. Mas, para que essa ideologia seja permeada por todas as classes, não basta apenas o confronto e a imposição. É preciso uma espécie de aliciamento, de construção compartilhada de um senso comum, pelo qual a própria burguesia encontre revezes, mas, no todo, consiga manter a lógica estrutural da exploração. O *consenso* entre as classes é a forma de consolidação da hegemonia dominante.

> O exercício "normal" da hegemonia, no terreno tornado clássico do regime parlamentar, caracteriza-se pela combinação da força e do consenso, que se equilibram de modo variado, sem que a força suplante em muito o consenso, mas, ao contrário, tentando fazer com que a força pareça apoiada no consenso da maioria, expresso pelos chamados órgãos da opinião pública – jornais e associações –, os quais, por isso, em certas situações, são artificialmente multiplicados.[57]

Para tal hegemonia de uma classe sobre as outras, vários elementos de força se agrupam: a religião, os valores morais, a cultura, as artes, os meios de comunicação e opinião pública, uma certa diretriz política e também o direito, seja como instituição política concreta seja como ideologia do justo, da igualdade, da liberdade contratual, do respeito às leis e aos poderes estabelecidos. O poder não se ganha apenas no confronto e na luta direta: ganha-se pela hegemonia dos valores dos próprios dominantes sobre os dominados.

No contexto da hegemonia, o Estado, além da sua função repressora, necessita se estruturar também como um educador da sociedade, buscando ganhar os explorados para a concordância em relação aos valores dos exploradores. O direito, para Gramsci, é um elemento decisivo nessa busca estatal por consolidar a hegemonia. No pensamento gramsciano, o direito é, ao mesmo tempo que a repressão e negatividade do Estado, também um elemento positivo, de "premiação" dos que se enquadram nos valores hegemônicos. A "opinião pública" é o padrão a ser chamado a balizar o enquadramento dos indivíduos sob o direito:

> Na realidade, o Estado deve ser concebido como "educador" na medida em que tende precisamente a criar um novo tipo ou nível de civilização. Dado que se opera essencialmente sobre as forças econômicas, que se reorganiza e se desenvolve o aparelho de produção econômica, que se inova a estrutura, não se deve concluir que os fatos de superestrutura devam ser abandonados a si mesmos, a seu desenvolvimento espontâneo, a uma germinação casual e esporádica. O Estado, também neste campo, é um instrumento de "racionalização", de aceleração e de taylorização; atua segundo um plano, pressiona, incita, solicita e "pune", já que, criadas as condições nas quais um determi-

---

[57] GRAMSCI, Antonio. *Cadernos do cárcere*. Rio de Janeiro, Civilização Brasileira, 2000, v. 3, p. 95.

nado modo de vida é "possível", a "ação ou a omissão criminosa" devem receber uma sanção punitiva, de alcance moral, e não apenas um juízo de periculosidade genérica. O direito é o aspecto repressivo e negativo de toda a atividade positiva de educação cívica desenvolvida pelo Estado. Na concepção do direito, deveriam ser incorporadas também as atividades que "premiam" indivíduos, grupos, etc.; premia-se a atividade louvável e meritória, assim como se pune a atividade criminosa (e pune-se de modo original, fazendo-se com que intervenha a "opinião pública" como instrumento de sanção).[58]

Assim sendo, a hegemonia, para que seja construída socialmente, necessita de relações superestruturais bastante coesas que lhe sirvam de apoio, não apenas no sentido repressivo, mas no nível positivo, da intervenção pelo acordo dos explorados em relação aos valores dos exploradores. Gramsci destaca alguns fenômenos modernos fundamentais à construção de hegemonias, como o papel dos intelectuais e a estruturação econômico-produtiva de tipo fordista-americano.

Os intelectuais são tomados, para Gramsci, num sentido distinto daquele comumente utilizado. Não é apenas intelectual o homem de alta cultura ou capacidade filosófica. Todos são intelectuais, ainda que em variados níveis ou graus de capacidade, e muitos exercem, na sociedade, um papel de diretriz de posições, valores, crenças e ideias. O intelectual, portanto, exerce um papel fundamental para a hegemonia. O amálgama intelectual e ideológico é exercido pelos intelectuais, seja no campo escolar e universitário, nas igrejas, nas associações, nos meios de comunicação, ou mesmo na disseminação e na confirmação de visões de mundo em grupos sociais específicos.

> Os intelectuais são os "prepostos" do grupo dominante para o exercício das funções subalternas da hegemonia social e do governo político, isto é: (1) do consenso "espontâneo" dado pelas grandes massas da população à orientação impressa pelo grupo fundamental dominante à vida social, consenso que nasce "historicamente" do prestígio (e, portanto, da confiança) obtido pelo grupo dominante por causa de sua posição e de sua função no mundo da produção; (2) do aparelho de coerção estatal que assegura "legalmente" a disciplina dos grupos que não "consentem", nem ativa nem passivamente, mas que é constituído para toda a sociedade na previsão dos momentos de crise no comando e na direção, nos quais desaparece o consenso espontâneo. Esta colocação do problema tem como resultado uma ampliação muito grande do conceito de intelectual, mas só assim se torna possível chegar a uma aproximação concreta à realidade.[59]

O papel do intelectual, segundo a perspectiva gramsciana, não é de mero diletantismo. Os intelectuais fornecem instrumentais concretos para o alcance dos consensos hegemônicos. De modo geral, as classes sociais dominantes – e, em casos de resistência, também as classes dominadas – não apenas se situam no contexto social pela sua condição econômica. Grupos intelectuais se ligam diretamente a tais classes. Gramsci denomina "intelectuais orgânicos" aos que, no entorno das classes que exercem papel político-econômico preponderante na sociedade, cumprem uma função de legitimação

---

[58] Ibid., p. 28.
[59] GRAMSCI, Antonio. *Cadernos do cárcere*. Rio de Janeiro, Civilização Brasileira, 2000, v. 2, p. 21.

ou mesmo de embate. Os professores legitimadores do capital dentro das universidades e os intelectuais defensores dos movimentos sociais podem ser pensados como intelectuais orgânicos, uns da burguesia e outros dos explorados. Para Gramsci ainda, em outra categoria, os intelectuais tradicionais são, por sua vez, aqueles isolados ou pertencentes a classes sociais anacrônicas, que não se encontram no cerne da dialética de dominação de um certo tempo (como, por exemplo, intelectuais ligados ao clero em plenos séculos XX e XXI). Os intelectuais orgânicos exercem um papel preponderante na consolidação dos consensos hegemônicos.

Até mesmo em casos extremos e absurdos a opinião do intelectual joga um peso decisivo. Gramsci exemplifica com a expressão *lorianismo* – em referência a um certo escritor e político italiano Loria – um tipo de intelectualidade de aparências, muitas vezes bizarra, assistemática, mas que, com aparência de saber, pontificava sensos-comuns e angariava adeptos na sociedade. A figura do intelectual, tomada como elemento positivo, de sabedoria e consequência, forja um horizonte apto a determinadas orientações políticas de dominação. Pode-se aplicar a reflexão gramsciana sobre o papel dos intelectuais também ao campo jurídico, na medida em que o professor de direito e o doutrinador, escritor de obras, moldam um certo ambiente intelectual do que seja correto e apropriado ao direito. Alessandro Octaviani, analisando o papel do direito no conceito de hegemonia, demonstra que Gramsci aponta até mesmo para os livros jurídicos como repositório de ideologia hegemônica.[60] Gramsci assim trata:

> Resenhas sobre temas de jurisprudência que interessam a determinados movimentos. [...] As coleções de revistas como *Il Foro Italiano*, etc., com as sentenças promulgadas e os artigos de especialistas que as comentam, deveriam ser atentamente examinadas, para se ver quando certas questões são colocadas e por quais razões, como se desenvolvem, a que sistematização chegam (se chegam), etc. No fundo, também este é um aspecto (e muito importante) da história do trabalho, isto é, o reflexo jurídico-legislativo do movimento histórico real: ver como se dá este reflexo significa estudar um aspecto da reação estatal ao próprio movimento, etc. Ao lado das sentenças e dos artigos dessas revistas técnicas, dever-se-iam ver as outras publicações jurídicas (livros, revistas, etc.), as quais, nestes últimos anos, multiplicaram-se de modo impressionante, embora sejam de má qualidade.[61]

Ao lado do papel dos intelectuais para a formação de hegemonias, Gramsci vislumbra um peso muito importante para as modernas formas de dominação administrativo-gerencial, como o americanismo-fordismo. O elemento mais importante para a hegemonia, no campo da adaptação dos indivíduos ao ritmo industrial, é o arcabouço de valores, modos de vida, temporalidade e controle da rotina da existência quotidiana.

---

[60] "A preocupação de Gramsci com as revistas especializadas em direito demonstra sua atenção ao fato de que o ordenamento jurídico está protegido não meramente pela força, mas por sua capacidade de circulação e aceitação na sociedade civil." OCTAVIANI LUIS, Alessandro. *Hegemonia e direito*: reconstrução do conceito de Gramsci. Dissertação de Mestrado. São Paulo, FFLCH-USP, 2004, p. 56.

[61] GRAMSCI, *Cadernos do cárcere*, op. cit., v. 2, p. 238.

Para essa nova organização coletiva, sob moldes gerenciais ao estilo fordista e segundo a sagração de novos valores de tipo industrial americano, o Estado e o direito também têm papel preponderante.

Gramsci considera a hegemonia um conceito fundamental na luta política moderna. Mais ainda, isso se revela a partir de uma tipologia, por ele proposta nos *Cadernos do cárcere*, de dicotomia entre "oriente" e "ocidente". Para Gramsci, nos países ditos ocidentais, a hegemonia tem um peso ainda mais importante na consolidação da dominação capitalista do que nos países ditos orientais.

A dicotomia entre ocidente e oriente em Gramsci não remete, como pode deixar transparecer num primeiro momento, a uma questão meramente geográfica. Trata-se, acima de tudo, de uma questão histórica. É certo que Gramsci se referia à experiência oriental no caso russo. Mas nem por isso as posições a que se refere a dicotomia são estanques e estáticas. O próprio ocidente, durante muito tempo, não tinha as características que são atribuídas por Gramsci ao tipo de dominação ocidental.

Para Gramsci, por oriente se compreende a situação histórica dos países nos quais a sociedade civil é pouco desenvolvida, e, portanto, o Estado tem um papel preponderante. Não havendo uma riqueza de vida política privada, carecendo de força os sindicatos, a imprensa livre, a universidade e os intelectuais, o Estado é o elemento determinante desses países. Seu caráter repressivo se torna claro. A política, assim sendo, acaba sendo uma espécie de controle do aparato repressivo. Por essa razão, as táticas políticas no oriente são de assalto ao Estado, de modo rápido, na medida dos riscos de violenta repressão à oposição.

Já nos países ocidentais, a sociedade civil tem um papel bastante desenvolvido. Em especial a partir do meado final do século XIX, muitos países desenvolvem uma opinião pública capaz de levar as massas a determinados comportamentos na esfera política que não sejam necessariamente aqueles da coerção das armas. Assim sendo, ao lado da repressão estatal, no ocidente há mais um papel em jogo: o da conquista da hegemonia. Por essa razão, Gramsci compreende que no ocidente a luta do proletariado deve-se desenvolver de outros modos, conquistando a hegemonia da sociedade antes de dominar o Estado. Referindo-se às estratégias revolucionárias de Lênin, Gramsci estabelece sua diferença política entre ocidente e oriente:

> No Oriente, o Estado era tudo, a sociedade civil era primitiva e gelatinosa; no Ocidente, havia entre o Estado e a sociedade civil uma justa relação e, ao oscilar o Estado, podia--se imediatamente reconhecer uma robusta estrutura da sociedade civil. O Estado era apenas uma trincheira avançada, por trás da qual se situava uma robusta cadeia de fortalezas e casamatas; em medida diversa de Estado para Estado, é claro, mas exatamente isto exigia um acurado reconhecimento de caráter nacional.[62]

A divisão entre oriente e ocidente conduz, imediatamente, à mais importante distinção de filosofia política proposta por Gramsci no entorno de seu conceito de hegemonia: a relação entre *sociedade política* e *sociedade civil*. A sociedade política está localizada

---

[62] GRAMSCI, *Cadernos do cárcere*, op. cit., v. 3, p. 262.

no âmbito e nas funções tradicionalmente compreendidas pelo Estado. A organização institucional, a repressão e a garantia da força são seus atributos mais evidentes.

Mas Gramsci chama a atenção, ao lado da sociedade política, para a sociedade civil. Nesse espaço, as armas mais importantes não são as repressivas. Antes, são as da persuasão, buscando consensos, trabalhando no nível ideológico. A função da sociedade civil é a de estabelecer a hegemonia. A superestrutura se levanta num aglomerado desses dois elementos, repressivos e hegemônicos, em ligação estreita à estrutura econômico-produtiva.

> Por enquanto, podem-se fixar dois grandes "planos" superestruturais: o que pode ser chamado de "sociedade civil" (isto é, o conjunto de organismos designados vulgarmente como "privados") e o da "sociedade política ou Estado", planos que correspondem, respectivamente, à função de "hegemonia" que o grupo dominante exerce em toda a sociedade e àquela de "domínio direto" ou de comando, que se expressa no Estado e no governo "jurídico".[63]

Para Gramsci, a sociedade civil e a sociedade política se distinguem na medida em que as funções de hegemonia e repressão são específicas. No entanto, dentro da totalidade social, funcionam de modo complementar, garantindo a lógica econômica da exploração de classe. O Estado, sendo um elemento de repressão, convive de modo funcionalmente conjugado aos aparelhos privados de hegemonia, como a Igreja, os sindicatos, os partidos políticos, os intelectuais, a escola e a universidade, os meios de opinião de massa etc. Estes, em conjunto, compõem a sociedade civil. Em sociedades capitalistas mais avançadas, a sociedade civil desenvolve, além de uma função específica de hegemonia, também aparatos autônomos de sustentação. Não são aparelhos privados imediatamente controlados pelo Estado. Muitas vezes, se põem contra o Estado – naquilo que não seja o essencial, é claro – e, portanto, situam-se numa espécie de autonomia material.

Nesse âmbito de funções distintas e complementares, o direito tem um papel primordial na repressão, na ação política estatal. Claro que tradicionalmente, sua razão profunda está em servir de aparato imediato do Estado, nas suas funções repressoras. Mas o fenômeno jurídico exerce também um papel ideológico, e, em tal prisma, insere-se no campo da sociedade civil, na busca de hegemonia em favor do grupo dominante.

Pelo fato de que sociedade política e sociedade civil, embora distintas, funcionam numa espécie de complementaridade, para Gramsci, a junção de sociedade política e de sociedade civil consiste no "Estado ampliado". Tal noção ampliada do Estado dá conta dos elementos positivos, que moldam a sociedade de maneira não repressiva, e que funcionam de modo muito mais eficaz para as necessidades de reprodução do capital. Para Gramsci, não há uma oposição entre sociedade política e sociedade civil. Antes, há um equilíbrio.

Carlos Nelson Coutinho assim expõe a noção do "Estado ampliado" em Gramsci:

> Portanto, o Estado em sentido amplo, "com novas determinações", comporta duas esferas principais: a *sociedade política* (que Gramsci também chama de "Estado em

---

[63] GRAMSCI, *Cadernos do cárcere*, op. cit., v. 2, p. 20.

sentido estrito" ou de "Estado-coerção"), que é formada pelo conjunto dos mecanismos através dos quais a classe dominante detém o monopólio legal da repressão e da violência e que se identifica com os aparelhos de coerção sob controle das burocracias executiva e policial-militar; e a *sociedade civil*, formada precisamente pelo conjunto das organizações responsáveis pela elaboração e/ou difusão das ideologias, compreendendo o sistema escolar, as Igrejas, os partidos políticos, os sindicatos, as organizações profissionais, a organização material da cultura (revistas, jornais, editoras, meios de comunicação de massa), etc.[64]

O "Estado ampliado", sendo um amálgama entre a sociedade política e a sociedade civil, é uma união de repressão e proposição. As classes exploradas são, ao mesmo tempo, reprimidas mas incitadas à liberdade, na medida em que podem criar e expor desejos, conquistar determinadas metas, agir positivamente – e não só serem limitadas, negativamente –, empreendendo, assim, uma construção de potenciais. Por isso, a hegemonia é uma solução de dominação que tem por base o compromisso. As classes se unem em interesses contrapostos mas espaços de ação comuns. Até mesmo os exploradores cometem sacrifícios pessoais. No entanto, o espaço que se dá às classes exploradas, entregando-lhe anéis, garante os dedos: a hegemonia é uma espécie de ação de conflito e acordo que nunca coloca em risco o essencial. Assim sendo, devido ao amálgama da hegemonia, no nível superestrutural há liberdade de exposição de conflitos e mesmo de algumas divergências sérias, mas nunca se põe em xeque o nível infraestrutural, que é a base mesma da existência do todo.

> O fato da hegemonia pressupõe indubitavelmente que sejam levados em conta os interesses e as tendências dos grupos sobre os quais a hegemonia será exercida, que se forme um certo equilíbrio de compromisso, isto é, que o grupo dirigente faça sacrifícios de ordem econômico-corporativa; mas também é indubitável que tais sacrifícios e tal compromisso não podem envolver o essencial, dado que, se a hegemonia é ético-política, não pode deixar de ser também econômica, não pode deixar de ter seu fundamento na função decisiva que o grupo dirigente exerce no núcleo decisivo da atividade econômica.[65]

Para Gramsci, a compreensão da hegemonia como espaço de luta envolve o direito. Além de seu aspecto estrutural, como garantidor institucional da exploração, o direito se presta a uma dimensão ideológica clara. Seus preceitos, modernamente, não se deixam demonstrar como exploratórios: a igualdade formal e a liberdade negocial são suas armas mais aliciadoras. A concepção do direito, para Gramsci, deve ser ampliada para além de seu costumeiro uso técnico, juspositivista, repressivo. Tampouco o velho arcabouço jusnaturalista poderá dar conta de explicar o direito nas exigências do capitalismo atual: ele se lança, além da repressão, para a conquista das vontades, dos desejos e dos compor-

---

[64] COUTINHO, Carlos Nelson. *Gramsci*: um estudo sobre seu pensamento político. Rio de Janeiro, Civilização Brasileira, 1999, p. 127.

[65] GRAMSCI, *Cadernos do cárcere*, op. cit., v. 3, p. 48.

tamentos dos sujeitos. De uma reação negativa ao crime, o direito passa a ter também uma função positiva:

> Uma concepção do direito que deve ser essencialmente renovadora. Ela não pode ser encontrada, integralmente, em nenhuma doutrina preexistente (nem mesmo na doutrina da chamada escola positiva e, sobretudo, na doutrina de Ferri). Se todo Estado tende a criar e a manter um certo tipo de civilização e de cidadão (e, portanto, de conivência e de relações individuais), tende a fazer desaparecer certos costumes e atitudes e a difundir outros, o direito será o instrumento para esta finalidade (ao lado da escola e de outras instituições e atividades) e deve ser elaborado para ficar conforme a tal finalidade, ser maximamente eficaz e produtor de resultados positivos. A concepção do direito deverá ser libertada de todo resíduo de transcendência e de absoluto, praticamente de todo fanatismo moralista, embora me pareça que não possa partir do ponto de vista de que o Estado não "pune" (se este termo é reduzido a seu significado humano), mas apenas luta contra a "periculosidade" social.[66]

No pensamento de Gramsci, o uso moderno do direito abarca não só a imediata estruturação das necessidades burguesas, como a defesa da propriedade privada. Para Gramsci, o direito é chamado a instrumentalizar muitos campos da necessidade e da coerção, transformando-os em "liberdade". O campo jurídico, num refinamento da dominação, passa a tratar de temas e áreas antes não jurídicos. Trata-se do papel de aliciamento e de busca de consenso da hegemonia.

> Questão do "homem coletivo" ou do "conformismo social". Tarefa educativa e formativa do Estado, cujo fim é sempre o de criar novos e mais elevados tipos de civilização, de adequar a "civilização" e a moralidade das mais amplas massas populares às necessidades do contínuo desenvolvimento do aparelho econômico de produção e, portanto, de elaborar também fisicamente tipos novos de humanidade. Mas como cada indivíduo singular conseguirá incorporar-se no homem coletivo e como ocorrerá a pressão educativa sobre cada um para obter seu consenso e sua colaboração, transformando em "liberdade" a necessidade e a coerção? Questão do "direito", cujo conceito deverá ser ampliado, nele incluindo aquelas atividades que hoje são compreendidas na fórmula "indiferente jurídico" e que são de domínio da sociedade civil, que atua sem "sanções" e sem "obrigações" taxativas, mas que nem por isso deixa de exercer uma pressão coletiva e de obter resultados de elaboração nos costumes, nos modos de pensar e de atuar, na moralidade, etc.[67]

Por essa razão, seja no nível institucional ou seja no nível ideológico, o direito é um espaço fundamental de luta por hegemonia na sociedade. Se a hegemonia, em Gramsci, deve ser pensada como um horizonte amplo, de um Estado ampliado, incorporando setores como a cultura, a ação política e os valores, o direito tem um papel preponderante em tal ação hegemônica.

---

[66] Ibid., p. 28.
[67] Ibid., p. 23.

Na tarefa de construir o direito como consenso hegemônico na sociedade, o fenômeno jurídico deve ser apresentado, ensinado e reproduzido segundo a aparência de uma técnica universal, não comprometida, imparcial, isenta de lados. Se compreendido não como instrumento do poder, da dominação das classes superiores, mas sim como momento de universalidade, o direito se presta com grande proveito ao consenso. Alessandro Octaviani faz um balanço do papel decisivo do direito no quadro do conceito de hegemonia de Gramsci:

> Percebe-se, então, a importância do direito para a identificação da hegemonia: no "Ocidente", onde a supremacia é exercida com maior visibilidade na sociedade civil, o direito deve ser objeto de manufatura do consenso a seu respeito. Não se trata, simplesmente, de identificar que, a partir de um quadro geral de organização econômica, os agentes econômicos realizam acordos e fabricam, a partir de suas repetidas condutas, tipos contratuais mais ou menos disseminados, capazes de certa amplitude de circulação ou mesmo de tipificação coletiva (por normatização corporativa, administrativo-estatal ou pela legislação). Este é *um* aspecto do consenso sobre o direito gerado na sociedade de agentes econômicos, mas Gramsci aponta para *algo além*, para um "sobremomento": a própria batalha cultural sobre os tipos contratuais. Tratar-se-ia de espalhar o consenso a respeito dos tipos contratuais inclusive com quem não realiza tais operações, a partir de publicações ou divulgações sobre sua excelência e adequação à realidade.
>
> *No "Ocidente", o direito* (para além da função de garante da ordem, instrumentalizando a ação estatal violenta, e de seu papel de forma jurídica do momento econômico particular, corporativo ou tipificado pelo Estado) *deve ser objeto de consenso cultural na sociedade*. Nesse momento tem-se um exercício mais acabado de hegemonia.[68]

Assim sendo, para Gramsci, as mazelas e arranjos de consenso social do direito são muito maiores do que o seu próprio núcleo estruturante de opressão. A resistência e a contra-hegemonia, então, demandam do direito mais do que simplesmente um mero ato de expedir leis, como se fosse um instrumental imparcial. Trata-se de desnudar a dominação do próprio direito, e seus nexos profundos com a própria lógica de exploração social.

Bloco histórico; guerra de movimento e de posição; o partido

No pensamento de Gramsci, uma série de conceitos se articula no entorno do problema da hegemonia. Gramsci denomina por *bloco histórico* a totalidade social das relações de infraestrutura e superestrutura, tomadas em conjunto. O bloco histórico designa ainda, para Gramsci, uma junção de classes que sustenta uma determinada forma econômico-produtiva. A hegemonia se dá em um bloco histórico, no qual as condições materiais concretas se encontram em concordância com as instituições políticas e com a sociedade civil.

> Se a relação entre intelectuais e povo-nação, entre dirigentes e dirigidos, entre governantes e governados, é dada graças a uma adesão orgânica, na qual o sentimento-paixão torna-se compreensão e, desta forma, saber (não de uma maneira mecânica, mas vivi-

---

[68] OCTAVIANI LUIS, *Hegemonia e direito*: reconstrução do conceito de Gramsci, op. cit., p. 58.

da), só então a relação é de representação, ocorrendo a troca de elementos individuais entre governantes e governados, entre dirigentes e dirigidos, isto é, realiza-se a vida do conjunto, a única que é força social; cria-se o bloco histórico. [...]

A estrutura e as superestruturas formam um "bloco histórico", isto é, o conjunto complexo e contraditório das superestruturas é o reflexo do conjunto das relações sociais de produção.[69]

A compreensão da totalidade no pensamento gramsciano revela o seu caráter histórico, calcado numa relação direta da superestrutura com a infraestrutura. Por isso, não se há de pensar que, em Gramsci, seja possível uma articulação política majoritariamente superestrutural sem uma ação devida e correspondente no campo infraestrutural. Gramsci não é um teórico da fragmentação da totalidade. Pelo contrário, o seu olhar para as superestruturas revela uma determinada parte do todo social, mas não um espaço apartado da economia.

No que diz respeito à compreensão da totalidade social em Gramsci, Norberto Bobbio interpreta a sociedade civil gramsciana como um elemento da superestrutura com especificidade e autonomia em relação à infraestrutura. Tal leitura de Bobbio enseja, ao plano da política e da cultura em Gramsci, uma existência à parte das relações de produção, e, portanto, daria margem à política sem necessidade de revolução:

A sociedade civil, em Gramsci, não pertence ao momento da estrutura, mas ao da superestrutura. [...] Pode-se apresentar o problema da relação entre Marx (e Engels) e Gramsci também do seguinte modo, ainda mais nítido: tanto em Marx como em Gramsci, a sociedade civil – e não mais o Estado, como em Hegel – representa o momento ativo e positivo do desenvolvimento histórico. Por outro lado, em Marx este momento ativo e positivo é estrutural, ao passo que em Gramsci é superestrutural.[70]

Tomando partido de uma outra concepção em relação ao todo social no pensamento de Gramsci, Carlos Nelson Coutinho interpreta a sociedade civil gramsciana como um amálgama que se deve pensar na interação do todo social:

O conceito de "sociedade civil" é o meio privilegiado através do qual Gramsci enriquece, com novas determinações, a teoria marxista *do Estado*. E se é verdade, como vimos, que esse enriquecimento motiva uma concretização dialética na questão do modo pelo qual a base econômica determina as superestruturas (ou seja, essa determinação é mais complexa e mediatizada onde a sociedade civil é mais forte), isso não anula de modo algum, como vimos também, a aceitação gramsciana do princípio básico do materialismo histórico: o de que a produção e reprodução da vida material, implicando a produção e reprodução das relações sociais globais, é o fator ontologicamente primário na explicação da história.[71]

---

[69] Gramsci, Antonio. *Cadernos do cárcere*. Rio de Janeiro, Civilização Brasileira, 2001, v. 1, p. 222 e 250.
[70] Bobbio, Norberto. *Ensaios sobre Gramsci e o conceito de sociedade civil*. São Paulo, Paz e Terra, 1999, p. 54.
[71] Coutinho, *Gramsci*: um estudo sobre seu pensamento político, op. cit., p. 122.

As leituras do conceito de bloco histórico e das relações entre infraestrutura e superestrutura são importantes para a compreensão do pensamento político de Gramsci. A superestrutura, como elemento destacado do sistema gramsciano, encaminha uma reflexão sobre a revolução que não pode se esgotar apenas na tomada do poder estatal ou da modificação imediata das relações de produção. Há o nível da hegemonia, que se deve ganhar e transformar. Gramsci reflete sobre as estratégias da revolução e da luta no campo da hegemonia, distinguindo os conceitos de *guerra de movimento* e de *guerra de posição*.

A terminologia gramsciana, nesse ponto, é diretamente derivada do âmbito militar, com as ressalvas que se devam fazer na comparação do universo militar com o universo político. Para Gramsci, a guerra de movimento (ou de manobra) é aquela que ataca frontalmente, e de modo direto e definitivo, as posições em jogo. De outro lado, a guerra de posição se vale de um ataque que busque a conquista de posições e espaços.

Na comparação com os conceitos de ocidente e oriente, a guerra de movimento é o tipo que se verifica nos países ditos orientais. A revolução, no caso soviético, se fez a partir de um Estado que concentrava o poder e a repressão, sem que a sociedade civil fosse forte. Em tal situação, o ataque frontal ao Estado realiza a tomada do poder e a transformação social por consequência.

No entanto, para Gramsci, nas sociedades ditas ocidentais, nas quais a sociedade civil é mais desenvolvida, a guerra de movimento não logra grandes efeitos, na medida em que a tomada do poder do Estado, se não acompanhada de uma mudança nos valores, ideologias e concepções de mundo da sociedade, enfrenta uma resistência persistente no plano da própria sociedade civil. O sucesso da tomada do Estado torna-se, então, temporário, na medida em que a resistência social contra a ação revolucionária é de vulto. Por tal razão, Gramsci considera que, para as sociedades ditas ocidentais, a estratégia revolucionária de sucesso é a guerra de posições. É preciso a mudança do nível hegemônico da sociedade para que o ataque frontal ao Estado e a mudança nas relações de produção sejam realizados com sucesso e estabilidade. Assim sendo, revela-se, no pensamento de Gramsci, um papel fundamental, na estratégia política revolucionária, à conquista de posições na sociedade civil. A disputa da hegemonia é estratégia necessária na transformação da sociedade.

> Ocorre na arte política o que ocorre na arte militar: a guerra de movimento torna-se cada vez mais guerra de posição; e pode-se dizer que um Estado vence uma guerra quando a prepara de modo minucioso e técnico no tempo de paz. A estrutura maciça das democracias modernas, seja como organizações estatais, seja como conjunto de associações na vida civil, constitui para a arte política algo similar às "trincheiras" e às fortificações permanentes da frente de combate na guerra de posição: faz com que seja apenas "parcial" o elemento do movimento que antes constituía "toda" a guerra etc.[72]

No pensamento gramsciano, a diferença estratégica entre guerra de movimento e guerra de posições conduz à reflexão a respeito do papel do partido político como ins-

---

[72] GRAMSCI, *Cadernos do cárcere*, op. cit., v. 3, p. 24.

trumento revolucionário. Para Gramsci, o partido político revolucionário, comunista, é o "moderno Príncipe", em comparação com a nomenclatura de Maquiavel. O partido tem a função de conduzir as classes exploradas numa luta que consiga se universalizar. O partido comunista brota a partir de determinadas condições econômicas concretas, de acordo com a situação e a maturidade do movimento operário, mas não é somente o instrumento de ação de tais classes. Não é um organismo de representação dos específicos interesses econômicos dos trabalhadores. Deve, além e acima disso, ganhar ares nacionais, conduzindo preocupações universalizantes, de tal sorte que se torne, de modo coeso, o condutor geral do processo revolucionário em toda a sociedade. Para Gramsci, o partido comunista tem a função de forjar a emancipação hegemônica dos explorados em luta. A ligação dos intelectuais orgânicos ao partido demonstra o papel fundamental da luta, na sociedade civil, pela hegemonia. Assim, trata Orides Mezzaroba:

> O enfoque gramsciano de partidos políticos é centrado nas potencialidades que oferecem na organização dos indivíduos com vistas à mudança do sistema político e na consolidação da hegemonia do poder. Mais que mera instância de representação política, ao partido cumpriria a missão de possibilitar o desenvolvimento da consciência política dos seus integrantes e, a partir deles, do grupo como um todo. É uma ferramenta poderosa de transformação revolucionária como mudança radical do bloco histórico, mudança essa não necessariamente violenta, mas de valores, de cultura, enfim, ideológica.[73]

Pode-se vislumbrar, no pensamento de Gramsci, uma concepção de revolução enquanto processo, isto é, como movimento contínuo e prolongado de alteração das relações de produção, de tomada do poder estatal e de consolidação de uma nova hegemonia. Para Gramsci, a revolução, nos países ditos ocidentais, não se pensa como acontecimento repentino e acabado. Trata-se de um contínuo movimento de posições. Contudo, numa perspectiva crítica da revolução como processo em Gramsci, diz Perry Anderson:

> No caso de Gramsci, as inadequações da fórmula da "guerra de posição" tinham uma clara relação com as ambiguidades da sua análise do poder de classe da burguesia. Gramsci, como vimos, igualava a "guerra de posição" à "hegemonia civil". Assim, exatamente como a sua utilização da hegemonia tendia a implicar que a estrutura do poder capitalista no Ocidente repousava essencialmente sobre a cultura e o consentimento, a ideia de uma guerra de posição tendia a implicar que o trabalho revolucionário de um partido marxista era essencialmente o da conversão ideológica da classe operária – daí a sua identificação com a frente única, cujo objetivo era ganhar a maioria do proletariado ocidental para a III Internacional. Nos dois casos, o papel da coerção – repressão, da parte do Estado burguês, e insurreição, da parte da classe operária – tende a desaparecer. A fraqueza da estratégia de Gramsci é simétrica à de sua sociologia.[74]

---

[73] MEZZAROBA, Orides. "Gramsci e a hegemonia". *Gramsci*: estado e relações internacionais. Florianópolis, Fundação Boiteux, 2005, p. 17.

[74] ANDERSON, Perry. *Afinidades seletivas*. São Paulo, Boitempo, 2002, p. 96.

No processo de revolução, tendo em vista as mediações necessárias às sociedades ditas ocidentais, nas quais as complexidades das relações de produção e do nível ideológico demandam uma guerra de posições, isto é, a tomada da hegemonia social, a questão do combate no/ao direito ganha relevo, na medida em que o direito é um dos elementos primordiais no seio da hegemonia da classe dominante. Os explorados a princípio não se percebem desiguais por conta também da ideologia jurídica da igualdade formal. A hegemonia é o instrumento pelo qual a sociedade capitalista faz um amálgama entre burguesia e proletariado, exploradores e explorados, mas, justamente por ser um elemento de coesão que dificulta o rompimento da estrutura do todo social, é um elemento que deve ser atacado e conquistado, como contra-hegemonia, em benefício dos fins revolucionários. Para Gramsci, além da transformação das estruturas produtivas, é também rompendo com a hegemonia da classe burguesa que se possibilita a consolidação da luta das classes exploradas.

A FILOSOFIA DO DIREITO MARXISTA ITALIANA

A filosofia do direito do marxismo, no pós-Segunda Guerra Mundial, floresceu com grande repercussão na Itália. O pensamento gramsciano, valorizando os estudos sobre a hegemonia e o Estado, posiciona o direito no centro da reflexão política marxista. Além de Gramsci, pode-se dizer que no marxismo italiano há uma outra importante corrente de pensamento capitaneada por Galvano Della Volpe. No contexto jurídico, em específico, destaca-se ainda o pensamento de Umberto Cerroni, um dos mais importantes filósofos marxistas do direito do século XX. Na década de 1970, toda a tradição marxista italiana também se defrontou com um debate com os liberais, capitaneados por Norberto Bobbio, debate este que repercutiu também na questão do direito.

O contexto político italiano foi muito peculiar para o desenvolvimento de uma filosofia política e de uma filosofia do direito marxistas. O Partido Comunista Italiano se defrontou, no pós-fascismo, com várias possibilidades de alcançar o poder estatal por meio democrático. Teoricamente, levantava-se a hipótese de uma chegada ao socialismo não por meio da ruptura revolucionária, mas sim por meio da própria democracia burguesa. Por essa razão, o debate italiano esteve sempre próximo de uma reflexão sobre a relação entre democracia e socialismo.

Galvano Della Volpe (1895-1968) foi um pensador muito original no quadro do marxismo. Enquanto grande parte da tradição dos filósofos do século XX – como Lukács – acentuava a proximidade do jovem Marx com Hegel, Della Volpe, num movimento contrário, buscava separar o pensamento de Marx das possíveis injunções hegelianas. Para Della Volpe, o pensamento de Marx não é hegeliano, por isso sua dialética e sua lógica se estabelecem de modo distinto da tradição hegeliana.[75]

---

[75] "As contradições (ou digamos mesmo os contrários) que a Marx interessa unicamente resolver ou superar na sua unidade são *reais*, isto é, precisamente contradições históricas, ou melhor, historicamente determinadas ou específicas; e compreende-se: para poder conhecer o mundo a fim de 'mudá-lo' ou revolucioná-lo, as contradições *indeterminadas*, ou genéricas, ou melhor,

O único grande paralelo a Della Volpe, nesse sentido, se fez com Althusser, que, desenvolvendo com mais sofisticação e assertiva uma separação entre os Marx da juventude e da maturidade, procedeu a um corte epistemológico entre esses dois momentos. Para Althusser, o Marx da juventude ainda é hegeliano. Mas o marxismo aceito por Della Volpe, mesmo desprovido das influências mais nítidas do hegelianismo, ainda arrastaria uma certa valorização do Estado e do direito no socialismo. Ainda que concordando com o socialismo como uma etapa de paulatino perecimento do Estado, Della Volpe ressalta algum papel ao direito na transição ao socialismo:

> Enquanto houver Estado, mesmo que se trate de um Estado proletário, continua a ser verdadeira e pertinente aquele aviso de Montesquieu que, provocado pelo governo monárquico absoluto do seu tempo, é, pelo que atrás se disse, extensível a todo o poder político, mesmo operário: o aviso de que é "soberanamente importante não abater ou aviltar a natureza humana". Em suma, a emancipação humana do homem – na medida em que ela é possível perante o advento da sociedade comunista – requer e implica a liberdade política tanto quanto a liberdade social, ou melhor, a primeira de harmonia com a segunda.[76]

Na obra de Della Volpe, a questão da legalidade no socialismo se põe como uma etapa de síntese entre a liberdade formal e a liberdade como possibilidade concreta, garantida pela igualdade proletária. Della Volpe destaca que a legalidade socialista é uma etapa de transição – existente no socialismo mas tendente à sua dissolução no comunismo. Vinícius Magalhães Pinheiro assim trata da questão do direito em Della Volpe:

> A [...] conclusão dellavolpiana, referente às premissas da herança jurídica burguesa, no Estado socialista (ou, usando outra expressão do autor, "garantismo constitucional socialista"), é aquela na qual o mesmo Estado (e direito, diga-se de passagem) socialista, em que Della Volpe admite o prolongamento da superestrutura jurídica (portanto, elemento de concepção e prática burguesa-liberal), é aquele que será extinto com o fim da luta de classes e o surgimento do comunismo. Della Volpe, assim, apesar de ter feito suas concessões à teoria político-jurídica de garantismo constitucional (cuja origem e desenvolvimento, como procuramos apontar, em Della Volpe, é, repita-se, notadamente burguês-liberal) ainda se mantém próximo ao marxismo ao prever a extinção do Estado (e, por via de consequência, do direito). [...]
>
> Della Volpe vai apresentar, assim, sua tese da "dialética das liberdades", ou seja, a legalidade socialista, enquanto superação da antinomia entre liberdade burguesa e liberdade proletária. Considera, Galvano Della Volpe, que somente em um Estado socialista é que se realiza a harmonização das liberdades "civil" (ou burguesa, por ele expresso enquanto "liberdade como garantia de não impedimento estatal de cada pessoa") e "igualitária" (ou proletária, por ele expresso enquanto "liberdade social das humanas possibilidades de cada pessoa").[77]

---

muitíssimo genéricas, da dialética hegeliana (platonizante), não servem minimamente." DELLA VOLPE, Galvano. *A lógica como ciência histórica.* Lisboa, Edições 70, 1984, p. 301.

[76] DELLA VOLPE, Galvano. *Rousseu e Marx*: a liberdade igualitária. Lisboa, Edições 70, 1982, p. 98.

[77] PINHEIRO, Vinícius Magalhães. *Filosofia e direito em Galvano Della Volpe.* São Paulo, Alfa-Ômega, 2011, p. 85 e 90.

Embora com importantes contribuições à reflexão jurídica, Galvano Della Volpe destacou-se, no contexto do marxismo, mais pela sua relação com a filosofia geral – inclusive sendo um dos mais relevantes pensadores da estética do marxismo. Mas, no que diz respeito ao direito, o grande pensador do marxismo italiano foi Umberto Cerroni (1926-2007). O vasto pensamento de Cerroni compreendeu uma importante reflexão sobre as questões jurídicas, a política, a filosofia e a cultura.

Resgatando a memória dos clássicos do pensamento político e jurídico do marxismo – como o próprio Pachukanis, dentre outros –, Cerroni situa o cerne da filosofia do direito marxista numa relação entre o nível econômico-produtivo da sociedade e sua superestrutura político-jurídica. As contradições do capitalismo e a superação das suas relações produtivas devem ser acompanhadas também por uma transformação do Estado e do direito. Cerroni vê, no pensamento de Marx, uma necessária e explícita junção dessas duas preocupações (com mais ênfase na questão da política e do direito nas obras de juventude e mais ênfase na economia política nas obras de maturidade). No entanto, o próprio Cerroni alerta para um descuido teórico do pensamento marxista do século XX em atrelar as relações da transformação econômica com as suas consequências específicas políticas e jurídicas.

> É tempo de reavaliar a posição que no pensamento de Marx ocupa a crítica do Estado e, consequentemente, deixar bem definido que o seu comunismo científico nasce de duas instâncias fundamentais: a socialização dos meios de produção e a socialização do poder ou a extinção-superação do Estado. Estas duas instâncias podem formular-se, de outro modo, como instâncias duma crítica teórica e histórica radical, tanto na economia política como da política (e do direito).
>
> [...] A *possibilidade* da transição para o socialismo através do consenso é, antes de mais nada, deduzível da *necessidade* duma mediação entre a problemática da socialização econômica e a problemática da socialização política, entre a implantação socioeconômica e a implantação política do socialismo. Tal mediação fora já estudada com bastante clareza por Marx, mas na ulterior *práxis* política do movimento a questão deformou-se e decompôs-se noutras, principalmente no problema do repúdio da integração reformista na democracia liberal e no problema da contraposição da liberdade econômica à liberdade política. Daí resultou uma quebra do nível teórico e, em geral, do nível subjetivo do mesmo movimento. Parece, todavia, impor-se uma subida deste nível e uma integral recuperação da teoria política de Marx dentro da mais complexa realidade histórica dos nossos dias, a qual parece mostrar, por assim dizer, o caráter não necessariamente "político" (universalizante) da violência e o caráter requintadamente social e político que a mesma força terá de adquirir cada vez mais para conseguir eficácia histórica.[78]

Para Cerroni, é necessário vislumbrar uma nova articulação, no socialismo, entre as relações de produção e as instâncias políticas democráticas. Tal articulação não deve se valer das categorias da democracia burguesa, mas deve sim ser baseada na ação popular concreta, ainda que instrumentalizada por instâncias jurídicas necessárias. No bojo da tradição do marxismo italiano, o socialismo, tal qual já apontado por Gramsci,

---

[78] CERRONI, Umberto. *Teoria política e socialismo*. Mira-Sintra, Europa-América, 1976, p. 47 e 84.

é refletido por Cerroni a partir do quadrante da valorização da democracia como meio e instrumento do socialismo.

A tensão entre a manutenção ou a ruptura definitiva com as categorias da democracia e do direito burguês em Cerroni é apontada por Camilo Onoda Caldas:

> Cerroni e os marxistas de seu tempo, a exemplo de hoje, também se encontram diante de um impasse a ser resolvido. As críticas ao stalinismo deflagradas pelo XX Congresso do Partido Comunista Soviético fizeram com que os intelectuais marxistas da época se esforçassem em busca dos meios e pressupostos necessários para a construção de um "socialismo democrático". Nessa tentativa, ganhou força o elemento político da democracia, em detrimento do econômico. Desse modo, o marxismo de Cerroni, a exemplo de outros, inclinou-se para o entendimento de que a consolidação da democracia demandaria o desenvolvimento e o fortalecimento das garantias jurídicas, além da criação de uma teoria política fundada nas premissas marxistas. Porém, a pretensão de sanar o economicismo, valorizando o sentido político da democracia, revelou-se, ao final, um caminho para, novamente, confinar a democracia ao estreito aspecto da formalidade.[79]

No quadro do debate a respeito das categorias democráticas e jurídicas burguesas e seu uso universalizante inclusive no socialismo, na década de 1970, bem ao tempo em que o Partido Comunista Italiano alcançou índices expressivos de voto dentre a população italiana, com grandes possibilidades de alçar-se ao poder por meio do voto, Norberto Bobbio lança a acusação de que o pensamento político e jurídico marxista não possuía uma visão própria para tratar da questão do Estado. Dizendo-se instigado por ideias do próprio Cerroni, para Bobbio, ou o marxismo trataria a questão do Estado em termos vagos de sua mera abolição, no advento do socialismo, ou então se situaria necessariamente como refém das categorias democráticas ditas "burguesas".

> De um ensaio de já há alguns anos, [...] peguei o tema de uma afirmação de Umberto Cerroni para fazer algumas considerações sobre a inexistência, ou insuficiência, ou deficiência, ou irrelevância denunciada e deplorada de uma ciência política "marxística", entendida como "falta de uma teoria do estado socialista ou de uma democracia socialista como alternativa à teoria, ou melhor, às teorias do Estado burguês, da democracia burguesa". [...]
>
> Para tentar explicar a situação, adotei no ensaio precedente dois argumentos: o interesse prevalecente, se não exclusivo, dos teóricos do socialismo pelo problema da conquista do poder, onde o realce dado ao problema do partido mais do que ao do Estado, e a persistente convicção de que uma vez conquistado o poder o Estado seria um fenômeno de "transição", isto é, destinado mais cedo ou mais tarde a desaparecer, sendo-lhe portanto particularmente adequada aquela forma de governo, dada sua natureza transitória, que é a ditadura (no sentido original de governo extraordinário por tempos e eventos extraordinários).[80]

---

[79] CALDAS, Camilo Onoda. *Perspectivas para o direito e a cidadania*: o pensamento jurídico de Cerroni e o marxismo. São Paulo, Alfa-Ômega, 2006, p. 128.

[80] BOBBIO, Norberto. "Existe uma doutrina marxista do Estado?" *O Marxismo e o Estado*. Rio de Janeiro, Forense Universitária, 1979, p. 13-14.

A proposição de Bobbio, reforçada pelas teorias de Lucio Colletti, deu ensejo ao debate italiano sobre a teoria marxista da política, com intervenções de inúmeros pensadores, dentre os quais o próprio Cerroni, Pietro Ingrao, Giuseppe Vacca, dentre outros. A possibilidade de uma construção democrática do socialismo foi afirmada, pelos marxistas, como uma superação da democracia formal, mas, ao mesmo tempo, como uma transição demorada. Em contraposição a Bobbio, que não reconhecia uma teoria política marxista,[81] o debate italiano encaminhou-se à consideração de que os clássicos do marxismo previam a revolução rápida, como no caso soviético, mas ao capitalismo contemporâneo a estratégia socialista se impunha a partir de um longo processo de transição. Assim sendo, as próprias categorias políticas e jurídicas burguesas deveriam ser repensadas, não pelo seu valor no capitalismo, mas pelo fato de que a transição ao socialismo se vislumbrava a partir delas.

> O nó do problema que estamos considerando torna-se não aquele da pura e simples adesão do movimento socialista às formas e procedimentos da democracia política, mas de preferência torna-se o problema crucial da própria democracia política; se esta deve *se reduzir* de verdade a um mero processo judiciário e a uma formal possibilidade garantida de delegar *ad eterno* o poder de todos a uma *elite*; se deve se considerar somente um fim e não também um meio.
>
> [...] A divisão entre governados e governantes é própria das sociedades divididas em classes e que, em particular, esta divisão assume na sociedade capitalista a forma específica da construção necessária de uma representação política. Certo, trata-se de uma divisão que será muito longa também na nova sociedade socialista. Aqui, todavia, começam a desaparecer as condições que a tornam *necessária*, pouco a pouco difundindo-se à socialização dos meios de produção. Se a este processo não corresponder um processo de socialização do poder, certamente ter-se-á um socialismo defeituoso, por assim dizer; antes ou depois deverá vir o choque, pelas suas formas políticas – com as necessidades expressas pelas novas condições sociais.[82]

O debate italiano sobre a teoria política marxista esteve sempre no contexto da aceitação ou não dos princípios burgueses. O marxismo, como teoria de derrubada da estrutura política do capitalismo, esteve confrontado à sua rendição aos limites do já posto e estabelecido das sociedades capitalistas, como se elas fossem o horizonte máximo do pensamento político.[83] O debate italiano revelou-se um processo muito mais de

---

[81] "Repito que Marx e Engels, e com maior razão um chefe revolucionário como Lênin, possuíam seus bons motivos históricos para dar mais importância ao problema dos argumentos do que ao das instituições. Mas isto não nos exime de tomar conhecimento de que suas indicações sobre o problema das instituições foram sempre genéricas, sumárias, e o que é mais grave, irreais, e que portanto sua teoria do Estado é incompleta, faltando-lhe justamente aquela parte que induz a muitos reconhecer, com razão, que uma verdadeira e própria teoria socialista do Estado não existe." Ibid., p. 29.

[82] CERRONI, Umberto. "Existe uma ciência política marxista?" *O Marxismo e o Estado*, op. cit., p. 66-67.

[83] "Para o filósofo italiano [Bobbio], a unidade da teoria é definida por aquilo que ele quer afirmar, a permanência das regras do jogo, as formas institucionais da democracia contemporânea. Sua

assimilação e de reformismo do que de revolução. De um certo modo, o pensamento político de Della Volpe, de Umberto Cerroni e do marxismo italiano não avançou em categorias plenamente marxistas, permanecendo ainda refém das categorias do pensamento jurídico moderno, o que fazia da transição democrática ao socialismo muito mais um arrefecimento em face do formalismo democrático do que propriamente um reforço das posições socialistas. Camilo Onoda Caldas assim se pronuncia:

> É possível concluir que o pensamento teórico de Cerroni, mesmo com suas particularidades, insere-se dentro de uma tradição italiana marxista que abrange conhecidos pensadores como Gramsci, Galvano Della Volpe e Norberto Bobbio.
>
> Esforçando-se para conceber um "socialismo democrático", essa tradição marxista buscou um redimensionamento da ciência política na perspectiva marxista. Essa tentativa, porém, foi duramente criticada por outros marxistas, justamente porque, para realizar esse empreendimento, foram utilizadas construções teóricas oriundas da filosofia política moderna, ou seja, noções impregnadas pela ideologia desse período, cujo resultado redundou num desvio do debate do campo da estrutura e da organização econômica para o campo da política e de suas concepções.[84]

Em vários pontos, pode-se dizer que o debate italiano demonstra os contornos dos limites mínimos – reformistas – da filosofia marxista do direito, enquanto outros pensamentos, como o de Pachukanis, representam os contornos dos limites mais amplos e vastos – revolucionários – do marxismo jurídico.

A ESCOLA DE FRANKFURT

Um grupo de pensadores que se reuniu, na década de 1930, em torno do Instituto para a Pesquisa Social, ligado à Universidade de Frankfurt, dado o destaque de suas ideias, interpretações e investigações filosóficas e sociais, e dado o fato de um horizonte de pensamento e de pesquisa em comum, leva o nome de *Escola de Frankfurt*. Muitos intelectuais pertenceram a esse grupo ou em algum momento estiveram próximos a ele. Já em sua origem, Max Horkheimer (1895-1973) e Theodor Adorno (1903-1969) destacaram-se. Walter Benjamin (1892-1940), Herbert Marcuse (1898-1979), Wilhelm Reich (1896-1957) e Erich Fromm (1900-1980), além de estudiosos de áreas específicas – como Otto Kirchheimer (1905-1965) e Franz Neumann (1900-1954), no campo jurídico –, estiveram, de algum modo, no entorno desse grupo.

É ainda costume se dizer que há uma segunda geração da Escola de Frankfurt, representada, fundamentalmente, por Jürgen Habermas. Já nessa segunda geração a ra-

---

teoria é, assim, uma teoria positiva da política. Para o marxismo, a unidade da teoria é dada por aquilo que ele quer negar, o poder político. O marxismo é, assim, uma teoria negativa da política. É essa negatividade a condição para a existência de uma teoria marxista da política." BIANCHI, Álvaro. "Uma teoria marxista do político? O debate Bobbio *trent'anni doppo*". Lua Nova, nº 70, São Paulo, Cedec, 2007, p. 78.

[84] CALDAS, *Perspectivas para o direito e a cidadania*: o pensamento jurídico de Cerroni e o marxismo, op. cit., p. 73.

dicalidade do pensamento original se encontra esmaecida, e, portanto, o próprio vínculo com o grupo primeiro é discutível. Na hipótese de se ver um fio de continuidade, aponta-se ainda uma terceira geração de frankfurtianos, representada por Axel Honneth. De qualquer modo, o rótulo *Escola de Frankfurt* foi construído apenas tardiamente, quando o trabalho do grupo original de pensadores já estava consolidado e se notava uma certa similitude de horizontes entre suas perspectivas.

O pensamento mais elaborado da Escola de Frankfurt se relaciona com o direito de uma maneira indireta – o direito é uma manifestação clara localizada dentro do grande painel da razão instrumental contemporânea, repressora e injusta. Mas houve um pensamento na Escola de Frankfurt que, ainda que menos destacado, foi diretamente jurídico. Franz Neumann e Otto Kirchheimer, advogados, foram os responsáveis pelo trabalho teórico jurídico do grupo frankfurtiano.

Franz Neumann, antes de sua trajetória junto a Horkheimer e seu grupo, foi advogado trabalhista e ligado aos movimentos sociais na Alemanha ao tempo da República de Weimar. Judeu, exilou-se na Inglaterra e nos EUA, sempre enfrentando muita dificuldade econômica. Sua obra mais importante é *Behemot*, uma análise das questões jurídicas, institucionais e políticas sob o nazismo.

Em toda sua produção, Neumann avalia o papel do direito a partir das circunstâncias do capitalismo do século XX. O nazismo conseguira manter o capitalismo organizado por meio de regras jurídicas, regras estas diferentes, no entanto, da tradição liberal. Com tal diferença, então, o direito liberal apresentava, para Neumann, uma função de resistência e algum papel de emancipação. Diz nesse sentido José Rodrigo Rodriguez:

> Segundo Franz Neumann, o capitalismo mudou e, com ele, o papel do direito. Ao pensar o nazismo e sua relação com o capitalismo, Neumann permite que percebamos como o direito (da tradição liberal) e o capitalismo não são as duas faces da mesma moeda. Já vimos que nosso autor tem uma opinião muito clara sobre a ordem jurídica nazista: não se trata de direito, mas de força pura. Um regime centrado na força pura, mas que produz regras, ou seja, produz previsibilidade para os negócios e para a sociedade (o que falta é a possibilidade de resistir ao poder). Por isso mesmo, é capaz de conviver com o capitalismo sem sobressaltos. [...] Se o nazismo deixa claro que direito liberal e capitalismo não precisam andar juntos, a ação operária no parlamento mostra que o direito liberal deixa de funcionar como ideologia com a criação de direitos sociais. A soma desses dois ingredientes é o que permitirá a Neumann afirmar o caráter emancipatório do direito liberal.[85]

Otto Kirchheimer, também judeu-alemão, de algum modo mais radical que Neumann,[86] dedicou-se, aos tempos da República de Weimar, a analisar a decadência do

---

[85] RODRIGUEZ, José Rodrigo. "Franz Neumann: o direito liberal para além de si mesmo". In: NOBRE, Marcos (Org.). *Curso livre de teoria crítica*. Campinas, Papirus, 2008, p. 106-107.

[86] "Assim como seu mestre Harold Lasky, Neumann, embora tivesse passado a aderir a uma teoria marxista da sociedade, continuava, politicamente, sendo um reformista que punha todas as suas esperanças numa política melhor dos movimentos operários no contexto de um Estado de direi-

Estado alemão social-democrata, que buscava fazer, por meio do direito, uma espécie de composição entre a burguesia e os trabalhadores. Enquanto boa parte dos juristas e políticos de esquerda defendia a Constituição de Weimar mesmo quando ela se encaminhava para o seu esgarçamento (quando a classe burguesa já assumia um papel totalitário), Kirchheimer partia de uma análise crítica de tal composição de classes, ressaltando a necessidade de ruptura revolucionária por parte dos trabalhadores.

Nesse momento de seu trabalho, Kirchheimer dialogou diretamente com Carl Schmitt e seu pensamento, na medida em que o pensamento schmittiano também denuncia a falsa e instável concórdia entre classes da República de Weimar. Ocorre, no entanto, que Schmitt se encaminha à solução nazista, que destruíra o arranjo político e social weimariano em prol da atrocidade reacionária. Kirchheimer aponta os limites do direito em favor de uma transformação proletária.[87]

No exílio nos EUA, Kirchheimer se dedica ao estudo do direito penal e sua conexão íntima à lógica do capitalismo. Reelabora um texto de Georg Rusche, que passa a levar o nome de *Punição e estrutura social*. Nele, Kirchheimer aponta o sistema penal como decorrência necessária da própria estrutura da sociedade capitalista, que se vale de formas cruentas de opressão para a manutenção da sua exploração de classe. Nessa obra, Kirchheimer considera ser inútil imaginar que o direito penal tenha alguma relação necessária com o delito.[88] As causas socioeconômicas são muito mais verdadeiras que as meramente jurídicas:

> Para adotar uma abordagem mais profícua para a sociologia dos sistemas penais, é necessário despir a instituição social da pena de seu viés ideológico e de seu escopo jurídico e, por fim, trabalhá-la a partir de suas verdadeiras relações. A afinidade, mais ou menos transparente, que se supõe existir entre delito e pena impede qualquer inda-

---

to restabelecido." WIGGERSHAUS, Rolf. *A Escola de Frankfurt. História, desenvolvimento teórico, significação política*. Rio de Janeiro, Difel, 2002, p. 253.

[87] "Kirchheimer – que, como Neumann, era membro do *SPD*, mas pertencia à ala 'jovem socialista', ao passo que Neumann se colocava em direção ao centro-direita – desprezava a veneração dos social-democratas pela democracia parlamentar e a Constituição, e admirava a posição bolchevista que ele definia por meio das categorias de Schmitt, soberania e imagem clara do inimigo. Segundo Kirchheimer, os social-democratas acreditavam no 'duplo progresso', na ideia de que, ao progresso da economia capitalista, correspondia um progresso na educação dos homens tendendo para a humanidade. Lênin, ao contrário, substituía essa doutrina pela do combate em todos os níveis, sem trégua. Os social-democratas fetichizavam um estado que era menos do que um estado soberano com um inimigo definido: apenas um estado de direito. Em compensação, a Rússia bolchevista era mais do que um estado: ela proclamava a classe sob o título de soberano, insistia no mito imediatamente eficaz da revolução mundial em vez de uma utopia racional, dispunha de um conceito de ditadura soberana e de uma imagem clara do inimigo." Ibid., p. 257.

[88] "A historicidade da pena [é] uma formulação genial composta por dois elementos: (i) a ausência de relação entre a taxa de criminalidade e a política de penas e (ii) a vinculação entre as políticas penais e os sistemas produtivos. Com essa base teórica, Kirchheimer consegue formular que 'a pena como tal não existe, o que existe são apenas práticas penais concretas." MACHADO, Maíra Rocha; RODRIGUEZ, José Rodrigo. "Otto Kirchheimer: uma contribuição à crítica do direito penal (levando o direito penal a sério). In: NOBRE (Org.). *Curso livre de teoria crítica*, op. cit., p. 135.

gação sobre o significado independente da história dos sistemas penais. Isso tudo tem que acabar. A pena não é nem uma simples consequência do delito, nem o reverso dele, nem tampouco um mero meio determinado pelo fim a ser atingido. A pena precisa ser entendida como um fenômeno independente, seja de sua concepção jurídica, seja de seus fins sociais. [...] As mudanças na *praxis* penal não podem interferir seriamente na operação das causas sociais para a delinquência.[89]

As grandes contribuições jurídicas frankfurtianas, no entanto, não foram aquelas diretamente produzidas pelos juristas que estiveram em seu entorno. Para a grande reflexão crítica sobre o direito, a junção de psicanálise e marxismo e a crítica da razão são os mais importantes fundamentos que se podem extrair do pensamento da Escola de Frankfurt.

Há, em comum à maioria dos frankfurtianos, uma formação haurida do marxismo que constrói diálogo com algumas das correntes de pensamento mais importantes do século XX, como a psicanálise de Freud. Nisso se revela o caráter bastante original da Escola de Frankfurt. A junção de um pensamento eminentemente voltado à questão social com outro voltado à questão da personalidade individual representou um dos momentos de apogeu da filosofia contemporânea.

Destaca-se entre os frankfurtianos, além da junção de *marxismo* e *psicanálise*, a análise bastante contundente sobre a *razão contemporânea* e a *técnica*. Nesse sentido, a Escola de Frankfurt navega contra a maré da filosofia conservadora e estabelecida de seu tempo. Enquanto muitos apostavam – numa crença ainda burguesa e iluminista – que a razão salvaria a sociedade, a Escola de Frankfurt denuncia o caráter dominador da própria razão e da técnica, esteio da lógica capitalista.

Ao se levantar contra a racionalidade no seu sentido de dominação, a Escola de Frankfurt aponta para uma razão que não seja meramente reificada, tecnicista, limitada. A *razão crítica* passa a ser o horizonte maior da filosofia dos frankfurtianos. E, por isso, o grupo também é conhecido como *Escola da Teoria Crítica*.

Para o direito, além dos estudos específicos de Neumann e Kirchheimer, o impacto do pensamento geral da Escola de Frankfurt é muito grande. É possível vislumbrar uma relação do direito com a psicanálise, na medida da própria repressão da personalidade transplantada ao plano social institucional. Ao mesmo tempo, pode-se entender o direito como uma das claras e notórias manifestações da razão técnica, não crítica.

Razão técnica e razão crítica

Em torno do problema da *razão* se levanta o grande horizonte filosófico da Escola de Frankfurt. O discurso moderno considera a razão a arma de emancipação da humanidade. Muito coadunado com as necessidades do capitalismo, tal discurso investe no conhecimento, no aprimoramento técnico, no desvendamento e domínio da natureza, como forma de superação das antigas crenças místicas, religiosas e irracionais. A razão é a emancipação.

---

[89] RUSCHE, Georg; KIRCHHEIMER, Otto. *Punição e estrutura social*. Rio de Janeiro, Revan, 2004, p. 19 e 278.

Outro não foi o discurso do Iluminismo. O seu movimento era no sentido de contrastar os tempos de trevas da fé e do desconhecimento aos novos tempos das luzes da razão. De um certo modo, esse discurso, que foi instaurado na Idade Moderna, perseguiu grande parte da própria Idade Contemporânea. Ainda que de maneira imprópria, houve os que leram, na dialética de Hegel e Marx, um movimento contínuo da razão superando a irracionalidade.

Tal movimento guarda uma proximidade estrutural com a própria lógica do capitalismo. A produção de bens, o domínio da natureza, a tecnificação das relações sociais, tudo isso é o esteio no qual se assentam as bases do capitalismo, na produção e no comércio. A racionalidade do burguês é essencialmente técnica: calcula ganhos e perdas, riscos e segurança, inovação tecnológica, disciplina e custo do trabalho, inovação de materiais etc. O capitalismo é uma forma de racionalidade que rompe com o passado, artesanal e menos contabilista.

É a partir de tal quadrante que a Escola de Frankfurt levanta sua grande teoria da razão. No século XX, as agudas contradições do capitalismo passam a se tornar visíveis, sem nenhum esconderijo. O nazismo é seu exemplo marcante. A sociedade capitalista, com todo o cabedal de conhecimento técnico que possuía, com sua avançada reflexão teórica e mesmo filosófica, descamba numa luta fratricida entre povos imperialistas, impondo uma lógica fascista de exclusão do judeu, do negro, do louco, do homossexual, do estrangeiro etc. A partir desse quadro, o discurso comum aponta, na estrutura da sociedade contemporânea capitalista, uma *falta* de razão. Mas a Escola de Frankfurt, brilhantemente, diagnostica o contrário.

Para Adorno e Horkheimer, o capitalismo e sua vertente extrema, o nazismo, não são constituídos de irracionalidade. Pelo contrário, toda a lógica da sociedade capitalista se estrutura sob alicerces da *razão*. O cálculo, a inovação tecnológica, o domínio de corpos, vontades e subjetividades e a própria política são racionais. O nazismo, mesmo quando movia sentimentos irracionais e primitivos da população, assim o fazia a partir de um cálculo racional. Os resultados eram previsíveis e o entendimento do controle da sociedade torna-se então "científico". As armas de guerra, as bombas atômicas e a destruição em massa fazem parte de um movimento de abundância da razão, e não de sua falta.

Somente na abundância da razão foi possível à humanidade manipular os átomos e empreender a bomba atômica. Ao contrário daqueles que acusavam a sociedade capitalista de irracional, a Escola de Frankfurt aponta sua racionalidade. Mas trata-se de um tipo muito peculiar de racionalidade: a *razão instrumental*.

A razão instrumental é aquela que procede no campo da contabilidade, do cálculo, da técnica. Ela opera relações de meio e fim, e é tipicamente centrada em seus próprios procedimentos, sem uma reflexão ampla. Toda a riqueza tecnológica contemporânea se constrói por meio de tal razão instrumental. As máquinas, os computadores, os meios de comunicação, e mesmo o entendimento empírico dos comportamentos e desejos sociais e individuais se dão por meio dessa razão contabilista. Como é a ferramenta por excelência do fazer contemporâneo, pode-se chamar à razão instrumental, também, por *razão técnica*.

Num livro muito importante de Adorno e Horkheimer, a *Dialética do esclarecimento*, estabelece-se uma importante reflexão a respeito do caráter dominante da razão técnica na sociedade capitalista contemporânea. A lógica contabilista, mercantil, se esparrama por todos os setores da vida social, quase que sufocando a possibilidade de entendimento e ação em sentido libertário. A racionalidade técnica passa a operar numa espécie de constante identidade entre sujeito e objeto, de caráter matemático. A boa ciência é aquela que explica o objeto, o dado, tal qual como ele se apresenta. O preço disso é uma tautologia, repetir o mesmo, sem compreendê-lo no todo e no processo histórico de sua formação, sua função e suas possibilidades futuras.

> Na redução do pensamento a uma aparelhagem matemática está implícita a ratificação do mundo como sua própria medida. O que aparece como triunfo da racionalidade objetiva, a submissão de todo ente ao formalismo lógico, tem por preço a subordinação obediente da razão ao imediatamente dado. Compreender o dado enquanto tal, descobrir nos dados não apenas suas relações espácio-temporais abstratas, com as quais se possa então agarrá-las, mas ao contrário pensá-las como a superfície, como aspectos mediatizados do conceito, que só se realizam no desdobramento de seu sentido social, histórico, humano – toda a pretensão do conhecimento é abandonada. Ela não consiste no mero perceber, classificar e calcular, mas precisamente na negação determinante de cada dado imediato. Ora, ao invés disso, o formalismo matemático, cujo instrumento é o número, a figura mais abstrata do imediato, mantém o pensamento firmemente preso à mera identidade. O factual tem a última palavra, o conhecimento restringe-se à sua repetição, o pensamento transforma-se na mera tautologia. Quanto mais a maquinaria do pensamento subjuga o que existe, tanto mais cegamente ela se contenta com essa reprodução.[90]

O capitalismo, quando mata e destrói em massa, não é irracional. Está embebido de racionalidade, mas de uma racionalidade atroz: uma razão instrumental. Contra a irracionalidade do passado, o capitalismo levantou uma razão meramente técnica. Por isso, os frankfurtianos – que, marxistas e judeus, sofreram na pele a hecatombe contemporânea de Hitler – apontam a plenitude atual da razão técnica instrumental, e, para além dela, uma *razão crítica*.

Na obra dos autores mais centrais da Escola de Frankfurt, como Adorno e em especial Horkheimer, a razão crítica é, em primeiro lugar, uma forma de ver o mundo lastreada no pensamento marxista. É Marx quem permite observar a sociedade capitalista, a economia política, por meio de um viés crítico. A contaminação de todas as esferas sociais contemporâneas pela lógica da mercadoria só é compreendida a partir do movimento do capital, explicado por Marx. A razão crítica não se limita ao mesmo âmbito do mundo parcial, fechado, fragmentado, que é típico da razão instrumental. O princípio da crítica é a totalidade, na medida da compreensão dos fenômenos sociais não como dados brutos isolados, mas como interação dinâmica, dialética, que se constrói historicamente e na história se resolve.

A razão crítica é mais ampla que os postulados da razão instrumental. Esta se vale da analítica como seu método fundamental. A análise representa a quebra do todo social

---

[90] ADORNO; HORKHEIMER. *Dialética do esclarecimento*. Rio de Janeiro, Zahar, 1985, p. 38.

em fragmentos, e a posterior compreensão de cada um desses fragmentos isoladamente. As leis econômicas, as questões jurídicas, as movimentações políticas, a cultura e as ideias, cada um desse campo é compreendido de maneira isolada pela filosofia analítica. A razão crítica é de outro nível. Ela não se esgota na exata identidade entre o fato analisado e sua explicação limitada. Assim trata Horkheimer:

> A análise parte do específico para o geral. Ela é suficiente, enquanto o pensamento tem que apenas destacar do acontecimento real aquilo que se repete. Para aquelas atividades que dependem da relativa imutabilidade de situações naturais e sociais, a ciência cumpriu assim sua tarefa própria. No período liberal, esperavam-se milagres da simples evolução da pesquisa individual, porque se consideravam estáticos os fundamentos da forma social atual. Todavia, o processo mecânico falha perante o conhecimento da história. Aqui é necessário reconhecer processos ainda não concluídos, únicos, nas suas tendências dominantes. Para tanto, deve-se de fato recorrer ao saber analítico, mas o resultado para o qual ele deve colaborar não coincide de modo nenhum com ele. Aqui, modo de investigação e modo de representação são fundamentalmente divergentes. [...] Embora o materialismo não negue o pensamento analítico que, sob as atuais condições, se converteu, tanto quanto outros meios auxiliares da sociedade, de uma força produtiva num empecilho, mas passa a usá-lo corretamente, ele assume, entretanto, um papel diferente do que tinha a princípio na filosofia.[91]

Por isso, a razão crítica não se fixa apenas na compreensão objetiva dos fenômenos, como uma análise dita "imparcial", tradicional, técnica, busca empreender. A razão crítica demonstra as engrenagens, ocultas e visíveis, que imperam em cada um desses fenômenos, e a sua integração na reprodução de uma sociedade de exploração, cindida em classes. A razão crítica não é somente crítica em relação ao conhecimento tradicional, instrumental. É crítica também em relação à própria sociedade capitalista, que gera e é instrumentalizada por esse pensamento técnico. Assim sendo, ao tratar da exploração, a razão crítica, exposta pela Escola de Frankfurt, há de apontar sempre para a possibilidade de *superação* dos mesmos fenômenos e situações sociais que se analisam.[92]

---

[91] HORKHEIMER, Max. *Teoria crítica I*. São Paulo, Perspectiva/Edusp, 1990, p. 113.

[92] "O comportamento crítico pretende mostrar duas coisas simultaneamente. Por um lado, que a produção científica de extração tradicional é parcial, porque, ao ignorar que essa produção tem uma posição determinada no funcionamento da sociedade, acaba por construir uma imagem da mesma que fica no nível da aparência, não conseguindo atingir os objetivos que ela própria se colocou como teoria. Por outro lado, entretanto, que essa aparência à qual se limita a Teoria Tradicional é também aquela produzida pela própria lógica ilusória do capital, que promete a liberdade e a igualdade que jamais poderão ser realizadas sob o capitalismo. Nesse sentido, a parcialidade da concepção tradicional de teoria é também *real*; ela expressa a parcialidade própria de uma sociedade dividida em classes. Cabe, portanto, à Teoria Crítica eliminar essa parcialidade da Teoria Tradicional. Mas isso não significa afastar ou negar a Teoria Tradicional sem mais. Como diz Horkheimer, trata-se de dar a ela a consciência concreta de sua limitação; quer dizer, é preciso considerar seus resultados no contexto mais amplo da sociedade produtora de mercadorias, entendê-los em vista da posição social específica da Teoria Tradicional. Só assim ela pode superar sua função de legitimação da dominação, assumida por ela desde o momento em que se

A razão crítica é escassa numa sociedade estruturada para a dominação. Ao invés de se limitar à reprodução, tecnificando seus caminhos, a razão crítica é libertária. Busca entender as contradições da própria racionalidade, os horizontes da exploração social, a relação da parte com o todo. A razão crítica não necessariamente se perfaz na escola, na universidade, nos diplomas e títulos, que são caminhos tradicionais do repositório da razão técnica. Numa sociedade na qual o ensino é reproduzido como forma de instrumentalidade do conhecimento, muitas vezes a razão crítica está numa sabedoria fora dos limites escolares e universitários.

A razão crítica não é apenas o procedimento de indivíduos com uma mirada de horizonte distinta, mais larga, consequente e dialética. É também uma forma de estruturação crítica do mundo. Ocorre que a sociedade capitalista impede essa estruturação. A reificação das relações sociais e das pessoas torna o conhecimento uma ferramenta de cálculo de ganhos. Estuda-se numa faculdade de direito não por gosto pelo justo, mas porque o direito permite uma profissão jurídica rentável. O conhecimento de uma certa área passa a ser menos respeitado do que o de outra porque remunera menos. Na verdade, é o capitalismo, ao tornar a própria razão uma mercadoria, que estrutura a sociedade para impedir uma visão crítica e libertária de si própria. Marcos Nobre atenta para essa dificuldade:

> O próprio exercício crítico encontra-se em uma *aporia*: se a razão instrumental é a forma *única* de racionalidade no capitalismo administrado, bloqueando qualquer possibilidade real de emancipação, em nome do que é possível criticar a racionalidade instrumental? Horkheimer e Adorno assumem conscientemente essa aporia, dizendo que ela é, no capitalismo administrado, a condição de uma crítica cuja possibilidade se tornou extremamente precária.
>
> O capitalismo tardio se fecha sobre si mesmo sem falhas. Para criticá-lo, para destruí-lo, é preciso lançar mão da mesma racionalidade que o constitui, o que o reforça em lugar de abalá-lo. Essa também é a razão pela qual a *Dialética do esclarecimento* é um livro de leitura tão difícil: é um pensar que pensa contra o pensamento, que se vira contra nossas próprias estruturas de pensamento, denunciando o conluio da forma de nossa racionalidade com a forma de dominação vigente. [...]
>
> O modelo crítico da *Dialética do esclarecimento* parece ser mal compreendido quando entendido como um modelo aporético sem mais. Seu diagnóstico subjacente, que aponta para um bloqueio objetivo da práxis, da ação verdadeiramente transformadora, não pode e não deve ser confundido com ausência de potencial crítico.[93]

---

pôs como tarefa examinar os fenômenos sociais de maneira objetiva e neutra. Mas, se assim é, a Teoria Crítica não se comporta criticamente apenas em relação ao conhecimento produzido sob condições capitalistas, mas igualmente em relação à própria realidade que esse conhecimento pretendeu apreender. Ou seja, a atitude crítica não se volta apenas para o conhecimento, mas para a própria realidade das condições sociais capitalistas. E isso porque o comportamento crítico tem sua fonte na *orientação para a emancipação* relativamente à dominação vigente." NOBRE, Marcos. *A teoria crítica*. Rio de Janeiro, Zahar, 2004, p. 40.

[93] NOBRE, Marcos. "Max Horkheimer: a teoria crítica entre o nazismo e o capitalismo tardio". *Curso livre de teoria crítica*, op. cit., p. 50 e 52.

Há um impedimento sistemático da possibilidade de se ver o mundo por uma visão crítica. O ódio das classes e das pessoas conservadoras em relação a quem não enxerga o mundo e a sociedade como cálculo econômico é notável. A razão crítica entra em contradição com os pressupostos estruturais da sociedade capitalista, que são de razão meramente técnica, instrumental.

Theodor Adorno, na década de 1960, constata a difícil posição do pensamento filosófico crítico na sociedade contemporânea. Sua obra *Dialética negativa* dá demonstrações do quanto a razão técnica, meramente identificadora de objetos, domina vastamente os campos da vida social. A razão crítica, para Adorno, teria perdido sua força na sociedade capitalista contemporânea, na qual o cálculo mercantil a tudo permeia.[94] Mas, ainda que não seja impactante na prática da reprodução mercantil, então a filosofia se levanta necessariamente, ao menos como crítica. Para Adorno, subvertendo a Tese XI de Marx sobre Feuerbach, já que não consegue transformar o mundo existente, a filosofia vale enquanto entendimento. Diz Adorno:

> A filosofia, que um dia pareceu ultrapassada, mantém-se viva porque se perdeu o instante de sua realização. O juízo sumário de que ela simplesmente interpretou o mundo e é ao mesmo tempo deformada em si pela resignação diante da realidade torna-se um derrotismo da razão depois que a transformação do mundo fracassa. [...]
>
> Nenhuma teoria escapa mais ao mercado: cada uma é oferecida como possível dentre as opiniões concorrentes, tudo pode ser escolhido, tudo é absorvido.[95]

A razão crítica desdobra-se ainda em muitos outros campos de abordagem e reflexão. A velha oposição, típica da burguesia e do Iluminismo, entre a religião – como forma de superstição, crença e irracionalismo – e a ciência – como manifestação plena da razão moderna – é colocada em xeque pela teoria crítica. Herbert Marcuse, em *Eros e civilização*, chega mesmo a observar na ciência moderna uma miséria maior que a da própria religião. Tratando de Freud e da sua posição filosófica a partir da psicanálise, Marcuse aponta os limites da ciência como superação da religião:

> Se o desenvolvimento da religião contém a ambivalência básica – a imagem de dominação *e* a imagem de libertação – então a tese de Freud em *The Future of an Ilusion* deve ser reexaminada. Nessa obra, Freud sublinhou o papel da religião no desvio histórico de energia, do aperfeiçoamento autêntico da condição humana para um mundo imaginário de salvação eterna. Pensava ele que o desaparecimento dessa ilusão aceleraria imensamente o progresso material e intelectual da humanidade; e enalteceu a ciência e a razão científica como os grandes antagonistas da religião. Talvez em nenhum outro

---

[94] "Diante das transformações por que passou o capitalismo no século XX, Adorno não vê outra possibilidade para a filosofia senão a de examinar o existente sob a luz da promessa de redenção que, por um lado, foi perdida quando da passagem à 'sociedade administrada', e que, por outro, ilumina tragicamente a própria história da filosofia, posição que pode ser resumida na solidariedade com a 'metafísica no instante de sua queda' com que Adorno encerra a *Dialética negativa*." NOBRE, Marcos. *A dialética negativa de Theodor W. Adorno*. São Paulo, Iluminuras, 1998, p. 40.

[95] ADORNO, Theodor W. *Dialética negativa*. Rio de Janeiro, Zahar, 2009, p. 11-12.

escrito Freud se mostre tão próximo da grande tradição do Iluminismo; mas também nenhum outro o mostre mais claramente subjugado à dialética do Iluminismo. No período atual da civilização, as ideias progressivas do racionalismo só podem ser recuperadas mediante a sua reformulação. A função da ciência e a da religião sofreram mudanças – assim como suas relações mútuas. Dentro da mobilização total do homem e da natureza que distingue o período, a ciência é um dos instrumentos mais destrutivos – aniquiladora daquela liberdade contra o medo que certa vez prometera. Como tal promessa se evaporou na utopia, "científico" quase se tornou idêntico ao repúdio da noção de um paraíso terreno. A atitude científica já deixou há muito de ser a de antagonista militante da religião, que com igual eficiência rejeitou os seus elementos explosivos e frequentemente acostumou o homem a uma boa consciência em face do sofrimento e da culpa. Nos domínios da cultura, as funções da ciência e da religião tendem para a complementaridade; através de seus presentes usos, ambas negam as esperanças que outrora suscitaram e ensinam os homens a apreciarem os fatos num mundo de alienação. Neste sentido, a religião deixou de ser uma ilusão e sua promoção acadêmica está em concordância com a presente tendência positivista. Na medida em que a religião ainda preserva as aspirações obstinadas à paz e à felicidade, as suas "ilusões" ainda possuem um mais elevado valor de verdade do que a ciência, que trabalha para a eliminação daquelas. O conteúdo reprimido e transfigurado da religião não pode ser libertado mediante a sua submissão à atitude científica.[96]

Assim sendo, em oposição às velhas formas exploratórias irracionais – o escravagismo, o feudalismo –, o capitalismo impõe a razão, conforme a própria narrativa do Iluminismo. Ocorre que a razão do capitalismo ainda é razão de exploração e dominação. A Escola de Frankfurt aponta os limites da própria razão e o imperativo de uma razão crítica, libertadora, que tenha por horizonte o socialismo.

A reflexão sobre a razão instrumental atinge em cheio o mundo jurídico. O direito é uma das manifestações por excelência da forma de pensar técnica, sem alcance crítico. Num processo correspondente e similar ao da própria reprodução capitalista, o direito se instaura como automatismo que esconde suas razões estruturais. O juspositivismo é a filosofia do direito dessa forma tecnicista de ver o mundo e o direito. Centrado nas normas jurídicas, o juspositivismo é a filosofia analítica para dentro do direito, que se limita a uma reprodução sem fim de seus próprios institutos.

Para a Escola de Frankfurt, a tarefa da razão crítica é ir a fundo na compreensão do direito como engrenagem do todo da exploração da sociedade capitalista, desmascarando sua falsa justiça. Assim, Adorno e Horkheimer:

> As mesmas equações dominam a justiça burguesa e a troca mercantil. "Não é a regra: 'se adicionares o desigual ao igual obterás algo de desigual' (*Si inaequalibus aequalia addas, omnia erunt inaequalia*) um princípio tanto da justiça quanto da matemática? E não existe uma verdadeira coincidência entre a justiça cumulativa e distributiva por um lado e as proporções geométricas e aritméticas por outro lado?" A sociedade burguesa está dominada pelo equivalente. Ela torna o heterogêneo comparável, reduzindo-o a

---

[96] MARCUSE, Herbert. *Eros e civilização*. Rio de Janeiro, Guanabara-Koogan, s/d, p. 78.

grandezas abstratas. Para o esclarecimento, aquilo que não se reduz a números e, por fim, ao uno, passa a ser ilusão: o positivismo moderno remete-o para a literatura.[97]

O direito, fundado na universalidade e tomado como troca de equivalentes, na sociedade capitalista, é, para Adorno e Horkheimer, uma continuidade, em outro patamar, da velha injustiça mística, agora racionalizada de modo positivo e técnico.

> O esclarecimento é a radicalização da angústia mítica. A pura imanência do positivismo, seu derradeiro produto, nada mais é do que um tabu, por assim dizer, universal. Nada mais pode ficar de fora, porque a simples ideia do "fora" é a verdadeira fonte da angústia... [...] Por isso, tanto a justiça mítica como a esclarecida consideram a culpa e a expiação, a ventura e a desventura como os dois lados de uma única equação. A justiça se absorve no direito. O xamã esconjura o perigo com a imagem do perigo. A igualdade é seu instrumento. É ela que, na civilização, regula o castigo e o mérito. [...] A passagem do caos para a civilização, onde as condições naturais não mais exercem seu poder de maneira imediata, mas através da consciência dos homens, nada modificou no princípio da igualdade. Aliás, os homens expiaram essa passagem justamente com a adoração daquilo a que estavam outrora submetidos como as demais criaturas. Antes, os fetiches estavam sob a lei da igualdade. Agora, a própria igualdade torna-se fetiche. A venda sobre os olhos da Justiça não significa apenas que não se deve interferir no direito, mas que ele não nasceu da liberdade.[98]

O formalismo da filosofia do direito juspositivista, em suas tantas vertentes, é o exemplo acabado da razão técnica, instrumental.[99] A razão crítica do direito, que é o seu entendimento na totalidade das contradições, em relação com as estruturas sociais capitalistas, sua posição na engrenagem da exploração estrutural e sua injustiça plena travestida de igualdade e liberdade, tem sido carente, seja porque a prática do direito se funda para o contrário da emancipação, seja porque o jurista se forma para o tecnicismo e de olhos fechados à crítica, à transformação social e à plena justiça.

---

[97] ADORNO; HORKHEIMER, *Dialética do esclarecimento*, op. cit., p. 22.

[98] Ibid., p. 29.

[99] "Prender-se ao binômio legalidade-ilegalidade, promovido pelo juspositivismo, será incluir a promoção de justiça social dentro daquele mesmo binômio violência-poder. O direito – e as instituições jurídicas, aproveitando o argumento de Benjamin e Adorno, quando trabalham a Gewalt – é instituído como forma de aplicação da violência/poder sobre os movimentos que tendem a diminuir sua legitimidade. Não aceita a criação de outro direito que lhe faça as vezes. Regras ou princípios serão sempre formas de imposição de violência/poder. (...) A reprodução da norma pelo pensamento jurídico não tem qualquer ideal emancipatório. Permite o apaziguamento do medo da desordem rumo ao progresso. Sua função ideológica é a de louvar o sistema que instiga os desejos sem permitir as condições de realização. Os sacrifícios ao capital prendem os juristas ao mesmo medo que tentam esquecer. Essa ideologia – sim, como dissemos, o direito é também ideológico – não emancipa, mas permite as condições de continuidade da minoridade". PEREIRA, LUIZ ISMAEL. *Adorno e o direito: para uma crítica do capitalismo e do sujeito de direito*. São Paulo, Ideias & Letras, 2018, p. 82.

Marxismo e psicanálise

A Escola de Frankfurt procede, pela primeira vez, à junção de marxismo e psicanálise. O marxismo, como o mais impactante pensamento *social*, somado ao freudismo, a mais relevante interpretação do *indivíduo*, propicia uma grande originalidade filosófica. No início das pesquisas dos frankfurtianos, dois eram seus psicanalistas especializados: Wilhelm Reich e Erich Fromm. Mas Herbert Marcuse é quem levará tais reflexões ao seu ponto máximo. Seu grande livro, *Eros e civilização*, é a obra de maior relevo da junção de Marx e Freud.

Quanto à psicanálise, é Sigmund Freud a referência dos frankfurtianos. Mas sua investigação sempre se apresentou como uma grande dificuldade para o pensamento marxista, logo de pronto por se tratar de uma teoria a respeito do caráter *individual*. Freud, lastreado por uma relação entre o indivíduo e o mundo, aponta para uma resolução particular do conflito entre a personalidade e o seu exterior. O marxismo, por sua vez, abre-se para a compreensão do todo histórico e social. A aglutinação de tais perspectivas díspares se apresentaria difícil.[100]

Podem ser vistas duas fases na tradição filosófico-psicanalítica frankfurtiana. A sua fase final, de agudização crítica, se dará com Marcuse. Na primeira fase, com Reich e Fromm, a psicanálise é um instrumento que se aglutina ao marxismo como forma de interpretar o mundo, suas explorações e bloqueios, apontando para o potencial de libertação individual e social. Como Reich e Fromm estavam muito calcados numa leitura direta de Freud, tratando com profundidade de questões especificamente psicanalíticas, esse período da leitura frankfurtiana foi chamado de freudo marxismo.

A grande originalidade de Reich e Fromm foi a de construir pontes entre a psicanálise e a crítica social marxista. Por meio de tais pensadores, a própria reflexão sobre o Estado, o direito e as ideologias, em diálogo com a psicanálise, pôde ganhar riqueza e lançar luzes sobre questões antes desconhecidas. Reich aponta para a junção teórica entre Marx e Freud, ainda que uma teoria marxista crítica tenha que rejeitar determinadas postulações freudianas, como a sua visão particular a respeito da civilização:

> Já indicamos em que ponto do materialismo histórico a psicanálise tem uma função científica a cumprir, a qual não pode ser desempenhada pela economia social: a compreensão da estrutura e da dinâmica da ideologia, e não sua base histórica. Ao incorporar os *insights* da psicanálise, a sociologia atinge um nível superior e consegue compreender muito melhor a realidade porque, finalmente, compreende a natureza da estrutura do homem. O fato de a psicologia estrutural da análise do caráter não estar em condições de dar conselhos práticos imediatos pode constituir um motivo de

---

[100] "Hoje, é difícil avaliar a audácia dos primeiros teóricos que propuseram o casamento antinatural de Freud e Marx. Com o ressurgimento do interesse em Wilhelm Reich e o impacto de *Eros e civilização*, muitos setores da esquerda passaram a aceitar a ideia de que esses dois homens falavam de questões similares, ainda que a partir de pontos de vista diferentes. Entretanto, uma geração atrás, o absurdo dessa ideia raramente era questionado em qualquer lado do Atlântico." JAY, Martin. *A imaginação dialética*: história da Escola de Frankfurt e do Instituto de Pesquisas Sociais, 1923-1950. Rio de Janeiro, Contraponto, 2008, p. 133.

censura apenas para um político tacanho. E só um agitador político poderá desprezá-la totalmente pelo fato de ela se voltar para as distorções da visão conservadora da vida. E só o verdadeiro sociólogo considerará a compreensão psicanalítica da sexualidade infantil como sendo um ato revolucionário altamente significativo.

Disto se conclui que a sociologia da economia sexual é uma ciência construída sobre a base *sociológica* de Marx e *psicológica* de Freud, sendo, na sua essência, uma ciência da psicologia de massas e da sociologia sexual. Tendo rejeitado a filosofia da civilização, de Freud, ela começa exatamente onde termina o campo clínico-psicológico da psicanálise.[101]

Erich Fromm, também inspirado na junção de Marx com Freud, reconhece a importância do desvendamento de caracteres psicológicos para o entendimento do todo social. A guerra, o ódio, a apatia, a submissão aos líderes, a naturalização das injustiças, em todos esses processos há uma junção de questões psicanalíticas e estruturais da sociedade. Fromm reconhece a necessidade de uma passagem para além de Freud. O seu diálogo com Marx permitirá um melhor entendimento da dinâmica histórico-social. Diz Fromm:

> Freud evidentemente reconheceu a conexão entre o indivíduo e a sociedade e, consequentemente, que a psicologia individual e social são entrelaçadas. Mas, de modo geral, ele tendeu a explicar a estrutura social como sendo determinada pelas necessidades instintivas mais do que examinar a interação entre elas. Era inacreditável que os psicanalistas poderiam tornar-se cada vez mais interessados na aplicação dos achados psicanalíticos aos dados sociais. Estas tentativas foram feitas, de um ponto de vista antropológico, pelo próprio Freud em *Totem e Tabu*. [...]
>
> Enquanto Reich particularmente focalizou o relacionamento entre moralidade sexual, recalcamento e sociedade, meu principal interesse focalizou o "caráter social", isto é, o "caráter matriz" partilhado pelos membros de uma sociedade e classe, através do qual a energia humana geral é transformada em energia humana especial necessária ao funcionamento de uma dada sociedade.[102]

As tentativas de junção de Freud e Marx propostas por Reich e Fromm encaminham reflexões sobre o direito e o justo muito especiais. A autoridade, a lei, o direito e o Estado não somente se revelam como instâncias de imposição e dominação sobre os indivíduos como também revelam a própria estrutura psicológica da sociedade. Reprimidos, os indivíduos se submetem à autoridade, matando a si próprios, aos seus desejos e sua plenitude, em favor do agrado ao pai, ao governante, ao religioso, ao Estado.

Wilhelm Reich, no seu clássico *O assassinato de Cristo*, revela o tipo peculiar de justiça e ordem que se estabelece numa sociedade composta por indivíduos oprimidos e rejeitados. A peste emocional, de que trata Reich, que é incapacidade histórica dos seres humanos de amarem, leva ao assassinato de Cristo. As religiões, os líderes políticos e o direito mataram Jesus Cristo e o continuam matando, e matam o amor e a justiça até a

---

[101] REICH, Wilhelm. *Psicologia de massas do fascismo*. São Paulo, Martins Fontes, 2001, p. 26.
[102] FROMM, Erich. *A descoberta do inconsciente social*. São Paulo, Manole, 1992, p. 90.

atualidade. São os religiosos, juristas, políticos, homens de bem, cidadãos comuns, bons pais de família, que cometem o assassinato de Cristo:

> Quando a Peste Emocional ataca sua vítima, ela ataca forte e rapidamente. Ataca sem piedade ou interesse pela verdade dos fatos; só interessa uma coisa: *matar a vítima*. Há promotores públicos que agem como verdadeiros advogados, estabelecendo a verdade, recorrendo a múltiplas fontes. Há outros cujo único objetivo é a morte da vítima, seja essa morte certa ou errada, justa ou injusta. Aí está o assassinato de Cristo, hoje como dois mil ou quatro mil anos atrás. [...]
>
> Quando a peste emocional ataca, a justiça recua mansamente. [...]
>
> Se você vir na vítima uma face amável e uma expressão de tristeza e impotência no olhar, pode estar certo de que outro Assassinato de Cristo se prepara. A verdadeira justiça, que atua de acordo com as leis da vida e da verdade, não dilacera a honra de sua vítima. Ela primeiro tenta compreender como um Filho de Deus (e todos os homens são filhos de Deus) pode chegar a um tribunal, como um réu. A verdadeira justiça levará em conta as circunstâncias particulares da Vida viva que levaram um homem ou uma mulher a violar uma lei existente. A verdadeira justiça julga a própria lei que está aplicando. Será que ela é adequada a este caso? De quando ela data? Quando e em quais circunstâncias ela foi promulgada e por quem? As condições que deram origem a esta lei ainda são válidas? Esta lei não será devida a condições particulares da época, que não mais existem e que já não são válidas?
>
> Se você vir um tribunal que não julga primeiro a própria lei a ser aplicada a um caso que envolva a sorte de um homem, que não abre inquérito sobre a história, a função, o autor, as razões de aplicação na situação atual da lei, você está diante de um instrumento potencial ou efetivo da peste, decidida a cometer outro Assassinato de Cristo.[103]

Wilhelm Reich e Erich Fromm, ao estabelecerem um diálogo entre Freud e Marx, apontam para os vínculos entre a personalidade e o todo social. Há uma utopia latente em suas visões críticas: indivíduos amorosos podem romper as barreiras estruturais da exploração social que se viu em grande parte da história e que, no presente, se consubstancia no capitalismo. A escolha, apontada por Fromm, do ser e não do ter, é um horizonte de libertação. Embora Reich e Fromm reconheçam que a psicologia do indivíduo é moldada pela própria opressão social, esperam ambos que possa haver, a partir das personalidades amorosas e não reprimidas, rupturas revolucionárias.

Os pensamentos de Reich e Fromm, estabelecidos a partir de uma tentativa de união direta entre Freud e Marx, contrastou com os dos demais frankfurtianos. Avançando para além da corrente do pensamento freudo-marxista – e em alguns momentos contra ela –, Herbert Marcuse apresenta outra perspectiva do pensamento frankfurtiano sobre a psicanálise. No epílogo de *Eros e civilização*, quando trata de Reich e Fromm, Marcuse chega a considerá-los revisionistas neofreudianos, denunciando o caráter apressado e de fácil síntese proposto pelos psicanalistas frankfurtianos.

---

[103] REICH, Wilhelm. *O assassinato de Cristo*. São Paulo, Martins Fontes, 1999, p. 179-181.

Por acreditar que a relação entre psicanálise e sociedade não consegue ser tão facilmente elevada a novos patamares apenas pela primazia dos indivíduos não reprimidos, a reflexão frankfurtiana sobre a psicanálise terá momentos mais avançados em Adorno e Horkheimer e, principalmente, no próprio Marcuse. Suas superioridades se dão pela recusa em proceder a uma síntese fácil entre a libertação individual e a plenitude do futuro socialismo. Adorno insistiu muito na dificuldade psicanalítica do sujeito na sociedade contemporânea. Diz sobre isso Vladimir Safatle:

> Adorno ainda se serve da maneira freudiana de compreender o advento da consciência moral (*Gewissen*) a partir da internalização de um tipo ideal de conduta, de controle das pulsões e da consequente produção de uma instância moral de observação (o supereu) para a qual convergem expectativas ideais e mecanismos disciplinares de repressão pulsional. Por isto, ele insistirá que, em Kant, as concretizações da moral precisam ter geralmente traços repressivos (a obediência, a dominação de si, a dor e a humilhação, a consciência moral como juiz etc.). [...] Por um lado, o uso do conceito psicanalítico de supereu serve para quebrar a ilusão de autoconstituição solipsista do sujeito moral e para demonstrar porque é essencial à filosofia moral não pressupor nem uma diferença simples, nem uma reconciliação já posta entre indivíduo e sociedade. Por outro, ele é uma maneira de insistir que todo processo de aplicação de um princípio transcendental é determinado pelo modo de organização da situação empírica da qual ele, no fundo, deriva.[104]

Ao contrário de Fromm e Reich, Herbert Marcuse dá muita atenção às dificuldades, barreiras e bloqueios sociais e individuais à libertação e à revolução. Sua análise de Freud começa a partir de uma interpretação extremada das realidades psíquicas e sociais, para, dessa constatação realista, fazer brotar a potencialidade de transformação.

Em *Eros e civilização*, Marcuse se propõe a construir uma compreensão filosófica da psicanálise de Freud. Mais do que um diálogo interno com a tradição da psicanálise, Marcuse transborda todo o conhecimento estabelecido por Freud para o campo social e histórico. Assim sendo, as categorias-chave do pensamento freudiano passam a ganhar uma dimensão nova, ampla e até então pouco explorada pelos próprios psicanalistas.

Para Marcuse, era necessário desdobrar a análise de Freud para o campo filosófico. Em *Eros e civilização*, o arcabouço teórico freudiano é analisado a partir de dois prismas: o entendimento sobre as origens do indivíduo reprimido – Marcuse a denomina ontogênese – e o entendimento sobre a origem da civilização repressiva – filogênese. Para Marcuse, dentro da própria estrutura filosófica de Freud é possível compreender a repressão individual e social, sem que seja necessário fazer uma transposição vaga ou genérica do plano do indivíduo para o plano da sociedade. Marcuse insiste em dizer que há uma relação umbilical entre os aspectos biológicos da psicanálise freudiana e a

---

[104] SAFATLE, Vladimir. "Sobre a gênese psicológica do transcendental: Adorno entre Freud e Kant". In: SAFATLE, Vladimir; MANZI, Ronaldo (Org.). *A filosofia após Freud*. São Paulo, Humanitas, 2008, p. 65.

sociedade e a história. A repressão que se impõe à criança, desde sua tenra idade, ecoa um nível de repressão que vem da humanidade primitiva.

> A análise da estrutura mental da personalidade é, portanto, forçada a ir além dos primeiros anos da infância, da pré-história do indivíduo para a do gênero. Na personalidade, segundo Otto Rank, atua um "sentimento biológico de culpa" que equivale simbolicamente às solicitações da espécie. Os princípios morais "que a criança absorve através das pessoas responsáveis por sua criação, durante os primeiros anos de vida", refletem "certos ecos filogenéticos do homem primitivo". A civilização é ainda determinada por sua *herança arcaica*, e essa herança, afirma Freud, inclui "não só disposições, mas também conteúdos ideacionais, vestígios de memória das experiências de gerações anteriores". A Psicologia Individual, portanto, é *em si mesma* Psicologia Grupal, na medida em que o próprio indivíduo ainda se encontra em identidade arcaica com a espécie. Essa herança arcaica anula a "brecha entre Psicologia Individual e Psicologia da Massa".
>
> [...] Essa revelação abala os alicerces de uma das mais sólidas fortificações ideológicas da moderna cultura: a noção de um indivíduo autônomo. A teoria de Freud, neste ponto, alia-se aos grandes esforços críticos para dissolver conceitos sociológicos ossificados no respectivo conteúdo histórico. [...] Para Freud, o destino universal está nos impulsos instintivos, mas também estes estão sujeitos às "modificações" históricas.[105]

A interpretação filosófica da psicanálise feita por Marcuse se encaminha para a compreensão dos liames entre o indivíduo e a sociedade. Os mecanismos da repressão do indivíduo se dão, historicamente, na própria constituição da sociedade repressora. Assim sendo, Marcuse resgata e reinterpreta as noções freudianas de princípio de prazer e princípio de realidade, próximas, por sua vez, da mitologia de *Thanatos* e *Eros*, instintos de morte e vida.

Para Freud, os indivíduos, já desde sua base biológica, almejam a satisfação de seus instintos de *prazer*. Tal prazer é nocivo quando em comparação com os interesses e prazeres de outros. Na impossibilidade de uma vida social de prazeres individuais absolutos, a civilização se constrói justamente na base da renúncia aos impulsos irrefreados de prazer de cada indivíduo. Contra o princípio de prazer, levanta-se então o princípio de *realidade*, que calcula, prevê, renuncia, acumula, divide para possibilitar algo em comum que não só o pleno interesse individual imediato. A civilização, para Freud, se faz por meio da dosagem de prazer e repressão.

> O conceito de homem que emerge da teoria freudiana é a mais irrefutável acusação à civilização ocidental – e, ao mesmo tempo, a mais inabalável defesa dessa civilização. Segundo Freud, a história do homem é a história da sua repressão. A cultura coage tanto a sua existência social como a biológica, não só partes do ser humano, mas também sua própria estrutura instintiva. Contudo, essa coação é a própria precondição do progresso. [...] O homem animal converte-se em ser humano somente através de uma transformação fundamental da sua natureza, afetando não só os anseios instintivos, mas também os "valores" instintivos – isto é, os princípios que governam a consecução

---

[105] MARCUSE, *Eros e civilização*, op. cit., p. 67-68.

dos anseios. A transformação no sistema dominante de valores pode ser assim definida, de um modo probatório:

de:
satisfação imediata; prazer; júbilo (atividade lúdica);
receptividade; ausência de repressão
para:
satisfação adiada; restrição do prazer; esforço (trabalho);
produtividade; segurança

Freud descreveu essa mudança como a transformação do *princípio de prazer* em *princípio de realidade*.[106]

A visão filosófica freudiana considera a civilização como sendo um equilíbrio entre o princípio do prazer e o princípio de realidade. Uma certa dosagem seria a responsável por tal momento de ápice. Assim sendo, o indivíduo e a sociedade somariam a repressão e o prazer como necessidades prementes, embora dosadas. No plano do indivíduo (ontogênese), o inconsciente e seus impulsos têm papel primordial nesse balanço.

Ao contrário das visões que imaginam o sujeito racional como responsável pleno por si próprio, suas vontades, inclinações e desejos, Freud aponta para uma ampla zona de nosso caráter que está relativamente alheia à razão: o *inconsciente*. Na proposta freudiana, o inconsciente é o determinante mais profundo da individualidade. A razão, representada na personalidade pelo *Ego*, é uma instância menor, embora seja aquela da qual todos têm a impressão de ser imediata e sob controle.

O inconsciente se divide em duas grandes instâncias, *Id* e *superego*. O *Id* (ou *Isso*) é responsável pelos impulsos de prazer. Trata-se de uma região basilar da personalidade, que busca a satisfação das necessidades. Pode-se vislumbrar que esse impulso ao prazer é natural, biológico, ao ser humano. No entanto, o caráter se forma não só pelo *Id*, mas também pelo seu contraposto, o *superego* (ou *Supereu*), uma vasta região da personalidade responsável pela repressão.

A repressão é um impulso que começa do exterior e que, paulatinamente, passa a ser incorporado na personalidade. Sua *introjeção* marca o inconsciente, porque o impulso de prazer torna-se barrado pela repressão. A sociedade, logo de início, forma o *superego*, por meio da família, da escola, dos amigos. O prazer total fica limitado pela ação exterior. Com o tempo, o próprio indivíduo se responsabiliza pela sua repressão.

Na análise de Freud, ao consciente – o *Ego* (ou *Eu*) – resta um papel muito pequeno de escolha entre o prazer e a repressão. Dessa difícil escolha resulta a neurose. A sociedade impõe uma séria restrição do prazer, e a personalidade, por conta disso, sofre. Para o pensamento freudiano, é pela repressão ao prazer que se constitui a civilização, como espaço de limitação universal dos gozos.

Assim diz Freud em *Compêndio de psicanálise*:

> Chegamos ao conhecimento desse aparelho psíquico através do estudo do desenvolvimento individual do ser humano. Chamamos a mais antiga dessas províncias ou

---

[106] Ibid., p. 33.

instâncias psíquicas de *Isso*. Seu conteúdo engloba tudo o que foi herdado, trazido com o nascimento e que foi constitutivamente estabelecido; especialmente, portanto, as pulsões, oriundas da organização corporal, que aqui encontram uma primeira expressão psíquica em formas que nos são desconhecidas.

Sob a influência do mundo exterior real que nos cerca, uma parte do Isso sofreu um desenvolvimento especial. Do que originalmente era uma camada limítrofe com o exterior, equipada com órgãos de captação dos estímulos e com dispositivos de proteção contra estímulos, estabeleceu-se uma organização especial que, a partir de então, serve de mediadora entre o Isso e o mundo exterior, A essa área de nossa vida anímica damos o nome de *Eu*. [...]

Como resíduo do longo período da infância, no qual o ser humano em formação vive na dependência de seus pais, forma-se em seu Eu uma instância especial, na qual essa influência parental se prolonga. Ela recebeu o nome de *Supereu*. Na medida em que esse Supereu se separa do Eu ou a ele se contrapõe, ele se torna um terceiro poder de que o Eu deve dar conta. [...] No decorrer de seu desenvolvimento individual, o Supereu incorpora contribuições de sucessores e substitutos dos pais, tais como educadores e modelos públicos de honrados ideais da sociedade. Vê-se que o Isso e o Supereu, mesmo com todas as suas diferenças fundamentais, apresentam um ponto em comum, ou seja, representam influências do passado: o Isso, as hereditárias; e o Supereu, essencialmente as recebidas dos outros, ao passo que o Eu é determinado, sobretudo, pelo diretamente vivido, portanto, pelo acidental e pelo atual.[107]

Se Freud começa afirmando que a razão não é a estrutura plena da personalidade, termina por fazer ainda uma última aposta na razão, na medida em que o esclarecimento da dialética entre repressão e prazer pode apontar uma dose correta de ambos, a benefício de um caráter que possa se libertar da neurose. Assim sendo, entre *Id* e *superego*, instâncias contrapostas e conflituosas, Freud vislumbra um arranjo quantitativo suficiente, sem uma explosão qualitativa entre os termos. Pode-se dizer que, por meio da razão, a psicanálise ilumina a própria desrazão. Por isso, Freud, que começa desconfiando da razão, acaba por ser, ironicamente, um iluminista.

Marcuse também partilha de tal horizonte freudiano, mas com um grau de crítica muito maior. A dialética entre prazer e repressão não pode ser pensada apenas como uma escolha do indivíduo para se situar melhor num mundo que gera essa própria repressão. Não se trata da cura isolada do indivíduo mantendo-o inserido na realidade que é estruturalmente doente. A revolução, enquanto transformação da própria realidade social e histórica opressora, é o passo fundamental para que as escolhas individuais sejam, enfim, plenamente prazerosas. Duas manifestações estruturais – que conformam o indivíduo mas que se encontram inscritas na lógica da própria sociedade capitalista – são apontadas por Marcuse como obstáculos à civilização construída sob Eros: a *mais-repressão* e o *princípio de desempenho*.

O caráter histórico da formação da psique individual e do todo social se revela por meio da análise da forma específica do princípio de realidade nas sociedades contempo-

---

[107] FREUD, Sigmund. Compêndio de Psicanálise. *Compêndio de Psicanálise e outros escritos inacabados*. Belo Horizonte, Autêntica, 2020, p. 17, 19 e 21.

râneas, nas quais o capitalismo atingiu o apogeu da técnica. Para Marcuse, na atualidade, o princípio de realidade se estabelece sob a forma do *princípio de desempenho*. É ele que orienta as energias de prazer e as formas de repressão sob a forma histórica presente.

> O princípio de desempenho, que é o de uma sociedade aquisitiva e antagônica no processo de constante expansão, pressupõe um longo desenvolvimento durante o qual a dominação foi crescentemente racionalizada: o controle sobre o trabalho social reproduz agora a sociedade numa escala ampliada e sob condições progressivas. [...] Os homens não vivem sua própria vida, mas desempenham tão só funções preestabelecidas. Enquanto trabalham, não satisfazem suas próprias necessidades e faculdades, mas trabalham em *alienação*. O trabalho tornou-se agora *geral*, assim como as restrições impostas à libido: o tempo de trabalho, que ocupa a maior parte do tempo de vida de um indivíduo, é um tempo penoso, visto que o trabalho alienado significa ausência de gratificação, negação do princípio de prazer. A libido é desviada para desempenhos socialmente úteis, em que o indivíduo trabalha para si mesmo somente na medida em que trabalha para o sistema, empenhado em atividades que, na grande maioria dos casos, não coincidem com suas próprias faculdades e desejos. [...] O conflito entre sexualidade e civilização desenrola-se com esse desenvolvimento da dominação. Sob o domínio do princípio de desempenho, o corpo e a mente passam a ser instrumentos de trabalho alienado; só podem funcionar como tais instrumentos se renunciam à liberdade do sujeito-objeto libidinal que o organismo humano primariamente é e deseja.[108]

Além do princípio de desempenho, Marcuse aponta para uma compreensão histórico-social fundamental na sua junção de psicanálise e marxismo, a noção de *mais-repressão*. Na dialética proposta por Freud entre princípio do prazer e princípio de realidade[109] – Eros e Thanatos em sentido lato –, a mais-repressão é uma dosagem de controle que se exige além do necessário à civilização. Por isso, ainda que a civilização seja um arranjo entre repressão e prazer, a mais-repressão pode ser abandonada no processo de libertação das repressões sociais e individuais. A mais-repressão se constrói como um excesso por conta do arranjo específico das energias psíquicas necessário à exploração.[110] É uma construção histórica; sua manifestação no capitalismo se dá a partir

---

[108] Ibid., p. 58-59.

[109] "Após grandes hesitações e vacilações, nos decidimos por conceber apenas duas pulsões fundamentais: *Eros* e *pulsão de destruição*. (A oposição entre pulsão de autoconservação e de preservação da espécie, assim como a existente entre o amor egóico e o amor objetal, incide no campo de Eros.) O objetivo da primeira é o de sempre produzir maiores unidades e assim mantê-las, quer dizer, a ligação; o objetivo da outra, ao contrário, é o da dissolução das conexões e, assim, o de destruir as coisas. Por pulsão de destruição podemos pensar aquela cujo objetivo final seja levar o organismo vivo a um estado inorgânico. Por isso a chamamos também de *pulsão de morte*". FREUD, *Compêndio de psicanálise*..., op. cit., p. 25.

[110] "A hierarquia e a exploração do trabalho, a maneira de divisão de recursos e a repressão mediante a imposição dessas condições em que vivemos na contemporaneidade representam um excesso de repressão em relação ao que seria necessário para a existência da civilização. Esse excesso de repressão, que se manifesta como uma ampliação daquelas restrições efetivamente necessárias para manter os interesses de dominação social, é denominado por Marcuse como mais-repressão – di-

de um determinado arranjo da produção, da exploração do trabalho, do tempo devotado às atividades impessoais e da administração do prazer no tempo livre.

> Os vários modos de dominação (do homem e da natureza) resultam em várias formas históricas do princípio de realidade. Por exemplo, uma sociedade em que todos os membros trabalham normalmente pela vida requer modos de repressão diferentes dos de uma sociedade em que o trabalho é o terreno exclusivo de um determinado grupo. Do mesmo modo, a repressão será diferente em escopo e grau, segundo a produção social seja orientada no sentido do consumo individual ou no do lucro; segundo prevaleça uma economia de mercado ou uma economia planejada; segundo vigore a propriedade privada ou a coletiva. Essas diferenças afetam o próprio conteúdo do princípio de realidade, pois toda e qualquer forma do princípio de realidade deve estar consubstanciada num sistema de instituições e relações sociais, de leis e valores que transmitem e impõem a requerida "modificação" dos instintos. Esse "corpo" do princípio de realidade é diferente em diversos estágios da civilização. Além disso, embora qualquer forma do princípio de realidade exija um considerável grau e âmbito de controle repressivo sobre os instintos, as instituições históricas específicas do princípio de realidade e os interesses específicos de dominação introduzem controles *adicionais* acima e além dos indispensáveis à associação civilizada humana. Esses controles adicionais, gerados pelas instituições específicas de dominação, receberam de nós o nome de *mais-repressão*.[111]

A libertação da sociedade da mais-repressão representa uma etapa superior da relação erótica dos indivíduos consigo próprios e com os outros. Para Marcuse, os instintos sexuais são um campo de teste de uma ordem não repressiva. O pensamento conservador considera que, sem a repressão, a sociedade se tornaria um paraíso de maníacos sexuais, cujo frêmito por prazer seria descontrolado. Marcuse insiste no contrário. A libertação da sociedade da mais-repressão que historicamente lhe é imposta é uma transformação da própria libido. Do seu caráter limitado à sexualidade genital, a libido se torna, então, reinvestida em todo o corpo, com uma nova relação erótica com o mundo. O sexo liberto das repressões sociais e históricas revela Eros por meio de manifestações inesperadas no presente, transbordando para outras instâncias da vida social.

Martin Jay aponta o caráter libertário da análise de Marcuse a respeito da relação entre *Eros* e *Thanatos*:

> Marcuse tentou historicizar Tânatos na melhor tradição da teoria crítica. A morte não precisaria predominar, se a vida fosse libertada pela reerotização não repressora das relações do homem com a natureza. Isso exigiria, disse Marcuse, uma desarticulação da tirania sexual dos órgãos genitais e um retorno à "perversão polimorfa" da criança. Nesse ponto, ele foi nitidamente além de Freud e de Reich, para não falar em todos os seus três ex-colegas do Institut. Só se todo o corpo fosse reerotizado, declarou Marcu-

---

ferente da repressão básica, que seriam as modificações dos instintos necessárias à perpetuação da raça humana em civilização". OLIVEIRA, MARCOS ALCYR BRITO DE. *Sujeito de direito e marxismo: da crítica humanista à crítica anti-humanista*. São Paulo, Alfa-Ômega, 2017, p. 116.

[111] MARCUSE, *Eros e civilização*, op. cit., p. 52.

se, seria possível superar o trabalho alienado, que se fundamentava na reificação das áreas não genitais do corpo. Uma sociedade modificada, que não mais se baseasse no "princípio do desempenho", repressivo e antiquado, poria fim à "repressão excedente" historicamente enraizada e, com isso, libertaria o indivíduo do trabalho alienado e gerador de tensão.[112]

Para Marcuse, o pensamento psicanalítico freudiano faz uma das mais drásticas denúncias a respeito das limitações da razão na constituição do caráter individual, e por isso é uma das fronteiras do pensamento a se somar com o marxismo em busca de uma perspectiva crítica em face da realidade. A psicanálise ajuda a desvendar os mecanismos reificados da razão contemporânea, apontando para a libertação.

O direito, tomado como manifestação por excelência da racionalidade técnica moderna, situa-se, no pensamento de Marcuse, como uma das ferramentas da repressão social. Seu papel está intimamente ligado a uma espécie de superego cuja mais-repressão é causa da específica exploração do capitalismo contemporâneo. O próprio discurso da liberdade e da justiça, que alimentam ideologicamente o direito, correspondem a uma certa estratégia repressora no nível social. Diz Marcuse:

> A relação entre verdade tecnológica e verdade crítica é um problema difícil que não pode ser tratado aqui, mas dois pontos têm de ser mencionados: 1. Os dois conjuntos de valores de verdade não são nem totalmente contraditórios, nem complementares um ao outro; muitas verdades da racionalidade tecnológica são preservadas ou transformadas em racionalidade crítica. 2. A distinção entre os dois conjuntos não é rígida; o conteúdo de cada conjunto muda no processo social, de modo que o que antes eram valores de verdade críticos se tornam valores tecnológicos. Por exemplo, a afirmação de que todo indivíduo possui certos direitos inalienáveis é uma afirmação crítica, mas frequentemente foi interpretada em favor da eficiência e da concentração do poder.[113]

Para a Escola de Frankfurt, a relação entre marxismo e psicanálise atinge diretamente o direito. De promotor da justiça – e então, aparentemente, um dos pilares do prazer –, na verdade, o direito, observado de maneira crítica, sustentando uma lógica social de exploração, é um dos elementos por excelência da repressão dos desejos, das vontades, dos gestos, do gozo, do fruir, do compartilhar. A propriedade privada e os institutos jurídicos que lhe sustentam são o prazer de alguns e a miséria reprimida da maioria, um princípio de Thanatos. Nesse sentido, Eduardo Bittar:

> A razão instrumental, que converteu a natureza em objeto da volúpia do progresso e do incremento do poder (*Macht*), acessória da planificação capitalista, é a mesma que orienta e dá condições de expansão ao capital global contemporâneo, que, fundando ilusões de vida que se esgotam em consumo e posse, faz com que se respire atualmente uma atmosfera na qual se sente em suspensão o cheiro de morte. [...] Nosso tempo se torna uma sucessiva onda de manifestações de violência, atentados, carnificinas, geno-

---

[112] JAY, *A imaginação dialética*, op. cit., p. 160.
[113] MARCUSE, Herbert. *Tecnologia, guerra e fascismo*. São Paulo, Ed. Unesp, 1999, p. 85.

cídios, guerras e eventos macabros, que tornam sua assinatura muito mais afim com a dimensão de *thánatos* do que de *eros*. Quando *thánatos* ecoa em nosso tempo, a condição hodierna se vê marcada pela indelével marca da ressonância do medo, do temor, da violência, do trauma psicossocial, de cujas ondulações não se podem libertar os indivíduos do hoje. Suas ressonâncias tornam inaudíveis as vozes que falam a favor de *eros*.[114]

No que diz respeito ao papel do direito na repressão psicanalítica, Marcuse situa duas estratégias históricas específicas. Na primeira delas, o papel nuclear da família na repressão do indivíduo é acompanhado de um aparato jurídico que garante a individualidade da relação entre o repressor e o reprimido. Tal qual na família, a propriedade privada garante o prazer para o pai e não para os filhos ou a mãe ou os outros. Trata-se de uma dominação nuclear. Como todas as famílias reprimem, pode-se dizer que há uma dominação social, e a esta correspondente um direito específico. A revolta do filho contra o pai é uma insurgência contra aquilo que o filho ainda não tem mas um dia terá: ele será pai. O direito, assim, se presta à conservação da mesma ordem repressiva. Os abalos contra a ordem em geral são suportáveis porque se busca apenas a inversão de papéis, mantendo-se a mesma lógica. Diz Marcuse:

> A família monogâmica, com suas obrigações exigíveis do pai, restringe neste o seu monopólio de prazer; a instituição da propriedade privada transmissível por herança e a universalização do trabalho deram ao filho uma justificada expectativa do seu próprio prazer sancionado, de acordo com o seu desempenho socialmente útil. Dentro dessa estrutura de leis e instituições objetivas, os processos da puberdade conduzem à libertação do jugo paterno, como evento necessário e legítimo. Pouco falta para ser uma catástrofe mental – mas também não é mais do que isso. Portanto, o filho deixa a família patriarcal e prepara-se para ser ele próprio pai e patrão.[115]

No entanto, no capitalismo avançado contemporâneo, o papel psicanalítico do direito funciona por meio de outro molde. O papel do pai como bloqueador dos desejos psicanalíticos do filho em relação à mãe – uma opressão doméstica, interna – se transfere para um papel social de pai como ocupante de um lugar específico na divisão social do trabalho impessoal – aquele que é empregado, que recebe salário, ou que é patrão, e que, portanto, ocupa um espaço de dominação que se mede no mundo, em relação à sociedade. A técnica moderna é acompanhada da impessoalidade da opressão.

> Desde o pai primordial, através do clã fraterno, até o sistema de autoridade institucionalizada que é característico da civilização madura, a dominação torna-se cada vez mais impessoal, objetiva, universal, e também cada vez mais racional, eficaz e produtiva. Por fim, sob o domínio do princípio de desempenho plenamente desenvolvido, a subordinação apresenta-se como que efetivada através da divisão social do próprio trabalho (embora a força física e pessoal continue sendo uma instrumentalidade indispensável).

---

[114] BITTAR, Eduardo C. B. *O direito na pós-modernidade e reflexões frankfurtianas*. Rio de Janeiro, Forense Universitária, 2009, p. 91 e 341.

[115] MARCUSE, *Eros e civilização*, op. cit., p. 81.

A sociedade emerge como um sistema duradouro e em expansão de desempenhos úteis; a hierarquia de funções e relações adquire a forma de razão objetiva: a lei e a ordem identificam-se com a própria vida da sociedade.[116]

Se no caso da velha dominação do pai, pessoal, o filho é reprimido mas a essa repressão corresponde um ódio contra o dado, na dominação impessoal o sentimento de revolta não se lança contra o sistema, já que ele é "impessoal", ou seja, a repressão não é especificamente voltada contra o reprimido. Assim sendo, não encontrando diretriz para canalizar seu ódio ao outro, o reprimido volta-se a si mesmo, culpando-se de sua infelicidade e opressão. O sistema jurídico, que anteriormente parecia ser uma armadura da pessoalidade do poder do pai contra o filho, agora é um conjunto técnico difuso, sem um polo de opressão claro a ser identificado. O direito torna-se uma burocracia, o que dificulta, no jurista e em todos os que se submetem ao direito, a identificação do opressor. O mundo jurídico contemporâneo, dos tribunais, órgãos públicos, grandes escritórios de advocacia, revela essa impessoalidade da opressão, cuja injustiça é marcada por uma indiferença institucional. Assim exprime Marcuse:

> Mas essas imagens do pai pessoal desapareceram gradualmente atrás das instituições. Com a racionalização do mecanismo produtivo, com a multiplicação de funções, toda a dominação assume a forma de administração. No seu auge, a concentração do poder econômico parece converter-se em anonimato; todos, mesmo os que se situam nas posições supremas, parecem impotentes ante os movimentos e leis da própria engrenagem. O controle é normalmente administrado por escritórios em que os controlados são os empregadores e empregados. Os patrões já não desempenham uma função individual. Os chefes sádicos, os exploradores capitalistas, foram transformados em membros assalariados de uma burocracia, com quem os seus subordinados se encontram, como membros de outra burocracia. O sofrimento, a frustração, a impotência do indivíduo, derivam de um sistema funcionando com alta produtividade e eficiência, no qual ele aufere uma existência em nível melhor do que nunca. A responsabilidade pela organização de sua vida reside no todo, no "sistema", a soma total das instituições que determinam, satisfazem e controlam suas necessidades. O impulso agressivo mergulha no vácuo – melhor, o ódio encontra-se com sorridentes colegas, atarefados concorrentes, funcionários obedientes, prestimosos trabalhadores sociais, que estão todos cumprindo seus deveres e são todos vítimas inocentes. Assim repelida, a agressão é novamente introjetada: a culpa não é da supressão, mas do suprimido. [...]
> A ideologia hodierna reside em que a produção e o consumo reproduzem e justificam a dominação. [...] O indivíduo paga com o sacrifício do seu tempo, de sua consciência, de seus sonhos; a civilização paga com o sacrifício de suas próprias promessas de liberdade, justiça e paz para todos.[117]

Psicanaliticamente, no capitalismo contemporâneo, os injustiçados do mundo sofrem suas injustiças, culpam-se, mas não conseguem identificar a opressão do próprio sistema social nem do direito que lhe é subjacente, na medida em que o sistema parece

---

[116] Ibid., p. 91.
[117] Ibid., p. 98-99.

ser técnico, "democrático", "imparcial". O apogeu da razão técnica é o apogeu da dificuldade de identificação do injusto e do justo também porque é um tipo de opressão que se internaliza generalizadamente.

BLOCH

O filósofo alemão Ernst Bloch (1885-1977) é um dos pensadores mais originais e especiais da tradição marxista. Sua reflexão abrange temas profundos e inesperados para a aridez do âmbito filosófico atual. O futuro é seu horizonte de análise, o que o fez ser o mais importante filósofo contemporâneo a tratar sobre os temas da *utopia* e da *esperança*. Ao mesmo tempo embebido de um notável e poético humanismo e de uma grande capacidade de reflexão crítica e radical, Bloch é uma referência no campo da filosofia pura, da filosofia política, da filosofia da religião e da filosofia do direito, contida em especial na sua obra *Direito natural e dignidade humana*.

Aprofundo e desenvolvo reflexões específicas sobre Bloch e o direito em meu livro *Utopia e direito*: Ernst Bloch e a ontologia jurídica da utopia.[118]

Messianismo e totalidade

Judeu alemão, nascido em família pobre, Bloch começa a desenvolver sua produção já ao final da década de 1910. Desde jovem, o tema da utopia é fundamental em sua reflexão. Sua primeira grande obra, *O espírito da utopia*, é de 1918. O contexto inicial de sua formação se deu no círculo de intelectuais que se reunia no entorno de Max Weber. Nesse grupo, conheceu Lukács, com quem estabeleceu sólida amizade e uma concordância bastante grande a respeito dos assuntos do marxismo.[119]

Ainda bastante jovens, tanto Bloch quanto Lukács partilhavam de uma visão de mundo que, em sua origem, era mística. O socialismo se apresentava, na reflexão inicial de ambos, como a possibilidade de redenção da humanidade, no que se aproximavam das melhores perspectivas escatológicas tanto do judaísmo quanto do cristianismo. O tema da religião foi muito caro a Bloch. Em 1921, publicou *Thomas Münzer, teólogo da revolução*, resgatando, para as lutas revolucionárias, o exemplo do líder cristão protestante alemão que, ao tempo de Lutero, posicionou-se exemplarmente ao lado dos camponeses, e não ao lado dos senhores de terra. A visão filosófica de Bloch, embebida no mais crítico do sentimento religioso, desde o início dava mostras de seu messianismo de fundo.

---

[118] MASCARO, Alysson Leandro. *Utopia e direito*: Ernst Bloch e a ontologia jurídica da utopia. São Paulo, Quartier Latin, 2008.

[119] "Lukács e Bloch integravam o círculo de intelectuais que frequentavam os seminários privados de Max Weber em Heidelberg, antes da 1ª Guerra Mundial e procuravam incutir nos demais participantes seus ideais neorromânticos. Jaspers, que também fazia parte daquele grupo, recorda-se de ambos como 'gnósticos que compartilhavam suas fantasias teosóficas em círculos sociais'." SOLON, Ari Marcelo. *Teoria da soberania como problema da norma jurídica e da decisão*. Porto Alegre, Sérgio Fabris, 1997, p. 177.

As perspectivas comuns de Bloch e Lukács a respeito do marxismo, que passavam pelo messianismo como posicionamento ativo em face da anunciação do novo, começam a se romper com suas divisões a respeito da estética. Ambos muito sensíveis às questões da arte, dividem-se a partir do apreço de Bloch ao movimento expressionista, enquanto Lukács se orienta em favor da estética do realismo socialista, então em voga na União Soviética. O realismo entende a arte como demonstração do efetivamente dado. Para Lukács, o socialismo é uma compreensão científica da realidade e, por isso, a arte socialista deve ser realista.

Bloch, por sua vez, enxerga no expressionismo a possibilidade de uma manifestação artística forte e chocante, na qual as imagens arrebatadoras não permitem indiferença. Em sua visão estética, o expressionismo é a perspectiva que balança o conforto da sociedade sem perspectivas. A própria forma de escrita de Bloch, próxima do ensaio, apresenta forte apelo expressionista, na medida em que não procede a um desfile neutro de ideias, mas apresenta um impactante apelo à sensibilidade do leitor. Assim, Suzana Albornoz:

> Segundo Bloch, o expressionismo era um humanismo; orientava para o humano, buscando quase exclusivamente o humano e a forma adequada para expressar o seu incógnito, aquilo que no homem é misterioso, escondido, desconhecido. Não se trata de tomá-lo como exemplo, fazendo dele um precursor do humanismo revolucionário, materialista, que para Bloch era o verdadeiro humanismo. Contudo, deve ser considerado como alternativa ao "realismo socialista", para expressar um *mundo em declínio reduzido a um monte de fragmentos*.[120]

No que tange ao ponto em comum da formação marxista humanista de ambos, a separação é ainda mais nítida. O tema da totalidade é muito caro à vertente marxista hegeliana na qual se formaram. A compreensão do todo, e não apenas dos fragmentos, faz parte de tal visão dialética. Lukács, no entanto, em *História e consciência de classe*, procede a uma espécie de homogeneização da totalidade. As contradições mais avançadas iluminam e dão dimensão ao todo social. As mais agudas relações do capitalismo delineiam o contexto da lógica das explorações presentes e o proletariado unifica o todo dos explorados. Nesse todo, o partido, como vanguarda dos trabalhadores, dá a diretriz geral de luta. A visão de totalidade de Lukács faz do todo um bloco homogêneo, e dá ao partido comunista a posição de destaque, o que estava em consonância com as demandas da União Soviética de seu tempo.

Ernst Bloch, por sua vez, lança mão de uma visão da totalidade bastante específica. Para ele, é preciso entender o todo a partir de *esferas*, camadas de contradições variáveis que vão se superpondo sem se anular. Por isso, para Bloch, o todo social não tem uma mesma homogeneidade. O todo é polirrítmico. Se assim o é, os tempos presentes apresentam as mais avançadas perspectivas de superação ao lado de necessidades e demandas ainda atrasadas. Os sonhos de superação, assim sendo, são múltiplos. A história, para Bloch, não é uma perspectiva dos tempos presentes como se fossem uma só manifestação. Em seu livro *Herança desse tempo*, Bloch aponta para o conceito de *não contemporaneidade*. O presente se apresenta tanto com as demandas atuais quanto com as tantas historica-

---

[120] ALBORNOZ, Suzana. *O enigma da esperança*. Petrópolis, Vozes, 1998, p. 44.

mente ainda não vencidas. Por isso, a luta revolucionária deve ser refinada, sensível a horizontes variados, tendo em vista as demandas e feridas de muitos tempos superpostos que ainda estão abertas.

A utopia concreta

Numa totalidade polirrítmica, na qual vários tempos se superpõem, o apontar para o futuro há de se mostrar, no pensamento de Bloch, um tema fundamental. A *utopia* é, desde o início das reflexões blochianas, sua grande preocupação. Ao tema, além da obra de juventude *O espírito da utopia*, Bloch dedicou seu livro mais importante e monumental: *O princípio esperança*. Escrita ao tempo da Segunda Guerra Mundial, quando do exílio de Bloch, a obra foi publicada nas Alemanhas Oriental e Ocidental a partir de 1954.

Bloch, partindo da tradição marxista, separa o socialismo científico daquilo que vulgarmente foi chamado de socialismo utópico. Essa visão, típica do século XIX, era bastante idealista, baseada numa espécie de boa vontade social. Fourier, Saint-Simon e vários reformadores do século XIX foram chamados socialistas utópicos. A origem de tal visão idealista sobre o futuro remonta a textos muito conhecidos, como a *Utopia* de Thomas Morus, de onde se extrai a acepção moderna do termo.

Bloch dirá que a visão do socialismo utópico é responsável por fazer do termo *utopia* algo fantasioso, meramente volitivo. Contra tal perspectiva idealista, Bloch apontará o conceito de *utopia concreta*. A compreensão das reais situações históricas, suas contradições, suas razões e as possibilidades de sua superação constituem a utopia concreta. A visão utópica idealista, que se apresenta como uma mera vontade, é chamada por Bloch, em contraste, de *utopia abstrata*.

O que leva o pensamento à utopia é a carência. A fome do alimento e das satisfações fundamentais da humanidade gera impulsos que se orientam por buscar.[121] Tal processo de busca gerado pelas necessidades enseja desejos de futuro: trata-se da esperança. Nela, apresentam-se afetos e conhecimentos de dimensões concretas sobre as possibilidades e o seu manejo. Os afetos são sentimentos positivos, e o conhecimento das possibilidades são a *docta spes*, a douta esperança, que é a própria utopia concreta, distinta de qualquer esperança infundada.

Sobre a utopia como antecipação, diz Pierre Furter:

> A utopia, portanto, é uma *dialética antecipadora*, isto é, uma superação do ser pelo devir. Isto a distingue de quaisquer formas analógicas com as quais ela é geralmente confundida. Seguindo-se Ernst Bloch pode-se perceber claramente que ela não é ape-

---

[121] "O alvo para o qual se dirige a pulsão é, ao mesmo tempo, aquilo em que ela é saciada (na medida em que se encontra ao seu alcance). O animal dirige-se para o alvo conforme lhe dita o apetite no momento, o ser humano o retrata por antecipação. Por isso, o ser humano é capaz não só de ter apetite [*begehren*] mas também de desejar algo [*wunschen*]. O ato de desejar é mais amplo, possui mais matizes que o apetecer, pois o *desejar* se expande para uma concepção em que o apetite imagina a forma do seu objeto." BLOCH, Ernst. *O princípio esperança*. Rio de Janeiro, Contraponto e UERJ, 2005, v. 1, p. 50.

nas uma projeção de nossos próprios interesses, pois ela visa o interesse coletivo. Ela se distingue da ideologia porque ela *constrói* um mundo e vive da esperança de um futuro, e não de ilusões. Ela não pode ser incorporada ou explicada pelos arquétipos, pois é fundamentalmente *progressiva* e se volta para o futuro. Ainda que possa ser confundida à primeira vista com os ideais, ela distingue-se deles por suas dimensões *concretas* e por seu dinamismo dialético. Enfim, ela não tem nada a ver nem com as alegorias nem com os símbolos, pois estes induzem a uma repetição dos exemplos do passado, enquanto a utopia *inova*.[122]

Bloch situa a utopia concreta no nível dos *sonhos diurnos*. Valendo-se da psicanálise, Bloch anuncia outro nível no que diz respeito aos sonhos, distinto daquele já estudado e proposto por Freud. A psicanálise freudiana considera os sonhos uma manifestação das inquietações passadas do indivíduo. Traumas, recalques e vivências de cada qual surgem nos sonhos, cabendo ao psicanalista interpretá-los.

Na proposta de Bloch, denomina-se esse sonho que faz falar o passado de *sonho noturno*. O sonho diurno, por sua vez, distinto daquele estudado por Freud, é o sonho que se sonha acordado. Ele se constrói a partir da vontade, da fantasia, da imaginação e da criação. Escapa-se do presente numa remissão ao futuro. Já o sonho noturno é estático, reativo, ligado ao passado. O sonho diurno é novidade e esperança. Trata Bloch:

> Com efeito, os seres humanos de forma alguma sonham apenas à noite. Também o dia possui bordas crepusculares, também ali os desejos se saciam. Diferentemente do sonho noturno, o sonho diurno desenha no ar repetíveis vultos de livre escolha, e pode se entusiasmar e delirar, mas também ponderar e planejar. [...] Os sonhos noturnos se nutrem geralmente da vida impulsiva que ficou para trás, de *material imaginário* passado, quando não *arcaico*, e não acontece nada de novo sob o clarão de sua lua descoberta. [...] O ato de devanear, diferentemente do sonho noturno habitual, pode ocasionalmente conter tutano e, em lugar da ociosidade e até da autoenervação do sonho noturno, apresenta uma pulsão infatigável, a fim de que a antevisão também seja concretizada.[123]

Está nas possibilidades humanas o projetar-se, o sonhar para frente, aquilo que Ernst Bloch chama de sonho diurno. O apontamento para o futuro não é apenas uma vaga vontade individual, meramente subjetiva. Bloch, inesperadamente, valendo-se de uma larga e generosa recepção de filosofias como a de Aristóteles e mesmo a de Heidegger e do existencialismo, falará a respeito de uma *ontologia do ser-ainda-não* (*nicht-noch-sein*).

Para Bloch, o ser deve ser pensado não como algo dado, estático e acabado. A existência se apresenta tanto como um ser dado quanto como um ser em potencial, um ser-ainda-não. A história deve ser pensada a partir das suas possibilidades. A sociedade não é um dado estático. E, além disso, a própria natureza é um ser-ainda-não. Diz Suzana Albornoz:

---

[122] Furter, Pierre. "Utopia e marxismo segundo Ernst Bloch". *Tempo Brasileiro*, n° 7, Rio de Janeiro, Tempo Brasileiro, 1965, p. 21.

[123] Bloch, *O princípio esperança*, op. cit., v. 1, p. 88-89.

A base ontológica da construção blochiana é justamente o ainda-não-ser do homem como da matéria e da natureza: o ainda não possuir totalmente a minha verdade indica que há ainda o que ser realizado que, sob forma de possibilidade, é indicado no ser presente que sou, somos, que a natureza, a matéria é. Do que é o mundo, do qual faço parte. E por este caráter material de ser e do ainda-não-ser do próprio homem, que o não, que aí aparece indicando o ainda-não-ser, é também um não-ter.[124]

Surpreendentemente, Bloch resgata uma perspectiva sobre a natureza que já frequentou o pensamento clássico marxista em algum momento, quando da proposição da dialética da natureza de Engels, visão essa que sofreu muitas críticas no decorrer do século XX. Bloch, no entanto, de modo muito mais acurado filosoficamente, propõe que a própria natureza é incompleta, aberta ao que ainda não é – portanto podendo ser melhorada.

Bloch não considera as situações histórico-sociais estáticas, na medida em que o conhecimento de suas estruturas profundas abre brechas para sua transformação, tampouco considera que a natureza seja um dado bruto a condicionar a história. Também a natureza é transformável.[125]

A percepção das estruturas históricas e sociais, seu estudo, seu manejo e a atuação concreta em tal realidade dão a dimensão do conceito filosófico de *possibilidade*. O ainda-não-ser é a possibilidade de ser. A possibilidade não representa a certeza do ser futuro; ela é a abertura para tal. A utopia concreta, assim sendo, não é o estudo do inexorável. O ser-ainda-não se conforma e se apresenta sob o dístico da possibilidade. A possibilidade exige a atualização da potência. Somente o agir concretiza a possibilidade.

Inspirado nas reflexões aristotélicas a respeito da potência e do ato, Bloch propõe uma tábua das possibilidades que contempla quatro níveis: a possibilidade puramente formal, a possibilidade subjetiva, a possibilidade objetiva e a possibilidade dialética.

O *possível puramente formal* é o que se manifesta apenas no nível lógico-abstrato. Em geral, ele é apenas o contrário da ausência de impedimentos lógicos. Quando se diz que dois corpos celestes, como dois sóis, podem se chocar, tal é uma possibilidade puramente formal, na medida em que não se vislumbram indícios de sua concretude.

O *possível subjetivo* – ou objetivo-factual ou provável – está baseado em fatos que se apresentam ao sujeito, sem que haja um conhecimento melhor a respeito de suas estruturas. O desconhecimento a respeito das concretas relações de tais fatos faz com que o sujeito não alcance os mecanismos profundos da possibilidade. Daí, então, o

---

[124] ALBORNOZ, Suzana. *Ética e utopia*: ensaio sobre Ernst Bloch. Porto Alegre, Movimento e Edunisc, 2006, p. 59.

[125] "A filosofia da utopia concreta não se restringe ao discurso da dialética da história, mas estende-se ainda em direção a uma filosofia dialética da natureza. Bloch toma, decerto, emprestado de Engels esta ideia; sua vinculação, todavia, com a linhagem marxista diretamente apoiada nas obras deste último autor não vai além desse primeiro nível de generalidade. Fora um pequeno número de hipóteses em comum, o que se entende por dialética da matéria em uma e noutra perspectiva é algo radicalmente distinto." BICCA, Luiz. *Racionalidade moderna e subjetividade*. São Paulo, Loyola, 1997, p. 242.

possível passa a ser meramente subjetivo, dependente apenas da vontade do sujeito. O voluntarismo no trato da utopia, alheio à concretude, é o traço do possível subjetivo.

O *possível objetivo* – ou objetivo-coisal ou possível conforme a estrutura do objeto real – é aquele que demonstra suas aberturas nos próprios objetos específicos, mas que não encontra apelo nas vontades subjetivas que lhe façam atualizar a potência em ato. As injustiças sociais, cujos mecanismos são entendidos e explicados cientificamente, mas que não tocam no coração e na vontade de transformação da sociedade, são o exemplo de um possível objetivo.

O *possível dialético* – ou real-objetivo – é aquele que se abre para a compreensão de seus concretos mecanismos e das possibilidades dos agentes transformadores. Trata-se de uma abertura plena e madura tanto por parte das situações sociais concretas quanto das suas possibilidades subjetivas, isto é, daqueles que engendrarão sua feitura. A ação revolucionária há de se perfazer nesse nível de possibilidade. Diz Bloch:

> Justamente os extremos até o momento mantidos no maior distanciamento possível – ou seja: futuro e natureza, antecipação e matéria – coincidem na radicalidade oportuna do materialismo dialético-histórico. *Sem a matéria não há solo para a antecipação (real); sem antecipação (real) não há horizonte concebível para a matéria.* Desse modo, a possibilidade real não reside numa ontologia acabada do ser do que existiu até o momento, mas na ontologia, a ser renovadamente fundada, do ser do ainda-não existente, que descobre futuro até mesmo no passado e na natureza como um todo.[126]

A utopia concreta se funda na possibilidade. Tomando o ser como possível, para Bloch, então, o presente se revela como incompleto. Contudo, o que é não se limita apenas a essa avaliação de sua incompletude. O ser é *ser-ainda-não*. Na definição de Bloch, *S ainda não é P*. O ser ainda não é pleno. Pode ser. A possibilidade não é uma metafísica ou uma mística religiosa do futuro. O que ainda não é não se entende a partir de uma definição vaga ou abstrata. É o real do hoje que se revela e abre a possibilidade do amanhã, por meio da antecipação. Assim sendo, não é um mero desejo futuro que delineia a incompletude do ser presente. A utopia concreta assim se apresenta porque extrai do concreto do hoje a possibilidade do amanhã.

Dignidade humana

O grande inventário das utopias concretas feito por Bloch deságua, também, em questões sobre o direito e o justo. Ao tempo de maturidade, quando escreve *O princípio esperança*, Bloch também redige a sua mais importante obra de filosofia do direito, *Direito natural e dignidade humana*, um dos mais marcantes livros do pensamento jurídico contemporâneo. Nessa obra, o assunto que anima Bloch é o da abordagem jurídica da utopia.

O pensamento de Bloch é bastante agudo no que tange à utopia jurídica. Apoiado em Marx, dirá Bloch que o Estado e o direito se apresentam na atualidade como ma-

---

[126] BLOCH, *O princípio esperança*, op. cit., v. 1, p. 234.

nifestações da própria reprodução econômica capitalista, pulverizando os indivíduos em mercadorias, realizando a circulação mercantil, garantindo a propriedade privada e reprimindo a liberdade individual e social. Em face dessa situação presente, o que se chamará por utopia jurídica será o fim do Estado e do direito, na medida em que são elementos de exploração e de repressão.

Enquanto a maior parte do pensamento jusfilosófico contemporâneo se contenta com as injustiças presentes, no máximo com algum desconto, isto é, com pequenas reformas no seio das próprias estruturas injustas, Bloch aponta ao mais alto e mais avançado no tocante à utopia da justiça: que não haja exploração nem opressão. Na mais fiel leitura das possibilidades últimas do marxismo, Bloch aponta a libertação da opressão estatal e o perecimento do direito como as mais elevadas utopias jurídicas concretas para o futuro da humanidade.

No contexto geral da máquina capitalista, que exaspera e explora multidões, a utopia de uma sociedade melhor é o norte do socialismo, como luta emancipatória e libertadora. Em face da miséria, abre-se a perspectiva da *felicidade*. No entanto, além do largo campo da utopia social, há também uma específica utopia jurídica. No que tange ao direito, ao lado da miséria – como manifestação social geral –, há um problema particular, o da humilhação. Em seu combate, abre-se a perspectiva utópica da *dignidade*. Assim sendo, Bloch aponta o socialismo como luta pela felicidade e, especificamente no que concerne às questões jurídicas, como luta pela dignidade humana. Trata Bloch:

> As utopias sociais estão dirigidas principalmente à *sorte* (*Glück*), ou, pelo menos, à eliminação da necessidade e das circunstâncias que mantêm ou produzem aquela. As teorias jusnaturalistas, pelo contrário, como se viu claramente, estão dirigidas predominantemente à *dignidade*, aos direitos do homem, a garantias jurídicas de segurança ou liberdade humanas, como categorias de orgulho humano. E de acordo com isso, a utopia social está dirigida, sobretudo, à eliminação da *miséria* (*Elends*) humana, enquanto que o direito natural está dirigido, acima de tudo, à eliminação da *humilhação* (*Erniedrigung*) humana. A utopia social quer afastar tudo o que se opõe à *eudemonia* (felicidade) de todos, enquanto que o direito natural quer acabar com tudo o que se opõe à *autonomia* e a sua *eunomia* (boa lei). É que a ressonância nas utopias sociais e nas teorias do direito natural é muito diferente.[127]

O próprio título de sua obra magna de filosofia do direito, *Direito natural e dignidade humana*, dá mostras do quanto o problema da dignidade é a especificidade jurídica da utopia concreta, que só se consegue transformando radicalmente a miséria e a humilhação da estrutura social capitalista em uma sociedade fraterna e socialista. Ao mesmo tempo, o tema do direito natural, que está no título de sua obra, demonstra a solidez do posicionamento crítico de Bloch quanto à cultura jusfilosófica arraigada. Num tempo em que se dizia que o direito natural seria capaz de dar dignidade aos homens, Bloch, exasperado pelo nazismo e pela Segunda Guerra Mundial, fará a grande crítica do direito natural, apontando para a imperiosidade de sua superação. O apontar da dignidade não é uma mera intelecção ou preceito moral, é uma luta social radical.

---

[127] BLOCH, Ernst. *Naturrecht und menschliche Würde*. Frankfurt, Suhrkamp Verlag, 1985, p. 234.

A capacidade estética de Bloch se fará também visível na sua reflexão jusfilosófica. Distinguindo entre a esperança vinda dos de baixo e as vontades dos poderosos, Bloch se vale sempre de um conclame a uma mudança de perspectivas do leitor e do estudioso do direito. Em geral, o pensamento jurídico é construído a partir do alto, em função dos poderosos e exploradores. No entanto, é preciso resgatar o que se pensou de baixo, a partir dos explorados. Bloch conclama o jurista e o seu leitor ao sentimento jurídico que se manifesta no explorado, no que está abaixo na engrenagem jurídica e social.

A obra jusfilosófica de Bloch se abre com um grande inventário histórico do pensamento jurídico. Ao contrário dos que se limitam a uma coleção de opiniões sobre o direito e a justiça, Bloch parte ativamente para a denúncia das explorações, analisando a história da filosofia do direito a partir dos de baixo, os explorados.

Bloch aponta o fato de que, na história, os movimentos de luta contra o poder e a opressão começam, em geral, por meio de iniciativas individuais. Com o passar do tempo, tais contestações do plano individual tornam-se movimentos maiores, coletivos. No entanto, na história, quase sempre os movimentos sociais são sufocados e reprimidos com a máxima violência.

Na perspectiva dos de baixo, o pensamento clássico grego, de Platão e Aristóteles, se revela um grande painel de legitimação da dominação existente ao seu tempo. O mesmo se dá com os medievais, cuja apropriação da visão cristã ocorreu para fins de maior perversão da opressão já existente, com a questão do pecado original, por exemplo. Bloch dirá que em poucos momentos, e por razões parciais, levantou-se uma bandeira jurídica de superação, como no caso do epicurismo, ou mesmo com Cícero.

Os modernos, por sua vez, são analisados por Bloch a partir de sua imediata vinculação aos interesses da burguesia crescente do período. O que se há de chamar por natureza humana, na modernidade, não está atendendo a outros conclames que não os do indivíduo empresário. Hobbes, entre outros, vai por esse caminho. Relativamente distintos da trajetória dos modernos são, na opinião de Bloch, Thomasius e Rousseau. Este, mais que do empresário, ocupou-se do cidadão. Entretanto, na linha geral da justiça pelo alto e não pelos de baixo, Kant e Jhering se põem a transplantar o direito natural burguês em realidade juspositivada.

Em Hegel, de quem Bloch se ocupou em outra obra monumental, *Sujeito-objeto*, vislumbra-se uma unidade do direito estatal com a possibilidade de sua superação. A rosa na cruz, embora sempre lida mais como cruz – o Estado – pelos contemporâneos, não afasta a possibilidade da rosa – o socialismo. A própria interpretação hegeliana de *Antígona* dá mostras do conflito e da junção entre o masculino e o feminino, a ordem e o amor.

> A rebelião do direito da terra em que se apoia Antígona contra a lei patriarcal de Creonte é aqui, precisamente, o exemplo mais característico. É o exemplo oferecido por uma das mais grandiosas obras literárias, por um conflito no qual Sófocles faz chocar tragicamente o antiquíssimo direito matriarcal com o novo direito estatal e do soberano.[128]

---

[128] Ibid., p. 132.

Para Bloch, no século XIX, Bachofen, com a ideia do direito matriarcal, continua tal trajeto hegeliano de totalização do opressivo com o amoroso, que ainda é parcial, mas já contém germes de superação. Contudo, no pensamento blochiano, o marxismo é aquele que, a partir das sementes hegelianas, possibilitará a plenificação da crítica ao capitalismo, apontando ao futuro socialista.

No que tange aos contemporâneos, a crítica de Bloch é radical. Os jusnaturalismos da atualidade são uma forma de dourar o próprio direito positivo com elementos éticos. A Igreja, quando trata de sua doutrina social, outra coisa não faz senão legitimar a própria ordem existente, com algum desconto de mínima moralidade.

O juspositivismo, por sua vez, é também denunciado vigorosamente por Bloch. Hans Kelsen, desprovido de uma preocupação sobre a origem da validade da ordem jurídica, constrói, na opinião de Bloch, uma teoria dedutiva e volitiva, baseada na mera vontade do legislador. O juspositivismo abre campo para o irracionalismo.[129]

Para Carl Schmitt, Bloch dedica virulentas páginas. Judeu marxista, tendo sofrido na pele os horrores do nazismo, Bloch enxerga no pensamento schmittiano a mitigação dos próprios interesses da burguesia mercantil para a chegada do estágio do capitalismo monopolista dentro do direito. Tratando das implicações do pensamento de Schmitt, Bloch chega a chamá-lo de "prostituta do absolutismo completamente letal, do absolutismo nacional-socialista".[130]

A ontologia jurídica da utopia

O pensamento de Ernst Bloch encaminha-se a uma proposição que busque compreender, do ser e suas possibilidades – o ser-ainda-não –, aquilo que lhe seja especificamente jurídico. A ontologia jurídica da utopia é o grande descortinamento jusfilosófico de Bloch. Trata-se do apontamento à futura sociedade socialista, justa e digna.

No quadro das utopias jurídicas, Bloch dedica-se com especial atenção à Revolução Francesa e seus três lemas, liberdade, igualdade e fraternidade. Para Bloch, somente se tomados em conjunto será possível a efetiva implementação de tais lemas, e isso se dará pelas mãos dos proletários. Apenas o socialismo é capaz de cumprir o preceito da liberdade no mundo, da igualdade econômica e da fraternidade, cujo afeto profundo só é possível numa sociedade que não seja cindida em classes. O socialismo, então, é a divisa necessária para a paz e a fraternidade, com uma plena liberdade no mundo e com uma igualdade suficiente à felicidade.

---

[129] "Há um único ponto de sua crítica [de Bloch] que, com alguma retificação se concilia perfeitamente em nossa análise. Após mostrar como a doutrina kelseniana poderia ter seu ponto de surgimento no scotismo medieval (a afirmação do primado da vontade sobre o entendimento fazendo derivar todas as determinações intelectuais da vontade divina, que não se prende a nenhuma lógica do entendimento), Bloch afirma ter o irracionalismo campo livre." SOLON, *Teoria da soberania como problema da norma jurídica e da decisão*, op. cit., p. 168.

[130] BLOCH, *Naturrecht und menschliche Würde*, op. cit., p. 62.

Não só a partir de um ângulo formal, mas também parcialmente, a partir do ângulo de seu conteúdo, a liberdade se prestou a ser transformada e definida como liberdade do sujeito econômico individual, ou, pelo menos, pôde ser contida nestes limites; no entanto, a igualdade e a fraternidade, se não permanecem no âmbito do formal e pretendem receber um conteúdo, ou bem são socialistas ou nada são em absoluto.[131]

Os três lemas da Revolução Francesa são originários da burguesia, mas ela própria não pode levá-los adiante, justamente porque em suas mãos são parciais, feitos para não serem cumpridos. Somente os explorados, a classe trabalhadora, serão capazes de dar plenitude a tais preceitos. É o socialismo que deve tomar a bandeira tricolor em suas mãos. É Marx quem apontará para a utopia jurídica, tricolor, da dignidade humana.

No tocante ao marxismo jurídico, Bloch põe-se ao lado de sua leitura mais plena, sem limitações nem receios. O direito, para Bloch, é um museu de antiguidades jurídicas. Tal qual para Marx, o direito é tido, no pensamento blochiano, como um sistema que possibilita o escoamento e a reprodução das próprias relações capitalistas. Não se há de imaginar que isso se deva a um uso errado de um instrumento neutro. Pelo contrário, a lógica estatal e jurídica é correspondente necessária da própria lógica do capitalismo, devendo perecer com este. Por isso, das leituras marxistas sobre o direito, em termos de horizonte, Bloch é muito próximo de Pachukanis, para quem, também, não se há de trabalhar na luta pela conservação da divisão de classes, e sim para a plena superação do capitalismo em socialismo.[132] Diz Bloch:

> Em uma sociedade sem classes, sem circulação mercantil, não há nenhum proprietário de mercadorias, ainda que o produtor de bens seja sujeito jurídico (personalidade jurídica), e seu direito consiste em não estar nem sequer forçado à produção de bens. O *último direito subjetivo* seria, assim, a faculdade de *produzir segundo suas capacidades e consumir segundo suas necessidades*, uma faculdade garantida pela *última norma do direito objetivo*: a *solidariedade*.[133]

Muito diferente do museu de antiguidades que é o direito, Bloch aponta para o museu bem distinto dos postulados jurídicos. Determinados horizontes e conteúdos são orientações fundamentais à vida histórico-social. A dignidade humana é um desses nortes. Não se trata de dizer que o princípio da dignidade humana seja inato. Pelo contrário, ele deve ser entendido historicamente, bem como expressão de classe. A dignidade humana, tomada como princípio burguês, é estreita, exploradora e egoísta. Somente uma principiologia proletária, socialista, constrói um horizonte que leva à plenitude da dignidade humana.

---

[131] Ibid., p. 187.

[132] "Não pode surpreender que nesse 'diálogo' desempenhe um papel essencial a figura de Pachukanis, pois ao fim e ao cabo este foi o autor da obra (Teoria Geral do Direito e Marxismo) da qual se levanta toda a investigação marxista sobre o Estado no sentido mais próprio do termo. Também o próprio caráter da obra de Pachukanis, abertamente libertário e utópico, facilitava-lhe que fosse utilizado em certa medida como 'guia', ainda que os problemas que postulava sejam muito similares aos que se decorrem da investigação de Bloch." SERRA, Francisco. *Historia, política y derecho en Ernst Bloch*. Madrid, Trotta, 1998, p. 219.

[133] BLOCH, *Naturrecht und menschliche Würde*, op. cit., p. 252.

Daí, para Bloch, os postulados jurídicos que hão de guiar a sociedade socialista são uma justiça a partir de baixo. Não é patriarcal, vinda dos poderosos, nem metafísica, vinda de uma mera crença jusnatural. A burguesia, até o presente, se aferra ao direito natural da propriedade privada. A luta fraterna e socialista é pelo andar ereto de todos os indivíduos e pela dignidade humana. Liberdade no mundo, igualdade de meios, fraternidade como pleno afeto, democracia e socialismo são alguns dos nortes dessa bandeira de luta pelo futuro. Diz Bloch:

> É assim que a herança própria do direito natural, um dia revolucionário, se expressa de tal forma: eliminação de todas as relações nas quais o homem seja alienado com as coisas em mercadorias, e não só em mercadoria, senão na nulidade de seu próprio valor. Nenhuma democracia sem socialismo, nenhum socialismo sem democracia, esta é a fórmula de uma influência recíproca que decide sobre o futuro.[134]

Afastando o direito natural como mera dedução metafísica, ideal ou religiosa, bem como a mera reprodução da exploração capitalista presente como justa, Bloch aponta para o futuro socialista, numa sociedade sem divisão e sem classes, fraterna, como o cumprimento do preceito jurídico mais alto do direito – e mais alto que o próprio direito, que deverá perecer com o Estado e a divisão de classes – da dignidade humana.

Energias para o justo

Em toda a sua história pessoal, a reflexão filosófica de Bloch tratou de combater as desgraças sociais vividas, desde a miséria e a mercantilização das almas no capitalismo até as suas aberrações últimas, como o nazismo. O todo da sociedade capitalista drena as energias utópicas, criativas e revolucionárias. As massas, exploradoras e exploradas, ligam-se por relações imediatas de exploração e consumo, sem horizontes pessoais de superação coletiva. Nesse quadro, Bloch dedicou-se a encontrar sinais de energias suficientes para a transformação social, para a concretização de uma sociedade sem classes e sem divisões.

A mais alta de tais energias que se prestam à utopia concreta que aponte ao socialismo e à justiça é a própria carência. A fome e a necessidade geram impulsos. A humilhação gera o impulso da dignidade. A vivência do injusto pode abrir campos de luta e de sonhos pelo justo. A utopia concreta é a tomada de consciência coletiva de tais possibilidades do agir revolucionário.

Em duas surpreendentes análises Bloch ainda encontra energias utópicas. No que tange à *não contemporaneidade*, os vários tempos históricos superpostos representam energias variadas, acumuladas, que têm sede de justiça. Noutro ponto, os próprios impulsos morais, éticos e religiosos, canalizados de maneira repressiva e opressora pelas religiões, podem ter, de outra sorte, um uso verdadeiramente fraterno e revolucionário.

O tempo presente não pode ser pensado apenas nas suas últimas e agudas contradições atuais. As demandas das classes exploradas pelo capitalismo são superpostas. Há desde a carência em razão da exploração do trabalho até a indignidade pessoal da humi-

---

[134] Ibid., p. 232.

lhação pelos superiores, passando pela amargura de não poder sonhar grandes projetos e não poder se dedicar a atos mais plenos que não aqueles da mera atividade profissional quotidiana. Trata-se da não contemporaneidade, que se apresenta como soma de várias energias utópicas específicas.[135]

No caso da Alemanha, Bloch percebeu como Hitler falsificava as intenções do nazismo, apoiando-se numa falsa satisfação de tais demandas não contemporâneas. Em vez de explicar aos trabalhadores alemães a sua exploração, Hitler prometia a volta a um tempo idílico no qual o estrangeiro e o judeu não sugariam as riquezas dos arianos. A manipulação dos desejos dos alemães levou à hecatombe nazista.

No entanto, ao contrário do nazismo e da ideologia liberal burguesa, que mantêm a mesma ordem com pequenas mudanças, somente o marxismo, conhecendo as entranhas da própria exploração capitalista – que vem a iluminar inclusive as suas formas primitivas, pré-capitalistas –, pode dar conta de apontar para utopia concreta da superação das misérias presentes. À alma das pessoas e das classes oprimidas falam muitas demandas de tempos históricos distintos, e o amanhã deve haurir energias desse acúmulo de desejos.

A humilhação dos pobres, dos negros, das mulheres, das minorias, dos estrangeiros, dos desassistidos, dos fragilizados, das classes despossuídas e exploradas, tudo isso gera excedentes de energia que podem ser orientados na luta pela transformação das mazelas sociais presentes em futura justiça.

Também na moral e nos impulsos éticos Bloch arranca energias transformadoras. Abominando as religiões institucionalizadas, que se ocupam em reproduzir a mesma ordem na qual elas se assentam, Bloch mostra que o socialismo é o herdeiro mais alto das vontades de libertação e de fraternidade que brotam no seio dos melhores religiosos. A irmandade universal só pode se fazer com o fim da divisão dos seres humanos em classes. Os que amam o próximo amam o socialismo, na medida em que não podem tolerar indivíduos divididos pela propriedade, a maioria explorada por alguns. Assim trata Bloch em *Thomas Münzer, teólogo da Revolução*:

> Já agora brilha a centelha que não mais há de demorar-se em parte alguma e será conforme a mais definida exigência da Bíblia: não teremos aqui poucos permanentes, procuramos o pouco futuro; uma mentalidade messiânica prepara-se de novo para surgir finalmente familiarizada com a noção de passageiro e fortuito, os milagres daqueles que irrompiam em meio a choros e desesperos, revelavam-se meros paliativos. Por meio das ruínas e das esferas culturais arrasadas deste mundo, brilha altaneiro o espírito da indescaracterizável utopia, somente agora segura de seu próprio polo, na

---

[135] "É a 'dialética pluridimensional e pluriespacial'. Capaz de dar uma outra função aos elementos da contradição não contemporânea e que, em contrapartida, se apropria dos elementos utópicos e subversivos da 'matéria desprezada'. O proletariado, para Bloch, pode ser a força hegemônica na 'tríplice aliança' entre o campesinato e a pequena burguesia, se for capaz de dominar o material da não contemporaneidade 'autêntica' e suas contradições heterogêneas. Mas, naquele momento, quem fazia uso dessas contradições era o movimento hitleriano." MACHADO, Carlos Eduardo Jordão. *Um capítulo da história da modernidade estética*: debate sobre o expressionismo. São Paulo, Ed. Unesp, 1998, p. 57.

casa da absoluta comunidade, nas mais íntimas Ofirs, Atlântidas e Orplids. Desse modo portanto unem-se finalmente marxismo e sonho do incondicional no mesmo passo e na mesma cruzada; como força para a trajetória e fim de todas as redondezas em que o homem fora um ser pressionado, menosprezível, esquecido; como reconstrução do planeta terra e vocação, criação, conquista do Reino.[136]

Tanto ao mundo explorado se orienta a energia da fraternidade quanto do mundo explorado se haure a energia da esperança.[137] Buscando energias nas mais variadas fontes – tanto nas explorações e humilhações históricas que ainda não foram resolvidas, no sentimento religioso, no afeto de irmandade entre os seres humanos, quanto na luta das classes exploradas do capitalismo, cuja carência é estrutural –, Ernst Bloch aponta o justo como futuro, como possibilidade de felicidade e dignidade numa sociedade sem classes, socialista. O presente é composto de exploração, e tal miséria só pode ser tida como justa dentro dos estreitos limites da própria máquina de sua reprodução. Todavia, o socialismo, como possibilidade concreta de futuro, ilumina o presente, denunciando sua injustiça estrutural.

LUKÁCS

György Lukács (1885-1970) é um dos mais importantes filósofos da história do marxismo. Já no início da década de 1920, seu livro *História e consciência de classe* representou um marco filosófico tamanho que muitos o consideraram – polemicamente – a mais impactante obra da filosofia marxista do século XX.

A vida pessoal de Lukács é inseparável de sua filosofia. Húngaro, judeu, filho de banqueiro, tendo tido uma formação intelectual e cultural muito sólida, era graduado em direito e doutorado em filosofia. No começo de sua produção intelectual, destacou-se por uma reflexão filosófica ainda idealista, mas já notadamente crítica, no campo da estética. Suas obras *A alma e as formas* e *Teoria do romance* são desse período.

No primeiro momento de sua vida filosófica, esteve ligado ao círculo de intelectuais próximo de Max Weber, junto do qual conheceu Ernst Bloch, com quem desenvolveria uma estreita afinidade. Logo em seguida, inicia sua trajetória de reflexão marxista, participando da revolução húngara de 1918, na qual foi ministro. Nesse período, gesta *História e consciência de classe* (1922), que é a sua obra filosófica mais impactante. Em vida, fez inúmeras autocríticas a essa sua própria obra – algumas empreendidas até mesmo por necessidade política estratégica –, identificando nela ainda traços idealistas, não plenamente marxistas.

Durante muito tempo, Lukács esteve numa relação variável de proximidade e crítica com o governo da União Soviética e mesmo com o da Hungria, tendo sido algumas

---

[136] BLOCH, Ernst. *Thomas Münzer, teólogo da Revolução*. Rio de Janeiro, Tempo Brasileiro, 1973, p. 206.

[137] "O impulso moral no pensamento de Bloch aponta necessariamente para a justiça social, a fraternidade como distribuição das riquezas e da felicidade. É assim que, em Bloch, completa-se o círculo utópico da moral. No explorado, injustiçado, está a finalidade da escatologia cristã libertadora, e é este o sujeito motor da transformação social e da revolução, do fazer justiça." MASCARO, *Utopia e direito*, op. cit., p. 192.

vezes preso, perseguido, deportado e reabilitado. Muitos de seus textos refletem a sua luta política concreta. Na parte final de sua vida, empreende a construção de uma vasta obra sobre a estética e também sobre a ética, cujo resultado, inacabado, é o seu livro *Ontologia do ser social*, que marca então um distanciamento definitivo em relação a *História e consciência de classe*.

Lukács era jurista de formação, e sua atuação política revolucionária concreta, como comissário do povo e ministro, marca sua reflexão no campo da política e do direito. *História e consciência de classe*, sua obra mais conhecida e impactante, é permeada de exemplos do pensamento jurídico. No círculo de Weber, privava com juristas como Gustav Radbruch, ativo pensador de esquerda. E, na obra de Lukács, o próprio Hans Kelsen, representando o elemento mais alto do juspositivismo, será objeto de reflexões críticas específicas.

História e consciência de classe

A grande inovação de *História e consciência de classe* para o pensamento marxista consiste na reafirmação de seu caráter filosófico. Para Lukács, o que identifica o marxismo – em suas palavras, o marxismo ortodoxo – não é o objeto específico de análise, o capital, porque muitos economistas já o analisaram também, nem tampouco o modelo que se almeja de socialismo, porque os utópicos poderiam buscar o mesmo, mas sim o *método*. São clássicas as palavras de Lukács nesse sentido:

> Não é o predomínio de motivos econômicos na explicação da história que distingue de maneira decisiva o marxismo da ciência burguesa, mas o ponto de vista da totalidade. A categoria da totalidade, o domínio universal e determinante do todo sobre as partes constituem a essência do método que Marx recebeu de Hegel e transformou de maneira original no fundamento de uma ciência inteiramente nova. A separação capitalista entre o produtor e o processo global da produção, a fragmentação do processo de trabalho em partes que deixam de lado o caráter humano do trabalhador, a atomização da sociedade em indivíduos que produzem irrefletidamente, sem planejamento nem coerência, tudo isso devia ter também uma influência profunda sobre o pensamento, a ciência e a filosofia do capitalismo. A ciência proletária é revolucionária não somente pelo fato de contrapor à sociedade burguesa conteúdos revolucionários, mas, em primeiro lugar, devido à essência revolucionária de seu método. *O domínio da categoria da totalidade é o portador do princípio revolucionário da ciência.*[138]

O que distingue o método marxista, para Lukács, é justamente o ponto de vista da *totalidade*. A totalidade representa o eixo de diferença para com toda a filosofia burguesa. Na Idade Moderna, a separação entre sujeito e objeto cindia, filosoficamente, razão e realidade. De outro lado, na Idade Contemporânea, a insistência nas mais variadas formas de positivismo, de analítica, de compartimentalização do conhecimento, vem a fragmentar o conhecimento da realidade. Contra tal fragmentação, a totalidade é o ponto de vista do marxismo.

---

[138] LUKÁCS, György. *História e consciência de classe*. São Paulo, Martins Fontes, 2003, p. 105.

Para Lukács, a ciência estabelecida segundo o método da fragmentação – fetichista, porque isola fatos que não constituem a própria realidade – não alcança as contradições intrínsecas à própria realidade. A dialética marxista, captando a totalidade concreta, dá conta de entender a contradição real que a ciência fetichista considera apenas um erro teórico:

> No caso da realidade social, essas contradições não são indícios de uma imperfeita compreensão científica da realidade, mas pertencem, *de maneira indissolúvel, à essência da própria realidade, à essência da sociedade capitalista*. Sua superação no conhecimento da totalidade não faz com que *deixem* de ser contradições. Pelo contrário, elas são compreendidas como contradições necessárias, como fundamento antagônico dessa ordem de produção. Quando a teoria, enquanto conhecimento da totalidade, abre caminho para a superação dessas contradições, para sua supressão, ela o faz mostrando as *tendências reais* do processo de desenvolvimento da sociedade, que são chamadas a superar *realmente* essas contradições na realidade social, no curso do desenvolvimento social.[139]

Na estrutura da sociedade capitalista, a realidade se apresenta como fragmentada, com uma determinada lógica interna inexorável, tal qual se o campo da vida social fosse regido por leis da natureza. A própria exploração capitalista se apresenta como um fato naturalizado. A burguesia não deixa de apresentar sua situação de mundo como um dado totalizante. Seus interesses e seus princípios são sempre universais, mas de um tipo falso de universalidade. A liberdade e a igualdade funcionam como células de reprodução total da própria exploração.

Por essa razão, a classe burguesa não tem condição de transcender à sua própria lógica, seus interesses e sua práxis específica. Ainda que tente vender suas leis como universais, não alcança o nível concreto e real da totalidade. Somente a classe trabalhadora tem, de fato, o condão de vislumbrar a totalidade da vida social. Sua redução ao mais vil da exploração dá-lhe a possibilidade da mirada do todo, o que a classe burguesa não consegue vislumbrar. A tomada de consciência do proletariado é a possibilidade de, a partir da sua situação concreta, entender o todo social capitalista, preparando pois a luta pela sua transformação. Nesse sentido, diz István Mészáros:

> É necessário sublinhar que a defesa de Lukács do "ponto de vista da totalidade" era diretamente dirigida contra dois alvos práticos fundamentais. De um lado, ele o contrapunha à orientação tática estreita da Segunda Internacional, com seu "evolucionismo ilusório" e a separação não dialética de "meios" e "fins". [...] Mas o segundo alvo era igualmente importante para Lukács, mesmo que mais tarde se tornasse cada vez mais difícil – em razão do sucesso da stalinização da Terceira Internacional – dar voz à crítica implícita em sua posição, definida, de modo oblíquo, já em *História e consciência de classe*. Na verdade, Lukács tentava atacar, com a imagem um tanto quanto idealizada que fazia do partido, as tendências que emergiam recentemente da burocratização do movimento comunista.[140]

---

[139] Ibid., p. 79.
[140] MÉSZÁROS, István. *Para além do capital*. São Paulo, Boitempo e Unicamp, 2002, p. 381.

Para Lukács, não se há de dizer que haja uma ciência pura que fosse o núcleo da filosofia marxista, inflexível, independente da realidade, ideal e afastada da vida histórico-social. Pelo contrário, é a luta do proletariado que dá condições concretas de apreender a totalidade.[141] Somente na luta se vislumbram os limites, as possibilidades, os obstáculos e as alternativas da realidade. Assim, para Lukács, a totalidade se apresenta para a classe trabalhadora em um duplo sentido: somente em determinadas condições concretas da totalidade capitalista foi possível que se constituísse o proletariado como classe; ao mesmo tempo, somente a partir de um alto nível de seu próprio entendimento político de mundo é que é possível ao proletariado o desvendar da própria totalidade na qual se situa, vislumbrando a partir daí as possibilidades concretas de sua superação.

A tomada de compreensão da classe trabalhadora sobre sua posição e sobre a engrenagem geral de reprodução capitalista começa por aquela que é a célula mais importante de toda a lógica do capital, a mercadoria. Para Lukács, em *História e consciência de classe*, a mercadoria é uma instância a ser desbastada teoricamente, já que, na prática, ela a tudo domina e embaralha a própria perspectiva do todo social.

Segundo Lukács, a mercadoria adquire um peso imenso no capitalismo, convertendo-se no elo fundamental de ligação entre todas as coisas, entre as pessoas e as coisas e entre as próprias pessoas. A mercadoria passa a coisificar o mundo, tornando-o objetivo. No entanto, tal objetividade da mercadoria – sua medida, seu valor, sua plena inserção na lógica do mercado – é uma objetividade que se pretende plenamente racional, porque isolada em suas próprias premissas, mas esconde as relações humanas e sociais de fundo que lhe dão base.

Não é mais o trabalhador que se apresenta, como ser humano dotado de capacidades e necessidades, ao mundo do trabalho. No capitalismo, o produto ganha primazia sobre o produtor. A mercadoria passa a ser a referência primeira das relações econômicas e sociais capitalistas. Antepondo-se aos homens concretos, Marx chamará de *fetichismo* tal relação entre mercadorias que olvida as concretas relações que lhe subjazem. Por tal objetividade que a tudo abarca e que não considera nem põe em cálculo o que não seja da própria relação mercantil, a mercadoria converte o mundo numa totalidade coisificada. Assim, para Lukács, estendendo ao limite o conceito marxista de fetichismo da mercadoria, a *reificação* é o processo mais importante de universalização das relações humanas na sociedade capitalista.

A reificação é a plenificação da lógica da mercadoria. Os homens se medem como mercadorias, como trabalho pago pelo mercado. Seus valores, seus objetivos, sua própria racionalidade e seus desejos, passam a ser representados, enquadrados e encapsulados pela mercadoria. Não se trata apenas de dizer que as mercadorias ganham uma primazia no cálculo das relações sociais. Mais que isso, as próprias relações sociais, e mesmo uma

---

[141] "Pois o método marxista e a dialética materialista enquanto conhecimento da realidade só são possíveis do ponto de vista de classe, do ponto de vista da luta do proletariado. Abandonar essa perspectiva significa distanciar-se do materialismo histórico, do mesmo modo como adotá-la implica diretamente a participação na luta do proletariado." LUKÁCS, *História e consciência de classe*, op. cit., p. 98.

certa constituição histórica específica dos homens, ganham um caráter de coisa. Trata-se de um quadro geral de reificação. Diz Lukács:

> A metamorfose da relação mercantil num objeto dotado de uma "objetivação fantasmática" não pode, portanto, limitar-se à transformação em mercadoria de todos os objetos destinados à satisfação das necessidades. Ela imprime sua estrutura em toda a consciência do homem; as propriedades e as faculdades dessa consciência não se ligam mais somente à unidade orgânica da pessoa, mas aparecem como "coisas" que o homem pode "possuir" ou "vender", assim como os diversos objetos do mundo exterior. E não há nenhuma forma natural de relação humana, tampouco alguma possibilidade para o homem fazer valer suas "propriedades" físicas e psicológicas que não se submetam, numa proporção crescente, a essa forma de objetivação.[142]

Não é por razões morais, psicológicas ou subjetivas que a sociedade se apresenta reificada. Para Lukács, a reificação é a plenificação da troca das mercadorias. Nesse fenômeno fundamental da reprodução capitalista se assenta o deslocamento da humanidade das relações humanas e a assunção de um circuito de engates reificados. A autonomia que se pretende à lógica reificada é oriunda da própria autonomia buscada pelas relações mercantis. Assim sendo, cálculos morais, considerações de caráter humanista, apelos fraternos e mesmo ponderações de justiça social não são mais objetiváveis nesse processo que busca ser fechado, mecânico. A forma mercantil se estende por todas as relações sociais capitalistas.

É certo que tal racionalidade mercantil nunca consegue abarcar todas as relações e circunstâncias da vida social. No entanto, o postulado filosófico e racional da cientificidade burguesa não reconhece autoridade nem consequência nem plausibilidade num cálculo que lhe seja estranho. Uma racionalidade crítica aos fundamentos contábeis e mercantis não é tida pela sociedade burguesa presente como racional. Daí que a classe proletária necessita superar a limitação do cálculo racional burguês. A totalidade, o atrito do cálculo mercantil com o todo da realidade social é que ilumina a própria miséria da reificação capitalista.

Para Lukács, o direito é um exemplo notório da reificação da sociedade capitalista. Em *História e consciência de classe*, uma parte de seu texto sobre a reificação é dedicado a exemplificar, com o direito, tal fenômeno. Há uma diferença substancial entre as velhas manifestações jurídicas e aquelas que se dão no seio do capitalismo. Lukács aponta para o fato de que o caráter empírico, irracional e tradicional do velho direito é deslocado, para em seu lugar surgir uma sistematização racionalizável e objetiva, reificada.

> Aqui se efetua igualmente uma ruptura com os métodos empíricos, irracionais, que se baseiam na tradição e são talhados subjetivamente na medida do homem que atua, e objetivamente na medida da matéria concreta, na jurisprudência, na administração etc. Surge uma sistematização racional de todas as regulamentações jurídicas da vida, sistematização que representa, pelo menos em sua tendência, um sistema fechado e

---
[142] Ibid., p. 222.

que pode se relacionar com todos os casos possíveis e imagináveis. [...] As categorias puramente sistemáticas, que eram necessárias para que a regulamentação jurídica pudesse ser aplicada universalmente, surgiram somente no desenvolvimento moderno. E é claro que essa necessidade de sistematização, de abandono do empirismo, da tradição, da dependência material, foi uma necessidade do cálculo exato. No entanto, essa mesma necessidade exige que o sistema jurídico se oponha aos acontecimentos particulares da vida social como algo sempre acabado, estabelecido com precisão e, portanto, como sistema rígido.[143]

O direito moderno, reificado, se apresenta num aparente paradoxo em relação ao direito antigo. Este é irracional, mas se sustenta a partir de uma tradição, o que, visto pela história, o torna quase estático. Já o direito capitalista moderno é dinâmico, altera-se constantemente, conforme as necessidades do próprio capitalismo, o que pareceria ser menos reificado que o anterior. Mas trata-se do contrário. A previsibilidade do itinerário, as formas rígidas pelas quais os fatos são processados, a objetivação plena do seu funcionamento fazem com que o direito moderno, ainda que mudando constantemente, tenha uma estrutura racionalizável e técnica conservada.[144]

O juspositivismo, como uma autointitulada "ciência" do direito, lastreada justamente na previsibilidade da sua própria técnica, busca se afirmar como verdade essencial do fenômeno jurídico. Apontando para tal problema, Silvio Luiz de Almeida, em seu estudo sobre o pensamento jurídico de Lukács, trata da questão do caráter reificado da ciência do direito:

> Com base em Lukács, o direito não pode ser tido como ciência. A verdadeira ciência parte de um conhecimento da relação das partes com o todo, e das partes com elas mesmas. Não se está a negar que o conhecimento do todo se inicie por um conjunto específico de questões, como as questões jurídicas. A objeção é quanto à capacidade desse rol específico de questões espelhar uma verdade plena.[145]

Lukács, no que tange ao direito como manifestação da reificação capitalista, é bastante atento às formas de explicação jusfilosófica que lhe servem de anteparo. Dois momentos do pensamento jurídico são por ele tomados como exemplares: a Escola Histórica e o juspositivismo de Hans Kelsen.

Na passagem do século XVIII para o século XIX, a burguesia, tomando o poder dos Estados europeus com as revoluções, não passa mais a trabalhar com o direito como se fosse um conteúdo racional. Mais que isso, a forma do direito, sua técnica, sua normatividade, é que são seus elementos mais importantes. Bergbohm, Hugo, Jellinek passam a

---

[143] Ibid., p. 216.

[144] "Pois a essência do cálculo racional se baseia, em última análise, no reconhecimento e na previsão do curso inevitável a ser tomado por determinados fenômenos de acordo com as leis e independentemente do 'arbítrio individual'." Ibid., p. 218.

[145] ALMEIDA, Silvio Luiz. *O direito no jovem Lukács*: a filosofia do direito em História e consciência de classe. São Paulo, Alfa-Ômega, 2006, p. 123.

se dedicar a uma ciência racional e técnica do direito. Para Lukács, o cume de todo esse processo é Kelsen:

> Quando Jellinek designa o conteúdo do direito como metajurídico, quando os juristas "críticos" situam o estudo do conteúdo do direito na história, na sociologia, na política etc., fazem apenas, em última análise, o que Hugo já havia reclamado: renunciam metodicamente à possibilidade de fundar o direito na razão e de dar-lhe conteúdo racional; percebem no direito nada mais do que um sistema formal de cálculo, com auxílio do qual podem ser calculadas as consequências jurídicas necessárias de ações determinadas (*rebus sic stantibus*) com a máxima exatidão.
>
> Ora, essa concepção do direito transforma o surgimento e o desaparecimento do direito em algo juridicamente tão incompreensível quanto a crise para a economia política. Com efeito, Kelsen, jurista "crítico" e perspicaz, diz o seguinte a propósito do surgimento do direito: "É o grande *mistério* do direito e do Estado que se realiza no ato legislativo, e por isso se justifica o fato de que a essência desse ato se torna sensível por imagens suficientes." [...] E o fundamento real da origem do direito, a modificação das relações de poder entre as classes, tornam-se confusos e desaparecem nas ciências que tratam do direito, nas quais – de acordo com as formas de pensamento da sociedade burguesa – nascem os mesmos problemas da transcendência do substrato material que na jurisprudência e na economia política.[146]

O direito é, pois, exemplo nítido da reificação sob o capitalismo. Não importa o seu conteúdo, nem tampouco o concreto de que trata. Uma determinada universalidade da forma – que corresponde à universalidade da forma mercantil – torna os procedimentos jurídicos técnicos e racionalizáveis, fazendo transparecer, ao jurista que desconhece a economia política e a luta de classes, que o surgimento do direito é um mistério. Nesse sentido, Marcos Nobre:

> Partindo desse quadro teórico, a pergunta pela possibilidade de deter o processo de racionalização nos conduz ao problema da "estrutura da objetividade jurídica no capitalismo", momento superestrutural que é estratégico porque faz confluir uma certa cristalização das relações de produção com o formalismo próprio do pensamento burguês mais avançado. [...] Fica claro, portanto, que a impossibilidade de Kelsen de compreender o nascimento do direito deriva da instituição mesma de uma *ciência* do direito (*Rechtswissenschaft*), da ideia de que seja possível recortar arbitrariamente a realidade, abstraindo sua unicidade histórica, impondo-lhe formas que lhe são externas. [...] Em suma, trata-se aqui da visão do caráter *contingente* desses sistemas racionais parciais, para que se possa confrontar essa contingência com a "necessidade" de que ela se reveste como forma de dominação concreta do modo de produção capitalista.[147]

A mesma comparação Lukács estabelece para o campo da política e do Estado. Valendo-se das argumentações de Weber, com quem conviveu, Lukács aponta para o fato de que a reificação política é correlata da racionalização do mundo, que, segundo o

---

[146] LUKÁCS, *História e consciência de classe*, op. cit., p. 236.
[147] NOBRE, Marcos. *Lukács e os limites da reificação*. São Paulo, Ed. 34, 2001, p. 58, 61-62.

pensamento weberiano, desencanta o Estado e o soberano. O Estado passa a funcionar como uma máquina, um aparato burocrático distinto da sua velha manifestação: não é mais um instituto que representa Deus ou o sagrado, mas sim uma empresa, na acepção moderna e capitalista da palavra. Claro está que, em Lukács, essa comparação imediata do Estado à empresa capitalista revela o seu desencantamento místico, mas não dá conta de explicar, apenas com o ferramental weberiano, todas as contradições da própria relação estatal com o capitalismo. István Mészáros, ao comentar Lukács, se apercebe criticamente desse seu passo de proximidade com Weber:

> A influência de Max Weber em *História e consciência de classe* mostrou-se muito problemática. A teoria weberiana dos "tipos ideais", nesse estágio do desenvolvimento de Lukács, não é de modo algum submetida a um escrutínio crítico, como testemunham várias das suas referências positivas à "tipologia". [...] A mistificadora fusão weberiana dos aspectos funcional e estrutural/hierárquico da divisão social do trabalho – sob o uso legitimador a-histórico que o próprio Weber faz da categoria da "especialização" no seu esquema – tem um impacto negativo na estrutura conceitual de *História e consciência de classe*. E a avaliação da "racionalidade" e do "cálculo" capitalistas mostrou-se a mais danosa das influências weberianas.[148]

Dentro do pensamento de Lukács em *História e consciência de classe*, um dos pontos mais importantes sobre a questão do direito será o seu texto "Legalidade e ilegalidade".[149] A reflexão sobre o direito, nessa seção, alcança o nível da lógica política. Para Lukács, a luta pela transformação e pelo socialismo, quando se baseia na legalidade ou na ilegalidade, está refém ainda das próprias categorias que se busca destruir, do Estado burguês. A luta da classe proletária nos estreitos limites da legalidade é a própria renúncia à revolução; a luta que insiste por ser sempre ilegal é responsável por um romantismo da ilegalidade que acaba por se revelar, no fundo, ainda um reconhecimento da importância da própria legalidade, porque se põe como refém da sua negativa.

Para Lukács, há, por detrás da escolha da revolução na legalidade ou na ilegalidade, uma questão que é ideológica, vinculada à própria consciência de classe do proletariado:

> Como ocorre com todas as questões acerca da forma da ação, no exame da questão sobre a legalidade e a ilegalidade na luta de classes do proletariado, os motivos e as tendências que deles derivam frequentemente são mais importantes e esclarecedores do que os fatos tais como se apresentam. [...] Como, portanto, os conceitos de legalidade e

---

[148] MÉSZÁROS, *Para além do capital*, op. cit., p. 405.

[149] "Este artigo é muito importante porque constitui o primeiro passo para o universo político de *História e consciência de classe*, superando explicitamente o esquerdismo de 1919 e início de 1920. Lukács rejeita agora, ao mesmo tempo, o cretinismo da legalidade e o romantismo da ilegalidade, e orienta-se em direção à *Aufhebung* dialética na indiferença, o despreendimento interior, 'a independência de espírito comunista em face do direito'. A lei estabelecida deve ser considerada simplesmente como uma realidade empírica, e a questão da legalidade ou ilegalidade deve tornar-se uma questão de pura tática momentânea, uma questão 'completamente sem princípios'." LÖWY, Michael. *A evolução política de Lukács: 1909-1929*. São Paulo, Cortez, 1998, p. 193.

ilegalidade podem ser compreendidos pelo pensamento marxista? A questão reduz-se necessariamente ao problema geral do poder organizado, do direito e do Estado, e, em última análise, ao problema das ideologias.[150]

A causa pela qual o Estado e a legalidade ainda são referências – positivas ou negativas – da luta revolucionária se deve a um nível de dominação que ultrapassa o campo econômico ou do poder físico bruto: trata-se de dominação ideológica. Em muitas circunstâncias, a classe proletária ainda é refém da visão de mundo burguesa, e, por isso, não consegue ultrapassar a luta nos limites da legalidade. Por essa razão, Lukács considerará que o ponto alto da luta revolucionária passa pela transformação da consciência de classe, para que se liberte das amarras ideológicas impostas, no campo jurídico em específico, pela própria legalidade. Nesse sentido, Silvio Luiz de Almeida:

> Chegamos ao ponto essencial. Se a transformação da consciência é a própria revolução, a luta contra o domínio estatal não é uma luta de simples "oposição" ao poder do Estado. Trata-se, isto sim, de uma negação, da não aceitação da ordem existente em todos os seus fundamentos, ainda que sob a influência da política do Estado capitalista. [...] É contra a concepção de transformação, por assim dizer, "institucionalizada", que Lukács se dirige. Por isso que, para ele, ao contrário da visão social-democrata, o Estado não é um ente neutro e acima dos homens, mas um fenômeno histórico e um "fator real de poder" que pode ser combatido desde que seus limites sejam investigados. A força e a fraqueza do Estado estão, portanto, na forma com que ele se reflete na consciência: um fator histórico de poder ou um ente necessário.[151]

O eixo central da reflexão de Lukács reside na diferença de visões sobre o Estado entre os marxistas e os não marxistas. Para os marxistas, o Estado não é uma entidade supra-histórica, que pudesse ser compreendida além das classes. É simplesmente um fator de poder. Já para os não marxistas e os pseudomarxistas, o Estado passa a ser considerado como uma instituição universal, acima das classes. Estes, não problematizando profundamente a própria existência do Estado, já se colocam no próprio campo espiritual da burguesia, e passam a se considerar então na "ilegalidade", tomando para si a referência burguesa. Colocar-se em oposição ao Estado, considerando a sua ação revolucionária uma transgressão, é manter a própria lógica burguesa que se quer destruir.[152]

A questão do direito, no pensamento de Lukács, revela uma ligação necessária à questão da ideologia. A legalidade e a ilegalidade, se tomadas como referências para a ação

---

[150] Lukács, *História e consciência de classe*, op. cit., p. 465-466.

[151] Almeida, *O direito no jovem Lukács*: a filosofia do direito em História e consciência de classe, op. cit., p. 95 e 101.

[152] Diz Lukács, tomando o exemplo de Dostoievski: "Em suas recordações da Sibéria, Dostoiévsky observa corretamente que todo criminoso se sente culpado (sem por isso sentir arrependimento) e compreende perfeitamente que transgrediu leis válidas também para ele. Portanto, mesmo para ele, as leis preservam sua validade, ainda que motivos pessoais ou a pressão das circunstâncias o tenham levado a transgredi-las. O Estado nunca encontrará dificuldade para controlar essas transgressões em casos isolados, justamente porque em nenhum instante seu fundamento será discutido por elas." Lukács, *História e consciência de classe*, op. cit., p. 472.

revolucionária, ainda fazem por prender o ambiente espiritual da luta proletária nos próprios termos que lhe são dados pela burguesia. Ao movimento revolucionário, assumir-se como legal ou ilegal é ainda trabalhar com uma visão de mundo burguesa. Por isso, dirá Lukács, uma das mais importantes tarefas revolucionárias é tornar a ideologia jurídica morta, sabendo que tal ideologia persistirá mesmo após a tomada do poder pelo proletariado e poderá ser perigosamente rediviva, como referência à própria administração posterior da revolução, o que seria uma vitória derradeira da burguesia no seio da classe trabalhadora.[153]

Assim sendo, para Lukács, a legalidade e a ilegalidade não se apresentam como referências prévias da luta revolucionária. O socialismo não se faz na legalidade (pois seria apenas um reformismo) ou na ilegalidade (pois essa é uma posição romântica). Rompendo com a própria dicotomia, que foi criada pela burguesia e em cujo regaço as classes trabalhadoras se mantêm ainda reféns da ideologia burguesa, a questão da legalidade e da ilegalidade, aos revolucionários, é uma questão de tática:

> A questão da legalidade e da ilegalidade para o Partido Comunista se reduz à tática momentânea, sobre a qual dificilmente poderiam ser indicadas diretrizes gerais, uma vez que ela deve ser decidida inteiramente com base numa *conveniência imediata*. Nessa tomada de posição, que não se atém a nenhum princípio, encontra-se a única forma de rejeitar na prática e por princípio a validade da ordem jurídica burguesa.[154]

Para Lukács, não é a referência à legalidade a guia da ação revolucionária. A ligação com a totalidade será a marca maior das questões de tática. A busca pela ruptura com a própria lógica político-econômica capitalista engendra os mecanismos da ação da classe proletária. Dentro da totalidade, no entanto, destaca-se, para Lukács, a figura do *partido*. Em sua concepção, nesse ponto muito próxima da de Lênin, o partido comunista revela o aspecto mais importante da luta revolucionária no todo social, que é o de ser vanguarda da classe proletária. A constituição do partido não deve ser entendida como um processo de distanciamento em relação à própria classe; há uma dialética que guarda uma unidade nessa relação. Dirá Lukács:

> O partido, enquanto totalidade, supera as separações reificadas de nações, profissões etc. de acordo com as formas de manifestação da vida (economia e política) e por meio da sua ação dirigida à unidade e à coesão revolucionárias, a fim de produzir a verdadeira unidade da classe proletária. Do mesmo modo, devido à sua organização rigorosamente coesa, à disciplina férrea que dela decorre, à exigência de engajamento de toda a sua personalidade, o partido rompe para cada um de seus membros os invólucros reificados que anuviam a consciência do indivíduo na sociedade capitalista.[155]

---

[153] "Muitos fenômenos das primeiras etapas de toda ditadura do proletariado podem ser atribuídos justamente ao fato de que *o proletariado é obrigado a tomar o poder numa época e com um estado de espírito que fazem com que ele ainda sinta internamente a ordem social burguesa como verdadeiramente legal.*" Ibid., p. 480.

[154] Ibid., p. 477.

[155] Ibid., p. 593.

Sendo o partido a vanguarda do movimento revolucionário, a totalidade, para Lukács, está orientada à perspectiva da extração das suas possibilidades objetivas. No seio do todo, é possível que o partido carreie as massas para a revolução, ainda que não haja uma consciência totalmente revolucionária no seio do próprio proletariado. Nesse sentido, diz Michael Löwy:

> O que é o Partido Comunista para Lukács? A figura histórica e clara da consciência de classe "possível", o mais alto nível de consciência e de ação objetivadas sobre o plano da organização. Enquanto comunidade autêntica ele implica o engajamento ativo de toda a personalidade de seus militantes, o que o distingue radicalmente das organizações políticas ou administrativas burguesas, cujos membros apenas são ligados ao conjunto por partes abstratas de sua existência. [...] A prática organizacional autenticamente comunista deve estar fundada sobre uma interação viva entre o partido e as massas desorganizadas. A separação entre a vanguarda e as massas é a consequência necessária da heterogeneidade dos níveis de consciência de classe no seio do proletariado. Ao mesmo tempo, o papel do partido é precisamente unificar progressivamente a classe no mais alto nível possível. O Partido Comunista não deve agir, como a seita, *para* o proletariado, mas deve fazer progredir, por sua ação, o processo real de evolução da consciência de classe das massas.[156]

Assim sendo, tal como a questão da ideologia da legalidade é um dos problemas mais relevantes do pensamento de Lukács no que tange ao direito, no que tange à política, os variados estágios da consciência de classe e a sua liderança por meio da vanguarda do partido é o quadrante filosófico mais relevante a fazer a relação do todo social com a sua própria revolucionarização.

A ontologia do ser social

Na última fase de sua produção intelectual, Lukács lança-se ao empreendimento de escrita de uma ética marxista. O resultado parcial de tal trabalho se consubstancia na sua importante obra comumente intitulada por *Ontologia do ser social*. Em verdade, trata-se de um texto incompleto, escrito já nos anos finais da vida de Lukács, quando a doença o impediu de estabelecer um livro completo.[157] No entanto, ainda que num nível de esboço, tal obra representou um marco no pensamento filosófico marxista, também com implicações imediatas para a filosofia do direito.

---

[156] LÖWY, *A evolução política de Lukács*, op. cit., p. 221 e 223.

[157] "A partir da identificação do caráter ontológico do pensamento marxiano, houve transformações substanciais na elaboração lukacsiana, mas o processo não chegou à integralidade, nem dispôs do tempo necessário de maturação para, talvez, vir a se completar. Assim, embora tenha havido uma grande inflexão, restaram ainda no sentido mais geral, apesar de tudo, uma espessa aura hegeliana e uma ênfase praticamente irretocada sobre a questão metodológica, mesmo sob o novo diagrama da subordinação dos problemas gnosiológicos ao plano ontológico, bem como se manteve um grande conjunto de dissonâncias em relação a Marx." CHASIN, J. *Marx*: estatuto ontológico e resolução metodológica. São Paulo, Boitempo, 2009, p. 219.

Abandonando o viés nitidamente hegeliano de sua produção primeira – notadamente de *História e consciência de classe* –, Lukács se encaminha para uma compreensão da realidade social histórica a partir de sua plena concretude. A ontologia, enquanto estudo do ser, daquilo que é – e que, tradicionalmente, era uma forma de ver o mundo típica da filosofia antiga –, passa a ser resgatada pelo pensamento lukacsiano, mas não tomada ao molde antigo, como uma âncora da metafísica. Pode-se dizer que o horizonte em face do qual Lukács agora dialoga é o das mais avançadas filosofias existenciais, como a de Heidegger. Nicolai Hartmann e mesmo Ernst Bloch – ao tratar da ontologia do ser--ainda-não – são também referências ao Lukács maduro.

A ontologia, vista por Lukács, será tomada por um ângulo marxista. O ser não é algo fixo e estático, tal qual uma essência. Não é um existir eterno, definível por meio de esquemas ideais ou teóricos formais. Trata-se de um ser histórico, cuja marca maior é a sua sociabilidade. Não se há de considerar o indivíduo, isolado tal qual mônada, como o elemento fundamental da ontologia. A grande originalidade de Lukács, em sua última fase, está na compreensão de uma ontologia do *ser social*.

Para tanto, Lukács insiste na categoria do trabalho como fundamental para a sociabilidade geral. O trabalho é o que se põe num nível ontológico mais fundo do ser social. Claro está que não sempre sob a mesma manifestação ou mesmos arranjos. O trabalho, segundo a lógica capitalista, é muito distinto de sua reprodução escravagista. E por isso Lukács, ao contrário dos que pretendem compreender essências a-históricas do ser social, enxerga nas especificidades do trabalho concreto o fundamento do ser social. É do trabalho que se compreende o ser social e suas ramificações, inclusive o direito. Tratando do trabalho na ontologia lukacsiana, diz Ivo Tonet:

> Por isso ele [o trabalho] é o fundamento de uma complexificação cada vez maior do ser social. Esta complexificação, que tem na divisão do trabalho um dos seus momentos mais importantes, supõe que, ao longo do processo, surjam necessidades e problemas, cuja origem última está no trabalho, mas que não poderiam ser atendidos ou resolvidos diretamente na esfera dele. Daí o nascimento de outras esferas de atividade – tais como linguagem, ciência, arte, direito, política, educação, etc. – cujos germes podem, às vezes, se encontrar já no próprio trabalho, para fazer frente a estas necessidades e problemas. Por sua vez, a estrutura fundamental dessas atividades é a mesma da estrutura do trabalho, no entanto nem a ele se reduzem nem são dele diretamente dedutíveis. Todas elas têm uma dependência ontológica em relação ao trabalho, mas a função que são chamadas a exercer exige que elas tenham em relação a ele uma distância – base da autonomia relativa – sem a qual não poderiam cumpri-la. Daí a sua especificidade. [...] Por isso mesmo pode-se dizer que política, Direito, Arte, Ciência, educação, etc., nem têm como derivar diretamente da economia, nem têm como ser essencialmente autônomos em relação a ela.[158]

Para a compreensão do ser social, num nível de universalidade ainda lato, ao lado do trabalho, está também a política. A organização do trabalho segundo uma lógica de

---

[158] Tonet, Ivo. *Educação, cidadania e emancipação humana.* Ijuí, Unijuí, 2005, p. 67 e 70.

reprodução e exploração conduz a determinados arranjos da vida social que se manifestarão sob forma política. Claro está que a política não é universalmente sempre a mesma, como um fenômeno que se pudesse prever aprioristicamente. O capitalismo, com uma estrutura de reprodução específica, distinta do feudalismo, por exemplo, engendra uma certa manifestação política de cunho estatal, transferindo à instância estatal a organização e a repressão, mantendo o maquinário da exploração.

Para o pensamento de Lukács, na *Ontologia do ser social*, a sociedade não se apresenta como um bloco, automaticamente orientado a um esquema rígido de existência social. Pelo contrário, a totalidade social é composta por um complexo de complexos. Determinados plexos de manifestação do ser social, como o trabalho e a política, têm um pulsar próprio, uma espécie de legalidade que assegura a sua própria reprodução, mas elas somente existem no seio da dinâmica da reprodução do todo. Tais complexos não são nem absolutamente dependentes do todo, nem tampouco amplamente autônomos. Todos se inter-relacionam em suas especificidades mas também nos seus arranjos que sustentam e são sustentados pelo todo. A reprodução do ser social se apresenta, então, como um complexo de complexos. Dirá Lukács:

> A divisão social do trabalho, na sua expansão quantitativa e qualitativa, cria encargos especiais, formas específicas de mediações entre complexos sociais singulares que, exatamente por causa desta função particular no processo reprodutivo do complexo total, adquirem uma peculiar estrutura interna. As necessidades do processo enquanto complexo conservam, porém, a sua prioridade ontológica e por isto determinam tipo, essência, direção, qualidade etc. das funções exercidas por tais complexos ontológicos mediadores. Mas, justamente porque, num nível superior, o funcionamento correto do complexo total atribui ao complexo parcial mediador funções parciais específicas, este assume uma certa autonomia – que surge por necessidade objetiva –, um certo modo autônomo e específico de reagir e agir, do qual, exatamente por esta sua especificidade, a totalidade não pode prescindir na sua reprodução.[159]

No seio de tais complexos de relações sociais, o trabalho e a política também se lançam e se entrelaçam com o direito. Aliás, Lukács, na *Ontologia do ser social*, chega até a se ocupar mais com o direito do que propriamente com a política.[160] O direito revela

---

[159] LUKÁCS, *Ontologia do ser social*. Disponível em: <www.sergiolessa.com>, p. 87. Sérgio Lessa tem liderado, há anos, uma equipe para a tradução da obra de maturidade de Lukács para a língua portuguesa. O resultado parcial está disponível em meio eletrônico, do qual nos valemos no presente livro.

[160] Sérgio Lessa chama a atenção para a proeminência do direito em face da política na reflexão de Lukács na *Ontologia do ser social*, no que se revela uma dificuldade lukacsiana de fundo de contrapor-se frontalmente ao socialismo soviético: "Não há, portanto, justificativa plausível para que Lukács, tendo definido como 'temporal' o Direito, afirme a 'universalidade' da política nos termos em que o fez. Ao assim proceder, era inevitável que nosso filósofo ficasse impossibilitado de definir com precisão o complexo da política. Perdida a função social que define a essência da práxis política (ser o complexo de atividades voltadas direta e cotidianamente à dominação do homem pelo homem), apenas restou a nosso pensador argumentar pela impossibilidade de uma sua definição precisa. [...] Conceber a política como prática ideológica universal – e não enquanto dimensão alienada da existência humana – e o silêncio acerca do Estado na reprodução social

seu caráter intimamente ligado ao modo de produção capitalista: não mais a exploração se deve a fatores casuais, incidentais, como no escravagismo e no feudalismo. Há uma instância que se formaliza institucionalmente, junto de um corpo de funcionários e burocratas, com lógica eminentemente técnica, que se especializa nessa exploração.

Para Lukács, na *Ontologia do ser social*, a divisão social do trabalho enseja a necessidade da regulamentação jurídica das atividades sociais. Em sua obra de maturidade, Lukács empresta um grande peso à luta de classes como lastro identificador da ontologia do direito. A escravidão, já impondo uma divisão de classes, é um dos momentos, para Lukács, nos quais já se manifesta a necessidade dos arranjos jurídicos. Mas, certamente, é com a complexidade da vida social que a força bruta vai perdendo sua primazia – embora nunca acabe – e o direito então passa a se manifestar como um corpo técnico, formalizado, aparentemente à parte das próprias classes que lhe dão ensejo:

> De fato, apenas os antagonismos mais rudimentares, se for o caso, podem ser liquidados sobre a simples base do uso direto da força. Pelo contrário, à medida que o ser social for se socializando, o domínio absoluto da mera força se atenua, ainda que nunca desapareça completamente na sociedade de classes. Pois, quando os antagonismos de classes já adquiriram formas mais mediadas, reduzir a regulamentação do agir ao puro uso da força significaria chegar, sem mais, à destruição da sociedade. Neste ponto deve assumir o comando aquela complicada unidade de força explícita e força disfarçada, revestida com as vestes da lei, que ganha forma na esfera jurídica. [...]
>
> Temos aqui, de novo, o desdobramento contraditório por nós já assinalado: por uma parte, a força como garantia última desta existência e unidade, de outra parte, a impossibilidade de basear somente na força esta unilateralidade da práxis social garantida e controlada pelo direito.[161]

Para Lukács, há uma relação entre a própria esfera da circulação mercantil e a consubstanciação da forma jurídica, mas, no contexto geral de sua ontologia do ser social, o direito é compreendido, muito mais, como um elemento necessário em razão dos complexos arranjos da exploração de classe e da reprodução econômico-social que se lhe corresponde. Assim, Vitor Bartoletti Sartori:

> Neste sentido, continua Lukács afirmando o conteúdo de classe do Direito. E não o faz de uma maneira unilateral. O Direito seria, em sua essência, um Direito de classe, da classe dominante; o que não impede, porém, que se configure como um fenômeno complexo que não pode ser analisado com vista somente a "essência" classista do Direito. Deve o Direito ser visto tendo em conta a reprodução do complexo social total a qual envolve tanto a mediação das classes sociais quanto a linguagem, a divisão do trabalho e o próprio cotidiano. Neste sentido, o conteúdo de classe do Direito só é compreendido em meio ao processo de reprodução do complexo social total e de suas

---

parecem indicar áreas em que a tragédia soviética se fez mais diretamente presente nas investigações ontológicas de Lukács." LESSA, Sérgio. "Lukács: direito e política". In: PINASSI, Maria Orlanda; LESSA, Sérgio (Org.). *Lukács e a atualidade do marxismo*. São Paulo, Boitempo, 2002, p. 120.

[161] LUKÁCS, *Ontologia do ser social*, op. cit., p. 71 e 85.

complexas mediações – o que faz que, como processo, existam diferentes maneiras em que o fenômeno jurídico é determinado pelo conteúdo classista que lhe é inerente.[162]

No que tange à compreensão ontológica do direito, Lukács o identifica no contexto da rede de outros complexos sociais que lhe são próximos, implicando-se reciprocamente. Mas, comparando o direito à economia, Lukács apontará para o caráter em parte discricionário do direito, ao contrário das relações estruturais e funcionais da economia, ainda que ambas estejam intimamente ligadas. Para o Lukács da maturidade, o direito, além das suas relações estruturais junto à totalidade social, apresenta uma dimensão intelectual, ocasional, possível, que o torna inclusive objeto de crítica pontual quando da realização de injustiças:

> Aqui novamente emerge a diferença entre a economia e os outros complexos sociais. Na economia o processo ontológico espontâneo cria uma homogeneização, um conceito de igualdade no interior da hierarquia que dela se origina; o tempo de trabalho socialmente necessário surge, enquanto princípio regulativo, independentemente das representações e da vontade dos homens. É o resultado de uma adição que a sociedade realiza espontaneamente a partir dos efeitos causais das posições teleológicas do trabalho. No sistema jurídico, ao contrário, estes princípios regulativos são o resultado de um pôr consciente que, enquanto tal, deve determinar os fatos. Com isto, também as relações sociais a ele resultam qualitativamente diversas. Compreende-se facilmente, portanto, porque a crítica popular, e também a literária, à injustiça de um direito [...] se concentra precisamente sobre esta discrepância presente na subsunção do caso singular. Desde máximas como *summum jus summa injuria*, criações artísticas como o processo de Shylock, até as mais antigas variantes novelísticas, todas exprimem uma inclinação análoga contra a aplicação formalística e consequencial da lei.[163]

A busca ontológica de Lukács compreende o direito como um complexo social mergulhado na totalidade da sociedade de classes, mas com uma manifestação específica, distinta da economia. O direito opera no nível da logicidade técnica, correspondente às necessidades da exploração capitalista, mas também opera no nível da opinião, do convencimento, do senso comum. Sobre a relação do complexo do direito com o complexo da economia, ainda continua Lukács:

> Quanto mais o direito se torna um regulador normal e prosaico da vida cotidiana, tanto mais vai, em geral, desaparecendo o *pathos* que o havia envolto no período da sua formação, e tanto mais força adquirem nele os elementos manipulatórios do positivismo. O direito se torna, assim, uma esfera da vida social na qual as consequências dos atos, a possibilidade de êxito, os riscos de perdas são calculados de modo análogo àquele que acontece no mundo econômico. Porém, com a diferença que, em primeiro lugar, se trata, no mais das vezes, de um apêndice – mesmo que se relativamente autônomo – da atividade econômica, pela qual o quanto é permitido pela lei, ou, em caso de conflito, o

---

[162] SARTORI, Victor Bartoletti. *Lukács e a crítica ontológica do direito*. São Paulo, Cortez, 2010, p. 79.

[163] LUKÁCS, *Ontologia do ser social*, op. cit., p. 81.

provável resultado do processo, formam o objeto de um cálculo particular no interior da finalidade econômica, que permanece a essencial; em segundo lugar que, ao lado do cálculo econômico, há a necessidade de especialistas apropriados para definir, com a máxima exatidão possível, as perspectivas adicionais.[164]

Assim sendo, o complexo do direito, em relação com os demais complexos da totalidade do ser social, além de sua estrutura técnica relacionada diretamente à exploração capitalista e além de suas idiossincrasias possíveis por conta de sua criação normativa geral e casual, apresenta um elemento fundamental para o pensamento de Lukács na *Ontologia do ser social*: um corpo de especialistas, que se põem relativamente à parte das classes em relação.

A existência desse corpo de técnicos em direito, distinto das próprias classes exploradoras e exploradas, dá ensejo a um embaralhamento que leva à dificuldade prática de reconhecimento do direito como uma instância de manutenção da própria reprodução capitalista. O direito se vende como corpo à parte, imparcial e técnico. Mais até do que na política, na qual a possibilidade de agir não é ditada necessariamente por regimentos, normas e aparatos técnicos, no direito há um deslocamento que garante uma aparente independência da exploração, aparência essa que, embora no quotidiano seja visível na construção do direito enquanto um artifício da vontade, na relação do complexo do direito com o todo dos complexos sociais é falsa.

> Como em todo outro tema, também aqui nossa tarefa é apenas delinear uma ontologia social sistemática da esfera jurídica. Em compensação, porém, já destas indicações escassas e fragmentárias podemos tirar uma consequência relevante sobre o funcionamento e a reprodução dos complexos sociais parciais: isto é, a necessidade ontológica de uma sua relativa autonomia e desenvolvida especificidade, não previsível e não adequadamente compreensível em termos lógicos, mas racional do ponto de vista da ontologia da sociedade. É por isso que eles podem cumprir suas funções no interior do processo global, tanto melhor quanto mais enérgica e autonomamente elaboram a sua específica peculiaridade. Para a esfera do direito isto é imediatamente evidente. Mas é uma situação na qual se encontram todos os complexos ou estruturas que o desenvolvimento social produz.[165]

É certo que tal instância jurídica, ainda que se venda como imparcial, universal, igual formalmente, o é na forma para não o ser estruturalmente, isto é, não é outra coisa que não a própria institucionalização da reprodução econômica capitalista. Sérgio Lessa assim destaca:

> Firmemos este ponto de partida de Lukács, pois é fundamental: a complexificação e intensificação dos conflitos sociais nas sociedades de classe fizeram necessária a constituição de um grupo especial de indivíduos (juízes, carcereiros, polícia, torturadores etc.)

---

[164] Ibid., p. 76.
[165] Ibid., p. 88.

que, na crescente divisão social do trabalho, se especializaram na criação, manutenção e desenvolvimento de um órgão de repressão a favor das classes dominantes: o Direito.[166]

Assim sendo, tomado a partir de sua lógica social profunda, na exploração do trabalho e na reprodução capitalista, Lukács, na *Ontologia do ser social* – confirmando a tradição da filosofia do direito marxista –, há de definir o direito como uma instância específica. Lukács, na *Ontologia*, não chega às minúcias de Pachukanis, que desenvolve com muita ênfase a identificação da especificidade do direito à forma mercantil, fixando-se, antes, na crítica ontológica ao aspecto geral e impessoal do corpo técnico de dominação que é exigido do direito pelo capitalismo, portanto numa questão sobre a realidade do ser jurídico derivada acima de tudo do próprio processo de divisão social do trabalho. Mas, mesmo assim, para o Lukács maduro da *Ontologia do ser social*, a historicidade do direito está umbilicalmente ligada à própria lógica do capitalismo, devendo se extinguir, pois, na transformação socialista.

ALTHUSSER

O pensamento do filósofo francês Louis Althusser (1918-1990) representou a maior inovação do marxismo da parte final do século XX. Althusser apresenta uma leitura marxista bastante distinta da tradição já estabelecida, na medida em que propõe um afastamento radical das ideias de Marx em relação à filosofia hegeliana. Além disso, enseja horizontes de análise ampliados quanto à sociabilidade capitalista.[167]

As obras mais importantes de Althusser, que se desenvolvem das décadas de 1960 a 1980, expõem variadas fases e ênfases de seu pensamento. Na década de 1960, Althusser desponta no cenário filosófico mundial com dois livros de grande repercussão, *Por Marx* e *Para ler "O capital"*, este último uma compilação de estudos dele e de pesquisadores próximos. Em tais obras, Althusser trata tanto de um novo entendimento sobre a obra de Marx quanto também de extrações políticas radicais que se chocam com os partidos comunistas tradicionais e a política dos países soviéticos. Num processo que vai daí até a década de 1970, Althusser prossegue nos mesmos termos, engendrando, no entanto,

---

[166] LESSA, Sérgio. *Para compreender a ontologia de Lukács*. Ijuí, Unijuí, 2007, p. 99.

[167] "As posições teóricas e políticas de Althusser demarcaram uma franca oposição tanto ao reformismo político de cunho humanista (e ao liberalismo ideológico embutido nessa perspectiva), como também às posições dogmáticas, mecanicistas e reducionistas que sempre povoaram o marxismo em suas diferentes tendências, sejam as assumidamente stalinistas, como também aquelas que em oposição a Stalin ruminam o mesmo tipo de dogmatismo e sectarismo. Por considerar o marxismo enquanto uma problemática aberta, sem uma finalidade já dada, e sem um Sujeito centrado *a priori*, o seu ponto de vista teórico é permeado por incertezas e acasos, e sempre aberto às novas questões emergentes. E o temor pelo marxismo de inspiração althusseriana deve-se tanto por sua posição de defesa de ruptura radical com as práticas reprodutoras (que existem também no campo da esquerda), como também pela sua constante e rigorosa leitura do marxismo na busca de sua renovação constante em oposição aos dogmatismos e ortodoxias que obliteram o avanço do conhecimento e da transformação". MOTTA, Luis Eduardo. *A favor de Althusser*: revolução e ruptura na Teoria Marxista. Rio de Janeiro, Grama e Faperj, 2014, p. 42.

retificações e ajustes em suas proposições filosóficas. Por fim, na década de 1980, o pensamento althusseriano se volta ao problema do materialismo do encontro, tratando das relações entre aleatório e determinação.

A ciência marxista e o corte epistemológico

Em suas primeiras obras de grande expressão, que mudaram e marcaram então o cenário do marxismo, Althusser propõe ler o marxismo como uma ciência. O entendimento do capitalismo, de sua sociabilidade e de suas leis e determinações não é apenas um modo de ver o mundo, mas a chave científica para o entendimento social presente. Ao assim afirmar, Althusser opera uma inflexão em face da filosofia contemporânea, que se encaminhava por considerar o marxismo como mais uma forma de interpretar a realidade, ao lado de tantas outras. Em *Por Marx* e em outras obras do período, Althusser aponta em Marx o descobridor de um continente científico, o continente-história. Tal qual os gregos descobrem o continente-matemática, Galileu descobre o continente-física e, dirá depois, Freud o continente-inconsciente, Marx descobre um objeto novo, empreendendo, então, uma ciência nova.

> Esta obra gigantesca que é *O capital* contém simplesmente uma das três grandes descobertas científicas de toda a história humana: a descoberta do sistema de conceitos (portanto, da *teoria científica*) que abre ao conhecimento científico aquilo que podemos chamar de "Continente-História". Antes de Marx, dois "continentes" de importância comparável já haviam sido "abertos" ao conhecimento científico: o Continente-Matemática, pelos gregos do século V a.C., e o Continente-Física, por Galileu.[168]

Logo ao apresentar tal abordagem do marxismo como ciência da história, Althusser se põe então a desenvolver, em obras subsequentes, os termos conceituais sobre a identificação e o estatuto da ciência e da filosofia, bem como da relação entre ambas, em livros como *Filosofia e filosofia espontânea dos cientistas* e *Lenin e a filosofia*. Para Althusser, sendo o marxismo uma ciência, o papel da filosofia está ou em lhe dar suporte racional e lógico ou em propor teses ao conhecimento, removendo o que há de ideológico na ciência. Após isso, no seu pensamento já da década de 1970, Althusser avança para o entendimento da filosofia como luta de classes na teoria. A filosofia é ensejada no contexto do surgimento das ciências e das sociedades de classes, de tal sorte que a filosofia burguesa busca dar coerência à ideologia burguesa. Por isso, uma filosofia marxista, estando assentada no conhecimento científico do capital, interfere em tal quadro de luta de classes na teoria.

Ao propor o marxismo como ciência da história, Althusser reposiciona a própria natureza do saber marxista e de sua intervenção concreta na sociedade. Para tal reposicionamento, proporá uma leitura dos textos de Marx em bases filosoficamente mais exigentes. Althusser expõe a necessidade de uma leitura sintomal do texto teórico, bem

---

[168] ALTHUSSER, Louis. "Advertência aos leitores do Livro I d'O capital". In: MARX, Karl. *O capital*. Livro I. São Paulo, Boitempo, 2013, p. 39.

como de um corte epistemológico para alcançar os fundamentos científicos da obra de Marx.

Justamente ao se voltar ao texto de Marx para dele extrair sua plenitude científica e filosófica, Althusser se posiciona para não fazer o marxismo ser uma deriva de acordo com as conveniências do momento – stalinismo, ambiente intelectual de direita, modas intelectuais, dentre outras – e, ao mesmo tempo, também não empreenderá uma leitura linear ou sacralizante das palavras da obra marxiana. Althusser insiste no fato de que a compreensão teórica de Marx não pode ser reduzida a uma mera apreensão textual. É preciso trabalhar, a partir do texto, em busca da ciência descoberta e instaurada por Marx, que, embora fale de termos e faça referências a autores anteriores a essa ciência, procedeu a um deslocamento em face de tal passado pré-científico. É preciso captar o movimento, a luta oculta, aquilo que muitas vezes não se revela diretamente no texto escrito, mas que, ao mesmo tempo, está presente como sentido da ciência que se funda. Tal modo de leitura, denominado por Althusser leitura sintomal, permitirá tanto não tomar o texto como desfile literal de ideias quanto também permitirá ler o texto a partir das necessidades reclamadas pelo presente à ciência.[169]

Para tanto, Althusser insistirá no fato de que é necessário vencer uma leitura dos textos de Marx como se fossem homogêneos, similares ou que revelassem, de ponta a ponta, alguma unidade teórica suficiente. Contra tal leitura que sacraliza o texto marxiano e que desconhece as grandes descobertas, os influxos e as cisões teóricas aí engendradas, Althusser aponta para um *corte epistemológico* na obra de Marx.

Não se pode empreender uma caminhada linear nas ideias de Marx, da juventude à maturidade. Será nas grandes obras finais de sua produção, em especial em *O capital*, que Marx enceta a ciência da história e da sociedade. Um processo anterior, destacadamente nas suas obras de juventude, ainda está refém de categorias pré-científicas, ainda que já contrastando com os autores aos quais se refere. Assim, Hegel, ainda que com mudanças, não é a base em que se levantou o pensamento de Marx. O campo da descoberta marxista é novo, distinto do hegelianismo, e não apenas uma alteração, inversão ou influxo de tal pensamento anterior. Na leitura de Althusser, as ideias de Marx, se tomadas a partir de um eixo hegeliano, levam por consequência a uma trilha ainda idealista, na medida em que consideram os tempos históricos a partir de uma certa escatologia do socialismo futuro e anunciado. Isto é, uma visão hegeliana de Marx imagina a história uma sucessão em vias de chegar ao inexorável.

Para Althusser, tal confusão entre Marx e Hegel se deve ao fato de que a própria leitura direta dos textos marxianos revela, em muitos momentos, influências ou referências hegelianas, mas isso se localiza quase sempre na primeira etapa da filosofia de Marx. Suas obras de maturidade, em especial *O capital*, já têm um pensamento plenamente altaneiro, independente dos traços de hegelianismo ou de mera mudança de outras filo-

---

[169] "(...) Leitura que ousaremos chamar de '*sintomal*', na medida em que, num mesmo movimento, ela discerne o indiscernível no próximo texto que lê, e o relaciona com *um outro texto*, presente por uma ausência necessária no primeiro". ALTHUSSER, Louis. "De 'O capital' à Filosofia de Marx". *Ler o Capital*. Rio de Janeiro, Zahar, 1979, v. 1, p. 27.

sofias, fincando-se, portanto, em outro terreno, próprio. Para dar conta de explicar essa multiplicidade interna da filosofia de Marx, Althusser, valendo-se da terminologia da tradição filosófica francesa – em especial de Gaston Bachelard –, propõe uma leitura dos textos de Marx a partir de um *corte epistemológico*. Trata-se de separar os dois momentos metodológicos distintos do pensamento do próprio Marx. Dirá Althusser em *Por Marx*:

> A questão da *diferença específica* da filosofia marxista tomou assim a forma da questão de saber se existia ou não, no desenvolvimento intelectual de Marx, um *corte epistemológico* marcando o surgimento de uma nova concepção da filosofia – e a questão correlativa *do lugar preciso* desse corte. Foi no campo dessa questão que o estudo das obras de juventude de Marx tomou uma importância teórica (existência do corte?) e histórica (lugar do corte?) decisiva. [...] Acreditei poder, para esse fim, tomar emprestado [...] de G. Bachelard o conceito de *corte epistemológico* para pensar a mutação da problemática teórica contemporânea da fundação de uma disciplina científica.[170]

Na perspectiva de Althusser, há duas etapas do pensamento de Marx que, metodologicamente, não podem ser consideradas idênticas, sendo mesmo irredutíveis. Há um *jovem Marx*, cujo início teórico se deu contra a – mas na referência da – tradição hegeliana. Mesmo que contra ou invertendo a dialética de Hegel, é, portanto, ainda refém de algumas categorias idealistas burguesas. Em seguida, surge um Marx pleno, autor então da grande ruptura filosófica contemporânea, que nada tem a ver com Hegel. Nesse momento, do *Marx de maturidade*, não apenas se invertem ou se criticam horizontes filosóficos anteriores, mas, sim, estabelece-se um novo continente da ciência, a partir da análise do capitalismo. Com isso, pode-se dizer, com base na proposta althusseriana de corte epistemológico, que o jovem Marx não é marxista, se considerarmos o marxismo como sendo a produção do pensamento de Marx orientada, com fins revolucionários, a uma análise específica do capital, tal qual se tornou mais cristalina e patente na sua última obra, a de plena maturidade, *O capital*.

O próprio Althusser, em *Por Marx*, situa o corte epistemológico entre o Marx com pensamento estritamente marxista e o jovem Marx no ano de 1845, na obra *A ideologia alemã*:

> Um *corte epistemológico* inequívoco intervém, na obra de Marx, no ponto em que o próprio Marx o situa, na obra não publicada em vida, que constitui a crítica de sua antiga consciência filosófica (ideológica): *A ideologia alemã*. [...]
>
> Esse "corte epistemológico" divide assim o pensamento de Marx em dois grandes períodos essenciais: o período ainda "ideológico", anterior ao corte de 1845, e o período "científico", posterior ao corte de 1845. Esse segundo período pode, igualmente, ser dividido em dois momentos, o momento da maturação teórica e o momento da maturidade teórica de Marx.[171]

---

[170] ALTHUSSER, Louis. *Por Marx*. Campinas, Ed. Unicamp, 2015, p. 23.

[171] Ibid., p. 23-24.

Já antes de Althusser, Galvano Della Volpe empreendera um contraste entre textos de juventude e textos de madureza de Marx. No entanto, seu corte se dava em textos distintos. Para Della Volpe, já a *Introdução à Crítica da Filosofia do direito de Hegel* lançava bases seguras de um Marx marxista, porque pela primeira vez apontaria, dentre outros, o conceito de classe social. Althusser, por sua vez, identifica em tal texto ainda um último resquício da problemática juvenil de Marx.

A leitura de Althusser sobre o corte epistemológico na obra de Marx vai mais adiante, especificando fases na classificação de tais textos. Quanto ao jovem Marx, Althusser identifica dois momentos: o racionalista-liberal dos artigos da Gazeta Renana, até 1842, e o momento racionalista-comunitário dos anos 1842-1845. As obras do corte são as de 1845, as *Teses sobre Feuerbach* e *A ideologia alemã*. Ainda buscando captar, nas próprias obras maduras de Marx, suas características e modulações mais específicas, Althusser aponta aí então para duas fases: textos de maturação, de 1845 a 1857, e textos de maturidade plena, de 1857 a 1883.

Depois de *Por Marx*, Althusser fará ainda algumas retificações em tais classificações, lembrando que alguns elementos do jovem Marx permanecem até mesmo em algumas de suas obras de maturidade, notadamente nos *Grundrisse*, que são esboços de preparação a *O capital*. Nesta última obra, então, Marx estará praticamente liberto de amarras juvenis, afirmado em suas próprias bases teóricas novas.

Humanismo e dialética

Ao constituir um campo novo e científico de compreensão da história e da sociedade, Marx rompe com as visões de humanismo, reféns das bases do próprio capitalismo, mesmo quando críticas. Althusser, estabelecendo um corte epistemológico entre as obras de juventude e de maturidade de Marx, aponta para a superação do humanista, modelo tipicamente juvenil das obras de Marx.

Nas décadas de 1950 e 1960, estava em voga, na Europa e mesmo nos países do mundo soviético, o pleito pela humanidade. A Igreja Católica começava uma aproximação com visões progressistas. Leituras filosóficas existencialistas se encaminhavam para o problema humano. No próprio campo do marxismo, a crítica ao stalinismo se fez buscando resgatar humanismo socialista, que poderia estabelecer bases de diálogo com reformistas capitalistas. Jean-Paul Sartre e Roger Garaudy, em chaves bastante distintas, pleiteavam o existencialismo como humanismo e o diálogo entre cristãos e marxistas.

Althusser se insurge em face de tais leituras, que abdicavam da radicalidade da crítica ao capitalismo em favor de alianças e reformas em torno de bases burguesas. O pleito por humanismo, ao não trabalhar a partir da luta de classes e das contradições sociais, promove uma espécie de concórdia que impede as classes exploradas de empreenderem a transformação material da sociabilidade capitalista. Somente uma leitura que retroceda a textos do jovem Marx habilita a realizar uma leitura marxista humanista. Althusser, justamente ao propor um corte epistemológico na obra de Marx – separando um jovem Marx ainda não marxista –, afasta a possibilidade de confundir um humanismo de esquerda com o conhecimento científico e revolucionário ensejado por obras de maturidade como *O capital*.

Conforme Juliana Paula Magalhães:

> Enquanto Garaudy entende que Marx percorrerá um trajeto de construção de um humanismo novo e peculiar, para Althusser, Marx irá se distanciar do humanismo e trabalhará a partir de uma nova problemática, deixando para trás conceitos como os de homem, alienação, trabalho alienado, dentre outros. A visão acerca da subjetividade é um ponto de divergência profunda entre os filósofos franceses. Para Garaudy, o marxismo é o único caminho teórico e prático capaz de colocar o homem na condição de sujeito da história. Por sua vez, Althusser entende que o conceito de sujeito é ideológico. Para ele, a história, cujo motor é a luta de classes, apresenta-se como um processo sem sujeito. Logo, não há sujeito da história, ainda que existam sujeitos na história.[172]

O socialismo, na leitura de Althusser, é um termo científico. Seu pleito se dá a partir das bases concretas contra a sociabilidade do capital. Já o humanismo, mesmo um humanismo socialista, é um termo ideológico. Ele está embalado em conceitos do Marx juvenil, como alienação e reificação. Se se toma por fundamento essa leitura marxista da juventude, o homem deve ser libertado de suas amarras e reinvestido à sua condição plena, uma espécie de humanismo real. Contra tal humanismo que carreia um arrefecimento das lutas sociais, porque se situa no núcleo do indivíduo como base do mundo, Althusser insiste num anti-humanismo teórico.[173] O marxismo, ao tratar cientificamente do socialismo, não parte da categoria homem, mas, sim, de todo o ferramental de conceitos como mercadoria, valor, forma social, produção, classe etc. Com isso, não se quer dizer que o anti-humanismo teórico seja contra o homem, mas, sim, que até mesmo para a perspectiva de uma sociabilidade mais humanitária é preciso beber das fontes da ciência da transformação social e não de chaves teóricas pré-marxistas, como o indivíduo.

Na década de 1970, avançando no debate sobre o humanismo, Althusser insistirá no fato de que a história é um processo sem sujeito nem finalidade. Sua filosofia transcende a subjetividade como sendo o ponto de explicação da sociabilidade, rompendo ainda com uma teleologia do progresso dos modos de produção ou do destino inexorável do socialismo:

> A história é certamente um "processo sem Sujeito nem Fim(s)", cujas *circunstâncias* dadas, nas quais "os homens" agem como sujeitos sob a determinação de *relações* sociais, são o produto da *luta de classes*. Portanto, a história não tem, no sentido filosófico do termo, um Sujeito, mas um *motor*: a luta de classes.[174]

Althusser, na década de 1980, leva tal proposição a limites ainda mais amplos, ao tratar da história como um processo no qual o aleatório tem primado, fazendo com que as formas sociais sejam compreendidas e erigidas a partir do espaço do contingente. O

---

[172] MAGALHÃES, Juliana Paula. *Marxismo, humanismo e direito: Althusser e Garaudy*. São Paulo, Ideias & Letras, 2018, p. 219.

[173] "A ruptura com toda antropologia ou todo humanismo *filosóficos* não é um detalhe secundário: ela é constitutiva da descoberta científica de Marx". ALTHUSSER, *Por Marx*, op. cit., p. 188.

[174] ALTHUSSER, Louis. "Resposta a John Lewis". *Posições 1*. Rio de Janeiro, Graal, 1978, p. 70.

encontro, o acaso, encaminham a filosofia althusseriana a um materialismo aleatório. O texto mais importante de tal fase do pensamento de Althusser, não totalmente concluído e publicado postumamente, é *A corrente subterrânea do materialismo do encontro*.[175]

Por sua vez, a proposição de um corte epistemológico nas obras de Marx repercutirá ainda na leitura althusseriana a respeito da dialética marxista. Esta não apenas é a inversão da dialética hegeliana; é, sim, essencialmente outra.

De início, apenas afirmar que a dialética de Marx seja diferente daquela de Hegel não pode ser considerada uma novidade apenas da leitura de Althusser, pois que toda a leitura tradicional do marxismo reconhece que o pensamento de Marx se constitui em oposição ao de Hegel. No que tange à dialética, Marx não é um continuador da dialética hegeliana. Esta é idealista e Marx, justamente ao contrário, inaugura uma abordagem materialista. Nas implicações dialéticas, isso é claro: para Hegel, o Estado burguês é a razão em si e para si; para Marx, tal constatação é um absurdo político e filosófico. E, no que tange ao método, para Hegel, a dialética é da razão para a realidade; para Marx, é da realidade para a razão. Assim sendo, tanto na avaliação concreta sobre a situação política, econômica e social, quanto no ponto de partida da visão filosófica, Hegel e Marx são distintos.

No entanto, a maioria dos marxistas enxerga na relação entre Marx e Hegel, embora uma ruptura no conteúdo e na forma, uma certa continuidade de fundo. Ainda que um seja dialético materialista e outro dialético idealista, restaria algo de comum a ambos, a própria *dialética* enquanto método. Muitos pensadores imaginam o marxismo, de algum modo, ainda refém das categorias hegelianas, porque se constituiria apenas numa inversão de seus preceitos. Por essa razão, toda uma tradição de pensadores que esteve próxima de Lukács, por exemplo, considera que, embora a inversão de razão e realidade, os horizontes da filosofia têm similitude tanto para Hegel quanto para Marx. A história é haurida dos conflitos e de sua superação dialética. Nessa visão, pode-se até mesmo, numa borda extrema, vislumbrar um sentido para a própria história, que seria, inclusive filosoficamente, o fio condutor do capitalismo ao socialismo.

Contrastando com visões como a de Lukács, Althusser navega filosoficamente em outro sentido.[176] Não há nada no pensamento mais vigoroso de Marx – de maturidade,

---

[175] "Do ponto de vista teórico, o texto mais relevante na produção althusseriana dos anos oitenta é provavelmente o escrito datilografado que os organizadores dos *Escritos* apresentaram, fazendo, porém, escolhas redacionais muito precisas, intitulando-o *Corrente subterrânea do materialismo do encontro*. Trata-se de um texto extremamente fascinante no qual são apenas esboçados os traços de uma história subterrânea de um materialismo que escaparia à clássica oposição idealismo-materialismo – oposição de todo interna à história da metafísica ocidental: um materialismo da contingência e do aleatório, não dominado pelo *grand principe nihil est sine ratione*, que repercutiu, como disse Heidegger, na história do pensamento ocidental antes de ser enunciado por Leibniz". Morfino, Vittorio. "O primado do encontro sobre a forma". *Crítica Marxista*. Vol. 23. Rio de Janeiro, Revan, 2006, p. 11. A respeito da perspectiva filosófica do aleatório em Althusser e também sua relação com a política e o direito, cf. Mascaro, Alysson Leandro. Encontro e forma: política e direito. In: Mascaro, Alysson Leandro; Morfino, Vittorio. *Althusser e o materialismo aleatório*. São Paulo, Contracorrente, 2020, p. 11- 38.

[176] "As tentativas de Lukács, limitadas à história da literatura e da filosofia, parecem-me contaminadas por um hegelianismo vergonhoso: como se ele quisesse ser absolvido por Hegel por ter sido aluno de Simmel e Dilthey. Gramsci tem outra estatura." Althusser, *Por Marx*, op. cit., p. 106.

que funda a ciência da história e da sociedade – que se pareça fundamentalmente com o de Hegel. A dialética de Marx, na verdade, parte de horizontes muito distintos daqueles da dialética hegeliana. Além de não ser um produto da ideia, mas sim um dado da realidade material, ela começa e acaba em perspectivas próprias, na medida em que a estrutura social, analisada dialeticamente, é compreendida a partir de elementos distintos e de relações próprias. Não se trata de um conflito lógico, mas sim de forças materiais concretas. Por isso, para Althusser, a dialética de Marx não é apenas a inversão da dialética de Hegel:

> É então decididamente impossível manter, em seu aparente rigor, a ficção da *"inversão"*. Pois, na verdade, *Marx não conservou, "invertendo-os", os termos do modelo hegeliano da sociedade*. Ele substituiu-os por outros, que têm com eles apenas longínquas relações. Ou melhor, ele subverteu *a relação* que reinava, antes dele, entre esses termos. Em Marx, são *ao mesmo tempo os termos e sua relação* que trocam de natureza e de sentido.[177]

Para o hegelianismo, vislumbra-se claramente que a história é dotada de sentido. A partir de Hegel, pode-se mesmo infirmar que o presente é a consagração da razão, como resultado de superação das anteriores manifestações dialéticas. Mas, para Marx, a partir da leitura de Althusser, não é possível construir tal idealismo do devir histórico. A história é composta por uma lógica de reprodução, pela conjunção de forças que, em algum certo momento, combinam-se em torno de um modo de produção. Assim sendo, não se pode dizer que do capitalismo chegará o socialismo, como se este fosse um produto inexorável da história, apenas porque a ideia assim se impõe. Ao se pensar de tal modo, segundo Althusser, chegar-se-ia, por falsas vias marxistas, à negação do próprio marxismo, na medida em que um fio oculto, que não a luta de classes, levaria ao futuro inexorável. Pelo contrário, a história, em sua constituição no passado e no presente, é aberta, e somente um dado arranjo das lutas e das situações pode conduzir a um determinado futuro, que não está previamente escrito num sentido dialético da história.

Há um grande ponto de discordância, no que tange à dialética, entre a tradição althusseriana e a tradição dos marxistas hegelianos. Para estes, a dialética, em Marx, ainda que invertida, segue a forma de uma sequência de negatividades. A antítese é a negação da tese, e a síntese, negação da antítese. Assim sendo, a dialética é uma tensão entre opostos que arrasta sempre, nas suas superações, algum elemento daquilo que foi negado. Tal é o esquema dialético proposto por Hegel. Quando se considera que Marx apenas o inverteu, isto é, partiu da realidade e não da razão, deixa-se inalterada a sua fórmula de negatividade.

A visão dialética hegeliana diria que o socialismo, ao superar o capitalismo, o nega, mas o mantém sob uma nova forma. Com isso, tal dialética, embora de negação e superação, não seria, filosoficamente, de ruptura total. Althusser descarta esse tipo de leitura sobre a dialética de Marx. Dizer que haja uma negação da negação infinita, como processo histórico, é pressupor que haja uma linha delimitada de progresso e fluir desse mesmo

---

[177] Ibid., p. 85.

processo. A história social, no entanto, é muito mais rica, contraditória, conflituosa e menos linear do que tal visão hegeliana da dialética de Marx.

Assim sendo, em Althusser e no campo filosófico e político que lhe é próximo, a dialética, como instrumento metodológico do marxismo, não se apresenta como uma ferramenta ideal que venha a descobrir os grandes conflitos lineares da história. Para Althusser, não sendo entendida nem como conciliação nem como negação da negação – como o era em Hegel –, a dialética é pensada como ruptura. Para essa questão o althusserianismo encontrou também no *maoísmo* uma leitura política e teórica afim. O próprio Mao Tse-Tung trata explicitamente sobre sua visão da dialética marxista:

> Engels falou sobre as três categorias, mas eu não acredito em duas delas. (A unidade dos contrários é a lei mais básica, a transformação mútua de qualidade e quantidade é a unidade dos contrários qualidade e quantidade, e a negação da negação não existe) [...] Não existe a negação da negação. Afirmação, negação, afirmação, negação... No desenvolvimento das coisas, cada elo na cadeia de eventos é ao mesmo tempo afirmação e negação. A sociedade escravista negava a sociedade primitiva, mas com referência à sociedade feudal ela constituía, por sua vez, a afirmação. A sociedade feudal constituía a negação em relação à sociedade escravagista, mas era por sua vez a afirmação com referência à sociedade capitalista. A sociedade capitalista era a negação em relação à sociedade feudal, mas é, por sua vez, a afirmação em relação à sociedade socialista.[178]

Rompendo com a dialética como negação da negação, para Althusser será preciso então rejeitar os ímpetos de ler Marx a partir do viés hegeliano. A tradição a que Althusser propõe classificar Marx é muito distinta: Epicuro, Maquiavel, Espinosa, estes serão alguns dos antecessores filosóficos de Marx, e não Hegel. Esse materialismo, arraigado no concreto e suas especificidades, e não numa causa final – que poderia ser comum até a Aristóteles e a Hegel, mas nunca a Marx –, é o caminho althusseriano.

Totalidade e sobredeterminação

A riqueza da análise dos conflitos, em Marx, está em apreender a especificidade de cada totalidade histórica, e não numa suposta linearidade que unifica todos os variados momentos históricos. A filosofia marxista deve buscar compreender, na totalidade do tempo presente do capitalismo, seus conflitos, sua dialética e suas possibilidades. Embora sempre determinado em última instância pelo nível econômico, o todo social ora apresenta, para sua direção imediata, elementos políticos ou até mesmo nortes ideológicos e culturais. A relação variável interna entre os elementos da própria totalidade da sociedade demonstra que não se pode pensar o todo a partir de um modelo mecânico. O economicismo relacionava a parte e o todo sempre de modo automático. Althusser, afastando-se do economicismo, tratando das relações entre infraestrutura e superestrutura, dá o nome de *sobredeterminação* à possibilidade de um arranjo específico entre as várias determinações do todo social. A sociedade é sempre determinada em última instância pelo nível econômico, mas a conjunção de determinações diferentes sobre um mesmo objeto é o que gera a sobredeterminação.

---

[178] MAO TSE-TUNG. *Sobre a prática e a contradição*. Rio de Janeiro, Zahar, 2008, p. 225.

A proposta althusseriana é a de tornar a compreensão dos conflitos sociais mais refinada do que aquela das visões dialéticas mecanicistas. Numa leitura tradicional de Marx, a infraestrutura, no nível econômico das relações de produção, determina e faz por levantar uma superestrutura política, jurídica, ideológica, cultural. Mas não se trata de um processo simplista, visualizado como se fosse exatamente um edifício da construção civil com alicerces e posteriores paredes e telhados. Empreendendo uma análise mais complexa da totalidade social, para Althusser, entre a economia, a política e o direito não há uma relação linear. É verdade que a lógica do capital determina o todo, mas não presidindo implacável e imediatamente a todas as manifestações desse todo.

Por isso, para dar conta de explicar com mais refinamento a relação entre as estruturas dentro de uma totalidade social é que Althusser articula os conceitos de *determinação* e *sobredeterminação*. Há sempre na realidade histórica e social uma determinação econômica (determinação em última instância) e uma sobredeterminação (determinação imediata). Daí, a determinação econômica se apresenta, sempre, também com uma sobredeterminação: toda sociedade é determinada pelo nível econômico, mas tal nível econômico não preside, necessariamente, o imediato da vida social. A economia determina de modo último a lógica social, mas, em cada modo de produção, uma sobredeterminação econômica, política ou ideológica pode se fazer presente.[179]

O feudalismo tinha na ideologia religiosa um elemento crucial de determinação imediata. O mesmo não se dá no capitalismo. Aos tempos feudais, a Igreja cumpria um papel de sobredeterminação social, embora, é claro, a lógica econômico-produtiva servil fosse a determinação em última instância. O capitalismo é a determinação econômica de nossos tempos, e, nele, ora as determinações políticas – intervencionistas, de bem-estar social – revelam-se como determinações imediatas, ora as determinações econômicas são imediatamente sobredeterminação, como no caso dos tempos neoliberais, nos quais a reprodução econômica pavimenta sua lógica diretamente no campo das relações político-sociais. Para Althusser, a dialética marxista deve ser pensada a partir dessa riqueza interna de conflitos:

> [...] É, no interior mesmo da realidade das condições de existência de cada contradição, a manifestação dessa estrutura com dominante que constitui a unidade do todo. *Essa reflexão das condições de existência da contradição no interior dela mesma, essa reflexão da estrutura articulada com dominante que constitui a unidade do todo complexo no interior de cada contradição*, eis o traço mais profundo da dialética marxista, aquele que tentei expressar recentemente com o conceito de "sobredeterminação".[180]

---

[179] "Esse 'todo-complexo-estruturado' implica que cada estrutura determine uma nas outras, pois se o econômico determina o ideológico, este, por sua vez, determina o econômico. O mesmo pode ser visto na estrutura jurídico-política sobre as demais. Isso não significa que haja uma reciprocidade mecânica entre as estruturas, pois o econômico sempre atua como determinante 'em última instância', mas sim no tocante de que nenhuma estrutura seja impermeável às práticas e às contradições das outras estruturas". MOTTA, *A favor de Althusser*, op. cit., p. 58.

[180] ALTHUSSER, *Por Marx*, op. cit., p. 165.

A própria noção de *totalidade* sempre foi muito cara ao marxismo ocidental – Lukács, Escola de Frankfurt – e a todo o hegelianismo. Pela mediação da totalidade é que se daria a ligação do direito com os demais fenômenos da vida social. Ocorre que, para Althusser, a totalidade em Marx não é igual à proposta na filosofia de Hegel. Em Marx, as relações sociais não se apresentam como um bloco homogêneo de fenômenos indistintos que se tornam iguais a partir do rótulo geral de seu tempo. Quando se diz que o direito é capitalista, isso não se deve apenas porque o direito está situado no marco histórico dos séculos presentes, cujas bases econômico-produtivas são capitalistas. As estruturas sociais estão no todo não porque se arrastam sempre como manifestações imediatas de qualquer totalidade. Se assim o fosse, haveria uma espécie de atualização automática desta, como se fosse uma espécie de bloco de somas indistintas. Para Althusser, a totalidade é bastante mais complexa.

A totalidade, na perspectiva marxista defendida por Althusser, é uma unidade que se consolida por conta das estruturas capitalistas, que presidem, infraestruturalmente, as demais relações sociais. Mas a totalidade não é apenas uma soma lógica de todas as relações sociais, como se todo um conteúdo, indistintamente, fosse jogado no mesmo continente. Os específicos fenômenos sociais têm uma formação própria, e a sua reunião, sob determinadas condições, constitui então esse todo. Trata-se de uma totalidade estruturada, na qual os elementos que a compõem ali estão não porque foram meramente somados em conjunto, por teleologia ou imperiosidade, mas, justamente, porque produzem o todo e pelo todo são reproduzidos. As formações sociais, suas histórias próprias, suas condições insignes e suas contradições erigem então totalidades estruturadas. Trata-se de uma dialética do todo que vislumbra tanto a sua origem quanto a sua posterior implicação.

> Com isso fica esclarecida uma nova questão importante: a estrutura do todo é articulada como a estrutura de um *todo orgânico hierarquizado*. A coexistência dos membros e relações no todo está sujeita à ordem de uma estrutura dominante, que introduz certa ordem específica na articulação (*Gliederung*) dos membros e das relações. [...]
>
> Podemos, num primeiro enfoque, concluir da estrutura específica do todo marxista, que já não é possível pensar *no mesmo tempo histórico* o processo do desenvolvimento dos diferentes níveis do todo. O tipo de existência histórica desses diferentes "níveis" não é o mesmo. A cada nível devemos, pelo contrário, atribuir um *tempo próprio*, relativamente autônomo, portanto relativamente independente, em sua própria dependência, dos "tempos" dos demais níveis. Devemos e podemos dizer: há, para cada modo de produção, um tempo e uma história peculiares, escandidos de modo específico, do desenvolvimento das forças produtivas. [...] Que cada um desses tempos e cada uma dessas histórias sejam *relativamente autônomos* não significa que constituam outros tantos domínios *independentes* do todo: a especificidade de cada um desses tempos, de cada uma dessas histórias, em outras palavras, sua autonomia e independência relativas, fundam-se em certo tipo de articulação no todo, e, portanto, em certo *tipo de dependência* em relação ao todo.[181]

---

[181] ALTHUSSER, Louis. "O objeto de O capital". *Ler o Capital*. Rio de Janeiro, Zahar, 1980, v. 2, p. 38.

Na reflexão althusseriana, a relação da totalidade da vida social com o direito é pensada a partir de outro modo. Não há uma unidade racional que determina, de modo teleológico, um sentido ao todo. Há instâncias sociais específicas, como a economia, a política, o próprio direito, e uma certa relação entre tais instâncias gera, por sua vez, o modo de produção.

Assim sendo, não é por uma espécie de dedução que o todo capitalista carreia em seu bojo o direito. Antes, são inúmeras instâncias sociais e inúmeras engrenagens das relações de produção, como o trabalho assalariado, a venda da mão de obra, a circulação mercantil, a concentração de capitais, que, relacionadas entre si, geram o modo de produção capitalista. O direito é um desses elementos que perfazem o capitalismo, porque é o imediato das relações mercantis, que, sob determinadas relações, constitui um modo de produção específico.

Althusser identifica em Leibniz e em Hegel visões sobre a totalidade que são idealistas, no sentido de que haja um elemento finalístico que orienta o sentido do todo. A totalidade, pensada a partir do marxismo, deve ser compreendida não como um bloco homogêneo e orientado a um fim, mas como um todo estruturado.

> Em outras palavras, tinha-se em Leibniz e Hegel uma categoria da eficácia do todo sobre os seus elementos ou partes, mas sob condição absoluta de que o todo não fosse uma estrutura.
>
> Se o todo for estabelecido como *estruturado*, isto é, como possuindo um tipo de unidade inteiramente diversa do tipo de unidade do todo espiritual, o mesmo acontece: torna-se impossível não somente pensar a determinação dos elementos pela estrutura sob a categoria de causalidade analítica e transitiva, e ainda mais, torna-se *impossível pensá-la sob a categoria de causalidade expressiva global de uma essência interior unívoca imanente a seus fenômenos*. Propor-se pensar a determinação dos elementos de um todo pela estrutura do todo era estabelecer um problema absolutamente novo no maior embaraço teórico, porque não se dispunha de nenhum conceito filosófico elaborado para resolvê-lo. O único teórico que teve a ousadia inaudita de estabelecer esse problema e de lhe esboçar uma primeira solução foi Spinoza. Mas a história, como sabemos, sepultou-o nas trevas da noite. Só com Marx, que todavia o conhecia pouco, é que começamos escassamente a adivinhar os traços desse rosto macerado.[182]

No nível das decorrências dessa compreensão do todo social como estruturado e não como finalístico, o socialismo não será uma projeção dialética já anunciada a partir das premissas capitalistas. Pelo contrário, é por meio de alterações substantivas, e não meramente lógicas, que ocorre a superação do capitalismo. Muito mais do que depender da combinação das forças produtivas a partir de certas premissas, é a luta de classes – a partir do seio das relações de produção e de suas contradições – que fará, como evento aberto, a revolução.

A discussão althusseriana a respeito da totalidade tem implicações necessárias para o campo do direito. O direito não é uma instância neutra que se adapta a cada totalidade de maneira indistinta. Isto é, o fenômeno jurídico não é a mesma coisa em todos os

---

[182] ALTHUSSER, "O objeto de O capital", op. cit., p. 139.

tempos, apenas adaptando-se ora ao feudalismo, ora ao capitalismo, ora ao socialismo. Pelo contrário, o direito é uma manifestação histórica específica, do capitalismo, porque engendra determinadas relações que são necessárias a esse modo de produção, e só a ele. Só por isso, então, o direito é pensado como fenômeno a se esgotar, por conta das concretas relações sociais que necessariamente o excluem e dele não carecem no quadro de uma nova articulação social, e não apenas porque, escatologicamente, não lhe competiria teoricamente um papel sob o socialismo. O juízo sobre o direito no capitalismo e no socialismo não é sobre bondade, justiça ou sua beleza, mas sim sobre seu específico funcionamento estrutural no capitalismo.

No que tange à relação do direito com o todo, tanto sob uma leitura dialética marxista-hegeliana quanto sob uma leitura althusseriana, o direito é ligado umbilicalmente às relações mercantis capitalistas. A diferença é no que tange ao tipo de ligação. Na primeira leitura, é pelo sentido do todo que o direito apresenta sua pertença ao capital. Na segunda leitura, althusseriana, isso se deve não por algum sentido anunciado, mas por relações estruturais, no seio da concretude das formações sociais.

Ideologia e direito

Ao lado da discussão sobre a totalidade estruturada, um dos conceitos mais conhecidos de Althusser – com implicação imediata sobre o direito – é o de *ideologia*, desaguando inclusive na conhecida proposição dos aparelhos ideológicos de Estado. Logo de início, para Althusser, a ideologia não pode ser considerada como uma mera fantasia, descartável ou sem utilidade: ela tem um decisivo peso no todo da vida social. A reprodução social não se faz de modo mecânico. Há, ao lado das concretas relações sociais, também um conjunto de dinâmicas ideológicas que perfazem tal reprodução. E, no arcabouço das ideologias, o direito tem papel relevante.

Para Althusser, resgatando a leitura de Marx, a ideologia não tem história própria, isso quer dizer, ela não é uma construção intelectual do indivíduo, feita voluntária e conscientemente, variável no tempo de acordo com meras propensões dos desejos. A ideologia não é uma ideia acidental de cada um, nascida e com vida apenas dentro dos limites de cada indivíduo que pensa. Muito mais que isso, ela é um dado estabelecido estruturalmente na sociedade, a partir de sua reprodução. Toda sociedade tem ideologia, na medida em que ela funciona como meio de reprodução da própria lógica social. Assim sendo, ao contrário de uma certa visão tradicionalmente arraigada, a ideologia não é apenas uma distorção imaginária da realidade, mas é, fundamentalmente, a própria estrutura necessária de pensamento da realidade. Ela se impõe não só pelo que distorce do real, mas também pelo que afirma na realidade.

A ideologia não é uma opção de pensamento do indivíduo ou imposta a ele contra sua vontade: é um arcabouço estrutural da sociedade, e Althusser a compara com o próprio inconsciente, anunciado por Freud. Ela não é uma negação do real: antes, é constituinte positiva do real.

> Este sentido é positivo se considerarmos que a ideologia tem uma estrutura e um funcionamento tais que fazem dela uma realidade não histórica, isto é, omnihistórica, no

> sentido em que esta estrutura e este funcionamento se apresentam na mesma forma imutável em toda história, no sentido em que o *Manifesto* define a história como história da luta de classes, ou seja, história das sociedades de classe. [...]
>
> Se eterno significa, não a transcendência a toda história (temporal), mas omnipresença, trans-história e portanto imutabilidade em sua forma em toda extensão da história, eu retomarei palavra por palavra da expressão de Freud e direi: *a ideologia é eterna,* como o inconsciente. E acrescentarei que esta aproximação me parece teoricamente justificada pelo fato de que a eternidade do inconsciente não deixa de ter relação com a eternidade da ideologia em geral.[183]

A ideologia não é uma visão aleatória de mundo que os indivíduos constroem sozinhos, num ato singular. É um mecanismo estrutural material. Práticas materiais, rituais materiais. Os indivíduos não são os criadores da ideologia, são um suporte seu. Nesse momento, Althusser está muito próximo do horizonte de Foucault, para quem o poder, ao se estruturar em rede, não é criado pelos indivíduos; antes, passa por eles. Sua visão sobre a ideologia, assim, é muito distinta daquela construída por uma visão personalista, existencial, sustentada por Sartre, por exemplo.

Com sua noção de ideologia, Althusser alcança um nível das práticas efetivas tão concreto quanto aquele alcançado por Foucault com a microfísica do poder. Poder-se-ia dizer que ambos, na filosofia contemporânea, conseguem chegar aos níveis mais profundos e intrincados das manifestações do poder na sociedade. No entanto, ao invés de uma totalização do poder feita por meio de uma espraiada e indistinta rede de relações genéricas, como é o caso em Foucault, em Althusser as práticas ideológicas específicas, que são também microfísicas, estruturam-se a partir de uma referência já presente e estabelecida, na medida em que constituem as redes dos aparelhos ideológicos de Estado. Nesse sentido, aponta Slavoj Zizek:

> A relação entre Althusser e Foucault tem um interesse especial. A contrapartida foucaultiana dos Aparelhos Ideológicos de Estado são os processos disciplinares que funcionam no nível do "micropoder" e designam o ponto em que *o poder se inscreve diretamente no corpo, contornando a ideologia* – razão por que, justamente, Foucault nunca usa o termo "ideologia" a propósito desses mecanismos de micropoder. Esse abandono da problemática da ideologia acarreta uma deficiência fatal na teoria de Foucault. Ele nunca se cansa de repetir o quanto o poder se constitui "de baixo para cima", não emanando de um topo único: essa própria imagem de um "topo" (o monarca ou outra encarnação da soberania) emerge como um efeito secundário da pluralidade de micropráticas, da rede complexa de suas inter-relações. Entretanto, quando forçado a exibir o mecanismo concreto dessa emergência, Foucault recorre à retórica da complexidade, extremamente suspeita, evocando a intrincada rede de vínculos laterais, à esquerda e à direita, acima e abaixo... um exemplo claro de remendo, já que nunca se pode chegar ao poder dessa maneira – o abismo que separa os microprocessos e o espectro do poder continua intransponível. A vantagem de Althusser em relação a Foucault parece evidente. Althusser procede exatamente no sentido inverso – desde o

---

[183] ALTHUSSER, Louis. *Aparelhos ideológicos de Estado.* Rio de Janeiro, Graal, 1985, p. 84.

começo, concebe esses microprocessos como parte dos Aparelhos Ideológicos de Estado, ou seja, como mecanismos que, para serem atuantes, para "captarem" o indivíduo, sempre já pressupõem a presença maciça do Estado, ou – nos termos de Althusser – com o grande Outro ideológico em quem se origina a interpelação.[184]

Em Althusser, ao contrário das visões ditas "humanistas" do marxismo, o sujeito não é aquele que, por conta própria, escolhe uma ideologia como se fosse algo à mão, acessível e descartável pela vontade individual. Mais que isso, a própria vontade individual, a noção do à mão ou do descartável, a constituição do indivíduo em sujeito, tudo isso atende a padrões ideológicos já estruturados socialmente. A ideologia faz o sujeito. O processo de sujeição é o constituinte e o reprodutor da ideologia.

> Que um indivíduo seja sempre/já sujeito, antes mesmo de nascer, é no entanto a mais simples realidade, acessível a qualquer um, sem nenhum paradoxo. Que os indivíduos sejam sempre "abstratos" em relação aos sujeitos que são desde sempre, Freud já o demonstrou, assinalando simplesmente o ritual ideológico que envolve a espera de um "nascimento", este "feliz acontecimento". Todos sabemos como e quanto é esperada a criança a nascer. Deixando de lado os "sentimentos" isto, prosaicamente, quer dizer que as formas de ideologia familiar/paternal/maternal/conjugal/fraternal, que constituem a espera do nascimento da criança, lhe conferem antecipadamente uma série de características: ela terá o nome do seu pai, terá portanto uma identidade, e será insubstituível. Antes de nascer a criança é portanto sujeito, determinada a sê-lo através de e na configuração ideológica familiar específica na qual ele é "esperado" após ter sido concebido. Inútil dizer que esta configuração ideológica familiar é, em sua unicidade, fortemente estruturada e que é nesta estrutura implacável, mais ou menos "patológica" (supondo-se que este termo tenha um sentido determinável) que o já-presente futuro-sujeito "encontrará" o "seu" lugar, quer dizer "tornando-se" o sujeito sexual (menino ou menina) que já é.[185]

Para Althusser, a ideologia se revela como *inconsciente*, valendo-se, nesse caso, do arcabouço da psicanálise. A ideologia não é um processo de consciência dos sujeitos. Não é uma visão de mundo consolidada a partir de escolhas subjetivas. Pelo contrário, manifestações sociais concretas e estruturais, como a reprodução econômica capitalista, a divisão de classes que lhe acompanha e o local específico dos indivíduos em tal relação, a questão sexual, valores de submissão à ordem, tudo isso se constrói como materialidade e como estrutura geral inconsciente. Não depende da consciência do indivíduo sua visão de mundo. O indivíduo se perfaz já mergulhado em tais bases. O sujeito se constitui como tal a partir de um quadro ideológico geral, que nele é inconsciente, tal qual as instâncias do inconsciente propugnadas por Freud – como o superego –, que não se devem à mera individualidade.[186]

---

[184] Zizek, Slavoj. "O espectro da ideologia". *Um mapa da ideologia*. Rio de Janeiro, Contraponto, 2007, p. 18.

[185] Althusser, *Aparelhos ideológicos de Estado*, op. cit., p. 98.

[186] "A relação vivida dos homens com o seu mundo, na ideologia, não aparece '*consciente* senão sob a condição de ser *inconsciente*'. Em outros termos, a potência ou a eficácia própria da ideologia,

Sobre o sujeito como constituído da ideologia e sobre a relação da ideologia com o inconsciente, diz Althusser:

> Qual é esse aspecto comum que permite relacionar a hostilidade da ideologia burguesa do homem, frente à teoria do inconsciente, com a hostilidade dessa mesma ideologia burguesa, frente à teoria da luta de classe? O que em Marx é necessário não é relativamente acidental em Freud? Como relacionar o que é útil para a luta de classes de uma sociedade com o reflexo de defesa de uma ideologia do homem?
>
> Na realidade, essa relação não é tão arbitrária quanto possa parecer. Essa ideologia do homem como sujeito, cuja unidade está assegurada ou coroada pela consciência, não é uma ideologia fragmentária qualquer, é simplesmente a *forma filosófica da ideologia burguesa*, a qual dominou a História durante cinco séculos e que, embora hoje em dia não tenha a mesma força que antes, reina, ainda, em amplos setores da filosofia idealista e constitui a filosofia implícita na Psicologia, na Moral e, inclusive, na Economia Política.[187]

Sendo uma materialidade que estrutura no nível inconsciente a própria reprodução social, a ideologia é a ideologia da classe dominante, e, na sociedade capitalista, gira em torno da burguesia, pois é a partir de seus padrões que se consolida a visão de mundo da sociedade. De tal modo a ideologia burguesa perpassa toda a estrutura social que uma contraideologia advinda das classes operárias se mostra sempre como uma empreitada árdua.[188]

A ideologia, assim sendo, não se revela, para Althusser, como se fosse uma mera forma pessoal de ver o mundo. Ela tem uma materialidade, na medida em que se insere como elemento de seguro da própria submissão dos oprimidos. A ideologia não opera necessariamente no nível da repressão – que é mais vista nos órgãos jurídicos e estatais. Sendo constituinte e não apenas limitadora *a posteriori*, ela se afirma como garantidora do consentimento dos explorados à sua própria exploração.

A questão da subjetividade se torna fundamental para o pensamento de Althusser. O sujeito não é aquele que, partindo de um dado bruto, livre e singular, abre-se ao mundo para formar uma visão a seu respeito. Pelo contrário, o sujeito é constituído a partir

---

considerada sob o aspecto de sua função prático-social, enquanto sistema de representações de massa, implica que ela tenha 'muito pouco a ver com a *consciência*', que seja até 'profundamente *inconsciente*'. Essa natureza profundamente inconsciente da ideologia garante sua causalidade própria, causalidade que poderia ser chamada também de estrutural e que é, também, a das determinações inconscientes. Esse tipo de causalidade constitui a forma de sua necessidade singular, ligada ao seu caráter omni-histórico, se é verdade, segundo o axioma althusseriano, que 'a ideologia não é uma aberração ou uma excrescência contingente da História', mas sim 'uma estrutura essencial à vida histórica das sociedades'". GILLOT, PASCALE. *Althusser e a psicanálise*. São Paulo, Ideias & Letras, 2018, p. 96.

[187] ALTHUSSER, Louis. *Freud e Lacan. Marx e Freud*. Rio de Janeiro, Graal, 1985, p. 84.

[188] "O próprio Althusser é bem consciente de que unicamente a classe dominante pode organizar uma ideologia enquanto sistema completo de representações, o que torna difícil falar de uma ideologia dominada isolável como tal". SAMPEDRO, Francisco. "A teoria da ideologia de Althusser". In: NAVES, Márcio Bilharinho. *Presença de Althusser*. Campinas, IFCH-Unicamp, 2010, p. 47.

de um quadro de referências ideológicas já estabelecido. Nas palavras de Althusser, "a ideologia interpela os indivíduos enquanto sujeitos"[189]. O sujeito se entende como tal a partir de uma estrutura ideológica já dada. A subjetividade, então, não é um núcleo insigne, com características de entendimento de mundo "naturais". A própria estruturação da subjetividade se faz a partir de estruturas e práticas sociais e históricas, que dão ao sujeito a possibilidade de sua própria compreensão. O sujeito, assim, mais do que optante por ideologias, é constituído e erigido pela ideologia.[190]

No quadro das estruturas, reproduções sociais e práticas da sociabilidade capitalista, a ideologia do *sujeito de direito* é fundamental à própria operacionalidade geral da ideologia. O indivíduo se entende como subjetividade autônoma, à qual correspondem direitos e deveres, e, por meio de tal visão, submete-se à máquina de reprodução mercantil infinda do capitalismo, vendendo-se como força de trabalho assalariado indistinta ao mercado, mas sem perceber de imediato sua exploração: de início, sua constituição ideológica identifica, nos elementos que o levam ao mercado para ter seu trabalho vendido, a sua liberdade e a sua autonomia da vontade. A armação da subjetividade jurídica se dá, exatamente, na base da circulação mercantil, fazendo com que a ideologia seja um processo que interpela e constitui o sujeito, necessariamente, como sujeito de direito. A subjetividade jurídica é o segredo da própria subjetividade no capitalismo. A ideologia jurídica é o coração da própria ideologia.

Nesse sentido, Pedro Eduardo Zini Davoglio:

> Para Althusser, a materialidade que começa nos aparelhos ideológicos continua na *forma exterior* da subjetividade, que é o que faz com que os sujeitos continuem operando os rituais apreendidos e reproduzidos pelos aparelhos ideológicos mesmo quando, a rigor, não se encontrem fisicamente no seu interior. É para conceituar a subjetividade como uma forma social de mediação das relações ideológicas que Althusser propõe a diferenciação entre "a categoria de sujeito" e "os sujeitos concretos" contida na seguinte afirmação: "toda a ideologia existe pelo sujeito e para os sujeitos". Assim, enquanto a definição de "sujeitos concretos" (no plural) quer designar a extrema diversidade e a singularidade irredutível dos sujeitos realmente existentes (as idiossincrasias dos seus desejos individuais), "o sujeito" (no singular) "pelo qual" a ideologia existe alude à forma geral e equalizada assumida pelos sujeitos como portadores/suporte de relações sociais

---

[189] ALTHUSSER, *Aparelhos ideológicos de Estado*, op. cit., p. 93.

[190] "Althusser vê os indivíduos humanos como os 'suportes' ou 'portadores' das relações estruturais nas quais estão situados. [...] Ele sustenta que a ideologia reconhece os indivíduos como sujeitos, subordina-os ao 'sujeito' da própria ideologia (por exemplo, Deus, o capital, Estado), garante que tudo seja realmente assim e que, contanto que os sujeitos reconheçam o que são e ajam em consonância com isso, tudo estará bem. Portanto, a vasta maioria dos 'bons' indivíduos internaliza a ideologia e é inserida em práticas governadas pelos rituais dos aparelhos ideológicos. O indivíduo é, pois, 'livre', autor e responsável por seus atos, mas é, ao mesmo tempo, sujeito a uma ideologia que age como uma autoridade superior. O indivíduo é destituído de toda liberdade, exceto a de aceitar sua submissão". CARNOY, Martin. *Estado e teoria política*. Campinas, Papirus, 1990, p. 122.

capitalistas, neste caso, ideológicas. A ideologia, diz, portanto, Althusser, funciona através da categoria de sujeito constituindo sujeitos concretos.[191]

A subjetividade se constitui no capitalismo como subjetividade jurídica. Só é possível entender-se como sujeito tomando-se como livre para o contrato, igual aos demais em termos relacionais jurídicos, proprietário de seus bens. Tal ideologia funda as matrizes da própria logicidade do direito e, pois, de toda a estrutura ideológica geral do capitalismo. Ser sujeito é ser sujeito de direito. Por mais que haja tentativas de luta no seio do capitalismo, elas são por mais ou menos direitos, ou seja, sempre reféns de uma ideologia jurídica. Assim exprime Nicole-Edith Thévenin:

> Se o direito assegura o funcionamento e a eficácia material da ideologia, pode-se dizer que, em última instância, as categorias do direito constituem o fundamento da ideologia burguesa, lhe assegura a sua *permanência*, que é a permanência mesma do Estado burguês. Ela mantém a *legalidade* das *funções* e dos *direitos* pela mesma legalidade das relações de produção entendidas como relações naturais, eternas, legalidade que é tão somente a legalidade política do *poder político* da classe dominante. A democracia burguesa interpela o indivíduo como sujeito (de direito), como sujeito que tem direitos, direitos de um proprietário igual a todos os outros. É assim que o direito delimita materialmente o lugar de cada qual na sociedade, lhes dando direitos. A produção aparece então como produção de um *sujeito*, do mesmo modo que as relações de produção se encontram escamoteadas atrás da circulação, atrás da ideologia da circulação, que é a ideologia da democracia burguesa, a ideologia da liberdade e da igualdade burguesa, a ideologia da circulação mercantil. A legalidade, nós o veremos, assegura o bom funcionamento da sociedade, que é o bom funcionamento do capital. Se a ideologia religiosa assegurou a reprodução das relações de produção feudais, é o direito que, hoje, tendo conquistado pouco a pouco todo o espaço econômico/social/político, porque o Estado se apoderou de todas as esferas da produção e da reprodução, regula o inconsciente e o consciente da produção mercantil capitalista, ou melhor, é o direito que, regulando o processo do capital, regula o consciente e o inconsciente dos sujeitos desse grande Sujeito: o Capital.[192]

O sujeito, que é essa célula de transmissão da ideologia, já se encontra estruturado por meio de uma série ideológica familiar, religiosa, escolar, sexual, cultural, política e jurídica. Não se trata de uma construção da ideologia apenas no campo de uma relação meramente intersubjetiva. Sua estruturação se dá em aparelhos.[193] Nas sociedades capitalistas, em termos de aparelhos ideológicos, o Estado assume um papel primordial na estrutura da reprodução econômica e social geral. No entorno da política estatal se

---

[191] DAVOGLIO, PEDRO. *Althusser e o direito*. São Paulo, Ideias & Letras, 2018, p. 191.

[192] THÉVENIN, Nicole-Edith. "Ideologia jurídica e ideologia burguesa (ideologia e práticas artísticas)". In: NAVES, Márcio Bilharinho. *Presença de Althusser*. Campinas, IFCH-Unicamp, 2010, p. 70.

[193] "Uma ideologia conservadora impera não *apenas* pela força de seus argumentos, mas também pelos recursos materiais de que dispõem as forças a quem ela serve, quando se trata de excluir ou limitar a presença dos que sustentam teses opostas, nos lugares onde se realiza a atividade social de produção e difusão de conhecimentos". PIRES, Eginardo. *Valor e acumulação*. Rio de Janeiro, Zahar, 1979, p. 16.

situam grandes plexos ideológicos. Althusser, analisando a relação entre as instâncias política, jurídica e ideológica, aprofunda a compreensão do Estado.[194]

Amparado na tradição clássica do marxismo, Althusser distingue entre *poder de Estado* e *aparelho de Estado*. Uma visão vulgar sobre a sociedade diria que o Estado é burguês porque o poder que o domina é o da classe burguesa. O marxismo, no entanto, é mais avançado do que essa mera identificação entre o poder que domina o Estado e o próprio Estado. Ainda que haja uma revolução – como no caso da Revolução Soviética – que rompa com o poder burguês no Estado, ainda resta um aparelho de Estado, que continua funcionando como tal se não houver sua quebra. Esse aparelho reproduz a lógica de exploração capitalista, ainda que o poder de classe que o domina não seja burguês. Diz Althusser:

> O Estado é, antes de mais nada, o que os clássicos do marxismo chamaram de *o aparelho de Estado*. Este termo compreende: não somente o aparelho especializado (no sentido estrito), cuja existência e necessidade reconhecemos pelas exigências da prática jurídica, a saber: a política – os tribunais – e as prisões; mas também o exército, que intervém diretamente como força repressiva de apoio em última instância (o proletariado pagou com seu sangue esta experiência) quando a polícia e seus órgãos auxiliares são "ultrapassados pelos acontecimentos"; e, acima deste conjunto, o Chefe de Estado, o Governo e a Administração.[195]

Tendo em vista que o aparelho de Estado é muito maior e mais complexo que o poder de Estado, sendo responsável mesmo pela reprodução social, Althusser, lançando algumas pontes ao pensamento de Gramsci, passa a analisar os aparelhos de Estado, dividindo-os e os identificando em duas grandes esferas: o *aparelho repressivo de Estado* e os *aparelhos ideológicos de Estado*.

O aparelho *repressivo* de Estado é a própria função clássica identificada no exército, nas polícias, na violência monopolizada, na autoridade e hierarquia formais. Mas há uma instância fundamental da vida social que não se limita a esse aparelho repressivo. Trata-se da instância dos aparelhos *ideológicos* de Estado. Tais aparelhos se esparramam por regiões não diretamente localizadas no corpo administrativo e repressivo estatal, mas mesmo assim ligadas funcionalmente a esse complexo dos aparelhos de Estado. O próprio Althusser identifica os aparelhos ideológicos de Estado: religioso, escolar, familiar, jurídico, político (o sistema político, os diferentes partidos), sindical, de informação (a imprensa, o rádio, a televisão etc.), cultural (letras, belas-artes, esportes etc.). Em tal classificação, Althusser ressalta que o *direito*, peculiarmente, pertence ao mesmo tempo ao aparelho *repressivo* de Estado e aos aparelhos *ideológicos* de Estado.

O aparelho repressivo de Estado é único, localizado no próprio Estado. Tal unicidade da repressão se deve ao fato de que, nas sociedades capitalistas, o Estado arroga a si o monopólio da violência. Mas os aparelhos ideológicos de Estado são múltiplos.

---

[194] Remeto às reflexões de meu livro *Estado e forma política*. São Paulo, Boitempo, 2013.
[195] ALTHUSSER, *Aparelhos ideológicos de Estado*, op. cit., p. 62.

Embora a partir de ângulos distintos, os aparelhos ideológicos se esparramam pelo nível daquilo que Gramsci denominava por "sociedade civil".[196] Althusser trata o grande aparato ideológico social como sendo aparelhos ideológicos de Estado porque rompe com a distinção burguesa entre público e privado. Não é porque determinadas regiões do todo social escapam do direito público estatal que não estejam umbilicalmente ligadas à dominação estatal.

> Detenhamo-nos [...] indagando em nome de que podemos considerar como Aparelhos Ideológicos *do Estado* instituições que, em sua maioria, não possuem estatuto público, e que são simplesmente instituições privadas. Como marxista consciente, Gramsci já respondera a esta objeção. A distinção entre o público e o privado é uma distinção intrínseca ao direito burguês, e válida nos domínios (subordinados) aonde o direito burguês exerce seus "poderes". O domínio do Estado lhe escapa, pois este está "além do direito": o Estado, que é o Estado *da* classe dominante, não é nem público nem privado, ele é ao contrário a condição de toda distinção entre o público e o privado. Digamos a mesma coisa partindo dos nossos Aparelhos Ideológicos do Estado. Pouco importa se as instituições que os constituem sejam "públicas" ou "privadas". O que importa é o seu funcionamento. Instituições privadas podem perfeitamente "funcionar" como Aparelhos Ideológicos do Estado.[197]

Para Althusser, os aparelhos repressivos de Estado funcionam por meio da violência e os aparelhos ideológicos de Estado por meio da ideologia, mas, secundariamente, a repressão também se vale da ideologia (o direito se presta também a ideologizar – legitimar teoricamente – a violência do Estado) e a ideologia também se vale da repressão (a escola impõe regras, a cultura impõe comportamentos etc.). Assim Althusser trata a respeito dos aparelhos ideológicos de Estado (AIE):

> Designamos pelo nome de aparelhos ideológicos do Estado um certo número de realidades que apresentam-se ao observador imediato sob a forma de instituições distintas e especializadas. Propomos uma lista empírica, que deverá necessariamente ser examinada em detalhe, posta à prova, retificada e remanejada. Com todas as reservas que esta exigência acarreta podemos, pelo momento, considerar como aparelhos ideológicos do Estado as seguintes instituições (a ordem de enumeração não tem nenhum significado especial):
> AIE religiosos (o sistema das diferentes Igrejas)
> AIE escolar (o sistema das diferentes "escolas" públicas e privadas)
> AIE familiar

---

[196] Carlos Nelson Coutinho assim estabelece as diferenças entre o pensamento político de Gramsci e de Althusser: "Enquanto a posição de Althusser leva necessariamente, esteja ele consciente ou não disso, à ideia de um choque frontal com o Estado (já que é impossível enfraquecê-lo progressivamente pela 'ocupação' de espaços situados em seu interior), a posição de Gramsci implica a ideia de uma 'longa marcha' através das instituições da sociedade civil." COUTINHO, *Gramsci*: um estudo sobre seu pensamento político, op. cit., p. 135.

[197] ALTHUSSER, *Aparelhos ideológicos de Estado*, op. cit., p. 69.

AIE jurídico

AIE político (o sistema político, os diferentes partidos)

AIE sindical

AIE de informação (a imprensa, o rádio, a televisão etc...)

AIE cultural (Letras, Belas Artes, esportes etc...)

[...] O que distingue os AIE do Aparelho (repressivo) do Estado é a seguinte diferença fundamental: o Aparelho repressivo do Estado "funciona através da violência" ao passo que os Aparelhos Ideológicos do Estado "funcionam através da ideologia".

[...] Se os AIE "funcionam" predominantemente através da ideologia, o que unifica a sua diversidade é este funcionamento mesmo, na medida em que a ideologia, na qual funcionam, está de fato sempre unificada, apesar da sua diversidade e contradições, sob a ideologia dominante, que é a ideologia da "classe dominante".[198]

Múltiplos, os aparelhos ideológicos de Estado se unificam pela ideologia da classe dominante. Tal dominação ideológica é contraditória, na medida em que a classe dominada busca sua própria afirmação ideológica, mas ela é fundamental para a reprodução das relações de produção capitalistas: nenhuma classe, segundo Althusser, detém o poder do Estado sem exercer ao mesmo tempo sua hegemonia sobre e nos aparelhos ideológicos de Estado. Assim sendo, a ideologia, como prática material, é entendida estrategicamente no contexto da exploração social. O direito, como aparelho ao mesmo tempo repressivo e ideológico, cumpre um papel fundamental na reprodução da exploração social capitalista.

Alessandra Devulsky Tisescu, tratando do direito tanto em Althusser quanto em seu importante discípulo para os assuntos do direito, o francês Bernard Edelman, assim expõe:

A ideologia não é algo estranho à sociedade, algo do qual uma dada formação social possa ver-se livre porque o deseja. Enquanto estrutura inerente às sociedades, ela é um sistema de representações que tem existência material, produzindo ideias, ou mesmo conceitos, que têm um fundamento prático-social, que é sua função, sua razão de existir. Outrossim, a ideologia dá prevalência à sua função prático-social sobre sua função teórica, o que poderia ser apontado como inicial distinção entre ela e a ciência. [...]

Althusser exemplifica, com o conceito de "liberdade jurídica", esta irradiação sem limites da ideologia, que conforma tanto classe dominante quanto dominada a corresponderem às exigências da formação social contemporânea. A liberdade para comercializar a sua "força de trabalho", que nada mais é do que a liberdade para contratar, uma vez universalizada, é indispensável dentro da sistemática político-jurídica capitalista, de modo a modelar os dois polos da relação que contratam.[199]

A visão althusseriana sobre a ideologia é bastante inovadora. O arcabouço do pensamento dos indivíduos não é apenas um desvio ou uma dissimulação em relação ao real, mas a própria necessidade real estabelecida no pensamento. O direito é um exemplo

---

[198] ALTHUSSER, *Aparelhos Ideológicos de Estado*, op. cit., p. 68-70.

[199] DEVULSKY TISESCU, Alessandra. *Edelman: althusserianismo, direito e política*. São Paulo, Alfa-Ômega, 2011, p. 46-47.

perfeito de tal manifestação da ideologia. Nas sociedades capitalistas, cuja exploração do trabalho se faz por meio não da força bruta, mas do contrato de trabalho, o trabalhador e o capitalista são juridicamente equiparados. O direito os trata como iguais. Assim sendo, a ideologia jurídica não é uma distorção do real. Ela não faz outra coisa que não anunciar a realidade da impessoalidade das pessoas e sua igualdade *formal*. Claro está que essa igualdade não é economicamente verdadeira: há os capitalistas e os trabalhadores explorados em situação absolutamente desigual. Mas o mecanismo de pensamento da sociedade capitalista funciona na base da igualdade formal. No momento do contrato de trabalho, todos presumem a autonomia da vontade entre iguais, que sagra o vínculo do negócio jurídico. O direito não só distorce a realidade. Além disso, processa-a em termos de pensamento. A mesma exploração que se dá e se esconde no real se dá e se esconde no pensamento. Assim, para Althusser, a ideologia, enquanto prática material, encontra no fenômeno jurídico uma das suas mais importantes caracterizações, tanto por aquilo que o direito embaralha – o discurso do bem comum, a falsa igualdade dos cidadãos –, mas também, e em especial, pelo que o direito institui – o próprio sujeito de direito, que se vende e compra na exploração.

O NOVO MARXISMO

Uma arquitetura do pensamento marxista atual se espraia por um conjunto de autores e reflexões de variadas temáticas, muitas delas buscando extrair, da radicalidade do próprio pensamento de Marx, horizontes e problemas não trabalhados pelo marxismo tradicional no decorrer do século XX.

A partir da década de 1960, começam a surgir leituras marxistas mais próximas das descobertas conceituais de Marx em *O capital*, no campo da crítica da economia política, com bases filosóficas mais rigorosas e, além disso, forjando novas compreensões teóricas vinculadas a avanços científicos e metodológicos como os da psicanálise. Como propõe, entre outros, Ingo Elbe, tais movimentos teóricos podem ser agrupados numa ampla categoria de "novo marxismo".[200] O propósito de tais visões é lançar-se para além das contradições e dificuldades das experiências soviéticas e, também, dos impasses das leituras reformistas e humanistas que ganharam corpo no pensamento marxista tradicional nos meados do século XX.

O fundo teórico que pode agrupar tais novas leituras marxistas é o da compreensão científica da própria materialidade da produção capitalista e da reprodução de sua sociabilidade. Para tanto, desponta como central a categoria da forma-valor. Se variadas parcelas do marxismo ocidental, no século XX, apontavam o trabalho como problema decisivo da crítica marxista – erigindo-o, como no caso do último Lukács, à questão ontológica central –, novas leituras marxistas deslocam e ampliam o campo teórico de suas investigações, retomando e dando ênfase à descoberta de Marx, em suas obras de maturidade, de que o átomo da sociabilidade capitalista é a mercadoria. O trabalho, como uma deriva modal

---

[200] ELBE, Ingo. *Marx im Westen*: die neue Marx-Lektüre in der Bundesrepublik seit 1965. Berlin, Akademie Verlag, 2010, p. 29.

da própria sociabilidade capitalista e constituinte estrutural desta, não é, no entanto, o cerne de uma teoria genérica da história. É a forma-valor, implicando uma dinâmica social geral, que se levanta como determinante da produção e da reprodução do capital.

Nesse movimento de novas e mais rigorosas leituras teóricas marxistas acerca do capitalismo como determinado pela forma-valor, há um resgate de pensadores pioneiros e pouco albergados no regaço do movimento político e filosófico marxista de então, em especial Evguiéni Pachukanis e Isaac Rubin. Pachukanis, diretamente para o campo do direito, e Rubin, para o campo da economia, postulam compreender a sociabilidade a partir das implicações da forma-valor, fazendo da mercadoria o eixo central da problemática marxista. Com isso, rompem com organicismos, como aqueles derivados de leituras classistas – trabalho como categoria central – e superam esquemas politicistas – partido e sujeito revolucionário – ou economicistas –, motores intrínsecos da superação do capitalismo como socialismo inexorável. O mundo da valorização do valor, atravessado de contradição, é uma história em ato e em determinação. Responsáveis primeiros por essa retomada do problema do valor na leitura contemporânea foram Hans-Georg Backhaus e Helmut Reichelt:

> Se examinarmos com mais exatidão a obra tardia de Marx, fica evidente que o que diferencia a crítica da economia política de toda a formulação teórica de ordem econômica – inclusive da atual – é a seguinte problematização específica – assim se poderia sintetizar a abordagem marxiana na forma de uma pergunta: O que se oculta atrás das categorias mesmas? Qual é o teor peculiar das determinidades formais de cunho econômico, portanto da *forma*-mercadoria, da *forma*-dinheiro, da *forma*-capital, da *forma* do lucro, do juro etc.? Enquanto a economia política burguesa de modo geral se caracteriza por apreender exteriormente as categorias, Marx insiste numa rigorosa derivação da gênese dessas formas.[201]

O papel de Althusser e do althusserianismo é fundamental para realizar o deslocamento teórico que inaugura o campo de uma nova leitura marxista contemporânea. Em Althusser estão tanto a organização do estudo a respeito de Marx que repõe a importância de seu pensamento de maturidade – em especial *O capital* – quanto a postulação do marxismo como ciência que abre um continente específico dos saberes humanos – o continente-história. Althusser afasta o marxismo da vala comum dos variados olhares das humanidades sobre o objeto social, escapando do campo das leituras da indeterminação para retomar a compreensão de uma ciência da historicidade. Nesse ponto, prepara-se a possibilidade de uma futura compreensão da forma-valor e da forma-mercadoria como determinantes da sociabilidade capitalista. Se Althusser diretamente não se ocupa do problema das formas e da mercadoria, faculta tal estrada. O novo marxismo bebe das mesmas fontes de deslocamentos e reinvestimentos na cientificidade de Marx propostos por Althusser. Além disso, as próprias inovações internas do pensamento althusseriano, como as proposições da ideologia como inconsciente, da interpelação e a de aparelhos ideológicos, permitem uma abertura de campos temáticos que acoplam de modo ainda mais específico o marxismo a outras descobertas científicas afins, como a psicanálise.

---

[201] REICHELT, Helmut. *Sobre a estrutura lógica do conceito de capital em Karl Marx*. Campinas, Ed. Unicamp, 2013, p. 26.

Com isso, torna-se possível ver em Althusser um ponto nodal para o aflorar de leituras que se situam em paralelo ou em tangente ao marxismo, como as que se podem reputar como pós-marxistas.

Proponho pensar o pensamento marxista atual em três eixos centrais e um eixo de tangente. Os campos centrais dialogam mais diretamente com os cânones de uma crítica da economia política capitalista, lastreando-se na forma-valor e em seus problemas. Nesse âmbito, estão, em uma linhagem principal, as perspectivas derivacionistas das formas sociais. Numa outra linha, estão as leituras de movimento político alternativista, da multidão e do comum. Numa terceira linha, a chamada Nova crítica do valor e pensadores próximos. No eixo de tangente, agrupam-se pensadores que, parcialmente, corroboram e mesmo partilham temas e horizontes tipicamente marxistas, mas que, de outra maneira, levam premissas críticas a seus campos de gravidade próprios. Os chamados pós-marxismos, mas não apenas esses movimentos, aí se situam.

Derivacionismo

No campo mais central do pensamento marxista atual, levantam-se as questões ligadas ao problema do valor, da acumulação e das formas sociais do capitalismo: a questão da constituição e da derivação dessas mesmas formas, sua dinâmica, as contradições, as resiliências e os limites da sociabilidade presente. O debate sobre a derivação do Estado é o momento marcante de tal campo. Nele, ainda, estão também leituras de crítica da forma de subjetividade jurídica e, parcialmente, leituras críticas da própria economia.

O debate sobre a derivação do Estado inicia-se na Alemanha, na década de 1970, quando da crise dos Estados de bem-estar social europeus. A reflexão de autores como Rudolf W. Müller, Christel Neusü, Elmar Altvater e, em especial, Joachim Hirsch buscou avançar para além da tradição marxista sobre o Estado oriunda do stalinismo ou, de outro lado, apontando os limites de visões econômicas e políticas intervencionistas como as keynesianas. Tal debate, com uma variedade de contestações e polêmicas teóricas, amplia-se de início também para o Reino Unido, a partir dos pensamentos de Bob Jessop, John Holloway e Sol Picciotto, entre outros.

De modo geral, as leituras sobre o Estado tomavam-no como instrumento neutro, à disposição de diferentes injunções políticas. As próprias definições consagradas da história do marxismo a respeito do Estado – instrumento da classe burguesa, seu comitê gestor – levam em conta uma consideração genérica sobre a imposição do poder político, não a especificidade da forma social que constitui a política no modo de produção presente. Pautado numa rigorosa leitura de Marx e Pachukanis, o debate derivacionista aponta uma ligação necessária entre o capitalismo e uma forma política que lhe é específica, estatal. O Estado deriva das relações capitalistas, daí o termo pelo qual o debate é conhecido.[202]

---

[202] "Resgatar a teoria da derivação (e verificar suas eventuais insuficiências) implica observar os limites e incapacidades do Estado, mas também retomar uma perspectiva radical, que busca, a exemplo de Marx, na crítica da economia política, as respostas para as transformações histórico-sociais e suas consequências no âmbito político-jurídico. A teoria da derivação procura mostrar como o direito expressa a lógica particular do capital, resultando na crítica do Estado como um todo e

O modo de produção capitalista, assentado no trabalho assalariado e na circulação mercantil, orientado à valorização do valor, erige, como forma social derivada da forma-mercadoria, uma forma política terceira e apartada dos agentes da produção. Nas palavras de Joachim Hirsch: "O Estado é a expressão de uma forma social determinada que assumem as relações de domínio, de poder e de exploração nas condições capitalistas".[203] Somente com a separação do campo político daquele econômico torna-se possível a exploração do trabalho, a concorrência entre capitalistas e a garantia da própria acumulação. O Estado é um modo de articulação social insigne do capitalismo, organizando a política a partir de um campo institucional terceiro em face da miríade dos agentes sociais em concorrência. A política antes do capitalismo, por ser de mando direto de senhores feudais ou de escravo, não adquire tal forma social terceira. O mesmo há de se dizer do socialismo, que, ao não se estabelecer pela valorização do valor e pela forma-mercadoria, desconheceria a forma política estatal que lhe seria derivada. A política estatal é forma típica e inexorável de uma articulação da produção e das demandas sociais do capital. Assim, Hirsch:

> Apenas como "economia de mercado", o capitalismo não é capaz de assegurar a sua existência. As suas contradições internas impõem uma atividade voltada para o conjunto da existência material, da ordenação e da manutenção da sociedade e fora do processo de valorização imediato. E isso só pode realizar-se na medida em que seja possível formar a comunidade política da sociedade capitalista: por meio do Estado. "Mercado" e "Estado" não são assim opostos, mas, pelo contrário, referem-se um ao outro de forma inseparável. O Estado enquanto aparelho de força possibilita a existência do mercado, através da garantia da propriedade privada e das relações jurídicas apoiadas nela, e deve permanentemente intervir no processo mercantil para mantê-lo em funcionamento. Mas ele mesmo permanece dependente, em seus fundamentos, da existência assegurada do processo, de valorização capitalista regulado pelo mercado.[204]

O Estado não pode ser considerado a partir de suas características internas e fenomênicas, como se fosse um dado orgânico independente da sociabilidade em que se inscreve. Não é o conjunto de suas competências e de seus poderes autodeclarados juridicamente que identifica sua natureza. Só é possível compreender o Estado em sua materialidade social, relacional, cuja forma é derivada da mercantil. Tampouco o Estado é um resultado lógico da economia capitalista. Não se trata de imaginá-lo como um organismo de funcionalidade ideal, que derivasse por lógica da dinâmica capitalista. Sua derivação é factual, histórica, atravessada por uma série de contradições, portanto necessariamente crises. Daí o Estado não pode ser o elemento de contenção das instabilidades e defei-

---

igualmente na rejeição das esperanças de que reformismos jurídicos ou rearranjos políticos conduzirão à efetiva solução dos agudos problemas sociais atuais." CALDAS, Camilo Onoda. *A teoria da derivação do Estado e do direito*. São Paulo, Outras Expressões, 2015, p. 25.

[203] HIRSCH, Joachim. *Teoria materialista do Estado*: processos de transformação do sistema capitalista de Estado. Rio de Janeiro, Revan, 2010, p. 24.

[204] Ibid., p. 34.

tos do capitalismo – sua forma não é superior à reprodução capitalista, e sim derivada dela – nem o instrumento excelente da luta de classes superadora do capitalismo. Não se presta a superar o capitalismo aquilo que é constituído como forma necessária de seu estabelecimento social.

Conforme Camilo Onoda Caldas:

> Os argumentos apresentados para *derivar* o Estado e o Direito a partir das especificidades da economia política capitalista – das relações econômicas que lhe são inerentes – implicam a rejeição da ideia de que ambos sejam meros instrumentos neutros – utilizáveis para qualquer propósito – manejados livremente pelas decisões políticas dos ocupantes de determinadas posições dentro do aparato estatal. Concomitantemente, afasta-se a ideia de Estado como aparelho genérico de dominação da classe dominante, cuja forma é indiferente em todos os períodos da história na qual há a exploração de uma classe pela outra. Isso implica, ainda, o reconhecimento de que mudanças periféricas – eleição de novos governantes, nova composição nos Tribunais, estatização dos setores da economia, ampliação de direitos etc. – não resultam em nenhuma desconstituição do modo de produção capitalista e de todas as consequências socioeconômicas que lhe são decorrentes, inclusive em nível político e jurídico.[205]

O entendimento da forma política estatal como derivada da forma-mercadoria emparelha-se com a mais radical tradição marxista de compreensão do direito, que tem em Pachukanis seu ponto nodal. O mesmo processo de derivação se dá entre a forma de subjetividade jurídica e a forma-mercadoria. Em tal materialidade fundante das formas sociais, afastam-se leituras idealistas – Estado como bem comum, direito como justiça ou ordem –, de tal sorte que resta patente a natureza capitalista da política estatal e do direito. Derivadas de uma mesma determinação social pela mercadoria, forma política estatal e forma de subjetividade jurídica não se confundem. Nem o Estado cria o direito nem o contrário, contrastando com os juspositivismos. A subjetividade jurídica é materialmente devida à circulação de pessoas e bens no capitalismo. O Estado erige-se como relação social insigne da própria valorização do valor. Entre forma jurídica estatal e forma de subjetividade jurídica, no entanto, passa-se um processo de acoplamento, ajuste recíproco e acomodação. Derivadas da mesma dinâmica social e de suas formas basilares determinantes, tais formas sociais tendem a implicar-se posteriormente. A tal interação subsequente entre Estado e direito é denominada de conformação ou derivação secundária.

> O vínculo entre forma política e forma jurídica é de *conformação*, realizando entre si uma espécie de derivação de segundo grau, a partir de um fundo primeiro e necessário que é derivado diretamente da forma-mercadoria. É o aparato estatal já necessariamente existente e as formas jurídicas já anunciadas socialmente que se encontram para então estabelecer um complexo fenomênico político-jurídico. Pode-se entender, então, que as formas política e jurídica, ambas singulares, são derivadas de formas sociais comuns e apenas posteriormente conformadas, reciprocamente. Em tal processo de conformação,

---

[205] CALDAS, *A teoria da derivação do Estado e do direito*, op. cit., p. 255.

os limites nucleares das duas formas são necessariamente mantidos em sua especificidade, como estruturas fundamentais da reprodução do capital. A conformação opera na quantidade da política e do direito, nunca na qualidade de estatal ou jurídico.[206]

Em paralelo à análise da derivação das formas sociais capitalistas, uma leitura radical e material das categorias determinantes da sociabilidade capitalista também permite construir um conjunto de teorias críticas para o campo diretamente econômico, com impacto nas questões políticas e jurídicas. Visões como as marxistas que se denominam teorias da regulação, nos pensamentos de Michel Aglietta, Alain Lipietz e Robert Boyer, entre outros, desde a década de 1980 buscam compreender termos econômicos médios que explicam tanto movimentos gerais quanto internos do capitalismo.[207] Regimes de acumulação e modos de regulação são ferramentas econômicas hauridas de dinâmicas da própria forma-valor, implicando marcações como fordismo e pós-fordismo. O campo de uma leitura econômica lastreado na crítica do valor e suas derivações formais pode se ver, ainda, em pensadores num vasto arco que vai de Gianfranco La Grassa a David Harvey, a começar por Suzanne de Brunhoff.[208]

Alternativismos políticos

Numa segunda vertente do novo marxismo estão as leituras de tipo politicista ou voluntarista, que reconhecem, por conta da dinâmica do valor, as dificuldades contemporâneas da luta de classe tomada em sentido tradicional – partidos, sindicatos –, apontando então para a necessidade de movimentos sociais alternativos, como a multidão ou novos arranjos das massas. Nesse caminho, de ruptura por ação política inovadora e externa ao Estado, à democracia e às instituições – para além das formas jurídica e política estatal –, estão pensadores como John Holloway e Antonio Negri. O pano de fundo de suas leituras é o dos movimentos altermundistas da virada do século XX para o século XXI. Fóruns

---

[206] MASCARO, Alysson Leandro. *Estado e forma política*. São Paulo, Boitempo, 2013, p. 41.

[207] "As análises em termos de regulação também dedicam uma atenção especial às formas assumidas pelas *relações sociais fundamentais* num dado momento histórico ou numa dada sociedade. Portanto, a ideia central é a de forma estrutural ou institucional. Porém, contrariamente ao que esta expressão pode sugerir, não se trata de cair no ecletismo da escola deste mesmo nome. Na realidade, a filiação marxista faz com que se privilegie uma *definição estrutural e holista* destas formas institucionais: todas elas derivam, fundamentalmente, seja da relação mercantil, da relação capital/trabalho ou ainda de sua interação. Uma maior ou menor extensão destas duas relações de base, como também o seu grau de maturação, podem engendrar diferentes configurações sociais." BOYER, Robert. *A teoria da regulação*: uma análise crítica. São Paulo, Nobel, 1990, p. 36.

[208] "Força de trabalho, moeda: ambas fazem parte do mundo das mercadorias, mas ambas têm nele um estatuto particular, que exige uma gestão estatal. É o fundamento da ação econômica do Estado capitalista. Quanto à política econômica, ela só se desenvolve com uma modificação das relações de classe, quando a força de trabalho torna-se classe operária e esta é incluída como sujeito econômico num circuito de fluxos, representando a formação e a atribuição dos rendimentos monetários. A combinação entre a ação econômica do Estado, tornada 'política econômica', e a política geral toma então novas formas." BRUNHOFF, Suzanne de. *Estado e capital*: uma análise da política econômica. Rio de Janeiro, Forense Universitária, 1985, p. 4.

sociais mundiais, articulações de grupos e movimentos sociais em variados países – como o Movimento dos Trabalhadores Rurais Sem Terra no Brasil – e o próprio zapatismo, no México, ensejaram proposições teóricas mais específicas, no campo do marxismo, sobre as estratégias e ações revolucionárias. Conforme Peter D. Thomas:

> Gostaria de sugerir que as defesas da ideia do comunismo dos últimos anos emergiram como resposta aos impasses nos debates organizacionais que caracterizaram o altermundialismo, os fóruns sociais e os movimentos antiguerra. De todo modo, às vezes caindo em posições exageradamente dicotomizadas, que foram refletidas nas práticas daquilo que foi por vezes conhecido como o movimento dos movimentos – oposições demasiadamente abstratas entre movimentos-partidos, antipoder-contrapoder e micropolítica-macropolítica como leves ecos da clássica parelha espontaneidade-organização –, os debates entre figuras tais como Michael Hardt e Antonio Negri, John Holloway e Daniel Bensaïd tiveram, todavia, o mérito redentor de prover uma nova geração de ativistas com uma "reatualização" de alguns dos debates organizacionais clássicos do movimento dos trabalhadores. Teorias sobre a natureza do poder estatal, a relação entre movimentos sociais e formas políticas, e diferentes tradições de organização da política de massas, das greves de massa, até a Frente Única, foram temas centrais.[209]

O campo de tais leituras críticas alternativistas, no novo marxismo, não se lastreia apenas em mera opção voluntarista de transformação social – como poderiam ser variadas outras leituras de centro-esquerda. Nos casos de Holloway e de Negri, há uma crítica à forma política estatal e à forma de subjetividade jurídica. Exatamente em razão da impossibilidade de fundar os processos de transformação nas formas de organização da própria sociabilidade capitalista, é preciso compreender novos movimentos revolucionários.

Em John Holloway, a possibilidade de pensar a política ao largo da forma política estatal enseja seu modelo de mudança do mundo sem a tomada do poder. Enquanto numa primeira fase sua reflexão debatia diretamente com os temas do derivacionismo, a partir da década de 1990 Holloway dedica-se a formular estratégias para câmbios sociais ao largo da tradição revolucionária clássica, que buscava tomar o Estado para então, apenas depois, fazê-lo definhar. O exemplo do zapatismo é um dos modelos de Holloway para propor a mudança social como uma negação da ordem posta, forjando zonas de antipoder que inscrevam novas modalidades de sociabilidade. Assim dirá:

> O que falhou é a ideia de que a revolução significa tomar o poder para abolir o poder. O que agora devemos tratar é a ideia muito mais exigente de uma superação direta das relações de poder. A única maneira de se imaginar agora a revolução é como a dissolução do poder, não como sua conquista. A queda da União Soviética não apenas significou a desilusão de milhões de pessoas; também implicou a liberação do pensamento revolucionário, a liberação em relação à identificação de revolução com conquista do poder. Este é, então, o desafio revolucionário no começo do século XXI: mudar o mundo sem tomar o poder. (...) O chamado zapatista para construir um mundo novo

---

[209] THOMAS, Peter D. "A hipótese comunista e a questão da organização". *Crítica Marxista*. V. 45, Campinas, 2017, p. 40.

sem tomar o poder teve uma repercussão extraordinária, repercussão relacionada com o crescimento, nos últimos anos, do que poderia ser chamado um espaço de antipoder.[210]

Para Holloway, a luta se erige pelo negativo do sistema.[211] Isso faz com que a classe trabalhadora seja e não seja o instrumento da transformação. Por certo, é a massa trabalhadora que nega a ordem existente. Contudo, de outro lado, a transformação é a superação da própria condição constituinte de classe trabalhadora. Assim, não se trata de revolucionar as posições e as ordens dentro do campo dos seus próprios termos, mas de alterar as identidades e seus afazeres. Para tanto, a luta política não deve ser a oposição pelo jogo do sistema. O investimento é em espaços que rasguem o tecido social existente, tendo a fissura por método.[212]

Em horizonte similar ao de John Holloway, mas com caminhos próprios, o pensamento de Antonio Negri parte da constatação de mudanças na organização econômica, política e social do capitalismo atual. Sucedendo ao momento imperialista, propõe a leitura de que a sociedade mundial contemporânea se encontre sob "Império". No livro de mesmo nome, escrito com Michael Hardt:

> Nossa hipótese básica é que a soberania tomou nova forma, composta de uma série de organismos nacionais e supranacionais, unidos por uma lógica ou regra única. Esta nova forma global de economia é o que chamamos de Império. (...) A transição para o Império surge do crepúsculo da soberania moderna. Em contraste com o imperialismo, o Império não estabelece um centro territorial de poder, nem se baseia em fronteiras ou barreiras fixas. É um aparelho de *descentralização* e *desterritorialização* do geral que incorpora gradualmente o mundo inteiro dentro de suas fronteiras abertas e em expansão. O Império administra entidades híbridas, hierarquias flexíveis e permutas plurais por meio de estruturas de comando reguladoras. As distintas cores nacionais do mapa imperialista do mundo se uniram e mesclaram, num arco-íris imperial global.[213]

A proposição de uma alteração na estrutura da sociabilidade mundial implica, no pensamento de Negri, uma mudança na estratégia de luta revolucionária. Declinando

---

[210] HOLLOWAY, John. *Mudar o mundo sem tomar o poder*. São Paulo, Viramundo, 2003, p. 37.

[211] "Tanto em 'Mudar o mundo sem tomar o poder' quanto em '*Crack Capitalism*', o ponto de partida é o mesmo, a negatividade. A marca central e inicial em 'Mudar o mundo sem tomar o poder' é dada pelo grito, que logo no primeiro capítulo vem mostrar a insatisfação, o desespero, a necessidade de se fazer algo diferente, buscar um novo mundo, uma nova forma de socialização." SANTOS, Edvaldo Araujo dos. *Cidadania, poder e direito em contradição*: a teoria de John Holloway. São Paulo, Novas Edições Acadêmicas, 2015, p. 27.

[212] "A abertura de fissuras é a abertura de um mundo que se apresenta como fechado. É a abertura de categorias que em sua superfície negam o poder do fazer humano, para descobrir em seu núcleo o fazer negado e encarcerado. (...) O método da fissura é o método da crise: queremos entender a parede não a partir de sua solidez, mas de suas fissuras; queremos entender o capitalismo não como dominação, mas a partir da perspectiva de sua crise, suas contradições, suas fraquezas, e queremos entender como nós mesmos somos estas contradições." HOLLOWAY, John. *Fissurar o capitalismo*. São Paulo, Publisher Brasil, 2013, pp. 12 e 13.

[213] HARDT, Michael; NEGRI, Antonio. *Império*. Rio de Janeiro, Record, 2001, p. 12.

a dimensão da classe trabalhadora e do proletariado, abrir-se-ia a imperiosidade da luta a partir da multidão. Trata-se de um movimento de deslocamento categorial em relação a sujeitos sociais como povo, massas e classe operária. Para Negri, povo ainda é considerado um conceito unitário; massas, um conceito de indiferença e indistinção; classe operária, tomada de modo estrito, que separa o trabalhador assalariado do proprietário, mas, também, de outros que trabalham. Sua categorização de multidão é de uma multiplicidade com diferenças, abrangendo a amplitude dos que produzem. Em sua definição: "Também a multidão pode ser encarada como uma rede: uma rede aberta e em expansão na qual todas as diferenças podem ser expressas livre e igualitariamente, uma rede que proporciona os meios da convergência para que possamos trabalhar e viver em comum".[214]

No projeto de Negri, a multidão, sob Império e furtando-se a ele, vive e aponta para uma ética de sociabilidade própria. Apostar na reprodução do comum da multidão é passar da revolta para uma institucionalização revolucionária.[215] Sua proposta de se afastar das formas sociais determinantes do capitalismo – forma-mercadoria, forma política estatal, forma de subjetividade jurídica – e de suas lutas correspondentes abre campo para um alternativismo de forte caráter voluntarista e politicista, que conclama um uso tensionado da juridicidade, que, negando-se, volta com algum grau de reinvestimento,[216] numa tentativa de imanência – para a qual Negri resgata, em sua obra filosófica, Espinosa[217] – da vida da multidão em torno do comum.

---

[214] HARDT, Michael; NEGRI, Antonio. *Multidão*: guerra e democracia na era do Império. Rio de Janeiro, Record, 2005, p. 12.

[215] "O projeto ético que desenvolvemos neste livro envereda pelo caminho da construção política da multidão com Império. A multidão é um conjunto de singularidades composto pela pobreza e o amor na reprodução do comum, mas é preciso mais para descrever as dinâmicas e dispositivos do devir-príncipe da multidão. Não vamos tirar do chapéu novos transcendentais ou novas definições da vontade de poder para impor à multidão. O devir-príncipe da multidão é um projeto que se escora inteiramente na imanência do processo decisório em seu interior. Teremos de descobrir a passagem da revolta para a instituição revolucionária que a multidão pode pôr em movimento." HARDT, Michael; NEGRI, Antonio. *Bem-estar comum*. Rio de Janeiro, Record, 2016, p. 13.

[216] "A tarefa de reconstrução das bases spinozanas e marxistas, para uma ontologia constituinte (uma ontologia do *comum*), se impõe na medida em que nos filiamos àqueles que advogam o *direito como potência*, e não como simples norma jurídica. (...) Pensar o direito com Negri, a partir de Marx e Spinoza, é pensá-lo como diretamente produzido pelo *ser* e no *ser*, pela afirmação de razão e desejo de quem vive." MENDES, Alexandre; CAVA, Bruno. *A constituição do comum*: antagonismo, produção de subjetividade e crise no capitalismo. Rio de Janeiro, Revan, 2017, pp. 210 e 211.

[217] "A inovação espinosana nada mais é que uma genealogia do comunismo. E é por isso que Bento continuará a ser maldito. (...) Para Espinosa, ao contrário, se não houvesse *conatus* democrático, não haveria mais Estado; sem democracia não há vida política nem autoridade; a monarquia está sempre nua, isto é, incapaz, ainda que o presuma, de soberania absoluta, contradita sobretudo pelos cidadãos; e a aristocracia é, em igual medida, mutilada. Apenas a imanência produz a cidade." NEGRI, Antonio. *Espinosa subversivo e outros escritos*. Belo Horizonte, Autêntica, 2016, pp. 131 e 165.

Nova crítica do valor

Tomando o novo marxismo em uma terceira vertente, enfatizando exatamente a dinâmica do valor, suas crises e suas contradições insuperáveis, estão pensadores cuja leitura se denomina por Nova crítica do valor, em especial Robert Kurz e Anselm Jappe. Em contexto próximo, ainda, pode-se situar também o pensamento de Moishe Postone e, de algum modo, Alfred Sohn-Rethel. Considerando-se o valor como central na reprodução social, a crise do capitalismo é elemento-chave de um processo de colapso da modernização, o que deve ensejar, então, necessárias alternativas de pós-capitalismo que rompam totalmente com o domínio da forma-mercadoria e de suas derivadas, a forma de subjetividade jurídica e a forma política estatal.

A vigorosa constatação de Robert Kurz, empreendida desde a década de 1980, a respeito da crise da economia mundial, aproximava a economia de tipo soviético e a do chamado terceiro mundo ao mesmo movimento do capitalismo central, apontando para o colapso de tal processo de modernização, fundado no valor e na exploração do trabalho. Tal crise não pode ser tratada como regional ou circunstancial, e, sim, estrutural. Embora seja enfrentada, tanto pelos teóricos de esquerda quanto pelas lutas sociais, com elementos de reorganização da própria produção, de resistência operária e de reposicionamento do Estado e do direito, para Kurz, a crise do colapso capitalista mundial só pode ser resolvida a partir da saída do mundo mercantil, estabelecendo-se uma radical crítica do valor: "a necessidade de *romper* também empiricamente o domínio, sem sujeito, do valor econômico abstrato, o que exige o rompimento dos aparatos que com certeza pretendem manter o valor *como valor*, mesmo que essa conservação absurda da forma básica causasse a ruína (como já está acontecendo) de milhões de seres humanos".[218]

Os instrumentais teóricos da Nova crítica do valor baseiam-se na leitura do Marx de maturidade, em especial em *O capital*.[219] Nessa perspectiva, valor e mercadoria forjam-se a partir de uma sociabilidade calcada no trabalho abstrato. Tal máquina de automovimento do dinheiro liberta-se do valor de uso e passa a se fundar numa dimensão fetichista, uma segunda natureza da mercadoria, para além da sua qualidade de uso. Dirá Kurz:

> O valor, na forma da mais-valia, que nunca antes constituíra uma relação de produção, não aparece aqui simplesmente como forma socialmente mediada dos valores de uso concretos; porém, ao contrário, passa a referir-se de forma tautológica *a si mesmo*: o

---

[218] KURZ, Robert. *O colapso da modernização*: da derrocada do socialismo de caserna à crise da economia mundial. São Paulo, Paz e Terra, 2004, p. 211.

[219] "Numa parte central – embora menor quanto ao número de páginas – de sua obra da maturidade, Marx esboçou os traços gerais de uma crítica das categorias de base da sociedade capitalista: o valor, o dinheiro, a mercadoria, o trabalho abstrato, o fetichismo da mercadoria. Uma tal crítica do núcleo central da modernidade é hoje mais atual que na época em que Marx a concebeu, uma vez que esse núcleo existia então apenas em estado embrionário. Para fazer ressaltar esse aspecto da crítica marxista – a 'crítica do valor' – não é necessário forçar os textos por meio de interpretações rebuscadas: basta lê-los com atenção, coisa que quase ninguém fez durante um século". JAPPE, Anselm. *As aventuras da mercadoria*: para uma nova crítica do valor. Lisboa, Antígona, 2006, p. 13.

fetichismo tornou-se autorreflexivo, estabelecendo assim o trabalho abstrato como máquina que traz em si sua própria finalidade. O processo de produção deixou de "extinguir-se" no valor de uso, apresentando-se como *automovimento do dinheiro*, como transformação de certa quantidade de trabalho morto e abstrato (mais-valia) e, com isso, como movimento de reprodução e autorreflexão tautológica do dinheiro, que somente nessa forma se torna capital, e, portanto, um fenômeno moderno. (...) Todo o processo vital social e individual é assim submetido à banalidade terrível do dinheiro e de seu autodesenvolvimento tautológico, cuja superfície apresenta-se, em diversas variações históricas, como a famosa economia de mercado moderna.[220]

Uma crítica radical do valor é também, para Kurz, uma crítica ao Esclarecimento e a todo o complexo teórico que funda o núcleo do homem branco como sujeito universal e os "valores ocidentais". A forma do direito se põe em tal berlinda, como corolário necessário da valorização do valor. Na medida em que a subjetividade jurídica é uma articulação da circulação mercantil, que segrega enquanto afirma direitos humanos, não é possível estabelecer a forma do direito como plataforma de luta.[221] Não há uma métrica idealista de direitos liberais que venham a ser reclamados em caso de sua negação. Exatamente a exclusão é o maquinário da mercadoria.[222]

A crítica do valor como elemento central da dinâmica capitalista não permite compreender um sujeito que, sendo produzido pela dinâmica do valor, seja aquele que venha a ensejar a transformação do próprio sistema econômico que lhe forma. Ao contrário de leituras tradicionais do marxismo, a Crítica do valor considera a classe trabalhadora como resultante do modo de produção capitalista. Por tal razão, a luta não é pela emancipação nem pela vitória da classe operária, mas, sim, pelo fim da classe trabalhadora como tal. Os mecanismos tradicionais de luta de classe, que manejam a redistribuição do valor, mantêm os fundamentos da própria reprodução social. A respeito, Anselm Jappe:

> O movimento operário era a expressão do fato de a difusão do valor, enquanto relação de produção, andar muito mais depressa que a difusão das formas jurídicas, políticas ou culturais baseadas no valor e que têm por horizonte a igualdade abstrata de todos

---

[220] Kurz, *O colapso da modernização*, op. cit., pp. 23 e 24.

[221] "As críticas ao direito de tipo classista deixam de ter potencial na medida em que ficam limitadas a um conjunto empírico de considerações interiores às formas fetichistas e são, de saída, incapazes de tocar o *cerne* do problema do direito nas sociedades produtoras de mercadorias." Nascimento, Joelton. *Ordem jurídica e forma valor*: investigação sobre os limites estruturais da regulação jurídica no capitalismo contemporâneo. Tese. Campinas, IFCH, Unicamp, 2013, p. 112.

[222] "O 'ser humano em geral' é o ser humano meramente abstrato; o ser humano desde que este possa ser sujeito do valor. É exclusivamente a isso que se remete o seu 'reconhecimento' enquanto ser humano, sendo que é apenas nesse sentido que lhe é facultado possuir 'direitos humanos' universais e ser um sujeito jurídico na esfera das estruturas estatais. (...) A capacidade jurídica, bem como, portanto, a capacidade jurídica atinente aos seres humanos, acha-se ligada, pois, à capacidade de valorização, de trabalho, de venda e de financiamento, numa palavra, à 'rentabilidade' da existência, a qual, do contrário, é declarada 'objetivamente' inválida." Kurz, Robert. *Razão sangrenta*: ensaios sobre a crítica emancipatória da modernidade capitalista e de seus valores ocidentais. São Paulo, Hedra, 2010, pp. 94 e 95.

os cidadãos do mesmo Estado. O movimento operário podia então reivindicar os ideais capitalistas (liberdade, igualdade) contra a realidade capitalista. A luta de classes foi a forma de movimento imanente ao capitalismo, a forma na qual se desenvolveu a respectiva base aceita por toda a gente: o valor. O valor fez com que os operários entrassem cada vez mais no capitalismo e no trabalho assalariado, em vez de os fazer sair dessas realidades; o valor transformou todos os sujeitos em "cidadãos livres", em participantes na concorrência universal, como forma geral e comum da vida social. No fundo, a quase totalidade das organizações políticas operárias nunca prosseguiu objetivos que não fossem imanentes ao modo de produção capitalista.[223]

Em chave própria, mas em leitura paralela à da Nova crítica do valor, Moishe Postone também infere a impossibilidade de uma luta de superação do capitalismo calcada na classe trabalhadora. Em sua reflexão, a centralidade do trabalho é um fenômeno específico da sociedade capitalista, não podendo ser utilizada como categoria trans-histórica.[224] Na base de sua crítica do capitalismo não está a reorganização do proletariado, e sim a extinção de categorias como trabalho abstrato, valor, mercadoria e capital.[225] Também para Postone a saída do capitalismo é a saída da sociedade da valorização do valor, localizando-se aí então o nó a ser posto à ruptura.

Tangentes do novo marxismo e pós-marxismos

No que se refere ao eixo de tangência do novo marxismo – que corre por autores com variadas conexões com relação às leituras tipicamente marxistas –, estão visões filosóficas embebidas, de início, pelos debates do estruturalismo e do pós-estruturalismo, remontando a pensadores como Gilles Deleuze e Pierre Bourdieu. Em especial a partir da década de 1980, com antigos discípulos diretos do próprio Althusser, como Alain Badiou, Étienne Balibar e Jacques Rancière, ou mesmo indiretos, como Ernesto Laclau, Chantal Mouffe, Fredric Jameson e Slavoj Žižek, a tangente do novo marxismo se ocupa da subjetividade, da ideologia e das alternativas de pós-capitalismo como seus eixos fundamentais de análise. Ao caso de Laclau e Mouffe, o rótulo de pós-marxista é mais frequentemente usado. Já Balibar e Žižek, mesmo tratando de muitos assuntos próximos àqueles dos pós-marxistas, em algumas outras questões podem ser lidos como autores

---

[223] JAPPE, *As aventuras da mercadoria*, op. cit., p. 102.

[224] "Minha leitura da teoria crítica de Marx concentra-se na concepção da centralidade do trabalho para a vida social, geralmente considerada a base de sua teoria. Eu argumento que o significado da categoria do trabalho é diferente do que geralmente tem sido aceito: ela é historicamente específica, mas não trans-histórica." POSTONE, Moishe. *Tempo, trabalho e dominação social*: uma reinterpretação da teoria crítica de Marx. São Paulo, Boitempo, 2014, p. 19.

[225] "A reinterpretação da teoria crítica de Marx apresentada aqui se baseia numa reconsideração das categorias fundamentais da sua crítica da economia política – como valor, trabalho abstrato, mercadoria e capital. (...) Elas são, por assim dizer, categorias de uma etnografia crítica da sociedade capitalista, elaboradas em seu interior – categorias que supostamente expressam as formas básicas de objetividade e subjetividade sociais que estruturam as dimensões sociais, econômicas, históricas e culturais da vida nessa sociedade, e são elas próprias constituídas por formas determinadas de prática social." Ibid., p. 33.

tipicamente marxistas. Daí proponho que o eixo de tangente do novo marxismo seja tomado não só pela identificação de pós-marxista, porque é maior que estes, mas por uma gama de temáticas insignes que une o debate de seus principais pensadores.[226]

Na tangente entre novo marxismo e leituras pós-estruturalistas, imbricando-se entre o althusserianismo e o foucaultianismo, erige-se a reflexão sobre a subjetividade como constituída por práticas e de produção do desejo, nos termos de Gilles Deleuze. A relação entre subjetividade e capitalismo é tomada como constituinte, no nível do inconsciente. Para Deleuze, a subjetividade pode ser considerada como máquina desejante, operando não no desejo como carência, mas sim como imanente à existência, produzido historicamente.[227] A subjetividade ganha, na filosofia contemporânea crítica, uma dimensão central, na medida em que é pelo sujeito, constituído estruturalmente, que passam as dinâmicas da produção e da reprodução social – como no caso do sujeito de direito, portador e dínamo das mercadorias –, mas, ao mesmo tempo, a subjetividade não é um plexo ideal de plena vontade e de liberdade. O sujeito, tanto motor quanto atravessado estruturalmente pelas determinações sociais, é erigido como sujeito tanto pela força que lhe é imposta quanto pela captura do desejo.[228]

A classificação de pós-marxismo é tipicamente aplicada a pensadores como Ernesto Laclau e Chantal Mouffe. Laclau desenvolve, desde a década de 1970, um pensamento

---

[226] Sobre os termos pós-marxismo, ex-marxismo e neomarxismo, Göran Therborn: "O termo pós-marxismo é empregado aqui em sentido amplo, em referência a escritores com formação explicitamente marxista, cujos trabalhos recentes foram além da problemática marxista e não reivindicam publicamente um engajamento marxista contínuo. Não equivale ao ex-marxismo nem é denúncia ou negação; desenvolvimento e novos desejos podem até se divorciar, mas apenas amigavelmente. As fronteiras entre o pós-marxismo e o neomarxismo se embaralharam nos últimos tempos e alguns autores importantes – por exemplo, Étienne Balibar – podem ser incluídos tanto em um quanto em outro. Nenhuma avaliação crítica é aplicada aqui ao grupo; no entanto, o termo 'neomarxista' será empregado apenas a projetos teóricos que tenham como ponto de partida significativo o marxismo clássico e mantenham com ele um engajamento explícito. Laclau e Mouffe aceitam o rótulo pós-marxista e referem-se 'à reapropriação de uma tradição intelectual, bem como ao processo de ir além dela'." THERBORN, Göran. *Do marxismo ao pós-marxismo?* São Paulo, Boitempo, 2012, p. 137.

[227] "Na verdade, *a produção social é unicamente a própria produção desejante em condições determinadas*. Dizemos que o campo social é imediatamente percorrido pelo desejo, que é o seu produto historicamente determinado, e que a libido não tem necessidade de mediação ou sublimação alguma, para investir as forças produtivas e as relações de produção. *Há tão somente o desejo e o social, e nada mais.* Mesmo as mais repressivas e mortíferas formas da reprodução social são produzidas pelo desejo, na organização que dele deriva sob tal ou qual condição que devemos analisar." DELEUZE, Gilles; GUATTARI, Felix. *O anti-Édipo:* capitalismo e esquizofrenia 1. São Paulo, Ed. 34, 2011, p. 46.

[228] "Havia algo mais no projeto de Deleuze e Guattari e que faz de 'Capitalismo e esquizofrenia' uma experiência intelectual única, pois deixa claro um dos pressupostos maiores do projeto Capitalismo e esquizofrenia, a saber, a ideia de que uma teoria do desejo é, necessariamente, uma teoria dos modos sociais de produção e que, por consequência, uma teoria da transformação dos modos sociais de produção só pode ser uma teoria da transformação do desejo." BALCONI, Lucas Ruíz. *Direito e política em Deluze.* São Paulo, Ideias & Letras, 2018, p. 73.

com várias inflexões. Destaca-se, em suas obras iniciais, a articulação entre ideologia e política para questões como a do nacionalismo. A partir da leitura althusseriana sobre determinação e sobredeterminação, Laclau percebe que o populismo nacionalista não é um produto direto e único de uma classe, mas se articula como substrato ideológico de variadas classes, o que permitiria, então, uma estratégia transformadora a partir de algumas lutas nacionais.[229]

Já numa segunda fase, na década de 1980, Laclau e Mouffe investem na construção de um campo teórico que avança para além do marxismo, baseado na discursividade, distanciando-se da questão de fundação da política na luta de classes. Tratando da hegemonia, consideram-na não diretamente um produto de classe, mas entremeado de múltiplas posições – nacionalidade, grupo, raça, sexo etc. Reivindicando-se pós-marxistas, rompem com uma noção de totalidade e direcionam sua reflexão para uma estratégia socialista chamada de democracia radical.[230] Numa fase posterior, na virada do século XX para o século XXI, Laclau investigará novamente a ideologia como elemento de um populismo progressista, apontando para o fato de que a posição dos sujeitos não é somente econômica, mas permeada pela heterogeneidade constituinte desses mesmos sujeitos, o que abriria margem a uma ação política mais ampla que aquela somente de classe.[231]

Em uma esteira teórica própria, Alain Badiou constrói uma leitura filosófica do sujeito a partir de um conjunto próprio de aparatos conceituais, muitos deles hauridos de sua leitura da matemática. No cerne dessa interação entre matemática e filosofia está

---

[229] "O 'populismo' surge em um campo ideológico específico: o que é constituído pela dupla articulação do discurso político. A tensão dialética entre o povo e as classes determina a *forma* da ideologia, tanto dos setores dominantes como dos setores dominados. (...) O 'populismo', como inflexão particular das interpelações populares, nunca pode constituir o princípio articulatório de um discurso político – mesmo que se constitua em um traço do mesmo. É precisamente esse caráter abstrato do 'populismo' o que permite sua presença na ideologia das classes mais diversas." LACLAU, Ernesto. *Política e ideologia na teoria marxista*: capitalismo, fascismo e populismo. Rio de Janeiro, Paz e Terra, 1978, p. 200.

[230] "Somente renunciando a qualquer prerrogativa epistemológica baseada na posição ontologicamente privilegiada de uma 'classe universal', será possível discutir seriamente o grau de validade atual das categorias marxistas. Neste ponto, devemos afirmar claramente que nos situamos agora num terreno pós-marxista. (...) Só quando o caráter aberto, não suturado do social é totalmente aceito, quando o essencialismo da totalidade e dos elementos é rejeitado, é que este potencial torna-se claramente visível e a 'hegemonia' pode vir a constituir-se numa ferramenta fundamental de análise política de esquerda. Essas condições surgem originalmente no campo do que denominamos a 'revolução democrática', mas só são maximizados em todos os seus efeitos desconstrutivos no projeto de uma democracia radical." LACLAU, Ernesto; MOUFFE, Chantal. *Hegemonia e estratégia socialista*: por uma política democrática radical. São Paulo, Intermeios, 2015, pp. 54, 55, 283 e 284.

[231] "Não existem sujeitos puros de troca; eles estão sempre sobredeterminados pelas lógicas de equivalência. Isso significa que os sujeitos políticos, de uma maneira ou de outra, sempre são sujeitos populares. E sob as condições do capitalismo globalizado, o espaço dessa sobredeterminação se expande claramente." LACLAU, Ernesto. *A razão populista*. São Paulo, Três Estrelas, 2013, p. 329.

a relação entre ser e evento. O ser se revela como múltiplo de múltiplos, na medida em que a existência, no nível ontológico, se faz por meio de um conjunto. Nesse todo do ser, o vazio é também seu elemento constitutivo. O evento é da ordem ontológica, mas não como um ser alheio ao existente, e sim como o vazio dessa mesma condição situacional. Por essa razão, entre ser e evento opera necessariamente a inconsistência, o antagonismo, a contradição, o conflito. No evento, no vazio da contradição que atravessa o ser, está a verdade para Badiou.[232] Marx, no evento de descobrir a ciência da forma-mercadoria no capitalismo, aponta para sua exploração de classes subjacente. O saber sobre o ser encontra-se em plano distinto daquele da verdade, que lhe é externa e advinda do evento – guerras, revoluções, deslocamentos conceituais.

Daí se levanta, então, uma teoria do sujeito. Badiou afasta as tradicionais concepções que operam a identidade entre sujeito e ser.[233] Sua filosofia não compreende o sujeito como entidade ontológica de pronto nem como percebido por meio de uma metafísica ideal. Em Badiou, o sujeito é o resultante da dialética entre ser e evento. Não se trata de pensar o sujeito como um ser que, posteriormente à própria existência, atravessar-se-ia pelo evento. O sujeito é resultante do evento, uma derivação do acontecimento. Determinado pelo evento, o sujeito é, de algum modo, resultante da fidelidade ao acontecimento que o erige. Nesse sentido, pode-se entender que a ver-

---

[232] "A estrutura das situações não aporta, em si, nenhuma verdade. Por consequência, nada normativo pode ser extraído do exame realista e simples do devir das coisas. Em particular, a vitória da economia de mercado sobre as economias planificadas e a progressão do parlamentarismo (que de fato é bem menor e, como de costume, atingida por meios violentos e artificiais), não constitui argumentos em favor de um ou outro. A verdade é constituída apenas pela ruptura com a ordem que a suporta, nunca como um efeito desta ordem. Eu nomeei esse tipo de ruptura que se desdobra em verdades como 'o evento'. A filosofia autêntica não começa em fatos estruturais (culturais, linguísticos, constitucionais etc.), mas unicamente no que acontece e no que permanece na forma de uma emergência estritamente incalculável." BADIOU, Alain. "Ser, evento, sujeito: o sistema de Alain Badiou". Disponível em: Lavrapalavra. https://lavrapalavra.com/2017/11/20/ser-evento-sujeito-o-sistema-de-alain-badiou/.

[233] "Para Badiou o sujeito não pode ser compreendido pelo *cogito ergo sum* cartesiano. O sujeito não é uma substância, um *ser*, uma alma, uma coisa pensante, ele depende de um processo que começa, se desenvolve e termina. O sujeito não corresponde imediatamente ao indivíduo humano, não é a consciência, a fonte da significação e do sentido e tampouco é o resultado necessário de uma tal ordem social. O sujeito sequer é necessário. Na verdade, ele é a consequência da existência da verdade e da dialética entre *ser e o evento*. O sujeito é aquele que intervém na situação através da *fidelidade* que exerce em função do Evento-Verdade que ocorreu, ele surge após o evento. O sujeito é, portanto, uma consequência do acontecimento e não sua causa. O que o define é sua fidelidade, persistindo em identificar e discernir os traços do evento na situação. (...) Longe de negar o trabalho realizado pelo estruturalismo, através da categoria de Evento, Badiou pode oferecer uma concepção de sujeito onde a agência política militante e a estrutura ontológica natural e histórica podem, eventualmente, estabelecer uma transformação das coisas." FABRE, Daniel S. Mayor. "Evento e verdade: apontamentos sobre o sujeito em Alain Badiou". Disponível em: Lavrapalavra. https://lavrapalavra.com/2017/12/01/evento-e-verdade-apontamentos-sobre-o-sujeito-em-alain-badiou.

dade da exploração da classe trabalhadora é o evento definidor do sujeito que enseja a hipótese comunista.[234]

Atrelado à questão da subjetividade, também o problema da ideologia se apresenta como fundamental ao novo marxismo. Slavoj Žižek propõe uma leitura da ideologia a partir de sua materialidade, de tal sorte que – prosseguindo de algum modo com a crítica de Althusser – não se venha a tratar a ideologia como negativo do real nem como fantasia a ser vencida pela verdade. Em Žižek se reafirma a impossibilidade de um pretenso tratamento moral de denúncia da ideologia, que a desvendaria a partir de uma chegada ao real, então desalienante: "'Estupidez' e 'manipulação ideológica' não são respostas; ou seja, é claro que não basta dizer que as classes inferiores primitivas sofrem lavagem cerebral do aparelho ideológico e tornam-se incapazes de identificar seus verdadeiros interesses".[235] Contra a pretensão de chegada ao real como desalienante, o próprio real é ideológico, porque, acima de uma oposição entre real e fictício ou errôneo, impera uma total identidade ideológica que esvazia o material de verdade.[236] O espectro do real é também o deserto do real.

No pensamento de Žižek, a ideologia é a constituinte da realidade de tal modo que se torna mesmo impossível apontar para uma luta a partir de espaços distintos daqueles da realidade capitalista. Estando no seio da sociabilidade, a luta é contra as próprias formas constituintes da subjetividade, da produção e da reprodução social. Com isso, para Žižek, há um reposicionamento da ideia de luta de classes. Não se trata de apostar em uma luta entre indivíduos, classes e organismos como se fossem naturalmente opostos e, em um dos polos, estivesse o distinto do outro. No antagonismo social, classes foram ensejadas todas por uma mesma sociabilidade, a do capital, sem que haja a possibilidade de fundar

---

[234] "O que é importante aqui é notar que um evento não é a realização de uma possibilidade interna à situação ou dependente das leis transcendentais do mundo. Um evento é a criação de novas possibilidades. Situa-se não simplesmente no nível das possibilidades objetivas, mas no nível da possibilidade dos possíveis. (...) Uma verdade é o real político. A História, inclusive como reservatório de nomes próprios, é um lugar simbólico. A operação ideológica da Ideia do comunismo é a projeção imaginária do real político na ficção simbólica da História, inclusive na forma de uma representação da ação das massas incontáveis pelo Um de um nome próprio. A função dessa Ideia é sustentar a incorporação individual na disciplina de um processo de verdade, autorizar o indivíduo, a seus próprios olhos, a exceder as imposições estatais da sobrevida, tornando-se uma parte do corpo de verdade ou corpo subjetivável." BADIOU, Alain. *A hipótese comunista*. São Paulo, Boitempo, 2012, pp. 138 e 143.

[235] ŽIŽEK, Slavoj. *A visão em paralaxe*. São Paulo, Boitempo, 2008, p. 469.

[236] Em linha próxima a tal visão de Žižek, Mark Fisher chamará ao momento presente, da identidade ideológica capitalista com o real, de "realismo capitalista": "Uma crítica moral ao capitalismo, enfatizando as maneiras pelas quais ele gera miséria e dor, apenas reforça o realismo capitalista. Pobreza, fome e guerra podem ser apresentadas como aspectos incontornáveis da realidade, ao passo que a esperança de um dia eliminar tais formas de sofrimento pode ser facilmente representada como mero utopismo ingênuo. O realismo capitalista só pode ser ameaçado se for de alguma forma exposto como inconsistente ou insustentável, ou seja, mostrando que o ostensivo 'realismo' do 'capitalismo' na verdade não tem nada de realista". FISHER, Mark. *Realismo capitalista*: é mais fácil imaginar o fim do mundo do que o fim do capitalismo? São Paulo, Autonomia Literária, 2020, p. 33.

o polo da classe explorada radicalmente independentemente da exploradora.[237] Daí, em Žižek, a luta há de investir no pleno antagonismo contra a própria forma determinante da sociabilidade geral, a mercadoria.

> Não há necessidade de bancar o asceta gnóstico e se retirar da realidade decaída para o espaço isolado da Verdade: embora heterogênea em relação à realidade, a Verdade pode aparecer em qualquer lugar dentro dela. Isso significa que a luta de classes não pode ser reduzida a um conflito entre agentes específicos dentro da realidade social: ela não é uma diferença entre agentes (que pode ser descrita por meio de uma análise social detalhada), mas um antagonismo ("luta") que constitui esses agentes. O objetivismo "marxista", portanto, deveria ser rompido duas vezes: em relação ao *a priori* objetivo-subjetivo da forma mercadoria e em relação ao antagonismo transobjetivo da luta de classes. A verdadeira tarefa é pensar as duas dimensões juntas: a lógica transcendental da mercadoria como modo de funcionamento da totalidade social e a luta de classes como antagonismo que atravessa a realidade social, como seu ponto de subjetivação.[238]

Em Žižek, considerando-se a ideologia constituinte do todo, demanda uma luta que não se finque nos termos de sua própria constituição: "O primeiro dever de um intelectual progressista (se é que esse termo tem ainda hoje algum significado) não é lutar as lutas de seu inimigo por ele".[239] Sendo necessário lutar contra a mercadoria e suas formas sociais derivadas, isto representa não reforçar transversalmente o direito tampouco utilizá-lo de modo melhor que aquele feito pela burguesia e pelos dominantes de hoje, mas ultrapassar o capitalismo e o direito.

---

[237] "Žižek afirmará o fato das demandas de esquerda de pleno emprego, direitos aos imigrantes e um Estado assistencialista funcionarem como um pedido vazio perante um já existente, independente e funcional sistema econômico global. (...) O que mais interessa no pensamento de Žižek (...) é a sua constatação teórica de que a destrutividade do capitalismo instila o seu motor interno de sobrevivência, e a tensão entre forças produtivas e relações de produção não levaria ao comunismo, pois o antagonismo presente é a condição da própria existência do capitalismo." GRILLO, Marcelo Gomes Franco. *O direito na filosofia de Slavoj Žižek: perspectivas para o pensamento jurídico crítico*. São Paulo, Alfa-Ômega, 2013, pp. 111 e 113.

[238] ŽIŽEK, Slavoj. *Vivendo no fim dos tempos*. São Paulo, Boitempo, 2012, p. 161.

[239] ŽIŽEK, Slavoj. *Bem-vindo ao deserto do real!* São Paulo, Boitempo, 2003, p. 72.

BIBLIOGRAFIA

ADEODATO, João Maurício. *Ética e retórica*: para uma teoria da dogmática jurídica. São Paulo, Saraiva, 2002.

ADORNO, Theodor W. *Dialética negativa*. Rio de Janeiro, Zahar, 2009.

ADORNO, Theodor W; HORKHEIMER, Max. *Dialética do esclarecimento*. Rio de Janeiro, Zahar, 1985.

ALBORNOZ, Suzana. *Ética e utopia*: ensaio sobre Ernst Bloch. Porto Alegre, Movimento e Edunisc, 2006.

ALBORNOZ, Suzana. *O enigma da esperança*. Petrópolis, Vozes, 1998.

ALLEN, Michael J. B. "O Dia do Nascimento de Vênus". In DOUGHERTY, M. V. (org.). *Pico Della Mirandola*. São Paulo, Madras, 2011.

ALMEIDA, Silvio Luiz. *O direito no jovem Lukács*: a filosofia do direito em História e consciência de classe. São Paulo, Alfa-Ômega, 2006.

ALTHUSIUS, Johannes. *Política*. Rio de Janeiro, Topbooks, s/d.

ALTHUSSER, Louis. Advertência aos leitores do Livro I d'O capital. In: MARX, Karl. *O capital*. Livro I. São Paulo, Boitempo, 2013.

ALTHUSSER, Louis. De "O capital" à Filosofia de Marx. *Ler o Capital*. Rio de Janeiro, Zahar, 1979, v. 1.

ALTHUSSER, Louis. O Objeto de O Capital. *Ler o Capital*. Rio de Janeiro, Zahar, 1980. v. 2.

ALTHUSSER, Louis. *Aparelhos ideológicos de Estado*. Rio de Janeiro, Graal, 1985.

ALTHUSSER, Louis. *Freud e Lacan*. Marx e Freud. Rio de Janeiro, Graal, 1985.

ALTHUSSER, Louis. *Por Marx*. Campinas, Ed. Unicamp, 2015.

ALTHUSSER, Louis. Resposta a John Lewis. *Posições 1*. Rio de Janeiro, Graal, 1978.

ALTHUSSER, Louis. Sobre a relação de Marx com Hegel. *Hegel e o pensamento moderno*. Porto, Rés, 1979.

ANAXIMANDRO. Frase. In: PEREIRA, Aloysio Ferraz. *Textos de filosofia geral e de filosofia do direito*. São Paulo, Revista dos Tribunais, 1980.

ANDERSON, Perry. *Afinidades seletivas*. São Paulo, Boitempo, 2002.

ANDERSON, Perry. *Considerações sobre o marxismo ocidental; Nas trilhas do materialismo histórico*. São Paulo, Boitempo, 2004.

ANDERSON, Perry. *Linhagens do Estado absolutista*. São Paulo, Brasiliense, 2004.

ARAGÃO, Lucia. *Habermas*: filósofo e sociólogo do nosso tempo. Rio de Janeiro, Tempo Brasileiro, 2002.

ARANTES, Paulo Eduardo. *Ressentimento da dialética*. Rio de Janeiro, Paz e Terra, 1996.

ARAÚJO, Wandyck Nóbrega de. *Fundamentos aristotélicos do direito natural*. Porto Alegre, Sergio Fabris, 1988.

ARISTÓTELES. *A política*. São Paulo, Martins Fontes, 2000.

ARISTÓTELES. *Ética a Nicômacos*. Brasília, Ed. UnB, 1999.

ATIENZA, Manuel; MANERO, Juan Ruiz. *Marxismo y filosofía del derecho*. México, Fontamara, 1998.

AUBENQUE, Pierre. *A prudência em Aristóteles*. São Paulo, Discurso Editorial, 2003.

BADIOU, Alain. "Ser, evento, sujeito: o sistema de Alain Badiou". Disponível em: Lavrapalavra. https://lavrapalavra.com/2017/11/20/ser-evento-sujeito-o-sistema-de-alain-badiou.

BADIOU, Alain. *A hipótese comunista*. São Paulo, Boitempo, 2012.

BALCONI, Lucas Ruíz. *Direito e política em Deleuze*. São Paulo, Ideias & Letras, 2018.

BALIBAR, Étienne. *Cinco estudos do materialismo histórico*. Vol. I. Lisboa, Presença, 1975.

BARRETTO, Vicente de Paulo. "Tolerância". *Dicionário de filosofia do direito*. São Leopoldo e Rio de Janeiro, Ed. Unisinos e Renovar, 2006.

BARTH, Karl. *Carta aos romanos*. São Paulo, Novo Século, 2002.

BARZOTTO, Luis Fernando. *O positivismo jurídico contemporâneo*: uma introdução a Kelsen, Ross e Hart. São Leopoldo, Unisinos, 2004.

BEAUFRET, Jean. *Introdução às filosofias da existência*. São Paulo, Duas Cidades, 1976.

BENEVIDES, Maria Victoria de Mesquita. *A cidadania ativa*. São Paulo, Ática, 1998.

BENOIT, Hector. *Sócrates*: o nascimento da razão negativa. São Paulo, Moderna, 1996.

BERCOVICI, Gilberto. *Constituição e Estado de exceção permanente*. Rio de Janeiro, Azougue, 2004.

BERCOVICI, Gilberto. *Soberania e Constituição*: para uma crítica do constitucionalismo. São Paulo, Quartier Latin, 2008.

BETTELHEIM, Charles. *A luta de classes na União Soviética*. Rio de Janeiro, Paz e Terra, 1979.

BIANCHI, Álvaro. Uma teoria marxista do político? O debate Bobbio *trent'anni doppo*. Lua Nova, nº 70, São Paulo, Cedec, 2007.

BICCA, Luiz. *Racionalidade moderna e subjetividade*. São Paulo, Loyola, 1997.

BIRD, Otto. *Como ler um artigo da Suma*. Campinas, IFCH/Unicamp, 2005.

BITTAR, Eduardo C. B. *Curso de filosofia aristotélica*: leitura e interpretação do pensamento aristotélico. Barueri, Manole, 2003.

BITTAR, Eduardo C. B. *O direito na pós-modernidade e reflexões frankfurtianas*. Rio de Janeiro, Forense Universitária, 2009.

BITTAR, Eduardo C. B.; ALMEIDA, Guilherme Assis de. *Curso de filosofia do direito*. São Paulo, Atlas, 2009.

BLOCH, Ernst. *Naturrecht und menschliche Wurde*. Frankfurt, Suhrkamp Verlag, 1985.

BLOCH, Ernst. *O princípio esperança*. Rio de Janeiro, Contraponto e UERJ, 2005. v. 1.

BLOCH, Ernst. *Thomas Münzer, teólogo da Revolução*. Rio de Janeiro, Tempo Brasileiro, 1973.

BOBBIO, Norberto. *Ensaios sobre Gramsci e o conceito de sociedade civil*. São Paulo, Paz e Terra, 1999.

BOBBIO, Norberto. *Estudos sobre Hegel. Direito, sociedade civil, Estado.* São Paulo, Ed. Unesp e Brasiliense, 1995.

BOBBIO, Norberto. Existe uma doutrina marxista do Estado? *O Marxismo e o Estado.* Rio de Janeiro, Forense Universitária, 1979.

BOBBIO, Norberto. *Locke e o direito natural.* Brasília, Ed. UnB, 1997.

BOBBIO, Norberto; Bovero, Michelangelo. *Sociedade e estado na filosofia política moderna.* São Paulo, Brasiliense, 1991.

BODÉÜS, Richard. Os fundamentos naturais do direito e a filosofia aristotélica. In: ZINGANO, Marco (Org.). *Sobre a ética nicomaqueia de Aristóteles*: textos selecionados. São Paulo, Odysseus, 2010.

BONAVIDES, Paulo. *Teoria do Estado.* São Paulo, Malheiros, 2008.

BOURDIEU, Pierre. *A ontologia política de Martin Heidegger.* Campinas, Papirus, 1989.

BOURGEOIS, Bernard. *Hegel. Os atos do espírito.* São Leopoldo, Unisinos, 2004.

BOURGEOIS, Bernard. *O pensamento político de Hegel.* São Leopoldo, Unisinos, s/d.

BOYER, Robert. *A teoria da regulação*: uma análise crítica. São Paulo, Nobel, 1990.

BRANDÃO, Gildo Marçal. Hegel: o estado como realização histórica da liberdade. *Os clássicos da política.* São Paulo, Ática, 1995. v. 2.

BRUNHOFF, Suzanne de. *Estado e capital*: uma análise da política econômica. Rio de Janeiro, Forense Universitária, 1985.

CABRAL, Alexandre Marques. *Heidegger e a destruição da ética.* Rio de Janeiro, Ed. UFRJ e Mauad, 2009.

CALDAS, Camilo Onoda. *A teoria da derivação do Estado e do direito.* São Paulo, Outras expressões, 2015.

CALDAS, Camilo Onoda. *Perspectivas para o direito e a cidadania*: o pensamento jurídico de Cerroni e o marxismo. São Paulo, Alfa-Ômega, 2006.

CALVINO, João. Poder civil. In: DE BONI, Luis Alberto (Org.). *Escritos seletos de Martinho Lutero, Tomás Müntzer e João Calvino.* Petrópolis, Vozes, 2000.

CARNEIRO LEÃO, Emmanuel. Heidegger e a modernidade. A correlação de sujeito e objeto. *Tempo Brasileiro*, nº 50, Rio de Janeiro, Tempo Brasileiro, 1977.

CARNEIRO LEÃO, Emmanuel. Introdução. *Os pensadores originários*: Anaximandro, Parmênides, Heráclito. Bragança Paulista, São Francisco, 2005.

CARNOY, Martin. *Estado e teoria política.* Campinas, Papirus, 1990.

CASSIRER, Ernst. *A filosofia do iluminismo.* Campinas, Ed. Unicamp, 1997.

CASSIRER, Ernst. *A questão Jean-Jacques Rousseau.* São Paulo, Ed. Unesp, 1999.

CASSIRER, Ernst. *Indivíduo e cosmos na filosofia do Renascimento.* São Paulo, Martins Fontes, 2001.

CAVALCANTI FILHO, Teophilo. Papel desempenhado por "Fundamentos do Direito" na filosofia jurídica nacional. In: REALE, Miguel. *Fundamentos do direito.* São Paulo, Revista dos Tribunais, 1998.

CERRONI, Umberto. Existe uma ciência política marxista? *O Marxismo e o Estado.* Rio de Janeiro, Forense Universitária, 1979.

CERRONI, Umberto. *Teoria política e socialismo.* Mira-Sintra, Europa-América, 1976.

CHASIN, J. *Marx*: estatuto ontológico e resolução metodológica. São Paulo, Boitempo, 2009.

CHAUI, Marilena. *Introdução à história da filosofia*. São Paulo, Companhia das Letras, 2005. v. 1.

CHAUI, Marilena. *Política em Espinosa*. São Paulo, Companhia das Letras, 2003.

CÍCERO, Marco Túlio. *Da República*. Bauru, Edipro, 1995.

CÍCERO, Marco Túlio. *Dos deveres*. São Paulo, Martins Fontes, 1999.

CÍCERO, Marco Túlio. *Tratado das leis*. Caxias do Sul, Educs, 2004.

COELHO, Fábio Ulhoa. *Para entender Kelsen*. São Paulo, Saraiva, 2009.

COGGIOLA, Osvaldo. *Engels*: o segundo violino. São Paulo, Xamã, 1995.

COLLETTI, Lucio. "*O Estado e a Revolução*" *de Lenin*. Campinas, IFCH/Unicamp, 2004.

COMPARATO, Fábio Konder. *Ética*: direito, moral e religião no mundo moderno. São Paulo, Companhia das Letras, 2006.

COUTINHO, Carlos Nelson. *Gramsci*: um estudo sobre seu pensamento político. Rio de Janeiro, Civilização Brasileira, 1999.

CZERNA, Renato Cirell. *O pensamento filosófico e jurídico de Miguel Reale*. São Paulo, Saraiva, 1999.

DASTUR, Françoise. *Heidegger e a questão do tempo*. Lisboa, Instituto Piaget, 1997.

DAVID, René. *Os grandes sistemas do direito contemporâneo*. São Paulo, Martins Fontes, 1996.

DAVOGLIO, Pedro. *Althusser e o direito*. São Paulo, Ideias & Letras, 2018.

DE BONI, Luis Alberto. *De Abelardo a Lutero*: estudos sobre filosofia prática na Idade Média. Porto Alegre, EDIPUCRS, 2003.

DELEUZE, Gilles. *A filosofia crítica de Kant*. Lisboa, Edições 70, 1994.

DELEUZE, Gilles; GUATTARI, Felix. *O anti-Édipo*: capitalismo e esquizofrenia 1. São Paulo, Ed. 34, 2011.

DELLA VOLPE, Galvano. *A lógica como ciência histórica*. Lisboa, Edições 70, 1984.

DELLA VOLPE, Galvano.. *Rousseau e Marx*: a liberdade igualitária. Lisboa, Edições 70, 1982.

DESCARTES, René. *Discurso sobre o método*. São Paulo, Edipro, 1996.

DEVULSKY TISESCU, Alessandra. *Edelman*: althusserianismo, direito e política. São Paulo, Alfa-Ômega, 2011.

DIAS, Edmundo Fernandes. *O eterno fascínio do florentino*: para uma leitura de Maquiavel. Campinas, IFCH/Unicamp, 1999.

DIDEROT. *Obras I. Filosofia e política*. São Paulo, Perspectiva, 2000.

DIMOULIS, Dimitri. *Positivismo jurídico*: introdução a uma teoria do direito e defesa do pragmatismo jurídico-político. São Paulo, Método, 2006.

DYMETMAN, Annie. *Uma arquitetura da indiferença*: a República de Weimar. São Paulo, Perspectiva, 2002.

ELBE, Ingo. *Marx im Westen*: die neue Marx-Lektüre in der Bundesrepublik seit 1965. Berlin, Akademie Verlag, 2010.

ENCARNAÇÃO, João Bosco da. *Que é isto, o direito?* Lorena, Stiliano, 1998.

ENGELS, Friedrich; KAUTSKY, Karl. *O socialismo jurídico*. São Paulo, Ensaio, 1995.

EPICURO. *Carta sobre a felicidade (A Meneceu)*. São Paulo, Ed. Unesp, 1997.

EPICURO. *Máximas fundamentais*. Campinas, IFCH/Unicamp, 2006.

ERASMO DE ROTTERDAM. *Elogio da loucura*. São Paulo: Hedra, 2013.

ESPINOSA, Baruch de. *Tratado teológico-político*. São Paulo, Martins Fontes, 2003.

EWALD, François. *Foucault, a norma e o direito*. Lisboa, Vega, 1993.

FABRE, Daniel S. Mayor. Evento e verdade: apontamentos sobre o sujeito em Alain Badiou. Disponível em: Lavrapalavra. https://lavrapalavra.com/2017/12/01/evento-e-verdade-apontamentos-sobre-o-sujeito-em-alain-badiou.

FERRAZ JR., Tercio Sampaio. *Estudos de filosofia do direito*. São Paulo, Atlas, 2002.

FERRAZ JR., Tercio Sampaio. *Introdução ao estudo do direito*. São Paulo, Atlas, 2001.

FERREIRA, Adriano de Assis. *Questão de classes*: direito, Estado e capitalismo em Menger, Stutchka e Pachukanis. São Paulo, Alfa-Ômega, 2009.

FERREIRA, Bernardo. *O risco do político*: crítica ao liberalismo e teoria política no pensamento de Carl Schmitt. Belo Horizonte e Rio de Janeiro, Ed. UFMG e IUPERJ, 2004.

FIGAL, Günter. *Martin Heidegger*: fenomenologia da liberdade. Rio de Janeiro, Forense Universitária, 2005.

FISHER, Mark. *Realismo capitalista*: é mais fácil imaginar o fim do mundo do que o fim do capitalismo? São Paulo, Autonomia Literária, 2020.

FONSECA, Márcio Alves da. *Michel Foucault e a constituição do sujeito*. São Paulo, Educ, 2003.

FONSECA, Márcio Alves da. *Michel Foucault e o direito*. São Paulo, Max Limonad, 2002.

FONSECA, Ricardo Marcelo. O poder entre o direito e a "norma": Foucault e Deleuze na Teoria do Estado. *Repensando a Teoria do Estado*. Belo Horizonte, Fórum, 2004.

FORTES, Luiz Roberto Salinas. *Rousseau*: o bom selvagem. São Paulo, Humanitas e Discurso Editorial, 2007.

FOUCAULT, Michel. *A verdade e as formas jurídicas*. Rio de Janeiro, NAU, 2005.

FOUCAULT, Michel. *Microfísica do poder*. Rio de Janeiro, Graal, 1996.

FOUCAULT, Michel. *Vigiar e punir*. Petrópolis, Vozes, 1999.

FRATESCHI, Yara. *A física da política*: Hobbes contra Aristóteles. Campinas, Ed. Unicamp, 2008.

FREITAG, Barbara. Jurgen Habermas fala a Tempo Brasileiro. *Tempo Brasileiro*, nº 98, Rio de Janeiro, Tempo Brasileiro, 1989.

FREUD, Sigmund. *Compêndio de Psicanálise e outros escritos inacabados*. Belo Horizonte, Autêntica, 2020.

FROMM, Erich. *A descoberta do inconsciente social*. São Paulo, Manole, 1992.

FURTER, Pierre. Utopia e marxismo segundo Ernst Bloch. *Tempo Brasileiro*, nº 7, Rio de Janeiro, Tempo Brasileiro, 1965.

GADAMER, Hans-Georg. *A ideia do bem entre Platão e Aristóteles*. São Paulo, Martins Fontes, 2009.

GADAMER, Hans-Georg. *A razão na época da ciência*. Rio de Janeiro, Tempo Brasileiro, 1983.

GADAMER, Hans-Georg. *O problema da consciência histórica*. Rio de Janeiro, Ed. FGV, 1998.

GADAMER, Hans-Georg. *Verdade e método*: traços fundamentais de uma hermenêutica filosófica. Petrópolis, Vozes, 2014. v. 1.

GARAUDY, Roger. *Deus é necessário?* Rio de Janeiro, Zahar, 1995.

GHETTI, Pablo Sanges. *Direito e democracia sob os espectros de Schmitt*: contribuição à crítica da filosofia do direito de Jürgen Habermas. Rio de Janeiro, Lumen Juris, 2006.

GHIGGI, Gumercindo; OLIVEIRA, Avelino da Rosa. *O conceito de disciplina em John Locke*: o liberalismo e os pressupostos da educação burguesa. Porto Alegre, EDPUCRS, 1995.

GHISALBERTI, Alessandro. *Guilherme de Ockham*. Porto Alegre, EDIPUCRS, 1997.

GILLOT, Pascale. *Althusser e a psicanálise*. São Paulo, Ideias & Letras, 2018.

GILSON, Etienne. *A filosofia na Idade Média*. São Paulo, Martins Fontes, 1998.

GMEINER, Conceição Neves. *A morada do ser*: uma abordagem filosófica da linguagem na leitura de Martin Heidegger. São Paulo, Loyola, 1998.

GOLDSCHMIDT, Victor. *Os diálogos de Platão. Estrutura e método dialético*. São Paulo, Loyola, 2002.

GOMES, Oziel. *Lenin e a Revolução Russa*. São Paulo, Expressão Popular, 2009.

GOYARD-FABRE, Simone. *Os princípios filosóficos do direito político moderno*. São Paulo, Martins Fontes, 1999.

GRAMSCI, Antonio. *Cadernos do cárcere*. Rio de Janeiro, Civilização Brasileira, 2001. v. 1.

GRAMSCI, Antonio. *Cadernos do cárcere*. Rio de Janeiro, Civilização Brasileira, 2000. v. 2.

GRAMSCI, Antonio. *Cadernos do cárcere*. Rio de Janeiro, Civilização Brasileira, 2000. v. 3.

GRILLO, Marcelo Gomes Franco. *O direito na filosofia de Slavoj Zizek*: perspectivas para o pensamento jurídico crítico. São Paulo, Alfa-Ômega, 2013.

GRUPPI, Luciano. *O conceito de hegemonia em Gramsci*. Rio de Janeiro, Graal, 2000.

HABERMAS, Jürgen. *A inclusão do outro*: estudos de teoria política. São Paulo, Loyola, 2002.

HABERMAS, Jürgen. *Consciência moral e agir comunicativo*. Rio de Janeiro, Tempo Brasileiro, 1989.

HABERMAS, Jürgen. *Direito e democracia*: entre facticidade e validade. Rio de Janeiro, Tempo Brasileiro, 1997. v. I.

HABERMAS, Jürgen. *Direito e democracia*: entre facticidade e validade. Rio de Janeiro, Tempo Brasileiro, 1997. v. II.

HABERMAS, Jürgen. *Mudança estrutural da esfera pública*. Rio de Janeiro, Tempo Brasileiro, 1984.

HABERMAS, Jürgen. *O discurso filosófico da modernidade*. Lisboa, Dom Quixote, 1990.

HABERMAS, Jürgen. *Pensamento pós-metafísico*: estudos filosóficos. Rio de Janeiro, Tempo Brasileiro, 1990.

HADDAD, Fernando. *Trabalho e linguagem*: para a renovação do socialismo. Rio de Janeiro, Azougue, 2004.

HARDT, Michael; NEGRI, Antonio. *Bem-estar comum*. Rio de Janeiro, Record, 2016.

HARDT, Michael; NEGRI, Antonio. *Império*. Rio de Janeiro, Record, 2001.

HARDT, Michael; NEGRI, Antonio. *Multidão*: guerra e democracia na era do Império. Rio de Janeiro, Record, 2005.

HEGEL, G. W. F. *Enciclopédia das ciências filosóficas em compêndio*. São Paulo, Loyola, 2005. v. I.

HEGEL, G. W. F. *Fé e saber*. São Paulo, Hedra, 2007.

HEGEL, G. W. F. *Fenomenologia do espírito*. Parte I. Petrópolis, Vozes, 2000.

HEGEL, G. W. F. *Fenomenologia do espírito*. Parte II. Petrópolis, Vozes, 1998.

HEGEL, G. W. F. *Princípios da filosofia do direito*. São Paulo, Martins Fontes, 2000.

HEGEL, G. W. F. *Sobre as maneiras científicas de tratar o direito natural*. São Paulo, Loyola, 2007.

HEIDEGGER, Martin. *Ensaios e conferências*. Petrópolis, Vozes, 2002.

HEIDEGGER, Martin. *Ser e tempo*. Petrópolis, Vozes, 1997. v. 1.

HEIDEGGER, Martin. *Ser e tempo*. Petrópolis, Vozes, 1997. v. 2.

HERÁCLITO. *Fragmentos*. Rio de Janeiro, Tempo Brasileiro, 1980.

HIRSCH, Joachim. *Teoria materialista do Estado*: processos de transformação do sistema capitalista de Estado. Rio de Janeiro, Revan, 2010.

HOBBES, Thomas. *Do cidadão*. São Paulo, Martins Fontes, 2002.

HOBBES, Thomas. *Leviatã*. São Paulo, Martins Fontes, 2008.

HÖFFE, Otfried. *Immanuel Kant*. São Paulo, Martins Fontes, 2005.

HOLLOWAY, John. *Fissurar o capitalismo*. São Paulo, Publisher Brasil, 2013.

HOLLOWAY, John. *Mudar o mundo sem tomar o poder*. São Paulo, Viramundo, 2003.

HONNETH, Axel. *Sofrimento de indeterminação*: uma reatualização da filosofia do direito de Hegel. São Paulo, Eds. Singular e Esfera Pública, 2007.

HORKHEIMER, Max. *Teoria crítica I*. São Paulo, Perspectiva/Edusp, 1990.

HUME, David. Investigação acerca do entendimento humano. *Os Pensadores* – Hume. São Paulo, Nova Cultural, 1997.

HUME, David. *Tratado da natureza humana*. São Paulo, Ed. Unesp, 2009.

HYPPOLITE, Jean. *Introdução à filosofia da história de Hegel*. Lisboa, Edições 70, 1995.

JAEGER, Werner. *Cristianismo primitivo e Paideia grega*. Lisboa, Edições 70, 1991.

JAEGER, Werner. *Paideia. A formação do homem grego*. São Paulo, Martins Fontes, 1995.

JAY, Martin. *A imaginação dialética*: história da Escola de Frankfurt e do Instituto de Pesquisas Sociais, 1923-1950. Rio de Janeiro, Contraponto, 2008.

KANT, Immanuel. *A paz perpétua e outros opúsculos*. Lisboa, Edições 70, 1992.

KANT, Immanuel. *Crítica da razão prática*. Lisboa, Edições 70, 1999.

KANT, Immanuel. Crítica da razão pura. *Os Pensadores* – Kant. São Paulo, Nova Cultural, 1997.

KANT, Immanuel. *Fundamentação da metafísica dos costumes*. Lisboa, Edições 70, 2000.

KANT, Immanuel. *Metafísica dos costumes*. Bauru, Edipro, 2003.

KANTOROWICZ, Ernst H. *Os dois corpos do rei*: um estudo sobre teologia política medieval. São Paulo, Companhia das Letras, 1998.

KASHIURA JR., Celso Naoto. *Crítica da igualdade jurídica*: contribuição ao pensamento jurídico marxista. São Paulo, Quartier Latin, 2009.

KASHIURA Jr., Celso Naoto. Dialética e forma jurídica: considerações acerca do método de Pachukanis. In: NAVES, Márcio Bilharinho (Org.). *O discreto charme do direito burguês*: ensaios sobre Pachukanis. Campinas, IFCH/Unicamp, 2009.

KELSEN, Hans. Manuscrito. In: KELSEN; KLUG. *Normas jurídicas e análise lógica*. Rio de Janeiro, Forense, 1984.

KELSEN, Hans. *Teoria geral das normas*. Porto Alegre, Sergio Fabris, 1986.

KELSEN, Hans. *Teoria geral do direito e do Estado*. São Paulo, Martins Fontes, 1995.

KELSEN, Hans. *Teoria pura do direito*. São Paulo, Martins Fontes, 2006.

KERFERD, G. B. *O movimento sofista*. São Paulo, Loyola, 2003.

KERVÉGAN, Jean-François. *Hegel, Carl Schmitt. O político entre a especulação e a positividade*. Barueri, Manole, 2006.

KOJÈVE, Alexandre. *Introdução à leitura de Hegel*. Rio de Janeiro, Contraponto e UERJ, 2002.

KONDER, Leandro. *O futuro da filosofia da práxis*. São Paulo, Paz e Terra, 1992.

KONDER, Leandro. *O que é dialética*. São Paulo, Brasiliense, 2000.

KRITSCH, Raquel. *Soberania*: a construção de um conceito. São Paulo, Humanitas, 2002.

KURZ, Robert. *O colapso da modernização*: da derrocada do socialismo de caserna à crise da economia mundial. São Paulo, Paz e Terra, 2004.

KURZ, Robert. *Razão sangrenta*: ensaios sobre a crítica emancipatória da modernidade capitalista e de seus valores ocidentais. São Paulo, Hedra, 2010.

LABICA, Georges. *As "teses sobre Feuerbach" de Karl Marx*. Rio de Janeiro, Zahar, 1990.

LACERDA, Bruno Amaro. *Direito natural em Platão*: as origens gregas da teoria jusnaturalista. Curitiba, Juruá, 2009.

LACLAU, Ernesto. *A razão populista*. São Paulo, Três Estrelas, 2013.

LACLAU, Ernesto. *Política e ideologia na teoria marxista*: capitalismo, fascismo e populismo. Rio de Janeiro, Paz e Terra, 1978.

LACLAU, Ernesto; MOUFFE, Chantal. *Hegemonia e estratégia socialista*: por uma política democrática radical. São Paulo, Intermeios, 2015.

LAÊRTIOS, Diôgenes. *Vidas e doutrinas dos filósofos ilustres*. Brasília, UnB, 1987.

LAFER, Celso. *A reconstrução dos direitos humanos*: um diálogo com o pensamento de Hannah Arendt. São Paulo, Companhia das Letras, 1988.

LARENZ, Karl. *Metodologia da ciência do direito*. Lisboa, Calouste Gulbenkian, 1997.

LAWN, Chris. *Compreender Gadamer*. Petrópolis, Vozes, 2011.

LEBRUN, Gérard. *Kant e o fim da metafísica*. São Paulo, Martins Fontes, 1993.

LEBRUN, Gérard. *Sobre Kant*. São Paulo, Iluminuras, 2001.

LEFEBVRE, J.-P.; MACHEREY, P. *Hegel e a sociedade*. São Paulo, Discurso Editorial, 1999.

LEGRAND, Gérard. *Os pré-socráticos*. Rio de Janeiro, Zahar, 1991.

LÊNIN, V. I. O Estado e a Revolução. *Obras Escolhidas*. São Paulo, Alfa-Ômega, 1988. t. 2.

LESSA, Sérgio. Lukács: direito e política. In: PINASSI, Maria Orlanda; LESSA, Sérgio (Org.). *Lukács e a atualidade do marxismo*. São Paulo, Boitempo, 2002.

LESSA, Sérgio. *Para compreender a ontologia de Lukács*. Ijuí, Unijuí, 2007.

LESSA, Sérgio; TONET, Ivo. *Introdução à filosofia de Marx*. São Paulo, Expressão Popular, 2008.

LOCKE, John. *Dois tratados sobre o governo*. São Paulo, Martins Fontes, 2005.

LOCKE, John. *Ensaios políticos*. São Paulo, Martins Fontes, 2007.

LOPARIC, Zeljko. *Heidegger*. Rio de Janeiro, Zahar, 2004.

LOPES, José Reinaldo de Lima. *As palavras e a lei*. São Paulo, Ed. 34, 2004.

LOSANO, Mario G. *Sistema e estrutura no direito*. São Paulo, Martins Fontes, 2008. v. 1.

LOSURDO, Domenico. *Hegel, Marx e a tradição liberal*. São Paulo, Ed. Unesp, 1998.

LOURENÇO, Frederico R. R. *Poder e norma. Michel Foucault e a aplicação do direito*. Porto Alegre, Núria Fabris, 2009.

LÖWY, Michael. *A evolução política de Lukács*: 1909-1929. São Paulo, Cortez, 1998.

LÖWY, Michael. *A teoria da revolução no jovem Marx*. Petrópolis, Vozes, 2002.

LUISI, Luiz. Nota sobre a filosofia jurídica de Miguel Reale. In: CAVALCANTI FILHO, Teófilo (Org.). *Estudos em homenagem a Miguel Reale*. São Paulo, Edusp e Revista dos Tribunais, 1977.

LUKÁCS, György. *História e consciência de classe*. São Paulo, Martins Fontes, 2003.

LUKÁCS, György. *Ontologia do ser social*. Disponível em: <www.sergiolessa.com>.

LUTERO. Contra as hordas salteadoras e assassinas dos camponeses; Da autoridade secular; Sobre a liberdade cristã. In: DE BONI, Luis Alberto (Org.). *Escritos seletos de Martinho Lutero, Tomás Müntzer e João Calvino*. Petrópolis, Vozes, 2000.

MACEDO JR., Ronaldo. *Carl Schmitt e a fundamentação do direito*. São Paulo, Max Limonad, 2001.

MACEDO JR., Ronaldo. Kant e a crítica da razão: moral e direito. *Curso de Filosofia Política*. São Paulo, Atlas, 2007.

MACHADO, Carlos Eduardo Jordão. *Um capítulo da história da modernidade estética*: debate sobre o expressionismo. São Paulo, Ed. Unesp, 1998.

MACHADO, Maíra Rocha; RODRIGUEZ, José Rodrigo. Otto Kirchheimer: uma contribuição à crítica do direito penal (levando o direito penal a sério). In: NOBRE, Marcos (Org.). *Curso livre de teoria crítica*. Campinas, Papirus, 2008.

MACPHERSON, C. B. *A teoria política do individualismo possessivo*. Rio de Janeiro, Paz e Terra, 1979.

MACPHERSON, C. B. *Ascensão e queda da justiça econômica e outros ensaios*. Rio de Janeiro, Paz e Terra, 1991.

MAGALHÃES, Juliana Paula. *Crítica à subjetividade jurídica: reflexões a partir de Michel Villey*. São Paulo, Contracorrente, 2022.

MAGALHÃES, Juliana Paula. *Marxismo, humanismo e direito: Althusser e Garaudy*. São Paulo, Ideias & Letras, 2018.

MAIA, Antonio Cavalcanti. *Jürgen Habermas*: filósofo do direito. Rio de Janeiro, Renovar, 2008.

MAMAN, Jeannette Antonios. Ao encontro de Heidegger: a noção de Ser-no-mundo. *Revista da Faculdade de Direito da USP*, v. 102, São Paulo, 2007.

MAMAN, Jeannette Antonios. *Fenomenologia existencial do direito*. São Paulo, Quartier Latin, 2003.

MAO TSE-TUNG. *Sobre a prática e a contradição*. Rio de Janeiro, Zahar, 2008.

MAQUIAVEL. *Discursos sobre a primeira década de Tito Lívio*. São Paulo, Martins Fontes, 2007.

MAQUIAVEL. *O príncipe*. São Paulo, Revista dos Tribunais, 2008.

MARCUSE, Herbert. *Cultura e sociedade*. São Paulo, Paz e Terra, 1997. v. 1.

MARCUSE, Herbert. *Eros e civilização*. Rio de Janeiro, Guanabara-Koogan, s/d.

MARCUSE, Herbert. *Razão e revolução*. Rio de Janeiro, Paz e Terra, 1988.

MARCUSE, Herbert. *Tecnologia, guerra e fascismo*. São Paulo, Ed. Unesp, 1999.

MARRAMAO, Giacomo. *Poder e secularização*. São Paulo, Ed. Unesp, 1995.

MARTORANO, Luciano Cavini. *A burocracia e os desafios da transição socialista*. São Paulo, Xamã e Anita Garibaldi, 2002.

MARX, Karl. *A questão judaica*. São Paulo, Centauro, 2000.

MARX, Karl. *Crítica da filosofia do direito de Hegel*. São Paulo, Boitempo, 2005.

MARX, Karl. *Manuscritos econômico-filosóficos*. São Paulo, Boitempo, 2004.

MARX, Karl. *O capital*. Livro I. Rio de Janeiro, Civilização Brasileira, 2008. v. 1.

MARX, Karl. *O capital*. Livro I. Rio de Janeiro, Civilização Brasileira, 2008. v. 2.

MARX, Karl. *O capital*. Livro III. Rio de Janeiro, Civilização Brasileira, 2008. v. 5.

MARX, Karl; ENGELS, Friedrich. *A ideologia alemã*. São Paulo, Boitempo, 2007.

MARX, Karl; ENGELS, Friedrich. *A sagrada família*. São Paulo, Boitempo, 2003.

MARX, Karl; ENGELS, Friedrich. *Obras escolhidas*. São Paulo, Alfa-Ômega, s/d. v. 1.

MARX, Karl; ENGELS, Friedrich. *Obras escolhidas*. São Paulo, Alfa-Ômega, s/d. v. 2.

MARX, Karl; ENGELS, Friedrich. *Obras escolhidas*. São Paulo, Alfa-Ômega, s/d. v. 3.

MASCARO, Alysson Leandro. *Crítica do fascismo*. São Paulo, Boitempo, 2022.

MASCARO, Alysson Leandro. Encontro e forma: política e direito. In: MASCARO, Alysson Leandro; MORFINO, Vittorio. *Althusser e o materialismo aleatório*. São Paulo, Contracorrente, 2020.

MASCARO, Alysson Leandro. *Estado e forma política*. São Paulo, Boitempo, 2013.

MASCARO, Alysson Leandro. *Filosofia do direito e filosofia política*: a justiça é possível. São Paulo, Atlas, 2008.

MASCARO, Alysson Leandro. *Introdução ao estudo do direito*. 9. ed. São Paulo, Atlas, 2024.

MASCARO, Alysson Leandro. *Utopia e direito*: Ernst Bloch e a ontologia jurídica da utopia. São Paulo, Quartier Latin, 2008.

MENDES, Alexandre; CAVA, Bruno. *A constituição do comum*: antagonismo, produção de subjetividade e crise no capitalismo. Rio de Janeiro, Revan, 2017.

MENDONÇA, Antonio Gouvêa. Teologia e política – um tronco e duas raízes. *Ciências da Religião*: história e sociedade, nº 1, São Paulo, Mackenzie, 2003.

MÉSZÁROS, István. *A teoria da alienação em Marx*. São Paulo, Boitempo, 2006.

MÉSZÁROS, István. *Para além do capital*. São Paulo, Boitempo e Unicamp, 2002.

MEZZAROBA, Orides. Gramsci e a hegemonia. *Gramsci*: estado e relações internacionais. Florianópolis, Fundação Boiteux, 2005.

MIGOT, Aldo Francisco. *A propriedade*: natureza e conflito em Tomás de Aquino. Caxias do Sul, Educs, 2003.

MIRANDOLA, Giovanni Pico Della. *Discurso sobre a dignidade do homem*. Lisboa, Edições 70, 2019.

MONTEAGUDO, Ricardo. *Entre o direito e a história*: a concepção do legislador em Rousseau. São Paulo, Ed. Unesp, 2006.

MONTESQUIEU. *O espírito das leis*. São Paulo, Martins Fontes, 2000.

MORAES, João Quartim de. *Epicuro*: as luzes da ética. São Paulo, Moderna, 1998.

MOREIRA, Luiz. *Fundamentação do direito em Habermas*. Belo Horizonte, Mandamentos, 2002.

MORFINO, Vittorio. O primado do encontro sobre a forma. *Crítica Marxista*. Vol. 23. Rio de Janeiro, Revan, 2006.

MOTTA, Luis Eduardo. *A favor de Althusser*: revolução e ruptura na Teoria Marxista. Rio de Janeiro, Grama e Faperj, 2014.

MOUFFE, Chantal. *O regresso do político*. Lisboa, Gradiva, 1996.

MÜLLER, Marcos Lutz. Apresentação. In: HEGEL, *Linhas fundamentais da filosofia do direito ou direito natural e ciência do Estado em compêndio*: a sociedade civil. Campinas, IFCH/Unicamp, 2003.

MUÑOZ, Alberto Alonso. *Liberdade e causalidade*: ação, responsabilidade e metafísica em Aristóteles. São Paulo, Discurso Editorial, 2002.

NASCIMENTO, Joelton. *Ordem jurídica e forma valor*: investigação sobre os limites estruturais da regulação jurídica no capitalismo contemporâneo. Tese. Campinas, IFCH, Unicamp, 2013.

NASCIMENTO, Joelton. O valor como fictio juris. Forma-jurídica e forma-valor – apresentação de um problema. *Sinal de menos*. Disponível em: <www.sinaldemenos.org>. Número 1, 2009.

NAVES, Márcio Bilharinho. As figuras do direito em Marx. *Margem esquerda*, nº 6. São Paulo, Boitempo, 2005.

NASCIMENTO, Joelton. *Marx* – ciência e revolução. São Paulo, Quartier Latin, 2008.

NASCIMENTO, Joelton. *Marxismo e direito*: um estudo sobre Pachukanis. São Paulo, Boitempo, 2000.

NEGRI, Antonio. *Espinosa subversivo e outros escritos*. Belo Horizonte, Autêntica, 2016.

NOBRE, Marcos. *A dialética negativa de Theodor W. Adorno*. São Paulo, Iluminuras, 1998.

NOBRE, Marcos. *A teoria crítica*. Rio de Janeiro, Zahar, 2004.

NOBRE, Marcos. *Lukács e os limites da reificação*. São Paulo, Ed. 34, 2001.

NOBRE, Marcos. Max Horkheimer: a teoria crítica entre o nazismo e o capitalismo tardio. *Curso livre de Teoria Crítica*. Campinas, Papirus, 2008.

NOUR, Soraya. *À paz perpétua de Kant*. São Paulo, Martins Fontes, 2004.

NOVAES, Roberto Vasconcelos. *O filósofo e o tirano*: por uma teoria da Justiça em Platão. Belo Horizonte, Del Rey, 2006.

NUNES, Benedito. *Heidegger & ser e tempo*. Rio de Janeiro, Zahar, 2002.

OCKHAM, Guilherme de. *Oito questões sobre o poder do papa*. Porto Alegre, EDIPUCRS, 2002.

OCTAVIANI LUIS, Alessandro. *Hegemonia e direito*: reconstrução do conceito de Gramsci. Dissertação de Mestrado. São Paulo, FFLCH-USP, 2004.

OLIVEIRA, Manfredo A. *Dialética hoje*: lógica, metafísica e historicidade. São Paulo, Loyola, 2004.

OLIVEIRA, Marcos Alcyr Brito de. *Cidadania plena*: a cidadania modelando o Estado. São Paulo, Alfa-Ômega, 2004.

OLIVEIRA, Marcos Alcyr Brito de. *Sujeito de direito e marxismo*: da crítica humanista à crítica anti-humanista. São Paulo, Alfa-Ômega, 2017.

OSÓRIO, Luiz Felipe. *Imperialismo, Estado e relações internacionais*. São Paulo, Ideias & Letras, 2018.

PACHUKANIS, Evguiéni. *Teoria geral do direito e marxismo*. São Paulo, Boitempo, 2017.

PARMÊNIDES. *Da natureza*. São Paulo, Loyola, 2002.

PAULO. "Epístola de Paulo aos Romanos". *Bíblia Sagrada*. São Paulo, Sociedade Bíblica do Brasil, 1993.

PEREIRA, Luiz Ismael. *Adorno e o direito*: para uma crítica do capitalismo e do sujeito de direito. São Paulo, Ideias & Letras, 2018.

PEREIRA, Aloysio Ferraz. *Estado e direito na perspectiva da libertação*: uma crítica segundo Martin Heidegger. São Paulo, Revista dos Tribunais, 1980.

PEREIRA, Aloysio Ferraz. *História da filosofia do direito*: das origens a Aristóteles. São Paulo, RT, 1980.

PEREIRA, Oswaldo Porchat. *Ciência e dialética em Aristóteles*. São Paulo, Ed. Unesp, 2001.

PINHEIRO, Vinícius Magalhães. A questão da legalidade em Galvano Della Volpe: um diálogo necessário com Pachukanis. *Direito e sociedade*, nº 3, Catanduva, Fundação Padre Albino, 2008.

PIRES, Eginardo. *Valor e acumulação*. Rio de Janeiro, Zahar, 1979.

PISSARRA, Maria Constança Peres. *Rousseau*: a política como exercício pedagógico. São Paulo, Moderna, 2002.

PLATÃO. *A República*. São Paulo, Nova Cultural, 1997.

PLATÃO. *As leis*. Bauru, Edipro, 1999.

PLATÃO. *Cartas*. Lisboa, Editorial Estampa, 2002.

PLATÃO. *Diálogos. Eutífron, Apologia de Sócrates, Críton, Fédon*. Curitiba, Hemus, 2002.

POSTONE, Moishe. *Tempo, trabalho e dominação social*: uma reinterpretação da teoria crítica de Marx. São Paulo, Boitempo, 2014.

PRADO JR., Bento. *A retórica de Rousseau e outros ensaios*. São Paulo, Cosac Naify, 2008.

PUFENDORF, Samuel. *Os deveres do homem e do cidadão de acordo com as leis do direito natural*. Rio de Janeiro, Topbooks, 2007.

PUGLIESI, Márcio. *Por uma teoria do direito*: aspectos microssistêmicos. São Paulo, RCS, 2005.

REALE, Miguel. *Experiência e cultura*. Campinas, Bookseller, 2000.

REALE, Miguel. *Filosofia do direito*. São Paulo, Saraiva, 2002.

REALE, Miguel. *Horizontes do direito e da história*. São Paulo, Saraiva, 2000.

REALE, Miguel. *Lições preliminares de direito*. São Paulo, Saraiva, 2002.

REALE, Miguel. *Memórias*. São Paulo, Saraiva, 1987. v. 2.

REALE, Miguel. *Verdade e conjetura*. Rio de Janeiro, Nova Fronteira, 2001.

REHFELD, Walter I. *Ensaios filosóficos*. São Paulo, Perspectiva, 2008.

REICH, Wilhelm. *O assassinato de Cristo*. São Paulo, Martins Fontes, 1999.

REICH, Wilhelm. *Psicologia de massas do fascismo*. São Paulo, Martins Fontes, 2001.

REICHELT, Helmut. *Sobre a estrutura lógica do conceito de capital em Karl Marx*. Campinas, Ed. Unicamp, 2013.

RIBEIRO, Renato Janine. *Ao leitor sem medo*: Hobbes escrevendo contra seu tempo. Belo Horizonte, UFMG, 1999.

RIVERA-LUGO, Carlos. *Crítica à economia política do direito*. São Paulo, Ideias & Letras, 2019.

RODRIGUEZ, José Rodrigo. Franz Neumann: o direito liberal para além de si mesmo. In: NOBRE, Marcos (Org.). *Curso livre de teoria crítica*. Campinas, Papirus, 2008.

RORTY, Richard. *Ensaios sobre Heidegger e outros*: escritos filosóficos 2. Rio de Janeiro, Relume-Dumará, 1999.

ROSENZWEIG, Franz. *Hegel e o Estado*. São Paulo, Perspectiva, 2008.

ROUSSEAU, Jean-Jacques. *Cartas escritas da montanha*. São Paulo, Educ e Unesp, 2006.

ROUSSEAU, Jean-Jacques. *Discurso sobre a origem e os fundamentos da desigualdade entre os homens*. São Paulo, Martins Fontes, 2005.

ROUSSEAU, Jean-Jacques. Discurso sobre as ciências e as artes. *Discurso sobre a origem e os fundamentos da desigualdade entre os homens*. São Paulo, Martins Fontes, 2005.

ROUSSEAU, Jean-Jacques. *Emílio, ou, da educação*. São Paulo, Martins Fontes, 2004.

ROUSSEAU, Jean-Jacques. *O contrato social*: princípios do direito político. São Paulo, Martins Fontes, 2006.

RÜDIGER, Francisco. *Martin Heidegger e a questão da técnica*: prospectos acerca do futuro do homem. Porto Alegre, Sulina, 2006.

RUSCHE, Georg; KIRCHHEIMER, Otto. *Punição e estrutura social*. Rio de Janeiro, Revan, 2004.

SADER, Emir. *Estado e política em Marx*. São Paulo, Cortez, 1998.

SAFATLE, Vladimir. *A paixão do negativo*: Lacan e a dialética. São Paulo, Ed. Unesp, 2006.

SAFATLE, Vladimir. Sobre a gênese psicológica do transcendental: Adorno entre Freud e Kant. In: SAFATLE, Vladimir; MANZI, Ronaldo (Org.). *A filosofia após Freud*. São Paulo, Humanitas, 2008.

SALEM, Jean. *Lenin e a Revolução*. São Paulo, Expressão Popular, 2008.

SALGADO, Joaquim Carlos. *A ideia de justiça em Hegel*. São Paulo, Loyola, 1996.

SAMPAIO, Benedito Arthur; FREDERICO, Celso. *Dialética e materialismo*: Marx entre Hegel e Feuerbach. Rio de Janeiro, Ed. UFRJ, 2006.

SAMPEDRO, Francisco. A teoria da ideologia de Althusser. In: NAVES, Márcio Bilharinho. *Presença de Althusser*. Campinas, IFCH-Unicamp, 2010.

SANTO AGOSTINHO. *A cidade de Deus*. Parte II. Petrópolis, Vozes, 2001.

SANTO AGOSTINHO. *Confissões*. Petrópolis, Vozes, 2001.

SANTOS, Edvaldo Araujo dos. *Cidadania, poder e direito em contradição*: a teoria de John Holloway. São Paulo, Novas Edições Acadêmicas, 2015.

SARTORI, Victor Bartoletti. *Lukács e a crítica ontológica do direito*. São Paulo, Cortez, 2010.

SARTRE, Jean-Paul. Questões de método. *Crítica da Razão Dialética*. São Paulo, DP&A, 2002.

SCHMITT, Carl. *O conceito do político e teoria do Partisan*. Belo Horizonte, Del Rey, 2009.

SCHMITT, Carl. *O guardião da Constituição*. Belo Horizonte, Del Rey, 2007.

SCHMITT, Carl. *Teologia política*. Belo Horizonte, Del Rey, 2006.

SERRA, Francisco. *Historia, política y derecho en Ernst Bloch*. Madrid, Trotta, 1998.

SGARBI, Adrian. *Hans Kelsen*: ensaios introdutórios. Rio de Janeiro, Lumen Juris, 2007.

SIEBENEICHER, Flávio Beno. O direito das sociedades pluralistas. *Direito, moral, política e religião nas sociedades pluralistas*: entre Apel e Habermas. Rio de Janeiro, Tempo Brasileiro, 2006.

SKINNER, Quentin. *As fundações do pensamento político moderno*. São Paulo, Companhia das Letras, 2000.

SOLON, Ari Marcelo. *Direito e tradição*: o legado grego, romano e bíblico. Rio de Janeiro, Elsevier, 2009.

SOLON, Ari Marcelo. *Teoria da soberania como problema da norma jurídica e da decisão*. Porto Alegre, Sergio Fabris, 1997.

STEIN, Ernildo. *Seis estudos sobre "Ser e Tempo"*. Petrópolis, Vozes, 2005.

STRAUSS, Leo. *Direito natural e história*. Lisboa, Edições 70, 2009.

STRECK, Lenio Luiz. *Hermenêutica jurídica e(m) crise*. Porto Alegre, Livraria do Advogado, 2004.

STUCKA, Petr Ivanovich. *Direito e luta de classes*: teoria geral do direito. São Paulo, Acadêmica, 1988.

TAYLOR, Charles. *Hegel e a sociedade moderna*. São Paulo, Loyola, 2005.

TERRA, Ricardo. *Kant & o direito*. Rio de Janeiro, Zahar, 2004.

TEXIER, Jacques. *Revolução e democracia em Marx e Engels*. Rio de Janeiro, Ed. UFRJ, 2005.

THERBORN, Göran. *Do marxismo ao pós-marxismo?* São Paulo, Boitempo, 2012.

THÉVENIN, Nicole-Edith. Ideologia jurídica e ideologia burguesa (ideologia e práticas artísticas). In: NAVES, Márcio Bilharinho. *Presença de Althusser*. Campinas, IFCH-Unicamp, 2010.

THOMAS, Peter D. "A hipótese comunista e a questão da organização". In *Crítica Marxista*. Vol. 45. Campinas, 2017.

TOMÁS DE AQUINO. *Suma teológica*. São Paulo, Loyola, 2005. v. IV.

TOMÁS DE AQUINO. *Suma teológica*. São Paulo, Loyola, 2005. v. VI.

TONET, Ivo. *Educação, cidadania e emancipação humana*. Ijuí, Unijuí, 2005.

TRINDADE, José Damião de Lima. *Os direitos humanos na perspectiva de Marx e Engels*: emancipação política e emancipação humana. São Paulo, Alfa-Ômega, 2011.

TURCHETTO, Maria. As características específicas da transição ao comunismo. In: NAVES, Márcio Bilharinho (Org.). *Análise marxista e sociedade de transição*. Campinas, IFCH/Unicamp, 2005.

VASCONCELOS, Arnaldo. *Teoria pura do direito*: repasse crítico de seus principais fundamentos. Rio de Janeiro, Forense, 2003.

VILLAS BOAS FILHO, Orlando. Legalidade e legitimidade no pensamento de Jürgen Habermas. In: NOBRE, Marcos; TERRA, Ricardo (Org.). *Direito e democracia*: um guia de leitura de Habermas. São Paulo, Malheiros, 2008.

VILLEY, Michel. *A formação do pensamento jurídico moderno*. São Paulo, Martins Fontes, 2005.

VITALE, Denise; MELO, Rúrion Soares. Política deliberativa e o modelo procedimental de democracia. In: NOBRE, Marcos; TERRA, Ricardo (Org.). *Direito e democracia*: um guia de leitura de Habermas. São Paulo, Malheiros, 2008.

VITÓRIA, Francisco de. *Os índios e o direito da guerra*. Ijuí, Unijuí, 2006.

VOLTAIRE. *Tratado sobre a tolerância*. São Paulo, Martins Fontes, 2000.

WATANABE, Lygia. Sobre o envolvimento histórico do Livro I da República de Platão. In: BENOIT, Hector; FUNARI, Pedro Paulo (Org.). *Ética e política no mundo antigo*. Campinas, IFCH/Unicamp, 2001.

WERLE, Marco Aurélio. *Poesia e pensamento em Hölderlin e Heidegger*. São Paulo, Ed. Unesp, 2005.

WIGGERSHAUS, Rolf. *A Escola de Frankfurt. História, desenvolvimento teórico, significação política*. Rio de Janeiro, Difel, 2002.

WOLFF, Francis. *Aristóteles e a política*. São Paulo, Discurso Editorial, 1999.

ZINGANO, Marcos. *Platão e Aristóteles*: o fascínio da filosofia. São Paulo, Odysseus, 2005.

ŽIŽEK, Slavoj. *A visão em paralaxe*. São Paulo, Boitempo, 2008.

ŽIŽEK, Slavoj. *Às portas da Revolução*: escritos de Lenin de 1917. São Paulo, Boitempo, 2005.

ŽIŽEK, Slavoj. *Bem-vindo ao deserto do real!* São Paulo, Boitempo, 2003.

ŽIŽEK, Slavoj. O espectro da ideologia. *Um mapa da ideologia*. Rio de Janeiro, Contraponto, 2007.

ŽIŽEK, Slavoj. *Vivendo no fim dos tempos*. São Paulo, Boitempo, 2012.

ZÜGE JR., Odir. *Judaísmo e Islamismo*: a injunção das tradições religiosas com a prática sociojurídica. Dissertação de Mestrado. São Paulo, FD-USP, 2004.

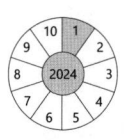